Klaus Ulsenheimer

Grundfragen des Rücktritts vom Versuch in Theorie und Praxis

1976

Walter de Gruyter · Berlin · New York

Dr. jur. Dr. rer. pol. Klaus Ulsenheimer
Privatdozent, Rechtsanwalt

CIP-Kurztitelaufnahme der Deutschen Bibliothek

Ulsenheimer, Klaus
Grundfragen des Rücktritts vom Versuch in Theorie und Praxis. — 1. Aufl. — Berlin, New York: de Gruyter, 1976.
ISBN 3-11-006509-6

Als Habilitationsschrift
auf Empfehlung der Abteilung für Rechtswissenschaft
der Ruhr-Universität Bochum
gedruckt mit Unterstützung der Deutschen Forschungsgemeinschaft

Printed in Germany

Satz und Druck: Saladruck, Steinkopf & Sohn, 1000 Berlin 36

Buchbinderei: Wübben & Co., 1000 Berlin 42

VORWORT

Die vorliegende Arbeit, die im April 1974 abgeschlossen und im Sommersemester 1974 von der Abteilung für Rechtswissenschaft an der Ruhr-Universität Bochum als Habilitationsschrift angenommen wurde, geht auf eine Anregung meines verehrten Lehrers, Herrn Prof. Dr. Gerd Geilen, zurück. Für die vielen wertvollen Hinweise, Ratschläge und das Verständnis, mit dem er insbesondere auch durch meine Freistellung von Lehrstuhlaufgaben während der Niederschrift des Manuskripts das Entstehen dieser Arbeit förderte, möchte ich ihm an dieser Stelle nochmals meinen aufrichtigen und besonders herzlichen Dank aussprechen.

Ebenfalls zu Dank verpflichtet bin ich der Deutschen Forschungsgemeinschaft, die durch eine großzügige finanzielle Unterstützung die Drucklegung der Arbeit erst ermöglichte.

Die nach dem 1. 4. 1975 erschienene Literatur konnte leider nicht mehr in den Text eingearbeitet werden. Dies gilt insbesondere für die Arbeit von Burkhardt: „Der Rücktritt als Rechtsfolgebestimmung. Eine Untersuchung anhand des Abgrenzungsproblems von beendetem und unbeendetem Versuch."

München, im Dezember 1975

Klaus Ulsenheimer

INHALTSVERZEICHNIS

ERSTER TEIL

ZWEITER TEIL

DRITTER TEIL

VIERTER TEIL

LITERATURVERZEICHNIS

Abegg, J. Fr. H. — Lehrbuch der Strafrechtswissenschaft, Neustadt a. d. Orla 1836

Allfeld, Philipp — Der Einfluß der Gesinnung des Verbrechers auf die Bestrafung, Leipzig 1909

— Lehrbuch des Deutschen Strafrechts, 8. Aufl. Leipzig 1922 (zit.: Lehrbuch)

— Der Rücktritt vom Versuch nach geltendem Recht und dem Entwurf eines Allgemeinen Deutschen Strafgesetzbuches von 1927 (Reichstagsvorlage), Festgabe für Reinhard v. Frank, Bd. II, S. 74 ff., Tübingen 1930

Alsberg, Max — Zum Rücktritt vom unbeendeten Versuch, GS 67 (1906), S. 375 ff.
Anm. zu RG v. 15. 11. 23, JW 1924, 1726
Anm. zu RG v. 2. 12. 24, JW 1925, 792
Anm. zu RG v. 21. 11. 29, JW 1930, 634 f.

Androulakis, Nikolaos K. — Studien zur Problematik der unechten Unterlassungsdelikte, München—Berlin 1963

Anmerkungen — zum Strafgesetzbuch für das Königreich Baiern, nach den Protokollen des Königlichen Geheimen Raths, I. Band, München 1813

Arndt, Hans — Der freiwillige Rücktritt bei den Unternehmensdelikten, Diss. Köln 1932

Arnold — Die Fragestellung an die Geschworenen, GS 7 (1855), S. 189 ff.

Arzt, Gunther — Zur Erfolgsabwendung beim Rücktritt vom Versuch, GA 1964, 1 ff.

— Bedingter Entschluß und Vorbereitungshandlung, JZ 1969, 54 ff.

Backhaus — Rücktritt und tätige Reue des Gehilfen nach § 27 AE 1927, Diss. Göttingen 1934

Baer, Albert — Rücktritt und tätige Reue bei untauglichem Versuch, Strafrechtl. Abhdlg. Heft 114, Breslau 1910

v. Bar, Ludwig — Recht und Beweis im Geschworenengericht, Hannover 1865

— Gesetz und Schuld im Strafrecht, Bd. II: Die Schuld nach dem Strafgesetze, Berlin 1907

Barth, K. — Der Versuch nach dem bayerischen Strafgesetzentwurf, Allgemeine Deutsche Strafrechtszeitung Jg. 1 (1861), Sp. 152 ff.

Bauer, Anton — Abhandlungen aus dem Strafrechte und dem Strafprozesse, 1. Band, S. 305 ff.: Von dem Versuche eines Verbrechens, Göttingen 1840 (zit.: Abhandlungen)

— Entwurf eines Strafgesetzbuchs für das Königreich Hannover, mit Anmerkungen, Göttingen 1826 (zit.: Anmerkungen)

— Lehrbuch des Strafrechts, 2. Aufl. Göttingen 1833 (zit.: Lehrbuch)

Baumann, Jürgen — Entwurf eines StGB, Allgemeiner Teil, Tübingen 1963

— Strafrechtsfälle und Lösungen, Allgemeiner Teil, 3. Aufl., Bielefeld 1969

— Strafrecht, Allgemeiner Teil, 5. Aufl., Bielefeld 1968 (zit.: AT)

— Noch einmal: Kenntnis des Verletzten und tätige Reue — BGHSt. 24, 48; JuS 1971, 631 f.

Baumgarten, J. — Die Lehre vom Versuche der Verbrechen, Stuttgart 1888

Becker, Heinrich — Tat- und Rechtsfrage. Rücktritt des einzelnen Mittäters vom Versuch. Seuffert's Blätter für Rechtsanwendung, 11. Ergänzungsband (1893), S. 33 ff., 49 ff.

Behrendt, Herbert — Der Rücktritt des Täters vom Versuch und seine Wirkung auf die Strafbarkeit der Teilnahme, Diss. Breslau 1912

Bein, Horst — Abgrenzung des beendeten vom nicht beendeten Versuch, NJ 1966, 336

Beling, Ernst — Besprechung von Goldschmidt: Zur Lehre vom unbeendeten Versuch, Kritische Vierteljahresschrift für Gesetzgebung und Rechtswissenschaft, Bd. 40 (1898), S. 247 ff.

— Die Lehre vom Verbrechen, Tübingen 1906

— Zur Lehre von der „Ausführung“ strafbarer Handlungen, Zeitschrift für Rechtspflege in Bayern 1908, 73 ff.

— Grenzlinien zwischen Recht und Unrecht in der Ausübung der Strafrechtspflege, Tübingen 1913

— Deutsches Reichsstrafprozeßrecht, Berlin—Leipzig 1928

— Grundzüge des Strafrechts, 11. Aufl., Tübingen 1930

Bemmann, Gunter — Zur Frage der objektiven Bedingungen der Strafbarkeit, Göttingen 1957

Berner, Albert Friedrich — Grundsätze des Preußischen Strafrechts, Leipzig 1861 (zit.: Grundsätze)

— Gutachten zum 13. DJT, Bd. I, S. 109 ff., Berlin 1876 (zit.: Gutachten)

— Lehrbuch des Deutschen Strafrechts, 18. Aufl. 1898 (zit.: Lehrbuch)

— Wie unterscheiden sich der beendigte und unbeendigte Versuch, und ist auch bei dem beendigten Versuch noch ein Rücktritt möglich? GS 17 (1865), S. 81 ff.

Berolzheimer, Fritz — Die Entgeltung im Strafrecht, München 1903 (zit.: Entgeltung)

— System der Rechts- und Wirtschaftsphilosophie, Bd. V: Strafrechtsphilosophie und Strafrechtsreform, München 1907 (zit.: System)

Beseler, Georg — Kommentar über das Strafgesetzbuch für die Preußischen Staaten, Leipzig 1851

Beyer, Werner — Der Rücktritt vom Versuch (§ 46) mit einer Erweiterung über § 49 a IV StGB, Diss. Erlangen 1950

Binding, Karl — Der Entwurf eines Strafgesetzbuchs für den norddeutschen Bund, Leipzig 1869 (zit.: Entwurf)

— Handbuch des Strafrechts, 1. Bd., Leipzig 1885 (zit.: Handbuch)

— Die Normen und ihre Übertretung, Bd. I, Leipzig 1872, Bd. II, Leipzig 1877 (zit.: Normen, Band, Jahreszahl)

— Die Normen und ihre Übertretung, Bd. I: Normen und Strafgesetze, 4. Aufl., Leipzig 1922; Bd. III: Der Irrtum, Leipzig 1918 (zit.: Normen, Band, Jahreszahl)

— Grundriß des Deutschen Strafrechts, Allgemeiner Teil, 8. Aufl., Leipzig 1913 (zit.: Grundriß)

— Das bedingte Verbrechen, GS 68 (1906), 1 ff.

Binter, Richard — Die mittelbare Täterschaft im Strafrecht, DJ 1944, 85 ff.

v. Birkmeyer, Karl — Das Strafrecht in: Enzyklopädie der Rechtswissenschaft, hrsg. v. Karl Birkmeyer, 2. Aufl., Berlin 1904, S. 1097 ff.

Mezger, Edmund — Blei, Hermann — Strafrecht I, Allgemeiner Teil, Ein Studienbuch, 14. Aufl., Berlin—München 1970 (zit.: Mezger-Blei AT)

Blei, Hermann — Anmerkungen zu MDR 1968, 894 — JA 69, StR, S. 6, 38; zu MDR 1969, 586 — JA 69, StR, S. 177; zu Dreher, JR 1969, 105 — JA 69, StR, S. 91; zur Fallösung — JA 70, StR, S. 193 ff. und JA 71, StR, S. 11 f.; zu BGHSt. 24, 48 — JA 71, StR, S. 73; zu Geilen, JZ 1972, 335 — JA 72, StR, S. 139

Gesetzgebung / Zum Nachdenken, JA 1971, StR, S. 161 f., 175 f.

Die natürliche Handlungseinheit, JA 1973, StR, S. 19 ff.

Blühm, Herbert — Die Kriminalität der vorsätzlichen Tötungen, Bonn 1958

Bockelmann, Paul — Anm. zu RG v. 18. 12. 41, DR 1942, 431 ff.

— Zur Abgrenzung der Vorbereitung vom Versuch, JZ 1954, 468 ff.

— Wann ist der Rücktritt vom Versuch freiwillig? NJW 1955, 1417 ff.

— Versuch und Vorbereitung, Referat auf der 19. Sitzung der Großen Strafrechtskommission, S. 171 ff.,

Niederschriften der Sitzungen der Gr. Strafr.K., Bd. 2, Allg. Teil, Bonn 1958 (zit.: Niederschriften)

— Zur Reform des Versuchsstrafrechts, Referat der Großen Strafrechtskommission (s. Arbeitstagung), erstattet am 23. 3. 1955, Strafrechtliche Untersuchungen, Göttingen 1957, S. 150 ff.

— Über das Verhältnis von Täterschaft und Teilnahme, Strafrechtliche Untersuchungen, Göttingen 1957, S. 31 ff.

— Bemerkungen über das Verhältnis des Strafrechts zur Moral und zur Psychologie, Gedächtnisschrift für Gustav Radbruch, Göttingen 1968, S. 252 ff.

Börtzler — Anm. zu BGH v. 11. 10. 67 — 2 StR 506/67 — LM Nr. 19 zu § 46

Boyke, Paul — Die strafrechtliche Bedeutung der tätigen Reue, Diss. Königsberg 1924

Brandis, Franz — Der Rücktritt vom Versuch in seiner Bedeutung für die Teilnahme, Diss. Heidelberg 1907

Breidenbach, M. W. A. — Commentar über das Großherzoglich Hessische Strafgesetzbuch, 1. Bd. 2. Abteilung, Darmstadt 1844

Bringewat, Peter — Kenntnis des Verletzten und tätige Reue — BGHSt 24, 48 in JuS 1971, 403 ff.

Brückner, Günther — Zur Kriminologie des Mordes, Hamburg 1961

Brückner — Rechtsfall, ein crimen perfectum, sed non consumatum betreffend, Annalen der deutschen und ausländischen Criminal-Rechtspflege, begründet von Hitzig, Jg. 1841, S. 99 ff.

Bruns, Hans-Jürgen — Strafzumessungsrecht — Allgemeiner Teil, Köln—Berlin—Bonn—München 1967

Burgstaller, Manfred — Über den Verbrechensversuch, JurBl. 1969, 521 ff.

Burkhardt, Björn — Das Unternehmensdelikt und seine Grenzen, JZ 1971, 352 ff.

v. Buri, Max — Zur Lehre von der Teilnahme an dem Verbrechen und der Begünstigung, Gießen 1860

— Zur Lehre vom Versuche, GS 19 (1867), 60 ff.

— Über das Wesen des Versuchs, GA 25 (1877), 265 ff.

— Einige Bemerkungen zu dem allgemeinen Teil des Strafrechts, GS 28 (1876), 161 ff.

— Über die sog. untauglichen Versuchshandlungen, ZstW Bd. 1, 185 ff.

Busch, Richard — Aus der Rechtsprechung des Deutschen Bundesgerichtshofs in Strafsachen, Schweizerische Zeitschrift für Strafrecht, Bd. 85, 405 ff.

v. Calker, Fritz — Strafrecht, 2. Aufl., München—Leipzig 1924

Chop, Friedrich — Kann ein Verbrechen mit absolut untauglichen Mitteln versucht und an einem Gegenstande begangen werden, rücksichtlich dessen es unmöglich ist? Archiv des Criminalrechts N. F., Jg. 1842, 519 ff.

Clerc-Steck — Grundzüge des Schweizerischen Strafrechts, Allgemeiner Teil, Basel 1943

Coenders, Albert — Anm. zu RG JW 1930, 916 in JW 1930, 916 f.
— Anm. zu RG v. 23. 3. 25, JW 1926, 1166

Cohn, Ludwig — Zur Lehre vom versuchten und vollendeten Verbrechen, 1. Bd.: Begriff und Umfang, Breslau 1880
— Die den untauglichen Versuch betreffende Plenarentscheidung des Reichsgerichts, GA 28 (1880), 361
— Die Revisionsbedürftigkeit des heutigen Versuchsbegriffs, Breslau 1916, Strafr. Abh. Heft 192 (zit.: Revisionsbedürftigkeit)

Cramer, Peter — Grundbegriffe des Rechts der Ordnungswidrigkeiten, Stuttgart—Berlin—Köln 1971

Dahlmann, Ernst — Der freiwillige Rücktritt vom Versuch, Diss. Kiel 1911

Dahm, Georg — Anm. zu RG v. 2. 3. 34, JW 1934, 2468 f.

Dalcke-Fuhrmann-Schäfer — Strafrecht und Strafverfahren, 37. Aufl., neu bearb. von Ernst Fuhrmann u. Karl Schäfer, Berlin 1961

Delaquis, Ernst — Der untaugliche Versuch. Ein Beitrag zur Reform der Strafgesetzgebung, Abhandlungen des kriminalistischen Seminars an der Universität Berlin, N. F., 3. Band, Berlin 1904

Denkschrift — des Preußischen Justizministers: Nationalsozialistisches Strafrecht, Berlin 1933
— des Zentralausschusses der Strafrechtsabteilung der Akademie für Deutsches Recht über die Grundzüge eines Allgemeinen Deutschen Strafrechts, Schriften der Akademie für Deutsches Recht, Heft 1, Berlin 1934

Deutscher Bundestag — 5. Wahlperiode, Sonderausschuß für die Strafrechtsreform, 88. und 89. Sitzung v. 29. u. 30. 11. 1967, 1745 ff.

Doerr, Friedrich — Deutsches Strafrecht, 2. Aufl., Stuttgart 1930

Dohna, Alexander Graf zu — Die Rechtswidrigkeit, Halle 1905
— Die Freiwilligkeit des Rücktritts vom Versuch im Lichte der Judikatur des Reichsgerichts, ZStW 59 (1940), 541 ff.
— Versuch, in: Aschrott-Kohlrausch: Reform des Strafrechts, Berlin—Leipzig 1926, 93 ff.
— Der Aufbau der Verbrechenslehre, Bonn 1936

Dollmann, Carl Friedrich v. — Über die Grenzen der Kompetenz der Geschworenen und des Schwurgerichtshofs hinsichtlich der Berücksichtigung der Strafaufhebungsgründe, Blätter für Rechtsanwendung zunächst in Bayern, Jg. 19 (1854), 305 ff., 321 ff.
— Kommentar zum Strafgesetzbuch für das Königreich Bayern v. 10. November 1861, Erlangen 1868

Dopffel — Zur Lehre vom Rücktritt vom Versuch, GS 94 (1927), 422 ff.

Dorn, Heinrich — Zur Lehre von den bedingten Verbrechen im Strafrecht des Deutschen Reichs, Diss. Marburg 1925

Dreher, Eduard — Strafgesetzbuch und Nebengesetze, 33. Aufl., München 1972

— Anm. zu BGH v. 4. 5. 65, MDR 1965, 839 f.

— Anm. zu BGH v. 9. 3. 67, MDR 1967, 934 f.

— Anm. zu BGH v. 11. 6. 68, JR 1969, 105 ff.

— Anm. zu BGH v. 8. 12. 70, NJW 1971, 1046

Eggert, Karl-Heinz — Die Unzumutbarkeit normgemäßen Verhaltens bei den Fahrlässigkeits- und Unterlassungsdelikten im Strafrecht, Diss. Göttingen 1969

Eisenmann, Ernst — Die Grenzen des strafbaren Versuchs, ZStW 14, 454 ff.

Engel, F. — Der Rücktritt von Vorbereitung und Versuch, Diss. Erlangen 1934

Engisch, Karl — Der Unrechtstatbestand im Strafrecht, Festschrift zum 100jährigen Bestehen des Deutschen Juristentages, 1960, Bd. I, 401 ff.

Entwürfe — Vorentwurf zu einem Deutschen Strafgesetzbuch, Begründung, Allg. Teil, Berlin 1909

— zu einem Deutschen Strafgesetzbuch, veröffentlicht auf Anordnung des Reichs-Justizministeriums, Berlin 1920, 1. Teil: Entwurf der Strafrechtskommission (1913), 2. Teil: Entwurf von 1919; 3. Teil: Denkschrift zu dem Entwurf von 1919

— Amtlicher Entwurf eines Allgemeinen Deutschen StGB nebst Begründung, 1. Teil: Entwurf, 2. Teil: Begründung, Berlin 1925

— Entwurf eines Allgemeinen Deutschen Strafgesetzbuchs nebst Begründung, Berlin 1927

— Entwurf eines Allgemeinen Deutschen Strafgesetzbuchs 1930 (Entwurf Kahl), Materialien zur Strafrechtsreform, Bd. V

— Begründung zum Entwurf eines Deutschen Strafgesetzbuches, 1936

— Entwurf eines Allgemeinen Teils eines Strafgesetzbuchs nach den Beschlüssen der Großen Strafrechtskommission mit Begründung, Bonn 1958

— Entwurf eines Strafgesetzbuches (StGB), E 1960 mit Begründung

— Entwurf eines Strafgesetzbuchs (StGB), E 1962 mit Begründung (Bundestagsvorlage)

— Alternativ-Entwurf eines Strafgesetzbuches, Allgemeiner Teil, Tübingen 1966

Eser, Albin — Juristischer Studienkurs, Strafrecht Teil II, Frankfurt 1971

Fahrenhorst, Horst — Der Rücktritt vom Versuch, Diss. Heidelberg 1928

Feuerbach, Paul Johann Anselm v. — Kritik des Kleinschrodschen Entwurfs zu einem peinlichen Gesetzbuch für die Chur-Pfalz-Bayerischen Staaten, 2. Teil, Gießen 1804 (zit.: Kritik)

—	Lehrbuch des gemeinen in Deutschland gültigen Peinlichen Rechts, hrsg. v. Mittermaier, 14. Aufl., Gießen 1847 (zit.: Lehrbuch)
Finger, August	Besprechung von Thomsen: Über den Versuch der durch eine Folge qualifizierten Delikte, Kritische Vierteljahresschrift für Gesetzgebung und Rechtswissenschaft, Bd. 38 (1896), 414 ff.
—	Lehrbuch des Deutschen Strafrechts, Berlin 1904 (zit.: Lehrbuch)
—	Der Versuch und der Vorentwurf zu einem Deutschen Strafgesetzbuch, Sonderdruck aus der Festschrift für Karl Binding, Leipzig 1911
—	Das Strafrecht, 1. Bd., 3. Aufl., Berlin 1912
—	Kritische Besprechung von Entscheidungen des RG, GS 82 (1913), 368 ff.
Fornet, Walther	Die Wirkung der tätigen Reue, welche nach vollendetem Verbrechen entsteht, auf die Festsetzung der Strafe, GS 20 (1868), 85 ff., 161 ff.
Frank, Reinhard	Vollendung und Versuch, VDA, Bd. V, 163 ff., Berlin 1908
—	Das Strafgesetzbuch für das deutsche Reich, 11. bis 14. Aufl., Tübingen 1915, 18. Aufl., Tübingen 1931
Fränkel	Anm. zu BGH v. 29. 4. 58, LM Nr. 13 zu § 46
—	Anm. zu BGH v. 23. 6. 59, LM Nr. 14 zu § 46
Franzen, Klaus	Zum Begriff der Entdeckung der Tat im Steuerstrafrecht, NJW 1964, 1061
Franzius, Eberhard	Versuch und Vorbereitungshandlungen, Materialien zur Strafrechtsreform, Bd. II, T. 1, Bonn 1954, 309 ff.
Freisler, Roland	Gedanken zum Kriegsstrafrecht und zur Gewaltverbrecherverordnung, DJ 1939, 1849 ff.
	Willensstrafrecht; Versuch und Vollendung, Das kommende deutsche Strafrecht AT, hrsg. v. Franz Gürtner, 2. Aufl., Berlin 1935
Friedreich, J. B. — Barth, C. — Demme, W. L.	Die Grundbegriffe des Criminalrechts und seine leitenden Grundsätze, Nürnberg 1861
Fuhrmann, Arnold	Der Rücktritt vom Versuche, Diss. Leipzig 1903
Gallas, Wilhelm	Pflichtenkollision als Schuldausschließungsgrund, Festschrift für E. Mezger, München—Berlin 1954, 311 ff
—	Zum gegenwärtigen Stand der Lehre vom Verbrechen, ZStW 67, 1 ff.
Galli	Das neueste Heft der Entscheidungen des RG in Strafsachen (Bd. 38 Heft 1), DJZ 1906, 170 ff.
—	Das neueste Heft der Entscheidungen des RG in Strafsachen (Bd. 38 Heft 3), DJZ 1906, 1124 ff.
—	Berichte über wichtigere Entscheidungen des Reichsgerichts, GS 70 (1907), 293 ff.

—	Die beiden neuesten Hefte der Entscheidungen des RG in Strafsachen (Bd. 45, Heft 2 u. 3), DJZ 1913, 137 ff.
—	Die neuesten Hefte der Entscheidungen des RG in Strafsachen (Bd. 47, Heft 1 u. 2), DJZ 1914, 726 ff.
—	Die neuesten Hefte der Entscheidungen des RG in Strafsachen (Bd. 47, Heft 3, Bd. 48, Heft 1), DJZ 1915, 469 ff.
Geib, Gustav	Lehrbuch des Deutschen Strafrechts, Bd. II: System. Allgemeine Lehren, Leipzig 1862
Geilen, Gerd	Sukzessive Zurechnungsfähigkeit, Unterbringung und Rücktritt, JuS 1972, 73 ff.
—	Zur Abgrenzung zwischen beendetem und unbeendetem Versuch, JZ 1972, 335 ff.
Gemmingen, Hans Dieter v.	Der Irrtum über die eigene Tatbereitschaft, ZStW 60 (1941), 1 ff.
Georgiadis, Georg	Rücktritt vom Versuch und tätige Reue in vergleichender Darstellung des griechischen, deutschen und französischen Rechts, Rechtswissenschaftliche Studien, Heft 74, Berlin 1939
Gerland, Heinrich B.	Kritische Bemerkungen zum Allgemeinen Teil des Strafgesetzentwurfs 1919, Tübingen 1921
—	Der Entwurf 1925, Allgemeiner Teil, Berlin 1925
—	Deutsches Reichsstrafrecht, 2. Aufl., Berlin—Leipzig 1932 (zit.: Lehrbuch)
Germann, O. A.	Das Verbrechen im neuen Strafrecht, Zürich 1942
—	Die Rechtsprechung über den Versuch nach schweizerischem Gesetzbuch, ZStR 60 (1946), 1 ff.
Geyer, August	Erörterungen über den allgemeinen Tatbestand der Verbrechen nach österreichischem Recht, Innsbruck 1862
—	Soll der Ersatz des Schadens Strafausschließungsgrund sein? GS 21 (1869), 1 ff.
—	Das Strafrecht, Enzyklopädie der Rechtswissenschaft, hrsg. von Holtzendorff, 2. Aufl., Leipzig 1873
—	Der neueste Entwurf eines Strafgesetzes über Verbrechen, Vergehen und Übertretungen, Zeitschrift für das Privat- und öffentliche Recht der Gegenwart, hrsg. v. Grünhut, 1875, 318 ff.
Gieseke, Wilhelm	Die Wirkung des Rücktritts vom Versuch auf die Strafbarkeit des Täters und der Teilnehmer, Diss. Münster 1926
Giffhorn, Kurt	Über Bedeutung und Begriff der „Freiwilligkeit“ beim Rücktritt vom Versuch und bei der tätigen Reue, Diss. Göttingen 1948
Glaeser, Heinrich	Kritische Betrachtung des „Freiwilligen Rücktritts“, Diss. Köln 1933
Glaser, Julius	Handbuch des Strafprozesses, Bd. I, Leipzig 1883

Müller — Über die Bestrafung des verbrecherischen Versuchs, Archiv für rechtswissenschaftliche Abhandlungen, hrsg. v. Schering, Bd. I, 1862, 313 ff.

Müller, Hans H. — Der Rücktritt vom Versuch in seiner Bedeutung für die Teilnahme, Diss. Tübingen 1934

Müller-Dietz, Heinz — Besprechung von: R. v. Hippel: Untersuchungen über den Rücktritt vom Versuch, Neue Kölner Rechtswissenschaftliche Abhandlungen, Heft 46, Berlin 1966, GA 1968, 348 f.

Müntzer, Désiré — Rechtsgeschichtliche Beiträge zur Lehre vom freiwilligen Rücktritt und der tätigen Reue, Diss. Jena 1912

Münzberg, Wolfgang — Verhalten und Erfolg als Grundlagen der Rechtswidrigkeit und Haftung, Frankfurt a. M. 1966

Munoz-Conde, Franzisco — Theoretische Begründung und systematische Stellung der Straflosigkeit beim Rücktritt vom Versuch, ZStW 84 (1972), 756 ff.

— Der mißlungene Rücktritt: Eine Wiederkehr der Erfolgshaftung? GA 1973, 33 ff.

Nagler, Johannes — Die Strafe, Leipzig 1918

— Die Neuordnung der Strafbarkeit von Versuch und Beihilfe, GS 115 (1941), 24 ff.

Leipziger Kommentar, begründet von Ebermayer-Lobe-Rosenberg, 6. Aufl. hrsg. v. Nagler, Lieferung I: Einleitung und §§ 1—252, Berlin 1944

Naka, Joshikatsu — Die Appellfunktion des Tatbestandsvorsatzes, JZ 1961, 210 ff.

Naucke, Wolfgang — Zur Lehre vom strafbaren Betrug, Berlin 1964

Nayhauss-Cormons, Ferdinand, Graf von — Die Abwendung des Erfolges einer Tat des Angestifteten durch den Anstifter vor ihrer Entdeckung in ihrer strafrechtlichen Bedeutung für den Anstifter, Diss. Breslau 1910

Neuenhofen, Hilde — Beendigter und unbeendigter Versuch, Diss. Heidelberg 1930

Niese — Die Rechtsprechung des Bundesgerichtshofs in Strafsachen, JZ 1955, 320 ff., JZ 1957, 658 ff.

Nitzsch, Otto Ludwig v. — Die heutige Regelung des Rücktritts vom Versuch, insbesondere die Frage der Anwendbarkeit der Rücktrittsvorschriften des § 49 a IV StGB, Diss. München 1957

Noack, Roland — Tatverlauf und Vorsatz, Diss. Hamburg 1966

Nowakowski, Friedrich — Die Erscheinungsformen des Verbrechens im Spiegel der Verbrechensauffassungen, ÖJZ 1953, 596 ff.

— Das Österreichische Strafrecht in seinen Grundzügen, Graz—Wien—Köln 1955

Nübell — Anm. zu RG v. 4. 10. 38, JW 1938, 3103

Oehler, Dietrich — Anm. zu BGH v. 20. 2. 53, JZ 1953, 561 f.

Häberlin	Einige Bemerkungen über den Versuch nach dem Reichsstrafgesetzbuch, GS 24 (1872), 253 ff.
Hälschner, Hugo	System des Preußischen Strafrechts, Erster oder allgemeiner Teil des Systems, Bonn 1858 (zit.: System)
—	Das gemeine deutsche Strafrecht, 1. Bd.: Die allgemeinen strafrechtlichen Lehren, Bonn 1881 (zit.: Deutsches Strafrecht)
Hafter, Ernst	Lehrbuch des Schweizerischen Strafrechts, Allgemeiner Teil, Berlin 1926
Hahn, C.	Strafgesetzbuch für das Deutsche Reich, 3. Aufl., Breslau 1877
Hall, Karl Alfred	Die Abgrenzung von Versuch und Vorbereitung im Willensstrafrecht, GS 110 (1938), 95 ff.
Hanack, Walter	Besprechung von Gutmann: Die Freiwilligkeit beim Rücktritt vom Versuch und bei der tätigen Reue, GA 1967, 157
Hartitzsch, Adolph v.	Das Criminalgesetzbuch für das Königreich Sachsen, Leipzig 1841
Hatzig, Karl	Über den Rücktritt vom Versuch und die sogenannte thätige Reue nach gemeinem Strafrecht und dem Reichsstrafgesetzbuch, Diss. Berlin 1897
Heerwagen, Werner	Der Rücktritt vom Versuch in seiner Bedeutung für die Teilnahme, Diss. Heidelberg 1924
Heffter, August Wilhelm	Lehrbuch des gemeinen deutschen Strafrechts, 6. Aufl., Braunschweig 1857
Hegler, August	Die Merkmale des Verbrechens, ZStW 36 (1915), 19 ff., 184 ff.
—	Anm. zu RG v. 18. 2. 23, JW 1924, 197
—	Subjektive Rechtswidrigkeitsmomente im Rahmen des allgemeinen Verbrechensbegriffs, Frank-Festgabe, Bd. I, Tübingen 1930, S. 251 ff.
Heidrich	Zur tätigen Reue, Deutsches Strafrecht, N. F., 8. Bd., 1941, 186 ff.
Heilborn, Paul	Der Agent provocateur, Berlin 1901
Heimberger, Josef	Strafrecht, Berlin—Wien 1931
Heinitz, Ernst	Streitfragen der Versuchslehre, JR 1956, 248 ff.
Heinze	Wegfall der Strafe, Handbuch des deutschen Strafrechts, Bd. 2: Die allgemeinen Lehren, hrsg. v. Fr. v. Holtzendorff, Berlin 1871, 587 ff.
Held	Vom freiwilligen Abstehen vom Versuche eines Verbrechens, Neue Jahrbücher für sächsisches Strafrecht, Bd. 3 (1845), 93 ff.
Helm, Josef v.	Der strafbare Versuch, oder Besprechung des Versuches und seiner Strafbarkeit mit besonderer Rücksicht auf die positiven Bestimmungen mehrerer deutscher Strafgesetze, Österreichische Vierteljahresschrift für Rechts- und Staatswissenschaft, Bd. 9 (1862), 1 ff.
Henke, Eduard	Handbuch des Criminalrechts und der Criminalpolitik, Berlin—Stettin 1823

Henkel, Heinrich — Anm. zu RG v. 28. 5. 37, JW 1937, 2375 ff.

— Strafverfahrensrecht. Ein Lehrbuch, 2. Aufl., Stuttgart—Berlin—Köln 1968

Hennig, Walter — Vorbereitung und Versuch im Strafrecht der DDR, Berlin 1966

Hentig, Hans v. — Besprechung von: Kemsies, Herbert: Die tätige Reue als Schuldaufhebungsgrund, Breslau 1929, Strafr. Abh. Heft 259, MonKrimBiol. Bd. 21 (1930), 313 f.

— Zur Psychologie der Einzeldelikte, Bd. II: Der Mord, Tübingen 1956

Hepp, Ferd. Carl Theodor — Versuche über einzelne Lehren der Strafrechtswissenschaft, 10. Abhandlung: Über das vollendete und unternommene Verbrechen, Heidelberg 1827 (zit.: Versuche)

— Commentar über das neue württembergische Straf-Gesetzbuch, 1. Band, Tübingen 1839

— Über den gegenwärtigen Stand der Lehre vom versuchten Verbrechen mit Rücksicht auf den neuen Württembergischen Strafentwurf, Archiv des Criminalrechts, N. F., 1836, 31 ff., 230 ff.

Herbst, Eduard — Handbuch des allgemeinen österreichischen Strafrechts, Wien 1875

Herbst, G. — Die Freiwilligkeit des Rücktritts vom Versuch nach § 46 Nr. 1 des deutschen StGB, GA 32 (1884), 109 ff.

Hergt, Raimund — Die Lehre von der Teilnahme am Verbrechen, Heidelberg 1909

Herz, Wilhelm — Betrachtungen zur Strafbarkeit des Versuchs, ÖJZ 1950, 82 ff.

— Strafbare Vorbereitungshandlung, ÖJZ 1954, 587 f.

— Über Versuch und Rücktritt vom Versuch, ÖJZ 1960, 50 ff.

Herzfeld, Julius — Der Rücktritt des Anstifters, Diss. Frankfurt a. M. 1922

Herzog, Reinhold — Rücktritt vom Versuch und tätige Reue, Würzburg 1889

Hesse — Bericht der zur Begutachtung des Entwurfs eines Strafgesetzbuchs für das Großherzogtum Hessen gewählten Ausschüsse Erster und Zweiter Kammer, 2. Aufl., Darmstadt 1859

Hiller — Verhandlungen des 13. DJT, Bd. II, 244 ff., Berlin 1876

Hippel, Reinhard v. — Untersuchungen über den Rücktritt vom Versuch, Berlin 1966

Hippel, Robert v. — Deutsches Strafrecht, Bd. II: Das Verbrechen. Allgemeine Lehren, Berlin 1930 (zit.: Strafrecht)

— Lehrbuch des Strafrechts, Berlin 1932 (zit.: Lehrbuch)

— Der Deutsche Strafprozeß, Marburg 1941

Hirsch, Hans Joachim — Literaturbericht: Strafrecht, Bes. Teil, ZStW 81 (1969), 917

Hocheder, Carl — Das Strafgesetzbuch für das Königreich Bayern, 1. Bd., Allg. Teil, München 1862

Hoegel, Hugo — Geschichte des österreichischen Strafrechts, 1. Heft, Wien 1904

Hohmann, Walter — Rücktritt vom Versuch und tätige Reue, Diss. Tübingen 1931

Horn, Arnold — Der Versuch, ZStW 20 (1900), 309

Hrehorowicz, Th. — Grundbegriffe des Strafrechts, 2. Aufl., Dorpat 1882

Hruschka, Joachim — Zur Frage des Wirkungsbereichs eines freiwilligen Rücktritts vom unbeendeten Versuch, JZ 1969, 495 ff.

Hufnagel, C. F. — Commentar über das Strafgesetzbuch für das Königreich Württemberg, 1. Bd., Stuttgart 1840, 3. Bd., Tübingen 1844

Hülle — Anm. zu BGH v. 20. 12. 56, LM Nr. 10 zu § 46

Huther — Tauglicher und untauglicher Versuch, GA 36 (1888), 433 ff.

Hye, Anton — Das österreichische Strafgesetz, 1. Bd., Wien 1855

Jakobs, Günther — Die Konkurrenz von Tötungsdelikten mit Körperverletzungsdelikten, Bonn 1967

Janka, Karl — Das österreichische Strafrecht, 3. Aufl., Prag—Wien—Leipzig 1894

Jaques, Heinrich — Beiträge zur Revision des österreichischen Strafrechts, redigiert und herausgegeben von Adolf Lenz, Wien 1894

Jarcke, Carl Ernst — Handbuch des gemeinen deutschen Strafrechts, 1. Bd., Berlin 1827

Jenull, Sebastian — Das Österreichische Criminalrecht nach seinen Gründen und seinem Geiste, 1. Teil, 3. Aufl., Wien 1837

Jescheck, Hans-Heinrich — Anm. zu BGH v. 14. 4. 55, MDR 1955, 562 f.

— — Lehrbuch des Strafrechts, Allgemeiner Teil, 2. Aufl., Berlin 1972 (zit.: AT)

Jhering, Rudolph v. — Der Zweck im Recht, Bd. I, 5. Aufl., Leipzig 1916

John, Richard Ed. — Die Verbrechen gegen den Staat, Handbuch des deutschen Strafrechts, Bd. 3: Die Lehre von den Verbrechensarten, Berlin 1874, 1 ff.

— — Entwurf mit Motiven zu einem Strafgesetzbuch für den Norddeutschen Bund, Berlin 1868 (zit.: Entwurf)

Joseph, Paul — Die Wirkung der tätigen Reue auf die Strafbarkeit des Täters und der Teilnehmer, Diss. Rostock 1910

Joussen, Fritz — Der freiwillige Rücktritt vom Versuch einer Straftat, Diss. Bonn 1927

Kalsbach, Werner — Anm. zu RG v. 15. 12. 33, JW 1934, 487 f.

Kantorowicz, Hermann — Tat und Schuld, Zürich, Leipzig 1933

Katzenstein, Richard — Der agent provocateur vom Standpunkt des Reichsstrafgesetzbuchs, ZStW 21 (1901), 374 ff.

Kaufmann, Armin — Die Dogmatik der Unterlassungsdelikte, Göttingen 1959

—	Die Dogmatik im Alternativ-Entwurf, ZStW 80, 34 ff.
—	Unterlassung und Vorsatz, Festschrift für Hellmuth v. Weber, Bonn 1963, 207 ff.
—	Lebendiges und Totes in Bindings Normentheorie, Göttingen 1954
Kellerer, Hans	Statistik im modernen Wirtschafts- und Sozialleben, Hamburg 1960
Kemsies, Herbert	Die tätige Reue als Schuldaufhebungsgrund, Diss. Königsberg 1928
Kitzinger, Friedrich	Juristische Aphorismen, Berlin 1923
Klarenaar, Wilhelm	Der Rücktritt des Teilnehmers vom Versuch nach geltendem Recht und den sechs Entwürfen, Diss. Erlangen 1927
Klee, Karl	Wille und Erfolg in der Versuchslehre, Strafrechtl. Abhandl. Heft 14, Breslau 1898 (zit.: Versuchslehre)
—	Begriffsjurisprudenz und Gerechtigkeit in der Strafrechtspflege, ZAkDR 1941, 255
—	Nochmals: Verletzungs- oder Gefährdungsstrafrecht, Deutsches Strafrecht 1934, N. F. Bd. 1, 190 ff.
Klein, Ernst Ferdinand	Grundsätze des Gemeinen Deutschen Peinlichen Rechts, 2. Aufl., Halle 1799
Kleinschrod, Gallus Aloys	Systematische Entwicklung der Grundbegriffe und Grundwahrheiten des peinlichen Rechts, Teil I, Erlangen 1794
Koch, Gerhard	Der Rücktritt vom formell vollendeten Delikt, Strafr. Abhandl. Heft 398, Diss. Berlin 1939
Köhler, August	Studien zum Vorentwurf eines deutschen Strafgesetzbuches, Nürnberg—Leipzig 1910
—	Deutsches Strafrecht, Allgemeiner Teil, Leipzig 1917 (zit.: AT)
—	Anm. zu RG v. 3. 4. 22, JW 1923, 373
—	Anm. zu RG v. 10. 11. 25, JW 1926, 1166 f.
Köstlin, C. R.	Neue Revision der Grundbegriffe des Criminalrechts, Tübingen 1845 (zit.: Neue Revision)
—	System des deutschen Strafrechts. 1. Abt.: Allgemeiner Teil, Tübingen 1855 (zit.: System)
Kohler, Josef	Studien aus dem Strafrecht I, Mannheim 1890 (zit.: Studien)
—	Vorwort zu Klee, Karl: Wille und Erfolg in der Versuchslehre, Breslau 1898, III ff.
—	Leitfaden des Deutschen Strafrechts, Leipzig 1912 (zit.: Leitfaden)
Kohlhaas, Max	Anm. zu BGH v. 5. 10. 65, LM Nr. 17 zu § 46
—	Anm. zu BGH v. 12. 2. 69, LM Nr. 22 zu § 46
Kolb, August	Verbrechensversuch und Strafgesetz-Entwurf 1927, Diss. Tübingen 1927
Krämer, Peter	Der Rücktritt vom Versuch nach dem Entwurf von 1927, Diss. Köln 1930

Krauss, Detlef — Erfolgsunwert und Handlungsunwert im Unrecht, ZStW 76, 19 ff.

Krauthammer, Karl — Der Rücktritt vom Versuch (Unter besonderer Berücksichtigung des Entwurfs 1927), Breslau 1932, Strafrechtl. Abh. Heft 310

Kreuzer, Max — Über den Rücktritt vom Versuch nach dem Reichsstrafgesetzbuch (§ 46) und der Reichsabgabenordnung (§ 410), Diss. Erlangen 1935

Kriegsmann, Hermann — Die Schuld nach dem Strafgesetze. II. Kritische Bemerkungen zu dem Werk v. Bars, Gesetz u. Schuld im Strafrecht Bd. 2, ZStW 30 (1910), 542 ff.

Kries, August v. — Lehrbuch des Deutschen Strafprozeßrechts, Freiburg 1892

Krug, August Otto — Die Grundsätze der Gesetzesauslegung in ihrer Anwendung auf die neueren deutschen Strafgesetzbücher, Leipzig 1848

— Versuch, Weiske's Rechtslexikon Bd. 12, Leipzig 1858 (zit.: Rechtslexikon)

— Commentar zu dem Strafgesetzbuch für das Königreich Sachsen vom 11. August 1855, 1. Abteilung: Allgemeiner Teil, 2. Aufl., Leipzig 1861 (zit.: Commentar)

Krumme — Anm. zu BGH v. 14. 4. 55, LM Nr. 5 zu § 177

Küper, Wilfried — Zur irrigen Annahme von Strafmilderungsgründen, GA 1968, 321

Kullmann, Georg — Strafrecht und Läsionenlehre, Wiesbaden 1912

— Irrtum und Schuld im Lichte der Symptomatik, MonKrimBiol. Bd. 10, 471 ff.

Laas, Z. — Vergeltung und Zurechnung, Vierteljahresschrift für wissenschaftliche Philosophie, 5. Jg. (1881), 137 ff., 296 ff., 448 ff.

Lackner, Karl — Anm. zu BGH v. 5. 10. 65, JR 1966, 106 f.

— Gedanken zur Reform des Tatbestandes der Unfallflucht, DAR 1972, 283 ff.

Lackner, Karl — Maassen, Herm. — Strafgesetzbuch, 7. Aufl., München 1972

Lahn, Ludwig — Der Versuch, der Rücktritt vom Versuch und die tätige Reue, Diss. Würzburg 1920

Lamm — Gutachten zum 13. DJT, Bd. I, 145 ff., Berlin 1876

— Zwei Fragen aus dem allgemeinen Teil des königl. sächsischen Strafrechts, Allgemeine Gerichtszeitung für das Königreich Sachsen, Jg. 3 (1859), 158 ff.

Lammasch, Heinrich — Das Moment objektiver Gefährlichkeit im Begriff des Verbrechensversuches, Wien 1879

Lang, Friedrich — Der Rücktritt vom Versuch bei Teilnahme und mittelbarer Täterschaft, Diss. Erlangen 1915

Kohlrausch, Ed. — Lange, Rich. — Strafgesetzbuch, 43. Aufl., Berlin 1961

Lange, Richard — Anm. zu BGH Urt. v. 29. 4. 58, JZ 1958, 671 f.

Lang-Hinrichsen, Dietrich — Probleme der strafrechtlichen Schuld und der Kriminologie, Civitas Bd. 2 (1963), 206 ff.

— Diskussionsbeitrag auf der Herbstakademie der Vereinigung Vorarlberger Akademiker, Zur österreichischen Strafrechtsreform, Schriftenreihe der Vereinigung Vorarlberger Akademiker, Heft 7, 1965, Bregenz, 119 f., 183 ff. (zit.: Strafrechtsreform)

— Buchbesprechung: R. v. Hippel, Untersuchungen über den Rücktritt vom Versuch, JR 1968, 278 f.

— Bemerkungen zum Begriff der Tat, Festschrift für Engisch, Frankfurt 1969, S. 351 ff.

Laue, Erich — Das bedingte Verbrechen, Diss. Leipzig 1906

Lazarus, Willy — Die sog. Schuld-, Strafausschließungs- und Strafaufhebungsgründe, Strafrechtl. Abhandl. Heft 135, Breslau 1911

Lehmann, Barbara — Die Bestrafung des Versuchs nach deutschem und amerikanischem Recht, Rechtsvergleichende Untersuchungen zur gesamten Strafrechtswissenschaft, N. F., Heft 30, Bonn 1962

Leimgruber, Oscar — Rücktritt und tätige Reue im schweizerischen Strafrecht, Diss. Freiburg (Schweiz), 1916

Leipziger Kommentar — Strafgesetzbuch, begründet von Ebermayer-Lobe-Rosenberg, 8. Aufl., hrsg. v. Jagusch und Mezger, Berlin 1957 (§ 46 komm. von Jagusch), 9. Aufl. Hrsg. v. Baldus und Willms, Berlin 1970 ff. (§ 46 komm. von Busch)

Lenckner, Theodor — Der rechtfertigende Notstand, Tübingen 1965

— Probleme beim Rücktritt der Beteiligten, Festschrift für Wilhelm Gallas, New York—Berlin 1973, 281 ff.

Leonhardt, Adolph — Commentar über das Criminal-Gesetzbuch für das Königreich Hannover, 1. Bd., Hannover 1846

Lersch, Philipp — Aufbau der Person, 9. Aufl., München 1964

Leuthold — Gutachten zum 13. DJT, Bd. I, 178 ff., Berlin 1876

Liepmann, M. — Die Reue vom kriminalistischen Standpunkt, ZStW 22 (1902), 72 ff.

Lilienthal, Karl v. — Anm. zu RG v. 22. 6. 22, JW 1923, 930

— Anm. zu RG v. 30. 1. 22, JW 1924, 299

— Anm. zu RG v. 12. 11. 26, JW 1926, 1167

Liszt, Eduard v. — Zur Lehre vom Versuch, ZStW 25 (1905), 24 ff.

Liszt, Franz v. — Bemerkungen zum Entwurfe des Allgemeinen Teils eines Strafgesetzbuches für Rußland, Strafrechtliche Aufsätze und Vorträge, Bd. I, 180 ff., Berlin 1905

— Nach welchen Grundsätzen ist die Revision des Strafgesetzbuchs in Aussicht zu nehmen? Strafrechtliche Aufsätze und Vorträge, Bd. II, 356 ff., Berlin 1905

— Zum Vorentwurf eines Reichsstrafgesetzbuchs, ZStW 30, 250 ff.

Liszt, Franz v. — Schmidt, Eb.	Lehrbuch des Deutschen Strafrechts, 25. Aufl., Berlin—Leipzig 1927, 26. Aufl., Berlin—Leipzig 1932
Lobe, Adolf	Rücktritt vom Verbrechen, Handwörterbuch der Rechtswissenschaft, hrsg. v. Stier-Somlo u. Elster, 5. Bd., Berlin—Leipzig 1928
—	Leipziger Kommentar, Bd. I: Allgemeiner Teil, 5. Aufl., Berlin—Leipzig 1933
Loeb, Wilhelm	Der Versuch im Reichsstrafgesetzbuch und im Vorentwurf, Strafrechtl. Abhandl. Heft 176, Breslau 1913
Löbbecke, Bernfried	Anm. zum Urteil des BGH NJW 1972, 2004, NJW 1973, 62
Loening, Richard	Grundriß zu den Vorlesungen über Deutsches Strafrecht, Frankfurt a. M. 1885
Lönnies, Otward	Rücktritt und tätige Reue beim unechten Unterlassungsdelikt, NJW 1962, 1950 ff.
Lucas, Hermann	Anleitung zur strafrechtlichen Praxis, 2. Teil: Das materielle Strafrecht, 3. Aufl., Berlin 1912
Lucas, Hermann — Ebermayer, Ludwig	Anleitung zur strafrechtlichen Praxis, 2. Teil: Das materielle Strafrecht, 4. Aufl., Berlin 1929
Luden, Heinrich	Abhandlungen aus dem gemeinen teutschen Strafrechte, 1. Bd.: Über den Versuch des Verbrechens, Göttingen 1836 (zit.: Versuch)
—	Handbuch des teutschen gemeinen und partikularen Strafrechts, 1. Bd., Jena 1847 (zit.: Handbuch)
Lullies, Stefan	Das Problem der Tötungshemmung beim Mörder, Berlin 1971
Lüttichau, Georg v.	Die Freiwilligkeit der Aufgabe des Verbrechens als Voraussetzung der Straflosigkeit unter bes. Berücksichtigung des § 410 RAO, Diss. Breslau 1933
Maiwald, Manfred	Die natürliche Handlungseinheit, Heidelberg 1964
Malaniuk, Wilhelm	Lehrbuch des Strafrechts, 1. Bd.: Allgemeine Lehren, Wien 1947
Makarewicz, J.	Einführung in die Philosophie des Strafrechts, Stuttgart 1906
Mannheim, Hermann	Anm. zu RG v. 7. 2. 29, JW 1929, 1009
Marezoll, Theodor	Das gemeine deutsche Criminalrecht als Grundlage der neueren deutschen Strafgesetzgebungen, 3. Aufl., Leipzig 1856
Martin	Anm. zu BGH v. 15. 1. 60, LM Nr. 14 a zu § 46
Marx, Karl	Der freiwillige Rücktritt vom Versuch nach geltendem Recht und nach den Entwürfen, Diss. Marburg 1929
Matzke	Anm. zu RG v. 17. 9. 34, JW 1935, 284 ff.
Maurach, Reinhart	Deutsches Strafrecht, Allgemeiner Teil, 4. Aufl., Karlsruhe 1971 (zit.: AT)
Mayer, Hellmuth	Das Strafrecht des Deutschen Volkes, Stuttgart 1936

—	Strafrecht, Allgemeiner Teil, Stuttgart—Köln 1953 (zit.: AT)
—	Strafrecht, Allgemeiner Teil (Studienbuch), Stuttgart 1967 (zit.: Studienbuch)
Mayer, Max Ernst	Der Allgemeine Teil des Deutschen Strafrechts, 2. Aufl., Heidelberg 1923 (zit.: AT)
—	Versuch und Teilnahme, Die Probleme des Reichsstrafgesetzbuchs, hrsg. von Aschrott-Liszt, Bd. I: Allgemeiner Teil, 331 ff., Berlin 1910
Merkel, Adolf	Lehrbuch des Deutschen Strafrechts, Stuttgart 1889
Merkel, Ad. — Liepmann, Moritz	Die Lehre von Verbrechen und Strafe, Stuttgart 1912
Merkel, Adolf	Anm. zu RG v. 1. 6. 31, JW 1932, 415
Mersmann, Hermann	Der Rücktritt vom Versuch, Diss. Kiel 1949
Meister, Hans Georg	Strafbefreiender Rücktritt durch Erfolgsabwendung beim untauglichen Versuch, Deutsches Strafrecht 1943, 160
—	Anm. zu BGH v. 21. 4. 55, MDR 1955, 688 f.
Meves	Die Grundsätze des Reichs-Strafgesetzbuches über die tätige Reue, GS 24 (1872), 161 ff.
Meyer, Hans Joachim	Die Erscheinungsformen des kriminellen Unrechts im Lichte der modernen Strafrechtsschule mit besonderer Berücksichtigung der Versuchslehre im geltenden und im vorgeschlagenen Recht, Diss. Heidelberg 1914
Meyer, Hugo	Tat- und Rechtsfrage im Geschworenengericht, Berlin 1860
—	Die Gerechtigkeit im Strafrecht, GS 33 (1881), 101 ff.
—	Lehrbuch des Deutschen Strafrechts, 4. Aufl., Erlangen 1888
Meyer, Oswald	Der freiwillige Rücktritt vom Versuch nach geltendem Recht, dem Vorentwurf (§ 77) und dem Gegenentwurf (§ 30), Diss. Erlangen 1914
Mezger, Edmund	Anm. zu RG v. 12. 2. 34, JW 1934, 1356
—	Anm. zu RG v. 21. 10. 35, JW 1936, 325
—	Strafrecht, 3. Aufl., Berlin—München 1949
Mittermaier, C. J. A.	Beiträge zur Lehre vom Versuch der Verbrechen, Neues Archiv des Criminalrechts, Bd. 1 (1816), 163 ff.
—	Das neue Gesetz über die correktionelle Gerichtsbarkeit für den Kanton Basel, Neues Archiv des Criminalrechts, 1826, 1 ff.
Motive	zum Strafgesetzbuch für den Norddeutschen Bund, Anlagen zu den Verhandlungen des Reichstages des Norddeutschen Bundes, I. Legislaturperiode, Sitzungsperiode 1870, Berlin 1870

Gleispach, Wenzel v. — Der österreichische Strafgesetzentwurf und das Schuldproblem, Österreichische Zeitschrift für Strafrecht, Bd. 2 (1911), 209 ff.

— Der Rücktritt von der Gefährdung, Juristische Vierteljahresschrift hrsg. v. der Geschäftsleitung des Deutschen Juristenvereines in Prag, Bd. 46 (1914) = N. F. 30. Bd., 1 ff.

— Das Kriegsstrafrecht, Teil I: Das allgemeine Kriegsstrafrecht, Stuttgart—Berlin 1941

Görner, Erich — Die tätige Reue nach dem geltenden Recht und den Entwürfen zum Strafgesetzbuch, Diss. Jena 1927

Goetzeler, Richard — Die rechtsstaatliche Funktion des Gesetzes in ihrem Verhältnis zur Gerechtigkeitsidee und zur Praktikabilität auf dem Gebiet des Strafrechts, ZStW 63 (1951), 83 ff.

Goldberg, Gerhard — Das bedingte Verbrechen, Diss. Würzburg 1926

Goldschmidt, James — Die Lehre vom unbeendigten und beendigten Versuch, Strafrechtliche Abhandlungen, Heft 7, Breslau 1897 (zit.: Versuch)

— Der Notstand, ein Schuldproblem, Österreichische Zeitschrift für Strafrecht, Jg. 1913, 129 ff.

— Materielles Justizrecht, Festgabe für Bernhard Hübler, Berlin 1905 (Sonderabdruck)

Goltdammer — Die Materialien zum Strafgesetzbuch für die Preußischen Staaten, Teil I: Das Einführungsgesetz und den allgemeinen Teil enthaltend, Berlin 1851 (zit.: Materialien)

— Zur Lehre vom Versuch. Ein Rechtsfall, GA 8, 618 ff.

Grewe, Wilhelm — Gnade und Recht, Hamburg 1936

Griessmaier, Kurt — Der Rücktritt des Teilnehmers vom Versuch, Diss. Erlangen 1935

Grolman, Karl v. — Grundsätze der Criminalrechtswissenschaft, Gießen 1798

Grünhut, Max — Das englische Strafrecht, Mezger-Schönke-Jescheck: Das ausländische Strafrecht der Gegenwart, Bd. III (1959), 133 ff.

Grünwald — Das unechte Unterlassungsdelikt, seine Abweichungen vom Handlungsdelikt, Diss. Göttingen 1957

Grützner — Besprechung von Koch, Gerhard: Der Rücktritt vom formell vollendeten Delikt, Strafr. Abhdlg. 398, Breslau 1938, Deutsches Strafrecht 1941, 104

Gummersbach, Heinz — Der nach § 46 des Reichsstrafgesetzbuchs straflose Versuch und das Wesen des Rücktritts, Diss. Erlangen 1916

— Mordmotive und „Motivmorde", Archiv für Kriminologie 96, 58 ff.

Haeberlin, C. F. W. J. — Grundsätze des Criminalrechts nach den neuen deutschen Strafgesetzbüchern, 1. Bd.: Allgemeine Lehren, Leipzig 1845

— Das objektive Zweckmoment in der rechtswidrigen Handlung, Berliner Juristische Abhandlungen, Bd. 1, Berlin 1959

Oersted, A. S. Ausführliche Prüfung des neuen Entwurfs zu einem Strafgesetzbuch für das Königreich Bayern, Kopenhagen 1823

— Über die Grundregeln der Strafgesetzgebung, Kopenhagen 1818

Oetker, Friedrich Der Versuch und die schweizerischen Strafgesetzentwürfe, ZStW 17, 53 ff.

— Vermischte Mitteilungen: Vorbereitung, Versuch, Beihilfe, Deliktsabwendung, GS 88 (1922), 86 ff.

— Anm. zu RG v. 6. 5. 29, JW 1929, 3010 f.

Olshausen, J. v. Kommentar zum Strafgesetzbuch für das Deutsche Reich, 11. Aufl., Berlin 1927

— Kommnetar zum Strafgesetzbuch für das Deutsche Reich, 12. Aufl., neu bearb. v. Freiesleben, Hörchner, Kirchner, Niethammer, Berlin 1942

Oppenhoff, F. C. Das Strafgesetzbuch für die Preußischen Staaten, 5. Aufl., Berlin 1867

Osenberg, Eduard Der freiwillige Rücktritt vom Versuch nach geltendem Recht und den reichsdeutschen Entwürfen, Diss. Erlangen 1924

Osenbrüggen, Eduard Abhandlungen aus dem deutschen Strafrecht, Erlangen 1857

Otto, Georg Ernst Vom Versuch der Verbrechen, Leipzig 1854

Otto, Harro Fehlgeschlagener Versuch und Rücktritt, GA 1967, 144 ff.

— Kausaldiagnose und Erfolgszurechnung im Strafrecht, Festschrift für R. Maurach, 91 ff., Karlsruhe 1972

Overbeck, Alfred v. Die Erscheinungsformen des Verbrechens im Lichte der modernen Strafrechtsschule, Leipzig 1909

Pawelke, Max Der Rücktritt des Täters vom Versuch, Diss. Breslau 1912

Pelchen Anm. zu BGH v. 9. 3. 67, LM Nr. 18 zu § 46

— Anm. zu BGH v. 11. 6. 68, LM Nr. 20 zu § 46

Peschke Anm. zu RG v. 30. 5. 22, JW 1923, 16

Peters, Karl Zur Lehre von den persönlichen Strafausschließungsgründen, JR 1949, 496 ff.

— Mehrere Schüsse bei einer Tötung, GA 1958, 97 ff.

— Strafprozeß, 2. Aufl., Karlsruhe 1966

Petters-Preisendanz Strafgesetzbuch, 27. Aufl., Berlin 1971

Pfleiderer, Klaus Die Garantenstellung aus vorangegangenem Tun, Berlin 1968

Platzgummer, Winfried Der freiwillige Rücktritt vom Versuch und seine Behandlung in der Fragestellung an die Geschworenen, Juristische Blätter 1957, 1 ff.

Prosch, Erich Der Rücktritt vom Versuch in seiner Bedeutung für die Teilnahme, Diss. Tübingen 1904

Radbruch, Gustav — Entwurf eines Allgemeinen Deutschen Strafgesetzbuches (1922), Tübingen 1952

— Zur Systematik der Verbrechenslehre, Festgabe für Frank, Bd. I, 158 ff., Tübingen 1930

— Erfolgshaftung, Vergleichende Darstellung des Deutschen und Ausländischen Strafrechts, Allgemeiner Teil, Bd. II, 227 ff., Berlin 1908

Ranft, Otfried — Strafgrund der Berauschung und Rücktritt von der Rauschtat, MDR 1972, 737 ff.

Rapp, Horst — Das Parteienprivileg des Grundgesetzes und seine Auswirkungen auf das Strafrecht, Tübingen 1970

Redslob, Robert — Versuch und Vorbereitung, Strafr. Abhandl. Heft 90, Breslau 1908

Reinicke, D. — Zur Rechtsprechung des Obersten Gerichtshofs für die Britische Zone über die Anwendbarkeit des Grundsatzes in dubio pro reo bei Strafausschließungsgründen, MDR 1950, 77 ff.

Reis, Richard — Besprechung von Herzog: Rücktritt vom Versuch und tätige Reue, Kritische Vierteljahresschrift für Gesetzgebung und Rechtswissenschaft, N. F. Bd. XIII, Der ganzen Folge XXXII Bd. (1890), 552 ff.

Reuss, Wilhelm — Handausgabe des Württembergischen Strafgesetzbuchs vom 1. 3. 1839 nebst Normalien und Präjudizien der höheren Gerichte in Württemberg, Stuttgart 1859

Revision — des Entwurfs des Strafgesetzbuchs von 1843, 1. Bd., Berlin 1845

Riebes, Otto — Die Freiwilligkeit beim Rücktritt vom Versuch, Untersuchungen zur deutsch-österreichischen Rechtsangleichung, Bd. 7, Leipzig 1931

Rietsch — Willensstrafrecht, Versuch und Teilnahme, DJ 1943, 309 ff.

Rittler, Theodor — Lehrbuch des österreichischen Strafrechts, 1. Bd.: Allgemeiner Teil, 2. Aufl., Wien 1954

Roeder, Hermann — Die Erscheinungsformen des Verbrechens, Wien 1953

— Der allgemeine Teil des österreichischen Strafgesetzentwurfs in der Fassung des Ministerialentwurfs von 1964, Wien 1965

Roßhirt, Conrad Franz — Lehrbuch des Criminalrechts, Heidelberg 1821

— Entwicklung der Grundsätze des Strafrechts nach den Quellen des gemeinen deutschen Rechts, Heidelberg—Leipzig 1828

Roxin, Claus — Literaturbericht: Strafrecht, Allgemeiner Teil, ZStW 77, 91 ff.

— Literaturbericht: Strafrecht, Allgemeiner Teil. Bespr. von Baumann, Strafrecht AT, 5. Aufl., ZStW 80 (1968), 694 ff.

— Einige Bemerkungen zum Verhältnis von Rechtsidee und Rechtsstoff in der Systematik unseres Strafrechts, Gedächtnisschrift für Gustav Radbruch, 260 ff., Göttingen 1968

— Kriminalpolitik und Strafrechtssystem, Berlin 1970 (zit.: Kriminalpolitik)

— Gedanken zur Problematik der Zurechnung im Strafrecht, Festschrift für Richard Honig, 133 ff., Göttingen 1970

— Der Anfang des beendeten Versuchs, Festschrift für Reinhart Maurach, 213 ff., Karlsruhe 1972

— Über den Rücktritt vom unbeendeten Versuch, Festschrift für Ernst Heinitz, 251 ff., 1972

Rubo, Ernst Traugott — Kommentar über das Strafgesetzbuch für das deutsche Reich, Berlin 1879

Ruchner, Arthur — Der Strafwegfall beim Versuche, Diss. Bonn 1928

Rudolphi, Hans-Joachim — Ist die Teilnahme an einer Notstandstat i. S. der §§ 52, 53 III und 54 strafbar? ZStW 78 (1966), 67 ff.

— Unrechtsbewußtsein, Verbotsirrtum und Vermeidbarkeit des Verbotsirrtums, Göttingen 1969

— Inhalt und Funktion des Handlungsunwertes im Rahmen der personalen Unrechtslehre, Festschrift für R. Maurach, 51 ff., Karlsruhe 1972

— Literaturbericht: Strafrecht, Allgemeiner Teil, ZStW 85 (1973), 104 ff.

Rüdorff, Hans — Stenglein, M. — Strafgesetzbuch für das Deutsche Reich, 4. Aufl., Berlin 1892

Salm, Karl — Das versuchte Verbrechen, Karlsruhe 1957

Sauer, Wilhelm — Grundlagen des Strafrechts, Berlin—Leipzig 1921

— Allgemeine Strafrechtslehre, 3. Aufl., Berlin 1955

Sauermann, Karl — Der Versuch als „delictum sui generis", Strafr. Abhandl. Heft 227, Breslau 1927

Seefried, R. — Beihilfe, mittelbare Täterschaft, RStGB § 46 und das Reichsgericht, Seuffert's Blätter für Rechtsanwendung, Bd. 73 (1908), 354 ff.

Seeger — Bemerkungen zu dem Entwurf eines norddeutschen Strafgesetzbuchs u. den Verhandlungen des Reichstages über denselben, GA 18, 227 ff.

Seeger, Julius — Die Lehre von der Freiwilligkeit des Rücktritts vom Versuch und ihre theoretische Grundlage, Diss. Göttingen 1949

Seibert — In dubio pro reo, DRZ 1949, 557

Seuffert — Einfluß des objektiven Erfolges auf die Strafbarkeit vorsätzlicher Straftaten, insbesondere bei Versuch und Teilnahme, Mitteilungen der IKV Bd. 10 (1902), 448 ff.

Sommer, Hermann — Das bedingte Verbrechen, Diss. Leipzig 1908

Sonnenholzner, Friedrich — Rücktritt vom Versuch bei mehreren Beteiligten, Diss. München 1951

Spohr, Ludwig — Rücktritt und tätige Reue beim versuchten und vollendeten Verbrechen im Amtlichen Entwurf eines Allgemeinen Deutschen StGB, Strafr. Abhandl. Heft 215, Breslau 1926

Schäfer, K. — Bemerkungen zum Straffreiheitsgesetz v. 30. 4. 1938, DJ 1938, 814 ff.

Schaffstein, Friedrich — Die allgemeinen Lehren vom Verbrechen in ihrer Entwicklung durch die Wissenschaft des Gemeinen Strafrechts, Berlin 1930

— Anm. zu RG v. 26. 6. 34, JW 1934, 2237

Schlosky — Der Versuch im Entwurf eines Allgemeinen Deutschen Strafgesetzbuchs, DRiZ 1930, 172 ff.

Schmidhäuser, Eberhard — Gesinnungsmerkmale im Strafrecht, Tübingen 1958

— Zur Systematik der Verbrechenslehre, Gedächtnisschrift für Gustav Radbruch, 1968, 268 ff.

— Strafrecht, Allgemeiner Teil, Tübingen 1970 (zit.: AT)

Schmidt, Eberhard — Lehrkommentar zur Strafprozeßordnung und zum Gerichtsverfassungsgesetz, Teil I: Die rechtstheoretischen und die rechtspolitischen Grundlagen des Strafverfahrensrechts, Göttingen 1952

Schmidt, Richard — Grundriß des deutschen Strafrechts, Leipzig 1925

Schmitt, Anton — Der beendigte und der nicht beendigte Versuch, Diss. Erlangen 1920

Schmitt, Rudolf — Rücktritt von der Verabredung zu einem Verbrechen — BGHSt. 12, 306, JuS 1961, 25 ff.

Schmitz, Willy — Der freiwillige Rücktritt vom Versuch nach dem Vorentwurf zu einem deutschen Strafgesetzbuch, verglichen mit dem geltenden Recht, Diss. Erlangen 1912

Schmitz-Otto, Josefine — Die tätige Reue nach vollendetem Delikt im Strafgesetzbuch für das Deutsche Reich (RStGB §§ 158, 169 II, 204, 310), Diss. Erlangen 1916

Schneider, Egon — Die durch eine verschuldete Folge qualifizierten Delikte, Diss. Köln 1954

Schneider-Neuenburg — Die Rechtsprechung des Reichsgerichts auf dem Gebiete des StGB und der seit Januar 1933 erlassenen strafrechtlichen Gesetze u. Verordnungen in Bd. 68 Heft 1, 2 und 3 der amtlichen Sammlung der Entscheidungen des RG in Strafsachen, JW 1934, 3239 ff.

Schoetensack, August — Tätige Reue, Vergleichende Darstellung des Deutschen und Ausländischen Strafrechts, Allgemeiner Teil, Bd. II, 435 ff., Berlin 1908

— Verbrechensversuch und Deutscher Strafgesetz-Vorentwurf, Sonderdruck aus Festschrift für Karl Binding, 377 ff,. Leipzig 1911

— Der Versuch und der amtliche Entwurf eines Allgemeinen Deutschen StGB (1926), GS 91, 378 ff.

—	Verbrechensversuch, Festschrift für Reinhard Frank, Bd. II, Tübingen 1930, 55 ff.
—	Denkschrift des Zentralausschusses der Strafrechtsabteilung der Akademie für Deutsches Recht über die Grundzüge eines Allg. deutschen Strafrechts, Der Versuch, S. 62 ff., Berlin 1934
Scholz	Anm. zu RG v. 9. 2. 31, JW 1932, 510 f.
Schorsch, Eberhard	Sexualstraftäter, Stuttgart 1971
Schröder, Horst	Die Freiwilligkeit des Rücktritts vom Versuch, MDR 1956, 321 ff.
—	Die Not als Rechtfertigungs- und Entschuldigungsgrund, ZStR 76 (1960), 1 ff.
—	Grundprobleme des Rücktritts vom Versuch, JuS 1962, 81 ff.
—	Die Koordinierung der Rücktrittsvorschriften, Festschrift für Hellmuth Mayer, 377 ff., Berlin 1966
Schönke, Adolf — Schröder, H.	Strafgesetzbuch, 16. Aufl., München 1972
Schröder, Jan	Der bedingte Tatentschluß, Diss. Hamburg 1969
Schröter, Karl-August-Wilhelm	Handbuch des peinlichen Rechts, 1. Bd., Leipzig 1818
Schuch, Wilhelm	Ist der beendigte Versuch subjektiv oder objektiv zu bestimmen und welche Folgerungen ergeben sich daraus für den Rücktritt vom Versuch bei Täter und Teilnehmer, Diss. Köln 1930
Schütze, Theodor Reinhold	Lehrbuch des Deutschen Strafrechts, Leipzig 1871
Schuh, Ewald	Der Rücktritt vom Versuch und seine Bedeutung für die Teilnahme, Diss. Münster 1910
Schultheisz, Emil	Ein neues Verbrechensmerkmal, Schweizerische Zeitschrift für Strafrecht, 1949, 338 ff.
Schwab, Eduard	Der Rücktritt vom Versuch in seiner Bedeutung für die Teilnahme, Diss. Erlangen 1904
Schwander, Vital	Das Schweizerische Strafgesetzbuch, 2. Aufl., Zürich 1964
Schwartz, Gotthard	Wirkung des Rücktritts des Täters vom Versuche hinsichtlich der Bestrafung der Anstiftung und der Beihilfe, Diss. Breslau 1918
Schwarz, Otto — Kleinknecht, Th.	Strafprozeßordnung, 30. Aufl., München 1971
Schwarze, Friedrich Oskar v.	Die tätige Reue in dem Königlich-sächs. Strafgesetzbuch, Allgemeine Gerichtszeitung für das Königreich Sachsen, Jg. 7 (1863), 397 ff., Jg. 9 (1865), 1 ff., 129 ff.
—	Über das freiwillige Abstehen bei dem Versuche des Verbrechens, insbesondere des Meineids, GA 2, 429 ff.
—	Versuch und Vollendung, Handbuch des deutschen Strafrechts, hrsg. v. Fr. v. Holtzendorff, Bd. 2: Die allgemeinen Lehren, 270 ff., Berlin 1871
—	Commentar zum Strafgesetzbuch für das Deutsche Reich, 5. Aufl., Leipzig 1884

Steigleder, E. — Mörder und Totschläger, Stuttgart 1968

Stemann, v. — Beiträge zur Kodifikation des Norddeutschen Strafrechts, GA 17, 315 ff.

Stenglein — Verhandlungen des 13. DJT, Bd. II, 229 ff., Berlin 1876

Stenographische Berichte — über die Verhandlungen des Reichstages des Norddeutschen Bundes, I. Legislaturperiode, Session 1870, 1. Bd., 1.—32. Sitzung, S. 222 ff., Berlin 1870

Stienen, Joseph Justus — Fälle einer begrifflichen Unmöglichkeit des Versuchs, Diss. Münster 1911

Stilke, Georg H. — Die Freiwilligkeit des Rücktritts vom Versuch nach geltendem und künftigem Recht, Diss. Bonn 1928

Stöger, Fritz — Versuch des untauglichen Täters, Neue Kölner Rechtswissenschaftliche Abhandlungen, Heft 19, Berlin 1961

Stolze, Walter — Zusammentreffen von Versuch und Vollendung, Diss. Jena 1927

Stooss, Carl — Die Grundzüge des Schweizerischen Strafrechts, 1. Bd., Basel—Genf 1892

Stratenwerth, Günter — Der agent provocateur, MDR 1953, 717 ff.

— Dolus eventualis und bewußte Fahrlässigkeit, ZStW 71, 55 ff.

— Handlungs- und Erfolgsunwert im Strafrecht, ZStR 79 (1963), 233 ff.

— Die fakultative Strafmilderung beim Versuch, Festgabe zum Schweizerischen Juristentag 1963, 247 ff., Basel 1963

— Zur Funktion strafrechtlicher Gesinnungsmerkmale, Festschrift für Hellmuth v. Weber, 171 ff., Bonn 1963

— Strafrecht, AT I: Die Straftat, Köln—Berlin—Bonn—München 1971 (zit.: AT)

Stree, Walter — In dubio pro reo, Tübinger Rechtswiss. Abhandlungen, Bd. 5, Tübingen 1962

Temme, J. D. H. — Glossen zum Strafgesetzbuch für die Preußischen Staaten, Breslau 1853 (zit.: Glossen)

— Lehrbuch des Preußischen Strafrechts, Berlin 1853 (zit.: Lehrbuch)

Thierfelder, Rudolf — Objektiv gefaßte Schuldmerkmale, Strafrechtl. Abhandl. Heft 308, Diss. Tübingen 1932

Tippelskirch, v. — Zur Lehre vom strafbaren Versuch und der tätigen Reue, insbesondere über das Verhältnis des § 31 des Preußischen zu den §§ 43, 46 des Norddeutschen Strafgesetzbuchs, GA 19 (1871), 481 ff.

Tittelbach, Walter — Die strafrechtliche Bedeutung des Rücktritts vom Versuch unter besonderer Berücksichtigung des Strafgesetzentwurfs 1925, Diss. Königsberg 1925

Tittmann, Carl August — Handbuch der Strafrechtswissenschaft und der deutschen Strafgesetzkunde, 1. Bd., 2. Aufl., Nelle 1822

Thilo, Wilhelm — Strafgesetzbuch für das Großherzogtum Baden, Karlsruhe 1845

Thomsen, Andreas — Criminalpolitische Bekämpfungsmethoden, Berlin 1893

— Über den Versuch der durch eine Folge qualifizierten Delikte, Kiel—Leipzig 1895

— Das Deutsche Strafrecht, Allgemeiner Teil, Berlin 1906

Thormann, Ph. — Overbeck, A. v. — Das Schweizerische Strafgesetzbuch, 1. Bd.: Allgemeine Bestimmungen, Zürich 1940

Traub, Fritz — Die Subjektivierung des § 46 StGB in der neuesten Rechtsprechung des BGH, NJW 1956, 1183 ff.

Treplin, Heinrich — Der Versuch. Grundzüge des Wesens und der Handlung, ZStW 76, 441 ff.

Tröndle, Herbert — Die Rechtsprechung des Bundesgerichtshofs in Strafsachen, Materielles Recht, GA 1962, 225 ff.

— Die Rechtsprechung des Bundesgerichtshofs in Strafsachen, GA 1973, 289 ff.

Trost, Willi — Rücktritt vom versuchten und vollendeten Delikt, Diss. Münster 1949

Uibel, S. — Zur Anwendbarkeit des Grundsatzes „in dubio pro reo" im Rahmen des § 158 StGB, NJW 1960, 1893

Ullmann, Emanuel — Lehrbuch des Deutschen Strafprozeßrechts, München 1893

Ulsenheimer, Klaus — Zur Problematik des Versuchs erfolgsqualifizierter Delikte, GA 1966, 257 ff.

— Zumutbarkeit normgemäßen Verhaltens bei Gefahr eigener Strafverfolgung, GA 1972, 1 ff.

Vergleichende — Zusammenstellung strafrechtlicher Bestimmungen aus deutschen und außerdeutschen Gesetzgebungen, Anlage zu den Motiven des Strafgesetz-Entwurfs für den Norddeutschen Bund, Berlin 1869

Wach, Adolf — Der neue Strafgesetzentwurf, Allgemeiner Teil, DJZ 1925, 529 ff.

Wachenfeld, Friedrich — Strafrecht in: Enzyklopädie der Rechtswissenschaft, hrsg. v. Josef Kohler, 239 ff., 6. Aufl., Berlin—Leipzig 1904

— Lehrbuch des Deutschen Strafrechts, München 1914

— Der allgemeine Teil des Strafgesetzentwurfs von 1925, GA 69 (1925), 257 ff.

Wächter, Carl Georg v. — Deutsches Strafrecht — Vorlesungen, hrsg. v. O. v. Wächter, Leipzig 1881

Wagner, Willi Erich — Der Umfang der Strafvergünstigung beim freiwilligen Rücktritt vom Versuch, Diss. Frankfurt a. M. 1939

Waiblinger, Max — Die Abgrenzung des strafbaren Versuchs von der straflosen Vorbereitungshandlung, Schweizerische Zeitschrift für Strafrecht 1957, 121 ff.

— Subjektivismus und Objektivismus in der neueren Lehre und Rechtsprechung vom Versuch, ZStW 69 (1957), 189 ff.

Waldmann — Zum Versuch, DJ 1944, 92 ff.

Warda, Günter — Grundfragen der strafrechtlichen Konkurrenzlehre, JuS 1964, 81 ff.

Warda, G. — Faber, Manfred — Der praktische Fall: Der Erbe als Brandstifter, JuS 1965, 442 ff.

Weber — Über das geendigte Verbrechen (delictum perfectum) und dessen angemessene Bestrafung, Neues Archiv des Criminalrechts, Bd. IV (1820), 24 ff.

Wegner, Arthur — Anm. zu RG v. 4. 10. 33, JW 1933, 2952 f.

— Anm. zu RG v. 10. 8. 1933, JW 1933, 2337

— Strafrecht, Allgemeiner Teil, Göttingen 1951

Wein, Hermann — Rücktritt vom Versuch und tätige Reue, Diss. Würzburg 1909

Weis, Ludwig — Das Strafgesetzbuch für das Königreich Bayern sammt dem Gesetze vom 10. Nov. 1861, Nördlingen 1863

Weiss, Christian Ernst — Criminalgesetzbuch für das Königreich Sachsen, 2. Aufl., Leipzig 1848

Weiss, Friedrich — Die Abwendung des Erfolges der vom Angestifteten begangenen Tat durch den Anstifter vor Entdeckung der Tat und ihre strafrechtlichen Folgen für den Anstifter, Diss. Breslau 1911

Welp, Jürgen — Vorangegangenes Tun als Grundlage einer Handlungsäquivalenz der Unterlassung, Berlin 1968

Welzel, Hans — Anm. zu OGHBZ v. 5. 3. 49, MDR 1949, 373 ff.

— Zum Notstandsproblem, ZStW 63, 47 ff.

— Das Deutsche Strafrecht, 11. Aufl., Berlin 1969 (zit.: Lehrbuch)

Wessels, Johannes — Strafrecht, Allgemeiner Teil, 2. Aufl., Karlsruhe 1972

Widmann, Hans-Joachim — Der Versuch eines erfolgsqualifizierten Delikts, Diss. Hamburg 1964

Willms, Günther — Gedanken zur Weisheit des Gesetzgebers, JZ 1970, 385

Wimmer, Albert — Der freiwillige Rücktritt vom Versuch in den amtlichen Entwürfen eines Allgemeinen Deutschen Strafgesetzbuchs von 1925 und 1927, Diss. Frankfurt a. M. 1929

Wintritz, Leo — Das problematische und das apodiktische Urteil in der Lehre vom Versuch, Strafr. Abhandl. Heft 117, Breslau 1910

Wittenbeck, Siegfried — Anm. zu OG 5 USt. 29/66 — Urt. v. 29. 5. 66, NJ 1966, 601 f.

— Probleme der Vorbereitung und des Versuchs einer Straftat, NJ 1967, 369 ff.

Wittenberg, Max — Die Schuldaufhebungs- und Schuldermäßigungsgründe im Strafrecht unter besonderer Berücksichtigung der Entwürfe, Diss. Königsberg 1928

Wolf, Erik — Strafrechtliche Schuldlehre, I. Teil, Mannheim—Berlin—Leipzig 1928

Wolff, Karl — Verbotenes Verhalten, Leipzig—Wien 1923

Würfel, Georg — Der Versuch nach dem geltenden Recht und nach dem Amtlichen Entwurf eines Allgemeinen Deutschen Strafgesetzbuches von 1925, Diss. Erlangen 1926

Zachariae, H. A. — Die Lehre vom Versuche der Verbrechen, 1. Teil: Göttingen 1836, 2. Teil: Göttingen 1839 (zit.: Versuch)

— Bemerkungen über den neuesten baierischen Strafgesetz-Entwurf, Archiv des Criminalrechts, N. F. 1856, 91 ff.

— Von dem Versuche der Verbrechen, GA 3, 162 ff., 289 ff., GA 5, 577 ff.

Zeime, F. — Der Rücktritt vom Versuch, insbesondere seine Beziehungen zum Begriff der Gefahr in der Versuchslehre, Diss. Würzburg 1908

Zinsmeister, Karl — Die Unrechtsfolgen beim Versuch nach dem Reichsstrafgesetzbuch, den deutschen und ausländischen Entwürfen, Diss. Erlangen 1929

Zimmerl, Leopold — Aufbau des Strafrechtssystems, Tübingen 1930

— Zur Lehre vom Tatbestand, Strafrechtl. Abhandlungen Heft 237, Breslau 1928

— Strafrechtliche Arbeitsmethode de lege ferenda, Berlin-Leipzig 1931

ABKÜRZUNGSVERZEICHNIS

a. a. O.	am angegebenen Ort
Abs.	Absatz
a. F.	alte Fassung
Allg. Dt. Strafrechtszeitung	Allgemeine Deutsche Strafrechtszeitung (Jahr und Spalte)
Anm.	Anmerkung
Annalen des RG	Annalen des Reichsgerichts (Band und Seite)
Art.	Artikel
AT	Allgemeiner Teil
Aufl.	Auflage
BayObLG	Bayerisches Oberstes Landesgericht
BayOBLGE	Sammlung von Entscheidungen des Bayerischen Obersten Landesgerichts (Band und Seite)
BayOBLGSt.	Entscheidungen des Bayerischen Obersten Landesgerichts in Strafsachen, Neue Folge (Jahr und Seite)
BayZ	Zeitschrift für Rechtspflege in Bayern (Jahr und Seite)
Bd.	Band
BGBl.	Bundesgesetzblatt
BGH	Bundesgerichtshof
BGHSt.	Entscheidungen des Bundesgerichtshofs in Strafsachen, Amtliche Sammlung (Band und Seite)
BraunschweigZ	Zeitschrift für Rechtspflege im Herzogtum Braunschweig (Jahr und Seite)
Deutsche Rpflege	Deutsche Rechtspflege (Jahr und Seite)
DJ	Deutsche Justiz (Jahr und Seite)
DJT	Deutscher Juristentag
DJZ	Deutsche Juristenzeitung (Jahr und Spalte)
DR	Deutsches Recht (Jahr und Seite)
DRiZ	Deutsche Richter-Zeitung (Jahr und Spalte)
DRZ	Deutsche Rechts-Zeitschrift (Jahr und Seite)
DStR	Deutsches Strafrecht N. F. (Jahr und Seite; begründet 1853 als „Archiv für Strafrecht" durch Goltdammer)
GA	Goltdammers Archiv für Strafrecht (seit 1954: Jahr und Seite; vorher: Band und Seite)
GS	Der Gerichtssaal, Zeitschrift für Zivil- und Militärstrafrecht sowie die ergänzenden Disziplinen (Band und Seite)
HansGZ	Hanseatische Rechts- und Gerichts-Zeitschrift (Jahr und Spalte)
HESt.	Höchstrichterliche Entscheidungen. Sammlung von Entscheidungen der Oberlandesgerichte und der Obersten Gerichte in Strafsachen (Band und Seite)

Hitzig's Annalen	Hitzig's Annalen der deutschen und ausländischen Criminal-Rechtspflege, begründet von J. E. Hitzig, vom 31. Bd. an hrsg. von H. T. Schletter (Band und Seite)
h. L.	herrschende Lehre
HRR	Höchstrichterliche Rechtsprechung, vereinigte Entscheidungssammlung der bisherigen Zeitschriften: Rechtsprechung der Oberlandesgerichte in Zivilsachen, höchstrichterliche Rechtsprechung in Strafsachen und Die Rechtsprechung, Beilage der Juristischen Rundschau (Jahr und Nummer)
Jg.	Jahrgang
JR	Juristische Rundschau (Jahr und Seite)
JurBl.	Juristische Blätter (Jahr und Seite)
JuS	Juristische Schulung, Zeitschrift für Studium und Ausbildung (Jahr und Seite)
JW	Juristische Wochenschrift (Jahr und Seite)
JZ	Juristenzeitung (Jahr und Seite)
Kritische Vierteljahresschrift für Gesetzgeb. u. Rechtsw.	Kritische Vierteljahresschrift für Gesetzgebung und Rechtswissenschaft (Jahr und Seite)
Lb.	Lehrbuch
LK	Leipziger Kommentar zum Strafgesetzbuch
LM	Lindenmaier-Möhring, Nachschlagewerk des Bundesgerichtshofs (Gesetzesvorschrift und Nummer)
LZ	Leipziger Zeitschrift für Deutsches Recht (Jahr und Spalte)
MDR	Monatsschrift für deutsches Recht (Jahr und Seite)
MonKrimBiol.	Monatsschrift für Kriminologie (bis 1936: Kriminologie; bis 1952: Kriminalbiologie) und Strafrechtsreform (Band bzw. nach 1952: Jahr und Seite)
Nds. Rpfl.	Niedersächsische Rechtspflege (Jahr und Seite)
Neue Jahrb. f. sächs. Strafr.	Neue Jahrbücher für sächsisches Strafrecht (Jahr und Seite)
Neues Archiv	Neues Archiv des Criminalrechts (ab 1834: Archiv des Criminalrechts N. F.; Jahr und Seite)
Niederschriften	Niederschriften über die Sitzungen der Großen Strafrechtskommission (Band und Seite)
NJ	Neue Justiz
NJW	Neue Juristische Wochenschrift (Jahr und Seite)
OGHBZ	Oberster Gerichtshof für die Britische Zone
OGHSt.	Entscheidungen des Obersten Gerichtshofs für die Britische Zone in Strafsachen (Band und Seite)
OLG	Oberlandesgericht
OLGSt.	Entscheidungen der Oberlandesgerichte zum Straf- und Strafverfahrensrecht (Gesetzesvorschrift und Seite)
ÖJZ	Österreichische Juristenzeitung (Jahr und Seite)
Oppenhoffs Rspr.	Die Rechtsprechung des Königlichen Ober-Tribunals in Strafsachen (Band und Seite)
Preuß. OT (Pr. OT)	Preußisches Obertribunal

Recht	Das Recht, Juristisches Zentralblatt für Praktiker (Jahr und Nummer)
RG	Reichsgericht
RG Rspr. (Rechtsprechung)	Rechtsprechung des Deutschen Reichsgerichts in Strafsachen (Band und Seite; hrsg. von den Mitgliedern der Reichsanwaltschaft)
RGSt.	Entscheidungen des Reichsgerichts in Strafsachen, Amtliche Sammlung (Band und Seite)
RMG	Entscheidungen des Reichsmilitärgerichts (Band und Seite)
S.	Seite
s.	siehe
SächsArch.	Sächsisches Archiv für Rechtspflege (Jahr und Seite)
Sächs. GZ	Allgemeine Gerichtszeitung für das Königreich Sachsen (Jahr und Seite)
SAS	Deutscher Bundestag: Sonderausschuß für die Strafrechtsreform
SeuffBl.	Seufferts Blätter für Rechtsanwendung (Band und Seite)
Schlesw. HAZ	Schleswig-Holsteinische Anzeigen, Justizministerialblatt für Schleswig-Holstein (Jahr und Seite)
s. o.	siehe oben
Sp.	Spalte
Strafr. Abh.	Strafrechtliche Abhandlungen (Band)
SSt.	Entscheidungen des österreichischen Obersten Gerichtshofs in Strafsachen und Disziplinarangelegenheiten (Band und Seite)
Studbuch	Studienbuch
SZ	Süddeutsche Zeitung
Temmes Archiv	Archiv für die strafrechtlichen Entscheidungen der obersten Gerichtshöfe Deutschlands, hrsg. v. J. D. H. Temme
VDA	Vergleichende Darstellung des Deutschen und Ausländischen Strafrechts, Allgemeiner Teil (Band und Seite)
vgl.	vergleiche
VRS	Verkehrsrechts-Sammlung (Band und Seite)
Warn. Jb.	Warneyers Jahrbuch der Entscheidungen B: Strafrecht und Strafprozeß (Jahr und Seite)
ZAkDR	Zeitschrift der Akademie für Deutsches Recht (Jahr und Seite)
ZStR	Schweizerische Zeitschrift für Strafrecht
ZStW	Zeitschrift für die gesamte Strafrechtswissenschaft

EINLEITUNG

Ziel und Gegenstand der vorliegenden Untersuchung

Daß Rücktrittsprobleme im Justizalltag eine praktisch außerordentlich bedeutsame Rolle spielen und die Gerichte — vom Einzelrichter angefangen bis hinauf zu den Senaten des Reichsgerichts bzw. Bundesgerichtshofs — „besonders häufig beschäftigt haben"[1], wird heutzutage allgemein mit Selbstverständlichkeit berichtet. Aus historischer Sicht handelt es sich dabei jedoch um eine höchst bemerkenswerte Feststellung. Wie nämlich ein Blick in das ältere Schrifttum zeigt, gab es früher zahlreiche Stimmen, die — in krassem und darum um so auffälligerem Gegensatz zum tatsächlichen Verlauf der Entwicklung — an der praktischen Relevanz der Rücktrittsvorschrift stärkste Zweifel hegten und ihr lediglich eine mehr oder weniger „akademische" Zukunft prophezeiten.

Exponent dieser Richtung war John, der den Befürwortern einer Rücktrittsregelung im neu zu schaffenden Strafgesetzbuch für den Norddeutschen Bund 1868 geradezu spöttisch die Frage entgegenhielt, ob seit Bestehen des Preußischen Strafgesetzbuchs von 1851 „wohl schon ein Fall vorgekommen" sei, „in welchem die Freisprechung" des Angeklagten mit Rücksicht auf seinen Einwand erfolgte, „er sei freiwillig von der Ausführung des Verbrechens zurückgetreten, oder wo auch nur die Erhebung einer Anklage um deswillen unterblieben wäre"[2].

Daß die in dieser Frage liegende These schon damals vereinzelt auf Widerspruch[3] stieß, soll nicht verschwiegen werden, doch galt die Kritik mehr der überspitzten Formulierung als ihrer sachlichen Grundtendenz. Ein schlagender Beweis hierfür ist die Feststellung des Landrichters Herbst[4], zwar gehe John mit seinen Darlegungen „zu weit", „immerhin" aber „dürften in den Gerichtssälen" Fälle freiwilligen Rücktritts vom Versuch „zu den Seltenheiten gehören" und hätten „die Rechtsprechung bis in die neueste Zeit[5] hinein wohl nur wenig beschäftigt". Auf der gleichen Linie liegen auch die Ausführungen von Schwarzes, der in seiner Kommentierung des § 46 a. F. die von John behauptete praktische Bedeutungslosigkeit des

---

[1] Schröder, JuS 1962, 81.

[2] John, Entwurf mit Motiven zu einem Strafgesetzbuch für den Norddeutschen Bund, Berlin 1868, S. 220.

[3] Vgl. Seeger, GA Bd. 18, 233.

[4] Herbst, GA Bd. 32, 109.

[5] Der Aufsatz von Herbst stammt aus dem Jahre 1884.

Rücktritts als „Irrtum“[6] bezeichnet, an anderer Stelle[7] aber ausdrücklich hervorhebt, daß bei „Versuchsanklagen“ nur „ausnahmsweise Anlaß“ bestehe, die Frage eines freiwilligen Rücktritts aufzuwerfen, da er „nur selten“ vorkomme[8].

Einschränkender, nämlich nur auf den Bereich „der Straflosigkeit wegen Verhinderung des Erfolges bei beendigtem Versuche“[9] — also den heutigen § 24 I S. 1 2. Alt. gemünzt — ist die Feststellung Berners[10], derartige Fallgestaltungen, „wo es noch in der Macht des Täters liegt, den Erfolg abzuwenden“, seien schon an sich „nicht zahlreich“, noch „viel weniger“ aber „diejenigen, wo er ihn wirklich abwendet“. Inhaltlich hiermit übereinstimmend bemerkt Cohn[11], „Fälle“, in denen „der, welcher eine tödliche Wunde geschlagen, sie heilt oder ... der, welcher Gift eingegeben, den Tod durch Gegengift verhindert“, stünden „nur auf dem Papier“, und er fährt — verallgemeinernd — fort: „Würde man die Statistik zu Rate ziehen, so würde sich daraus wohl ergeben, daß die goldene Brücke“ des Rücktritts zu „selten betreten wird“, um „Bedauern“ über ihren Abbruch hervorzurufen[12].

Die Entwicklung in der Praxis ist jedoch genau entgegen diesen Vorstellungen und Prognosen verlaufen. Über 350 Revisionsurteile zu § 46 vom Zeitpunkt seines Inkrafttretens 1871 bis heute[13] legen hiervon ein beredtes Zeugnis ab. Wenn man dazu noch bedenkt, daß die höchstrichterliche Judikatur im Verhältnis zur gesamten Rechtsprechung gleichsam nur die „Spitze eines Eisbergs“ darstellt und das hier ausgewertete Fallmaterial — abgesehen von 28 unveröffentlichten BGH-Entscheidungen — lediglich die in amtlichen Sammlungen und Zeitschriften publizierten Erkenntnisse enthält, kann man in etwa die praktische Bedeutung der Rücktrittsregelung auch in ihrem zahlenmäßigen Ausmaß abschätzen.

Die nicht abreißende Folge revisionsgerichtlicher Urteile macht jedoch noch etwas anderes sichtbar, nämlich die andauernde theoretische Schwäche dieser Vorschrift, deren ungeklärte Grundkonzeption sich in „zahlreichen Streit- und Zweifelsfragen“[14] niederschlägt. Dabei geht es wegen der ganz

---

[6] v. Schwarze, Commentar zum Strafgesetzbuch für das Deutsche Reich, 5. Aufl. Leipzig 1884, Exkurs X S. 110 Anm. 4.

[7] v. Schwarze in: Handbuch des deutschen Strafrechts, hrsg. von Holtzendorff, Bd. II, Berlin 1871, S. 304.

[8] Ebenso Revision des Entwurfs des StGB von 1843, Bd. 1, Berlin 1845, S. 145.

[9] Berner, GS 17 (1865), 111.

[10] Berner, GS 17 (1865), 111.

[11] Cohn, Die Revisionsbedürftigkeit des heutigen Versuchsbegriffs, Strafr. Abhandlungen Heft 192, Breslau 1916, S. 152; sachlich ebenso schon Cohn, Zur Lehre vom versuchten und vollendeten Verbrechen, Breslau 1880, S. 622 Anm. 100 (zustimmend zu John).

[12] Cohn a. a. O. S. 157; ähnlich auch: Hoegel, Geschichte des Österreichischen Strafrechts, 1. Heft, Wien 1904, S. 227.

[13] Bis Ende 1973.

[14] Vgl. dazu Roxin, Über den Rücktritt vom unbeendeten Versuch, in: Festschrift für E. Heinitz, Berlin 1972, S. 251.

unterschiedlichen Rücktrittsanforderungen in der ersten und zweiten Alternative des § 24 I S. 1 — Aufgabe der Ausführung, d. h. bloßes Unterlassen einerseits — und Erfolgsabwendung durch eigene Tätigkeit, also aktiver Einsatz andererseits — immer wieder um die Abgrenzung beider Bereiche voneinander sowie um die Inhaltsbestimmung des Merkmals „freiwillig"[15]. Da von der Antwort auf diese Fragen vielfach[16] Strafbarkeit oder Straflosigkeit des Angeklagten abhängt, wiegt das Fehlen hinreichend klarer Richtlinien und Entscheidungskriterien hier doppelt schwer. Und wenn im Zusammenhang damit Schmidhäuser „manche unbefriedigenden Zufallsergebnisse"[17] rügt und Geilen gar von einem „strafrechtlichen Lotteriespiel"[18] spricht, werden die aus rechtsstaatlicher Sicht beängstigenden Konsequenzen vollends deutlich. Daher erscheint es trotz der schon fast sintflutartigen Literaturfülle zum Rücktritt nicht nur berechtigt, sondern geradezu geboten, dessen Grundprobleme im Blick auf die Rechtsprechung erneut zu diskutieren, um vielleicht doch zu eindeutigeren und gerechteren Lösungen in der Praxis zu gelangen.

Damit sind Ziel und Gegenstand der vorliegenden Untersuchung abgesteckt: einmal gilt es festzustellen, welches Gebiet der sog. „unbeendete" Versuch umfaßt und wo der Anwendungsbereich des sog. „beendeten" Versuchs beginnt, ferner, ob es Überschneidungen gibt und, wenn ja, welcher Alternative dann der Vorrang gebührt. Zum anderen gilt es zu klären, nach welchen sachlichen Kriterien die Elementarvoraussetzung jedes strafbefreienden Rücktritts, die „Freiwilligkeit" zu bestimmen ist. Beide Fragenkreise können jedoch nicht losgelöst von dem der Rücktrittsregelung innewohnenden Grundgedanken beantwortet werden, da, wie im Schrifttum mit Recht hervorgehoben wird[19], nur vor dem Hintergrund und aus der Verknüpfung mit der ratio legis des § 46 a. F., § 24 als maßgeblicher letzter

---

[15] Siehe dazu unten im Text S. 242 f.

[16] Es sei denn, es liegt ein Fall des sog. qualifizierten Versuchs vor.

[17] Schmidhäuser, Strafrecht, Allg. Teil, Tübingen 1970, S. 498, Rdnr. 15/75.

[18] Geilen, JZ 1972, 343.

[19] Insbesondere von Roxin, Heinitz-Festschrift, S. 251 (Allerdings wirkt bei ihm umgekehrt die Freiwilligkeitsinterpretation auf die ratio legis des § 46 und seine systematische Einordnung zurück); Jescheck, Lehrbuch des Strafrechts, Allg. Teil, 2. Aufl. Berlin 1972, S. 406; derselbe in MDR 1955, 563; Bockelmann, NJW 1955, 1417; Schröder, MDR 1956, 322; Heinitz, JR 1956, 250; Platzgummer, JurBl. 1959, 1; Otto, GA 1967, 149 unten; Rudolphi, ZStW 85, 122 oben; Arzt, GA 1964, 1; Gutmann, Die Freiwilligkeit beim Rücktritt vom Versuch und bei der tätigen Reue, Hamburg 1963, S. 7; Giffhorn, Über Bedeutung und Begriff der Freiwilligkeit beim Rücktritt vom Versuch und bei der tätigen Reue, Diss. Göttingen 1948, S. 3; Munoz-Conde, ZStW 84, 756; ebenso früher schon Alsberg, JW 1930, 635; im Gegensatz hierzu stehen die Äußerungen von Maurach, Deutsches Strafrecht, Allg. Teil, 4. Aufl. Karlsruhe 1971, S. 518 (der Streit um die theoretisch richtige Begründung der Straflosigkeit bei freiwilligem Rücktritt sei „nicht von wesentlicher Bedeutung") und Eser, Juristischer Studienkurs, Strafrecht II, Frankfurt 1971, Fall 32, S. 81 Rdnr. 22 („bei Deutung einzelner Kriterien" dürfe man „nur mit Vorsicht auf die ratio des § 46 zurückgreifen").

„Kontrollinstanz" die Auslegung seiner einzelnen Merkmale überzeugend zu begründen und die erwähnten Abgrenzungsschwierigkeiten sachgerecht zu lösen sind. Daher bildet die Rückbesinnung „auf das Prinzip, das die strafausschließende Wirkung des Rücktritts trägt"[20] und im Zusammenhang damit die Frage seiner systematischen Einordnung in den Deliktsaufbau notwendigerweise den dritten großen Problembereich dieser Abhandlung.

Da § 24 des neuen Allgemeinen Teils des Strafgesetzbuchs[21] — wie alle seine Vorläufer im Rahmen der Strafrechtsreformbemühungen seit Beginn unseres Jahrhunderts — „bei der Regelung des Rücktritts in den wesentlichen Grundzügen dem § 46"[22] a. F. folgt und in Abs. 1 S. 1 außer einigen Änderungen rein sprachlich-stilistischer Natur nur insofern eine Neuerung bringt, als die seit langem allgemein geforderte Gleichstellung beider Rücktrittsalternativen hinsichtlich des Freiwilligkeitserfordernisses nun auch im Gesetzeswortlaut verankert ist, stellen sich für das vorstehend umrissene Arbeitsgebiet[23] „die entscheidenden Zweifelsfragen" künftig „nicht anders"[24] als bisher. Die dazu auf der Basis des früheren § 46 ergangene Rechtsprechung und Literatur kann daher nahezu uneingeschränkt[25] auch im Rahmen des neuen § 24 I S. 1 zur Darstellung, Interpretation und Entscheidungshilfe bei den drei oben formulierten Grundproblemen des Rücktritts herangezogen werden, so daß es sachlich gleichgültig ist, ob man von § 46 a. F. (Ziff. 1 und 2) oder § 24 I S. 1 (1. und 2. Alt.) spricht.

---

[20] Bockelmann, NJW 1955, 1417.

[21] In der Fassung des 2. Strafrechtsreformgesetzes vom 4. 7. 1969 — BGBl. I S. 717 —.

[22] Amtliche Begründung zum Entwurf eines StGB 1962, § 28 E 1962, S. 145.

[23] Abweichend vom bisherigen Recht ist dagegen der „Teilnehmerrücktritt" (§ 24 II AT 1975) geregelt. Außerdem ist in § 24 Abs. 1 S. 2 ausdrücklich klargestellt, daß ein Rücktritt vom „untauglichen, fehlgeschlagenen und nicht ursächlichen Versuch" (Jescheck AT 1. Aufl. S. 349) unter den Voraussetzungen möglich ist, unter denen Rechtsprechung und herrschende Lehre ihn schon bisher in analoger Anwendung des § 49 a Abs. IV anerkannt hatten.

[24] Roxin, Heinitz-Festschrift S. 251; auch Blei betont, daß die Neufassung des § 24 AT 1975 „keine grundlegenden Änderungen" zur Folge hat (Mezger-Blei, Strafrecht Allg. Teil, Studienbuch, 14. Aufl. München 1970, S. 264), ebenso v. Scheurl, Rücktritt vom Versuch und Tatbeteiligung mehrerer, Berlin 1972, Vorwort.

[25] Lediglich im Bereich der Freiwilligkeitsproblematik sind einzelne Ansichten und Fragestellungen durch die Gesetzesnovellierung überholt, vgl. dazu unten im Text S. 243, 333 ff.

ERSTER TEIL

Das Bild der Rücktrittsjudikatur im Überblick

I. Widersprüchliche und unbillige Entscheidungen

Bevor wir uns diesen Grundfragen jedoch im einzelnen zuwenden, gilt es zunächst einmal, aus dem vorhandenen Fallmaterial einen ersten, vorläufigen Eindruck von den darin zutage tretenden Ungereimtheiten, Widersprüchen und Unbilligkeiten zu vermitteln und aus einer Art „Grobeinstellung" einen Einblick in Wandel, Entwicklungen und Tendenzen der Rechtsprechung zu geben, um so die bisher nur abstrakt begründete Notwendigkeit neuer systematischer Untersuchungen auf dem Rücktrittssektor auch konkret zu untermauern. Denn erst ein einigermaßen anschauliches Bild von der tatsächlichen Situation leuchtet den praktischen Hintergrund der Arbeit richtig aus und stellt manches isolierte Einzelproblem in einen größeren Zusammenhang.

1. Problematische Urteile zur Abgrenzung „unbeendeter-beendeter" Versuch aus dem Bereich der Tötungsdelikte

Eine im Hinblick auf das hier verfolgte Ziel besonders instruktive Fallgruppe bilden die Rücktrittsentscheidungen nach Mord- und Totschlagsversuchen, wie z. B. BGHSt. 23, 356 recht deutlich macht:

a) Der zur Tatzeit 15 Jahre alte Angeklagte (A) hatte den Plan gefaßt, die ihm bekannte Inhaberin eines kleinen Ladengeschäftes zu erdrosseln und anschließend die Ladenkasse wegzunehmen. Als er mit seinem Opfer alleine war, warf er ihr plötzlich in einem unbeobachteten Augenblick einen von zu Hause mitgebrachten Strumpf „über den Kopf um den Hals und zog ihn fest zu". Die Frau verlor das Bewußtsein, kam aber wieder zu sich, worauf A ihr entgegen seinem unmittelbar zuvor abgegebenen Versprechen, sie nunmehr zu verschonen, beide Fäuste mit solcher Wucht gegen den Kopf stieß, daß sie erneut besinnungslos wurde. Anschließend stach er mit einem schnell herbeigeholten Küchenmesser „etliche Male" auf sie ein, ließ dann aber abrupt von ihr ab, beseitigte die Blutspuren an seinem Körper und verbarg sich in der Speisekammer. Sein Opfer konnte gerettet werden, obwohl die „sieben Stiche am Kopf und weitere Stiche am Oberschenkel und an der Brust" zu einem erheblichen Blutverlust geführt hatten.

Die Jugendkammer verurteilte A wegen versuchten Mordes in Tateinheit mit versuchtem Raub zu 5 Jahren Jugendstrafe, doch hatte seine Revision zum BGH Erfolg, und zwar u. a. deshalb, weil die Auffassung der Vorinstanz, „für den Mordversuch“ scheide „die Anwendung des § 46 Nr. 1 aus“, als unrichtig verworfen wurde[26]. Denn „abgesehen davon, daß der Angeklagte sein aus der Besinnungslosigkeit erwachtes Opfer noch weiter hätte drosseln können“, komme „es allein darauf an, ob er nach seinen Vorstellungen das zur geplanten *Tötung* der Frau Erforderliche getan hat“, und das sei „bisher nicht geprüft“. So lapidar diese Begründung ist, so weitreichend sind, nimmt man sie ernst, ihre Konsequenzen: Wer einen anderen töten will, kann auf sein Opfer also getrost mit brutaler Vehemenz losschlagen, wahllos, in geradezu bestialischer Weise auf seinen Körper einstechen und ihm schwerste, lebensgefährliche Verletzungen zufügen — sofern ein solcher Täter nur überhaupt von seinem Opfer abläßt und ihm zu diesem Zeitpunkt — ohne Rücksicht darauf, wieviel objektiv bereits geschehen ist — das alles bloß noch nicht „genug“ erscheint, weil ihm noch weitere, noch wirksamere, noch grausamere Tötungshandlungen vorschwebten, die auch realisierbar waren, so hat er jedenfalls wegen eines Tötungsdelikts dank freiwilligen Rücktritts nach § 46 Ziff. 1 keine Bestrafung zu befürchten, wenn das verblutende Opfer ohne sein Zutun in letzter Sekunde von anderen doch noch gerettet wird. Ein groteskes Ergebnis[27]!

b) Ebenfalls wenig einleuchtend muß dem unvoreingenommenen Leser das nicht veröffentlichte Urteil des 2. Strafsenats des BGH vom 4. Juni 1969[28] erscheinen: Während eines Streits mit seinem Nachbarn ergriff der Angeklagte (A) „in heftiger Erregung“ ein Beil und schlug damit nach seinem Gegner in der „Absicht“, ihn „zu treffen und zu verletzen. Diesem gelang es jedoch, durch eine schnelle Bewegung auszuweichen“, so daß der Hieb fehlging und „das Beil mit der Schneide etwa in Kopfhöhe in eine Bohlenwand“ sauste. Das Schwurgericht, vor dem das Hauptverfahren gemäß der Anklage wegen versuchten Totschlags eröffnet worden war, verurteilte A „nur wegen Bedrohung“ (§ 241) „mit einem Verbrechen nach § 224 zu vier Monaten Gefängnis“, da ihm ein Tötungsvorsatz nicht nachzuweisen und, selbst wenn dies gelänge, der Totschlagsversuch wegen freiwilligen Rücktritts nach § 46 Ziff. 1 straflos sei. Denn A habe „aus freien Stücken davon abgesehen, weitere Beilhiebe gegen“ seinen Widersacher zu führen.

Auf die Revision der Staatsanwaltschaft hob der BGH die Verurteilung wegen Bedrohung auf, da der Angeklagte durch den Schlag über die bloße Ankündigung eines Übels und damit über den Bereich des § 241 bereits hinausgegangen sei, stimmte jedoch — bei Annahme bedingten Tötungsvorsatzes — der Rücktrittsbeurteilung des Schwurgerichts ausdrücklich zu: wie oft A ursprünglich zuschlagen wollte, sei nicht festgestellt und könne den Umständen nach auch nicht mehr ermittelt werden. Zu seinen Gunsten müsse man daher davon ausgehen, daß er nicht nur „einen einzigen Beil-

---

26 BGHSt. 23, 359.

27 Vgl. dazu auch die Kritik Geilens, JZ 1972, 336, 341.

28 BGH Urt. v. 4. 6. 1969 — 2 StR 94/69 — unveröffentlicht.

hieb" geplant hatte — dann wäre der Versuch beendet und fehlgeschlagen, Rücktritt also ausgeschlossen gewesen — sondern infolge seiner Erregung unmittelbar vor dem Angriff ohne feste Vorstellungen „über Art und Ausmaß seines Vorgehens ... zunächst blindlings" auf seinen Gegner einschlug. Unter dieser Voraussetzung hängt nach Ansicht des Senats die Annahme eines noch unbeendeten Versuchs allein davon ab, daß „der Täter nach seiner letzten Tathandlung" sein bisheriges Tun für ungeeignet hält, den Tod herbeizuführen. Der BGH bejahte dies ebenso wie die Frage der Freiwilligkeit des Rücktritts, da der Angeklagte „nach dem ersten Beilhieb nicht weiter zugeschlagen" habe, obwohl er hierzu nach den Feststellungen noch in der Lage war. Damit blieb als strafbare Handlung nur noch § 367 Abs. 1 Nr. 10 a. F. übrig, weil A sich „bei einem Angriff eines gefährlichen Werkzeugs bedient" hatte, doch diese Übertretung war nach § 67 Abs. 3 a. F. verjährt!

Das Ergebnis, Freispruch des Angeklagten auf die zu seinen Ungunsten eingelegte Revision der Staatsanwaltschaft, ist, wie Willms mit Recht hervorhebt, „eine ziemliche Seltenheit"[29], die stets kritische Aufmerksamkeit verdient. Denn wenn ein Angeklagter Schuldspruch und Strafmaß unter Verzicht auf Rechtsmittel nach Beratung mit seinem Verteidiger hinnimmt, so wird dies meist auf einem Schuldeingeständnis und der Einsicht beruhen, mit dem Urteil „noch gut bedient" zu sein.

Zu welchen Konsequenzen der Freispruch im übrigen führt, zeigt Willms sehr klar: Mit Inkrafttreten des 2. Strafrechtsreformgesetzes[30] entfällt nicht nur § 367 Abs. 1 Nr. 10 und damit die Anwendbarkeit des § 467 III S. 2 Nr. 2 StPO, also jede Kostenlast des Angeklagten, vielmehr erhielte er nach §§ 2 Abs. 1, 7 Abs. 1 und 3 des neuen Gesetzes über die Entschädigung von Strafverfolgungsmaßnahmen[31] obendrein „Haftentschädigung inklusive Schmerzensgeld"[32]! Mit dem Rechtsgefühl ist solche Großzügigkeit unvereinbar. Denn die Frage drängt sich doch auf, warum ein Täter, der mit einem scharfkantigen Beil auf einen anderen einschlägt und ihn in Kopfhöhe lediglich um Zentimeter verfehlt, nur deshalb straflos sein soll, weil er „blindlings" zugeschlagen hat und dies wiederholen konnte. Ist der „beherrschte" Täter, der sein Opfer mit nur einem einzigen Beilhieb töten wollte, unter sonst gleichen Voraussetzungen wirklich so viel gefährlicher, so viel strafwürdiger, daß er wegen versuchten Totschlags bestraft werden muß? Was spricht dafür, dem „blindwütigen" Angreifer gleichsam „grünes Licht" für weitere Attacken zu geben, indem man ihn ungestraft probieren läßt, ob ihm der tödliche Schlag nicht doch noch gelingt?

Genug der Fragen, deren Beantwortung später erfolgt, deren Berechtigung aber wohl außer Diskussion steht und verdeutlicht, zu welch subtilen,

---

[29] Willms, JZ 1970, 385.

[30] Zweites Strafrechtsreformgesetz vom 4. 7. 1969 (BGBl. I S. 717) Art. 1 Nr. 30.

[31] Gesetz über die Entschädigung von Strafverfolgungsmaßnahmen vom 8. März 1971 (BGBl. I S. 157).

[32] Willms a. a. O. S. 385.

in praxi letztlich undurchführbaren Differenzierungen die einschlägige BGH-Judikatur von ihrem Ansatz her gezwungen ist bzw. in welch „geradezu katastrophale Situation ... die Ermittlungsbehörden im ersten Zugriff und dann später als Verhörsperson gegenüber Widerrufen von Aussagen und ähnlichen prozessualen Kniffen" gestellt werden[33].

2. *Ungereimtheiten und Willkür der Judikatur bei der Beurteilung der „Freiwilligkeit"*

Auch die Beurteilung der „Freiwilligkeit" des Rücktritts ist häufig unbefriedigend, willkürlich oder gar widerspruchsvoll und bildet einen weiteren neuralgischen Punkt der Rücktrittsjudikatur. Dies zeigen schon die wenigen hier zur Einführung ausgewählten Beispiele:

a) In der ersten Fallgruppe geht es um die Frage freiwilligen Rücktritts vom Notzuchtsversuch, den der Täter jeweils infolge einer ganz ähnlichen List des Opfers aufgegeben hatte. So ließ sich in RGSt. 75, 393 (394)[34] der Angeklagte davon überzeugen, „daß die feuchte Erde nicht der rechte Ort für einen Geschlechtsverkehr sei", und glaubte dem nicht ernst gemeinten Versprechen des Mädchens, „sie wolle zu Hause zu ihm ins Bett kommen, wenn er sie jetzt in Ruhe lasse". Ebenfalls auf Zeitgewinn setzte die Überfallene in BGHSt. 7, 296 (297)[35]: in der Hoffnung, vielleicht später Hilfe zu erlangen, forderte sie den Angreifer auf, „es doch nicht mit Gewalt zu versuchen", vielmehr erst etwas auszuruhen, und wenn er danach „noch mit ihr verkehren wolle", sei sie dazu bereit. Ähnlich taktierte das Opfer in BGH MDR 1969, 15[36]: sie machte dem Täter „begreiflich, daß der Ort recht ungünstig gewählt sei" und bot ihm an, „woanders hinzugehen". Auf dem Weg „zu einem besser geeigneten Platz" mußten sie eine Straße überqueren, auf der ihr, wie erhofft, ein herannahendes Auto zu Hilfe kam.

Angesichts der Parallelität der Fälle sind die Entscheidungen überraschend unterschiedlich: das Reichsgericht lehnte freiwilligen Rücktritt ab, der BGH dagegen hielt ihn — mit jeweils anderer Begründung — für möglich. Dabei stellt das Reichsgericht auf den entscheidenden Einfluß des beim Täter erweckten Irrtums ab: die „sichere Aussicht", ohne Gewalt zum Ziele zu kommen, habe „den Angeklagten an der Ausführung der Tat insofern gehindert, als bei dieser Sachlage" ein gewaltsames Vorgehen unnötig war und deshalb die damit „verbundene, naheliegende Gefahr" strafrechtlicher Verfolgung ihn „vernünftigerweise" von einem solchen Tun abhalten mußte[37]. Anders insoweit die Beurteilung in BGHSt. 7, 296 (300): die Vorstellung,

[33] Kohlhaas, LM Nr. 22 zu § 46; ähnlich spricht Busch (LK § 46 Rdnr. 13) von „überspitzten Differenzierungen der Rechtsprechung".

[34] = DR 1942, 429.

[35] = MDR 1955, 561 = NJW 1955, 915 = JR 1955, 346.

[36] Mitgeteilt von Dallinger = GA 1968, 279.

[37] RGSt. 75, 395.

„ohne großes Risiko zum Geschlechtsverkehr zu kommen, habe dem Täter „die Freiheit der Entscheidung nicht ohne weiteres" genommen. Ob sie aber ein „*zwingender* Grund zur Verbrechensaufgabe war", sei vom LG „bisher nicht hinreichend dargetan". Der BGH spürt zwar offensichtlich, daß man hierin einen gewissen Gegensatz zu RGSt. 75, 393 sehen könnte, verneint ihn aber, da die „Motivierung" des Rücktritts „damals ersichtlich anders"[38] gewesen sei. Das ist jedoch, wie schon Bockelmann[39] klar herausgestellt hat, unzutreffend; denn die Sachverhaltsabweichung von RGSt. 75, 393, auf die sich der BGH beruft, besteht lediglich darin, daß seinerzeit das Opfer die Personalien des Täters genau kannte. Diese Kenntnis aber wirkte sich auf das Rücktrittsmotiv nicht aus, da die Drohung des Mädchens mit den Folgen einer Strafanzeige, wie es im Urteil ausdrücklich heißt, „keinen Erfolg"[40] hatte, den Angeklagten also unbeeindruckt ließ.

Ohne irgendwie Bezug auf die beiden vorangegangenen Parallelentscheidungen zu nehmen, folgt der BGH in seinem dritten hier einschlägigen Urteil[41] im Ergebnis BGHSt. 7, 296, doch mit gänzlich anderer Begründung: Maßgeblich ist jetzt nicht mehr, ob dem Angeklagten noch eine „andere Wahl verblieb"[42], wenn ihm nach seiner Vorstellung die geschlechtliche Befriedigung „sozusagen wie eine reife Frucht in den Schoß zu fallen schien"[43]. Vielmehr kommt es darauf an, ob der Täter in Verfolgung seines Ziels von einem ernstgemeinten freiwilligen Hingabeversprechen ausgegangen ist. Sei dies zu bejahen, „konnte" er „die Erzwingung des Beischlafs", die aus seiner Sicht „noch möglich gewesen wäre, endgültig aufgegeben haben"[44]. In diesem Falle scheitere die Straflosigkeit nach § 46 Ziff. 1 auch nicht am überraschenden Erscheinen des Autofahrers, da er ja unter der Prämisse der „neuen" Tätervorstellung gar keinen Notzuchtsakt verhindert hätte.

Die vorstehende Argumentation ist aber nicht nur auf den ersten Blick verblüffend, weil sie in den beiden anderen gleichgelagerten Entscheidungen nicht einmal andeutungsweise erwähnt wird, sondern bei näherem Zusehen auch mehr als fragwürdig. Wenn nämlich die bloße Tatsache, daß der Täter der List des Opfers Glauben schenkte und deshalb auf die ihm weiterhin mögliche Gewaltanwendung verzichtete, schon als strafbefreiender Rücktritt zu qualifizieren wäre, hätte jeder Angeklagte, der nach einem Notzuchtsversuch in dem Glauben an das Einverständnis des Opfers den Geschlechtsverkehr vollzogen hat, wegen § 177 nichts zu befürchten: Vollendung entfiele wegen des in jenem Zeitpunkt fehlenden Notzuchtsvorsatzes, der zunächst vorhandene Versuch wegen freiwilligen Rücktritts! Glücklicherweise

[38] BGHSt. 7, 298.

[39] NJW 1955, 1417 Anm. 1; der BGH spricht in seinem unveröffentlichten Urteil vom 28. 1. 1959 — 2 StR 535/58 — selbst von einer „Aufgabe" des Urteils RGSt. 75, 393 durch BGHSt. 7, 296!

[40] RGSt. 75, 394.

[41] MDR 1969, 15.

[42] BGHSt. 7, 300.

[43] BGHSt. 7, 299.

[44] BGH MDR 1969, 15.

sind diese Konsequenzen aus BGH MDR 1969, 15 nur Hypothese, die Realität der Rechtsprechung sieht anders aus, wie ein später ergangenes Urteil desselben (!) Senats[45] beweist: Hier hatte das in der Wohnung eingeschlossene und mit einer Peitsche bedrohte Opfer aus Angst und in der Hoffnung, „Schlimmeres" zu verhüten, dem Täter „vorgespielt", mit dem Geschlechtsverkehr einverstanden zu sein. Obwohl der Angeklagte die Bereitwilligkeit des Mädchens „für echt hielt"[46] und in diesem Glauben den Beischlaf ausübte, wurde er wegen versuchter Notzucht verurteilt, da die „scheinbare Einwilligung" die bis dahin schon begangene Versuchshandlung „nicht ungeschehen"[47] machte. Die Vorstellung, im Einverständnis mit dem Opfer zu handeln, wurde zwar insoweit berücksichtigt, als Vollendung der Tat nicht in Betracht kam, unter dem Aspekt des § 46 aber — zu Recht — völlig übergangen. Lakonisch heißt es in dem Fallbericht Dallingers: „Freiwilliger Rücktritt vom Versuch schied nach Lage der Dinge aus. A tat nichts, um zurückzutreten, sondern vollendete den Geschlechtsverkehr"[48].

b) Welche Verwirrung und Unsicherheit in der Rücktrittsjudikatur zur „Freiwilligkeitsfrage" herrscht, soll noch eine zweite Fallgruppe veranschaulichen, in der die Motive des Rücktritts — Entsetzen, Mutlosigkeit, Bestürzung — jeweils ganz dicht nebeneinander liegen, die Freiwilligkeitsbeurteilung aber ganz unterschiedlich, bald positiv, bald negativ ausfällt.

In der Entscheidung RGSt. 68, 238 ging es um einen Raubversuch, von dem der Angeklagte Abstand genommen hatte, weil ihn nach den tatrichterlichen Feststellungen „beim Anblick des Erfolges seines ersten Schlages ein derartiger Schrecken" erfaßte, „daß er den Mut verlor", irgend etwas wegzunehmen. Obwohl der Täter rein physisch noch in der Lage war, den Raub zu vollenden, lehnte das Reichsgericht in Übereinstimmung mit dem Landgericht die Anwendung des § 46 Ziff. 1 ab, da „das Zusammenstürzen des alten Mannes" auf ihn „so zwingend gewirkt" habe, daß von einer freiwilligen Tataufgabe keine Rede sein könne[49].

Demgegenüber steht das Urteil des BGH vom 15. 6. 1952[50] offenbar auf einem anderen Standpunkt: der Angeklagte hatte seinem Opfer mit Tötungsvorsatz mehrere Beilhiebe auf den Kopf versetzt, dann aber nicht mehr weiter zugeschlagen, da ihm beim Anblick des blutüberströmten Mädchens „die Folgen seiner Tat zum Bewußtsein" gekommen waren. Der Senat nahm hier freiwilligen Rücktritt an, da der Täter aufgrund eigenen Willensentschlusses und nicht durch „äußere Umstände" veranlaßt seinen Tötungsplan aufgegeben habe.

---

[45] BGH Urt. v. 7. 11. 1972 — 1 StR 483/72 — mitgeteilt von Dallinger in MDR 1973, 191; ebenso RG JW 1934, 2335 Nr. 7 a; RG JW 1935, 2734 Nr. 16.

[46] BGH MDR 1973, 191.

[47] BGH MDR 1973, 191.

[48] BGH MDR 1973, 191 Anm. 7.

[49] RGSt. 68, 238; Gutmann hält in diesem Fall die Annahme eines „Schocks" für unzutreffend (a. a. O. S. 203); a. A. Schaffstein JW 1934, 2237 u. Maurach AT S. 521.

[50] BGH MDR 1952, 530 (531), mitgeteilt von Dallinger.

Ebenso wurde die Freiwilligkeitsfrage in dem vergleichbaren Fall BGH GA 1956, 89 f. entschieden. Hier hatte der Angeklagte seiner Mutter, die ihn bei einem Diebstahl überraschte, mit dem Beil einen Schlag auf den Kopf gegeben und geltend gemacht, wenige Zentimeter vor dem Auftreffen des Beilhiebes sei er von „deren entsetztem Blick"[51] so ergriffen worden, daß er spontan Tötungs- und Wegnahmevorsatz aufgegeben habe. Der BGH trägt keine Bedenken, diesen inneren Willensumschwung im Rahmen des § 46 Ziff. 1 als „freiwillig" anzuerkennen, „weil der die plötzlichen Hemmungen auslösende Blick der Mutter als Appell an die guten Regungen des Angeklagten dessen freie Entschließung lediglich anregte"[52].

Dagegen liegen die BGH-Entscheidungen vom 15. 10. 1957[53] und 11. 4. 1958[54], jeweils einen Raubversuch betreffend, wiederum auf der Linie des Reichsgerichts. Im ersten Fall sah sich der Täter, nachdem er der Geschäftsinhaberin „mit einer Eisenstange über den Kopf" geschlagen hatte, „nicht in der Lage", Geld aus der Ladenkasse zu nehmen, da ihn „der brechende Blick seines niedersinkenden Opfers an ein Tier auf der Schlachtbank erinnert und ... in Angst versetzt" habe[55]. Ein solcher Rücktritt ist nach Ansicht des BGH unfreiwillig. Ebenso lautete das Ergebnis in dem anderen Fall, wo nach den Feststellungen der ersten Instanz „den Angeklagten beim Anblick des blutüberströmten Opfers ein solches Entsetzen packte, daß er eilends weglief". Denn das genügte dem BGH, um in apodiktischer Kürze zu behaupten: „wer in dieser Weise wegläuft, ist hierbei nicht mehr Herr seiner Entschlüsse", und daraus die Schlußfolgerung zu ziehen, „nicht sein freier Wille habe den Täter zur Aufgabe des Raubes bewogen, sondern ein davon „unabhängiger Schock"[56].

Warum diese Möglichkeit in BGH GA 1956, 89 nicht einmal in Erwägung gezogen wurde, bleibt unerfindlich. In BGHSt. 21, 216[57] wird sie dagegen erneut geprüft, doch zeigt sich, daß die Chancen, das jeweilige Ergebnis — Bejahung oder Verneinung der Freiwilligkeit in derlei Fallgestaltungen vorherzusagen, nicht sehr groß sind; denn die Entscheidung lautet zur Abwechslung diesmal wieder positiv! Nach den tatrichterlichen Feststellungen hatte der Angeklagte einer Frau zwei lebensgefährliche Lungenstiche beigebracht, dann aber einen Arzt holen lassen, der die Schwerverletzte rettete. Als Grund der Hilfeleistung wird angeführt, der Anblick des stark blutenden Opfers sei für den Angeklagten „zu viel"[58] gewesen. Wörtlich heißt es[59]: „Er konnte einfach nicht mehr" und „wollte jetzt nicht

---

[51] BGH GA 1956, 89.
[52] BGH GA 1956, 90.
[53] BGH Urt. v. 15. 10. 1957 — 1 StR 332/57 — mitgeteilt von Dallinger in MDR 1958, 12.
[54] BGH Urt. v. 11. 4. 1958 — 5 StR 49/58 — unveröffentlicht.
[55] BGH MDR 1958, 12.
[56] BGH Urt. v. 11. 4. 1958 S. 2 — unveröffentlicht —.
[57] = MDR 1967, 600 = NJW 1967, 189 = JZ 1967, 417.
[58] BGHSt. 21, 217.
[59] BGHSt. 21, 217.

mehr, daß die Frau verblutete". Die hieraus vom LG gezogene Konsequenz, § 46 Ziff. 2 sei unanwendbar, da der Täter die schweren Verletzungsfolgen „nicht freiwillig, sondern unter seelischem Druck abgewendet habe", verwirft der BGH jedoch als „rechtsirrig"[60]. Denn seiner Ansicht nach bestehen an der Freiwilligkeit der von dem Angeklagten eingeleiteten Hilfsmaßnahmen keine Bedenken, da der Anblick der Verletzten auf ihn „nicht schockartig" gewirkt, sondern ihn „lediglich innerlich dazu gedrängt" habe, die Frau zu retten[61].

3. *Ungerechtigkeiten durch Außerachtlassung der Rücktrittsprüfung*

Man wird zugeben müssen, daß der aus den bislang geschilderten Entscheidungen resultierende Eindruck vom Zustand der Rechtsprechung auf dem Rücktrittssektor ausgesprochen negativ ist. Die eingangs aufgestellte Behauptung wäre damit bewiesen. Dennoch soll — gewissermaßen zur Abrundung des Ganzen — noch *ein* Umstand hervorgehoben werden, der aus etwas anderer Sicht das hier gezogene Fazit bestätigt, aber bei der Kritik stets zu kurz kommt: die Tatsache nämlich, daß — offenbar als Folge der bei Anwendung des § 46 auftretenden Unsicherheit — in einer geradezu beängstigenden Fülle von Urteilen „Rücktritt" mit keinem Wort erwähnt wird, obwohl sich dessen Prüfung, insbesondere vom Ansatz der Rechtsprechung aus, förmlich aufdrängte, zumindest aber mit gleicher Berechtigung wie in anderen Fällen anbot. Damit ist natürlich nicht gesagt, daß dort, wo man vergeblich die Erörterung des Rücktrittsprivilegs sucht, in concreto § 46 Ziff. 1 oder Ziff. 2 durchgegriffen hätten. Im Gegenteil: sie wären im Ergebnis wohl meist abzulehnen gewesen, wie etwa in den zahlreichen Diebstahls- bzw. Raub-[62] und Notzuchts- bzw. Gewaltunzuchtsfällen[63], in denen der Täter infolge gewisser Störungen, sei es durch das „Herannahen von Leuten", „Schreie" des Opfers, „Rufe" oder „Geräusche", aus Angst, gestellt zu werden, seine Tat aufgab. Aber wenn die Möglichkeit strafbefreienden Rücktritts besteht, muß sie gewissenhaft geprüft werden, zumal es ja auch durchaus problematische Fälle gibt.

a) Dazu gehört z. B.[64] die Entscheidung RGSt. 67, 183, dem folgender Sachverhalt zugrunde lag: Der Angeklagte (A) begab sich abends „mit

---

[60] BGHSt. 21, 216.

[61] BGHSt. 21, 217.

[62] Vgl. dazu: RGSt. 30, 68 (69); 43, 332 (333); RGSt. 54, 36; 54, 42; 54, 182 (183); 54, 254 (255); RG JW 1913, 152; RG JW 1920, 292; RG JW 1923, 1029; RG JW 1936, 1974 Nr. 39 und Nr. 40; BGHSt. 2, 318; 21, 78; 21, 244; vgl. auch OLG Frankfurt am Main HESt. Bd. 2, S. 306.

[63] BGHSt. 11, 100 (101); BGH NJW 1953, 1070; OLG Celle JR 1950, 120; RG DJ 1940, 736; RG JW 1938, 165; RG HRR 1939, Nr. 1136; RG JW 1908, S. 570 f.

[64] Außer den nachstehend geschilderten vgl. insbesondere RGSt. 52, 163 (164, 165) und RG JW 1925, 1495.

einem kleinen, aber schweren Beil" bewaffnet in den ersten Stock eines Gasthofs. Als seine Suche „nach Geld oder sonstigen Wertgegenständen" in dem dort befindlichen Schlafzimmer ergebnislos verlaufen war, wechselte er in den Vorraum über, entdeckte hier aber den schlafenden Wirt B. Um nicht an der Weiterführung seines Plans gehindert zu werden, schlug er ihm mit bedingtem Tötungsvorsatz zweimal das Beil über den Kopf und setzte dann „seine Raubtätigkeit" fort, wobei er das Beil zur Beseitigung etwaiger künftiger Widerstände gegen sein Vorhaben mitnahm. „Während er nun ... weiter nach Geld suchte, sah er plötzlich" B in der Türöffnung stehen. „Er gab nunmehr die Fortsetzung seiner räuberischen Unternehmung auf und war nur noch darauf bedacht, sich der Ergreifung zu entziehen", heißt es in den Gründen wörtlich[65]. Dies gelang auch, indem er B, der ihn festhielt, nochmals mit bedingtem Tötungsvorsatz mehrere Beilschläge versetzte, „so daß dieser ihn losließ" und er ins Freie entkommen konnte.

Das Schwurgericht verurteilte A wegen Totschlagsversuchs in Tateinheit mit versuchtem schweren Raub. Der Senat stimmte dem zu und verwarf die Revision der Staatsanwaltschaft, die sich gegen die Annahme nur *eines* Totschlagsversuchs, statt zweier selbständiger Tötungshandlungen wandte. Da aber die hierin liegende Sachrüge dazu führt, daß „die gesamte materiellrechtliche Seite des Urteils"[66] vom Revisionsgericht überprüft wird, auch wenn die Revision nur eine einzige Rechtsverletzung geltend macht, stand rein formell der Erörterung des § 46 nichts im Wege. Ihr Fehlen überrascht um so mehr, als sich in den Urteilsausführungen an verschiedenen Stellen Anklänge an die sonst bei Rücktrittsprüfungen verwandte Terminologie finden. So kann man etwa lesen, der Angeklagte habe sein ursprüngliches Unternehmen, „den Raub, vollständig aufgegeben"[67], sei aber bei dem „Übergang vom Raub zur Flucht" nicht von dem ersten Totschlagsversuch „innerlich vollständig zurückgetreten"[68]. An anderer Stelle heißt es, der Versuch des Totschlags sei „mit den ersten Beilhieben auf B nicht beendet"[69] gewesen, so daß von der Antwort auf die — nicht gestellte — Frage: unbeendeter oder beendeter — fortgesetzter — Totschlagsversuch nach dem letzten Schlag? die Möglichkeit strafbefreienden Rücktritts für A abhing.

b) Auch in der BGH-Judikatur fällt es nicht schwer, Urteile zu finden, in denen man die an sich naheliegende Prüfung des § 46 vermißt. Ein instruktives Beispiel hierfür ist BGHSt. 14, 114 f.: Während der Angeklagte (A) eines Nachts die Taschen des im Freien schlafenden Schuhmachers E. nach Geld durchsuchte, wurde dieser wach und stieß die Hand des A beiseite. Darauf versetzte A seinem Opfer „mehrere heftige Schläge" und lief weg. Ob A dem E Geld weggenommen hat, blieb ungeklärt. Die Strafkam-

---

[65] RGSt. 67, 185.

[66] Schwarz-Kleinknecht, Strafprozeßordnung, 30. Aufl. München 1971, § 337 Anm. 9, ebenso § 344 Anm. 4.

[67] RGSt. 67, 189.

[68] RGSt. 67, 190.

[69] RGSt. 67, 184.

mer wertete diesen Sachverhalt als versuchten schweren Raub in Tateinheit mit Körperverletzung, konnte A allerdings wegen möglicher Volltrunkenheit nur nach § 330 a verurteilen. Der BGH gab auf die Sachrüge des Angeklagten der Revision mit der Begründung statt, versuchter Raub komme tatbestandsmäßig nur dann in Betracht, wenn A beim Erwachen des E „noch beabsichtigte", ihm „mittels der nunmehr angewandten Gewalt ... Geld wegzunehmen". Solange dies nicht erwiesen sei, bestehe die Rauschtat nur in einem mit Körperverletzung tateinheitlich zusammentreffenden Diebstahlsversuch. Hiervon müsse man im vorliegenden Fall ausgehen. Denn nach den tatrichterlichen Feststellungen sei es nicht auszuschließen, daß A Gewalt erst in dem Augenblick ausübte, als er seine „Entdeckung befürchtete", zu diesem Zeitpunkt aber „seine Wegnahmeabsicht als mißglückt bereits aufgegeben" hatte. Trotz solcher „Rücktrittsassoziationen" blieb § 46 unerwähnt, obwohl außer den vom Senat erwogenen theoretischen Möglichkeiten die Alternative: freiwilliger Rücktritt vom „Wegnahmeversuch" sicherlich ebenso gut denkbar war.

Schließlich sei auch noch auf die einem ganz anderen Bereich entstammende Entscheidung BGHSt. 6, 302 hingewiesen[70], in der es heißt: „Bei der Einlassung des Beschwerdeführers und seiner alsbaldigen Festnahme bestand für die Strafkammer kein Anlaß, den erst in der Revision behaupteten Rücktritt vom Versuch zu erörtern"[71]. Was damit gemeint ist, könnte sehr mißverständlich sein: Muß etwa der Täter die Rücktrittsvoraussetzungen dartun? Hat er sich etwa „zu spät" auf § 46 berufen? Um Unklarheiten zu vermeiden und eine erschöpfende Beurteilung der materiellen Rechtslage zu gewährleisten, hätte deshalb der Senat den von der Verteidigung ausdrücklich angeführten § 46 auch untersuchen und seine Ablehnungsgründe präzise bekanntgeben müssen. So aber bleibt ein unbefriedigender Rest.

Zusammenfassend zeigt sich damit die höchstrichterliche Rücktrittsprüfung in *doppelter* Hinsicht als inkonsequent und ungerecht: einmal, weil *bei Anwendung* des § 46, zum anderen, weil durch seine *Nichtanwendung* im Einzelfall widersprüchliche und (oder) unbillige Ergebnisse erzielt werden.

II. Wandlungen und Entwicklungslinien der Rechtsprechung

So verwirrend buntscheckig, von Ungereimtheiten und Zufälligkeiten geprägt das Bild der Judikatur ist, wenn man *einzelne* konkrete Entscheidungen miteinander vergleicht, so lassen sich doch mit dem Blick auf das *ganze* zur Verfügung stehende Fallmaterial auch einige relativ klare Entwicklungslinien und Wandlungen erkennen. Ihrer Darstellung ist der zweite Teil der hier angestrebten einführenden Gesamtübersicht gewidmet.

---

[70] Vgl. dazu im übrigen Kohlrausch-Lange Vorbem. vor § 43 Anm. II 7; § 46 Anm. VI; Bockelmann JZ 1955, 193 (194 f.).

[71] BGHSt. 6, 302 (304).

1. Der Nachweis der täterfreundlichen Tendenz auf Grund einer „formal-statistischen" Analyse des Fallmaterials

a) Die wachsende Zahl der Rücktrittsentscheidungen

Verfolgt man die Rechtsprechung des Reichsgerichts und des BGH zu § 46 von ihren Anfängen im Jahre 1880 bis zum heutigen Tage, ist zunächst unter rein *quantitativem* Aspekt die ständig gestiegene Zahl der „Rücktrittsentscheidungen" auffallend. Diese Beobachtung trifft schon isoliert auf die „reichsgerichtliche" Periode bis 1944 zu, wird jedoch besonders deutlich im Vergleich mit der BGH-Judikatur. Konkrete Zahlenangaben können das belegen. Wenn man nämlich, so gut es geht, die eingangs von Cohn zitierte, aber nur hypothetisch gedachte „Statistik" wirklich einmal aufstellt, so zeigt sich: 79 einschlägigen Urteilen in der ersten Hälfte der Reichsgerichtsrechtsprechung bis Ende 1912 stehen 130 Entscheidungen in der zweiten gegenüber; oder: in der etwas mehr als 20jährigen Geschichte des BGH lassen sich schon fast 100 Rücktrittsfälle nachweisen, während in der gesamten, dreimal so langen Reichsgerichtszeit nur rund doppelt so viele (knapp über 200) ermittelt werden konnten; oder: in den ersten 24 Bänden der amtlichen Sammlung des Reichsgerichts finden sich 16 Urteile mit Bezug auf § 46, in den entsprechenden Fundstellen des BGH dagegen bereits 24.

Wie gegenüber statistischen Aussagen prinzipiell ist natürlich auch im Hinblick auf den Beweiswert und die Schlüssigkeit der hier genannten Zahlen Vorsicht und kritische Distanz gebeten, um so mehr, als die mögliche, ja zugegebenermaßen wahrscheinliche Unvollständigkeit des ausgewerteten Materials manche Fehlerquelle eröffnen kann. Aber selbst wenn man dies berücksichtigt und insofern die notwendigen Abstriche an der Aussagekraft der numerischen Angaben macht, ist — statistisch gesprochen — die untersuchte „Grundgesamtheit" umfassend genug, um die Ausgangsthese von der im Laufe der Zeit stetigen Zunahme der „Rücktrittsentscheidungen" auch empirisch zu untermauern. Denn sicherlich bilden die über 300 erfaßten höchstrichterlichen Präjudizien einen durchaus repräsentativen Querschnitt, aus dem die *Relation* der Zahlen hervorgeht, mögen sich auch die *absoluten* Ziffern verschieben, wenn die „statistische Masse" komplett wäre. Letzteres aber ist angesichts der Tatsache, daß nicht alle Urteile veröffentlicht werden, kaum zu erreichen, so daß man sich mit dem vorstehenden „relativen" Nachweis begnügen muß.

b) Die Verlagerung der Rücktrittsschwerpunkte auf Tötungs- und Gewaltdelikte

Eine andere interessante Beobachtung — diesmal in *qualitativer* Hinsicht — ist die Änderung der Rücktrittsschwerpunkte im Besonderen Teil des Strafrechts: drei voneinander ziemlich deutlich abgehobene Rechtsprechungsphasen lassen sich feststellen. In der ersten Periode, die von 1880 bis in die Mitte der zwanziger Jahre unseres Jahrhunderts reicht, geht es bei der ganz überwiegenden Zahl der Rücktrittsfälle tatbestandsmäßig um Abtreibung, Diebstahl oder Betrug, daneben — aber schon mit klarem Abstand — vor allem noch um Meineid, Erpressung und Brandstiftung.

In dem anschließenden zweiten Abschnitt, der die Judikatur des Reichsgerichts bis zu ihrem Ende 1944 und das erste Jahrzehnt der BGH-Rechtsprechung umfaßt, tritt in mehrfacher Beziehung ein scharfer Umbruch ein: Der bisherige „Tatbestandsfavorit", die Abtreibung, verliert nahezu jegliche Bedeutung: von den 34 Rücktrittsentscheidungen des Reichsgerichts, denen ein Abtreibungsversuch zugrunde lag, sind 33 bis 1925 ergangen, die letzte datiert vom 12. 10. 1928[72]! Ein weiteres hervorstechendes Kennzeichen dieser Phase ist das Vordringen der Rücktrittsprüfung bei Tötungs- und Gewaltdelikten. Der erste Fall eines Rücktritts vom Totschlagsversuch in der Reichsgerichtsjudikatur überhaupt wird in dem Urteil vom 23. 3. 1925[73] behandelt und diese Problematik danach noch weitere vier Male diskutiert. Von den 11 Mordversuch-Rücktrittsentscheidungen fallen bis auf eine einzige[74] alle in den Zeitraum ab 1924. Ferner findet sich in dem veröffentlichten Material erstmals 1927[75] der Rücktritt von einem Raubversuch und erhält von da ab — dokumentiert in 7 Entscheidungen — wachsende Bedeutung. Dasselbe gilt schließlich auch für die Gewalttaten im Bereich der Sittlichkeitsdelikte — §§ 176 Abs. 1 Ziff. 1 und 177: von den 9 einschlägigen Urteilen des Reichsgerichts sind 7 zwischen 1930 und 1944 ergangen.

In diesen veränderten Rahmen fügt sich das Bild der frühen BGH-Rechtsprechung fast nahtlos ein: § 218 hat seine ehedem unter Rücktrittsgesichtspunkten herausragende Rolle verloren: unter den bisherigen knapp 100 BGH-Entscheidungen konnten nur insgesamt 5 Abtreibungsfälle ermittelt werden, davon 4 bis Ende 1960. Tötungs- und Gewaltdelikte treten dagegen im Vergleich zu der Zeit bis 1925 stark in den Vordergrund: 4 Mord-, 6 Totschlags-, 10 Raub- und 6 Notzuchtsentscheidungen unter 50 zu Rücktrittsfragen Stellung nehmenden Urteilen bis Ende 1960 belegen dies.

Eine gewisse Verschiebung innerhalb der hier geschilderten zweiten Phase weisen lediglich die Diebstahls- und Betrugsfälle auf. Während im letzten Drittel der reichsgerichtlichen Judikatur nur noch zweimal Rücktritt nach einem Diebstahlsversuch problematisch war gegenüber 32 Entscheidungen dieser Art in der vorhergehenden Periode, stieg ihre Zahl in der BGH-Ära wieder in etwa bis auf das alte Durchschnittsniveau im 10-Jahres-Zeitraum an. Umgekehrt gingen die „Versuchsrücktritte" beim Betrug zahlenmäßig kräftig zurück: 13 Fällen zwischen 1925 und 1944 stehen nur 3 in dem ersten Teilabschnitt der BGH-Rechtsprechung von Ende 1950 bis Ende 1960 gegenüber.

---

[72] RG Recht 1929, Nr. 380.
[73] RG JW 1926, 1166.
[74] RG Rspr. VIII, 12 ff.
[75] Urt. v. 11. 4. 1927, Recht 1927, Nr. 1819.

Der Zeitraum danach bildet die dritte der eingangs erwähnten Phasen. Sie ist — bei Übereinstimmung mit der Vorperiode im übrigen — dadurch gekennzeichnet, daß die Tötungs- und Gewaltdelikte als tatbestandsmäßige Bezugsgrundlagen der Rücktrittsprüfung weiter an Bedeutung gewinnen und eine zunehmend dominierende Rolle spielen[76]. Zum Beleg einige Zahlen: 10 von insgesamt 14 Rücktrittsentscheidungen des BGH zum Mord, 13 von insgesamt 19 Rücktrittsstellungnahmen bei Totschlag und 13 von insgesamt 19 Rücktrittsprüfungen bei Notzucht oder Gewaltunzucht fallen in die Zeit von 1961 bis 1972; zusammengenommen sind das 36 derartige Fälle, die genau drei Viertel des für diesen Abschnitt ermittelten einschlägigen Rechtsprechungsmaterials ausmachen. In den letzten Jahren schließlich, ab etwa 1968, erlangten die hier genannten Delikte mit 22 Belegen bei 24 Urteilen, in deren Rahmen § 46 erörtert wurde, sogar eine fast exklusive Stellung, wobei der Anteil von Mord- und Totschlagsversuchen mit 16 Entscheidungen so hoch ist, daß man den Eindruck haben könnte, die praktische Bedeutung des Rücktritts vom Versuch sei weitgehend auf Straftaten gegen das Leben beschränkt! Mag diese Schlußfolgerung auch etwas einseitig und übertrieben sein: die allmähliche Verlagerung der Rücktrittsrelevanz von „leichteren" auf „schwerere" Delikte, von Vergehen auf Verbrechen ist jedenfalls eine Tatsache, die sich in der Entwicklung der Rechtsprechung eindeutig nachweisen läßt. Daß sie rückschauend alles andere als selbstverständlich oder vorhersehbar gewesen ist, beleuchtet schlaglichtartig die aus heutiger Sicht wie ein Scherz klingende, aber durchaus ernst gemeinte und damals, soweit ersichtlich, für die Praxis der Obergerichte auch zutreffende Feststellung Cohns aus dem Jahre 1881: „Es gibt Verbrechen, bei denen die Verheißung der Straffreiheit" (sc.: infolge Rücktritts) „ein toter Buchstabe geblieben ist. Mir ist wenigstens eine Entscheidung, welche einen Räuber, der Gewalt, einen Erpresser, der eine Drohung angewendet hat, wegen ‚Versuchs' freigesprochen hätte, nicht bekanntgeworden[77]."

c) Die erhöhten Erfolgsaussichten der Revision zugunsten des Angeklagten

Eine weitere recht bemerkenswerte Feststellung ergibt sich, wenn man die Judikatur daraufhin untersucht, welches Resultat die Rücktrittsprüfung durch die erste Instanz bzw. das Revisionsgericht im konkreten Fall hatte, und die dabei gewonnenen Ergebnisse miteinander vergleicht. Diese lassen sich nach fünf Ordnungsgesichtspunkten aufgliedern.

Zunächst fällt mit Blick auf die dem Reichsgericht oder BGH zugrunde gelegenen erstinstanzlichen Entscheidungen auf, daß von den Strafkammern oder Schwurgerichten das Rücktrittsprivileg nur sehr vorsichtig und zögernd

[76] Vgl. auch die Polizeiliche Kriminalstatistik 1973 in NJW 1974, Heft 35, S. III, die den hohen Anteil von Versuchshandlungen an den Straftaten Mord, Totschlag, Notzucht, Erpressung und Raub verdeutlicht.

[77] Cohn, Zur Lehre vom versuchten Verbrechen a. a. O. S. 623.

bejaht wird, die Ablehnung demgegenüber die Regel ist. In nackten Zahlen ausgedrückt bietet sich folgendes Bild: In den 227 hier verwertbaren Revisionsurteilen[78] hatten die Tatgerichte 187mal Rücktritt verneint; von den 40 positiven Entscheidungen entfielen 30 auf § 46 Ziff. 1 und 10 auf § 46 Ziff. 2. Hervorzuheben ist ferner, daß rücktritts*bejahende* Urteile der Tatsacheninstanz nicht nur an sich selten sind, sondern noch viel seltener *zuungunsten* des Angeklagten revidiert wurden. Von den insgesamt 16 Beispielen hierfür stammen 14 aus der Reichsgerichtspraxis, während in der Rechtsprechung des BGH bislang erst zwei Fälle dieser Art[79] festgestellt werden konnten.

Fast umgekehrt sieht die Lage bei den rücktritts*verneinenden* erstinstanzlichen Entscheidungen aus, die nicht nur verhältnismäßig zahlreich sind, sondern auch relativ häufig *zugunsten* des Angeklagten korrigiert wurden, was den Eindruck bestärkt, daß das Rücktrittsprivileg von seiten des Reichsgerichts und Bundesgerichtshofs täterfreundlicher „gehandhabt" wird. Dabei übertrifft die revisionsgerichtliche Aufhebung des Ersturteils wegen Verstoßes gegen *§ 46 Ziff. 1* die Zahl der Rügen wegen fehlerhafter Anwendung des *§ 46 Ziff. 2* bei weitem: das Verhältnis lautet 60 zu 8, bezogen auf eine Gesamtzahl von 129 negativen Entscheidungen der ersten Instanz, bei denen die Zuordnung zu § 46 Ziff. 1, und 42, bei denen die Bezugnahme auf Ziff. 2 eindeutig ist[80].

Untersucht man diese „Korrekturen" zugunsten des Täters genauer, so lassen sich zwei weitere, für den Gesamteindruck charakteristische Tatsachen feststellen. Zum einen sticht der extrem hohe Anteil der BGH-Judikatur hervor: nicht viel weniger als die Hälfte aller für den Angeklagten erfolgreichen Revisionen — in absoluten Zahlen: 25 betreffend § 46 Ziff. 1, 4 betreffend § 46 Ziff. 2 — erfolgte in dem Zeitraum zwischen 1950 und 1972, obwohl dieser nur ein Viertel der hier beobachteten Rechtsprechungsperiode seit 1880 ausmacht. Zum anderen aber ist an der revisionsgerichtlichen „Aufhebungsquote" im Bereich des Rücktritts — abgesehen von ihrer Zunahme in den beiden letzten Jahrzehnten — besonders auffällig, wie sich hierbei die Proportionen in tatbestandsmäßiger Hinisicht verschoben haben. Im Einklang mit der schon oben hervorgehobenen stark gestiegenen Bedeutung der Rücktrittsprüfung bei Mord- und Totschlagsversuchen ist die Zahl der Urteilsaufhebungen zugunsten des Angeklagten gerade bei dieser Deliktsgruppe fast explosionsartig in die Höhe geschnellt: Während das

[78] Des Reichsgerichts und Bundesgerichtshofs betr. Mord, Totschlag, Abtreibung, Notzucht, Gewaltunzucht, Unzucht mit Kindern, Diebstahl, Raub, Erpressung, Betrug, Brandstiftung und Meineid.

[79] BGH NJW 1973, 632 und BGH NJW 1956, 30 f.

[80] Die Tatsache, daß die Addition der negativen Entscheidungen zu § 46 Ziff. 1 und 2 nicht zusammen die Zahl 187 ergibt, die oben als Summe aller rücktrittsverneinenden erstinstanzlichen Urteile angegeben wurde, beruht darauf, daß einerseits vielfach unklar bleibt, ob das Tatgericht § 46 Ziff. 1 oder 2 geprüft hat bzw. andererseits in manchen Fällen *beide* Rücktrittsalternativen erörtert und verneint wurden, was an dieser Stelle zu einer „Doppelzählung" führt.

Reichsgericht in den acht ermittelten Tötungsfällen, in denen es § 46 Ziff. 1 nach Verneinung durch das Tatgericht zu untersuchen hatte, nur *einmal* zu einem für den Angeklagten positiven Ergebnis kam, hat der BGH bei 18 derartigen Revisionsentscheidungen das Urteil der Vorinstanz zehnmal *zugunsten* des Mörders oder Totschlägers aufgehoben. Das ist — gemessen an der Gesamtzahl der für den Täter erfolgreichen Revisionen bei § 46 Ziff. 1 in dem ausgewerteten BGH-Fallmaterial — immerhin ein Anteil von 40 %!

d) Die Ausdehnung des Anwendungsbereichs des § 46 Ziff. 1

Bezüglich § 46 Ziff. 2 läßt sich dagegen für dieselbe Zeitphase eine ähnliche quantitative Steigerung der für den Angeklagten positiven Revisionsentscheide — sowohl absolut als auch relativ gesehen — nicht feststellen. Dieses Auseinanderklaffen in der Entwicklung der beiden Rücktrittsalternativen mag auf den ersten Blick als zufällige Erscheinung und darum nicht weiter wichtig betrachtet werden. Bei näherem Zusehen zeigt sich jedoch, daß die gegenläufige Tendenz von § 46 Ziff. 1 und 2 offenbar auf einer Schwerpunktverschiebung[81] innerhalb der Rücktrittsvorschrift beruht: nämlich auf der weitgehenden Zurückdrängung des § 46 Ziff. 2 zugunsten der Ziff. 1 oder — umgekehrt formuliert — auf der Ausdehnung des Anwendungsbereichs der Ziff. 1 zu Lasten der Ziff. 2 in der neueren BGH-Judikatur.

Einen eindeutigen Beleg hierfür bietet die Untersuchung der Rücktrittsentscheidungen nach Mord- oder Totschlagsversuchen: Von 16 einschlägigen Fällen in den letzten 5 Jahren fielen 4 nach Auffassung der Tatsachen- und der Revisionsinstanz — in das Gebiet des beendeten Versuchs der Ziff. 2 und scheiden daher hier als unproblematisch aus der Betrachtung aus.

Von den verbleibenden 11 strittigen Fällen aber wurde die rücktrittsverneinende erstinstanzliche Entscheidung achtmal mit der Begründung aufgehoben, möglicherweise seien die Voraussetzungen des noch unbeendeten Versuchs nach § 46 Ziff. 1 gegeben. Dieses Argument, das in der Reichsgerichtsrechtsprechung nur in Abtreibungsfällen eine gewisse, wenn auch untergeordnete Bedeutung erlangen konnte, wird in der Gerichtspraxis des BGH geradezu der typische Revisionsgrund beim Rücktritt vom Versuch, zunehmend eine Art „Nachschlüssel", mit dem man die „Tür" der Revision öffnen und die tatrichterliche Entscheidung — fast nach Belieben, so scheint es — aus den Angeln heben kann. Denn selbst in Fällen, wo der Vorderrichter § 46 Ziff. 1 für nicht einmal diskutabel oder aber für ganz selbstverständlich ausgeschlossen gehalten hat, begegnet uns der höchstrichterliche Hinweis auf diese Rücktrittsmöglichkeit. Die darin zum Ausdruck kommende unterschiedliche Wertung bzw. Neuorientierung der Einzugsbereiche

[81] Diese hat erstmals wohl Geilen, JZ 1972, 335 r. Sp., 339 l. Sp., 342 r. Sp. hervorgehoben.

beider Rücktrittsalternativen ist natürlich auf ihre Gründe und in ihrem Ausmaß genau zu untersuchen. Das erfolgt jedoch später im systematischen Teil. Denn im Augenblick geht es nur darum, die „Akzentverlagerung zugunsten des § 46 Ziff. 1"[82] als Phänomen der neueren Judikatur mit ihren für den Angeklagten außerordentlich günstigen Konsequenzen zu erkennen. Diese liegen darin, daß § 46 Ziff. 1 im Gegensatz zur sog. „tätigen Reue" der Ziff. 2 kein positives Tun, sondern lediglich ein „Nicht-weitermachen" verlangt, also geringere Anforderungen an die Erlangung der Straffreiheit stellt, deren Chancen sich deshalb durch die hier beobachtete Ausweitung des „billigen, durch bloße Unterlassung zu erreichenden Rücktritts"[83] zwangsläufig verbessern müssen. Der oben festgestellte Anstieg der aus Tätersicht positiv entschiedenen Revisionen findet damit eine Erklärung.

e) Zusammenfassung

Faßt man die Teilergebnisse der bisherigen, im wesentlichen „formal-statistischen" Analyse unserer Fallsammlung: die wachsende Zahl der Rücktrittsfälle überhaupt, die Verlagerung der Rücktrittsschwerpunkte auf Tötungs- und Gewaltdelikte, die erhöhten Erfolgsaussichten der Revision zugunsten des Angeklagten und den Ausbau der Rücktrittsmöglichkeit nach § 46 Ziff. 1 in einer Art Zwischenbilanz zusammen, so läßt sich eine recht klare und eindeutige Aussage treffen: Die höchstrichterliche Rechtsprechung im Bereich des Rücktritts vom Versuch ist tendenziell immer „rücktritts-" d. h. „täterfreundlicher" geworden[84]. Ansätze dazu finden sich zwar schon in der Reichsgerichtsjudikatur, doch gelingt der eigentliche Durchbruch erst in der Rechtsprechung des BGH, wobei man insbesondere in den letzten Jahren eine auffallende Verstärkung dieser Entwicklung beobachten kann.

2. Der Nachweis der täterfreundlichen Rechtsprechungstendenz auf Grund einer „materiell-konkreten" Analyse der einschlägigen Entscheidungen

Eindrucksvoll bestätigt und zugleich auch weitgehend in seinen Gründen offenkundig wird der hier aufgezeigte Tendenzumschwung in der Judikatur,

---

[82] Geilen, JZ 1972, 335; Hruschka, JZ 1969, 497 Anm. 15 weist ebenfalls auf diesen „Trend" hin.

[83] Geilen, JZ 1972, 335.

[84] A. A. Maurach AT S. 521, der bezüglich der Freiwilligkeitsproblematik von der „zunehmend engherziger" werdenden Praxis, und Heinitz, der von „immer strengeren Anforderungen an die Freiwilligkeit" in der späten RG-Judikatur (JR 1956, 252) spricht. Auch Bockelmann beobachtet 1942 eine „in jüngerer Zeit wiederholt hervorgetretene Neigung der Rechtsprechung zur Strenge" (DR 1942, 431), doch bedeuten diese Feststellungen keinen Widerspruch zu unseren Ausführungen, da sie nur einzelne Urteile in einem kurzen Zeitraum betreffen, während wir die Gesamtentwicklung der Judikatur ins Auge faßten.

wenn man den Wandel von einer zunächst gegen den Täter gerichteten, restriktiven Interpretation des § 46 zu einer immer extensiveren, den Täter begünstigenden Auslegung näher betrachtet und damit zu einer mehr „materiell-konkreten" Analyse des Fallmaterials übergeht. Eine Reihe von Einzelbeobachtungen, die zwar meist als solche nicht neu, aber doch oft nicht in diesem Zusammenhang gesehen werden, geben dem Gesamtbild nicht nur das nötige Kolorit, sondern lassen auch den Gang der Entwicklung schärfer und plastischer hervortreten.

a) Anwendbarkeit des § 46 Ziff. 2 beim untauglichen und fehlgeschlagenen Versuch?

An erster Stelle ist hier der Umbruch in der Beurteilung der Rücktrittsmöglichkeit nach § 46 Ziff. 2 beim untauglichen und fehlgeschlagenen Versuch zu erwähnen. Das Reichsgericht hatte diese Frage in ständiger Rechtsprechung[85] mit der Begründung verneint, § 46 Ziff. 2 setze die „Wirksamkeit der eigenen Tätigkeit"[86] für die Erfolgsabwendung voraus. Daß darin ein „Mißstand"[87] bzw. eine „Härte"[88] gegenüber dem in Unkenntnis der objektiven Sachlage sich um die Erfolgsverhütung bemühenden Täter liegt, erkannte das Reichsgericht ausdrücklich an, sah sich aber mit Rücksicht auf den Wortlaut des Gesetzes bis zu dessen Änderung nicht in der Lage, anders zu entscheiden.

Auch der BGH folgte zunächst dieser Linie[89]. In der Entscheidung vom 29. 4. 1958[90] hat er jedoch seinen Standpunkt zugunsten des Täters revidiert und unter Hinweis auf die „neuere Rechtsentwicklung" in § 49 a IV sowie mit Hilfe einer auf die Gefährdung des Rechtsfriedens abstellenden „Erfolgs"-Interpretation im § 46 Ziff. 2 dessen Voraussetzungen beim beendeten untauglichen Versuch bejaht, wenn der Täter freiwillig und ernsthaft alles tut, um den vermeintlich bevorstehenden Deliktserfolg abzuwenden. Zu beachten ist, daß der BGH in diesem Urteil die Erweiterung der Rücktrittsmöglichkeit noch nicht auf das sog. fehlgeschlagene Delikt ausdehnte[91], sondern dessen andersartige Struktur hervorhob und daraus folgerte, hier, wo die Gefahr des Erfolgseintritts „zunächst tatsächlich bestand, ... aber durch Gegenmaßnahmen des Betroffenen oder andere ... Umstände fehlschlug", sei es möglicherweise „nicht ungerecht", den Täter „im Falle des Mißlingens

---

[85] RGSt. 17, 158 (160); 51, 205 (211); 65, 273 (276); 68, 306 (309) = JW 1935, 284 ff.; 77, 1 (3).

[86] RGSt. 68, 309.

[87] RGSt. 17, 160.

[88] RGSt. 68, 309.

[89] BGH-Urteil vom 8. 10. 53 — 3 StR 437/53 — unveröff. S. 16.

[90] BGHSt. 11, 324 = NJW 1958, 1051 = JZ 1958, 669 = JR 1958, 346 = MDR 1958, 703; ebenso BGH MDR 1969, 494 = NJW 69, 1073 = GA 1971, 51.

[91] Dies hebt mit Recht Arzt, GA 1964, 5 hervor.

des wirksamen Rücktritts" zu bestrafen[92]. In der Zwischenzeit aber hat sich der BGH dann anders entschieden und, ohne auf seinen früheren Vorbehalt zurückzukommen, erklärt, was für den Fall des untauglichen Versuchs in BGHSt. 11, 324 ausgesprochen sei, müsse ganz allgemein gelten, wenn die „Ursächlichkeit" der eigenen Tätigkeit des Täters „für das Ausbleiben des Erfolges nicht festgestellt ist"[93]. Die Gleichschaltung von fehlgeschlagenem und untauglichem Versuch in puncto Anwendbarkeit des § 46 Ziff. 2 ist damit zugunsten des Täters in der Rechtsprechung vollzogen und durch § 24 Abs. 1 S. 2 im neuen Recht auch ausdrücklich sanktioniert.

b) Ausschluß des § 46 Ziff. 2 aus anderen Gründen als wegen „Entdeckung"?

Ein weiteres, wenn auch nicht so klares Abrücken von einer gegen den Täter gerichteten Reichsgerichtsrechtsprechung zeigt sich bei der Frage, ob nur die Entdeckung allein das Privileg des § 46 Ziff. 2 ausschließt oder auch andere Gründe dazu geeignet sind. Das Reichsgericht hat sich hier — anders als beim untauglichen Versuch — nicht auf eine Wortlautargumentation zurückgezogen, sondern das „Entdecktsein" lediglich als eine konkrete Umschreibung der „Freiwilligkeit" aufgefaßt, die generell „auch für den Rücktritt nach § 46 Nr. 2"[94] Voraussetzung sei. In BGHSt. 21, 216 war dieses Problem zwar letztlich nicht entscheidungserheblich und blieb daher offen. Doch klingt in den diesbezüglichen Ausführungen des Senats unüberhörbar eine gewisse Skepsis gegenüber der früheren Judikatur an, und man spürt erste Zweifel, ob „die Einengung der Vergünstigung nicht als eine unzulässige Analogie *zuungunsten* des Täters anzusehen wäre"[25]. § 24 I S. 1 2. Alt. hat diese Frage allerdings inzwischen im Sinne der Reichsgerichtsauffassung entschieden.

c) Objektive oder subjektive Interpretation des Merkmals „Entdeckung"?

Ebenfalls eine vorsichtige Distanzierung des BGH von einer langjährigen Tradition des Reichsgerichts ist bezüglich der Problematik festzustellen, ob das Merkmal der Entdeckung in § 46 Ziff. 2 ausschließlich objektiv oder subjektiv — auch zugunsten des Täters — zu interpretieren ist. Das Reichs-

---

[92] BGHSt. 11, 326.

[93] BGH Urteil vom 3. 5. 1972, mitgeteilt bei Dallinger MDR 1972, 751.

[94] RGSt. 57, 278 (279); so schon RGSt. 1, 307 (308), (309); 1, 375 (376); RGSt. 38, 402 (404); RG GA 69, 396 (397); RGSt. 71, 242 (243); RG LZ 1931 Sp. 108.

[95] BGHSt. 21, 216 (217).

gericht vertrat dazu wiederholt die Auffassung[96], nicht darauf komme es an, „ob der Täter, als er den Erfolg seines Tuns abwendete, dieses für entdeckt hielt oder halten konnte, sondern ob er entdeckt war"[97]. Denn der dem Entdeckungserfordernis zugrunde liegende Gedanke der „Freiwilligkeit" sei nun einmal „von dem Strafgesetzbuch nur in objektiver Gestaltung zum Ausdruck gebracht worden"[98]. Der BGH schließt sich — insofern Vorbehalte andeutend — dieser für den Täter oft nachteiligen Argumentation nicht an, läßt aber die Frage letztlich dahingestellt, da im konkreten Fall „der Angeklagte zumindest mit einer Entdeckung der Tat gerechnet"[99] habe. Inzwischen hat der Gesetzgeber in § 24 I S. 1 diesem Problem ein Ende bereitet, da das Entdeckungsmerkmal in der Rücktrittsvorschrift weggefallen und an seine Stelle — durchgängig für unbeendeten und beendeten Versuch — die Freiwilligkeitsvoraussetzung getreten ist.

d) Unanwendbarkeit des § 46 Ziff. 2 bei „Entdeckung" durch den Tatbetroffenen?

Ein weiterer Punkt, an dem bei der Interpretation des § 46 Ziff. 2 der „Wandel zugunsten des Täters" in der Rechtsprechung offenbar wird, betrifft die Frage, welche Konsequenzen sich aus der Entdeckung der Straftat durch den von ihr Betroffenen selbst ergeben. Das Reichsgericht hatte hier zunächst entschieden, „die Kenntnis desjenigen, gegen welchen die strafbare Handlung gerichtet war"[100], lasse die Tat unentdeckt, wenn die Kenntnisnahme „zum Tatbestand des beendeten Versuches gehört"[101]. Aus diesem für den Täter scheinbar günstigen Ansatz zog es jedoch — zum Nachteil des Angeklagten — die Schlußfolgerung, § 46 Ziff. 2 könne, „auf solche strafbare Handlungen", wie z. B. § 253 oder § 263, „überhaupt nicht Anwendung finden"[102]. Diese Auffassung wurde letztmals, soweit ersichtlich, in einem Urteil aus dem Jahre 1909[103] vertreten, danach jedoch die Anwendbarkeit des § 46 Ziff. 2 in ständiger Rechtsprechung auch in Fällen dieser Art grundsätzlich bejaht[104].

---

[96] Allerdings verneinte das RG teilweise auch freiwilligen Rücktritt, wenn der Täter sich irrtümlich für entdeckt hielt, so z. B. RGSt. 38, 402 (404); RGSt. 63, 158 (159); offen gelassen in RG LZ 1931 Sp. 107 (108).

[97] RG DJZ 1925, 513 = HRR Bd. I, 59 = LZ 1925, 150 f.; ebenso schon RGSt. 1, 375 (377) = RG Rspr. 1, 720.

[98] RGSt. 1, 375 (377).

[99] BGHSt. 24, 48 (50) = MDR 1971, 230 = NJW 1971, 1046 ff.

[100] RGSt. 1, 307 (309) = RG Rspr. 1, 413 ff.

[101] RGSt. 1, 307 (309).

[102] RGSt. 1, 307 (309); ebenso: RG JW 1890, 185; RGSt. 26, 77 (78); 38, 402 (403); RG Recht 1909 Nr. 927.

[103] RG Recht 1909 Nr. 927.

[104] RG DJZ 1925, 513; GA 69, 396; LZ 1931 Sp. 108; RGSt. 66, 61 (62); erstmals in diesem Sinne RMG 11, 138 (142); ebenso: BGH JR 1952, 414 = MDR 1952, 530; BGHSt. 24, 48 (49); BGH MDR 1972, 751; BGH NJW 1972, 2004.

e) Erfordernis eines „ausschließlich" freiwilligen Rücktritts?

Ein deutliches, bislang kaum beachtetes „täterfreundliches" Umschwenken der Rechtsprechung in einer praktisch nicht unwichtigen Detailfrage läßt sich ferner bei der Prüfung der „Freiwilligkeit" in § 46 Ziff. 1 bzw. der „eigenen Tätigkeit" in § 46 Ziff. 2 nachweisen. Während das Reichsgericht anfangs die Bejahung dieser Rücktrittsvoraussetzungen davon abhängig machte, daß die Aufgabe des Versuchs „ausschließlich"[105] oder „allein"[106] auf dem „freien Willen" des Täters beruhte, hat es diese Einschränkung später fallengelassen, ohne näher auf die darin liegende Änderung zugunsten des Täters einzugehen. So hält es beispielsweise der Senat in der Entscheidung vom 5. 4. 1932[107] für „nicht ausgeschlossen, daß der Täter trotz der" vom Tatrichter „angeführten Umstände" — Verletzungen im Gesicht, Widerstand der Überfallenen — „*noch* die freie Wahl hatte", den Notzuchtsversuch aufzugeben oder zu vollenden. Auch der BGH ist der neuen Rechtsprechung gefolgt und bejahte z. B. im Falle versuchter Notzucht freiwilligen Rücktritt, wenn sich der Angeklagte „schämte und ... *wesentlich auch* aus diesem Grunde"[108] von seinem Opfer abließ oder nur „unter dem Einfluß der Gegenwehr des Mädchens seinen Entschluß änderte"[109].

f) Beweislastverschiebung bei der Freiwilligkeitsvoraussetzung zugunsten des Täters

Schließlich sei noch auf die — praktisch außerordentlich bedeutsame — Wandlung der Judikatur in der Frage des *Nachweises* der Rücktrittsvoraussetzungen hingewiesen. Nach RGSt. 4, 290 ff. kommt § 46 Ziff. 1 überhaupt nur dann in Betracht, „wenn nachgewiesen wäre"[110], daß die Angeklagte das Kind noch für lebend hielt, als sie mit dem Würgen aufhörte. „Solange noch Raum für die Annahme bleibt, daß sie nur aus Irrtum über den bereits eingetretenen Tod des Kindes das Fortsetzen des Würgens aufgab"[111], wäre das Vorliegen des § 46 Ziff. 1 daher nicht dargetan. Beweisschwierigkeiten gehen also hier zu Lasten des jeweiligen Angeklagten. Bestätigt wird diese Feststellung durch die nachfolgende Entscheidung vom 23. 6. 1890[112], in der es um die Revisionsrüge ging, der Tatrichter habe pflichtwidrig unerörtert gelassen, ob der Täter „nicht sowohl" wegen des

---

[105] RGSt. 45, 6 (7); RGSt. 47, 74 (80).

[106] RG DJZ 1914, 1302; ebenso wohl auch RGSt. 4, 290 (292); RG GA 38, 312 (213).

[107] RG BayZ 1933, 39 — Hervorhebungen vom Verf.

[108] BGHSt. 9, 48 (53) — Hervorhebung vom Verf.

[109] Urteil vom 21. 4. 67 — 4 StR 64/67 — unveröffentlicht — S. 4.

[110] RGSt. 4, 290 (294).

[111] RGSt. 4, 209 (294).

[112] RG GA 38, 212 (213).

Widerstands des Mädchens als auch aus einer über ihn „gekommenen Reue" seinen Versuch nach § 176 Abs. 1 Nr. 3 aufgegeben habe. Das Reichsgericht wies diesen Vorwurf als „nicht gerechtfertigt"[113] mit der Begründung zurück, für eine solche Untersuchung und Entscheidung sei kein Anlaß gewesen, da „der Angeklagte in der Hauptverhandlung nur die Tat geleugnet, nicht aber eine von innen heraus erfolgte Willenswandlung" und ein mit Reue motiviertes Ablassen von dem Kind „behauptet" habe[114].

Ein Standpunktwechsel zeichnet sich gegen Ende der Reichsgerichtsjudikatur in dem Urteil RGSt. 71, 242 ab. Hier stellte sich die Frage, ob der Mordversuch der Angeklagten an ihrem Kind schon in Folge der Anwesenheit einer 14jährigen „entdeckt" im Sinne des § 46 Ziff. 2 sei. Das Schwurgericht hatte dies bejaht, ohne das Verhalten der jungen „Beobachterin" jedoch näher zu untersuchen. Das Reichsgericht wies demgegenüber darauf hin, ein etwaiges Untätigbleiben müsse als „Beweisanzeichen"[115] *gegen* die Annahme der Entdeckung gewertet werden und verstärke deshalb den Zweifel in dieser Hinsicht, so daß das Urteil aufzuheben sei.

Der BGH hat den hiermit zugunsten des Täters eingeschlagenen Weg konsequent weiter beschritten[116] und die Abkehr von der alten Reichsgerichtsauffassung zunehmend schärfer, am deutlichsten in BGH MDR 1969, 532 hervortreten lassen.

Dort wurde ausdrücklich erklärt[117]: „Kann sich das Gericht nicht davon überzeugen, daß der Täter die Tatausführung infolge von Umständen aufgegeben hat, „die von seinem Willen unabhängig waren", so ist zugunsten des Angeklagten davon auszugehen, „daß er von seinem Plan freiwillig Abstand genommen hat." Für zulässig wird lediglich die „Verneinung freiwilligen Rücktritts auf doppeldeutiger Tatsachengrundlage"[118] gehalten, wenn also in den Gründen offen bleibt, welcher von mehreren die Freiwilligkeit ausschließenden Umständen vorgelegen hat.

g) Sachverhaltsunterstellungen zugunsten des Täters bei der Abgrenzung von unbeendetem und beendetem Versuch

Eine gewisse Parallele zu der im Verlauf der Rechtsprechung zu beobachtenden Beweislastverschiebung bei der Freiwilligkeitsprüfung findet sich in der Judikatur zur Abgrenzung des unbeendeten vom beendeten Versuch. In der Reichsgerichtsära ist, soweit ersichtlich, nie „durchentschieden" worden,

---

113 RG GA 38, 212 (213).

114 RG GA 38, 212 (213).

115 RGSt. 71, 242 (244).

116 Vgl. BGHSt. 7, 296 (299); 10, 129 (130).

117 Vgl. auch BGH GA 1962, 126 (128), wo dieser Standpunkt für § 49 a Abs. 3 Nr. 3 bereits ausgesprochen worden war.

118 BGH Urteil vom 22. 7. 1966 — 4 StR 233/66, mitgeteilt bei Dallinger MDR 1966, 892.

wenn nach dem Ergebnis der Hauptverhandlung sowohl die eine wie auch die andere Möglichkeit bestand, vielmehr wurde die Sache stets zur weiteren Aufklärung an die Vorinstanz zurückgegeben. In jüngster Zeit mehren sich jedoch Entscheidungen, in denen die tatrichterlichen Feststellungen einfach beiseite geschoben oder, soweit sie fehlen, für aussichtslos erklärt werden mit der Konsequenz, daß dann im „Zweifelsfall" der für den Angeklagten günstigere Tathergang angenommen wird[119]. So heißt es z. B. in einem Urteil vom 13. 10. 1971[120]: da nicht eindeutig zu ermitteln war oder sein wird, ob der Täter nach seinem Tatplan nur einmal zustechen oder zuschlagen wollte, „ist davon auszugehen", daß er mehrere Stiche oder Schläge ursprünglich vorhatte, der Versuch also „noch nicht beendet war".

3. Die täterfreundliche Rechtsprechungsentwicklung und ihr Kontrast zu den Auffassungen vor Inkrafttreten des RStGB

Der aufgezeigte Wandel der Judikatur ist sicherlich schon für sich allein, auch unter kriminologischen Vorzeichen, bemerkenswert genug, doch einigermaßen zutreffend abschätzen und in ihrem ganzen Ausmaß ermessen kann man die großzügige Gewährung der Straflosigkeit wegen Rücktritts eigentlich nur dann, wenn man in die Entstehungszeit dieses Instituts zurückgeht und sich zweierlei vor Augen führt: erstens, wie umkämpft Grundsatz und Umfang der Strafbefreiung früher einmal waren, und zum anderen, mit welcher Vorsicht, Behutsamkeit und Skepsis die Befürworter völliger Strafaufhebung bei der Prüfung im Einzelfall zu Werke gingen. Denn erst durch diese Konstrastierung mit dem historischen Hintergrund wird der absolute Ausnahmecharakter des Rücktritts richtig deutlich und dadurch der Gegensatz zu dem gegenwärtig in der Rechtsprechung erreichten Entwicklungsstand ins Bewußtsein gerückt.

a) Die Ausgestaltung des Rücktrittsprivilegs in Literatur und Gesetzgebung im 18. und frühen 19. Jahrhundert

Wenn Heinitz[121] mit „Blick auf die Geschichte" des Rücktrittsinstituts meint, man habe zwar „zuweilen über den Umfang der zu gewährenden Straflosigkeit gestritten, ... seit den Postglossatoren" aber sei „das Prinzip als solches überall anerkannt", so ist dem zu widersprechen. Denn eine Vielzahl gegensätzlicher Auffassungen zeugt von dem zähen Ringen um die Durchsetzung und Einzelausgestaltung des Rücktrittsprivilegs in der Litera-

[119] Vgl. dazu im einzelnen später S. 164, 167 f., 174.

[120] Urteil vom 13. 10. 1971 — 2 StR 450/71 — unveröffentlicht — S. 4 f.; vgl. auch BGH Urt. v. 22. 10. 1968 — 5 StR 544/68 mitgeteilt bei Dallinger MDR 1970, 381.

[119] Vgl. dazu im einzelnen später S. 164, 167 f., 174.

tur und den Partikulargesetzgebungen seit dem ausgehenden 18. Jahrhundert bis zum Inkrafttreten des § 46 im Reichsstrafgesetzbuch von 1871 und beweist damit zugleich, daß die Strafbefreiung des Täters wegen freiwilliger Aufgabe eines unbeendeten oder freiwilliger Erfolgsabwendung nach beendetem Versuch alles andere als selbstverständlich ist. Zwar hatte schon die Constitutio Criminalis Carolina (1532) in Art. 178 die Straflosigkeit bejaht, „so sich jemandt eyner missethatt... understeht" und an der „volnbringung der selben" nicht „wider seinen Willen verhindert" wird, und die zeitgenössische Wissenschaft dieser Auffassung überwiegend zugestimmt[122]. In der 2. Hälfte des 18. Jahrhunderts betrachteten jedoch die maßgeblichen Autoren wie z. B. Böhmer, Quistorp, Klein, v. Grolmann, Kleinschrod und Tittmann den freiwilligen Rücktritt vom Versuch nur als Strafmilderungsgrund[123], während nach dem neugeschaffenen Preußischen Allgemeinen Landrecht von 1794 derjenige, der „aus eigener Bewegung von der Ausführung des Verbrechens absteht und dabey solche Anstalten trifft, daß die gesetzwidrige Wirkung gar nicht erfolgen kann", sogar bloß einen „Anspruch auf Begnadigung" hatte[124].

b) Das Prinzip der Straflosigkeit wegen Rücktritts vom Versuch im gemeinrechtlichen Schrifttum und in den Partikulargesetzbüchern des 19. Jahrhunderts

Auch in der Folgezeit läßt sich keine allgemeine Anerkennung der Straflosigkeit des Versuchs wegen freiwilligen Rücktritts feststellen, vielmehr verlief die Diskussion in der Literatur und die Entwicklung der Gesetzgebung in den einzelnen Territorialstaaten für den beendeten und den unbeendeten Versuch unterschiedlich. Bei letzterem setzte sich im Anschluß an Feuerbach[125] das Prinzip der Straflosigkeit mehr und mehr durch. Kritiker in der Literatur[126] wie Oersted, Otto, v. Buri oder John blieben vereinzelt,

[122] Vgl. dazu Herzog, Rücktritt vom Versuch und Thätige Reue, Würzburg 1889, S. 48 ff.

[123] Böhmer, Meditationes in CCC, Halle—Magdeburg 1770, S. 858; Quistorp, Grundsätze des deutschen Peinlichen Rechts, Rostock—Leipzig, 1789, § 106; Klein, Grundsätze des Gemeinen Deutschen Peinlichen Rechts, 2. Aufl. Halle 1799, S. 128, § 153; v. Grolmann, Grundsätze der Criminalrechtswissenschaft, Gießen 1798, S. 39, § 91; Kleinschrod, Systematische Entwicklung der Grundbegriffe und Grundwahrheiten des peinlichen Rechts, I. Teil, Erlangen 1794, S. 74 f.; Tittmann, Handbuch der Strafrechtswissenschaft und der deutschen Strafgesetzkunde, 1. Bd., 2. Aufl., Halle 1822, S. 195; vgl. zum ganzen Schaffstein, Die allgemeinen Lehren vom Verbrechen, Berlin 1930, S. 168 m. w. N.

[124] Teil II, Titel XX, § 43.

[125] Feuerbach, Kritik des Kleinschrodschen Entwurfs, 2. Teil, Gießen 1804, S. 102 ff.

[126] Oersted, Über die Grundregeln der Strafgesetzgebung, Kopenhagen 1808, S. 160 ff.; Otto, Vom Versuch der Verbrechen, Leipzig 1854, S. 85 ff.; v. Buri, GS 19, 177; GA 25, 291; John a. a. O. S. 222 f.

und auch bei den Gesetzgebungsarbeiten, so z. B. in Hessen, konnten sich die Gegner mit ihrem Argument nicht behaupten, „die Verführung" zu weiteren Schritten in Richtung auf die Deliktsvollendung „wirke um so mächtiger, wenn sie gewissermaßen vom Gesetz" — durch Strafbefreiung der ersten Akte — „beschützt werde"[127].

Im Gegensatz zu der weitgehenden Übereinstimmung der Meinungen beim unbeendeten Versuch bleibt die Frage der Auswirkung sog. tätiger Reue nach beendetem Versuch kontrovers. Völlige Straflosigkeit fordern in diesem Falle im Schrifttum u. a.[128] Zachariae, Breidenbach, Hälschner, Goltdammer, Dollmann, Mittermaier, Berner und Temme, da die „Wirkung der schon vorgenommenen Akte"[129] durch das positive Tun aufgehoben und es „an sich völlig gleichgültig" sei, „ob der Handelnde unmittelbar vor" — durch bloßes Nichtweitermachen — oder „unmittelbar nach Vollendung" seiner Ausführungshandlung — „durch positiv redressierende Tätigkeit — zurücktrat, ... wenn nur überhaupt ... der bessere Wille den bösen völlig vernichtet"[130]. Auch die Gesetzbücher von Preußen, Bayern und Lübeck teilen diesen Standpunkt, indem eine Versuchshandlung „nur dann strafbar" sein soll, falls sie allein „durch äußere, von dem Willen des Täters unabhängige Umstände gehindert worden oder ohne Erfolg geblieben ist"[131].

Demgegenüber sehen die Strafgesetzbücher Badens, Hannovers, Sachsens oder der Thüringischen Staaten nur einen „Strafmilderungsgrund" darin, daß „der Täter nach beendigtem Versuche das Eintreten des strafbaren Erfolges selbst abgewendet und das Verbrechen freiwillig wieder aufgegeben"[132] hat. Gleicher Ansicht sind in der Literatur[133] außer den genannten

---

[127] Breidenbach, Commentar über das Großherzoglich Hessische Strafgesetzbuch, 1. Bd. 2. Abteilung, Darmstadt 1844, S. 194.

[128] Zachariae, Die Lehre vom Versuche der Verbrechen, Teil II, Göttingen, 1839, S. 259 f.; Breidenbach a. a. O., S. 203 f.; Hälschner, System des Preußischen Strafrechts, Allg. Teil des Systems, Bonn 1858, S. 201; Goltdammer, Die Materialien zum Strafgesetzbuch für die Preußischen Staaten, Teil I, Berlin 1851, S. 258 f.; Mittermaier, Neues Archiv des Criminalrechts, Bd. 1 (1816) S. 200 f.; Dollmann, Blätter für Rechtsanwendung, Bd. 19, S. 322; Berner, GS 1865 (Bd. 17) S. 111; Temme, Glossen zum Strafgesetzbuch f. d. Preußischen Staaten, Breslau 1853, S. 96.

[129] Zachariae, Versuch, Teil II, S. 254 f.

[130] Temme, Glossen, S. 96.

[131] § 31 des Strafgesetzbuchs für die Preußischen Staaten vom 14. April 1851; sachlich ebenso Art. 47 d. Strafgesetzbuchs f. d. Königreich Bayern v. 10. Nov. 1861; § 29 d. Strafgesetzbuchs f. d. Freie und Hansestadt Lübeck vom 20. Juli 1863.

[132] § 118 des Strafgesetzbuchs f. d. Großherzogtum Baden v. 6. März 1845; Art. 34 Abs. III des Criminalgesetzbuchs f. d. Königreich Hannover v. 8. Aug. 1840; Art. 42 d. Strafgesetzbuchs f. d. Königreich Sachsen v. 13. Aug. 1855; Art. 26 Abs. II des Thüringischen Strafgesetzbuchs v. 1849.

[133] Köstlin, Neue Revision der Grundbegriffe des Criminalrechts, Tübingen 1845, S. 395 ff.; Luden, Handbuch des teutschen gemeinen und partikularen Strafrechts, 1. Bd., Jena 1847, S. 428 ff.; Krug in: Rechtslexikon für Juristen aller teutschen Staaten, hrsg. v. Weiske, Leipzig 1858, Bd. 12, S. 737; Geib, Lehrbuch des Deutschen Strafrechts, Bd. II: Allg. Lehren, Leipzig 1862, S. 313; Hufnagel, Commentar

grundsätzlichen Gegnern jeder Rücktrittsprivilegierung vor allem Köstlin, Luden, Krug, Geib, Hufnagel, Thilo, Hepp und v. Schwarze, die ihre Opposition gegen die völlige Straflosigkeit des Täters unter den Voraussetzungen des früheren § 46 Ziff. 2 insbesondere auf drei Erwägungen stützen. Einmal hielt man es für „bedenklich, wenn durch das Gesetz der Gedanke erregt und bestärkt werden könnte, daß eine verbrecherische Tat bis an ihr Endziel getrieben werden und der Täter" im Falle der Erfolgsabwendung „doch auf Straflosigkeit zählen könne"[134]. Zum anderen wies man darauf hin, daß „die Abwendung des Erfolges oft nur vom Zufall abhängt"[135] und diesem daher eine „zu große Bedeutung"[136], der „Tat selbst" und der „Absicht, in der sie verübt wurde, ein zu geringes Gewicht"[137] beigelegt würde, wenn man dem Täter mehr als „Strafmilderung aus dem Gesichtspunkt der tätigen Reue" zuerkenne. Schließlich würde es auch „aller Vernunft widerstreiten"[138], den Täter „da, wo gar kein Schaden entstanden ist"[139] — die „losgedrückte Pistole" etwa „versagte — mit der Strafe des beendeten Versuchs zu belegen"[140], während er „in den Fällen, wo die Handlung einen nachteiligen Erfolg verursachte"[141] — der Pistolenschuß einen anderen verwundete — wegen Versuchs straflos bliebe, wenn er „sogleich die erforderlichen Heilmittel, und zwar mit glücklichem Erfolge"[142] anwendet.

c) Die Betonung des Ausnahmecharakters des Rücktrittsprivilegs in der damaligen Zeit

Zeigte schon der vorstehende grobe Überblick über die Auseinandersetzungen in der Literatur und die Divergenzen in den Gesetzbüchern bis zur Schaffung des § 46 a. F., daß diese Norm nichts „Normales", gleichsam „Vorgegebenes", sondern etwas höchst „Außergewöhnliches", „Besonderes" ist, so verstärkt sich dieser Eindruck ihres Ausnahmecharakters noch, wenn man die Einschränkungen und Kautelen betrachtet, mit denen in der damaligen Zeit das Prinzip der Straflosigkeit selbst von seinen Befürwortern im praktischen Anwendungsbereich eingeengt wurde.

über das Strafgesetzbuch f. d. Königreich Württemberg, Bd. I, Stuttgart 1840, S. 148; Thilo, Strafgesetzbuch für das Großherzogtum Baden, Karlsruhe 1845, S. 144; Hepp, Commentar über das neue württembergische Strafgesetzbuch, 1. Bd., Tübingen 1839, S. 537 f.; v. Schwarze, GA Bd. 2, 440.

134 Thilo a. a. O. S. 144.

135 Krug, Rechtslexikon, S. 737.

136 v. Schwarze, GA 2, 441.

137 Thilo a. a. O. S. 144.

138 Hepp, Commentar a. a. O. S. 537.

139 v. Schwarze, GA 2, 441.

140 Hepp, Commentar a. a. O. S. 538.

141 v. Schwarze, GA 2, 441.

142 v. Schwarze, GA 2, 441.

An erster Stelle ist hier auf zwei gesetzliche Bestimmungen hinzuweisen, in denen dem Täter die Beweislast für sein freiwilliges Abstehen auferlegt wird. So erklärt Art. 58 Abs. 1 des Strafgesetzbuchs für das Königreich Bayern von 1813 den Versuch für straffrei, „wenn der Handelnde ... freiwillig ..., von dem Unternehmen abgestanden ist; welches Letztere jedoch nicht vermutet wird“[143]. Ähnlich bestimmte Art. 69 im hessischen Strafrecht[144], daß „der noch nicht beendete Versuch straflos“ bleibt, „wenn der Täter *nachweist*, daß er ... freiwillig und aus Reue ... und zwar gänzlich“ von der Tatausführung zurückgetreten ist. Auffallend an dieser Vorschrift ist darüber hinaus, daß nicht Freiwilligkeit allein zur Strafbefreiung führt, sondern positiv „Reue“ verlangt wird, eine Rücktrittserschwerung, die sich auch in Art. 65 des nassauischen Strafgesetzbuchs von 1849 findet. Dadurch sollte „die Straflosigkeit in enge Grenzen“[145] eingeschlossen werden, „damit sie nur dann eintrete, wenn über das Vorhandensein wahrer Reue kein Zweifel in dem Richter zurückgeblieben ist“.

Die Sorge, „der Richter“ könne „zum Spielball des Verbrechers“[146] werden, „weil jeder verschmitzte Inquisit vorspiegeln werde, aus freiem Willen abgestanden zu sein“[147], ist auch in der Literatur weit verbreitet. Dies beweisen die zahlreichen Stellungnahmen, die dafür eintreten, im Zweifelsfalle gegen den Angeklagten zu entscheiden, ihm aber zumindest nicht allzu leicht Glauben zu schenken[148]. Besonders instruktiv sind insoweit die Ausführungen von Leonhardt und v. Schwarze. Ersterer[149] schickt zunächst voraus, „der Richter“ müsse „in freier Erwägung alle Umstände der Tat prüfen“, betont dann aber, der „bloßen Behauptung des Angeklagten“ dürfe „kein Wert beigelegt werden“, so daß „so lange gegen“ ihn zu entscheiden sei, „als nicht die Willensänderung auf irgendeine Weise äußerlich erkennbar“ hervortrete.

Auch der Praktiker von Schwarze warnt nachdrücklich davor, „die Straflosigkeit“ wegen freiwilligen Abstehens von der Tat „zu sehr zu begünsti-

---

[143] Dieser Teilsatz wurde durch Art. 8 Abs. 2 des Gesetzes vom 29. 8. 1848 aufgehoben.

[144] Art. 69 Strafgesetzbuch für das Großherzogtum Hessen vom 17. Sept. 1841; gültig auch in Frankfurt seit 1856.

[145] Breidenbach a. a. O. S. 200.

[146] Breidenbach a. a. O. S. 200.

[147] Breidenbach a. a. O. S. 200.

[148] Breidenbach a. a. O. S. 193, 206; Zachariae, Versuch, Teil II S. 262; Hepp, Versuche über einzelne Lehren der Strafrechtswissenschaft, Heidelberg 1827, S. 322; Goltdammer Materialien S. 259 ff.; vgl. aber auch Goltdammer, GA 8, 631, wo es heißt, die Zusatzfrage betreffend den Rücktritt sei nur „auf Antrag“ oder sonst im Rahmen des richterlichen „Ermessens“ zu stellen; Hesse, Bericht der zur Begutachtung des Entwurfs eines Strafgesetzbuchs gewählten Ausschüsse, 2. Aufl. Darmstadt 1859, S. 97; Barth, Allg. Dt. Strafrechtszeitung 1861, Sp. 153.

[149] Leonhardt, Commentar über das Criminalgesetzbuch für das Königreich Hannover, 1. Bd. Hannover 1846, S. 175.

gen"[150]. Eine „solche Prämie" müsse, „da sie eine Ausnahme ist, ... möglichst beschränkt werden, damit sie nicht „in einen Freibrief für das Verbrechen selbst ausarte"[151]. Deshalb sei Straflosigkeit nur da angebracht, „wo der Verbrecher aus völlig freier Bewegung den Versuch aufgegeben hat"[152]. Sei er dagegen sowohl aus Reue als auch „in Folge unerwarteter, wenngleich nicht absolut hindernder Umstände zurückgetreten"[153], würde die Gewährung des Rücktrittsprivilegs „das allgemeine Rechtsgefühl im Volke schwerlich"[154] befriedigen.

Daß es zur damaligen Zeit auch namhafte Vertreter der Wissenschaft gab, die eine „Zumutung"[155] für den Angeklagten darin sahen, den Beweis freiwilligen Rücktritts und damit eigener „Unschuld zu führen"[156], soll nicht verschwiegen werden. Daß aber auch diese Autoren sich letztlich meist zu einer einschränkenden Tendenz bei der Anwendung der Rücktrittsnorm bekennen, zeigt z. B. Luden, der diese Kritik durch die an anderer Stelle erhobene Forderung abschwächt, die Reue müsse „unzweideutig durch Handlungen offenbart werden"[157], und im Falle des Notzuchtsversuchs den Täter bestraft, dem „bei der Besichtigung der Benötigten die Lust zur Vollendung des Verbrechens vergeht"[158]. Ähnlich geht Temme zwar von der „Straflosigkeit als Regel"[159] bei freiwilligem Rücktritt aus, um dann aber bei der konkreten Entscheidung wieder „alles dem gesunden Rechtssinn des Richters"[160] zu unterstellen.

d) Die Praxis der Obergerichte vor Beginn der RG-Judikatur

Wie die Praxis der Obergerichte zur damaligen Zeit jedoch wirklich aussah, ist wegen der nur lückenhaft vorhandenen Rechtsprechungsnachweise schwer zu sagen. Goltdammer[161] berichtet zwar, „soviel bekannt", müsse

---

150 v. Schwarze, GA 2, 438; ebenso Allg. Gerichtszeitung f. d. Königreich Sachsen, Jg. 7, S. 409; Commentar Anm. 4 zu § 46 Ziff. 2.

151 v. Schwarze, GA 2, 434.

152 v. Schwarze, GA 2, 438.

153 v. Schwarze, GA 2, 434.

154 v. Schwarze, GA 2, 438.

155 Luden, Handbuch, S. 431.

156 Luden, Handbuch, S. 431; ebenso: Temme, Glossen, S. 96; Lehrbuch des Preußischen Strafrechts, Berlin 1853, S. 280; Köstlin, Neue Revision, S. 399 ff.; Weis, Das Strafgesetzbuch für das Königreich Bayern, Nördlingen 1863, S. 149; Hocheder, Das Strafgesetzbuch für das Königreich Bayern, 1. Bd., Allg. Teil, München 1862, S. 208 Anm. 6; Weiß, Criminalgesetzbuch für das Königreich Sachsen, 2. Aufl. Leipzig 1848, S. 150 Anm. 4; Held, Neue Jahrbücher für sächsisches Strafrecht, Bd. 3 (1845), 101 f.; Müller, Scherings Archiv 1862, S. 332.

157 Luden, Abhandlungen aus dem gemeinen teutschen Strafrecht, 1. Bd., Göttingen 1836, S. 518.

158 Luden, Abhandlungen, S. 519.

159 Temme, Glossen, S. 96.

160 Temme, Glossen, S. 96.

161 Goltdammer, Materialien, S. 260.

nach Auffassung der „Rheinischen Gerichte ... die Anklage beweisen, daß äußere Umstände die Vollendung gehindert haben". Das Preußische Obertribunal hat dagegen in mehreren Erkenntnissen anders entschieden. So heißt es in dem Urteil vom 31. 3. 1871[162], der Appellationsrichter verneine mit der Rücktrittsvorschrift des § 46 Nr. 2 des Norddeutschen Bundes „nur die Existenz eines Strafausschließungsgrundes", worüber „sich der Angeklagte um so weniger beschweren" könne, „als er selbst diesen Ausschließungsgrund in der Appellationsinstanz nicht geltend gemacht" habe. In einer späteren Entscheidung[163] zu § 46 Nr. 1 wird die Revision mit der Begründung zurückgewiesen, dessen Voraussetzungen seien „weder festgestellt" noch habe „der Angeklagte durch die Art seiner Verteidigung dem Appellationsrichter Veranlassung geboten, in jeder Richtung eine Prüfung" vorzunehmen. Ein Indiz dafür, daß diese Ansicht damals wohl herrschend war, dürfte die Tatsache sein, daß sich die anschließende Reichsgerichtsjudikatur in der ersten Zeit, wie oben dargelegt[164], ohne Vorbehalt auf derselben Linie fortbewegt.

Der Rückblick in die Geschichte soll nicht weiter vertieft werden, da das hier gesteckte Ziel erreicht ist: den augenblicklichen Stand der Rechtsprechung durch den Kontrast mit dem „Rücktrittsbild" der Entstehungszeit deutlicher, den Sondercharakter des Rücktritts bewußter und die Unvorhersehbarkeit der vollzogenen Entwicklung augenfälliger zu machen. Daß der Punkt, an dem die Praxis heute angekommen ist, beileibe keine Selbstverständlichkeit ist, zeigt im übrigen auch ein Blick auf geltende Auslandsrechte, in denen der Rücktritt vom Versuch nur im Rahmen der Strafzumessung Beachtung findet[165]. Hält man sich dies alles zusammen mit den eingangs geschilderten Widersprüchen und Zufälligkeiten der Judikatur in Einzelfällen vor Augen, so besteht wohl Grund genug, das Rücktrittsprivileg erneut zu überdenken und in seinem praktischen Anwendungsbereich kritisch zu überprüfen.

---

[162] Oppenhoffs Rspr. Bd. 12, 190 (191).

[163] Preuß. OT Urt. v. 20. 1. 1875, GA 23, 126 (127).

[164] S. o. im Text S. 24.

[165] So z. B. im common law Englands und der USA, vgl. dazu Grünhut in: Das ausländische Strafrecht der Gegenwart, hrsg. von Mezger-Schönke-Jescheck, Bd. III, 1959, S. 189; Lehmann, Die Bestrafung des Versuchs nach deutschem und amerikanischem Recht, Bonn 1962, S. 137; weitere rechtsvergleichende Hinweise bei Franzius in: Materialien zur Strafrechtsreform, Bonn 1954, S. 323 ff.; vgl. auch Art. 21, 22 des Schweizerischen StGB, die eine „abgestufte Strafzumessungsregelung" enthalten (Jescheck AT, S. 406).

ZWEITER TEIL

Die theoretischen Grundlagen des Rücktrittsprivilegs: Seine Rechtfertigung und systematische Stellung im Deliktsaufbau

Wie einleitend betont[1], ist „zu einer richtigen Abgrenzung der Fälle des straflosen Rücktritts“[2] die Rückbesinnung auf dessen Grundgedanken erforderlich, da die ratio legis auf die Inhaltsbestimmung der Rücktrittsvoraussetzungen ausstrahlt und als richtungsweisender Orientierungsmaßstab bei der Entscheidung manch intrikater Einzelfrage im Bereich der „Freiwilligkeit“ sowie im Grenzgebiet zwischen unbeendetem und beendetem Versuch letztlich den Ausschlag gibt. Die Suche „nach dem tragenden Prinzip“[3] unserer Rücktrittsvorschrift ist daher nicht, wie es vielleicht zunächst scheinen mag, „rein akademisch“[4], sondern für die Praxis von größter Wichtigkeit. Dem entspricht es, daß die strafrechtliche Literatur diese Aufgabe, ohne allerdings ihren praktischen Bezug immer klar zu erkennen, von Anfang an mit ungeheurem Elan in Angriff genommen hat. Auch die Rechtsprechung selbst hat sich nach Inkrafttreten des § 46 a. F. in zahlreichen Entscheidungen an der „Suche“ nach Möglichkeiten zu dessen theoretischer Begründung beteiligt.

I. Die Bestandsaufnahme der bisherigen Erklärungsversuche

1. Die Notwendigkeit einer systematischen Übersicht

Was bei all diesen vereinten Bemühungen herausgekommen ist, ist aber nicht gerade ermutigend: eine „Unzahl von Theorien“[5], die sich nicht durchsetzen konnten, und die jahrzehntelang herrschende Lehre von der „goldenen Brücke“, deren kriminalpolitische Grundlegung — Aussicht auf Straflosigkeit als Anreiz zur Rückkehr in die Legalität — so oft als verfehlt und unhaltbar herausgestellt wurde, daß sie in neuerer Zeit ins Wanken geriet und in zunehmendem Maße an Bedeutung verliert. Eine communis opinio gab und gibt es nicht: Schon 1827 fand Hepp[6] „keinen ... Rechts-

---

[1] S. o. im Text S. 3.

[2] Heinitz JR 1956, 250.

[3] Heinitz JR 1956, 250.

[4] Platzgummer JurBl. 1957, 1.

[5] Kemsies, Die tätige Reue als Schuldaufhebungsgrund, Strafr. Abhdlg. Heft 259, Breslau 1929, S. 9.

[6] Hepp, Versuche, S. 308.

grund für die gänzliche Straflosigkeit des Täters, der von allen Parteien auf gleiche Weise anerkannt würde". Rund 100 Jahre später ist nach Kemsies[7] „die Frage, aus welchen Gründen" im Falle des § 46 „eine an sich verwirkte Strafe nachträglich wegfalle", noch immer „ein wahres Sorgenkind der Kriminalisten". Und daß sie es bis heute blieb, bestätigt nachdrücklich die Klage Esers[8], „trotz einer Vielzahl von Lehrmeinungen" sei „die ratio der Strafbefreiung bei Rücktritt ... kaum geklärt"; ja: es bestehe „nicht einmal" Einigkeit „darüber, welche der Theorien als herrschende" zu qualifizieren ist.

So gesehen scheint es, als sei man im Verlauf von 150 Jahren nicht nur keinen Schritt vorangekommen, sondern habe in dem chaotischen Meinungswirrwarr mittlerweise sogar die Übersicht verloren. Denn anders sind die gänzlich verschiedenen Forschungsergebnisse zum gegenwärtigen Stand des Theorienstreits in Rechtsprechung und Literatur kaum zu erklären. Während Jescheck z. B. die „Gnadentheorie"[9], wonach § 46 den freiwillig Zurücktretenden „belohnen" soll, für „heute überwiegend vertreten" hält, ist sie Lang-Hinrichsen zufolge „wohl überwiegend auf Ablehnung gestoßen"[10]. Seiner Auffassung nach „scheint" in Wissenschaft und Judikatur „die sogenannte Indiztheorie ... herrschend zu werden[11], die im freiwilligen Rücktritt ein Anzeichen für einen weniger starken verbrecherischen Willen des Täters sieht. Demgegenüber bezeichnet Maurach[12] die „auf kriminalpolitische Erwägungen" abstellende „Strafzwecktheorie" als die „in der Praxis vorherrschende" Lehrmeinung. Wieder anders ist die Beurteilung Welzels[13] und Schröders[14]. Danach stellt für „die h. L." § 46 die dem „bereits straffällig gewordenen Täter" gebaute „goldende Brücke zum Rückzug" dar, was Schröder jedoch, um die Verwirrung vollständig zu machen, nicht hindert, an anderer Stelle zu behaupten, die auf dem Verdienstgedanken aufbauende „Prämientheorie" sei „heute überwiegend anerkannt"[15].

Daß ferner die auf Feuerbach zurückgeführte, seit alters unter dem Namen „kriminalpolitische Theorie" bekannte Lehrmeinung bei v. Hippel, Nagler, H. Mayer und Stratenwerth unter der Bezeichnung „Prämientheorie"[16] behandelt wird, die ihrerseits ebenso wie die „Verdiensttheorie"[17] im

---

[7] Kemsies a. a. O. S. 9.

[8] Eser, Studienkurs Teil II, Fall Nr. 32, Rdnr. 13.

[9] Jescheck, AT, S. 407; ebenso Roxin, Heinitz-Festschrift, S. 271.

[10] Lang-Hinrichsen, Festschrift für Engisch, Frankfurt 1969, S. 368 Anm. 39

[11] Lang-Hinrichsen, Festschrift für Engisch, S. 368; ebenso Munoz-Conde ZStW 84, 759.

[12] Maurach, AT, S. 518.

[13] Welzel, Das deutsche Strafrecht, 11. Aufl. Berlin 1969, S. 196.

[14] Schönke-Schröder, Strafgesetzbuch, 16. Aufl., München 1972, § 46 Rdnr. 3.

[15] Schröder, Festschrift für Hellmuth Mayer, 1966, S. 381 in Verb. mit Fußnote 19.

[16] Robert v. Hippel, Deutsches Strafrecht, Bd. II, Berlin 1930, S. 411; Nagler, LK (6. Aufl. Berlin 1944) § 46 Anm. I 1; H. Mayer, Strafrecht, AT (Studienbuch), 1967, S. 145 f.; Stratenwerth, Strafrecht, AT, 1971, S. 199, Rdnr. 755; MDR 1953, 718.

neueren Schrifttum sonst durchweg als Synonym für „Gnadentheorie" erscheint, zeugt obendrein von wenig terminologischer Schärfe. Gleiches gilt für die Begriffe „Indiz- und Strafzwecktheorie"[18], hinter deren verschiedener Benennung inhaltlich derselbe Grundgedanke steht: weil der freiwillig zurücktretende Täter den Wegfall seiner „Tatbereitschaft erweise"[19], sei Strafe „weder aus spezial- noch aus generalpräventiven Gründen geboten"[20].

Angesichts einer solchen quaternio terminorum und der sicherlich zum Teil auch darauf beruhenden kontroversen Sachaussagen bleibt gar nichts anderes übrig, als zunächst einmal „zu sichten", d. h. die einzelnen Denkansätze, die den verschiedenen Theorien zugrunde liegen, in einer von Kritik freien, rein deskriptiven „Bestandsaufnahme" zu erfassen. Denn erst durch diese Gesamtübersicht und Gegenüberstellung all dessen, was bisher zur Rechtfertigung der Straflosigkeit des Versuchs bei freiwilligem Rücktritt des Täters geschrieben wurde, wird die verlorene Klarheit bezüglich des Diskussionsstandes wiedergewonnen und eine tragfähige Basis für eine kritische Erörterung des „Für" und „Wider" der angeführten Gründe geschaffen, auf der aufbauend dann die Darstellung der eigenen Ansicht folgt. Jedes andere Vorgehen würde die bestehenden Zweifel und Ungenauigkeiten nur verstärken.

a) Die Herausarbeitung der grundlegenden Denkansätze

Die Schwierigkeiten, die bisherigen Begründungsversuche des Rücktrittsprivilegs in eine sinnvolle Ordnung zu bringen, sind allerdings nicht zu übersehen. Denn einerseits muß man sich vor dem früher[21] regelmäßig praktizierten Verfahren hüten, die einzelnen Theorien und ihre Vertreter „in epischer Dissertationsbreite"[22] einfach aneinanderzureihen, da dadurch ihre zahlreichen Gemeinsamkeiten und Verbindungslinien untergehen. Auf der

[17] Unter dem Begriff „Verdiensttheorie" faßt Otto GA 1967, 150 die Gesichtspunkte der „Gnaden"- oder „Prämientheorie" zusammen, die Eser, Studienkurs Teil II, Fall Nr. 32 Rdnr. 13 und Scheurl a. a. O. S. 21 unter Berufung auf Jescheck als inhaltsgleiche termini gebrauchen. „Prämientheorie" heißt diese Lehrmeinung auch bei Schröder, Festschrift für H. Mayer, S. 381 Anm. 19; Platzgummer, JurBl. 1957, 6 Anm. 76; Jan Schröder, Der bedingte Tatentschluß, Diss. Hamburg 1969, S. 65 Anm. 293.

[18] Von Eser a. a. O. Fall Nr. 32 Rdnr. 13 und Scheurl a. a. O. S. 21 synonym verwandt, ebenso von Munoz-Conde, ZStW 84, 759 Anm. 11, der aber den „Ausdruck ‚Indiztheorie' besser" findet.

[19] Maurach AT S. 518.

[20] Jescheck AT S. 407.

[21] Es gibt kaum eine Arbeit zum Rücktritt vom Versuch, die nicht nach dem Schema: Rechtsgründe — kriminalpolitische Gründe — Billigkeitsgründe eine Aufzählung der Theorien bringt.

[22] Lang-Hinrichsen, Festschrift für Engisch, S. 373 Anm. 52: der Vorwurf betrifft die Darstellung Gutmanns a. a. O. S. 13 ff.

anderen Seite aber darf man auch nicht „von vornherein“[23] bestimmte ältere Lehrmeinungen, die sog. Rechtstheorien, unter Berufung auf M. E. Mayer als „kuriose Antiquitäten“[24] stigmatisieren und damit aus der Betrachtung ausscheiden; denn wenn sie auch unter ihrem früheren Namen nicht mehr vertreten werden und formal-konstruktiv teilweise überholt sind, so leben doch, wie sich zeigen wird, viele ihrer Kerngedanken in den heute gängigen Theorien fort[25]. Ja, man kann noch einen Schritt weitergehen und verallgemeinernd feststellen, daß alle sog. „neueren Lehren“, gleichgültig, ob Indiz-, Strafzweck-, Gnaden-, Prämien-, Verdienst- oder Einheitstheorie[26], in Wirklichkeit *keine neuen* Denkansätze enthalten, sondern, dogmengeschichtlich betrachtet, auf alten, in zahlreichen Varianten nachweisbaren Erwägungen fußen, wenn man Rechtsprechung und Schrifttum nur gewissenhaft und vorurteilsfrei daraufhin überprüft. Daher erscheint es sinnvoll, diese immer wiederkehrenden Gesichtspunkte, deren Kontinuität leider viel zu wenig beachtet wird[27], gemeinsam mit dem anderen durchlaufenden, als „kriminalpolitische Theorie“ bezeichneten Gedankengang zu grobschichtigen Ordnungskriterien zu machen und mit ihrer Hilfe eine auf die tragenden Aspekte reduzierte, die Sachzusammenhänge deutlich machende Gliederung der zahllosen Stellungnahmen zur „ratio des Rücktrittsprivilegs“[28] zu versuchen.

b) Die fünf Kerngedanken in schematischer Darstellung

Dabei ist konkret von folgenden fünf Grundsätzen auszugehen: Der erste beruht auf *kriminalpolitischen* Überlegungen, wobei sich im einzelnen gewisse Differenzierungen ergeben: einmal soll die Straflosigkeit des Versuchs den Täter nur — *negativ* — nicht vom Rücktritt abhalten und zur Vollendung drängen, wozu ihn nämlich die Erwägung, so oder so strafbar zu sein, verleiten könnte; zum anderen soll die Strafbefreiung *positiv* ein Antriebsfaktor oder Anreiz für ihn sein, die begonnene Tat aufzugeben; schließlich gehören in diesen Zusammenhang auch diejenigen Ansichten, die den Strafausschluß ohne nähere Angaben schlicht auf den Gesichtspunkt der „Zweckmäßigkeit“ stützen.

---

[23] So aber z. B. v. Scheurl a. a. O. S. 20.

[24] M. E. Mayer, Der allgemeine Teil des Deutschen Strafrechts, 2. Aufl., Heidelberg 1923, S. 270 Anm. 7.

[25] Das hebt mit Recht Gutmann a. a. O. S. 6, hervor.

[26] Diesen Namen gibt Lang-Hinrichsen (Festschrift für Engisch, S. 374) seiner Theorie, die von einer Gesamtbetrachtung der Versuchshandlung und des Rücktritts ausgeht.

[27] Eine Ausnahme bilden Heinitz, JR 1956, 250 l. Sp. oben und S. 250 Anm. 39; Platzgummer, JurBl. 1957, S. 6 Anm. 76 a. E.; v. Scheurl a. a. O. S. 24; Reinhard v. Hippel a. a. O. S. 67 Anm. 416; vgl. auch Kemsies a. a. O. S. 71 und Gutmann a. a. O. S. 6 ff. passim.

[28] Roxin, Heinitz-Festschrift, S. 269.

Der zweite Kerngedanke ist dadurch charakterisiert, daß die Gewährung der Straffreiheit als *Belohnung* des Täters für den freiwilligen Akt der Verbrechensaufgabe erscheint, was unter Rückgriff auf die Kriterien *„Verdienst"*, *„Lohn"*, *„Prämie"* und *„Gnade"* zum Ausdruck gebracht oder mit den sachlich auf gleicher Ebene[29] liegenden Aspekten der „Billigkeit" und „Gerechtigkeit" begründet wird.

Beim dritten Erklärungsversuch steht der verbrecherische Wille des Täters im Vordergrund: seine aus dem freiwilligen Rücktritt ersichtliche *verminderte Intensität* ist der entscheidende Grund für die Straflosigkeit des Versuchs. Im einzelnen lassen sich kleinere Nuancierungen in der Begründung feststellen: Die freiwillige Abkehr von der Tat erscheint bald als Zeichen eines „weniger hartnäckigen bösen Willens", bald als Indikator einer subjektiv „geringeren Gefährlichkeit des Täters" oder als Indiz dafür, daß objektiv der „Gefährdungsgrad seiner Handlung niedriger" war.

Der vierte Lösungsansatz stellt auf die Rechtfertigung und Sinngebung der Strafe ab, deren Voraussetzungen im Falle freiwilligen Rücktritts für den Versuch verneint werden. Als Argumente hierfür dienen in wechselnden Formulierungen die fehlende *„Strafwürdigkeit"*, das mangelnde *„Strafbedürfnis"* und der *„Wegfall des Strafzwecks"*.

Der fünfte und letzte grundlegende Denkansatz zeichnet sich durch ein besonderes methodisches Vorgehen seiner Anhänger aus. Sie wenden sich scharf gegen die Aufspaltung von Ausführungshandlung und Rücktritt in zwei Komplexe, von denen einer strafbegründend und der andere strafaufhebend wirkt, und schlagen statt dessen eine „Gesamtbetrachtung" beider Vorgänge vor, um aus einer solchen einheitlichen Wertung des ganzen Geschehens als *einer* Tat deren Straflosigkeit zu begründen. Dabei greifen sie aber ausnahmslos auf die soeben beschriebenen vier Grundprinzipien zurück, so daß sie *materiell* gesehen insoweit nichts Neues bieten. Dennoch dürfte eine Sonderbehandlung dieser Auffassungen gerechtfertigt sein, da sie durch ihre spezielle Methodik sich doch *formal*[30] wesentlich von den sonstigen Lösungsansätzen unterscheiden.

2. Der Nachweis der grundlegenden Ordnungsgesichtspunkte in der Judikatur

Durchmustert man anhand der aufgezeigten Ordnungskriterien die höchstrichterliche Judikatur, so zeigt sich, daß ihre Darstellung im bisherigen Schrifttum viel zu pauschal und undifferenziert ist, um die vorhandene Vielfalt der Meinungen aufzudecken. Es läßt sich weder eine „Einhelligkeit in der Rechtsprechung des Reichsgerichts" feststellen, wie Gutmann[31] meint,

---

[29] Giffhorn a. a. O. S. 16.

[30] Lang-Hinrichsen, Festschrift für Engisch, S. 371, sieht die „Gesamtbetrachtung" als „materielles" Kriterium an.

[31] Gutmann, a. a. O. S. 39.

noch hat es den tragenden Gedanken des § 46 in allen seinen Entscheidungen „seit RGSt. 6, 341" — abgesehen von RGSt. 14, 19 (23) — kriminalpolitisch bestimmt, — so die Ansicht von Bockelmann[32] und Busch[33] — und man kann auch nicht mit Jescheck[34] in dieser Allgemeinheit sagen, „die neuere Rechtsprechung des BGH" begründe „die Straflosigkeit des Rücktritts mit dem Wegfall des Strafzwecks". Bei genauerer Prüfung ergibt sich vielmehr folgendes Bild:

a) Die Rechtsprechung des Reichsgerichts

Der Schwerpunkt der reichsgerichtlichen Argumentation lag eindeutig auf dem Felde der Kriminalpolitik[35], aber in einer Reihe von Entscheidungen wurden auch andere Erwägungen — meist unterstützend, selten allein — zur Begründung der strafaufhebenden Wirkung freiwilligen Rücktritts herangezogen, so daß sich im Ergebnis alle vier materiellen Grundüberlegungen nachweisen lassen.

Innerhalb der kriminalpolitischen Rechtfertigungsversuche des § 46 steht der Gedanke im Vordergrund[36], dem Täter „einen Anreiz zum Aufgeben seiner verbrecherischen Absicht solange wie möglich zu gewähren und auf diesem Wege die mit der Vollendung der Straftat verknüpften Gefahren zu verhüten"[37], anders formuliert, dem Täter „für den Rückweg aus einem verbrecherischen Vorhaben gewissermaßen eine ‚goldene Brücke zu bauen'"[38]. Dabei wird zwar teilweise expressis verbis nur auf § 46 Ziff. 2[39] Bezug genommen, doch hatte das Reichsgericht schon in RGSt. 6, 341 (342) betont, „dasselbe" müsse „auch für die Vorschrift in Nr. 1 des § 46 gelten, da sie mit jener auf gleiche Linie gestellt ist", und diesen Hinweis später[40] unter Berufung auf den „beiden Gesetzesvorschriften (Nr. 1 und 2)" zugrunde liegenden „gleichen Zweck" wiederholt.

Neben dem ganz überwiegend kriminalpolitisch ausgerichteten Begründungsansatz des Reichsgerichts dürfen jedoch seine in diesem Zusammenhang mehrfach vorgebrachten andersartigen Gesichtspunkte nicht übersehen wer-

---

[32] Bockelmann NJW 1955, 1417 Anm. 4 i. V. mit dem Text.

[33] Busch LK (9. Aufl.) § 46 Rdnr. 2 i. V. mit Rdnr. 3.

[34] Jescheck, AT S. 407.

[35] RGSt. 6, 341 (342); 10, 324 (325); RG Rspr. Bd. VIII S. 12 (13); RGSt. 14, 19 (23); 17, 243 (244); RG JW 1892, 5 (6); RGSt. 38, 402 (403); 39, 37 (39); 47, 358 (360); 62, 303 (305); 63, 158 (159); 72, 349 (350); 73, 52 (60).

[36] Die „Antriebsthese" in ihrer negativen Variante findet sich in RGSt. 10, 324 (325). Manchmal ist überhaupt nur allgemein von „Zweckmäßigkeitsrücksichten" die Rede, vgl. RGSt. 6, 341 (342); 17, 243 (244); 43, 358 (360).

[37] RG Rspr. Bd. VIII S. 12 (13).

[38] RGSt. 73, 52 (60).

[39] Vgl. RG Rspr. Bd. VIII S. 12 (13); RG JW 1892, 5; RGSt. 62, 303 (305); 68, 381.

[40] RGSt. 38, 402 (403).

den. Mit Recht ist daher von einigen Autoren[41] im Schrifttum die Entscheidung RGSt. 14, 19 (23) besonders hervorgehoben worden, nach der die Straffreiheit des Täters „im Falle des § 46 Ziff. 1" kumulativ „auf der kriminalpolitischen Rücksicht" *und* auf der — unserem dritten Kerngedanken entsprechenden — Erwägung beruht, „daß dessen Rücktritt vom Versuche", weil „aus freier Entschließung hervorgehend, seinen verbrecherischen Willen als einen minder nachhaltigen erweist"[42]. Damit setzt sich das Reichsgericht über seine früher gegen eben diese Argumentation geltend gemachten Bedenken hinweg. Denn bereits in seinem Urteil vom 6. 6. 1882[43] hatte es erwogen, „die Straflosigkeit des nicht beendeten Versuchs bei freiwilligem Rücktritt auf die Annahme einer Schwäche des verbrecherischen Willens ... zurückzuführen", den Gedanken auch für diskutabel gehalten, falls „die Vorschrift in § 46 Nr. 1 für sich allein stände", aber letztlich im Hinblick auf den „Zusammenhang mit Nr. 2" doch verworfen, da diese Vorschrift nach den Intentionen des Gesetzgebers kriminalpolitisch orientiert und § 46 insgesamt einheitlich auszulegen sei.

Die vorgenannte Entscheidung verdient jedoch auch deshalb Aufmerksamkeit, weil im Text deutlich „Prämiengesichtspunkte" im Sinne unseres zweiten Grundansatzes anklingen, wenn es dort heißt, § 46 Ziff. 2 habe „den freiwilligen Rücktritt unter gewissen Voraussetzungen mit Straflosigkeit für die Straftat *belohnt*"[44]. Gleiches gilt für RGSt. 47, 358 (360), wo der Strafausschluß kriminalpolitisch motiviert und „als *Belohnung* für getätigte Reue"[45] verstanden wird. Besonders zu beachten sind schließlich noch die Ausführungen in RGSt. 57, 272 (273), weil sie zeigen, daß schon der Judikatur des Reichsgerichts das „Strafzweck"-kriterium bekannt ist: Ohne auf irgendwelche kriminalpolitischen Erwägungen zurückzugreifen, wird die Straffreiheit des Zurücktretenden ausschließlich damit begründet, daß durch die freiwillige Tataufgabe „das Strafbedürfnis" entfällt.

b) Die Rechtsprechung des BGH

Ebenso wie das Reichsgericht hat auch der Bundesgerichtshof alle in dem obigen Gruppenschema beschriebenen sachlichen Kriterien bei der Herausarbeitung des dem § 46 zugrundeliegenden Sinngehalts verwandt. Während in der Reichsgerichtsrechtsprechung aber *ein* Aspekt, der kriminalpolitische, klar dominiert, läßt sich in den BGH-Entscheidungen ein eindeutiges Überwiegen irgendeines Gesichtspunkts bislang nicht feststellen, vielmehr werden in buntem Wechsel meist mehrere miteinander kombiniert zur Begründung der Straflosigkeit des Versuchs bei freiwilligem Rücktritt herangezogen.

[41] Vgl. Bockelmann, NJW 1955, 1417; Busch LK (9. Aufl.) § 46 Rdnr. 3.
[42] Ebenso schon früher bezüglich § 46 Ziff. 1 Pr. OT Oppenhoffs Rspr. Bd. 16, 186 (187) = GA 1875, 191.
[43] RGSt. 6, 341 (342).
[44] RGSt. 6, 341 (342), Hervorhebung vom Verfasser.
[45] Hervorhebung vom Verfasser.

Wie sehr der BGH schwankt, illustriert besonders anschaulich seine widersprüchliche Wertung des kriminalpolitischen Arguments. In BGHSt. 6, 85 (87) heißt es, § 46 diene „auch" dem „Zweck, das Gemeinschaftsleben vor Störungen zu bewahren", dadurch „daß Handlungen des Täters gefördert werden, die der Abwendung des drohenden Schadens dienen"[46]. In einer späteren Entscheidung[47] wird der Gedanke, „dem Täter noch während des Versuchs einen Anreiz zu geben, ... die ‚goldene Brücke' des Rückzugs zu betreten", ausdrücklich als wirklichkeitsfremd verworfen. Denn der Täter denke „in den meisten Fällen des Versuchs gar nicht an die strafrechtlichen Folgen", werde „oft nicht einmal wissen, noch weniger sich" während der Tat bewußt machen, daß er im Falle freiwilligen Rücktritts straflos bleibt, und, „selbst wenn" er solche Erwägungen „anstellen sollte, im allgemeinen nicht durch" sie zur Tataufgabe bestimmt[48]. Diese Erkenntnis hinderte den BGH jedoch nicht, in der Folgezeit auch wieder auf die kriminalpolitische Konzeption des § 46 zurückzugreifen, und zwar einmal auf ihre negative Formulierung, das Gesetz verfolge den „Zweck, dem Täter den Rücktritt nicht durch die Vorstellung zu verbauen, er werde auf alle Fälle strafbar bleiben"[49], ein anderes Mal — vielleicht mehr im Sinne der „Anreiztheorie" — mit der Erwägung, die Straflosigkeit des Versuchs solle „dem Täter, um schwereren Rechtsverletzungen vorzubeugen, die Möglichkeit" geben, „sein Handeln abzubrechen"[50].

Etwa gleichgewichtig mit der kriminalpolitischen Begründung ist in der Rechtsprechung des BGH die auf einer Relativierung des verbrecherischen Willens durch den freiwilligen Rücktritt beruhende Argumentation vertreten. Schon in BGHSt. 6, 85 (87) steht der Aspekt, daß „der den Täter treffende Schuldvorwurf" durch das freiwillige Abstehen und die Verhinderung des Erfolgseintritts „vermindert" ist, gleichwertig neben der kriminalpolitischen Rechtfertigung der Straflosigkeit. Besonders prägnant kommt dieser Gedankengang in den Urteilsausführungen BGHSt. 9, 48 (52) zum Ausdruck, die sich allerdings nur auf § 46 Ziff. 1 beziehen. Danach zeigt der Täter mit der freiwilligen Aufgabe der Handlung, „daß sein verbrecherischer Wille nicht so stark war, wie es zur Durchführung der Tat erforderlich gewesen wäre. Seine Gefährlichkeit", die sich im Versuch „zunächst" offenbart, „erweist sich nachträglich als wesentlich geringer"[51].

BGHSt. 9, 48 (52) enthält auch den Aspekt der Strafwürdigkeit, und zwar gedanklich mit dem der „Gefährlichkeit des verbrecherischen Willens" in Form einer Grund-Folge-Beziehung zu *einem einheitlichen* „Gesichtspunkt für die Auslegung des § 46 Nr. 1" verbunden: weil die Intensität des verbrecherischen Willens im Falle freiwilligen Rücktritts „nicht so stark"

[46] Ebenso auch OLG Hamm JZ 1952, 758.
[47] BGHSt. 9, 48 (52).
[48] BGHSt. 9, 48 (52).
[49] BGH JR 1963, 466; daher unrichtig Gutmann a. a. O. S. 6, der BGH habe seit BGHSt. 9, 48 die kriminalpolitische Theorie „aufgegeben".
[50] BGH Urt. v. 4. 6. 1969 — 2 StR 94/69 — unveröffentlicht, S. 5.
[51] Ebenso: BGH MDR 1957, 241 = NJW 1957, 190 und BGHSt. 14, 75 (80).

war, erscheint dem Gesetz „eine Strafe nicht mehr nötig, um den Täter in Zukunft von Straftaten abzuhalten, um andere abzuschrecken und die verletzte Rechtsordnung wiederherzustellen"[52]. Im Ansatz läßt sich diese Begründung der Straffreiheit schon in BGHSt. 6, 85 (87) nachweisen, wo ebenfalls — wenn auch noch undeutlich und allgemein — *infolge* der Minderung des Schuldvorwurfs „das Sühnebedürfnis" geleugnet wird.

Daß auch der „Prämiengedanke" in der BGH-Judikatur eine — allerdings untergeordnete — Rolle spielt, zeigt die Entscheidung BGHSt. 14, 378 (380). Denn hier wird die Straflosigkeit des Täters als „Vergünstigung" bezeichnet, die er „sich durch den freiwilligen Rücktritt vom Versuch *verdient*"[53].

Zusammenfassend dürfte damit die eingangs aufgestellte Behauptung bewiesen sein, daß sich noch keiner unserer materiellen Grundgesichtspunkte in der neueren Rechtsprechung endgültig — allein oder kombiniert — durchgesetzt hat. Angesichts dieser Tatsache ist es mehr als erstaunlich, wenn der BGH in seinem Urteil vom 12. 2. 1969[54] einfach „mit dem Grundgedanken des § 46" argumentiert, ohne auch nur andeutungsweise seinen Inhalt zu umschreiben, so als ob hierüber völlige Klarheit und Einmütigkeit bestehe.

3. Der Nachweis der grundlegenden Ordnungsgesichtspunkte in der Literatur

Ebenso wie die Rechtsprechung die eingangs formulierten Kerngedanken in den einzelnen Entscheidungen häufig nicht in absoluter Reinheit, sondern oftmals miteinander verbunden und ineinander verschachtelt zur Begründung der Straflosigkeit des Versuchs bei freiwilligem Rücktritt herangezogen hat, weisen auch die Stellungnahmen der Literatur in ihrer Mehrzahl diesen „Synkretismus" der Aspekte auf. Insofern ist bei ihrer Klassifizierung mit einer der heute üblichen Theoriebezeichnungen stets größte Vorsicht geboten und von hier aus wird vielleicht auch erklärlich, warum die oben aufgezeigten Schwierigkeiten bei der Feststellung der „herrschenden Meinung" und erheblichen terminologischen Unterschiede bestehen. Die nachfolgende Übersicht über den Stand der Auffassungen im Schrifttum ist daher der größeren Klarheit und Übersichtlichkeit wegen dreigeteilt: Zunächst werden die Anhänger der „reinen Lehren" angeführt; danach folgen die Vertreter der „Kombinationstheorien", in denen zwei oder mehrere dieser tragenden Gesichtspunkte miteinander gekoppelt sind. Den Schluß bilden diejenigen Lehrmeinungen, deren Gemeinsamkeit in dem besonderen methodischen Ausgangspunkt der „Einheitsbetrachtung" von Versuch und Rücktritt liegt.

---

[52] BGHSt. 9, 48 (52).

[53] Hervorhebung vom Verfasser.

[54] BGHSt. 22, 330 (332).

a) Die „reinen" Lehren

aa) aufbauend auf „kriminalpolitischen" Erwägungen

Im ersten Teil, der entsprechend den vier Grundansätzen in vier Meinungsgruppen zerfällt, stehen sowohl quantitativ als auch chronologisch gesehen die Theorien an der Spitze, die die Straflosigkeit ***ausschließlich*** mit kriminalpolitischen Erwägungen rechtfertigen. Dabei wird im Schrifttum vor 1871 häufig nur ganz allgemein auf „dringende Gründe der Criminalpolitik"[55] verwiesen, doch lassen sich auch für die damalige Zeit schon die erwähnten Differenzierungen nachweisen. An erster Stelle ist hier zweifellos Feuerbach als der Schöpfer der kriminalpolitischen Theorie[56] zu nennen, der sie in ihrer klassischen *negativen* Version mit den berühmten Sätzen begründete: „Läßt der Staat nicht ungestraft die schon unternommene Tat bereuen, so nötigt er gewissermaßen, das Verbrechen zu vollenden. Denn der Unglückliche, der sich zu einem Versuche fortreißen ließ, weiß ja sonst, daß er schon Strafe verschuldet hat, daß er nichts Großes mehr durch Reue zu gewinnen und durch die Vollendung der Tat nichts Bedeutendes mehr zu verlieren hat[57]." Ganz auf der Linie des *positiv* formulierten „Anreizgedankens" bewegt sich dagegen Hocheder[58], während nach Jarcke[59] „der entscheidende Grund der *Zweckmäßigkeit*" für den Strafausschluß spricht, weil er „gerade eine Aufforderung zum Zurücktreten für den Verbrecher" darstelle.

In der Literatur nach 1871 überwiegt innerhalb der *reinen* rechtspolitischen Begründungen des § 46 die auf Franz v. Liszt[60] zurückgeführte „Goldene-Brücke-Version": mit Beginn der tatbestandsmäßigen Ausführungs-

---

[55] Leonhardt a. a. O. S. 170; ebenso: Osenbrüggen, Abhandlungen S. 37; Hufnagel a. a. O. S. 147; Goltdammer Materialien, S. 253; Motive zum Strafgesetzbuch S. 53 in: Anlagen zu den Verhandlungen des Reichstages des Nordd. Bundes, I. Legislaturperiode, Berlin 1870.

[56] Der Belohnungsgedanke findet sich noch nicht bei Feuerbach, so richtig Giffhorn a. a. O. S. 17, unrichtig Gutmann a. a. O. S. 32.

[57] Feuerbach, Kritik des Kleinschrodschen Entwurfs, 2. Teil, 1804, S. 103; in anderem Zusammenhang weist Feuerbach darauf hin, daß beim Rücktritt „die Neigung zur Tat noch nicht stark genug war" (S. 104); im Sinne Feuerbachs formuliert auch v. Hartitsch, Das Criminalgesetzbuch für das Königreich Sachsen, Leipzig 1841, S. 63, den kriminalpolitischen Gedanken.

[58] Hocheder, Das Strafgesetzbuch für das Königreich Bayern, Allg. Teil, 1862 S. 202 f.; ebenso: Bauer, Abhandlungen aus dem Strafrecht und dem Strafprozeß, 1. Band, Göttingen 1840, S. 358; derselbe in: Entwurf eines Strafgesetzbuches für das Königreich Hannover mit Anmerkungen, Göttingen 1826, S. 384; Lehrbuch S. 110 Anm. c.

[59] Jarcke, Handbuch des gemeinen deutschen Strafrechts, 1. Band, Berlin 1827, S. 218.

[60] v. Liszt, Lehrbuch, 1. Auflage 1881, S. 143; die Formulierung findet sich aber schon früher bei Lamm, Gutachten zum 13. DJT, Berlin 1876, S. 158 und Hugo Meyer, Lehrbuch, 1. Auflage, 1875, S. 210; ebenso unter Verwendung der Formel der „goldenen Brücke": u. a. v. Liszt-Schmidt, Lehrbuch des Deutschen Strafrechts,

handlung sei die Strafe zwar verwirkt und durch den freiwilligen Rücktritt nicht mehr „nach rückwärts" annullierbar, „wohl aber" könne mit seiner Konstruktion als Strafaufhebungsgrund „die Gesetzgebung aus kriminalpolitischen Gründen dem bereits straffällig gewordenen Täter eine goldene Brücke bauen". Nur sporadisch findet sich noch die negative Wendung dieses Gedankens, ohne Gewährung der Straffreiheit wäre die Überlegung, in jedem Falle strafbar zu bleiben, „für den Täter bestimmend, das plus oder minus der Strafbarkeit" bei Vollendung oder Versuch „nicht in Anschlag zu bringen und zu vollenden"[61]. Darüber hinaus gibt es nur mehr einige wenige Lehrmeinungen, die ohne exakte inhaltliche Festlegung sich ausschließlich auf „Gründe der Kriminalpolitik" zur Rechtfertigung des Strafausschlusses berufen[62].

bb) Die alleinige Verwendung des „Verdienstgedankens"

Aus der folgenden Theoriengruppe, die die strafbefreiende Wirkung des Rücktritts *allein* auf den oben herausgestellten Grundgedanken der „Belohnung" stützt, ragt als einer ihrer markantesten Vertreter Bockelmann hervor. Seiner Ansicht nach ist die Gewährung der Straflosigkeit in § 46 ein berechtigter Akt der „Gnade", da derjenige, der den Versuch „rechtzeitig aufgibt, oder tätige Reue übt, ... die Hoffnung" wecke, „daß man sich in Zukunft keiner Übeltat mehr von ihm zu versehen habe, und er ... das Gewicht des Schuldvorwurfs, der ihn trifft, bis zum gewissen Grade wenigstens durch ein Gegengewicht verdienstlichen Handelns" kompensiere[63].

---

26. Auflage, Berlin—Leipzig 1832, S. 315; Gerland, Deutsches Reichsstrafrecht, 2. Auflage, Berlin—Leipzig 1932, S. 181; Mezger, Strafrecht, 3. Auflage, Berlin—München 1949, S. 403; Heimberger, Strafrecht, 1931 S. 77; Wegner, JW 1933, 2952; Olshausen-Niethammer, Kommentar zum StGB für das Deutsche Reich, 12. Aufl., Berlin 1942, § 46 Anm. 1; Thomsen, Das Deutsche Strafrecht, Allgemeiner Teil, Berlin 1906, S. 180; Katzenstein, ZStW 21 (1901) S. 407; Loeb, Der Versuch im Reichsstrafgesetzbuch und im Vorentwurf, Breslau 1913, S. 40; Stilke, Die Freiwilligkeit des Rücktritts vom Versuch nach geltendem und künftigem Recht, Diss. Bonn 1928, S. 8 f.; Görner, Die tätige Reue nach dem geltenden Recht und den Entwürfen zum Strafgesetzbuch, Diss. Jena 1927, S. 31; Lazarus, Die sog. Schuld-, Strafausschließungs- und Strafaufhebungsgründe, Strafrechtl. Abhandlungen Heft 135, Breslau 1911, S. 48; Zimmerl, Aufbau des Strafrechtssystems, Tübingen 1930, S. 291; Wein, Rücktritt vom Versuch und tätige Reue, Diss. Würzburg 1909, S. 15.

[61] Hatzig, Über den Rücktritt vom Versuch und die sog. thätige Reue, Diss. Bonn 1897, S. 82; vgl. auch Pawelke, Der Rücktritt des Täters vom Versuch, Diss. Breslau 1912, S. 33; vgl. auch Hiller in: Verhandlungen des 13. DJT, 1876, Bd. II S. 251.

[62] Delaquis, Der untaugliche Versuch, Berlin 1904, S. 239; Makarewicz, Einführung in die Philosophie des Strafrechts, Stuttgart 1906, S. 419; Oswald Meyer, Der freiwillige Rücktritt vom Versuch nach geltendem Recht, dem Vorentwurf (§ 77) und dem Gegenentwurf (§ 30), Diss. Erlangen 1914, S. 77; v. Birkmeyer in: Enzyklopädie der Rechtswissenschaft, hrsg. von Birkmeyer, 2. Aufl. 1904 S. 1117.

[63] Bockelmann, NJW 1955, 1420; vgl. auch DR 1942, 431, wo der „Verdienstgedanke" schon hervorgehoben, aber die kriminalpolitische Argumentation noch nicht zurückgewiesen wird.

Die Deutung der Straffreiheit „aus dem Gesichtspunkt der Gnade“[64], auf der schon die gesetzliche Regelung des Rücktritts im Preußischen ALR von 1794 beruhte[65], findet sich im Schrifttum in Kombination mit anderen Aspekten zwar noch mehrmals[66], bleibt aber insgesamt selten und unter den Verfechtern des *reinen* Belohnungsgedankens eine singuläre Erscheinung. Statt dessen greifen sie auf andere, sachlich gleichnamige Kriterien zurück: z. B. „Prämie“[67], „Lohn“[68] oder „Verdienst“[69] bzw. rechtfertigen den Strafausschluß als „billig und gerecht“[70].

cc) Konzeptionen, die ausschließlich auf die „geringere verbrecherische Willensintensität“ abstellen

Ausschließlich der dritte Kerngedanke unseres Gliederungsschemas wird im neueren Schrifttum relativ selten, u. a. von Welzel[71] und Traub[72], zur Begründung des § 46 herangezogen, früher jedoch häufiger vertreten.

---

[64] Bockelmann, NJW 1955, 1420.

[65] S. o. im Text S. 27 Fn. 124.

[66] Vgl. Schütze, Lehrbuch S. 115; Richard Schmidt, Grundriß des deutschen Strafrechts, Leipzig 1925, S. 142 f.; wörtlich übernommen von Stolze, Zusammentreffen von Versuch und Vollendung, Diss. Jena 1927, S. 33 Anm. 3; vgl. auch Sauer, Grundlagen, S. 638, der auf parallele Aspekte der Rechtsinstitute „Begnadigung“ und „Rücktritt vom Versuch“ hinweist; im Anschluß an Bockelmann: Grünwald, Das unechte Unterlassungsdelikt, seine Abweichungen vom Handlungsdelikt, Diss. Göttingen 1957, S. 96 (nur für § 46 Ziff. 2); Busch LK (9. Aufl.) § 46 Rdnr. 4; Salm, Das versuchte Verbrechen, Karlsruhe 1957, S. 173; vgl. Kemsies a. a. O. S. 20, 22 oben, 27 oben; Glaeser, Kritische Betrachtung des „freiwilligen Rücktritts“, Diss. Köln 1933, S. 22, 27.

[67] Merkel, Lehrbuch des Dt. Strafrechts, Stuttgart 1889, S. 135; ebenso Merkel-Liepmann, Die Lehre von Verbrechen und Strafe, Stuttgart 1912, S. 157; Baumann, Strafrecht, Allg. Teil, 5. Aufl. Bielefeld 1968, S. 514; sachlich ebenso Lüttichau, Die Freiwilligkeit der Aufgabe des Verbrechens als Voraussetzung der Straflosigkeit unter besonderer Berücksichtigung des § 410 RAO, Diss. Breslau 1933, S. 1.

[68] Hall GS Bd. 110 (1938), 115; vgl. auch Krämer, Der Rücktritt vom Versuch nach dem Entwurf von 1927, Diss. Köln 1930, S. 21.

[69] Wessels, Strafrecht, Allg. Teil, 2. Aufl. 1972, S. 101; Schröder, JuS 1962, 81; vgl. aber die abweichende Stellungnahme in Fn. 99 S. 48; Cramer, Grundbegriffe des Rechts der Ordnungswidrigkeiten, 1971, S. 77 Rdnr. 12; vgl. auch v. Gemmingen, ZStW 60 (1941) S. 21 für § 46 Ziff. 2.

[70] Schütze, Lehrbuch, S. 115; Treplin ZStW 76, 466; Baumgarten, Die Lehre vom Versuche der Verbrechen, Stuttgart 1888, S. 469; Klarenaar, Der Rücktritt des Teilnehmers vom Versuch nach geltendem Recht und den sechs Entwürfen, Diss. Erlangen 1927, S. 31; vgl. auch Georgiadis, Rücktritt vom Versuch und tätige Reue, Berlin 1939, S. 30.

[71] Welzel, Lehrbuch, S. 196.

[72] Traub NJW 1956, 1185; Schröder, Jan a. a. O. S. 65 stellt — sachlich übereinstimmend — darauf ab, *„wie weit die Umstände, unter denen der Rücktritt erfolgte, die Gefahr für das Rechtsgut“* beseitigen.

Schon Heffter betonte in seinem Lehrbuch zum „gemeinen deutschen Strafrecht", derjenige, der „aus eigener Bewegung von einem verbrecherischen Plane vor Vollendung" abstehe, offenbare „hierdurch, daß sein Wille nicht mit vollkommener Entschiedenheit auf das Verbrechen gerichtet war"[73], und müsse deshalb straflos bleiben. Ähnlich hielt Krug[74] Strafbefreiung bei freiwilliger Abstandnahme vom Versuch für gerechtfertigt, „weil durch wirkliche Sinnesänderung auch die Gefährlichkeit des Verbrechers gehoben" werde. Ebenfalls in diesem Zusammenhang ist außer Temme und Hälschner insbesondere Köstlin zu erwähnen[75]. Er verwirft zwar ausdrücklich die Theorie vom fehlenden „festen und beharrlichen Willen" des freiwillig zurücktretenden Täters, begründet aber dessen Straflosigkeit — insofern sachlich in völliger Übereinstimmung mit dem hier behandelten Grundansatz — aus der „Zurücknahme" des bösen Willens, die sich in der freiwilligen Tataufgabe widerspiegele und „die verbrecherische Qualität" des Versuchs aufhebe.

Wie verbreitet dieser Gedankengang der Sache nach früher war, unbeschadet aller formalen Unterschiede in der Einzelausgestaltung, zeigt auch seine Anhängerschaft im älteren reichsrechtlichen Schrifttum. Zu ihr zählen u. a. so renommierte Autoren wie Lammasch[76], E. v. Liszt[77], Berolzheimer[78/79] oder Hegler[80].

dd) Das „Strafzweckkriterium" als alleiniger Gesichtspunkt

Lehrmeinungen, die *allein* mit Hilfe des „Wegfall des Strafzwecks", dem vierten Grundgedanken unserer Systematik, die Straffreiheit des Versuchs

---

[73] Heffter, Lehrbuch des gemeinen deutschen Strafrechts, 6. Aufl. Braunschweig 1857, S. 99; ähnlich Stemann, GA 17, 318.

[74] Krug, Rechtslexikon, S. 735.

[75] Köstlin, Neue Revision, S. 393 f.: sog. „Nullitätstheorie", allerdings nur für den unbeendeten Versuch entwickelt; ähnlich: Temme, Glossen, S. 95; Hälschner, Strafrecht, 1. Bd., S. 360 Anm. 3, vgl. unten, Fußn. 86 S. 47; derselbe, System, S. 200; vgl. auch — die geringere Gefährlichkeit des Täters betonend — Chop, Archiv des Criminalrechts, N. F. Jahrgang 1842, S. 534.

[76] Lammasch, Das Moment objektiver Gefährlichkeit im Verbrechensversuch, Wien 1879, S. 72.

[77] E. v. Liszt, ZStW 25 (1905), 81.

[78] Berolzheimer, System der Rechts- und Wirtschaftsphilosophie, Bd. V, München 1907, S. 100.

[79] Berolzheimer, Die Entgeltung im Strafrecht, München 1903, S. 388.

[80] Hegler, Festgabe für R. v. Frank, Bd. I, Tübingen 1930, S. 329 Anm. 2; sachlich hierher gehören auch v. Gleispach, Prager Jur. Vierteljahresschrift, Bd. 46 (1914) S. 101 f. (für den unbeendeten Versuch); Liepmann, Das Moment objektiver Gefährlichkeit im Begriff des Verbrechensversuchs, Wien 1879, S. 71 ff.; H. J. Meyer, Die Erscheinungsformen des kriminellen Unrechts, Diss. Heidelberg 1914, S. 58 f.; v. Gemmingen, ZStW 60, 21 für § 46 Ziff. 1, während er § 46 Ziff. 2 mit dem „Verdienstgedanken" erklärt, s. o. Fußn. 69; Kemsies a. a. O. S. 64 f.; v. Lilienthal, JW 1926, 1167; Hrehorowicz, Grundbegriffe des Strafrechts, 2. Aufl. 1882 S. 272 f.

bei freiwilligem Rücktritt rechtfertigen, lassen sich im Schrifttum nicht eindeutig nachweisen. Rein formal gesehen könnte man sowohl die Ansicht Bindings[81] in seinem „Handbuch des Strafrechts", der freiwillige Rücktritt widerlege „das Vorhandensein des Strafbedürfnisses" als auch die These Schäfers[82] hier einordnen, „bei § 46" werde der Tat der „Charakter des Strafwürdigen" genommen. Es erscheint jedoch mehr als fraglich, ob man aus diesen kurzen, nicht speziell im Rahmen einer Untersuchung zum Rücktritt geäußerten Bemerkungen so weitreichende Folgerungen ziehen darf, zumal Binding und Schäfer die Straflosigkeit des Versuchs ja auch ganz anders begründet haben[83].

b) Die „Kombinationstheorien"

Ihrer zusammenfassenden Schilderung ist der folgende zweite Teil des Literaturüberblicks gewidmet. Dabei dürfte es denjenigen, der die juristische Vorliebe für immer „neue" Konstruktionen kennt, nicht überraschen, daß *alle* 11 bei der Koppelung der vier materiellen „Grundelemente" gedanklich überhaupt nur möglichen Variationen im Schrifttum auch vertreten werden.

aa) Belohnungsgedanke und „kriminalpolitische" Begründung

Innerhalb der Theorien, die *zwei* tragende Sachaspekte miteinander verbunden zur Begründung der ratio des Rücktrittsprivilegs heranziehen, hatte die Kombination des kriminalpolitischen Arguments mit dem Belohnungsgedanken im älteren Schrifttum die zahlenmäßig bei weitem größte Anhängerschaft. Ihre Vorläufer reichen dabei bis ins frühe 19. Jahrhundert zurück. So erklärten die amtlichen Anmerkungen zum Strafgesetzbuch für das Königreich Bayern von 1813[84], der freiwillig von der Tatausführung Zurücktretende sei „wegen des Versuches straflos, theils weil er durch thätige Reue diese Schonung verdient, theils weil" die Zusicherung der Straffreihiet als „starker Antrieb für den Übelthäter" wirke, „der Stimme seines Gewissens zu folgen" und den Versuch abzubrechen.

Daß diese „zweigleisige" Begründung auch später nicht in Vergessenheit geriet, sondern nach der „reinen" kriminalpolitischen Theorie die weiteste Verbreitung fand, ist auf so bedeutende Vertreter wie zunächst Henke[85] und

---

[81] Binding, Handbuch des Strafrechts, 1. Bd. Leipzig 1885, S. 815.

[82] Schäfer, DJ 1938, 818.

[83] Siehe bezüglich Binding unten im Text S. 59 ff. und bezüglich Schäfer Fußn. 109 S. 49.

[84] Anmerkungen zum Strafgesetzbuch für das Königreich Baiern nach den Protokollen des Königlichen Geheimen Raths, I. Band, München 1813, S. 181.

[85] Henke, Handbuch des Criminalrechts und der Criminalpolitik, 1. Teil, 1823, S. 257 f.

Hälschner[86], dann Finger, Köhler, Allfeld, Robert v. Hippel und Nagler zurückzuführen. Interessant an ihren Stellungnahmen ist dabei aber, daß sie — abgesehen von Finger und vielleicht Allfeld — den Belohnungsgedanken nur als *Teil* ihrer *kriminalpolitischen* Rechtfertigung der Strafbefreiung betrachten. So sieht Nagler die Grundlage des § 46 in den „*kriminalpolitischen*" Erwägungen . . ., die Aussicht auf Straflosigkeit, die als *belohnende* Vergeltung für die Rückkehr des Abtrünnigen zu den Forderungen des Rechts winkt", solle „dem unsicher gewordenen Täter den Weg zur Umkehr ebnen"[87]. Demgegenüber hebt Finger[88] klar die formale Doppelspurigkeit der Argumentation hervor: Der Strafverzicht im Falle freiwilligen Rücktritts wird aus „rationeller" Sicht „als Prämie für das Aufgeben normwidrigen Tuns" und „ferner" im Sinne der „strafpolitischen" Zielsetzung gerechtfertigt, „stimulierend" auf den Täter zu „wirken". Wenn man bedenkt, daß von den zahlreichen Anhängern der genannten Autoren im monographischen Schrifttum der damaligen Zeit[89] nur Spohr[90] die Eigenständigkeit des Belohnungsgedankens gegenüber der rein kriminal-

---

[86] Hälschner, Das gemeine deutsche Strafrecht, 1. Band, Bonn 1881 S. 361, anders in: System, S. 200, vgl. Fußn. 75 S. 45; ebenso: Fuhrmann, Der Rücktritt vom Versuche, Diss. Leipzig 1903, S. 45 f.

[87] Nagler LK, 6. Aufl. § 46 Anm. I 1, Hervorhebung vom Verfasser. Ebenso Köhler, Deutsches Strafrecht, AT, S. 467; v. Hippel, Deutsches Strafrecht, Bd. 2 1930, S. 410; ebenso Lehrbuch S. 155 Anm. 7.

[88] Finger, Lehrbuch des Deutschen Strafrechts, Berlin 1904, S. 319; nicht ganz so deutlich: Allfeld, Der Einfluß der Gesinnung des Verbrechers auf die Bestrafung, Leipzig 1909, S. 28; ebenso Lehrbuch des Deutschen Strafrechts, 8. Aufl., Leipzig 1922, S. 198 Anm. VI, 1 und derselbe in: Festgabe für R. v. Frank, Bd. II, Tübingen 1930, S. 76.

[89] Laas, Vierteljahresschrift für wissenschaftliche Philosophie, 1881 (5. Jahrgang) S. 469; Schwab, Der Rücktritt vom Versuch in seiner Bedeutung für die Teilnahme, Diss. Erlangen 1904, S. 21, 24; Brandis, Der Rücktritt vom Versuch in seiner Bedeutung für die Teilnahme, Diss. Heidelberg 1907, S. 16; Schuh, Der Rücktritt vom Versuch und seine Bedeutung für die Teilnahme, Diss. Münster 1910, S. 38 f.; Behrendt, Der Rücktritt des Täters vom Versuch und seine Wirkung auf die Strafbarkeit der Teilnahme, Diss. Breslau 1912, S. 43; Lang, Rücktritt vom Versuch bei Teilnahme und mittelbarer Täterschaft, Diss. Erlangen, 1915, S. 29 f.; Heerwagen, Der Rücktritt vom Versuch in seiner Bedeutung für die Teilnahme, Diss. Heidelberg 1924, S. 14; Gieseke, Die Wirkung des Rücktritts vom Versuch auf die Strafbarkeit des Täters und des Teilnehmers, Diss. Münster 1926, S. 27 f.; Wimmer, Der freiwillige Rücktritt vom Versuch in den amtlichen Entwürfen eines Allgemeinen Deutschen Strafgesetzbuchs von 1925 und 1927, Diss. Frankfurt am Main 1929, S. 29; Schuch, Ist der beendigte Versuch subjektiv oder objektiv zu bestimmen und welche Folgerungen ergeben sich daraus für den Rücktritt vom Versuch für Täter und Teilnehmer, Diss. Köln 1930, S. 55; Riebes, Die Freiwilligkeit beim Rücktritt vom Versuch, Untersuchungen zur deutsch-österreichischen Rechtsangleichung, Bd. 7, Leipzig 1931, S. 1 f.

[90] Spohr a. a. O., S. 5.

politischen Begründung des § 46 ebenso deutlich wie Finger herausstellte, wird manches an dem schiefen Bild über den Meinungsstand der Literatur erklärlich. Wenn nämlich materiell gesehen mit *zwei* Aspekten argumentiert wird, aber nur *einer* — meist der kriminalpolitische – auch nach außen im Namen der jeweiligen Theorie seinen Niederschlag findet[91], wundert es nicht, daß man einerseits diese als „absolut herrschend" bezeichnet, andererseits Nagler sich — unter einseitiger Betonung des anderen Gesichtspunkts — als Vertreter der „Prämientheorie" ausgeben kann[92].

Die Unklarheiten setzen sich im jüngeren Schrifttum fort. So folgt Jescheck nach seinen eigenen Worten „einer neueren Lehre", der „Gnadentheorie"[93]. Diese Bewertung ist richtig, insofern mit der „Gnadentheorie" *ausschließlich* der Gedanke gemeint ist, § 46 wolle „den freiwilligen Rücktritt vom Versuch belohnen"[94], weil der Täter dadurch „den rechtserschütternden Eindruck seiner Tat wieder aufhebt und ... die Schuldhaftigkeit des Versuchs durch das Gegengewicht des verdienstlichen Handelns bis zu einem gewissen Grade wieder ausgleicht"[95]. Da aber Jescheck zuvor die kriminalpolitische Rechtfertigung des Strafausschlusses in ihrer auf Feuerbach zurückgehenden negativen Variante — vorsichtig — für vertretbar hält[96], finden sich auch in seiner Lehre streng genommen — wenngleich mit ganz unterschiedlicher Betonung — die beiden Gesichtspunkte, die die hier dargestellten, schon im frühen 19. Jahrhundert nachweisbaren „Kombinationstheorien" verwenden. Insoweit ist sie in ihrer Grundstruktur sicherlich nicht „neueren Datums"[97].

Klarer als Jescheck vertreten diesen doppelten Ansatz im modernen Schrifttum ferner Hellmuth Mayer[98], Schröder[99] und Goetzeler[100].

---

[91] Vgl. die in Fußn. 89 genannten Fundstellen.

[92] Nagler LK (6. Aufl.) § 46 Anm. I 1.

[93] Jescheck AT S. 407.

[94] Jescheck AT S. 407.

[95] Jescheck AT S. 407.

[96] Jescheck AT S. 406 unten, 407 oben.

[97] Vgl. im übrigen auch Jescheck MDR 1953, 563 r. Sp. Dort wird für die Annahme freiwilligen Rücktritts vorausgesetzt, daß der Täter noch nicht „jene letzte Entschlossenheit zum Verbrechen" zeigt und sich daher noch unterhalb der „Grenze der Strafwürdigkeit" befindet. Damit ist sowohl auf den Gesichtspunkt der „geringeren verbrecherischen Willensstärke" als auch (allerdings undeutlich) auf das Strafzweckkriterium Bezug genommen, ohne daß diese Aspekte jedoch ausdrücklich als „Grundgedanken" des § 46 herausgestellt werden. Die kriminalpolitische Konzeption in Form des Goldene-Brücke-Gedankens wird dagegen ausdrücklich als „kriminalpsychologisch verfehlt" verworfen.

[98] H. Mayer, Studienbuch, S. 146, siehe aber auch unten im Text, S. 53.

[99] Schröder MDR 1956, 322; Schönke-Schröder, § 46 Rdnr. 2, 3; siehe aber auch abweichend oben im Text S. 44 Fn. 69.

[100] Goetzeler ZStW Bd. 63, 97, 98.

bb) „Kriminalpolitische" Argumentation und „geringere Intensität des verbrecherischen Willens"

Ebenfalls unter Rückgriff auf die bekannten Erwägungen der Kriminalpolitik, aber in Verbindung mit dem dritten oben vorangestellten Kerngedanken, der durch den freiwilligen Rücktritt sichtbar gewordenen Willensschwäche des Täters, begründeten eine Reihe namhafter Autoren der Gegenwart und Vergangenheit dessen Straflosigkeit. Am Anfang steht zeitlich gesehen die Stellungnahme Mittermaiers, der zwar zunächst meinte, „aus *rein* politischen Gründen" sei die Straffreiheit als „starker Antrieb für den Handelnden" zur Umkehr angebracht[101], später aber das zusätzliche Argument anfügte, „wer freiwillig zurücktritt", zeige, „daß er keinen beharrlichen Willen hatte" und sich daher nicht auf der Stufe befindet, „wo er Strafe verdient"[102]. Dieselbe Konzeption vertraten im gemeinrechtlichen Schrifttum u. a. Marezoll[103], später — unter der Herrschaft des § 46 — v. Schwarze[104], Berner[105], v. Bar[106], Frank[107] und Kohler[108] von den älteren[109], Kohlrausch-Lange und Maurach von den jüngeren Autoren[110]. Bei letzterem kommt die Zweigleisigkeit des Begründungsansatzes allerdings

[101] Mittermaier, Neues Archiv des Criminalrechts, Bd. 1 (1816), S. 201, Hervorhebung vom Verfasser.

[102] Mittermaier, Neues Archiv des Criminalrechts, Bd. 9 (1826), S. 18; vgl. auch Neues Archiv, 1856, 555.

[103] Marezoll, Das gemeine deutsche Criminalrecht, 3. Aufl., Leipzig 1856, S. 117 Anm. 1.

[104] v. Schwarze in: Holtzendorffs Handbuch, 2. Bd. Berlin 1871 S. 305; zustimmend Meves, GS 24 (1872) S. 164 für § 46 Ziff. 1, bezüglich § 46 Ziff. 2 spricht er (S. 166) von der Möglichkeit, die verheißene Straflosigkeit als „ein praemium der Sinnesänderung" oder als „Belohnung" aufzufassen; in seinem Commentar (Exkurs 10 S. 108) erwähnt v. Schwarze dagegen nur „Gründe der Criminalpolitik".

[105] Berner, Lehrbuch des Deutschen Strafrechts, 18. Aufl. 1898, S. 150; ebenso in: Gutachten zum 13. Deutschen Juristentag, Berlin 1876, Bd. I, S. 134, wo allerdings auf S. 135 beiläufig der „Belohnungsgedanke" erwähnt wird, wenn es dort heißt, bei § 46 Ziff. 2 sei „das Verdienst des Täters ein größeres"; zustimmend Stenglein, Verhandlungen des 13. Deutschen Juristentages, Bd. II, Berlin 1876, S. 239.

[106] v. Bar, Gesetz und Schuld, Bd. II, Berlin 1907, S. 548; v. Bar sieht den Rücktritt wohl als Tatbestandsmerkmal des Versuchs an, aber expressis verbis wird die damit vorgenommene „Gesamtbetrachtung" nicht erwähnt.

[107] Frank VDA Bd. V S. 242.

[108] Kohler, Leitfaden des Deutschen Strafrechts, Leipzig 1912, S. 62.

[109] Außer den im Text erwähnten Autoren sind hier zu nennen: Seeger GA Bd. 18, 232; Hugo Meyer (allerdings unklar) GS Bd. 33 (1881), 126; Lehrbuch des deutschen Strafrechts, 4. Aufl., Erlangen 1888, S. 264 f.; v. Hentig, MonKrimBiol. Bd. 21 (1930), 314; Rietsch DJ 1943, 313; Dalcke-Fuhrmann-Schäfer, Strafrecht und Strafverfahren, 37. Aufl. Berlin 1961, § 46 Anm. II; Klee, Wille und Erfolg in der Versuchslehre, Breslau 1898, S. 44.

[110] Kohlrausch-Lange, Strafgesetzbuch, 43. Aufl., Berlin 1961, § 46 Anm. I; Maurach AT S. 518.

nicht ganz deutlich zum Ausdruck, weshalb er verschiedentlich[111] auch als Verfechter der „reinen" kriminalpolitischen Theorie angesehen wird. Eine solche Einstufung ist verständlich, da Maurach die „Privilegierung des Rücktritts" ohne Einschränkung mit dem Bau einer „‚goldenen Brücke' zum Rückzug auf das Ufer der Gesetzmäßigkeit"[112] rechtfertigt, übersieht aber, daß Maurach in unmittelbarem Anschluß hieran „konstruktiv" die Straflosigkeit damit begründet, „daß der freiwillig zurücktretende Täter einen minder intensiven verbrecherischen Willen aufweist"[113].

cc) *„Kriminalpolitische" Rechtfertigung und „Strafzweckargument"*

Die Rechtfertigung der Straffreiheit des Versuchs bei freiwilligem Rücktritt durch eine Kombination des kriminalpolitischen Arguments mit dem vierten Leitgesichtspunkt in seiner Ausprägung als Wegfall des „Strafzwecks", fehlendes „Strafbedürfnis" oder mangelnde „Strafwürdigkeit" wurde insgesamt selten und vorwiegend in der älteren Literatur vertreten. Schon daran zeigt sich aber, daß das Strafzweckkriterium in seinen verschiedenen Ausformungen alles andere als neuartig ist, sondern, wenn man im Vorgriff einmal alle damit operierenden „Mischtheorien" nebeneinander hält, bei der Begründung des Rücktrittsprivilegs seit alters sogar eine gewichtige Rolle spielt.

Ganz präzise bringt z. B. Heilborn die Struktur der hier dargestellten Kombinationstheorie zum Ausdruck, wenn er erklärt, die Lehre „von der goldenen Brücke", die „den Gesetzgeber" zweifellos „mitbestimmt" habe, könne „für sich allein nicht befriedigen"[114], vielmehr liege der „Grund für die Straflosigkeit des aufgegebenen Versuchs ... wohl noch etwas tiefer", nämlich darin, daß durch die Erfolgsabwendung die Tat „nicht mehr als strafwürdig erscheint, ... kein Strafbedürfnis mehr besteht"[115]. Ebenso hält Arndt[116] die Gründe der „kriminalpolitischen Theorie" für „nicht stark genug", „den § 46 zu rechtfertigen". Deshalb führt er das zusätzliche Argument an, „wenn die guten Regungen" im Täter „die Oberhand gewonnen" hätten, entfalle „von vorneherein der Zweck der Strafe", ihn vom Verbrechen abzuhalten „und die soziale Gesinnung zu stärken".

Ebenfalls in diese Sachgruppe sind aus dem älteren Schrifttum[117] die Lehrmeinungen von Lobe und Eisenmann, aus der neueren Literatur — soweit ersichtlich — nur die von Stratenwerth[118] einzuordnen.

---

[111] Schönke-Schröder § 46 Rdnr. 3; Lackner-Maassen § 46 Anm. 1; Stratenwerth, Strafrecht, Allg. Teil, I, Köln—Berlin—Bonn—München 1971, Rdnr. 755; Schmidhäuser, AT S. 499.

[112] Maurach, AT, S. 518.

[113] Maurach, AT, S. 518.

[114] Heilborn, Der agent provocateur, Berlin 1901, S. 126.

[115] Heilborn, a. a. O. S. 127.

[116] Arndt, Der freiwillige Rücktritt bei den Unternehmensdelikten, Diss. Köln 1932, S. 26.

[117] Lobe LK (5. Aufl.) § 46 Anm. 2 (abweichend allerdings in Handwörterbuch der Rechtswissenschaft, 1928, Bd. V, S. 177); Eisenmann ZStW 14, 474.

dd) Die Verbindung von „Belohnungsgedanken" und dem Aspekt der „geringeren verbrecherischen Intensität"

Gewissen Zweifeln ausgesetzt ist die Einordnung Giffhorns und Seegers in die folgende „Zweierkategorie", einer Verbindung von „Belohnungsgedanken" mit dem Aspekt der durch den freiwilligen Rücktritt indizierten „Willensschwäche". Denn auch Bockelmann, Schröder und Wessels sprechen im Zusammenhang mit dem „Prämienaspekt" von einem gewissen Ausgleich der Schuld oder von Schuldtilgung, wurden aber in der Gruppe der „reinen" Verdienstlehren vorgestellt. Dies erscheint jedoch insofern berechtigt, als bei den letztgenannten Autoren *allein* der „Verdienstgedanke" die besagten Schuldkonsequenzen hervorruft, während Giffhorn und Seeger das Moment der geringeren verbrecherischen Willensintensität als *selbständigen* Begründungsansatz bei der Interpretation des § 46 akzentuieren und deshalb ihre verschiedene Klassifizierung keineswegs willkürlich ist[119].

ee) „Belohnungsaspekt" und „Strafzweckkriterium"

Gleichfalls vom Boden der „Verdiensttheorie", aber unter Zuhilfenahme von Strafzweckerwägungen umschreibt Otto[120] den Sinn der Rücktrittsnorm. Dabei hatte er allerdings die spezielle Situation des Täters vor Augen, der nach dem ersten – fehlgeschlagenen — Rechtsgutangriff aufgibt, obwohl er noch über weitere, konkrete Handlungsmöglichkeiten verfügt, doch lassen sich Ottos Ausführungen zwanglos auf die „normalen" Rücktrittsfälle übertragen. Danach liegt das „wirklich Verdienstliche" hier in dem durch die freiwillige Abstandnahme oder Erfolgsabwendung zum Ausdruck gebrachten Umstand, „daß es nicht erst staatlicher Strafe bedarf, um den Täter auf den Weg des Rechts zurückzuführen, und darüber hinaus ein Sühnebedürfnis nicht vorliegt, weil ein „über die Gefährdung hinausgehender Erfolgsunwert fehlt". Denn „wo der Täter selbst bereits *freiwillig*" aufhört, „den rechtswidrigen Erfolg anzustreben", versage die „spezialpräventive" Wirkung der Strafe und ebenso entfalle wegen der ausgebliebenen Rechtsgutverletzung ihre „generalpräventive" Funktion; eine „Sühneleistung... als Beitrag zur Aussöhnung mit der Rechtsgemeinschaft" sei nicht erforderlich.

Die von Otto vertretene Verbindung von „Verdienst"- und „Strafzweck"-überlegungen ist im Schrifttum nicht neu. Sie findet sich, soweit ersichtlich, erstmals bei Wagner, der die kriminalpolitische Rechtfertigung der Straflosigkeit in Form des „Anreizgedankens" verwirft[121] und die Rücktrittsvergünstigung „unter dem Gesichtspunkt einer belohnenden Vergeltung" aus „Billigkeitsgründen" gewährt. Zu diesem Aspekt tritt das „Strafzweckkriterium", mit dessen Hilfe die Alternative: Strafmilderung

---

[118] Stratenwerth, AT, Rdnr. 756; anders noch MDR 1953, 718 (nur kriminalpolitische Rechtfertigung des § 46 a. F.).

[119] Vgl. Giffhorn a. a. O. S. 17 und 52 f.; Seeger, Julius a. a. O. S. 27, 81; vgl. auch Petters-Preisendanz § 46 Anm. III 2.

[120] Otto GA 1967, 150.

oder Straflosigkeit im Falle freiwilligen Rücktritts nach dem „Maß der Strafwürdigkeit einer Handlung“ im Sinne des geltenden Rechts dahingehend entschieden wird, „daß weder nach den absoluten noch nach den relativen Straftheorien eine Bestrafung gerechtfertigt erscheint“[122].

ff) Die Koppelung von „Willensschwäche“- und „Strafzweckargument“

Den Abschluß in der Reihe der auf *zwei* unserer „Leitgesichtspunkte“ gestützten „Kombinationstheorien“ bildet die Koppelung der stichwortartig als „Willensschwäche“- und „Strafzweckargument“ bezeichneten Kerngedanken. Zwei Beispiele mögen die neue Sachstruktur veranschaulichen. Nach Ansicht Dahlmanns war im Falle freiwilliger Tataufgabe der verbrecherische Wille des Täters nicht „intensiv“[123] genug, um das „für ein Schuldurteil zu fordernde Minimum an kausaler Wirksamkeit des Charakters“[124] zu gewährleisten. Außerdem zeige „eine andere Betrachtung“[125], daß der „Zweck der Strafreaktion ... einem solchen Menschen gegenüber nicht notwendig ist“[126]. Auch die knappen Ausführungen Kullmanns, die „Handlungsweise“ des Zurücktretenden sei „symptomatisch dafür, daß er ... nicht mehr gemeingefährlich“[127] sei, und deshalb entfalle „auch der Strafzweck“[128], weisen klar auf die *beiden* Aspekte bei der Begründung der Straflosigkeit hin[129].

gg) Die Kombination von „kriminalpolitischer“ Rechtfertigung, „Belohnungsgedanken“ und dem Gesichtspunkt der „geringeren verbrecherischen Willensintensität“

Unter den folgenden „Mischtheorien“, die *drei* der eingangs beschriebenen tragenden Grundgedanken miteinander verbinden, ist die Kombination des kriminalpolitischen Ansatzes mit den Gesichtspunkten der „Belohnung“ und der „geringeren verbrecherischen Energie“ am klarsten bei Arzt[130] zu beobachten. Seiner Ansicht nach muß hinsichtlich der ratio der Straflosigkeit

[121] Wagner, Willi, Der Umfang der Strafvergünstigung beim freiwilligen Rücktritt vom Versuch, Diss. Frankfurt a. M. 1939, S. 10 f., insbesondere S. 11.

[122] Wagner, Willi, a. a. O. S. 12; ebenso Mersmann, Der Rücktritt vom Versuch, Diss. Kiel 1949, S. 14 i. Verb. mit S. 12; übereinstimmend Schultheisz ZStR 1949, 349, 353.

[123] Dahlmann, Der freiwillige Rücktritt vom Versuch, Diss. Kiel 1912, S. 98.

[124] Dahlmann a. a. O. S. 99.

[125] Dahlmann a. a. O. S. 99.

[126] Dahlmann a. a. O. S. 100.

[127] Kullmann, MonKrimBiol. Bd. 10, 483.

[128] Kullmann, Strafzweck und Läsionenlehre, Wiesbaden 1912, S. 134 unten, 135 oben; MonKrimBiol. Bd. 10, 483.

[129] Ähnlich: Lamm, Gutachten zum 13. Deutschen Juristentag, Bd. I, Berlin 1876, S. 158; Liepmann, ZStW 22, 92 f.; Joseph, Die Wirkung der tätigen Reue auf die Strafbarkeit des Täters und der Teilnehmer, Diss. Rostock 1910, S. 27; Fahrenhorst, Der Rücktritt vom Versuch, Diss. Heidelberg 1928, S. 19, 20, 22.

[130] Arzt, GA 1964, S. 8 f.

scharf zwischen § 46 Ziff. 1 und Ziff. 2 unterschieden werden. Ziff. 1 privilegiere mit Rücksicht auf die „geringere Intensität des verbrecherischen Willens", die sich in dem frühen Rücktrittszeitpunkt offenbare, schon die „Rückkehr zu rechtlicher Gesinnung", wenn der „rechtswidrige Erfolg ausbleibt" oder dem Täter „nicht zugerechnet werden kann". § 46 Ziff. 2 dagegen baue auf dem „Prinzip ... der Verdienstlichkeit der ... entgegenwirkenden guten Tat" auf, die „vor Entdeckung den Eintritt eines rechtswidrigen Erfolges verhindert". Dabei spiele „der Gedanke" mit, „man solle für diese gute Tat einen Anreiz schaffen" oder sie „jedenfalls nicht durch Versagung einer Prämie" erschweren. Angesichts dieses ausdrücklichen Hinweises auf die mitentscheidende Rolle des kriminalpolitischen Arguments ist die Schlußbemerkung von Arzt, § 46 beruhe „auf zwei verschiedenen Grundgedanken", mehr als verwunderlich und kein Hindernis, ihn hier als Vertreter einer „Dreierkombination" einzustufen.

Forscht man nach weiteren Anhängern dieses „Mischtyps, muß man — von der Dissertation Zeimes[131] aus dem Jahre 1908 abgesehen — bis ins gemeinrechtliche Schrifttum zurückgehen. Dort finden sich bei Hesse und in dem Erläuterungswerk von Friedreich-Barth-Demme Ansätze zu einer derartigen Verbindung der drei hier relevanten Aspekte, doch sind ihre Stellungnahmen nicht sehr präzise, ihre Einordnung ist daher problematisch[132].

hh) Die kriminalpolitische Theorie in ihrer Verbindung mit dem „Belohnungsgedanken" und dem „Strafzweckkriterium"

Eine andere Form der aus drei Kerngesichtspunkten bestehenden „Kombinationstheorien" hat H. Mayer[133] in seinem Strafrechtslehrbuch von 1953 vertreten. Ihm erscheint es „zweckmäßig, dem Täter eine goldene Brücke für den Rückzug zu bauen", doch könne man damit § 46 nicht allein erklären. Entscheidend sei vielmehr, daß „belohnende Vergeltung" nur da in Frage komme, „wo der Täter seinerseits irgendetwas Verdienstliches geleistet hat". Denn dadurch verliere „der bereits vorliegende Versuch nachträglich wieder seine Strafwürdigkeit".

Eine im Grundansatz gleichlautende Rechtfertigung des § 46 ist im Vorkriegsschrifttum bereits bei Spohr nachzuweisen. Danach bleibt der freiwillig Zurücktretende straffrei, weil „gegen die Deliktsschuld das Verdienst des Reuigen um die Rechtsordnung aufgerechnet, die verwirkte Strafe durch den Lohn für die erfolgreichen Bemühungen kompensiert"[134] wird und „in solchen Fällen von einem zwingenden Strafbedürfnis des Staates nicht die Rede sein"[135] könne. Außerdem sei es kriminalpolitisch „dringend"[136] emp-

---

[131] Zeime, Der Rücktritt vom Versuch, Diss. Würzburg 1908, S. 60, 61.

[132] Friedreich-Barth-Demme, Die Grundbegriffe des Criminalrechts und seiner leitenden Grundsätze, Nürnberg 1861 S. 434; Hesse a. a. O. S. 96.

[133] H. Mayer, Strafrecht AT, Stuttgart 1953, S. 294, siehe aber auch oben S. 48.

[134] Spohr a. a. O. S. 5.

[135] Spohr a. a. O. S. 4.

fehlenswert, dem „Reuigen“ nicht den Rückweg zur Straflosigkeit abzuschneiden“, sondern ihm einen „Ansporn zur rechtzeitigen Umkehr auf den Weg des Rechts“ zu geben[137].

ii) Die Begründung des Rücktrittsprivilegs mit Hilfe „kriminalpolitischer“ Erwägungen, der „geringeren verbrecherischen Willensintensität“ und dem „Strafzweckkriterium“

Unter den Lehrmeinungen zur ratio des Rücktrittsprivilegs, die drei verschiedene Ansatzpunkte haben, ragt als bedeutendste Gruppe diejenige heraus, die Erwägungen der Kriminalpolitik, der geringeren verbrecherischen Willensintensität und der Strafwürdigkeit- bzw. Strafbedürftigkeit miteinander verbindet. Unter ihren Anhängern gebührt Zachariae eine bevorzugte Stellung. Dies nicht nur, weil er bereits vor knapp 150 Jahren diese tragenden Grundgedanken formuliert hat und insofern chronologisch gesehen an der Spitze steht, sondern auch, weil seine an sich sehr klaren Ausführungen überwiegend[138] nur bruchstückhaft, verzerrt und als „Kuriosität“ wiedergegeben werden, obwohl sie gerade aus heutiger Sicht hochaktuelle Denkansätze enthalten. Schuld daran ist die sog. Annullationstheorie, als deren Schöpfer Zachariae in die Literatur eingegangen und — abgestempelt ist. Denn daß der „vorhanden gewesene Wille rückwärts bedeutungslos“[139] wird, wenn der Täter „mitten auf der betretenen Bahn“ zum Verbrechen „stehen bleibt“[140], wurde als unhaltbare Konstruktion unter Hinweis auf Osenbrüggens berühmte Worte: „Tatsachen sind unerbittlich“[141] in der Folgezeit nahezu einhellig abgelehnt.

Die Annullierungsthese ist jedoch nur ein Ausschnitt aus Zachariaes Darlegungen, demgegenüber seine weiteren Gedanken in ihrem sachlichen Gewicht nicht übersehen werden dürfen. Das gilt zunächst für die sog. Infirmitätstheorie“, wonach „der freiwillig von der Vollendung Abstehende“ straflos bleibt, weil er zeigt, *„daß er keinen festen und beharrlichen bösen Willen hatte“* und von ihm daher „keine Gefahr zu besorgen“[142] ist. Denn inhaltlich ist damit exakt der Kern der heutigen „Indiztheorie“ getroffen.

Die Gefahr, in Vergessenheit zu geraten, gilt aber in noch stärkerem Maße für seine Überlegung, „daß die Straflosigkeit auch durch den Rechtsgrund der Strafe selbst geboten“[143] ist. Das wird im Anschluß an Hepp, der als erster die Beziehungen zwischen freiwilligem Rücktritt und Sinngebung

---

[136] Spohr a. a. O. S. 5.
[137] Spohr a. a. O. S. 6.
[138] Ausnahmen bilden Heinitz, JR 1956, 250 Anm. 39; Roxin, Heinitz-Festschrift, S. 275; Arzt GA 1964, 8; Reinhard v. Hippel a. a. O. S. 67 Anm. 416.
[139] M. E. Mayer, AT S. 370 Anm. 7.
[140] Zachariae, Versuch, Teil II S. 240.
[141] Osenbrüggen, Abhandlungen S. 38.
[142] Zachariae, Versuch, Teil II, S. 241.
[143] Zachariae, Versuch, Teil II, S. 249.

der Strafe umfassend behandelt[144], im Ergebnis aber gänzliche Straffreiheit abgelehnt hat, im einzelnen näher begründet: die „*Gerechtigkeitstheorie*" könne „nicht sagen, daß hinsichtlich" desjenigen, der die Tat freiwillig aufgebe, „*durch die Strafe* ... das Recht als heilig und unverletzlich dargestellt werden müsse, da er ja dies durch seine eigene Handlung schon anerkannt hat"[145], und nach der „Theorie der *Spezialprävention*" entfalle der Präventionszweck bei demjenigen, „welcher durch die Tat bewiesen hat, daß es bei ihm keiner Strafe zur Erzwingung einer rechtlichen Willensbestimmung bedürfe"[146]. Damit ist die Grundstruktur der heutigen „Strafzwecklehre" ziemlich genau vorgezeichnet.

Außer den Aspekten des Wegfalls des Strafzwecks und der geringeren verbrecherischen Willenskraft im Falle freiwilliger Abstandnahme von der Tat führt Zachariae „daneben"[147] noch das bekannte kriminalpolitische Argument in der auf Feuerbach zurückgehenden Formulierung ins Feld. Danach spricht für die Straflosigkeit, daß ohne diese Aussicht der Gedanke, so oder so strafbar zu sein, den Täter „auf der Bahn des Verbrechens fortreißen"[148] und geradezu einen „Bestimmungsgrund für die Vollendung des Delikts"[149] abgeben könne.

So klar wie bei Zachariae kommt der hier aus den verschiedenen Formen von „Kombinationstheorien" herausgegriffene Typ zwar sonst nirgends in der Literatur zum Ausrdruck, immerhin aber läßt er sich in mehreren Stellungnahmen, u. a. von Wachenfeld, Heinitz und Blei wenigstens in seinen Grundzügen erkennen[150].

jj) Die Kombination von „Belohnungsgedanken", „Willensschwäche"- und „Strafzweckargument"

Von den vorstehend geschilderten Lehrmeinungen unterscheidet sich die folgende „Mischtheorie" bloß durch den Austausch eines der drei „Koppelungsfaktoren", indem sie nämlich das kriminalpolitische Argument durch

---

[144] Hepp, Versuche, S. 314 ff.

[145] Zachariae, Versuch, Teil II, S. 242.

[146] Zachariae, Versuch, Teil II, S. 244.

[147] Zachariae, Versuch, Teil II, S. 246.

[148] Zachariae, Versuch, Teil II, S. 248.

[149] Zachariae, Versuch, Teil II, S. 247.

[150] Wachenfeld, Lehrbuch des Deutschen Strafrechts, München 1914, S. 182; vgl. aber auch GA 69 (1925), 269, wo Wachenfeld betreffend den Rücktritt vom untauglichen Versuch das kriminalpolitische Argument nicht erwähnt; Heinitz, JR 1956, 250; auf S. 251 linke Spalte, weist Heinitz darauf hin, daß die Bestrafung des Versuchs nur gerechtfertigt ist, wenn „der Wille bei Gesamtbetrachtung sich so intensiv und gefährlich erweist, daß er ohne das Eintreten besonderer Hindernisse zur Vollendung geführt hätte". Danach wäre Heinitz bei den Vertretern der „Einheitstheorie" einzuordnen. Bei seiner *positiven* Bestimmung des tragenden Prinzips des § 46 wurde dieser Gedanke jedoch nicht erwähnt und deshalb Heinitz hier eingestuft; Mezger-Blei, Strafrecht AT, 14. Aufl. 1970, S. 256; vgl. auch Boyke, Die strafrechtliche Bedeutung der tätigen Reue, Diss. Königsberg 1924, S. 47; Franzen, NJW 1964, 1062.

den „Lohn"-gesichtspunkt ersetzt. In der älteren Literatur findet sie sich — allerdings nur in Umrissen — bei Wittenberg[151], im neueren Schrifttum in schärferer Ausprägung bei Salm[152]. An die Spitze stellt er die These, „der Rücktritt" lösche „das Vergeltungsbedürfnis der Versuchstat" aus. Denn da die „Willensgefahr tatsächlich gebannt" und der „geltungswidrige Eindruck des vorgängigen" Geschehens durch den „gegenteiligen *Eindruck der Normbewährung* aufgewogen" werde, sei „der *Erfolg* der Generalprävention" bewiesen. Darüber hinaus betont Salm stark die in dem freiwilligen Rücktritt liegende „ungewöhnliche Willensleistung", die er als „besonderes Verdienst um den Rechtsgüterschutz" würdigt und ihm die Strafbefreiung im Anschluß an Bockelmann als eine „‚von Rechts wegen' zu gewährende *Gnade*" erscheinen läßt.

kk) Der Rückgriff auf alle vier Grundgedanken

Den Schlußpunkt der auf der Basis von vier Grundelementen möglichen Kombinationsalternativen bildet diejenige Lehrmeinung, die *alle* diese Gesichtspunkte zusammen zur Begründung der Straflosigkeit des Versuchs bei freiwilligem Rücktritt heranzieht. Ob das immer ganz bewußt geschieht, erscheint allerdings fraglich, da die einzelnen Aspekte z. T. an ganz verschiedenen Stellen im Text — ohne Verbindung zueinander — auftauchen. So rechtfertigt beispielsweise[153] Gutmann, der einzige Vertreter einer solchen „Kombinationstheorie" im jüngeren Schrifttum, in einer Art „Schlußbemerkung"[154] § 46 „hauptsächlich aus Zweckmäßigkeitsgesichtspunkten und aus dem Gedanken der Gerechtigkeit", daneben mit der aus dem Freiwilligkeitserfordernis abgeleiteten „Idee der Rechtsprämie", doch werden die übrigen Aspekte bei der Begründung der „Zweckmäßigkeit" des Strafausschlusses deutlich sichtbar: „bisweilen" spreche dafür die Lehre von der „goldenen Brücke"[155], ferner stets der Umstand, daß „beim freiwilligen Rücktritt ... der *verbrecherische Wille* im Laufe der Zeit" an Intensität „abgenom-

[151] Wittenberg, Die Schuldaufhebungs- und Schuldermäßigungsgründe im Strafrecht unter besonderer Berücksichtigung der Entwürfe, Diss. Königsberg 1928 S. 55, Hervorhebung vom Verfasser.

[152] Salm a. a. O. S. 173, vgl. auch S. 175; wenn es auf S. 173 oben heißt, das Rücktrittsgeschehen dürfe niemals für sich betrachtet werden, so deutet dies zwar auf eine Einheitsbewertung hin, wird aber (in erster Linie für die Ermittlung der Freiwilligkeit des Rücktritts gefordert) im Sinne eines Abhängigkeitsverhältnisses des Rücktritts vom vorhergehenden Versuch verstanden, was nicht gleichbedeutend mit „Ganzheitsbetrachtung" ist. Deshalb die Eingruppierung an dieser Stelle.

[153] Dasselbe gilt aus der Vorkriegsliteratur für Krauthammer, Der Rücktritt vom Versuch, Breslau 1932, S. 3—15—44; ähnlich Glaeser a. a. O. S. 22, 28 ff.; unklar ist, ob Glaeser S. 29 eine „Gesamtbetrachtung" von Rücktritt und Versuch vertritt. Dem Zusammenhang nach geht es nur um die Zurückweisung der Argumente des Reichsgerichts gegen die „Rechtsgrundtheorien", ohne daß Glaeser sich aber positiv die Auffassung zu eigen macht, der „Vollzug des freiwilligen Rücktritts" stelle „eine Resolutivbedingung des strafbaren Versuchs" dar.

[154] Gutmann a. a. O. S. 79.

[155] Gutmann a. a. O. S. 78.

men"[156] habe, und schließlich auch die fehlende „materielle Strafbedürftigkeit", da weder eine „Abschreckung des Täters für die Zukunft" noch „Vergeltung als soziale Selbstbehauptung" nötig sei[157].

c) Die „Einheitsbetrachtung" von Versuch und Rücktritt

Für die abschließende Würdigung des bisher erreichten Diskussionsstandes steht damit nur noch der dritte Teil unserer Literaturübersicht aus. Wie schon betont, tauchen neue materielle Gesichtspunkte in den hier zusammengefaßten Lehrmeinungen nicht auf, vielmehr heben sie sich von anderen lediglich durch ihren besonderen methodischen Ansatz ab, den man stichwortartig als „Ganzheitsbetrachtung" oder „Einheitsbewertung" von Versuch und Rücktritt umschreiben kann.

aa) Die „Einheitstheorie" von Lang-Hinrichsen

Als grundlegend sind insoweit im neueren Schrifttum die Ausführungen von Lang-Hinrichsen anerkannt. Danach ist die „freiwillige Transformation eines zunächst gegen ein Rechtsgut gerichteten und betätigten Willens in einen die Rechtsgutverletzung hindernden „rechtstreuen Willen"[158] bei normativer Betrachtung „ein einheitliches Wertgefüge neuen Rangs", das „zu einer anderen Beurteilung der Strafwürdigkeit" führen muß[159]. Die Versuchshandlung ist so gesehen „unselbständiger Bestandteil eines einheitlichen Wertkomplexes" und bildet zusammen mit dem nachfolgenden Rücktritt „*eine* ‚Tat'"[160] im teleologischen Sinne, die „beide Verhaltensweisen als negative und positive Punkte einer Bilanz erscheinen"[161] läßt. Die „Gesamttat" stellt deshalb ein neues „Wertgebilde"[162] dar, für das ex post betrachtet kein „Strafanspruch entstanden"[163] ist, sondern nach § 46 „Strafwürdigkeit und Strafbedürftigkeit"[164] zu verneinen sind.

Damit sind die entscheidenden materiellen Kriterien genannt und — wie man sieht — entsprechen sie exakt unserem eingangs vorangestellten vierten Grundgedanken. Das soll nicht heißen, eine solche „Gesamtbewertung" sei nutzlos, zeigt aber, daß ihre Bedeutung ausschließlich auf konstruktivem Gebiet liegt, indem sie die Begründung eines *nachträglichen* Wiedererlöschens

---

156 Gutmann a. a. O. S. 69, ebenso S. 74.

157 Gutmann a. a. O. S. 69, ebenso S. 74.

158 Lang-Hinrichsen, Engisch-Festschrift S. 371.

159 Lang-Hinrichsen, Engisch-Festschrift S. 371.

160 Lang-Hinrichsen, Engisch-Festschrift, S. 373; vgl. auch Lang-Hinrichsen in: Zur österreichischen Strafrechtsreform, Schriftenreihe der Vereinigung Vorarlberger Akademiker, Heft 7, Bregenz 1965, S. 113 ff.; derselbe in: Probleme der strafrechtlichen Schuld und der Kriminologie, Civitas Band 2 (1963) S. 218 f.; JR 1968, 279.

161 Lang-Hinrichsen, Engisch-Festschrift, S. 372.

162 Lang-Hinrichsen, Engisch-Festschrift, S. 372.

163 Lang-Hinrichsen, Engisch-Festschrift, S. 374.

164 Lang-Hinrichsen, Engisch-Festschrift, S. 372.

einer *zuvor* eingetretenen Strafbarkeit überflüssig macht[165]. Daß dieser Denkansatz zur Klärung der Frage, was das tragende Prinzip des § 46 ist, jedoch nichts beiträgt, ergibt sich auch daraus, daß die „Ganzheitsbetrachtung" im Schrifttum mit völlig verschiedenen Gesichtspunkten gekoppelt und nie allein zur Begründung der ratio des Rücktrittsprivilegs herangezogen wird und — wurde. Dies insbesondere anhand von Stellungnahmen aus dem älteren Schrifttum zu belegen, erscheint um so nachdrücklicher geboten, als bei der Lektüre der Darlegungen Lang-Hinrichsens der Eindruck entsteht, als handele es sich bei seiner „Einheitstheorie"[166] um eine dogmengeschichtliche „Rarität" und etwas im Ansatz weitgehend Neues. In Wirklichkeit ist sie jedoch literarisch „bisher" nicht erst „zweimal"[167], nämlich in der Konstruktion des freiwilligen Rücktritts als negativem Tatbestandsmerkmal des Versuchs und in der „Lehre Bindings" nachzuweisen, wie Lang-Hinrichsen meint, sondern von einer ganzen Reihe weiterer Autoren bei ihren Erörterungen des freiwilligen Rücktritts besonders hervorgehoben worden. Hier ist also einiges nachzutragen und zurechtzurücken.

bb) Dogmengeschichtliche Nachweise der „Einheitstheorie"

Die älteste Belegstelle, in der der Aspekt der „Gesamtbetrachtung" klar formuliert zutage tritt, findet sich, soweit ersichtlich, bei Luden[168]. Danach kann der Anfang der verbrecherischen Aktivität „nicht als ein selbständiges Handeln angesehen werden, ... abgesondert" von dem Abbruch des Versuchs aus eigenem Antrieb, vielmehr sei „die ganze verbrecherische Tätigkeit ... von ihrem Beginn bis zu ihrer Beendigung eine einzige ungeteilte Handlung, ... deren Einheit dadurch begründet wird", daß die einzelnen Akte aus dem einen ungeteilten Willen der Vollendung hervorgegangen sind". Daraus folge, daß derjenige, der den Vollendungswillen „wieder aufgibt, bevor er die" zur Vollendung der Tat notwendige „Handlung begangen" hat, straflos ist, da „in diesem Falle im rechtlichen Sinne" kein Versuch vorliegt[169].

Ebenso deutlich kommt der „Einheitsgedanke" bei Arnold zur Geltung, der im Zusammenhang mit der prozessualen Behandlung der Rücktrittsfrage betont, die Geschworenen müßten „die ganze positive und negative Tätigkeit" des Angeklagten würdigen, die er „in Beziehung auf" die ihm vorgeworfene „Tat entwickelt" habe[170]. Denn „wenn jemand ... von der Vollendung freiwillig ... und für immer" abrückt, so könne man „gewiß" sein Tun „nicht in zwei Perioden trennen und ihn wegen der ersten für schuldig, wegen der zweiten für nicht schuldig erklären"[171].

---

[165] Lang-Hinrichsen, Engisch-Festschrift, S. 373.
[166] Lang-Hinrichsen, Engisch-Festschrift, S. 374.
[167] Lang-Hinrichsen, Engisch-Festschrift, S. 370.
[168] Luden, Handbuch, S. 420.
[169] Sog. „Nullitätstheorie", vgl. oben Köstlin, Hälschner u. a.
[170] Arnold, GS 7 (1855), 200.
[171] Arnold, GS 7, S. 201.

Wie Lang-Hinrichsen zu Recht hervorhebt, steht auch die Lehre, die den freiwilligen Rücktritt in den Versuchstatbestand miteinbezieht, im Grunde genommen auf dem Boden der „Einheitstheorie". Ihren gesetzlichen Niederschlag hatte sie u. a. in § 31 des Preußischen Strafgesetzbuchs von 1851 gefunden, doch wird dieser Gesichtspunkt in den einschlägigen Erläuterungswerken, etwa im Kommentar von Beseler oder in dem Lehrbuch Hälschners, nicht ausdrücklich herausgestellt. Anders dagegen bei Herzog, der in der Literatur nach 1871 hieran anknüpft. Seiner Ansicht nach ist durch die im Reichsstrafgesetzbuch vollzogene Aufspaltung des besagten § 31 in die beiden Vorschriften des § 43 und § 46 „das Verhältnis des Rücktritts zum Versuchsbegriff"[172] nicht geändert worden: „§ 46 sei in materiell-indivisiblem Zusammenhang mit § 43 zu verstehen, indem er mit diesem *ein* begriffliches Ganzes bildet"[173]. Damit ist über das „Warum" der Straflosigkeit bei freiwilligem Rücktritt noch nichts gesagt, vielmehr ist für deren Begründung die sog. „Präsumptionstheorie"[174] maßgebend, die – sieht man über ihre verschrobene Formulierung und unhaltbare Konzeption vom Versuch als Vermutung für das Vorliegen einer „Vollendungspotenz"[175] einmal ab — im Kern nichts anderes als den bekannten Aspekt der „geringeren verbrecherischen Willensintensität" des freiwillig von der Tat abstehenden Täters zum Ausdruck bringt. Die Formulierungen[176]: hier habe sich „die Deliktsenergie als unzureichend erwiesen" oder gezeigt, „daß keine Perfektionskraft vorhanden war", machen dies deutlich. Insofern ist Herzogs viel geschmähte Theorie zugleich ein weiteres Beispiel dafür, wie leicht die rein konstruktive Verschiedenartigkeit oder Besonderheit mancher Auffassungen ihre gemeinsame materielle Bezugsgrundlage verdunkeln kann.

Auch in der Folgezeit[177] tritt der Ansatzpunkt der „Einheitstheorie" im Schrifttum verschiedentlich klar zutage. Bekannt geworden ist jedoch insoweit eigentlich nur die Lehre Bindings vom „resolutiv bedingten"[178] Verbrechen. An ihrer Spitze steht die allgemeine Überlegung, „eine atomistische Betrachtung menschlicher Tätigkeit" sei „juristisch ganz unerträglich", da „das Verhalten des Handelnden" im Hinblick auf den rechtlich relevanten Erfolg „eine Einheit" bilde[179]. Daraus leitet Binding die Schlußfolgerung ab, wenn der Täter durch seinen freiwilligen Rücktritt die zuvor von ihm „gesetzten Bedingungen" für den Eintritt eines solchen Erfolges „wieder vernichtet habe", verliere sein „*Verhalten als Ganzes* betrachtet" den Charakter der Ursächlichkeit „*zu einem schädlichen Erfolg*" und sei deshalb „*kein rechtswidriges*", mithin „kein Versuch" mehr[180]. Konstruktiv wird die

---

[172] Herzog, Rücktritt vom Versuch und thätige Reue, Würzburg 1889, S. 212.

[173] Herzog a. a. O. S. 227.

[174] Vgl. Herzog, S. 168 ff.

[175] Herzog a. a. O. S. 175.

[176] Herzog a. a. O. S. 175.

[177] Horn, ZStW 20 (1900) S. 353/355; Oetker ZStW 17, 68; Reis, Kritische Vierteljahresschrift f. Gesetzgeb. u. Rechtsw. N. F. Bd. XIII, S. 564.

[178] Binding, GS 68 (1906), 22.

[179] Binding, GS 68, 22.

[180] Binding, GS 68, 23.

Straflosigkeit bei § 46 also mit dem Wegfall der Rechtswidrigkeit[181] begründet, doch weist Binding auch auf ihre Eigenschaft als Belohnung hin, die sich „der strafbar Gewordene durch eigene Handlung sozusagen wieder *verdient*"[182].

Bindings „Betrachtung des Versuchs und des Rücktritts von ihm als eine einheitliche Handlung" hat in der Literatur[183] ein lebhaftes Echo ausgelöst, vielfach wurde seine Ausgangsthese vorbehaltslos übernommen und jeder „atomistischen Betrachtungsweise" eine scharfe Absage erteilt.

Besonders eindrucksvoll belegen dies die Ausführungen H. H. Müllers[184], der allerdings — im Gegensatz zu Bindings „Rechtswidrigkeitslösung" — die Notwendigkeit der „Gesamtbetrachtung" aus dem Wesen der Schuld herleitet. Denn da „die Schuld ein Bewertungsurteil" sei, dürfe man die Vorwerfbarkeit nicht „aus einem Teilverhalten des Täters" ableiten, „ohne jede Rücksicht auf sein späteres Verhalten", sondern müsse seine Tätigkeit „als Ganzes" bewerten. Dabei beeinflusse „eine solche Sinnesänderung" wie der freiwillige Rücktritt vom Versuch „das Schuldurteil über den Täter" notwendigerweise dahingehend, daß die „Beziehung" der Versuchshandlung „zum Enderfolg" bei „der Betrachtung im Ganzen" zu verneinen und „damit nach dem Willen des Gesetzgebers auch die Vorwerfbarkeit beseitigt" ist.

cc) Anhänger der „Einheitstheorie" in der Literatur der Gegenwart

In der Nachkriegsjudikatur wurde *vor* Lang-Hinrichsen, soweit ersichtlich[185], nur zweimal der Gedanke der „Einheitsbetrachtung" von Versuch und Rücktritt positiv aufgegriffen. Von Sauer[186] wird er zur Rechtfertigung der These herangezogen, § 46 sei „ein Fall gesetzlicher Schuldausgleichung". Denn „da die Schuld nicht ein nur die Tatausführung begleitender kurzer Willensakt, sondern eine das gesamte Wirken begleitende Kette von Willensregungen" sei, könne sie „noch vor Abschluß der Ausführungshandlung i. w. S." wegen freiwilliger Tataufgabe durch den Täter „selbst wieder

---

[181] Binding, GS 68, 24; vgl. auch: Die Normen und ihre Übertretung, Bd. I, 1. Aufl. Leipzig 1872, S. 13 und 4. Aufl. Leipzig 1922, S. 117 Anm. 8.

[182] Binding, GS 68, 22, Hervorhebung vom Verfasser, vgl. auch oben im Text S. 46.

[183] Vgl. Nayhauß-Cormons, Die Abwendung des Erfolges einer Tat des Angestifteten durch den Anstifter vor ihrer Entdeckung in ihrer strafrechtlichen Bedeutung für den Anstifter, Diss. Breslau 1910, S. 38; Schoetensack, Verbrechensversuch und Deutscher Strafgesetzvorentwurf, Sonderdruck aus Festschrift für Binding, 1911, S. 52; Hohmann, Rücktritt vom Versuch und tätige Reue, Diss. Tübingen 1931, S. 28 ff.; Kolb, Verbrechensversuch und Strafgesetzentwurf 1927, Diss. Tübingen 1927, S. 18 f.; siehe auch Hellmuth Mayer, Strafrecht des Deutschen Volkes, 1936, S. 323, wo ebenfalls auf das „Gesamtverhalten" abgestellt wird.

[184] Müller, Hans H., Der Rücktritt vom Versuch in seiner Bedeutung für die Teilnahme, Diss. Tübingen 1934, S. 28 f.

[185] Man könnte hier, wie schon oben S. 55, Fußnote 150 dargelegt, vielleicht auch noch Heinitz und Salm anführen.

[186] Sauer, Allgemeine Strafrechtslehre, 3. Aufl. Berlin 1955, S. 196.

rückgängig gemacht werden". In ganz anderer Form erscheint die „Gesamtperspektive" bei Grünwald. Seiner Ansicht nach ist der Rücktritt in den Versuchsbegriff einzubauen, so daß „eine Bewertung der Tat als Versuch erst „möglich ist", „wenn es an einem Rücktritt fehlt"[187]. Liegt dieser dagegen vor, sei im Falle des § 46 Ziff. 1 der „Schluß widerlegt"[188], daß der Täter „die willensmäßige Fähigkeit" hatte, seinen verbrecherischen „Entschluß" bis zur „vollen Verwirklichung"[189] der Tat durchzuhalten, während „beim beendeten Versuch ... die Berücksichtigung" der Erfolgsabwendung „nichts anderes als ein Akt der Gnade oder kriminalpolitischer Zweckmäßigkeit"[190] sei.

Die vorstehenden Schrifttumsbelege lassen zusammengenommen erkennen, daß der Denkansatz, von dem die sog. Einheitstheorie ausgeht, „in der Dogmengeschichte des Rücktritts" wiederholt klar zum Ausdruck gebracht wurde. Dennoch bleibt es das unbestreitbare Verdienst Lang-Hinrichsens, diesen ziemlich im Verborgenen ruhenden Gedanken wieder aktiviert und für die Diskussion fruchtbar gemacht zu haben. Die wachsende Zahl zustimmender Stellungnahmen gewichtiger Autoren[191] ist dafür ein beredtes Zeichen. Ihr gemeinsamer, meist sogar ausdrücklich auf Lang-Hinrichsens „Gesamttatbegriff" bezogener Ausgangspunkt darf jedoch nicht darüber hinwegtäuschen, daß die Frage, *warum* der Gesetzgeber im Falle des § 46 den Versuch straflos gelassen hat, von ihnen ganz verschieden beantwortet wird. Einige besonders markante Beispiele müssen als Beweis genügen.

Nach Schmidhäuser[192] steckt im Versuch erst „so viel ... Auflehnung gegen die Rechtsordnung", daß „das freiwillige Abstehen von der weiteren Ausführung die Strafwürdigkeit", deren Beurteilung sich auf das ganze „Tatgeschehen ... über das wertwidrige Tun hinaus" bezieht, noch ausschließen kann; denn in Rücktrittsfällen nach § 46 *„behauptet sich das Verbrechen nicht in der Gesellschaft"*. Demgegenüber sieht Busch die „zutreffende Erklärung der strafbefreienden Wirkung" des § 46 in der „sogen. Gnadentheorie", nach der „die Verschonung mit Strafe eine Belohnung" ist, „die das Gesetz dem Täter für" das in der freiwilligen Tataufgabe bzw. Erfolgsabwendung liegende „verdienstliche Verhalten gewährt"[193]. Mit dieser Auffassung ist nach seinen Worten die „ganzheitliche Betrachtung"[194], die die Konstruktion des primär entstandenen und anschließend wieder erloschenen staatlichen Strafanspruchs verneint, durchaus vereinbar.

---

[187] Grünwald a. a. O. S. 95 Anm. 1.
[188] Grünwald a. a. O. S. 94.
[189] Grünwald a. a. O. S. 94.
[190] Grünwald a. a. O. S. 96.
[191] Vgl. außer den genannten Autoren: Eser, Studienkurs, Teil II S. 81; Rudolphi ZStW 85 (1973), S. 120; Reinhard v. Hippel a. a. O. S. 70 f.; Munoz-Conde ZStW 84 (1972), S. 761 f., 777; v. Scheurl a. a. O. S. 24 f.; siehe betr. den „erweiterten" Tatbegriff auch Bruns, Strafzumessungsrecht, 1967, S. 120.
[192] Schmidhäuser, AT S. 498, Nr. 74.
[193] Busch, LK (9. Aufl.) § 46 Rdnr. 4.
[194] Busch, LK (9. Aufl.) § 46 Rdnr. 5.

Gleiches betont Roxin, der die „Notwendigkeit einer einheitlichen Bewertung von Versuch und Rücktritt" ausdrücklich anerkennt[195], im Hinblick auf die von ihm vertretene „Strafzwecktheorie". Ihr zufolge beweist der Täter durch seinen freiwilligen Rücktritt, daß „sein Wille ... trotz fehlender äußerer Hinderung ... nicht stark genug zur Vollendung gewesen" ist[196]. Da er sich also „im entscheidenden Augenblick rechtstreu" erwiesen habe und der Erfolgseintritt fehle, scheide eine mit dem „schlechten Beispiel" generalpräventiv motivierte Strafe aus[197]. Auch unter spezialpräventivem Blickwinkel sei infolge der Rückkehr des Täters „in die Legalität"[198] keine Bestrafung nötig. Überdies habe er die in der Versuchshandlung liegende „Schuld" durch seine freiwillige Abstandnahme von der Tat „selbst wieder gutgemacht"[199]. Daneben hält Roxin die Straflosigkeit aus der auf Feuerbach zurückgehenden, kriminalpolitischen Überlegung für begründet, der Täter solle vom Rücktritt „nicht durch die Erwägung abgehalten werden"[200], in jedem Falle gleich strafbar zu sein. Obschon dieser Aspekt nur unterstützend herangezogen wird, zeigt er doch zusammen mit dem „Willensschwäche"- und „Strafzweckkriterium", daß Roxins Lehre keineswegs so einheitlich ist, wie ihr Name vielleicht vermuten läßt, sondern eine typische „Kombinationstheorie" darstellt, und zwar in der Form, wie sie — bis auf den Gedanken der Gesamtbetrachtung — schon Zachariae, Heinitz[201] u. a. vorgetragen haben. Roxins Feststellung, die „Strafzwecklehre" sei „zuerst" vom Bundesgerichtshof formuliert worden, läßt sich demnach vom Boden einer synoptischen, an Leitgesichtspunkten orientierten Literaturübersicht aus nicht aufrechterhalten[202].

d) Zusammenfassendes Ergebnis der Rechtsprechungs- und Literaturübersicht

Damit kann die vorstehende, Rechtsprechung und Literatur umfassende Dokumentation der Antworten auf die Frage abgeschlossen werden, wie die Straffreiheit des vom Versuch freiwillig Abstand nehmenden Täters zu begründen ist. Zieht man das Fazit aus dieser „Bestandsaufnahme", so lassen sich im Hinblick auf den eingangs beklagten Meinungswirrwarr und den nicht zuletzt deshalb gänzlich verschieden beurteilten Diskussionsstand einige klärende Feststellungen treffen:

---

[195] Roxin, Heinitz-Festschrift, S. 271 Anm. 56; siehe auch Roxin, Kriminalpolitik und Strafrechtssystem, Berlin 1970, S. 35 Anm. 74.

[196] Roxin, Heinitz-Festschrift, S. 271.

[197] Roxin, Heinitz-Festschrift, S. 270.

[198] Roxin, Heinitz-Festschrift, S. 270.

[199] Roxin, Heinitz-Festschrift, S. 270.

[200] Roxin, Heinitz-Festschrift, S. 272 unten, 273 oben.

[201] Zu Heinitz vgl. oben im Text S. 55 Fußnote 150.

[202] Zum Strafzweckkriterium siehe auch: Reinhard v. Hippel a. a. O. S. 71; Munoz-Conde ZStW 84, 761 f.; Rudolphi, ZStW 85 (1973) S. 120.

1. Es gibt heute keine „herrschende Lehre“ in dem Sinne, daß eine bestimmte, in sich geschlossene Theorie innerhalb der „Vielzahl von Lehrmeinungen“ eindeutig überwiegt. Eine solche Vorrangstellung besaß lediglich früher einmal die sog. „kriminalpolitische“ Theorie, allerdings nur in der Reichsgerichtsjudikatur, während die *ausschließlich* kriminalpolitische Deutung des § 46 im Schrifttum zwar — relativ gesehen — die meisten Anhänger hatte, bezogen auf die Gesamtheit der einschlägigen Stellungnahmen aber zahlenmäßig klar in der Minderheit blieb.

2. Rechtsprechung und Literatur lassen jedoch erkennen, daß es nur einige „tragende Gesichtspunkte“ sind, auf denen die verschiedenen Erklärungsversuche des Rücktrittsprivilegs aufbauen. Sieht man über gewisse kleinere, oft nur die Formulierung betreffende Abweichungen in der Einzelausgestaltung hinweg, so schälen sich insgesamt fünf dieser „Grundelemente“ heraus, die immer wieder, vorwiegend kombiniert, zur Begründung herangezogen werden.

3. Das gilt sowohl für die alten sog. „Rechtstheorien“, deren Besonderheiten nur auf konstruktivem Gebiet liegen, als auch für die gegenwärtig diskutierten Lehren. Da diese fast ausnahmslos nicht nur den in ihrem jeweiligen Namen zum Ausdruck kommenden Kerngedanken enthalten, sind die gewählten Bezeichnungen meist irreführend und geradezu prädestiniert, Unklarheit zu schaffen. Statt mit dem Mantel einer bestimmten „Theorie“ ihre verschiedenartigen Ansatzpunkte zuzudecken oder inhaltlich gleiche Gedankengänge terminologisch unterschiedlich zu benennen, sollte man daher bei der Darstellung der einzelnen Lehrmeinungen stets von den erwähnten „Grundideen“ ausgehen und dadurch eine einheitliche, klare Diskussionsbasis schaffen.

4. Geht man in dieser Weise vor, so ergibt sich, daß der kriminalpolitische Gedanke in seinen verschiedenen Ausprägungen früher auch im Schrifttum ganz überwiegend bei der Begründung der strafbefreienden Wirkung des Rücktritts verwandt wurde, allerdings meist in Verbindung mit einem oder mehreren anderen Gesichtspunkten. Diese Feststellung läßt sich zwar bezüglich der Nachkriegsliteratur nicht aufrechterhalten, doch obschon die Theorie der „goldenen Brücke“ kaum noch Anhänger hat, ist das kriminalpolitische Argument in der auf Feuerbach zurückgehenden Fassung auch heute noch sehr stark vertreten[203]. Zu beachten ist dabei aber, daß es gegenwärtig nur mehr ganz selten *allein* zur Rechtfertigung des § 46 angeführt wird und die früher häufig anzutreffende Kombination mit dem „Belohnungsgedanken“ heutzutage gegenüber der Koppelung mit dem Aspekt der „geringeren verbrecherischen Willensintensität“ oder dem „Strafzweckkriterium“ deutlich in den Hintergrund getreten ist.

5. Dieser zuletzt genannte Denkansatz gewinnt im jüngeren Schrifttum zunehmend an Bedeutung ebenso wie der Aspekt der „Gesamtbetrachtung“

---

[203] Daß die „kriminalpolitische“ Deutung im Schrifttum „verschwunden“ ist — so Lang-Hinrichsen in Strafrechtsreform, S. 120 — ist daher eine starke Übertreibung.

von Versuch und Rücktritt. Beide Gesichtspunkte lassen sich jedoch nicht isoliert nachweisen, sondern nur miteinander oder mit anderen Grundgedanken verbunden.

6. Faßt man die einschlägige Nachkriegsliteratur als statistische „Untersuchungsgesamtheit“ auf und zählt dann aus, wie häufig jedes unserer fünf „tragenden Prinzipien“ darin positiv in Erscheinung tritt, so ergibt sich aufgrund von genau vierzig in dem voranstehenden Überblick beschriebenen oder erwähnten Stellungnahmen folgende „Häufigkeitsverteilung“: an der Spitze steht der „Belohnungsgedanke“ mit 20 Nachweisen, gefolgt von der „kriminalpolitischen“ Begründung, fast ausschließlich in der Feuerbachschen Version, die 19mal anzutreffen ist. Die dritte Stelle nimmt der Aspekt der „geringeren verbrecherischen Willensstärke“ ein, der 17mal herangezogen wird, während das „Strafzweckkriterium“ auf Platz vier mit 14 Belegen vor dem 10mal vertretenen besonderen methodischen Ansatz der „Einheitsbewertung“ liegt.

7. Führt man dieselbe Untersuchung anhand der sieben einschlägigen BGH-Entscheidungen durch, so verschiebt sich die quantitativ bestimmte Rangfolge der einzelnen „Grundideen“: das Argument des durch den Rücktritt manifestierten weniger hartnäckigen „bösen Willens“ belegt den ersten Platz mit vier Fundstellen, dahinter folgen pari passu der „kriminalpolitische“ und der „Strafzweckgedanke“ mit je drei und der „Belohnungsaspekt“ mit einem Nachweis. Der Gesichtspunkt der „Gesamtbetrachtung“ bleibt in der Rechtsprechung des BGH — wie übrigens auch des RG — unauffindbar.

II. Kritische Würdigung der einzelnen Begründungsansätze

Nach diesen Klarstellungen zum gegenwärtigen Meinungsstand geht es im folgenden darum, die einzelnen Begründungsansätze selbst kritisch zu beleuchten.

1. Die kriminalpolitische Theorie im Kreuzfeuer der Kritik

Bezüglich der kriminalpolitischen Erwägungen mag das manchem als überflüssig[204] und Wiederholung längst bekannter Argumente erscheinen, da „das Für und Wider“ jener Theorie, wie v. Scheurl mit Recht feststellt[205], „schon unzählige Male erörtert“ worden ist. Soweit ersichtlich, wurden in den bisherigen Darstellungen aber nur jeweils einige Gründe „pro et contra“ diskutiert, so daß eine erschöpfende, alle vorgetragenen Kritikpunkte einbeziehende Abhandlung noch aussteht. Diese nachzuholen, ist schon für sich

[204] Lang-Hinrichsen, Engisch-Festschrift, S. 368.

[205] v. Scheurl a. a. O. S. 21.

gesehen kein sinnloses Unternehmen, darüber hinaus notwendig, wenn man sich ein abschließendes fundiertes Urteil bilden will. Daß es sich dabei nur um eine stark komprimierte, auf das Wesentliche Bezug nehmende Erörterung der kriminalpolitischen Thesen handeln kann, ist bei diesem Stand der Dinge selbstverständlich und im übrigen zur Erreichung des hier verfolgten Zieles höchstens förderlich.

a) Die in Rechtsprechung und Literatur vorgetragenen Einwendungen

Die in Rechtsprechung und Schrifttum erhobenen Einwände gegen die Begründung der Straflosigkeit des Versuchs bei freiwilliger Tataufgabe mit Hilfe des „Goldene-Brücke"- bzw. „Anreizgedankens" oder mit der auf Feuerbach zurückgehenden Erwägung, den Täter nicht vom Rücktritt abzuhalten, lassen sich stichwortartig in folgenden Punkten zusammenfassen:

1. Die kriminalpolitische Argumentation beruht auf einer *wirklichkeitsfremden Psychologie*[206], der die aus der Zeit der Aufklärung stammende, rein spekulative Vorstellung eines streng rational handelnden Individuums zugrunde liegt. Da der Täter — jedenfalls ganz überwiegend — bei Begehung einer Straftat nicht „kühl" die Vor- und Nachteile einschließlich der angedrohten Sanktionen abwägt, bleibt das Versprechen der Straffreiheit im Rücktrittsfall in aller Regel auf seine Entscheidungen während des Handlungsvollzuges ohne Wirkung.

2. Es ist eine Erfahrungstatsache, daß die Überlegung des Täters, sich durch freiwilliges Nichtweiterhandeln oder Erfolgsabwendung aus eigenem Antrieb „von einer schon verwirkten Strafe wieder befreien zu können, beim Zustandekommen von Rücktrittsentschlüssen schlechthin keine Rolle spielt"[207].

3. In engem Zusammenhang damit steht der weitere Einwand, die Vorstellung, den Handelnden durch das Versprechen von Straffreiheit zum Rücktritt zu veranlassen, setze voraus, daß der Täter § 46 kennt. Da diese

---

[206] Vgl. dazu insbes. Bockelmann, NJW 1955, 1419 f.; derselbe in: Strafrechtliche Untersuchungen, S. 163 f.; Jescheck, MDR 1955, 563; Jagusch LK § 46 Anm. I 1; Lang-Hinrichsen, Engisch-Festschrift, S. 368; Otto, GA 1967, 150; Seeger a. a. O. S. 12 ff.; Giffhorn a. a. O. S. 19; v. Scheurl a. a. O. S. 22; Gutmann a. a. O. S. 35; vgl. aus dem älteren Schrifttum v. Gleispach, Prager Juristische Vierteljahresschrift, Bd. 46 (1914), S. 104; Wagner a. a. O. S. 10.

[207] Bockelmann, NJW 1955, 1420; ebenso: BGHSt. 9, 48 (52); Schönke-Schröder § 46 Rdnr. 3 („unrealistisch"); Schröder MDR 1956, 322; Roxin, Heinitz-Festschrift, S. 272; Geilen, JZ 1972, 338 („reine Spekulation"); Lackner, DAR 1972, 285 („blasse Theorie"); Welzel Lb. S. 196 („lebensfremd"); v. Scheurl a. a. O. S. 22; Gutmann, a. a. O. S. 36; Giffhorn a. a. O. S. 19; Munoz-Conde, ZStW 84, 769; Wagner a. a. O. S. 11; Mersmann a. a. O. S. 12.

Vorschrift aber „*weithin unbekannt*"[208] sei, könne sie auch nur selten einen „Anreiz" ausüben. Nach dem berühmten Ausspruch M. E. Mayers überschätzt die kriminalpolitische Betrachtungsweise ganz einfach „die Zahl derer, die Jurisprudenz studiert haben"[209].

4. Selbst wenn aber die Mehrzahl der Täter vom Rücktrittsprivileg genaue Kenntnis hätte, wäre der Gedanke der „goldenen Brücke" keineswegs zwingend. Denn man könnte, worauf als erster Breidenbach[210] hingewiesen hat, *ebensogut umgekehrt* argumentieren: ein noch schwankender Täter entschließt sich leichter zur Ausführung des Delikts, wenn er es in der Hand hat, den Verbrechensversuch jederzeit vor Vollendung wieder aufzugeben, ohne dafür schon Bestrafung fürchten zu müssen. Die Rücktritts-„chance" kann somit anstelle eines „Lockmittels zur Umkehr" als Anreiz zur Tatbegehung eine geradezu „verbrechensfördernde Wirkung" ausüben[211].

5. Von John wurde ferner als „Inkonsequenz"[212] des kriminalpolitischen Gedankengangs bemängelt, daß darin die abschreckende Kraft des Strafgesetzes, die bei Überschreiten der Grenze strafloser Vorbereitungshandlungen doch ganz offensichtlich versagt habe, im Versuchsstadium wie selbstverständlich wieder in Funktion treten und durch die Zusicherung der Straffreiheit den Täter von der Tatvollendung abhalten soll.

6. Nach einem ebenfalls sehr alten, auf Hepp[213] zurückgehenden Argument, das eigenartigerweise in der Folgezeit ziemlich in Vergessenheit geraten ist, beruht die Feuerbachsche Lehre auf einem „juridischen Irrtum". Selbst wenn nämlich die Vorstellung der ohnehin verwirkten Strafe den Täter zur Fortführung der Tat bestimme, könne man daraus nur die Forderung nach Herabsetzung der Strafe schlüssig ableiten. Denn ihre „Quantität und Qualität" sei niemandem gleichgültig, so daß schon das Mehr oder Weniger, also die Strafminderung, zur rechtgemäßen Motivation des Täters ausreichen müßte, die *gänzliche Straflosigkeit* also *unerklärt* bleibt.

7. Bestärkt wird diese Schlußfolgerung noch aus anderer Sicht: Häufig steckt in der tatbestandsmäßigen Ausführungshandlung bereits ein voll-

---

[208] Baumann, AT S. 514; ebenso: BGHSt. 9, 48 (52); Frank VDA V S. 242; Thomsen, Criminalpolitische Bekämpfungsmethoden, Berlin 1893, S. 45; v. Gleispach, Prager Juristische Vierteljahresschrift, Bd. 46 S. 104; Klee, DStR 1934, 194; Dahlmann a. a. O. S. 89; Koch, Rücktritt von formell vollendetem Delikt, Diss. Berlin 1939, S. 37 f.; Wagner a. a. O. S. 10; Herbst, GA 32, 109; aus dem neueren Schrifttum; Jagusch LK § 46 Anm. I 1; Schmidhäuser, AT Kapitel 15 Rdnr. 77; Gutmann a. a. O. S. 40; Treplin ZStW 76, 467.

[209] M. E. Mayer, AT S. 370 Anm. 7.

[210] Breidenbach a. a. O. S. 202; ebenso außer H. Meyer (vorige Fußnote): Geyer, Das Strafrecht in: Holtzendorffs Rechtsenzyklopädie, 2. Aufl. 1873, S. 679; vgl. auch ders. GS 21, 3; Schütze, Lehrbuch, S. 115 Anm. 35; Fortsetzung von S. 114; Baumgarten a. a. O. S. 469; Dahlmann a. a. O. S. 90; Treplin, ZStW 76, 467.

[211] Dahlmann a. a. O. S. 90.

[212] John a. a. O. S. 223, Hervorhebung vom Verfasser; zustimmend Seeger a. a. O. S. 15.

[213] Hepp, Versuche, S. 316 f.

endetes Delikt. Da aber lediglich „der Versuch als solcher straflos" ist, wird der Täter hier trotz freiwilligen Rücktritts im Ergebnis bestraft. In den zahlreichen Fällen des sog. *qualifizierten* Versuchs kann somit überhaupt nur die aus dem Wegfall der Versuchsstrafe resultierende *geringere* Strafbarkeit ein Anreiz zum Rücktritt sein[214].

8. In der kriminalpolitischen Argumentation hat die Rücktrittsvorschrift lediglich den Charakter einer an der Zukunft orientierten Zweckmaßnahme zur Verbrechensverhütung. Wenn es aber allein auf die Verhinderung eines Erfolgseintritts ankommt, ist „die Motivation" des Täters „ganz gleichgültig" und „nur die Tatsache des Rücktritts" selbst entscheidend[215], das *Freiwilligkeitserfordernis* demnach bei dieser Auffassung *nicht zu erklären*[216]. Darüber hinaus ergäbe sich aus ihr die weitere Konsequenz, ganz generell jeden mißlungenen Versuch straflos zu lassen[217].

9. Gegen die kriminalpolitische Begründung des § 46 wird außerdem geltend gemacht, konsequenterweise müsse man dann auch demjenigen, der *nach Vollendung* des Delikts den Schaden wieder ausgleicht, Straflosigkeit gewähren[218]. Warum diese nach geltendem Recht auf Versuchsfälle beschränkt ist, ist eine Frage, auf die allein mit Zweckmäßigkeitserwägungen keine befriedigende Antwort möglich ist. Die kriminalpolitische Theorie erscheint ihren Gegnern daher wenig folgerichtig und ihre „Loslösung von dem Verhalten des Täters"[219] verfehlt.

10. Weitere Bedenken gegen sie resultieren, wie Bockelmann hervorgehoben hat, aus der neueren Gesetzes- und Rechtsprechungsentwicklung. Die Bestimmungen §§ 49 a Abs. 4 a. F., 83 a Abs. 3, 139 Abs. 4 S. 2, 239 a Abs. 3 S. 2, 311 b Abs. 2, 315 Abs. 6 S. 3, 315 b Abs. 6, 316 a Abs. 2 S. 2, 316 c Abs. 4 S. 2 sowie der neue § 24 Abs. 1 S. 2 lassen in Anwendung eines allgemeinen Rechtsgedankens das ernsthafte und freiwillige Bemühen des Täters um die Erfolgsabwendung zur Erlangung der Straffreiheit oder Strafmilderung genügen, wenn die Vollendung der Tat *nicht* gerade *infolge* des Rücktritts unterbleibt. Praktisch verschafft also schon ein „Rücktrittsversuch" die besondere Vergünstigung, so daß die Erwägung, dem Täter aus Gründen des Rechtsgüterschutzes einen Anreiz zur Tataufgabe zu gewähren, hier „überhaupt nicht mehr in Betracht kommt"[220].

11. Schließlich ist noch darauf hinzuweisen, daß Lang-Hinrichsen die kriminalpolitische Theorie als Ausdruck einer verfehlten Trennung von Versuch und Rücktritt[221] und manchem ihre Argumentation ganz allgemein

---

[214] Bockelmann, NJW 1955, 1420 Anm. 42; Wagner a. a. O. S. 11.

[215] Jescheck, MDR 1956, 563.

[216] Jescheck, MDR 1956, 563; Gifhorn a. a. O. S. 17; Bockelmann, Niederschriften, Band 2, S. 178.

[217] v. Buri, GS 28, 187.

[218] v. Bar, Gesetz und Schuld, Bd. 2, S. 548; Berolzheimer, Entgeltung, S. 386; Wagner a. a. O. S. 13; Gifhorn a. a. O. S. 17 f.

[219] Gifhorn a. a. O. S. 17.

[220] Bockelmann, NJW 1955, 1420 Anm. 42.

[221] Lang-Hinrichsen, Festschrift für Engisch, S. 370.

einfach deshalb „bedeutungslos“[222] bzw. „mißlich“[223] erscheint, weil aus ihr „ebenso leicht das Gegenteil gefolgert“[224], d. h. die Notwendigkeit der Bestrafung freiwillig aufgegebener Versuchshandlungen hergeleitet werden kann, wie es ja in mehreren Literaturstellungnahmen tatsächlich auch geschehen ist[225]. Die kriminalpolitische Begründung sei daher nur ein „Ausweg, mit dem man letzten Endes“ jedes strafrechtliche Phänomen in diesem Sinne „‚erklären‘ könnte“[226].

b) Überprüfung und Wertung der einzelnen Argumente

Der vorstehende Überblick der gegen die Lehre Feuerbachs bzw. die Idee der „goldenen Brücke“ erhobenen Einwendungen wurde bewußt rein deskriptiv gestaltet, um die Vielzahl der Argumente einmal in übersichtlicher Form zusammenzustellen. Zugleich ist damit eine klare Bezugsgrundlage für kritische Gegenäußerungen des Schrifttums sowie die eigene Auffassung zu den einzelnen Punkten und zur kriminalpolitischen Theorie insgesamt geschaffen.

Festzuhalten ist zunächst die Tatsache, daß der „historische Gesetzgeber“ in den Motiven zum Strafgesetzbuch für den Norddeutschen Bund, das nach dem Beitritt der süddeutschen Staaten zum Reichsgesetz wurde, nur zur ratio des Rücktrittsprivilegs nach § 46 Ziff. 2 — damals § 44 Ziff. 2 — Stellung genommen hat. Während nämlich bezüglich des Rücktritts vom unbeendeten Versuch nach Ziff. 1 lediglich seine „Übereinstimmung mit den meisten anderen Deutschen Strafgesetzbüchern“[227] ohne Angabe der ihn tragenden Grundgedanken hervorgehoben wird, heißt es in unmittelbarem Anschluß daran: „Auf kriminal-politischen Gründen[228] beruht die fernere Bestimmung des § 44, daß der Versuch als solcher straflos bleiben solle“, wenn der Täter vor Entdeckung den Erfolgseintritt abwendet. Da der Ausdruck „ferner“ hier attributiv und nicht im Sinne von: „. . . beruht ferner die Bestimmung“, gebraucht wird, ist die angegebene Begründung inhaltlich auf die zweite Rücktrittsalternative beschränkt[229]. Dagegen hatten die Motive zum Preußischen StGB-Entwurf von 1850[230] ohne Rücksicht auf das Stadium des Versuchs festgestellt, „die Kriminalpolitik erheische Straflosigkeit“, wenn „der Handelnde aus freiem eigenen Antriebe von der Ausführung des

---

[222] Köstlin, System des deutschen Strafrechts, Allg. Teil, Tübingen 1855, S. 238.

[223] Luden, Handbuch, S. 421 Anm. 8 von S. 420.

[224] Köstlin, System, S. 238.

[225] S. o. Teil I, S. 28.

[226] Kemsies, a. a. O. S. 71.

[227] Motive a. a. O. S. 53.

[228] Damit waren nach damaliger Vorstellung die Begründung Feuerbachs bzw. die „Anreizthese“ gemeint.

[229] A. A. Bockelmann, NJW 1955, 1419 Anm. 32 unter Hinweis auf RGSt. 6, 341.

[230] Vgl. Goltdammer, Materialien, S. 253.

Verbrechens zurückgetreten sei". Selbst wenn das aber auch die Ansicht der Gesetzgebungsorgane des Norddeutschen Bundes und die Ausdrucksweise der Motive in der einschränkenden Fassung somit unbeabsichtigt gewesen wäre, folgte daraus keineswegs eine Bindungswirkung[231] für die heutige Interpretation des § 46 a. F. bzw. § 24. Denn eine positive Festlegung im Gesetzeswortlaut ist ausgeblieben, die Deutung des Rücktrittsprivilegs insoweit also nicht präjudiziert[232].

Nach dieser Vorbemerkung ist der Weg frei, die einzelnen Argumente gegen die Konzeption Feuerbachs und die daraus abgeleitete Rechtfertigung der Rücktrittsnorm als „goldene Brücke" auf ihre Überzeugungskraft und Relevanz hin zu überprüfen.

Volle Zustimmung verdient zunächst der grundlegende theoretische Einwand, daß die kriminalpolitische Lehre in ihrem Ausgangspunkt – unabhängig von ihren verschiedenen Erscheinungsformen — der psychologischen Wirklichkeit widerspricht. Selbst wenn der Täter die Rücktrittsnorm genau kennt oder das Bestehen einer solchen Vorschrift auch nur intuitiv erahnt, ist die Vorstellung, daß er sich bei Tatbeginn die Möglichkeit strafbefreienden Rücktritts vor Augen hält und während der Tatausführung sein Weiterhandeln laufend unter dieser Perspektive — das Für und Wider abwägend — kontrolliert, eine bloße Fiktion. Diese Feststellung soll natürlich nicht ausschließen, daß ausnahmsweise einmal ein derartiger Fall vorkommt[234], aber verallgemeinert und zur Grundlage einer „Theorie" erhoben werden kann er sicherlich nicht. Der gewöhnliche Straftäter läßt sich nicht, einem Computer gleich, durch Auslösen bestimmter Reize stets in die gewünschte Richtung dirigieren, reagiert nicht empfindlich wie ein Seismograph auf Appelle der Vernunft. Wenn das so wäre, die Aufklärungsidee vom Menschen als „animal rationale" allgemeine Gültigkeit im Lebensalltag hätte, brauchten wir uns nicht um eine Verstärkung des Strafverfolgungsapparats und den Bau neuer Haftanstalten zu kümmern! Die generalpräventive Wirkung der Strafrechtsnormen genügte zur Aufrechterhaltung von Sicherheit und Ordnung. Daß der einzelne Straftäter aber im Regelfall nicht streng logisch handelt, zeigt auch die Fülle der Triebverbrechen und Affekttaten sowie der Typ des gefährlichen Gewohnheitsverbrechers oder Wiederholungstäters. Daß diese Personen nach Anfang der Ausführungshandlung oder zumindest an der Grenze zur Vollendung in Gedanken an die Rücktrittsvergünstigung innehalten, den Anreiz der in Aussicht gestellten Straflosigkeit bewußt auf sich wirken lassen oder die Strafe für das schon Getane möglicherweise gegen den in Erwägung gezogenen Rücktrittsentschluß ins Feld führen, ist reine Gedankenspielerei, ohne jeden praktischen Hinter-

[231] A. A. Naucke, Zur Lehre vom strafbaren Betrug, Berlin 1964, S. 202 ff.; dagegen mit Recht Hirsch, ZStW Bd. 81 (1969) S. 939.

[232] So ausdrücklich auch v. Scheurl a. a. O. S. 22.

[234] Mit Recht weist Bockelmann (NJW 1955, 1420 Anm. 41) darauf hin, daß die Selbstanzeige im Steuerrecht nach § 395 AO wohl regelmäßig das Ergebnis einer klaren Überlegung des Täters ist und hier die Aussicht auf Straffreiheit das ausschlaggebende Motiv bildet.

grund, eine Behauptung, für deren Nachweis es keiner tiefschürfenden Erörterungen zur Täterpsyche bedarf, sondern lediglich das empirische Fallmaterial heranzuziehen ist.

Das haben schon Bockelmann[235] und vor ihm Giffhorn[236] getan, ihre Überprüfung allerdings auf die in den amtlichen Sammlungen veröffentlichten Urteile des Reichsgerichts bzw. Bundesgerichtshofs beschränkt. Dabei gelangten beide übereinstimmend zu dem Ergebnis, daß der von dem Straffreiheitsversprechen erwartete Antrieb zur Tataufgabe „nicht praktisch geworden ist"[237].

Diese Feststellung ist zutreffend. Sie wird nachdrücklich bestätigt, wenn man sie von ihrer verhältnismäßig schmalen empirischen Grundlage ablöst und das gesamte zugängliche Rechtsprechungsmaterial mit in die Betrachtung einbezieht, also alle, gleichgültig wo auch immer publizierten, RG-, BGH-, Oberlandesgerichts- und Landgerichtsentscheidungen, ferner auch so weit wie möglich unveröffentlichte höchstrichterliche Urteile sowie die einschlägige Judikatur in der DDR, der Schweiz und Österreich im Hinblick auf die Rücktrittsmotive überprüft. Unter den mannigfachen Anlässen, die zur Tataufgabe geführt haben, ist die Überlegung, mit Rücksicht auf die zugesicherte Straflosigkeit sozusagen in letzter Minute „den Kopf wieder aus der Schlinge zu ziehen", *nicht* anzutreffen. Welche Beweggründe *positiv* beim Zustandekommen von Rücktrittsentschlüssen eine Rolle spielen, ist in diesem Zusammenhang unwichtig und daher erst im Rahmen unserer Ausführungen zur „Freiwilligkeit" durch eine „Motivstatistik" im einzelnen nachgewiesen. Immerhin sei schon hier der größeren Anschaulichkeit wegen in einem kurzen, stark vergröberten Überblick auf einige der markantesten Rücktrittsmotive aufmerksam gemacht: Überzeugung von der Untauglichkeit der Ausführungshandlung, Erwartung des Erfolgseintritts, Widerstand oder List des Opfers, Entdeckung der Tat, Unmöglichkeit der Tatvollendung, Vorhaltungen und Überredung Dritter, Enttäuschung über die Geringwertigkeit oder Unbrauchbarkeit der vom Täter anvisierten Sachen, widerlicher Geschmack, Schmerzen, Argwohn, Scham, Mitleid, Gewissensregung, bessere Einsicht, Mangel an Mut, abklingende sexuelle Erregung und — last not least — Furcht vor Strafe, die oft auch in Gestalt allgemeiner, nicht auf konkreten Anhaltspunkten beruhender „Angst vor Entdeckung" in Erscheinung tritt.

Die Feststellung der „kriminalpolitischen" Wirkungslosigkeit des Rücktritts steht nicht in Widerspruch zu der Tatsache, daß der Zurücktretende dabei sicherlich, ohne Genaueres zu wissen, auch von der jedem Laien geläufigen Erwartung ausgeht, seine freiwillige Abkehr von der Tat, erst recht natürlich die erfolgsabwendende Tätigkeit werde „honoriert". Das beruht auf dem rein gefühlsmäßigen Urteil, daß die Vollendung straf-

---

[235] Bockelmann, NJW 1955, 1420.

[236] Giffhorn a. a. O. S. 19 Anm. 2; vgl. auch Koch a. a. O. S. 38, der dieses empirische Ergebnis dort als Vermutung mitteilt.

[237] Giffhorn a. a. O. S. 19.

würdiger ist als der Versuch, daß eben alles „halb so schlimm“ ist, solange der Deliktserfolg noch nicht eingetreten ist. Diese zutiefst *irrationale*[238] Empfindung mag den Rücktrittsentschluß stärken und insoweit motivierend wirken, doch ist das etwas ganz anderes als die von der kriminalpolitischen Theorie unterstellte streng *rationale* Kalkulation mit der Straflosigkeit nach § 46 a. F. bzw. jetzt § 24. Anderenfalls wäre eine solche Vorschrift eigentlich auch überflüssig.

Ein bezeichnendes Licht auf ihre praktische Wirkungslosigkeit für das Verhalten des Täters und damit für die Verbrechensbekämpfung wirft im übrigen auch die hypothetische Erwägung: was wären die Folgen der Abschaffung der Rücktrittsvorschrift? Die Antwort kann mit Blick auf das anglo-amerikanische Recht, in dem eine entsprechende Bestimmung seit alters fehlt, nur lauten: daß die Fälle freiwilligen Rücktritts unter dem Gesichtspunkt der *Strafzumessung* behandelt würden, der Täter also grundsätzlich strafbar bliebe. Aber keineswegs läge die Zahl der vollendeten Delikte prozentual höher, die der freiwillig abgebrochenen Versuchshandlungen niedriger — jedenfalls ist etwas Gegenteiliges noch nie behauptet, geschweige denn nachgewiesen worden.

Wie die kriminalpolitische Begründung des § 46 a. F. bzw. § 24 im psychologischen Ansatz die Wirklichkeit verfehlt, so auch in ihrer ungeschriebenen Voraussetzung, daß der Straftäter Grundlagen und Folgen der Rücktrittsnorm kennt, anderenfalls er sich ja von vornherein nicht von ihnen zum Rücktritt motivieren lassen könnte. Denn worauf soll sich diese Kenntnis gründen? Wer soll sie vermitteln? Ist sie intuitiv erfahrbar oder etwa durch „langdauernde Übung“ allgemeine Rechtsüberzeugung geworden? Letzteres wird von einigen Autoren bejaht, zum Teil unter Hinweis auf „das Rechtsgefühl des Laien“[239], der sich, wenn er von seinem verbrecherischen Tun abläßt oder den Erfolgseintritt verhindert, sagen wird, „man werde sein Verhalten berücksichtigen und ihn nicht bestrafen“[240]. Daß Rücktritt und Erfolgsabwendung Auswirkungen auf das Strafmaß haben, ist, wie schon erwähnt, eine sicherlich weit verbreitete, vielleicht sogar allgemeine Erwartung unter Straftätern und beruht auf der unterschiedlichen Strafwürdigkeitswertung von Versuch und Vollendung. Daraus läßt sich aber noch lange nicht die Schlußfolgerung ableiten, daß der Täter mit *völliger* Straflosigkeit rechnet. Denn diese ist, wie die geschichtliche Entwicklung und verschiedene Auslandsrechte zeigen, alles andere als selbstverständlich, und § 46 a. F. oder § 24 sprechen deshalb beileibe keinen „ganz natürlichen Gedanken“[241] aus. Die These, das Rechtsgefühl ersetze das

---

[238] Vgl. Welzel, Lehrbuch, S. 189 m. w. N.; Frank, VDA Bd. V S. 226; vgl. auch Nagler GS 115, 28 Anm. 7.

[239] Vgl. Heinitz, JR 1956, 250; v. Scheurl a. a. O. S. 21; Gutmann a. a. O. S. 78; Krauthammer a. a. O. S. 13; Spohr a. a. O. S. 6; Gieseke a. a. O. S. 24; Ruchner a. a. O. S. 22 f.; Seeger GA 18, 233; Marx, Der freiwillige Rücktritt vom Versuch nach geltendem Recht und nach den Entwürfen, Diss. Marburg 1929, S. 17.

[240] Marx a. a. O. S. 17.

[241] Ruchner a. a. O. S. 22, siehe auch oben Teil I a. E. S. 32.

Wissen um diese Norm, ist daher eine bloße petitio principii[242]. Dasselbe gilt für die Annahme, die Rücktrittsvorschrift selbst sei infolge ihrer jahrzehntelangen Handhabung in der Praxis weiten Kreisen der Bevölkerung bekannt. Die Tatsache, daß kein einziger praktischer Fall in der Judikatur nachgewiesen werden kann, in dem die Erwägung des § 46 Rücktrittsmotiv war, spricht eher gegen jene Vermutung. Solange aber die von der kriminalpolitischen Lehre vorausgesetzte generelle Kenntnis des Rücktrittsprivilegs solchen Einwänden ausgesetzt, zumindest also sehr fraglich ist, kann man nur mit Verwunderung registrieren, daß der Gedanke der „goldenen Brücke" zwar selten, Feuerbachs These, der Täter solle durch die Inaussichtstellung von Straffreiheit nicht vom Rücktritt abgehalten werden, jedoch auch heute noch vielfach hilfsweise zur Rechtfertigung einer entsprechenden Vorschrift herangezogen wird[243]. Denn darüber sollte Klarheit bestehen: auch die letztgenannte, ursprüngliche Fassung der kriminalpolitischen Theorie hat zur Prämisse, daß der Zurücktretende über die Rücktrittsnorm aufgeklärt ist.

Damit haben sich die drei gewichtigsten, weil grundsätzlichen Argumente gegen diese Lehre als zutreffend erwiesen. Ihre Unhaltbarkeit steht also fest, doch sollen ergänzend und zur Abrundung des Bildes auch die übrigen Einwendungen noch wenigstens kurz kritisch beleuchtet werden. Einige greifen sicherlich nicht durch, so z. B. der Einwand, durch die Möglichkeit strafbefreienden Rücktritts werde der schwankende Täter zum Versuch geradezu verleitet[244]. Denn dieser Vorwurf beruht ja gleichfalls auf der soeben als fehlerhaft gerügten Annahme, daß der Täter von der Existenz des § 46 a. F. bzw. § 24 Kenntnis hat.

Auch die Kritik, die kriminalpolitische Lehre könne das Freiwilligkeitserfordernis nicht erklären, ist unbegründet[245]. Denn angenommen, der Gedanke an die Straflosigkeit vermöchte in ihrem Sinne motivierend auf den Täter in Richtung Tataufgabe zu wirken, so ist doch das vorgestellte Abwägen des Für und Wider an die Bedingung geknüpft, daß er tatsächlich oder jedenfalls aus seiner Sicht noch weiterhandeln kann, die Tatvollendung also in seiner Hand hat oder dies zumindest glaubt. Wenn ihm nämlich kein anderer Weg mehr offensteht, als den Versuch abzubrechen, ist es sinnlos, ihm einen dahingehenden „Anreiz" im Interesse der Verhütung oder Vermeidung schädlicher Erfolge zu geben. Selbst wenn der kriminalpolitische Grundgedanke daher *ausschließlich* präventiv am Rechtsgüterschutz orien-

---

[242] Skeptisch ihr gegenüber auch Giffhorn a. a. O. S. 18; vgl. ferner Gutmann a. a. O. S. 40, siehe aber auch dort S. 34.

[243] Vgl. z. B. Roxin, Heinitz-Festschrift, S. 272 f.; Jescheck AT S. 406 f.; Schröder MDR 1956, 322 r. Sp.; weitere Nachweise in der Darstellung der Literatur oben S. 46 ff., 63.

[244] Dagegen auch v. Scheurl a. a. O. S. 22 Anm. 47; Krauthammer a. a. O. S. 14; Giffhorn a. a. O. S. 19.

[245] Gutmann a. a. O. S. 32, 46; Riebes a. a. O. S. 2; Bockelmann DR 1942, 433; Sonnenholzner a. a. O. S. 50.

tiert wäre, ließe sich das Rücktrittsmerkmal „freiwillig" auf diese Weise zwanglos erklären. Eine solch enge, rein objektive Auslegung ist aber keineswegs zwingend, vielmehr kann der Aspekt der „goldenen Brücke" durchaus an die Erfüllung gewisser subjektiver Voraussetzungen auf seiten des Täters gebunden sein, wie Bockelmann[246] mit Recht hervorgehoben hat, und „muß nicht notwendig eine Erfolgsvermeidung verlangen", wie Roxin zutreffend gegenüber Stratenwerths Auffassung bemerkt, allein vom Ansatz der kriminalpolitischen Theorie her lasse sich „verstehen, weshalb nur der ‚erfolgreiche' Rücktritt von Strafe befreit"[247]. Denn streng genommen würde der Antrieb zur Umkehr noch verstärkt, wenn schon freiwillige und ernsthafte Bemühungen um die Abwendung des Erfolges zur Erlangung von Straflosigkeit genügten[248].

Die Tatsache, daß in der neueren Rechtsentwicklung vielfach dieser bloße „Rücktrittsversuch" dem Täter Straffreiheit sichert, kann jedoch nicht als durchschlagendes Argument gegen den der kriminalpolitischen Lehre zugrundeliegenden Gedanken des Rechtsgüterschutzes angesehen werden. Denn hierbei handelt es sich zweifellos um Sonderfälle, in denen ausnahmsweise die Abwehr drohender Schäden objektiv nicht erforderlich ist, aus denen daher auch keine weiterreichenden, verallgemeinernden Schlußfolgerungen gezogen werden dürfen.

Nicht stichhaltig ist auch der Einwand, die Konzeption der „goldenen Brücke" müsse konsequenterweise eigentlich zur Anerkennung der Straffreiheit führen, wenn der Schaden *nach* Tatvollendung wiedergutgemacht worden sei[249]. Denn da es dieser Theorie gerade darum geht, den Eintritt der Rechtsgüterverletzung zu verhindern, ist es nur folgerichtig, wenn die Schutzzone zeitlich auf das Versuchsstadium beschränkt bleibt, da der Präventivzweck sonst gänzlich verfehlt würde. Ebenfalls abzulehnen ist schließlich noch der Vorwurf Lang-Hinrichsens, die kriminalpolitische Argumentation setze notwendig die Trennung von Versuch und Rücktritt voraus. Denn an der Tatsache, daß zunächst ein strafbarer Versuch vorliegt, kommt auch die sog. „Einheitstheorie" nicht vorbei.

Demgegenüber wurde der kriminalpolitischen Lehre mit Recht vorgeworfen, sie könne die *Straflosigkeit* als Rücktrittsfolge nicht begründen. Einen Anreiz zur Tataufgabe würde nämlich zweifellos schon eine — wie auch immer im einzelnen ausgestaltete — *Strafmilderung* bieten[250]. Die

---

[246] Bockelmann DR 1942, 433.

[247] Stratenwerth AT S. 200 Rdnr. 756.

[248] Roxin, Heinitz-Festschrift, S. 272.

[249] Gutmann a. a. O. S. 34; Krauthammer a. a. O. S. 15; Hatzig a. a. O. S. 20; Wagner a. a. O. S. 13.

[250] A. A. v. Hartitsch a. a. O. S. 63; Bauer, Abhandlungen S. 358; Schoetensack in: Denkschrift des Zentralausschusses der Strafrechtsabteilung der Akademie für Deutsches Recht, Berlin 1934, S. 69; v. Bar, Gesetz und Schuld Bd. II S. 548 Anm. 106; Spohr a. a. O. S. 6; Hatzig a. a. O. S. 82; Boyke a. a. O. S. 44.

Erwiderung, nur „die Aussicht auf volle Straffreiheit“[251] stelle einen genügend starken Antrieb zum Rücktritt dar, anderenfalls behalte der Gedanke, so oder so strafbar zu sein, die Oberhand, vermag nicht zu überzeugen. Denn wenn man Strafmaßerwägungen in Form eines rationalen Kalküls beim Täter voraussetzt, dann kann man nicht zugleich davon ausgehen, er werde eine bloß unterschiedliche Strafhöhe außer Betracht lassen. Ein „vernünftig“ denkender Verbrecher tut so etwas jedenfalls nicht!

Im übrigen ist darauf hinzuweisen, daß häufig in der tatbestandsmäßigen Ausführungshandlung bereits ein vollendetes Delikt steckt, das trotz des freiwilligen Rücktritts strafbar bleibt. Diese Fälle des sog. qualifizierten Versuchs machen die kriminalpolitische Ansicht vom Nutzeffekt gänzlicher Straflosigkeit selbst bei grundsätzlicher Bejahung des „Goldene-Brücke“-Gedankens weitgehend zur Illusion. Wenn z. B. jemand bei einem Raubversuch durch die Gewaltanwendung einen anderen vorsätzlich getötet hat, spielt für den Täter die Frage der Straffreiheit infolge Rücktritts praktisch keine Rolle mehr. Das gilt nicht nur überall dort, wo die vollendete Tat schärfer als das gleichzeitig vorliegende versuchte Delikt bestraft wird, sondern auch da, wo die übrigbleibende Tat eine geringere Strafandrohung enthält und der Täter sich mit dem Gedanken abfinden muß, in jedem Falle strafbar zu sein. Denn gerade diese Alternative sollte ja durch die Gewährung völliger Straffreiheit nach dem kriminalpolitischen Ansatz ausgeschlossen werden[252].

Die darauf beruhende Begründung des § 46 a. F. bzw. § 24 ist daher nicht nur prinzipiellen Bedenken ausgesetzt, sondern stößt auch auf „immanente“ Kritik, wenn man die verfehlte „Anreizthese“ oder Feuerbachs Gedankengang zunächst einmal akzeptiert. Der Vorwurf, mit dieser Theorie könne man letztlich jedes strafrechtliche Institut erklären, schießt jedoch über das Ziel hinaus, da es sich ja nicht schlechthin um „Gründe der Kriminalpolitik“, sondern um ganz spezifische Vorstellungen handelt, so daß das Argument fehlgeht, es gebe „keinen Grundsatz im Strafrecht, der nicht kriminalpolitisch begründet wäre“[253].

2. Kritische Würdigung des Prämien-, Belohnungs-, Verdienst- und Gnadengedankens

Ebenso wie die Theorie der „goldenen Brücke“ oder die Feuerbachsche Zweckmäßigkeitsargumentation hält auch die Rechtfertigung des Rücktrittsprivilegs aus dem Gedanken der „Prämie“, „Belohnung“, „Verdienstlich-

---

[251] Schoetensack, Denkschrift S. 69; vgl. auch Zeime a. a. O. S. 45, der zu Unrecht behauptet, der „Ausschluß der Straflosigkeit würde einem unberechtigten Denunziantentum Vorschub leisten“, denn wenn eine strafbare Handlung vorliegt, ist es ja wohl berechtigt, Anzeige zu erstatten.

[252] Darüber hinaus ist strittig, ob nicht der als solcher straflose Versuch bei der Strafzumessung für die übrig bleibende Tat strafschärfend berücksichtigt werden darf, vgl. Dreher MDR 1965, 839 f. mit Nachweisen aus der Rechtsprechung.

[253] v. Gleispach, Prager Jur. Vierteljahresschrift, Bd. 46 (1914) S. 113.

keit" oder „Gnade" einer kritischen Beurteilung nicht stand. Dabei sei zunächst auf die zwischen diesen beiden Grundgesichtspunkten bestehenden Verbindungslinien hingewiesen, die, soweit ersichtlich, im Schrifttum bisher noch nie eindeutig klargestellt wurden. Daß sie allerdings nicht unbekannt sind, läßt sich z. B. den Ausführungen Robert v. Hippels, Naglers, Hellmuth Mayers oder Stratenwerths entnehmen. Denn wenn diese Autoren den materiellen Gehalt der kriminalpolitischen Lehre kurz als „Prämientheorie" bezeichnen, so ist das zwar unter terminologischen Vorzeichen als irreführend zu verwerfen[254], in der Sache selbst aber — der Gleichstellung von Anreiz- und Prämienaspekt — durchaus haltbar, weil der Begriff der „Prämie" ambivalent, d. h. in zweierlei Richtung interpretierbar ist: er kann einmal, wie in den erwähnten Stellungnahmen, ganz *zukunftsorientiert,* vorausschauend als „Lockmittel", „Anreiz" oder „Ansporn" zu einer erhofften Handlung oder Unterlassung verstanden werden, zum anderen rein *retrospektiv* als „Belohnung" für ein in der Vergangenheit liegendes Verhalten. Auch im täglichen Leben verwenden wir den Ausdruck „Prämie" in diesem doppelten Sinne: durch Wohnungsbauprämien, Spar-, Treue-, Fleiß- oder Siegprämien u. ä. sollen Leistungswille und Einsatzbereitschaft zur Erreichung eines bestimmten Zwecks angestachelt und im Erfolgsfalle auch belohnt werden. Der Ausdruck „Prämie" vereinigt insofern den „Anreiz"- und „Belohnungsgedanken" wie zwei Seiten einer Münze in sich. Es wäre deshalb im Interesse einer klaren Grenzziehung zur Konzeption der „goldenen Brücke" besser gewesen, wenn die Gegner jener Theorie die ihrer Meinung nach auf den Vollzug einer verdienstlichen Umkehr zurückzuführende Straffreiheit ausschließlich als „Lohn" oder „Gnade" erklärt hätten, anstatt ihren abweichenden Grundansatz in die Gestalt des Prämiengedankens zu kleiden, der gar kein Gegensatz zur „Anreizthese" sein muß.

Nach diesem Hinweis auf die Doppeldeutigkeit des Wortes „Prämie" und seine hier maßgebliche Auslegung als „Belohnung" oder „Gnade" für ein voraufgegangenes verdienstvolles Täterverhalten nun zur Kritik der darauf abstellenden Erklärungsversuche des § 46 a. F. bzw. § 24. Dabei ist es trotz der gemeinsamen Ausgangsbasis zweckmäßig, für die weitere Erörterung zunächst einmal zwischen den beiden eben genannten Gesichtspunkten zu unterscheiden, da sich einige Einwände speziell gegen die *Gnaden*theorie richten. Das gilt vor allem von dem Einwand Schröders[255], bei der Gewährung der Straflosigkeit für den freiwilligen Rücktritt handele es sich nicht um einen „Akt der Gnade", wie z. B. Bockelmann meint[256], sondern um „ein Institut, das seinen legitimen Platz im Recht selbst hat". Denn die „Vergeltungsidee des Strafrechts" verlange nicht nur die Bestrafung des Rechtsbrechers, sondern ermögliche auch Vergünstigungen für „Wohlverhalten"[257]. Hierauf hatte schon Oetker mit seiner Formel von der „belohnenden

[254] Vgl. dazu oben S. 48.
[255] Schröder MDR 1956, 322 Anm. 14.
[256] Bockelmann NJW 1955, 1420.
[257] Schröder MDR 1956, 322 Anm. 14.

Vergeltung" aufmerksam gemacht und mit Recht allgemeine Zustimmung erfahren. Auch Bockelmann geht im Prinzip davon aus, indem er das „Gegengewicht" verdienstlichen Handelns"[258] zugunsten der Straflosigkeit des Täters in die Waagschale fallen läßt. Insofern wird möglicherweise seine Deutung des § 46 als Gnadenerweis überinterpretiert; denn dafür, daß er dieser Vorschrift einen „außerrechtlichen" Standort zuweisen wollte, finden sich keine Anhaltspunkte. Die entscheidende Bezugsgrundlage seiner Ausführungen ist vielmehr das *Verdienst* des freiwillig zurücktretenden Täters, was Schröder selbst für richtig hält, so daß die ganze Kontroverse wohl mehr ein Streit um Worte ohne praktischen Hintergrund ist.

Dazu nur noch zwei abschließende Bemerkungen: Wenn der Rückgriff auf den Gesichtspunkt der *„Gnade"* wirklich eine besondere Sachaussage treffen sollte und nicht nur — wie hier unterstellt[259] – ein Synonym für den Aspekt der „Belohnung" enthält, wäre Schröders Einwand nicht von der Hand zu weisen, allerdings etwas konkreter zu fassen: weil „Gnade im echten Sinne" keine „Selbstkorrektur der Gerechtigkeit"[260] bedeutet, sondern „ganz unabhängig von irgendwelchen Qualitäten des Objekts erwiesen werden kann"[261], anders formuliert, „die Person des zu Begnadigenden und seine äußere Rechts- und Unrechtslage unberücksichtigt bleibt"[262], setzt die „Gnade" begrifflich kein „Verdienst" voraus. Die Koppelung dieser beiden Gesichtspunkte ist daher verfehlt.

Nicht zu überzeugen vermögen dagegen von diesem Standpunkt aus die gegen die „Gnadentheorie" gerichteten Ausführungen Gutmanns[263], soweit sie über die Wiederholung des Schröderschen Arguments hinausgehen[264]. Denn da „Gnade" nicht mit „Billigkeit" gleichzusetzen ist, verlangt sie kein „sittliches Verdienst"[265]. Die Gnadenlehre muß daher nicht notwendig zu einem ethisch bestimmten Begriff des freiwilligen Rücktritts übergehen[266], deshalb auch nicht mehr als andere Erklärungsversuche des § 46 „individualisieren"[267] — dies ist vielmehr die zwangsläufige Folge jeder „Freiwilligkeitsinterpretation" — und schließlich keineswegs den „Aktunwert gegenüber dem Sachverhaltsunwert"[268] überbetonen. Alle diese Einwendungen betreffen die besondere *Freiwilligkeits*auffassung Bockelmanns, die aber nicht der *„Gnaden*theorie" immanent, von ihr also präjudiziert, sondern

---

[258] Bockelmann NJW 1955, 1420.

[259] Ebenso häufig im Schrifttum, vgl. Eser, Studienkurs, Teil II S. 80 Rdnr. 16; Roxin, Heinitz-Festschrift, S. 271.

[260] So Jhering, Der Zweck im Recht, Bd. I, 5. Aufl. 1916, S. 333; ihm folgend Gutmann a. a. O. S. 58.

[261] Jan Schröder a. a. O. S. 60.

[262] Grewe, Gnade und Recht, Hamburg 1936, S. 96.

[263] Gutmann a. a. O. S. 45 ff.

[264] Vgl. Gutmann a. a. O. S. 58 und S. 71.

[265] Gutmann a. a. O. S. 58.

[266] Gutmann a. a. O. S. 58.

[267] Gutmann a. a. O. S. 45 ff.

[268] Gutmann a. a. O. S. 54.

aus dem allgemeinen „Verdienstgedanken" abgeleitet wird, den Gutmann ausdrücklich als zutreffend anerkennt[269]. Insofern ist die ganze Stoßrichtung seiner Kritik falsch und auf ihre Einzelheiten daher erst später im Rahmen der Erörterung des Freiwilligkeitsmerkmals einzugehen.

Immerhin aber soll nicht verschwiegen werden, daß Gutmann in einer Fußnote an anderer Stelle[270] den entscheidenden Mangel der allein auf dem Belohnungsgedanken beruhenden sog. „Prämientheorie" klar herausstellt, ohne ihn allerdings, wie es eigentlich im Sinne sachlicher Folgerichtigkeit zu erwarten gewesen wäre, auch auf die „Gnadentheorie" zu übertragen. Denn selbst wenn man nicht wie hier von einer inhaltlichen Identität, sondern von zwei materiell verschiedenen Lehrmeinungen ausgeht, so trifft beide in gleicher Weise sein Einwand: *warum* die Prämie bzw. Gnade gewährt werde, bleibe offen. Der bloße Prämienaspekt laufe auf eine „petitio principii"[271] hinaus, indem man zunächst die Straflosigkeit in § 46 als „Prämie" für ein bestimmtes Verhalten umschreibt und anschließend daraus die Schlußfolgerung zieht, die Wurzel dieser Bestimmung liege im Prämiengedanken. Zu Recht hat daher Eser unter Zustimmung Roxins[272] und Munoz-Condes[273] „der Prämien- oder auch Gnadentheorie" vorgeworfen, statt eine Erklärung für die ratio des Rücktrittsprivilegs zu geben, werde das Problem nur verschoben, da sie eine zufriedenstellende Antwort „auf die dann entstehende zentrale Frage nach dem *Grund* der Rücktritts*prämiierung*"[274] schuldig bleibe. Denn daß der Abbruch einer rechtswidrigen Handlung, insbesondere aber eine erfolgsabwendende Tätigkeit ein „Verdienst" ist, das mit Straffreiheit „belohnt" wird, steht außer Diskussion, weil eigentlich schon mit anderen Worten im Gesetz[275]! Die „Belohnung" selbst ist ihrerseits eben auch wieder nur „Folge" bestimmter Umstände, genauso wie die Straflosigkeit, nicht aber deren Ursache, streng genommen also nur ein formales „Etikett"[276], das weder den materiellen Kern der Rücktrittsvorschrift erkennen läßt noch „Aufschlüsse über ihre systematische Stellung"[277] ermöglicht.

Abgesehen von diesem grundsätzlichen, durchgreifenden Einwand werden im Schrifttum noch zwei weitere Bedenken gegenüber dem Belohnungs- und

---

[269] Gutmann a. a. O. S. 70 f.
[270] Gutmann a. a. O. S. 70 Anm. 287.
[271] Gutmann a. a. O. S. 70 Anm. 287.
[272] Roxin, Heinitz-Festschrift, S. 271 Anm. 59.
[273] Munoz-Conde ZStW 84, 759.
[274] Eser, Studienkurs, Teil II, S. 80 Rdnr. 17; Munoz-Conde ZStW 84, 759.
[275] Roxin, Heinitz-Festschrift, S. 271.
[276] Zu weitgehend allerdings die Kritik Jan Schröders (a. a. O. S. 60), „alle Strafausschließungs- und Minderungsgründe, die irgendwie mit der Person des Täters zusammenhängen", könne man als „gesetzliche Gnadenerweise ansehen", wobei er auf die früheren §§ 52, 54, 53 Abs. 3 und 247 Abs. 2 verweist. Denn hier geben doch eindeutig andere Gesichtspunkte den Ausschlag für die Straflosigkeit.
[277] v. Scheurl a. a. O. S. 25.

Gnadengesichtspunkt erhoben: zum einen macht Schmidhäuser geltend, „das Strafrecht“ sei „nicht zur Prämiierung von Übeltätern da“[278], und zum anderen verweist Lang-Hinrichsen auf die verfehlte „isolierende“ Betrachtungsweise[279] aller derartigen Theorien. Beide Argumente sind jedoch zurückzuweisen. Gegen Lang-Hinrichsen spricht die Tatsache, daß der Aspekt der Einheitsbewertung von Versuch und Rücktritt zwanglos mit der sog. Prämien- oder Gnadentheorie vereinbar ist[280], indem man sich beide Handlungsabschnitte als Aktiv- und Passivposten einer Bilanz denkt und „Strafe“ und „Lohn“ gegeneinander abwägt. Wieso man dabei notwendigerweise von der unrichtigen Konstruktion eines zunächst entstandenen und danach wieder aufgehobenen staatlichen Strafanspruchs ausgehen müsse, bleibt unerklärlich. Denn die Gesamtbetrachtung ist, wie die Schrifttumsnachweise deutlich machten, ein rein methodischer Denkansatz, der von den zugrundeliegenden, für die Wertung ausschlaggebenden sachlichen Kriterien *unabhängig* ist.

Auch Schmidhäusers Kritik, die u. a. den Beifall Roxins findet[281], geht am Kern der Sache vorbei. Daß das Strafrecht „nicht dazu da“ ist, Verbrecher zu prämiieren, wird keiner bestreiten und von dem hier diskutierten Grundansatz auch gar nicht behauptet. Dieser knüpft vielmehr an die aus dem Vergeltungsgedanken abgeleitete Forderung an, ein verdienstliches, von der Rechtsordnung nicht erwartetes, rechtsguterhaltendes Tun zu belohnen[282]. Insofern handelt es sich um eine mit den Zwecken des Strafrechts durchaus in Einklang stehende *Ausnahme*erscheinung. Ungeklärt ist lediglich die Frage nach dem *Grund* der Belohnung und damit nach dem tragenden Prinzip des § 46 a. F. bzw. § 24.

3. Kritische Bemerkungen zur Strafzwecktheorie

Darauf geben aber auch Schmidhäuser und Lang-Hinrichsen keine Antwort. Denn der Gesichtspunkt der „Gesamtwürdigung“ von Versuch und freiwilligem Rücktritt ist ja rein formaler Natur und als solcher zur Begründung der Straflosigkeit *allein* niemals in der Lage, womit über die methodische Berechtigung dieses besonderen Ansatzes selbst noch nichts gesagt ist. Wenn aber in dem Bemühen, ein zusätzliches *Sach*argument zur Erklärung der ratio des Rücktrittsprivilegs beizubringen, auf die fehlende Strafwürdigkeit und Strafbedürftigkeit oder den Wegfall des Strafzwecks verwiesen wird, so bleibt das letztlich ein untauglicher Versuch. Denn diese Kriterien sind ebenfalls bloße „Leerformeln“, die der inhaltlichen Aus-

[278] Schmidhäuser AT S. 499, Kapitel 15 Rdnr. 78.
[279] Lang-Hinrichsen, Festschrift für Engisch, S. 370.
[280] So expressis verbis Busch LK (9. Aufl.) § 46 Rdnr. 5 a. E.
[281] Roxin, Heinitz-Festschrift, S. 272; Munoz-Conde ZStW 84, 759.
[282] Vgl. dazu Oetker ZStW 17, 558 ff.

füllung erst noch bedürfen[283]. Daß ein Verhalten, das nicht als strafwürdig oder weder aus general- noch spezialpräventiven Gründen als strafbedürftig erscheint, infolgedessen auch nicht bestraft wird, ist eine Selbstverständlichkeit. Der Lösung des Problems kommt man mit solchen Erwägungen keinen Schritt näher, sondern verschiebt die ganze Fragestellung nur auf eine andere Ebene: Statt nach der Begründung der Straffreiheit im Falle freiwilligen Rücktritts zu forschen, muß man nun als dessen Konsequenzen die mangelnde Strafwürdigkeit erklären. Die entscheidende Frage nach dem „Warum" steht damit weiter ungelöst im Raum[284]. Der Grund dafür, daß bei einer Gesamtbetrachtung ein „Wertgefüge neuen Ranges"[285] entsteht, das dem Gesetzgeber „Anlaß zu einer anderen Beurteilung der Strafwürdigkeit"[286] gegeben hat, der Grund dafür, daß unter den Voraussetzungen des § 46 „die kriminalpolitische Funktion der Strafe, die Verbrechensbekämpfung, keinen Sinn"[287] hat oder der Grund dafür, daß sich angesichts der freiwilligen Tataufgabe „das Verbrechen nicht in der Gesellschaft behauptet"[288], tritt aus derlei Formulierungen nicht hervor, die für sich gesehen allerdings durchaus zutreffend sind.

Denn ebenso wie bei der Deutung der Straflosigkeit aus dem Gesichtspunkt der „Belohnung" oder „Gnade" handelt es sich auch bei dem sog. Strafzweckkriterium in seinen verschiedenen Ausprägungen lediglich um die Bezeichnung bestimmter *Folge*wirkungen des freiwilligen Rücktritts. Diese Feststellung läßt sich besonders deutlich mit den Ausführungen von BGHSt. 9, 48 (52) belegen, die Roxin als zutreffende Umschreibung der Strafzwecklehre wertet. Danach zeigt die freiwillige Abstandnahme von der Tat den geringeren verbrecherischen Willen des Täters. „Seine Gefährlichkeit, die im Versuch zunächst zum Ausdruck gekommen war, erweist sich nachträglich" als längst nicht so groß. „Aus diesem Grunde", so heißt es wörtlich in unmittelbarem Anschluß daran, erscheine „Strafe nicht mehr nötig". Ganz klar ist hier das fehlende Strafbedürfnis[289] die *Konsequenz* aus der geringeren verbrecherischen Intensität des Täterwillens, nicht aber der eigentlich tragende *Grund* der Rücktrittsvorschrift, so daß die Bezeichnung „Straf-

---

[283] Zu beachten ist, daß nach h. L. das Charakteristikum der Strafaufhebungsgründe im Wegfall des Strafbedürfnisses liegt (vgl. Jescheck AT S. 416). Qualifiziert man § 46 a. F. als Strafaufhebungsgrund, so verneint man damit das Strafbedürfnis, so daß alle Anhänger dieser systematischen Einordnung des freiwilligen Rücktritts im Grunde mit dem Kriterium der Strafbedürftigkeit die Straflosigkeit des Versuchs erklären. Andererseits gelten aber auch die gegen die Kategorie der Strafaufhebungsgründe vorgebrachten Einwendungen gegenüber dem Merkmal der Strafbedürftigkeit, siehe dazu später im Text S. 122.

[284] Eser, Studienkurs, Teil II S. 81 Rdnr. 21.

[285] Lang-Hinrichsen, Festschrift für Engisch, S. 371.

[286] Lang-Hinrichsen, Festschrift für Engisch, S. 371.

[287] Munoz-Conde, ZStW 84, 761.

[288] Schmidhäuser AT S. 498, Kapitel 15 Rdnr. 74.

[289] Lang-Hinrichsen, Festschrift für Engisch, S. 370 bezeichnet dies als „äußerst kühne kriminologische Prognose".

zwecktheorie" für diese Auffassung irreführend ist[290]. Ja, man kann noch einen Schritt weitergehen und aufgrund der Ergebnisse der Literaturübersicht verallgemeinernd feststellen, daß es eine Lehrmeinung, die den Namen „Strafzwecktheorie" verdient und auch so heißt, bisher noch gar nicht gibt[291]. Denn fast immer werden die Strafwürdigkeits- bzw. Strafzweckerwägungen in verschiedenen Variationen aus den anderen Grundgedanken abgeleitet, und in den wenigen Stellungnahmen, für die das nicht zutrifft, wird entweder ausdrücklich eine andere Terminologie[292] vorgeschlagen oder die „Strafzwecklehre" inhaltlich im Sinne von BGHSt. 9, 48 (52) bestimmt und abgelehnt[293] oder aber unter diesem Namen gar nicht erwähnt[294]. All das spricht aus empirischer Sicht ebenfalls für die Richtigkeit der oben theoretisch abgeleiteten Feststellung, daß der „Wegfall des Strafzwecks" oder die mangelnde „Strafbedürftigkeit" bei freiwilliger Tataufgabe Rücktritts*folgen*, nicht aber diejenigen Kriterien sind, die die Straflosigkeit nach § 46 *begründen*.

4. Zur Kritik des Gesichtspunkts der geringeren verbrecherischen Willensintensität

Ob dazu der Gesichtspunkt der schwächeren verbrecherischen Willensenergie des freiwillig den Versuch aufgebenden Täters imstande ist, ist die nächste Frage im Rahmen der hier vorgenommenen kritischen Überprüfung der einzelnen Kerngedanken zur ratio des Rücktrittsprivilegs. Im Schrifttum wird diese der früheren „Infirmitätstheorie" nahestehende, heute meist als „Indiztheorie" bezeichnete Lehre scharf angegriffen.

a) Übersicht über die einzelnen Argumente des Schrifttums

Dabei lassen sich aus den einschlägigen Stellungnahmen folgende Argumente herausschälen:

1. Der Schluß vom Rücktritt bzw. Rücktrittswillen auf die geringere Intensität des verbrecherischen Tatentschlusses ist unrichtig, da dieser „in der Vergangenheit offenbar" geworden ist und „nicht nachträglich in seiner Stärke gemindert werden kann"[295].

2. Der freiwillige Rücktritt ist kein Zeichen geringerer Gefährlichkeit der Tat oder des Täters, da der Gefahrbegriff ein ex-ante-Urteil erfordert[296]

[290] In ähnlichem Sinne äußert sich Munoz-Conde ZStW 84, 759 Anm. 11.

[291] S. auch oben im Text S. 45 f.

[292] Lang-Hinrichsen, Festschrift für Engisch, S. 374.

[293] Munoz-Conde, ZStW 84, 759 Anm. 11.

[294] Schmidhäuser AT S. 498 f.

[295] Treplin ZStW 76, 466.

[296] Lang-Hinrichsen, Festschrift für Engisch, S. 369; zustimmend v. Scheurl a. a. O. S. 23; vgl. auch Grützner DStR 1941, 104; Busch LK (9. Aufl.) § 46 Rdnr. 3; Pawelke a. a. O. S. 20.

und deshalb von späteren Geschehnissen ganz unberührt bleibt. Außerdem ist, wie z. B. die Fälle der Tataufgabe seitens eines Gewohnheitsverbrechers oder infolge zu geringer Beute veranschaulichen, schon die Prämisse zu bestreiten, daß der freiwillige Rücktritt ein Indiz für geringere Gefährlichkeit ist[297], die überdies allenfalls eine Strafmilderung, nicht aber die gänzliche Straflosigkeit rechtfertigen könnte[298].

3. Daß die Abstandnahme von der Tat auf einen von *vornherein* weniger hartnäckigen Täterwillen deutet, ist eine empirisch nicht abgesicherte Behauptung[299]. Da der Rücktritt oft genug auf rein zufälligen Umständen verschiedenster Art beruht[300] und seine Indizwirkung im obigen Sinne auch Platz greift, wenn der Wille im Einzelfall „noch so intensiv und auf ein noch so schweres Verbrechen gerichtet gewesen“[301] ist, läuft eine solche These „häufig auf eine Fiktion oder eine unwiderlegliche Präsumtion hinaus“[302].

4. Die Indiztheorie geht davon aus, daß der Täter bei Versuchsbeginn einen genügend starken verbrecherischen Willen hatte. Dies ist jedoch letztlich eine unzulässige Unrechts- oder Schuldvermutung zu seinen Ungunsten[303]. Denn da, wie gesagt, vielfach der Zufall darüber entscheidet, wie lange der Täter noch freiwillig zurücktreten kann, und manchem schon in einem sehr frühen Stadium der Ausführungshandlung die Rücktrittsmöglichkeit abgeschnitten wird, kann man nicht genau wissen, ob er die Tat nicht später doch noch aufgegeben hätte.

5. Ein hinreichend beharrlicher verbrecherischer Wille wird vom Gesetz, abgesehen davon, daß seine Stärke auch nicht meßbar wäre[304], für das Vorliegen eines Versuchs nicht verlangt[305]. Es ist vielmehr erforderlich und genügend, daß der Tätervorsatz auf die tatbestandsmäßige Vollendung des begonnenen Delikts abzielt.

---

[297] Koch a. a. O. S. 43; vgl. auch Zinsmeister, Die Unrechtsfolgen beim Versuch nach dem Reichsstrafgesetzbuch, den deutschen und ausländischen Entwürfen, Diss. Erlangen 1929, S. 17.

[298] Meyer, Oswald, a. a. O. S. 68.

[299] Lang-Hinrichsen, Festschrift für Engisch, S. 369; Gutmann a. a. O. S. 19; Jescheck, AT, S. 407; Busch LK (9. Aufl.) § 46 Rdnr. 3; Munoz-Conde ZStW 84, 759; v. Scheurl a. a. O. S. 23; Wein a. a. O. S. 12.

[300] Jescheck, AT, S. 407; Lang-Hinrichsen, Festschrift für Engisch, S. 369; Munoz-Conde, ZStW 84, 759; v. Scheurl a. a. O. S. 24.

[301] Lang-Hinrichsen, Festschrift für Engisch, S. 370.

[302] Lang-Hinrichsen, Festschrift für Engisch, S. 370.

[303] v. Scheurl a. a. O. S. 24; vgl. auch Gutmann a. a. O. S. 19; Platzgummer JurBl. 1957, 4.

[304] Fahrenhorst a. a. O. S. 10.

[305] Gutmann a. a. O. S. 19; v. Schwarze GA 2, 433 (vgl. aber auch ders. in Holtzendorffs Handbuch, Bd. II S. 305); Zeime a. a. O. S. 48; Marx a. a. O. S. 12; Fahrenhorst a. a. O. S. 10.

6. Die Bewertung des freiwilligen Rücktritts „als Indiz für geringere Schuld oder Gefährlichkeit" setzt ein Täter- oder Gesinnungsstrafrecht voraus[306], das der geltenden Strafrechtsordnung widerspricht.

7. Wenn als Rechtsgrund der Straflosigkeit des Versuchs wirklich allein die schwächere Intensität des verbrecherischen Willens im Rücktrittsfall anzusehen wäre, könnte man nicht erklären, warum § 46 a. F. die Erfolgsabwendung verlangt und sich nicht mit vergeblichen, zufällig scheiternden Bemühungen in dieser Richtung begnügt[307].

8. Die Indiztheorie baut auf der — verfehlten — getrennten Betrachtung von Versuch und nachträglichem Rücktritt auf[308].

9. Gegen die Indizfunktion des freiwilligen Rücktritts spricht, daß dieser „nicht nur *Beweismittel* für geringere Gefährlichkeit, sondern Realgrund der Straffreiheit" ist[309].

b) Überprüfung der Einwendungen

Überprüft man die angeführten Argumente im Hinblick auf ihre Stichhaltigkeit, so überrascht zunächst angesichts der zahlreichen Anhänger des hier „attackierten" Grundgedankens deren relativ schwache „Gegenwehr", die sich nur auf zwei der genannten neun Kritikpunkte erstreckt. Einer davon ist der zuerst von Schröder erhobene Vorwurf, der freiwillige Rücktritt sei mehr als „lediglich eine Art Indiz"[310], den Arzt nur dann für zutreffend hält[311], wenn man die geringere verbrecherische Willensintensität auch als Erklärungsgrund des § 46 Ziff. 2 a. F. heranzieht. Beschränke man ihn dagegen richtigerweise im Anschluß an die Rechtsprechung des RG und BGH auf die Konstellation des § 46 Ziff. 1 a. F., dann sei der Rücktritt eines Täters, der noch nicht alles aus seiner Sicht zum Erfolgseintritt Notwendige getan hat, eine „unwiderlegliche Bestätigung des geringeren verbrecherischen Willens im Vergleich zu dem Täter, der mehr (nämlich alles seiner Meinung nach Erforderliche — Ziff. 2) tut". Letzteres dürfte kaum zu bestreiten sein, wenn man vom Standpunkt eines objektiven Beobachters aus in Kenntnis der freiwilligen Tataufgabe urteilt. Zu fragen ist dann aber, warum dieser Vergleich und die daraus gezogene Schlußfolgerung nicht auch in entsprechender Abwandlung für den Fall des § 46 Ziff. 2 a. F. gelten. Denn der Täter, der nach Vornahme aller zur Herbeiführung des Erfolges ihm notwendig scheinenden Handlungen den Eintritt der geplanten Rechtsgutverletzung verhindert, indem er vor Vollendung der Tat aus freiem Antrieb

---

306 Schmidhäuser AT S. 499, Kapitel 15, Rdnr. 78; Munoz-Conde ZStW 84, 760; vgl. auch Allfeld, Frank-Festgabe, S. 76; zustimmend Sonnenholzner a. a. O. S. 39.

307 Stratenwerth AT S. 200, Rdnr. 755.

308 Lang-Hinrichsen, Festschrift für Engisch, S. 370.

309 Schönke-Schröder, § 46 Rdnr. 4; ders. JuS 1962, 81; ebenso Kohlrausch-Lange § 46 Anm. 1.

310 Schröder JuS 1962, 81.

311 Arzt GA 1964, 9.

erfolgsabwendende Gegenmaßnahmen ergreift, hat doch regelmäßig einen weniger intensiven Deliktswillen als der, der den Dingen ihren Lauf läßt und auf die Verwirklichung der gesetzten Bedingungen wartet. Mit Recht hebt Welzel hervor, „daß bei der Tat, die im Versuchsstadium steckenbleibt, die verbrecherische Kraft des Willens grundsätzlich doch schwächer ist als bei einer Tatvollendung"[312], allgemein formuliert, „die Größe der Tatverwirklichung grundsätzlich ein Maß für die Stärke"[313] des deliktischen Willens ist. Dabei wird natürlich ebenso wie auch von Arzt vorausgesetzt, daß es sich um denselben Täter und dieselbe Tat als Bezugsgrößen handelt. Wenn der Begriff der geringeren verbrecherischen Energie also nicht auf *einen* bestimmten Vergleichsmaßstab festgelegt ist, besteht zwischen den Rücktrittskonstellationen in § 46 Ziff. 1 und 2 a. F. insoweit kein prinzipieller, vielmehr lediglich ein gradueller Unterschied.

Daraus folgt, daß auch die freiwillige Erfolgsabwendung „nicht nur Indiz, sondern unwiderlegliche Bestätigung"[314] eines schwächeren Verbrecherwillens ist, dessen ausdehnende Anwendung zur Erklärung des § 46 Ziff. 2 a. F. also nicht umgekehrt die Richtigkeit des von Schröder vorgebrachten Einwands ergibt. Wenn Arzt sich demgegenüber zur Stützung seiner These auf die Übereinstimmung mit der Rechtsprechung beruft, so ist das wenig überzeugend. Denn das Reichsgericht hat, wie oben dargelegt[315], mehrfach ausdrücklich betont, daß § 46 Ziff. 1 und 2 a. F. auf denselben Grundgedanken beruhen; der BGH hat sich hiervon niemals klar distanziert und in der Entscheidung BGHSt. 9, 48 (52), in der es nur um den Rücktritt von einem Notzuchtsversuch ging, gar keine Veranlassung gehabt, auch auf § 46 Ziff. 2 a. F. einzugehen[316]. Die ausschließliche Bezugnahme auf § 46 Ziff. 1 a. F. in einigen Urteilen vermag daher so weitreichende Schlußfolgerungen, wie Arzt sie sieht, nicht, zumindest nicht sicher, zu tragen. Zusammenfassend läßt sich somit feststellen, daß seine Argumentation im Ergebnis insoweit Zustimmung verdient, als sie für den Bereich des freiwilligen Rücktritts vom unbeendeten Versuch Schröders Kritik zurückweist, in dieser Beschränkung aber abzulehnen ist, weil sie in gleicher Weise auch für die Fälle des § 46 Ziff. 2 a. F. gilt.

Abschließend dazu noch eine kurze Bemerkung: Man sollte sich hüten, die Bedeutung des hier geschilderten Disputs zu überschätzen. Denn es erscheint mehr als fraglich, ob der von Schröder vorausgesetzte Gegensatz zwischen dem Rücktritt als schlichtem „Beweiszeichen" und seiner Bedeutung als „Realgrund der Straffreiheit" der Indiztheorie wirklich zugrunde liegt. Ihr Name weckt solche Vorstellungen[317], doch darf man solch schlagwortartigen

---

[312] Welzel, Lehrbuch, S. 189.

[313] Welzel, Lehrbuch, S. 193.

[314] Arzt GA 1964, 9.

[315] Siehe oben im Text S. 38.

[316] Daß BGHSt. 9, 48 (52) sich „keineswegs auf den unbeendeten Versuch bezieht", ist auch die Ansicht Traubs (NJW 1956, 1185 r. Sp.).

[317] Daher sollte man den Ausdruck ganz meiden, abgesehen von den schon früher gerügten terminologischen Differenzen.

Bezeichnungen nicht allzu großes Gewicht beilegen. Betrachtet man nämlich ihren Grundgedanken, so ist die freiwillige Abstandnahme von einem ursprünglich weitergehenden Tatplan die eigentliche Ursache der zur Straflosigkeit führenden Bewertung des Täterwillens als „weniger verbrecherisch“, zweifellos also mehr als ein bloßes „Indiz“, so daß Schröders Einwand reichlich gekünstelt wirkt. Es braucht daher nicht zu verwundern, wenn er im Schrifttum fast ohne Resonanz blieb und selbst unter denen, die das Kriterium der geringeren Intensität des Deliktswillens zur Erklärung des § 46 a. F. ablehnen oder nicht für ausreichend halten, kaum Anhänger gefunden hat[318].

Eine gewichtigere Rolle spielt demgegenüber das unter Punkt 3. angeführte Argument, der Schluß von der freiwilligen Tataufgabe auf einen von vornherein weniger hartnäckigen bösen Willen sei eine Illusion, da häufig der Zufall über den Rücktritt entscheide. Bei dieser Kritik wird jedoch, wie Roxin mit Recht hervorgehoben hat[319], das Freiwilligkeitserfordernis nicht genügend berücksichtigt. Da stets nur die freiwillige Handlungsweise entlastend wirkt, ist bei richtiger Bestimmung des Merkmals „freiwillig“ die Straflosigkeit selbst nichts Zufälliges. Daran ändert auch die Tatsache nichts, daß der Zeitpunkt, bis zu dem eine solche Möglichkeit besteht, und die den freiwilligen Rücktrittsentschluß auslösenden Umstände, z. B. das berühmte Läuten der Kirchenglocken oder der Anblick des Heiligenbildes mit dem Konfirmationsspruch des Täters, oft zufälliger Natur sind. Denn es ist unerheblich, ob der Zurückgetretene unter anderen Voraussetzungen seine Ausführungshandlung weitergeführt, das Delikt vollendet hätte — was immer offenbleiben muß — maßgebend ist vielmehr, daß der Täter im entscheidenden Augenblick zeigt, daß er „trotz fehlender äußerer Hinderung ... zur Begehung der Tat nicht fähig war“[320]. Zu vergleichen ist unter dem Aspekt der Intensität des verbrecherischen Willens der Täter, der in einer konkreten Situation freiwillig aufgibt, mit demjenigen, der in derselben Lage „weitermacht“. Bei diesem Vergleich aber spielen Zufallsmomente keine Rolle.

Damit ist jedoch die obige Kritik an dem hier besprochenen Grundgedanken des § 46 a. F. nur teilweise beiseite geräumt. Offen bleibt nämlich die Frage, wieso der *nach* Versuchsbeginn liegende Rücktritt auf die Beurteilung der Stärke des *vorherigen* Handlungsentschlusses Einfluß haben kann. Die als solche zutreffende[321] Feststellung Roxins, der Wille des Zurücktretenden könne „nicht stark genug zur Vollendung gewesen sein — sonst wäre es eben zur Vollendung gekommen“[322], gibt darauf keine Antwort. Denn sie beruht auf dem keineswegs zwingenden Schluß, daß das, was für den Rücktrittszeitpunkt gilt, auch für den Anfang der Ausführungshandlung

[318] Zustimmend, soweit ersichtlich, nur Kohlrausch-Lange, § 46 Anm. I; mit Vorbehalt: Gutmann a. a. O. S. 68 Anm. 275.

[319] Roxin, Heinitz-Festschrift, S. 271.

[320] Roxin, Heinitz-Festschrift, S. 271.

[321] A. A. Munoz-Conde, ZStW 84, 759.

[322] Roxin, Heinitz-Festschrift, S. 271.

Gültigkeit hat. Dabei bleibt unberücksichtigt, daß der Täter sich ja zunächst zutraute, das Delikt zu vollenden — sonst fehlten schon die Voraussetzungen des Versuchs. Sein Rücktritt zeigt zwar, daß er sich letztlich „übernommen" hat, aber ob sein Wille von *Anfang* an zu schwach war, die Tat durchzuführen, oder der „Willenspegel" von der Höhenmarke ausreichender Intensität im Verlaufe des Tatgeschehens langsam gefallen ist[323], läßt sich nicht feststellen. Die Entscheidung im Sinne der erstgenannten Alternative ist daher eine Fiktion und die an dieser Begründung des Rücktrittsprivilegs geübte Kritik insoweit berechtigt.

Damit ist zugleich eine Vorentscheidung über die Bewertung zweier anderer oben angeführter Einwände des Schrifttums gegen die sog. Indiztheorie getroffen, da sie im Kern auf demselben Gedankengang beruhen: Zustimmung verdient sowohl das Argument, daß der im Versuch objektivierte Deliktswille nicht im nachhinein durch den freiwilligen Rücktritt an Stärke verlieren kann, als auch der Hinweis darauf, daß die freiwillige Tataufgabe nicht zu einer negativen Korrektur des zuvor aus ex-ante-Sicht[324] positiv ausgefallenen Urteils über die Gefährlichkeit des Täters und seiner Tat führt. Denn der freiwillige Rücktritt ändert nicht nachträglich die Vergangenheit, sondern wirkt als neue Tatsache in die Zukunft!

Dabei ist allerdings zu beachten, daß diese Argumentation nur schlüssig ist, wenn man ebenso wie die weitaus meisten Anhänger der angegriffenen Lehrmeinung das gesamte Geschehen in zwei scharf getrennte Handlungsabschnitte, den in sich abgeschlossenen Versuch und den nachfolgenden Rücktritt, aufspaltet. Würde man dagegen von einer Einheitsbewertung i. S. Lang-Hinrichsens ausgehen, so ist rein begrifflich nur *eine* Tat zu beurteilen, die Frage der Gefährlichkeit oder ausreichenden Deliktsenergie demnach erst im Rücktrittszeitpunkt zu stellen[325] und in diesem Augenblick zwanglos zu verneinen. Die vorstehend erhobenen Einwände wären damit in gleicher Weise hinfällig wie die Thesen, gegen die sie sich richten. Das zeigt einerseits die Berechtigung der Kritik Lang-Hinrichsens, daß aus der Isolierung von Ausführungshandlung und Rücktritt Schwierigkeiten erwachsen, die sich bei einer „Ganzheitsbetrachtung" ins Nichts auflösen, andererseits aber auch, daß dieser Aspekt ohne weiteres mit der Idee der geringeren verbrecherischen Willensintensität des freiwillig zurücktretenden Täters gekoppelt werden kann und ihr nicht etwa „wesensnotwendig" entgegensteht. Insofern treffen weder der dahingehende Vorwurf Lang-Hinrichsens noch die allein auf der Basis der Trennung von Versuch und Rücktritt entwickelten Gegenargumente den eigentlichen Kern des hier erörterten Grundgedankens.

---

[323] Ebenso Gutmann a. a. O. S. 67.

[324] Vgl. zum Gefahrurteil aus ex-ante-Sicht allerdings Roxin in Festschrift für Honig, 1970, S. 138 Anm. 18, s. auch Horn, Konkrete Gefährdungsdelikte, 1973, passim.

[325] Das verkennt Gutmann (a. a. O. S. 65), der der sog. Indiztheorie eine „unzulässige Gesamtbetrachtung" unterstellt.

Entscheidendes Gewicht hat dagegen der von Stratenwerth im Anschluß an Platzgummer[326] vorgetragene Einwand, wenn es allein auf die Intensität des verbrecherischen Willens ankäme, „so müßte für den Straferlaß ... auch der vergebliche, zufällig scheiternde *Versuch* genügen, den Deliktserfolg noch abzuwenden“[327], da sich ja schon darin die „mindere verbrecherische Energie“ des Täters zeigt. Das aber stünde im Gegensatz zum geltenden Recht, wonach das Ausbleiben der Vollendung zumindest im Grundsatz die notwendige Voraussetzung für die Berücksichtigung des Rücktritts ist. Das dürfte auch von demjenigen nicht bestritten werden, der in den Fällen des sog. mißlungenen Rücktritts trotz Tatvollendung unter gewissen Umständen Straflosigkeit annehmen will. Insoweit handelt es sich nämlich zweifellos um eine Ausnahmeentscheidung, die niemals verallgemeinert und als Argument gegen ein sonst durchweg anerkanntes Prinzip benutzt werden darf. Ob und wenn ja, in welchem Umfang dieses einzuschränken ist, kann daher hier zunächst noch offenbleiben.

Daß „die generalpräventiven Bedürfnisse für eine Strafsanktion“[328] fortbestehen, wenn die Handlung des Täters letztlich doch zum Eintritt des deliktischen Erfolges geführt hat, hat Roxin deutlich gemacht und damit die Vereinbarkeit der „Strafzwecktheorie“ mit der Ausgangsthese Stratenwerths begründet. Das könnte möglicherweise zu der Annahme verleiten, auch der Gedanke der geringeren deliktischen Willensintensität stehe nicht in Widerspruch zu dem Erfordernis eines „erfolgreichen“ Rücktritts, weil Strafzweck- und Indiztheorie — etwa bezogen auf die Ausführungen in BGHSt. 9, 48 (52) – im Schrifttum verschiedentlich als inhaltsgleiche Bezeichnungen gebraucht werden. Eine solche Schlußfolgerung wäre jedoch verfehlt. Denn man kann nicht sagen, daß die verbrecherische Energie bei demjenigen Täter, der sich ernstlich, aber ohne Erfolg um die Verhinderung der Deliktsvollendung bemüht hat, größer als bei demjenigen war, dem die Abwendung des tatbestandsmäßigen Erfolges gelungen ist. Während sich das Strafzweckkriterium mit der „Erfolgsbezogenheit“ des Rücktritts „zwanglos“[329] vereinbaren läßt, spielt dieser für § 46 a. F. ebenso wie für § 24 wesentliche Gesichtspunkt bei der Beurteilung des Täterwillens keine Rolle, so daß die ausschließliche Berufung auf dessen geringere Intensität die Straflosigkeit „wegen Rücktritts“ nicht zu rechtfertigen vermag. Dies ist ein weiterer Beleg für die sachliche Verschiedenheit von Strafzweck- und Indiztheorie, die es verbietet, beide Begriffe synonym zu verwenden und Folgerungen, die für den einen Grundgedanken gelten, unbesehen auf den anderen zu übertragen.

Obwohl aufgrund der vorstehenden Ausführungen die Entscheidung gegen die Lehre vom freiwilligen Rücktritt als „Indiz für geringere Schuld oder Gefährlichkeit“ bereits gefallen ist, dürfen die verbleibenden Einwendungen

---

[326] Platzgummer JurBl. 1957, 4.

[327] Stratenwerth AT Rdnr. 755, S. 200.

[328] Roxin, Heinitz-Festschrift, S. 271 Anm. 57.

[329] Roxin, Heinitz-Festschrift, S. 271 Anm. 57.

des Schrifttums im Rahmen einer kritischen Gesamtwürdigung dieses Grundgedankens nicht übergangen werden. Nimmt man das Ergebnis der Prüfung vorweg, so ist festzustellen, daß sie allesamt — aus unterschiedlichen Gründen — *nicht* durchgreifen. Das gilt zunächst für das auf Allfeld[330] zurückgehende, von Schmidhäuser wieder aufgegriffene Argument, eine solche Auffassung setze „ein Täter-Strafrecht im Lisztschen Sinne“[331] voraus bzw. könne, wie Munoz-Conde vorsichtiger formuliert, „zu einem Gesinnungs- oder Täterstrafrecht führen“[332]. Dieser Vorwurf klingt zwar plausibel, wenn man bedenkt, daß nach v. Liszt „der einzige grundsätzliche Maßstab für Art wie für Maß der Strafe ... die Intensität der verbrecherischen Gesinnung des Täters“[333] ist und die Indizlehre ja auf dem Gedanken der mehr oder weniger starken verbrecherischen Willensintensität beruht. Aber unausgesprochene, wenngleich, wie gesagt, von ihrem Ansatz her nicht schlüssig erklärbare Bedingung der Straflosigkeit ist auch nach dieser Theorie die konkrete „Tat“, d. h. der die Erfolgsabwendung bewirkende freiwillige Rücktritt, und nicht die fehlende Gefährlichkeit des Täters aufgrund fehlender „Lebensführungsschuld“, wie es ein Täterstrafrecht verlangen müßte[334]. Man darf die vorhin gerügte Inkonsequenz der in Rede stehenden Begründung des Rücktrittsprivilegs daher nicht übersehen und Folgerungen aus einer konsequenten Fassung ziehen, die rein hypothetisch, weil mit dem geltenden Recht unvereinbar, ist. Der einzig mögliche, den Realitäten Rechnung tragende Schluß ist vielmehr die Ablehnung dieses Erklärungsversuchs des § 46 a. F. aus den oben im Anschluß an Stratenwerth dargelegten Gründen. Selbst wenn aber die sog. Indiztheorie den Gedanken des Täterstrafrechts enthielte, wäre zu berücksichtigen, daß es sich nur um seine „straf-befreiende Verwendung“ handelte, die auch in einem Tatstrafrecht zulässig ist[335].

Ebenfalls nicht stichhaltig ist die Argumentation, wenn man im freiwilligen Rücktritt die Manifestation einer geringeren Deliktsenergie sehe, müsse man folgerichtig von zwei verfehlten Prämissen ausgehen, nämlich erstens, daß der strafbare Versuch einen genügend starken verbrecherischen Willen erfordere und zweitens, daß dessen Vorliegen bei Beginn der Ausführungshandlung zuungunsten des Täters zu vermuten sei. Mit diesen Annahmen wird aber dem hier diskutierten Grundgedanken etwas unterstellt, was er bei unvoreingenommener Würdigung gar nicht besagt. Denn danach wird lediglich zum Ausdruck gebracht, daß der Täter, der mit Vollendungswillen angefangen hat, alles seiner Meinung nach zum Erfolgseintritt Notwendige zu tun, vor Erreichung seines Ziels aber freiwillig aufgibt und ggf. die

---

330 Allfeld, Frank-Festschrift, S. 76.

331 Schmidhäuser, AT, S. 499 Kapitel 15, Rdnr. 78; ebenso Platzgummer, JurBl. 1957, 3 f.

332 Munoz-Conde ZStW 84, 760 oben.

333 v. Liszt, Strafrechtliche Aufsätze und Vorträge, Band II, S. 389, 390 oben.

334 Vgl. Jescheck, AT, S. 35.

335 Vgl. Schmidhäuser, AT, S. 151.

drohende Vollendung des Delikts noch abwendet, sich „im entscheidenden Augenblick zur Begehung der Tat nicht fähig“[336] erweist und insofern eine geringere verbrecherische Willensintensität als derjenige offenbart, der vom gleichen Ausgangspunkt aus seinen Vorsatz durchhält. Auch wenn man also für das Vorliegen des Versuchs, wie allgemein anerkannt, nur einen Entschluß verlangt, der auf die volle Tatausführung gerichtet ist, läßt sich im Zeitpunkt freiwilliger Abstandnahme von der Tat zwanglos die Feststellung treffen, daß dieser Wille zu schwach war, um das Delikt zu vollenden. Von einer unzulässigen Unrechts- oder Schuldvermutung kann keine Rede sein. Denn Tatsache ist — und bleibt — daß der Täter mit der Realisierung des „Vollendungswillens“ in einer tatbestandsmäßigen Ausführungshandlung begonnen hatte und damit die Voraussetzungen eines strafbaren Versuchs vorliegen[337]. Die — hypothetische — Erwägung, daß er möglicherweise noch freiwillig zurückgetreten wäre, wenn man ihn beispielsweise nicht vorzeitig ertappt und festgenommen hätte, ist demgegenüber ohne Belang, da das Risiko des Tatherrschaftsverlustes stets zu Lasten des Täters geht und der bloße Rücktrittswille unbeachtlich ist[338].

Damit kann unter die kritische Erörterung der — mißverständlich — sog. Indiztheorie der Schlußstrich gezogen werden. Als Ergebnis ist festzuhalten, daß mit dem Mangel an verbrecherischer Energie die Straflosigkeit des Versuchs im Falle freiwilliger Tataufgabe allein nicht zu erklären ist, da der Delikts*erfolg* infolge des Rücktritts ausbleiben muß und außerdem bei isolierender Betrachtung von Versuch und Rücktritt die nachträgliche Verminderung der anfänglich vorhandenen Willensstärke und Gefährlichkeit des Täters nicht begründet werden kann.

5. *Normative Gesamtbetrachtung von Versuch und Rücktritt*

Nachdem in den vorausgegangenen Ausführungen nacheinander zu den vier grundlegenden *materiellen* Kerngedanken, auf die Rechtsprechung und Schrifttum die Vorschrift des § 46 a. F. zurückgeführt hatten, unter Abwägung des Für und Wider Stellung bezogen wurde, bedarf es nun noch einer kritischen Würdigung des in jüngster Zeit von Lang-Hinrichsen stark in den Vordergrund geschobenen Gesichtspunktes der „Gesamtbetrachtung“ von tatbestandsmäßiger Ausführungshandlung und nachfolgendem Rücktritt. Wie schon oben erwähnt und anhand der Literatur im einzelnen nachgewiesen, ist dieser Aspekt rein formaler Natur und als solcher natürlich

---

336 Roxin, Heinitz-Festschrift, S. 271.

337 Vgl. dazu kritisch v. Hippel, S. 50 ff.; v. Scheurl a. a. O. S. 18 f.

338 Vgl. v. Scheurl a. a. O. S. 28. Seine Überlegung, daß über die Versuchsbestrafung „ein gut Teil Zufall mitentscheidet“, läßt sich aber — entgegen seiner Behauptung in Anm. 78 — auch mit der Indiztheorie vereinbaren: Der geringere verbrecherische Wille äußert sich nicht in Gestalt des freiwilligen Rücktritts, so daß das „Bild der Auflehnung gegen das Recht“ in derartigen Fällen vorzeitigen Verlustes der Rücktrittsmöglichkeit als „äußere Erscheinung“ bleibt.

nicht geeignet, irgendeine selbständige Erklärung für die ratio des Rücktrittsprivilegs zu geben. Dies läßt sich nicht mit dem Hinweis darauf bestreiten, daß die Ganzheitsperspektive Ursache der „neuen Bewertungsgrundlage“ sei, die „zu einer anderen“ — negativen – „Beurteilung der Strafwürdigkeit“ Anlaß gebe[339]. Denn auch bei isolierender Betrachtungsweise führt der freiwillige Rücktritt zu einer „Neubewertung“ des Geschehens und im übrigen zeigt der Einwand selbst deutlich, daß das Kriterium der „Strafwürdigkeit“ die allein entscheidende Bezugsgrundlage für die Deutung des Rücktrittsprivilegs ist.

Im Ergebnis spielt die möglicherweise bestehende Divergenz bezüglich der Qualifikation des fraglichen Gesichtspunkts als „formell“ oder „materiell“ jedoch keine Rolle. Denn auch nach der hier vertretenen Auffassung bleibt offen, ob der Gesamttatbegriff, die einheitliche Bewertung des Geschehens als Prozeß mit negativen und positiven Elementen, nicht doch, um mit den Worten Esers zu sprechen, „ein zukunftsträchtiger Ansatz“[340] ist, und diese Frage ist vom methodischen Standpunkt aus in der Tat uneingeschränkt zu bejahen. Denn da der Versuch bis zu seinem Abschluß im deliktischen Erfolg, im Fehlschlag oder Rücktritt, ein „Werden“ ist, bleibt, solange der Täter noch in der Ausführung begriffen ist und die Vollendung noch von ihm abhängt, für eine *endgültige, definitive* Beurteilung des bis dahin Verwirklichten kein Raum. Das Verhalten des Täters besteht aus einer Vielzahl von Einzelhandlungen, die nicht getrennt zu untersuchen sind, sondern am Schluß seiner Tätigkeit zusammen die Grundlage *eines* Werturteils bilden. In gleicher Weise sind Versuch und Rücktritt Anfangs- und Endpunkt eines Handlungsprozesses, der *abschließend* nur am Ende der Entwicklung — retrospektiv und einheitlich — als „die Tat“ bewertet werden kann[341]. Erforderlich ist daher eine „dynamische“ Betrachtungsweise.

Dagegen wurde vom Schrifttum wiederholt geltend gemacht, „Handlungen“ könnten „im rechtlichen Sinne nur insoweit als einheitlich angesehen werden, als sie einem und demselben Willensentschluß entspringen“[342]. Da aber der Rücktritt auf einem „Willensumschwung“[343] beruhe und damit „nach Willensentschluß und äußerer Erscheinungsform den direkten Gegensatz“[344] zu der mit Vollendungswillen begangenen Ausführungshandlung darstelle, schließe „die entgegengesetzte Herkunft beider Tätigkeiten“[345] ihre Betrachtung als Gesamtvorgang aus. Dieser Einwand ist jedoch nicht stichhaltig. Denn dahinter steht, worauf Lang-Hinrichsen zu Recht auf-

---

339 Lang-Hinrichsen, Festschrift für Engisch, S. 371.

340 Eser, Studienkurs, Teil II, S. 79 Rdnr. 21.

341 A. A. Gutmann a. a. O. S. 22; vgl. dazu auch Reinhard v. Hippel, insbesondere S. 62, 66 f.

342 Fahrenhorst a. a. O. S. 9.

343 Fahrenhorst a. a. O. S. 9.

344 Wein a. a. O. S. 11, 12.

345 Herzfeld, Der Rücktritt des Anstifters, Diss. Frankfurt a. M. 1922, S. 25; ebenso — außer den schon Genannten: Griesmaier, Der Rücktritt des Teilnehmers vom Versuch, Diss. Erlangen 1935, S. 18.

merksam gemacht hat, eine einseitig „psychologisch-naturalistische"[346] Konzeption, während es bei der „Gesamtbetrachtung" um die richtige *Wert*erfassung der beiden Teilakte geht. Unter *normativen* Aspekten kann aber selbst psychologisch Gegensätzliches eine Einheit bilden[347]. Die Vorstellung einer „früheren" Versuchs- und einer davon getrennten, selbständigen „späteren" Rücktrittshandlung — mit rückwirkender Kraft hinsichtlich der Beurteilung des vorher Geschehenen — ist daher keine „dira necessitas", sondern ein methodisch falscher Ausgangspunkt, der die zutreffende Erklärung der ratio des Rücktrittsprivilegs unnötig erschwert und deshalb durch eine normative Gesamtbetrachtung beider Verhaltensweisen zu ersetzen ist.

Mit dieser positiven Entscheidung kann die sonst durchweg negative Kritik in den fünf eingangs formulierten Grundgedanken zu § 46 a. F. und damit nach der rein deskriptiven Bestandsaufnahme der verschiedenen Lehrmeinungen in Rechtsprechung und Schrifttum die zweite Etappe auf dem Weg abgeschlossen werden, die Straflosigkeit des Versuchs bei freiwilligem Rücktritt theoretisch zu begründen.

III. Darstellung der eigenen Rücktrittskonzeption

1. Deutung des § 46 a. F. bzw. § 24 als Entschuldigungsgrund

Das noch fehlende Schlußstück bildet die Darstellung des eigenen Lösungsansatzes, wobei auch auf die Frage einzugehen ist, welche Stellung im Deliktsaufbau der strafbefreiende Rücktritt einnimmt. Die Tatsache, daß diese Problematik bislang ganz im Hintergrund stand, ist darauf zurückzuführen, daß nach weit überwiegender Auffassung in Gegenwart und Vergangenheit § 46 a. F. als persönlicher Strafaufhebungs- oder -ausschließungsgrund angesehen wird bzw. wurde und aus einem solchen „Formalbegriff" keine sachlichen Konsequenzen für die Deutung des Rücktrittsprivilegs abgeleitet werden können. Anderes gilt jedoch, wenn man dessen Rechtfertigung etwa im Bereich des Unrechts oder im Bereich der Schuld sucht und dadurch mit *materiellen* Kriterien verknüpft. Denn die Feststellung, daß die Strafbarkeit mangels Rechtswidrigkeit oder Schuld entfällt, ist schon für sich eine *Sach*aussage, ebenso wie z. B. die Qualifizierung der Notwehr als Rechtfertigungs- oder des Notstandes (§ 35) als Entschuldigungsgrund, und enthält *nicht* einen bloß *konstruktiven* Weg zur Erklärung der Straflosigkeit[348]. Unter diesen Voraussetzungen läßt sich die Frage der theoretischen Begründung und das Problem des systematischen Standorts der Rücktrittsvorschrift nicht getrennt voneinander behandeln, vielmehr sind beide Themenkreise darstellungsmäßig als Einheit aufzufassen.

---

[346] Lang-Hinrichsen, Festschrift für Engisch, S. 371.
[347] Lang-Hinrichsen, Festschrift für Engisch, S. 372.
[348] A. A. Munoz-Conde ZStW 84, 756.

a) Der Begriff „Entschuldigungsgrund“

Der nachstehend entwickelte Gedankengang versucht die Richtigkeit der These zu beweisen, daß der freiwillige Rücktritt qualitativ ein *Entschuldigungsgrund* ist. Damit ist nicht nur die systematische Stellung im Verbrechensaufbau bezeichnet, sondern zugleich ein ganz wesentlicher Hinweis auf seine sachliche Struktur gegeben, die deutlich wird, wenn man den Terminus „Schuldausschließungsgrund“ zum Vergleich heranzieht. Denn wenngleich beide Begriffe von der Rechtsfolge her gesehen — Straflosigkeit für den Täter — letztlich dasselbe besagen, sind sie inhaltlich streng zu unterscheiden: von einem „Schuldausschluß“ kann begrifflich nur dann die Rede sein, wenn die Elemente der Vorwerfbarkeit — Schuldfähigkeit und Unrechtsbewußtsein — fehlen[349], d. h. Schuldausschließungsgründe sind lediglich die Fälle der Unzurechnungsfähigkeit und des unvermeidbaren Verbotsirrtums. Liegen deren Voraussetzungen jedoch nicht vor, handelte also — positiv formuliert — ein zurechnungsfähiger Täter in möglicher Kenntnis des Unrechts seiner Tat, dann ist notwendigerweise auch immer ein schuldhaftes Verhalten gegeben. Da aber die Schuld „ein der Steigerung fähiger Begriff ist“[350] und in ihrer Beziehung auf die „materiale Wertwidrigkeit eines konkreten Verhaltens“[351] Abstufungen unterliegt, kann der Schuldgehalt „bald schwerer, bald leichter“[352] sein und auf dieser Skala des „Mehr oder Weniger“ ein Punkt erreicht werden, an dem aus bestimmten Gründen „die vorhandene Schuld dem Täter nicht zum Vorwurf gemacht wird“[353]. Weil in solchen Fällen die Bedingungen des Schuldvorwurfs jedoch erfüllt sind, handelt es sich hierbei streng genommen nicht um „Entschuldigung“, sondern um „Schuldminderung“. Welzel und Armin Kaufmann sprechen daher, wenn „die Rechtsordnung trotz bestehender Schuld vom Schuld*vorwurf* absieht und dem Täter Nachsicht gewährt“[354], genauer von einem bloß „faktischen“ Entschuldigungsgrund.

b) Die Strukturelemente des Entschuldigungsgrundes, dargestellt am Beispiel des strafrechtlichen Notstandes

Welche konstruktiven Erwägungen im einzelnen dahinter stehen, ist mit dem Hinweis auf die Existenz derartiger Sachverhaltskonstellationen natürlich noch nicht gesagt, sondern wird erst aus der exakten Untersuchung kon-

---

[349] Armin Kaufmann, Lebendiges und Totes in Bindings Normentheorie, Göttingen 1954, S. 201; Jescheck, AT, S. 358 f.; Wessels AT S. 64.

[350] Jescheck AT S. 319; Maurach AT S. 419 spricht von einem „Steigerungsbegriff“.

[351] Rudolphi, Unrechtsbewußtsein, Verbotsirrtum und Vermeidbarkeit des Verbotsirrtums, Göttingen 1969, S. 55.

[352] Rudolphi, Unrechtsbewußtsein, S. 55.

[353] Armin Kaufmann, Normentheorie, S. 201.

[354] Welzel, Lehrbuch, S. 179; Armin Kaufmann, Normentheorie, S. 201.

kreter Fallgestaltungen deutlich, für die der strafrechtliche Notstand des § 35 das heute allgemein anerkannte, geradezu „klassische" Beispiel bildet. Wenn aber der freiwillige Rücktritt ebenso wie die Notstandssituation ein „Problem der Quantifizierung des Schuldvorwurfs"[355] darstellt, ist die Annahme naheliegend, daß trotz der völlig verschiedenen Sachlage die Begründung der Straffreiheit in beiden Fällen gewisse Strukturparallelen aufweist und deshalb aus dem Vergleich mit diesem „Prototyp" der Entschuldigungsgründe wertvolle Aufschlüsse und fruchtbare Ansatzpunkte für die Erklärung des Rücktrittsprivilegs gewonnen werden können. Zur Überprüfung und ggf. Bestätigung dieser Hypothese ist daher zunächst auf die Frage einzugehen, welcher materielle Gehalt § 35 zugrunde liegt, anders ausgedrückt, warum der Notstandstäter unter den dort aufgestellten Voraussetzungen straflos bleibt.

Betrachtet man die Notstandsregelung mit der herrschenden Lehre „als Ausdruck des allgemeinen Prinzips der Unzumutbarkeit rechtmäßigen Verhaltens"[356], so kann die Straflosigkeit nicht allein psychologisch mit dem ungewöhnlichen seelischen Druck oder der übermächtigen, die freie Willensentschließung aufhebenden Motivationskraft des Selbsterhaltungstriebes begründet werden. Denn eine solche „rein psychologische Deutung"[357] des § 35 vermag nicht verständlich zu machen, warum z. B. andere Beweggründe von gleicher Motivationsstärke nach der Entscheidung des Gesetzgebers die Fähigkeit zur normgemäßen Willensbildung unberührt lassen, Soldaten oder Polizisten im Gegensatz zu Privatpersonen in derselben Notstandssituation bei gleicher Intensität des psychischen Drucks nicht straffrei ausgehen und demjenigen, der die Notlage schuldhaft herbeigeführt hat, die Berufung auf „Notstand" abgeschnitten wird[358].

Diese Fragen lassen sich nur dann schlüssig beantworten, wenn man die Straflosigkeit des Notstandstäters auf folgende zwei Erwägungen stützt:

aa) Minderung der Schuld auf Grund der besonderen Motivationslage

Die gesetzliche Regelung ist unter Berücksichtigung bestimmter „Wert- und Sinngehalte"[359] in der Weise „normativ mit dem Schuldbegriff"[360] ver-

[355] Armin Kaufmann, Die Dogmatik der unechten Unterlassungsdelikte, Göttingen 1959, S. 158; Rudolphi ZStW 79, 88.

[356] Rudolphi ZStW 78, 79; vgl. auch Welzel, Lehrbuch, S. 178; Baumann AT S. 436, 441 ff.; Jescheck AT S. 359; Mezger-Blei AT S. 226.

[357] Rudolphi, ZStW 78, 76.

[358] Rudolphi ZStW 78, 76, 81, 83, 84; Lenckner, Der rechtfertigende Notstand, Tübingen 1965, S. 11 Anm. 22; Bockelmann, Über das Verhältnis von Täterschaft und Teilnahme in: Strafrechtliche Untersuchungen, Göttingen 1957, S. 85; Stratenwerth AT Rdnr. 630, 632; Jescheck, AT, S. 359 unter § 43 III; Welzel, Lehrbuch, S. 179; ZStW 63, 54; Eggert, Die Unzumutbarkeit normgemäßen Verhaltens bei den Fahrlässigkeits- und Unterlassungsdelikten im Strafrecht, Diss. Göttingen 1969, S. 56.

[359] Rudolphi, ZStW 78, 76.

[360] Gallas, Festschrift für Mezger, 1954, S. 323.

knüpft, daß infolge der seelischen Zwangslage die Handlung des Täters „weniger verwerflich"[361] erscheint, weil die Unfähigkeit zur Selbstaufgabe im Hinblick auf die „allgemeine humana fragilitas"[362] Nachsicht verdient, „die Einengung der Fähigkeit, gemäß der Unrechtseinsicht zu handeln, den Grad der Vorwerfbarkeit des fehlerhaften Willensentschlusses"[363] herabsetzt. „Gegenstand der Schuldbewertung"[364] ist also nicht der Motivationsvorgang, sondern die „darin dokumentierte Gesinnung"[365], die wegen des inneren unüberwindlichen Zwanges, aus dem heraus die objektiv und subjektiv pflichtwidrige Tatbestandsverwirklichung erfolgt, „bei einer generalisierenden, an sozialethischen Wertmaßstäben orientierten Betrachtung... einer solchen Tat"[366] nicht Ausdruck einer „rechtsfeindlichen oder rechtsgleichgültigen... Gesamteinstellung des Täters"[367] ist. Diese Ansicht führt nicht zu einer „symptomatischen" Schuldauffassung[368], vielmehr entscheidet der geringere „Unwert" seiner „in der konkreten Tat aktualisierten Haltung"[369] darüber, daß die sittliche Schuld nicht groß genug ist, um das zur Bestrafung notwendige Maß an „Rechtsschuld" zu begründen[370].

bb) Minderung der Schuld auf Grund verminderten Handlungs- und Erfolgsunwerts

Neben diesem aus der besonderen Motivationslage des Notstandstäters entwickelten Schuldminderungsgrund beruht der im Vergleich zu einer „normalen" strafbaren Handlung niedrigere Schuldgehalt der Notstandstat auch auf dem Umstand, daß die Situation des § 35 eine „Minderung des personalen Unrechts bewirkt"[371], die ihrerseits zwingend die Stärke des Schuldvorwurfs verringert[372]. Weil der Täter im Notstand eines von zwei in Gefahr geratenen Rechtsgütern erhält, steht dem in der Verletzung des einen liegenden Erfolgsunwert der in der Rettung des anderen manifestierte Erfolgswert mehr oder weniger stark ausgleichend, jedenfalls aber stets mindernd gegenüber. Weil außerdem „die Notstandstat als Akt der Selbsterhaltung... nicht allein auf die Verletzung eines fremden Rechtsgutes gerichtet, sondern zugleich, und zwar maßgeblich von dem Rettungszweck

---

[361] Bockelmann, Strafrechtliche Untersuchungen, S. 85.
[362] Bockelmann, Strafrechtliche Untersuchungen, S. 85.
[363] Rudolphi, ZStW 78, 85.
[364] Gallas, Festschrift für Mezger, S. 323.
[365] Gallas, Festschrift für Mezger, S. 323.
[366] Gallas, Festschrift für Mezger, S. 324.
[367] Gallas, Festschrift für Mezger, S. 323, 324.
[368] Gallas, Festschrift für Mezger, S. 323.
[369] Gallas, Festschrift für Mezger, S. 324.
[370] Welzel, ZStW 63, 54; auch Schmidhäuser AT S. 364 Rdnr. 1 oben, S. 365 Rdnr. 3 spricht vom Wegfall der „Rechtsschuld".
[371] Rudolphi ZStW 78, 81.
[372] Rudolphi ZStW 78, 84; Welzel, Lehrbuch, S. 178 f.; Armin Kaufmann, Dogmatik, S. 157 f.; Roxin, Gedächtnisschrift für Gustav Radbruch, Göttingen 1968 S. 266; Lenckner a. a. O. S. 38; Eggert a. a. O. S. 57.

getragen ist"[373], wird auch der Handlungsunwert durch die Verfolgung eines positiven Ziels erheblich abgeschwächt.

Zusammenfassend läßt sich also feststellen, daß die Minderung des Handlungs- und Erfolgsunwerts sowie — davon unabhängig — der außergewöhnliche Motivationsdruck auf den Täter in Notstandsfällen zu einer zweifachen Schuldminderung und damit zu einem solch geringen Schuldgehalt der Tat führen, daß „die Rechtsordnung ... darauf verzichten kann, den Schuldvorwurf zu erheben"[374], obwohl „weder Unrecht noch Schuld ausgeschlossen" sind[375].

c) Das Zusammenspiel von Unrechts- und Schuldminderung beim Rücktritt

Nach der vom eigentlichen Thema etwas abschweifenden Ermittlung des materiellen Gehalts des § 35, die aber notwendig war, um die Strukturmerkmale eines typischen Entschuldigungsgrundes offenzulegen, geht es im folgenden um den Nachweis der These, daß auf denselben Konstruktionselementen — inhaltlich natürlich anders begründet — auch das Rücktrittsprivileg des § 16 a. F./§ 24 beruht und deshalb rechtlich ebenso wie § 35 zu qualifizieren ist. In welcher Weise dabei die Straflosigkeit wegen freiwilligen Rücktritts aus dem Zusammenspiel von Unrechts- und Schuldminderung erklärt werden kann, zeigen die nachstehenden Ausführungen.

aa) Schuldminderung auf Grund des dem Täter zugute zu haltenden Ausbleibens des Erfolges

Bleibt eine Tat, aus welchen Gründen auch immer, im Versuchsstadium stecken, entfällt die „gewiß nicht unbedeutende strafbegründende Funktion"[376] des Erfolges im Unrechtsbereich. Diese ergibt sich daraus, daß das Strafrecht seine Tatbestände zum Schutz von Rechtsgutsverletzungen oder -gefährdungen aufstellt und daher im Regelfall erst Handlungs- *und* Erfolgsunwert das für die Verhängung der Strafe notwendige Unrecht bilden. Wenn also der objektive Tatbestand nicht erfüllt ist, fehlt der Erfolgsunwert als „ein Teil des Unrechts der vollendeten Tat"[377]. Da aber das Unrecht

---

[373] Rudolphi ZStW 78, 83.

[374] Armin Kaufmann, Dogmatik, S. 158.

[375] Welzel, Lehrbuch, S. 179; im Ergebnis ebenso: Bockelmann, der von „Verzeihung" spricht (Strafrechtliche Untersuchungen, S. 85); ebenso (Eggert, S. 61); Schmidhäuser (Gesinnungsmerkmale im Strafrecht, Tübingen 1959, S. 181) meint, „der Grad der Verwerflichkeit sei zu gering, als daß man hier noch strafen ‚möchte'"; ähnlich AT S. 125 Rdnr. 26; Schröder betont (ZStR Bd. 76 [1960] S. 4), der Täter finde bei § 54 die „Nachsicht" der Rechtsordnung; ähnlich Lenckner a. a. O. S. 38; Jescheck AT S. 360; Stratenwerth AT Rdnr. 631.

[376] Krauß ZStW 76, 62.

[377] Stratenwerth AT Rdnr. 744; siehe auch Rudolphi, Festschrift für Maurach, S. 70.

Grundlage des Schuldvorwurfs ist und „die in einer tieferen Stufe des Verbrechensbegriffs angelegte Verbrechensdifferenz in der höheren Stufe — nun noch fundamentaler“[378] — wiederkehrt, bedeutet dieses Manko jeden *Versuchs* auf der Rechtswidrigkeitsebene im gleichen Umfang auch eine Minderung der Schuld im Vergleich zum vollendeten Delikt.

Die versuchte Tatbestandsverwirklichung hatte schon vor nunmehr vierzig Jahren Kantorowicz als „Schuldminderungsgrund“[379] bezeichnet und daraus die Vereinbarkeit der milderen Versuchsstrafe mit der „Schuldidee“ abgeleitet. Zu beachten ist allerdings, daß seine Auffassung auf dem Boden der damals noch *obligatorisch* vorgeschriebenen Strafmilderung in Versuchsfällen wurzelt und deshalb nach der 1939 erfolgten gesetzlichen Neuregelung i. S. einer nur mehr *fakultativen* Herabsetzung der Versuchsstrafe in Frage gestellt sein könnte. Denn wenn nach dem Wortlaut des § 23 II der Versuch ebenso wie die vollendete Tat bestraft werden *kann,* liegt der Einwand nahe, daß das Ausbleiben des Erfolges für die Höhe der Strafe keine ausschlaggebende Rolle spielt und daher die oben gezogene Schlußfolgerung von der Erfolglosigkeit des Versuchs auf die geringere Schuld des Täters zumindest nicht zwingend ist. Dementsprechend wurde in der amtlichen Begründung zu § 4 der Verordnung gegen Gewaltverbrecher vom 5. 12. 1939, die zur Änderung des § 44 a. F. führte, seinerzeit auch allein auf „das Maß der Willensschuld“[380] als Beurteilungskriterium für die Strafzumessung abgestellt und von Freisler ausdrücklich hervorgehoben, daß „der Nichteintritt des vom Verbrecher erstrebten Erfolges und überhaupt der Vollendung der Tat... dem Verbrecher nicht zugute gerechnet werden“ soll, „wenn dies nicht auf einem freiwilligen Abstehen ... von der Tat beruht“[381].

Da dann aber in der Regel Straflosigkeit die Folge ist, bliebe nach dieser Auffassung, wie Nagler mit Recht eingewandt hat, für die Anwendbarkeit des § 44 a. F. „so gut wie kein Spielraum“[382]. Wenn man sich deshalb nicht zu einem in der NS-Zeit vielfach geforderten, mit dem geltenden StGB aber unvereinbaren radikalen „Willensstrafrecht“ bekennt, in dem „zwischen Vollendung, Versuch und Vorbereitung überhaupt nicht unterschieden“[383] wird, gilt im Sozialleben „das paradoxe Wort: es gibt nichts Erfolgreicheres als den Erfolg“[384] und die einem natürlichen Rechtsempfinden entspringende Wertung: „ohne Leiche kein Mord“[385]! Darauf hat eine am Rechtsgüterschutz orientierte Strafrechtsordnung Rücksicht zu nehmen, indem einerseits „der Erfolgseintritt... selbst bei geringerer Schuldstärke... niemals nach

---

[378] Welzel, Lehrbuch, S. 165; zustimmend Rudolphi, ZStW 78, 84 Anm. 57; vgl. auch Armin Kaufmann, Dogmatik S. 156.

[379] Kantorowicz, Tat und Schuld, Zürich-Leipzig 1933, S. 256 f.

[380] DJ 1939, 1856, zitiert bei Freisler.

[381] Freisler, DJ 1939, 1856.

[382] Nagler GS 115, 33 Anm. 10.

[383] Vgl. Nagler GS 115, 31 Anm. 8.

[384] Nagler GS 115, 34 Anm. 11.

[385] Nagler GS 115, 28 Anm. 7, vgl. auch Welzel, Lehrbuch, S. 189 unter 5b.

Versuchsgrundsätzen abgegolten werden kann"[386] und „andererseits für den Versuch als eine bloße Teilverursachung im Zweifel die Strafmilderung des § 44 Platz greift"[387]. Stratenwerth[388] geht noch einen Schritt weiter und interpretiert § 44 a. F. „berichtigend i. S. eines Milderungs*zwanges*", weil im Vergleich zu „derjenigen Strafe, die bei *demselben* Täter und *derselben* Tat im Falle der Vollendung hätte verhängt werden müssen", die Versuchsstrafe *stets* niedriger sein muß[389].

Ob diese Ansicht zutrifft, auf deren Boden die schuldmindernde Wirkung der Erfolglosigkeit des Versuchs überzeugend zu begründen ist, kann hier jedoch dahingestellt bleiben. Denn auch wenn man nur eine *im Zweifel gegebene* Schuld- und Strafmilderung wegen Versuchs annimmt und die Entscheidung von der Frage abhängig macht, „*warum* die erstrebten Folgen der Tat nicht eingetreten sind"[390], konkret: „ob die Vollendung infolge des Waltens des Zufalls oder aus Gründen, die im Vorsatz des Täters lagen, ausgeblieben ist"[391], kommt man in Rücktrittsfällen stets zur Annahme der Regel, d. h. zur Bejahung verminderter Schuld und Strafe. Unabdingbare Voraussetzung ist nämlich für beide Rücktrittsalternativen, daß der Täter — entsprechend dem im Strafrecht allgemein herrschenden, am Institut des „Rücktritts" besonders deutlich sichtbaren *Präventionsgedanken*[392] — *vorsätzlich* den Eintritt der im Tatbestand umschriebenen Rechtsgutverletzung oder -gefährdung verhindert, indem er entweder die Ausführungshandlung abbricht, bevor er das zur Erfolgserreichung Beabsichtigte getan hat, oder aber die mögliche Tatbestandsverwirklichung durch eigene Tätigkeit abwendet. Beide Male muß also das Ausbleiben des Erfolges, d. h. die Erfüllung des Präventionszwecks des § 46 a. F., § 24, *gerade auf dem „Umkehrakt" des Täters beruhen.* Wenn dieser aber „wissentlich und willentlich" für die Erhaltung des Rechtsgutes sorgt, schafft ein solches Verhalten einen „Erfolgswert", der die Annahme ausschließt, das Steckenbleiben der Tat im Versuch sei lediglich ein „glücklicher Zufall" gewesen, vielmehr objektiv zugunsten des Täters als „Verdienst"[393] zu berücksichtigen ist, indem der bei jedem Versuch fehlende Erfolgsunwert im Rücktrittsfalle zu einem *zwingenden* Schuldminderungsgrund wird.

Die „Kausalität" des Rücktritts für die Integrität des bedrohten Rechtsgutes und damit seine Eigenschaft als „erfolgswertstiftende" Handlung setzt voraus, daß der Täter in dem Augenblick, in dem er den Rücktrittsentschluß

---

[386] Nagler GS 115, 31 Anm. 8.

[387] Nagler GS 115, 31 Anm. 8; ebenso v. Gleispach, Das Kriegsstrafrecht, Teil I, 1941, S. 43; Krauß ZStW 76, 62.

[388] Stratenwerth AT Rdnr. 752 (Hervorhebung v. Verf.).

[389] So auch § 25 Abs. 2 AE, siehe dazu Armin Kaufmann ZStW 80, 50 ff.

[390] Bruns, Strafzumessungsrecht, S. 392 (Hervorhebung v. Verf.).

[391] Nagler GS 115, 31 Anm. 8.

[392] Vgl. u. a. Geilen JZ 1972, 339; Schmidhäuser AT, S. 501 Rdnr. 80; Stratenwerth AT, Rdnr. 274; Schoetensack, Verbrechensversuch, S. 53; Wegner JW 1933, 2337; Osenberg a. a. O. S. 107, Behrendt a. a. O. S. 45; vgl. auch BGHSt. 6, 85 (87).

[393] Vgl. Bruns a. a. O. S. 392.

faßte, die Tatvollendung objektiv und subjektiv noch herbeiführen *konnte*. Diese Bedingung muß unabhängig von dem Erfordernis der Freiwilligkeit des Handlungsabbruchs oder der erfolgsabwendenden Tätigkeit erfüllt sein. Der Grundsatz, daß der bloße Rücktrittswille belanglos ist, solange er sich nicht in einer tatsächlich rechtsgutbewahrenden konkreten Aktion niederschlägt, erfährt jedoch eine Einschränkung in den Fällen, wo der deliktische Erfolg objektiv nicht eintreten kann, weil der Versuch untauglich oder fehlgeschlagen ist, und der Täter davon nichts weiß. Obgleich hier die Möglichkeit einer „Rücktrittskausalität" im obigen Sinne zweifellos nicht besteht, muß das Verhalten des Täters, der sich in Unkenntnis dessen ernsthaft[394] bemüht, den so oder so ausbleibenden Erfolg abzuwehren, *positiv* bewertet werden. Denn er zeigt damit, daß er die Tatvollendung nicht dem „Zufall" überlassen wollte. Der *fehlende Erfolgsunwert* ist daher auch in diesen Fällen dank der ernstgemeinten Bemühungen um seine Abwendung *stets* schuldmindernder Natur.

bb) Scheinbare Ausnahmen vom Grundsatz: „ohne Verhinderung des Erfolges kein Rücktritt" (zum Problem des „mißglückten" Rücktritts)

Der vorstehend entwickelte Gedankengang zur Erklärung der strafausschließenden Wirkung des freiwilligen Rücktritts hatte zur Voraussetzung, daß der Erfolg der beabsichtigten Tat ausbleibt. Dagegen wird man Einwendungen erheben, da zwar allseits Einigkeit darüber herrscht, daß grundsätzlich der Täter das „Erfolgsrisiko" seiner Rücktrittsbemühungen zu tragen hat[395], andererseits aber ziemlich unbestritten ist[396], daß in Ausnahmesituationen trotz Tatvollendung die Rücktrittsvorschrift anwendbar bleibt. Es ist deshalb zu klären, in welchem Umfang und in welchen Grenzen auch ein solch „mißglückter" Rücktritt zur Straflosigkeit wegen Versuchs führen kann und ob es sich dabei wirklich um eine *echte* Durchbrechung des in § 46 a. F. bzw. § 24 zugrunde gelegten Prinzips oder nur um Folgerungen aus anderen Grundsätzen handelt. Die Diskussion entzündete sich dabei insbesondere an folgenden Fallgestaltungen:

a) Die Tatvollendung tritt entgegen dem Willen des Täters ein, weil er *irrtümlich* annahm, das zur Erfolgsverwirklichung Erforderliche noch nicht

---

[394] Vgl. zum Begriff der „ernsthaften" Erfolgsabwendungsbemühung insbesondere Arzt, GA 1964, 2 ff.; Lenckner, Festschrift für Gallas, S. 298; Warda-Faber JuS 1965, 444; v. Scheurl a. a. O. S. 117; siehe auch BGH MDR 1969, 532; BGH MDR 1972, 751.

[395] Vgl. RG HRR 1936, Nr. 638; RG LZ 1933, 596 (597); BGH NJW 1973, 633; v. Schwarze HH Bd. II S. 308; Frank VDA Bd. V S. 236; Matzke JW 1935, 288; Henkel JW 1937, 2376; Maurach AT S. 525; Baumann AT § 34 II S. 516, 520; Fallsammlung Nr. 20 S. 111; Schröder JuS 1962, 82 (für § 46 Ziff. 2); Schmidhäuser AT Kapitel 15 Rdnr. 80 S. 500; Jescheck AT S. 408; Stratenwerth AT Rdnr. 764, 774; Lenkner, Festschrift für Gallas, 1973, S. 292; Neuenhofen a. a. O. S. 47; Wimmer a. a. O. S. 18.

[396] Abweichend nur Schmidhäuser AT S. 501, siehe auch im Text S. 100.

getan zu haben, und deshalb glaubte, der bloße Abbruch der Tatausführung genüge zur Bewahrung des angegriffenen Rechtsgutes vor Schaden. Um es an einem Beispiel zu veranschaulichen: Der Täter plant einen Mord durch mehrmalige Verabreichung von Gift, gibt aber schon nach Zuführung der ersten Dosis sein verbrecherisches Vorhaben reumütig auf, doch wirkt diese wider Erwarten bereits tödlich.

b) Der *Täter* geht bei seiner auf die *Abwendung* des Erfolges zielenden *Tätigkeit,* etwa beim Transport des bei einem Totschlagsversuch schwer verwundeten Opfers ins Krankenhaus, so ungeschickt oder unsachgemäß vor, daß die sonst noch vermeidbare Rechtsgutverletzung, hier also der Tod, nicht mehr verhindert werden kann.

c) Der Rücktritt mißlingt, weil ein *Dritter* fahrlässig oder vorsätzlich die *Rettungsbemühungen* des Täters bzw. anderer, von ihm zu Hilfe geholter Personen zunichte macht. Ein solcher Fall läge beispielsweise vor, wenn die Krankenschwester aus Versehen oder mit Absicht die falsche Spritze verwendet, der herbeigerufene Krankenwagen schuldhaft in einen Unfall verwickelt oder an der Abfahrt gehindert wird und dadurch dem Opfer nicht mehr rechtzeitig geholfen werden kann oder wenn der Verletzte auf der Fahrt ins Krankenhaus infolge eines — vorsätzlich oder fahrlässig herbeigeführten — Frontalzusammenstoßes ums Leben kommt.

d) Die Erfolgsabwendung scheitert, weil der *Angegriffene* die ihm angebotene Hilfeleistung zurückweist oder ihr Wirksamwerden hintertreibt, sei es, daß er nach einem Brandstiftungsversuch z. B. die vom Täter eingeleiteten Löscharbeiten durch Absperren der Wasserzufuhr unmöglich macht oder als *Verletzter* nach einem Tötungsversuch seine Einwilligung zu der lebensrettenden Bluttransfusion verweigert bzw. die erlittene Wunde durch entsprechende Manipulationen bewußt offen hält, um evtl. eine höhere Schadensersatzsumme zu kassieren.

Zu jeder dieser vier Fallgruppen finden sich Lehrmeinungen, die trotz Erfolgsverwirklichung die Rücktrittsmöglichkeit bejahen. So treten u. a. Frank und Allfeld in der Kategorie a) *uneingeschränkt*[397], Schröder, Otto und Eser dann, wenn der Rücktritt *vor* Tatvollendung erfolgte[398], und v. Scheurl unter der Bedingung, daß „erst ein Teil von mehreren deutlich von-

---

[397] Frank, § 46 IV: diese Fundstelle wird meist mißverstanden (vgl. v. Scheurl a. a. O. S. 46; Gutmann a. a. O. S. 109; Arzt GA 1964, 7 Anm. 33): nicht wegen Versuchs wird der Täter bestraft, sondern weil Versuch anzunehmen ist, findet § 46 Anwendung, wie der der fraglichen Textstelle vorangehende Satz ergibt. Ganz klar in diesem Sinne Frank noch in der 16. Aufl. seines Kommentars § 46 IV, wo er die hier gefolgerte Meinung *ausdrücklich* vertritt. Vgl. im übrigen Allfeld, Festgabe für Frank, Bd. II S. 79; Joussen a. a. O. S. 11; Meister MDR 1955, 689; Noack, Tatverlauf und Vorsatz, Diss. Hamburg 1966, S. 73 f.

[398] Schönke-Schröder § 46 Rdnr. 9 (ohne diese Differenzierung noch in JuS 62, 82); Otto, Festschrift für Maurach, 1972, S. 99; Eser, Studienkurs, Teil II Fall Nr. 33 Rdnr. 48; Schönke-Schröder und Eser gehen von der Möglichkeit einer Fahrlässigkeitsbestrafung aus.

einander abgesetzten Einzelhandlungen"[399] verwirklicht war, *für die Anwendbarkeit des § 46 Ziff. 1 a. F.* ein. In der Fallgestaltung b) ist nach Ansicht Karl Wolffs wegen des fehlenden Rechtswidrigkeitszusammenhangs Rücktritt vom versuchten Delikt gegeben, wenn der Erfolg im Rücktrittszeitpunkt noch abwendbar war[400]. Zum gleichen Ergebnis gelangt v. Schwarze allgemein für die Fallkonstellation c), indem er dem Täter den eingetretenen Erfolg wegen Unterbrechung des „Causalitätsnexus" nicht zurechnet[401], während Schröder hier in nicht sehr klarer Weise differenziert[402]: Rücktritt sei ausgeschlossen, falls „die Erfolgsabwendung am Dazwischentreten dritter Personen" scheitert, möglich dagegen, wenn das Opfer eines Mordversuchs im Notarztwagen auf der Fahrt ins Krankenhaus durch einen Verkehrsunfall den Tod erleidet. In der unter d) beschriebenen Fallgruppe schließlich wird Versuch mit der Folge wirksamer „tätiger Reue" teils wegen wesentlicher Abweichung des Kausalverlaufs angenommen — so von Schröder, Baumann, Munoz-Conde und wohl auch Lenckner[403] — teils wegen fehlenden Zurechnungszusammenhangs bejaht — so von Otto[404] — und teils — soweit es sich um disponible Rechtsgüter handelt — die Anwendbarkeit des § 46 Ziff. 2 a. F. damit begründet, daß die gelungene Beseitigung der Rechtswidrigkeit des Erfolges (wegen Einwilligung des Verletzten) seiner tatsächlichen Verhinderung unter dem Gesichtspunkt des Rücktritts gleichzustellen sei — so Arzt unter Zustimmung Lenckners[405].

Es würde im vorliegenden Zusammenhang zu weit führen, auf alle Nuancen, Differenzierungen und unterschiedlichen Argumente dieser vielfältigen Lösungsvorschläge im einzelnen einzugehen. Deshalb müssen wir uns hier auf einige grundsätzliche Ausführungen zum Problem des mißglückten Rücktritts beschränken.

1. Unsere Ausgangsthese, daß bei Vollendung der „beabsichtigten Handlung" strafbefreiender Rücktritt *stets* ausscheidet, bedarf zunächst insoweit einer Korrektur, als der Erfolgseintritt möglicherweise auf einer *wesentlichen Abweichung des Kausalverlaufs* beruht, deshalb vom Vorsatz nicht

---

[399] v. Scheurl a. a. O. S. 46 ff. (S. 50).

[400] Karl Wolff, Verbotenes Verhalten, 1923, S. 318; a. A. ausdrücklich Stratenwerth AT Rdnr. 775.

[401] v. Schwarze, Allgemeine Gerichtszeitung für das Königreich Sachsen, Jahrgang 7 (1863) S. 402 ff. (404).

[402] Schönke-Schröder, § 46 Rdnr. 32; vgl. dazu auch Lenckner, Festschrift für Gallas, S. 293 Anm. 33.

[403] Schönke-Schröder, § 46 Rdnr. 32; Schröder, JuS 1962, 82; Baumann AT S. 520; Lenckner, Festschrift für Gallas, S. 292; Munoz-Conde (GA 1973, 33 ff. (34 f.), der sich ausführlich, aber nur unter lückenhafter Berücksichtigung der Literatur mit den in den obigen Fallgestaltungen aufgeworfenen Problemen des mißlungenen Rücktritts beschäftigt).

[404] Otto, Festschrift für Maurach, S. 99.

[405] Arzt, GA 1964, 1; Lenckner, Festschrift für Gallas, S. 292 in Verbindung mit Anm. 32.

umfaßt ist und daher auch nicht Gegenstand der Verhinderung durch den rücktrittswilligen Täter sein kann. Denn da der „Rücktritt" sich nur auf solche Handlungen bezieht, die mit bestimmtem oder bedingtem Vorsatz vorgenommen wurden, darf man vom Täter unter dem Präventivaspekt des § 46 a. F, § 24 lediglich die Abwendung solcher Erfolge verlangen, die vom Vorsatz gedeckt sind. Alles andere wäre die Wiedergeburt der längst überwundenen reinen Erfolgshaftung[406]. Das bedeutet konstruktiv: Wenn der tatsächlich eingetretene Erfolg wegen eines außerhalb aller Lebenserfahrung liegenden Handlungsablaufs nicht als *vorsätzliche* Vollendung des beabsichtigten Verbrechens oder Vergehens anzusehen ist, ist die „Handlung" i. S. des § 46 Ziff. 1 und 2 a. F., § 24 I S. 1 *erfolglos*, also ein *Versuch* geblieben, von dem der Täter unter denselben Voraussetzungen wie beim — ohne Kenntnis — fehlgeschlagenen oder untauglichen Versuch zurücktreten kann. Dasselbe gilt selbstverständlich auch für die Fälle, in denen die Handlung des Täters nicht einmal im Sinne der conditio-sine-qua-non-Theorie ursächlich für den Erfolg geworden ist. Im Grunde handelt es sich hier aber um keine Ausnahme vom Prinzip der Unanwendbarkeit der Rücktrittsvorschrift bei Erfolgsverwirklichung, sondern um ein allgemeines Vorsatz- bzw. Kausalproblem.

2. Ebenfalls keine Durchbrechung jenes Grundsatzes bedeutet die Anerkennung der Rücktrittsmöglichkeit nach § 46 Ziff. 2 a. F. für den Täter, der zwar nicht den Vollendungseintritt als solchen, wohl aber dessen Rechtswidrigkeit durch eigene Tätigkeit abzuwenden vermag, indem er die — nur bei disponiblen Rechtsgütern wirksame — Einwilligung des Verletzten erreicht. Denn das Gesetz hat unter präventivem Blickwinkel nur die Verhinderung *rechtswidriger* Erfolge im Auge, so daß man bei einem Verhalten des Täters, das im Ergebnis einen rechtmäßigen Erfolg bewirkt, von einem mißglückten Rücktritt eigentlich nicht sprechen kann[407].

3. Schließlich sei in diesem Zusammenhang noch auf die sog. erfolgsqualifizierten Delikte hingewiesen, bei denen der Versuch u. a. in der Form anerkannt ist[408], daß das Grunddelikt, der Raub z. B. nur versucht, aber schon dadurch der schwere Erfolg, etwa der Tod des Angegriffenen, verursacht wird. Wenn man hier mit der fast einhelligen Meinung[409] die Rück-

---

[406] Schmidhäuser AT S. 501 rechtfertigt den Ausschluß des Rücktritts auch in diesen Fallgestaltungen damit, daß der Erfolg aufgrund der bewußt vom Täter geschaffenen Gefahr eingetreten ist.

[407] Arzt (GA 1964, 1) begründet die Anwendbarkeit des § 46 Ziff. 2 damit, daß normalerweise „derjenige, der einen rechtmäßigen Erfolg verursacht, nicht schlechter stehen darf als derjenige, der nicht tatbestandsmäßig handelt".

[408] Vgl. dazu Ulsenheimer, GA 1966, 257 ff. mit weiteren Nachweisen; anders Thomsen, Über den Versuch der durch eine Folge qualifizierten Delikte, 1895, S. 18 ff., 60 f.

[409] Schönke-Schröder, § 46 Rdnr. 9 c, 14 a; Radbruch VDA Bd. II, 236; v. Liszt-Schmidt (26. Aufl.) S. 307; Nagler LK (6. Aufl.) § 46 III 1; Finger, Lehrbuch des Deutschen Strafrechts, S. 317; ders. in: Kritische Vierteljahresschrift für Gesetzgebung und Rechtswissenschaft, Band 38, 447 ff.; Schneider, E., Die durch eine

trittsmöglichkeit trotz des Erfolgseintritts in Verwirklichung der vom Grunddelikt ausgehenden spezifischen Gefahr bejaht, so beruht dies gleichfalls nicht auf einer Umverteilung des Erfolgsrisikos zugunsten des Täters, sondern auf der Tatsache, daß man formal auf die gesetzestechnische Nichtvollendung dieses besonderen Deliktstyps abstellt.

4. Von den vorstehenden „Ausnahmen" abgesehen, ist die Anwendbarkeit der Rücktrittsvorschrift generell ausgeschlossen[410], wenn der zur Vollendung des Verbrechens oder Vergehens gehörige Erfolg eintritt, und zwar gleichgültig aus welchem Grunde und unabhängig davon, ob der Versuch beendet oder unbeendet war. Dies folgt einmal aus dem Wortlaut des § 46 a. F., § 24 I S. 1, wonach ausdrücklich nur „der Versuch als solcher straflos bleibt", und ferner begrifflich-dogmatisch aus der Unmöglichkeit, in einem Rücktrittsfall zunächst den vollen objektiven und subjektiven Tatbestand eines Delikts zu bejahen und dann im weiteren Verlauf der systematischen Prüfung — unter dem Aspekt des § 46 a. F. bzw. § 24 — wieder zu verneinen. Daraus ergibt sich für die Entscheidung der vier oben angeführten Fallgruppen, daß diese letztlich von der konkreten Sachverhaltsstruktur des jeweiligen Einzelfalles abhängt. Nur soviel läßt sich allgemein sagen: Da Fehlvorstellungen des Täters über die Qualität oder den Wirkungsmechanismus des Tatmittels bzw. den Grad des Tatfortschritts unerheblich sind[411] und der Vorsatz im Augenblick des Erfolgseintritts nicht mehr vorzuliegen braucht[412], scheidet für die unter a) beschriebene Irrtumskonstellation Rücktritt stets aus[413].

Dagegen dürfte bei vorsätzlicher Behinderung der Erfolgsabwendungsbemühungen des Täters von seiten des Opfers oder Dritter häufig eine

---

verschuldete Folge qualifizierten Delikte, Diss. Köln 1954, S. 66 f.; Widmann, H. J., Der Versuch eines erfolgsqualifizierten Delikts, Diss. Hamburg 1964, S. 71 f.; Dorn, Zur Lehre von den bedingten Verbrechen im Strafrecht des Deutschen Reichs, Diss. Marburg 1925, S. 61 f.; beachte insbesondere auch die Entscheidung des Reichsgerichts HRR 1941 Nr. 521, die ebenfalls Rücktritt vom erfolgsqualifizierten Delikt für möglich hält; anderer Ansicht Thomsen a. a. O. S. 70 ff.; Glaeser a. a. O. S. 38 f.

[410] Zur Frage der analogen Anwendbarkeit von §§ 83 a Abs. 1, Abs. 2, 84 Abs. 5, 85 Abs. 3 und 129 Abs. 6 Nr. 1 vgl. Schröder, Festschrift für H. Mayer, S. 386 ff.; Lenckner, Festschrift für Gallas, S. 293 f.

[411] Vgl. Mezger, LK (8. Aufl.) § 59 Anm. II, 10 c; Arzt, GA 1964, 6; Seeger a. a. O. S. 39; RG Deutsches Strafrecht 1939, 177 (178).

[412] RG HRR 1936 Nr. 638; RG DJ 1937, 43; Stratenwerth AT Rdnr. 775; Baumann AT S. 516, § 34 II.

[413] BGH MDR 1953, 721 (722) kann nicht, wie es vielfach geschieht (vgl. Schönke-Schröder § 46 Rdnr. 9) für den gegenteiligen Standpunkt reklamiert werden, da die Entscheidung, wie Arzt (GA 1964, 7 Anm. 33) zu Recht bemerkt, bei Annahme einer wesentlichen Abweichung im Kausalverlauf auch mit der hier vertretenen Auffassung vereinbar ist. Im Ergebnis für Rücktrittsausschluß in dieser Fallgruppe ausdrücklich: Jescheck, AT, S. 410; Stratenwerth, AT, Rdnr. 765; Baumann AT, S. 516; Schmidhäuser, AT, Kapitel 15 Rdnr. 80 S. 501; Gutmann a. a. O. S. 110; Köhler, AT, S. 457; Seeger a. a. O. S. 39 f.; Wolff a. a. O. S. 318.

wesentliche Abweichung des Kausalverlaufs anzunehmen sein. Soweit die hier vertretene Auffassung im Ergebnis eine Haftung nach dem Prinzip des versari in re illicita darstellt, ist dies damit zu rechtfertigen, daß der Täter sich immerhin bis in die Strafbarkeitszone des Versuchs bereits vorgewagt, das verletzte Rechtsgut *bewußt* in Gefahr gebracht und die Herrschaft über den Geschehensablauf schon ganz oder teilweise aus der Hand gegeben hatte[414].

Zusammenfassend läßt sich somit feststellen: Die Begründung der Straflosigkeit des Rücktritts aus dem Gedanken verminderter Schuld infolge fehlenden Erfolgsunwerts gilt uneingeschränkt, da die Nichtvollendung der beabsichtigten Tat unabdingbare Voraussetzung des § 46 a. F., § 24 ist und die Ausnahmen von diesem Grundsatz nur *scheinbare* sind.

cc) Schuldminderung auf Grund geringeren Handlungsunwerts

Ebenso allgemein gilt die andere Schuldminderungskomponente aufgrund verminderten *Unrechts:* Weil die Rücktrittshandlung stets von dem Willen getragen ist, das zuvor angegriffene Rechtsgut zu erhalten, und somit der Täter subjektiv nach Aufgabe der negativen Zielsetzung einen positiven Zweck verfolgt, kommt in dem Gesamtverhalten des Täters bei normativer Betrachtungsweise zugleich auch ein geringerer Handlungsunwert zum Ausdruck. Für die einheitliche Würdigung von Versuch und Rücktritt schafft dessen „Erfolgswert" ein Gegengewicht gegenüber dem in der tatbestandsmäßigen Ausführungshandlung manifestierten Unrecht. Dazu genügt ein äußerer, vorsätzlicher Umkehrakt, der nicht „freiwillig" i. S. der Rücktrittsvorschrift zu sein braucht. Denn die verbrecherische Energie des Täters ist auch unter diesen Voraussetzungen schwächer als bei der Tatvollendung. Da die „Intensität des Verwirklichungswillens" zwar „unmittelbar und zunächst" nur „den Aktunwert betrifft", aber „über diesen mittelbar den Grad der Vorwerfbarkeit beeinflußt"[415], ergibt sich von hier aus eine dem verringerten Handlungsunwert entsprechende Herabsetzung des Schuldgehalts der wegen Rücktritts unvollendet gebliebenen Tat.

dd) Schuldminderung auf Grund des Gesinnungswandels: Aufgabe der rechtsfeindlichen Einstellung

Die auf vermindertem Unrecht beruhende Schuldminderung würde aber allein noch keine ausreichende Erklärung für die Straflosigkeit des Zurücktretenden wegen Versuchs sein. Hinzu kommen muß vielmehr — ebenso wie bei der Notstandstat — noch ein zweiter selbständiger Schuldminderungsgrund. Dieser hat seine Wurzel im Erfordernis der „Freiwilligkeit" des Rücktritts, unabhängig von deren jeweiliger gesetzlicher Umschreibung. Denn bei der Beurteilung der Schuld ist auf „die rechtswidrige Tat mit

---

[414] Vgl. dazu BGH NJW 1973, 632 (633); Maurach AT S. 525; Schmidhäuser AT Kapitel 15 Rdnr. 80 S. 501.

[415] Armin Kaufmann, Normentheorie, S. 209; anders („Stärke des verbrecherischen Willens" ist „primär Schuldgesichtspunkt") Bruns a. a. O. S. 398.

Rücksicht auf die in ihr aktualisierte, rechtlich mißbilligte Gesinnung"[416] abzustellen. Eine solche fehlt aber von dem Augenblick an, in dem der Täter nicht nur vorsätzlich, sondern darüber hinaus „freiwillig" die Tat aufgegeben und den Erfolgseintritt verhindert hat. Darin nämlich steckt — unbeschadet der Freiwilligkeitsbestimmung im einzelnen — ein Gesinnungsumschlag, der das Ende der rechtsfeindlichen Einstellung des Täters und seinen Übergang zu rechtsgemäßem Verhalten signalisiert. Dieser hat zwar in den Fällen späteren Rücktritts verwerflich gehandelt, da er begonnen hat, „die von der Bestimmungsnorm verbotene Handlung vorzunehmen"[417]. Aber dadurch, daß er von seinem Ziel „freiwillig" abgelassen und „seine Achtung der Rechtsvorschriften durch die Tat bewiesen"[418] hat, setzte sich schließlich doch die rechtliche Gesinnung in ihm durch. Darunter ist keine Dauereigenschaft des Täters zu verstehen, sondern eine in der konkreten Rücktrittshandlung zum Ausdruck gebrachte, respektvolle Haltung gegenüber der Legalität. Das gilt für beide Alternativen des § 46 a. F. bzw. § 24 I S. 1 in gleicher Weise. Bei normativer Betrachtung des ganzen, Versuch und Rücktritt umspannenden Geschehens wirkt sich dieser Gesinnungswandel im Rahmen des Schuldurteils dahingehend aus, daß die Verwerflichkeit der „Gesamttat" *niedriger* einzuschätzen ist. Von einer „freiwilligkeitsbedingten" *vollständigen* Schuldaufhebung oder -ausschließung kann also keine Rede sein, vielmehr handelt es sich nur um eine Herabstufung von „Grad und Ausmaß der Vorwerfbarkeit"[419], weil die „Gesamteinstellung des Täters zu den Anforderungen des Rechts"[420] mit Blick auf das Handlungsende „weniger hinter dem zu Grunde gelegten Modell"[421] zurückbleibt. In Verbindung mit dem anderen, zuvor beschriebenen Schuldminderungsgrund wird dadurch jedoch im Ergebnis ein so niedriges „Schuldniveau" erreicht, daß der Gesetzgeber auf die Erhebung des Schuldvorwurfs gänzlich verzichtet und den Täter straffrei läßt.

ee) Zusammenfassung

Zusammenfassend kann man daher feststellen, daß der freiwillige Rücktritt vom Versuch die typischen Strukturmerkmale eines Entschuldigungsgrundes aufweist: der verringerte Handlungs- und fehlende Erfolgsunwert sowie der — davon unabhängige — schuldmindernde Effekt des sich als „Rückkehr in die Legalität"[422] darstellenden psychischen Willensumschwungs beim Täter bewirken eine *doppelte* Reduktion der Schuld bis auf einen ganz geringen und deshalb auch „verzeihlichen" Rest. Auf dem Weg über die „Bewertung der Unrechts- und Schuldquantität"[423] der aus Versuch und

---

[416] Jescheck AT S. 319 mit weiteren Nachweisen.
[417] Stratenwerth ZStR Bd. 79 (1963), 248.
[418] Spohr a. a. O. S. 3.
[419] Gallas ZStW 67, 46.
[420] Gallas, Festschrift für Mezger, S. 324.
[421] Gallas ZStW 67, 45.
[422] Roxin, Kriminalpolitik und Strafrechtssystem, S. 37.
[423] Jescheck AT S. 360.

Rücktritt zusammengesetzten „Tat" ist damit eine *materielle* Erklärung für die in § 46 a. F., § 24 I S. 1 ausgesprochene Straflosigkeit gefunden und gleichzeitig deren *systematischer* Standort im Verbrechensaufbau festgelegt, ohne daß es auf die Frage ankommt, welche Versuchstheorie zugrunde zu legen ist[424].

ff) Gültigkeit der Ausführungen für beide Rücktrittsalternativen

Wie schon an mehreren Stellen während der Entwicklung des eigenen Gedankengangs betont, gilt die hier vorgenommene Charakterisierung des Rücktrittsprivilieg als „Entschuldigungsgrund" *unterschiedslos* für § 46 Ziff. 1 und 2 a. F. bzw. § 24 I S. 1 1. und 2. Alt. Diese Auffassung steht im Widerspruch zu einigen im Schrifttum geäußerten Ansichten[425], wonach hinsichtlich des Rechtsgrundes der Straflosigkeit zwischen beiden Rücktrittsalternativen zu differenzieren ist. Das erscheint insofern auch verständlich, als von einem eigentlichen „Rücktritt" — einem Abbruch der Ausführungshandlung — nur im Falle des unbeendeten Versuchs die Rede sein kann[426] und der „Handlungsunwert erst durch den beendeten Versuch in *vollem* Umfang verwirklicht wird"[427], also innerhalb der Versuchsstufen unter Unrechts- und Schuldgesichtspunkten Abweichungen bestehen. An der Erklärung, daß die Straflosigkeit einheitlich in beiden Ziffern des § 46 a. F. (beiden Alternativen des § 24 I S. 1) dem Zusammenwirken eines Unrechts- und eines zweifachen Schuldminderungsgrundes entspringt, ändert sich dadurch jedoch nichts. Denn mag der Täter bei der Umsetzung seiner rechtsfeindlichen Gesinnung in die Tat noch so weit, bis nahe an die Vollendung vorgedrungen sein — zuletzt hat er jedenfalls seine Rechtstreue bewiesen, indem er selbst den Erfolgseintritt freiwillig verhindert hat. Dazu ist im Stadium des beendeten Versuchs allerdings eine eigene, positive Tätigkeit erforderlich, während zuvor schon das bloße „Nichtweitermachen" die „Rücktrittskausalität" begründet. Die höheren Anforderungen[428] aber, die der von einem beendeten Versuch Zurücktretende zu erfüllen hat, um straflos zu bleiben, bedeuten, wenn er ihnen nachkommt, ein stärkeres Gegengewicht bei der Abwägung von Unrecht und Schuld, so daß das gegenüber dem unbeendeten Versuch bestehende „Plus" an Handlungsunwert und Vorwerfbarkeit ausgeglichen wird und daher im Endeffekt bezüglich der für die Annahme eines Entschuldigungsgrundes allein maßgeblichen Umstände die Verhältnisse in beiden Versuchsphasen identisch sind.

---

[424] Vgl. Heinitz JR 1956, 250 r. Sp.

[425] Arzt GA 1964, 9; Grünwald, Unterlassungsdelikte, S. 95 f.; Klee, Versuchslehre, S. 44; Meves GA 24, 164 f.; Köstlin, Neue Revision, S. 395; v. Gleispach, Prager Juristische Vierteljahresschrift 1914, 101 f.; Kolb a. a. O. S. 19.

[426] Siehe dazu schon Berner GS 17 (1865) S. 100 f.

[427] Stratenwerth ZStR 79, 249.

[428] Vgl. dazu Roxin, Festschrift für Maurach, S. 216; vgl. auch (im Rahmen der Unterlassungsdelikte); Welzel, JZ 1958, 495; Rutkowsky DR 1939, 1041; Eggert a. a. O. S. 116 f.; Ulsenheimer GA 1972, 26.

d) Vergleich mit den anderen Lösungsansätzen

Vergleicht man die hier vertretene Lösung mit den Theorien, die bisher zur ratio des Rücktrittsprivilegs entwickelt wurden, so erkennt man, daß in ihr mit Ausnahme des wirklichkeitsfremden kriminalpolitischen Ansatzes alle anderen in der Diskussion befindlichen materiellen Grundgesichtspunkte enthalten sind. Der „Verdienstgedanke" spielt insoweit eine Rolle, als das Ausbleiben der Vollendung nicht rein „zufälliger" Natur sein darf, sondern durch den Täter selbst verursacht sein muß, damit der fehlende Erfolgsunwert *zwingend* zu seinen Gunsten schuldmindernd zu berücksichtigen ist. Zu Recht weist Kantorowicz darauf hin, daß „Schuld und Verdienst entsprechend gebaut"[429] sind. Der Aspekt der „Gnade" wird darin sichtbar, daß sich wegen der bei Vorliegen eines Entschuldigungsgrundes bestehenbleibenden Restschuld der Verzicht auf die Bestrafung als Akt der „Nachsicht" gegenüber dem Täter erweist. Treffend kommt diese Gedankenverbindung in der Formulierung Naglers zum Ausdruck, „die aktive Rückkehr des abtrünnig Gewordenen zu den Forderungen des Rechts oder dessen besonders nützliche Unterstützung wird durch Nachsicht gegenüber dem früheren Fehltritt des Handelnden prämiiert"[430]. Das Kriterium der „geringeren verbrecherischen Willensintensität" begründet die Verminderung des Handlungsunwertes, soweit man nur auf den Rücktrittswillen abstellt. Unter Einbeziehung des Freiwilligkeitsmerkmals spiegelt sich darin außerdem die Aufgabe der rechtsfeindlichen Gesinnung wider, aus der hier ein selbständiger Schuldminderungsgrund abgeleitet wurde. Schließlich sind auch die mit dem Wegfall des Strafzwecks oder der fehlenden Strafwürdigkeit operierenden Ansichten ohne weiteres mit der Qualifizierung des freiwilligen Rücktritts als „Entschuldigungsgrund" vereinbar. Denn offenbar sieht der Gesetzgeber infolge der doppelten Minderung des Unrechts- und Schuldgehalts die realisierte Versuchshandlung nicht mehr als „strafwürdig" an. Jescheck führt daher auch ganz allgemein die „strafbefreiende Kraft" der Entschuldigungsgründe darauf zurück, daß in solchen Fällen „die Grenze der Strafwürdigkeit nicht erreicht ist"[431].

Alle diese Gesichtspunkte stießen im Rahmen ihrer kritischen Einzelanalyse auf Ablehnung, aber nicht — wie mehrfach betont — weil die Aspekte als solche für unrichtig gehalten wurden, sondern weil mit ihrer Hilfe das tragende Prinzip des Rücktritts letztlich nicht schlüssig erklärt werden konnte. Deshalb bedeutet es keinen Widerspruch zu früheren Ausführungen, wenn die zuvor genannten Ansätze inhaltlich in der hier vertretenen Lösung hinter anderen Kriterien wieder zum Vorschein kommen, im Gegenteil, es wäre angesichts über hundertjähriger Forschungsarbeit auf dem Rücktrittssektor mehr als verwunderlich, wenn alle bisherigen Gedanken unbrauchbar wären. Verdienst, Belohnung, Gnade, die schwächere ver-

---

[429] Kantorowicz a. a. O. S. 317.
[430] Nagler, Die Strafe, 1918, S. 645.
[431] Jescheck AT S. 359; ebenso Wessels AT S. 64.

brecherische Energie des Täters, Strafzweck- und Strafwürdigkeitsüberlegungen stellen keine sachfremden Erwägungen dar. Es macht den entscheidenden Vorzug der neuen Konzeption aus, daß die verschiedenen Teilaspekte und Einzelkriterien z. T. vordergründiger, z. T. formaler Natur in der Gestalt des Entschuldigungsgrundes einen gemeinsamen, materiellen Bezugspunkt haben und aus dessen Strukturelementen — den dargelegten Unrechts- und Schuldminderungsgründen — ihr wahrer Sachgehalt und damit die eigentliche Begründung für die Straflosigkeit des Versuchs wegen freiwilligen Rücktritts sichtbar wird.

e) Die Rücktrittsfolge: Straflosigkeit — als gesetzgeberische Ermessensentscheidung

Eine Einschränkung ist insoweit allerdings zu machen: Warum der Gesetzgeber in § 46 a. F., § 24 I S. 1 *zwingend völlige* Straflosigkeit und nicht nur — weitgehende — Strafmilderung oder etwa fakultative — vom Richterspruch abhängige — Straffreiheit vorgesehen hat, ist auch bei Annahme eines Entschuldigungsgrundes letztlich kaum erklärlich[432]. Denn weil ja ein, wenn auch geringer, Restbestand an Schuld vorhanden ist, stellt die mit dem Verzicht auf die Erhebung des Schuldvorwurfs verbundene Straflosigkeit keine *notwendige* Folge dar. Aber daraus läßt sich kein Argument gegen die Tauglichkeit der Entschuldigungskonstruktion zur Rechtfertigung des Rücktrittsprivilegs herleiten, anderenfalls müßte man denselben Einwand z. B. auch gegen die oben dargestellte Interpretation des § 35 vorbringen, die sich jedoch ganz im Gegenteil wachsender Zustimmung erfreut[433] und als schlüssige materielle Erklärung angesehen wird. Das ist darauf zurückzuführen, daß der Strafausschluß in solchen Fällen auf einer „relativ" freien[434] *Ermessens*entscheidung des Gesetzgebers beruht, deren sachliche Berechtigung angesichts der doppelten Reduzierung des Schuldgehalts der Tat außer Zweifel steht, zumal speziell für § 46 Ziff. 2 a. F., § 24 I S. 1 2. Alt. in gewisser Weise auch der Grundsatz straffreier Selbstbegünstigung spricht, da die erfolgsabwendende Tätigkeit die Entdeckungsgefahr häufig erhöhen wird. Mit Rücksicht auf diesen Ermessensspielraum[435] muß es deshalb auch im Falle freiwilligen Rücktritts genügen, die Straflosigkeit als zwanglos *begründbare* Rechtsfolge einsichtig zu machen[436]. Ihre *Zweckmäßigkeit* da-

---

[432] Vgl. auch Lenckner, Festschrift für Gallas, S. 294 Anm. 38: „daß der gelungene Rücktritt zur völligen Straffreiheit führt", ist „nicht zwingend".

[433] Jescheck AT S. 360.

[434] Schmidhäuser, Gesinnungsmerkmale, S. 179.

[435] Ebenso Lang-Hinrichsen, Festschrift für Engisch, S. 373 oben; vgl. auch Schröder in Festschrift für H. Mayer, S. 377 zu den vielfältigen gesetzgeberischen Gestaltungsmöglichkeiten; siehe ferner bei H. H. Müller a. a. O. S. 32.

[436] Vgl. in diesem Zusammenhang Roxin, Festschrift für Heinitz, S. 274, Fußnote 69.

gegen, für die bei der Abfassung der Rücktrittsvorschrift erwiesenermaßen vorwiegend die bekannten kriminalpolitischen Überlegungen ins Feld geführt wurden, bleibt hier im Rahmen der theoretischen Begründung des Rücktrittsprivilegs vorerst außer Betracht. Auf diese Frage ist jedoch zurückzukommen, sobald dessen Auswirkungen in der Gerichtspraxis im einzelnen diskutiert und die zentralen Probleme der Freiwilligkeit sowie der Abgrenzung zwischen unbeendetem und beendetem Versuch erörtert sind.

2. *Die Deutung des Rücktritts als Schuldausschließungs-, -aufhebungs-, -tilgungs- oder -milderungsgrund in der Literatur*

Die Deutung des freiwilligen Rücktritts als Entschuldigungsgrund ist, soweit ersichtlich, in der vorstehend konzipierten Fassung ein in Rechtsprechung und Literatur noch nicht beschrittener Lösungsweg. Aber es gibt unbestreitbar bereits konkrete Ansätze in diese Richtung sowohl im älteren als auch im neueren Schrifttum, insbesondere aber eine stattliche Zahl von Autoren, die den Rücktritt als Schuldausschließungs-, Schuldaufhebungs- oder Schuldtilgungsgrund ansehen oder in sonstiger Weise mit dem Aspekt der „Schuld“ in Verbindung bringen und insofern dem hier entwickelten Gedankengang zumindest im Ergebnis nahestehen. Mit Verwunderung muß man allerdings zur Kenntnis nehmen, daß trotz der häufigen theoretischen Beschäftigung mit dem tragenden Grundprinzip des § 46 a. F. die zahlreichen „Schuldlösungen“ nirgends ihrem Gewicht entsprechend gewürdigt, sondern bis auf einige wenige gänzlich übersehen werden. So spricht z. B. Reinhard von Hippel im Vorwort seiner 1966 veröffentlichten Arbeit, die sich ausschließlich der Frage nach dem systematischen Standort des Rücktrittsprivilegs widmet, von einer „nahezu einhelligen“ Qualifizierung des § 46 a. F. „als persönlicher Strafaufhebungsgrund“ und behauptet in einer Fußnote weiter unten im Text[437], anderer Ansicht seien „in jüngster Zeit lediglich Sauer und Schröder“, die den Rücktritt auf der Ebene der Schuld einordneten. Ähnlich formulierte Roxin den Stand der Literatur: Der Rücktritt werde „nur von Schönke-Schröder ... als Schuldproblem behandelt“[438], doch betont er in seiner letzten einschlägigen Stellungnahme[439], die Auffassung, „daß die Straflosigkeit bei freiwilligem Rücktritt etwas mit der Schuld zu tun habe“, beginne sich „im Schrifttum zu verbreiten“, und zitiert als Belege hierfür die Äußerungen von Welzel, Schröder, Wessels, Baumann und Heinitz.

Bei der nun folgenden Darstellung der „Schuldlehren“ beschränken wir uns auf diejenigen Lehrmeinungen, die ausdrücklich auf das Verbrechens-

---

[437] Reinhard v. Hippel a. a. O. S. 30 Fußnote 200 a. E.

[438] Roxin, Kriminalpolitik, S. 35 Anm. 74.

[439] Roxin, Heinitz-Festschrift, S. 274; v. Scheurl a. a. O. S. 1 Anm. 2 zitiert als Vertreter einer „Schuldlösung“ Kemsies, H. H. Müller, Sauer, Welzel, Schröder und Roxin.

merkmal „Schuld“ Bezug nehmen, ohne zu verkennen, daß die Begründung der Straflosigkeit mit Rücksicht „auf die geringere Intensität des verbrecherischen Willens“ in der Sache eine Berufung „auf die geringere Schuld“ des freiwillig zurücktretenden Täters bedeutet[440].

a) Die neuere Kommentar- und Lehrbuchliteratur

Beginnen wir mit der jüngeren Lehrbuch- und Kommentarliteratur, so sind außer den bereits in diesem Zusammenhang von Roxin erwähnten Autoren[441] Schröder, Sauer, Welzel, Wessels und Baumann noch Jescheck und Cramer zu nennen. Jescheck qualifiziert § 46 a. F. rechtlich zwar als „Strafaufhebungsgrund“[442], spricht aber zuvor — bei der Erörterung des Rechtsgrundes der Straflosigkeit — von einem teilweisen Ausgleich der „Schuldhaftigkeit des Versuchs durch das Gegengewicht verdienstlichen Handelns“[443]. Jescheck erblickt darin keinen Widerspruch, „weil die Schuld durch den Rücktritt nicht beseitigt, sondern nur“ in bestimmtem Ausmaß „kompensiert“ werde. Diese Erklärung ist jedoch wenig überzeugend. Denn sie läßt sich nicht mit der unmittelbar zuvor für die Annahme eines Strafaufhebungsgrundes ins Feld geführten Feststellung vereinbaren, „durch den Rücktritt“ würden „weder Tatbestandsmäßigkeit noch Rechtswidrigkeit noch Schuld der Versuchstat berührt“. Zum Beweis, daß die hier geäußerte Kritik durchaus berechtigt ist, kann im übrigen Jescheck selbst als Kronzeuge angeführt werden. In einer einige Jahre zurückliegenden Urteilsanmerkung hat er nämlich — im Gegensatz zu seinem jetzigen Standpunkt — die Auffassung vertreten, „die maßgebliche Bedeutung der Gesinnung für die Würdigung des Rücktritts“ lege die Schlußfolgerung nahe, „daß es sich im Grunde um einen Schuldausschließungsgrund handelt“[444]. Ausdrücklich, wenngleich ohne nähere Begründung, hat sich Cramer zu dieser Ansicht bekannt[445].

---

[440] Vgl. Baumann AT S. 515; Spohr a. a. O. S. 66 f.; Otto, GA 1967, 150; RGSt. 6, 341 (342); im älteren Schrifttum ist die Gegenüberstellung von Schuldausschließungs- und Strafaufhebungsgrund häufig festzustellen. Als Anhänger der Schuldausschließung werden z. B. Herzog, v. Bar und alle, die ihnen folgen, eingestuft. Vgl. auch Platzgummer a. a. O. S. 3: Es wurde „immer wieder versucht, den Rücktritt aus einem Mangel an Schuld abzuleiten“.

[441] Vgl. Schönke-Schröder, § 46 Rdnr. 38; siehe auch Vorbemerkung vor § 51 Rdnr. 97; Sauer, Allgemeine Strafrechtslehre S. 115, 196; Welzel Lb. S. 196; Niederschriften über die Sitzungen der Großen Strafrechtskommission, Bd. 2, S. 198; Wessels AT, S. 101; Baumann AT (5. Aufl.) S. 516. Hinzuweisen ist auch auf die Äußerung Maurachs (AT S. 420), die Strafaufhebungsgründe, zu denen er § 46 a. F. rechnet, seien „den Schuldausschließungsgründen am nächsten“ verwandt. Ebenso schon Goldschmidt, Festgabe für Hübler, 1905, Sonderdruck S. 57.

[442] Jescheck, AT, S. 413.

[443] Jescheck, AT, S. 407.

[444] Jescheck MDR 1955, 563.

[445] Cramer, Grundbegriffe, S. 79 Rdnr. 26.

b) „Schuldlösungen" im sonstigen neueren Schrifttum

Abgesehen von dem schon erwähnten Beitrag Jeschecks ist in neueren Zeitschriftenpublikationen oder Monographien die „Asoziierung" des freiwilligen Rücktritts mit dem Verbrechenselement „Schuld" noch mehrfach anzutreffen. Nachhaltigen Einfluß hatten offenbar — wie die häufige Anlehnung an seine Formulierung zeigt — die Ausführungen Bockelmanns gehabt. Danach erscheint die Straflosigkeit als Akt der Gnade angebracht, weil derjenige, der „rechtzeitig aufgibt oder tätige Reue übt, ... das Gewicht des" ihn treffenden „Schuldvorwurfs ... bis zum gewissen Grade wenigstens durch ein Gegengewicht verdienstlichen Handelns" aufwiegt[446]. Allerdings behält § 46 a. F. in seiner Konzeption den Charakter eines „selbständigen Strafaufhebungsgrundes"[447] bei.

Weitgehend unbeachtet blieb dagegen, daß auch Heinitz[448] das „tragende Prinzip" der Rücktrittsbestimmung „in einer gerechten Würdigung der Schuld des Zurücktretenden" sieht und Stree[449] im Zusammenhang mit den Auswirkungen des Grundsatzes in dubio pro reo auf die Strafaufhebungsgründe die „Schuldbezogenheit" des strafbefreienden Rücktritts vom Versuch zwar letztlich dahingestellt sein läßt, nach dem Kontext aber zumindest für durchaus diskutabel hält.

Demgegenüber haben sich in jüngster Zeit Roxin und Rudolphi ausdrücklich zu dieser Auffassung bekannt, und zwar in einer Weise, die deutliche Parallelen zu der hier vertretenen „Entschuldigungskonstruktion" aufweist. Roxin geht allerdings nicht von der „vordringenden"[450], auch von uns zugrunde gelegten Schuldkonzeption aus, die deren „Wesen in der ‚fehlerhaften Gesinnung' des Täters erblickt"[451], sondern von der Vorstellung, daß alles, „was unter dem Gesichtspunkt der Schuld abgehandelt zu werden pflegt", mit der „Frage zu tun hat", ob ein tatbestandsmäßig-rechtswidriges „Verhalten Strafe verdient"[452]. Das bedeutet: Die Deliktskategorie Schuld wird „kriminalpolitisch von der Strafzwecklehre her geprägt"[453]. Da der Richter in Rücktrittsfällen auf dem Boden einer Gesamtbetrachtung von Versuch und freiwilliger Tataufgabe nicht über „Strafaufhebung"[454], sondern „darüber zu entscheiden" hat, „ob ... eine Strafe überhaupt erst ver-

---

[446] Bockelmann, NJW 1955, 1420.

[447] Bockelmann, NJW 1955, 1419 linke Spalte.

[448] Heinitz, JR 1956, 250 rechte Spalte.

[449] Stree, In dubio pro reo, Tübingen 1962, S. 23.

[450] Roxin, Kriminalpolitik, S. 33 Anm. 70; die h. L. sieht im Wegfall des Strafbedürfnisses ein Charakteristikum des Strafaufhebungsgrundes (Jescheck AT, S. 416; Maurach, AT, S. 420 oben).

[451] Roxin, Kriminalpolitik, S. 33 Anm. 70.

[452] Roxin, Kriminalpolitik, S. 33.

[453] Roxin, Kriminalpolitik, S. 33; ebenso Heinitz-Festschrift, S. 273, 274 oben.

[454] Roxin, Kriminalpolitik, S. 36.

hängt werden soll", steht er nach Meinung Roxins[455] vor einer „genuin" strafrechtlichen Frage, „die deshalb richtigerweise im Bereich der Schuld behandelt werden" müsse. Interessant ist dabei, daß Roxin zur Begründung des freiwilligen Rücktritts als „Schuldausschließungsgrund"[456] ebenso wie wir einen Vergleich zu „den Fällen des entschuldigenden Notstandes"[457] zieht.

Auf diese Fallgestaltungen verweist auch Rudolphi, um darzutun, daß es im Rahmen der Schuldprüfung nicht nur um die „Vorwerfbarkeit" schlechthin, sondern darüber hinaus um die Frage geht, „ob es sich bei dem gegenüber dem Täter zu erhebenden Schuldvorwurf um eine strafrechtlich relevante Schuld handelt"[458].

Das ist im Groben exakt der Ansatz, der dem von uns entwickelten Gedankengang zugrunde liegt. Rudolphi macht zwar für die Erklärung der Straflosigkeit bei freiwilligem Rücktritt nicht die von ihm für die Notstandstat in so präziser Weise herausgearbeiteten Strukturelemente der Entschuldigungsgründe fruchtbar, sondern argumentiert mit dem — im Falle des § 46 a. F. zu verneinenden — kriminalpolitischen Strafbedürfnis[459], aber im Ergebnis entspricht seine Feststellung, daß „die strafrechtlich relevante Schuld"[460] entfällt, der bei Annahme eines Entschuldigungsgrundes geläufigen Auffassung, infolge der doppelten Schuldminderung werde der geringfügige noch verbleibende Rest dem Täter nachgesehen.

Ebenfalls nahe verwandt mit dieser von uns zur Deutung des Rücktrittsprivilegs herangezogenen Konstruktion ist die zu Unrecht völlig übergangene Ansicht Giffhorns. Danach sind im Falle des § 46 a. F. „Tatsachen, die eine für das Strafrecht beachtliche Schuld begründen, von vorneherein nicht in vollem Umfang vorhanden"[461], da sich im Täter vor Beendigung der rechtswidrigen Handlung ein „Umschwung der rechtsfeindlichen Antriebslage in eine rechtsfreundliche"[462] vollzieht. Dadurch ergebe sich „ein anderes Bild des Schuldvorgangs"[463] mit einem „Weniger an Schuld"[464], so daß man statt von einem „Schuldausschließungsgrund" beim freiwilligen Rücktritt „streng begrifflich genommen" von einem „Schuldmilderungsgrund" sprechen müßte[465].

---

[455] Roxin, Kriminalpolitik, S. 36.

[456] Roxin, Heinitz-Festschrift, S. 273.

[457] Roxin, Heinitz-Festschrift, S. 274.

[458] Rudolphi, ZStW 85, 121.

[459] Rudolphi, ZStW 85, 120.

[460] Rudolphi, ZStW 85, 121.

[461] Giffhorn a. a. O., S. 43.

[462] Giffhorn a. a. O., S. 51.

[463] Giffhorn a. a. O., S. 52.

[464] Giffhorn a. a. O., S. 54.

[465] Giffhorn a. a. O., S. 54.

c) Stellungnahmen zur „Schuldbezogenheit" des Rücktritts in der älteren Literatur

aa) bis zum 1. Weltkrieg

Auch im älteren Schrifttum gibt es zahlreiche Stimmen, die die Schuldbezogenheit des freiwilligen Rücktritts besonders herausgestellt und ihn systematisch im Deliktsaufbau als Schuldausschließungs- oder -aufhebungsgrund eingeordnet haben, allerdings meist unbekannt geblieben sind[466]. Ausnahmen bilden insoweit die Ausführungen von Sauer, der schon in seinen 1921 erschienenen „Grundlagen des Strafrechts"[467] den freiwilligen Rücktritt als „allgemeinen Schuldaufhebungsgrund" gedeutet hat, sowie die Arbeit von Kemsies mit dem programmatischen Titel „Die tätige Reue als Schuldaufhebungsgrund".

Bei seinen Darlegungen hebt Kemsies ausdrücklich hervor, daß den von ihm beschrittenen Weg — den freiwilligen Rücktritt aus der psychischen Änderung des Täters zu erklären — als erster Dahlmann „konsequent gegangen ist"[468]. Dieser setzte im Anschluß an Frank „Schuld gleich Vorwerfbarkeit"[469] und verlangte zu deren Bejahung „eine normale Beschaffenheit der Umstände, unter denen der Täter handelte"[470].

Da der Rücktritt zeige, daß die Begleitumstände der Tat „keine normalen waren"[471], die „psychische Beziehung des Täters"[472] zu ihr also keinen „Vorwurf" verdient, ist nach Dahlmann der „freiwillig aufgegebene Versuch dem Täter nicht zur Schuld" zuzurechnen. Ansonsten erwähnt Kemsies[473] nur noch Kullmann als Anhänger seiner Theorie, der — konstruktiv allerdings abweichend — vom Boden einer symptomatischen Schuldauffassung — in der freiwilligen Abstandnahme von der Tat ein „Symptom" dafür sieht, daß der Täter „keinen antisozialen Bekenntnismut" und folglich keine Schuld mehr hat[474].

Die Qualifikation des freiwilligen Rücktritts als „Schuldausschließungsgrund" findet sich bereits in mehreren zeitlich früher erschienenen Stellung-

---

[466] Hugo Meyer bezeichnete § 46 schon in der ersten Auflage seines Lehrbuchs als „Schuldausschließungsgrund" (S. 210), später allerdings (4. Aufl. S. 264) als „Strafausschließungsgrund". Begründet wird die Änderung nicht, so daß man wegen der damals noch nicht scharfen begrifflichen Unterscheidung zwischen Straf- und Schuldausschließungsgründen wohl annehmen darf, daß an beiden Stellen dasselbe gemeint ist und Meyers Auffassung daher nicht bei den hier dargestellten „Schuldlehren" einzureihen ist.

[467] Siehe dort S. 637, 643.

[468] Kemsies a. a. O. S. 67.

[469] Dahlmann a. a. O. S. 99.

[470] Dahlmann a. a. O. S. 99.

[471] Dahlmann, a. a. O. S. 103.

[472] Dahlmann, a. a. O. S. 99; s. auch S. 102.

[473] Kemsies a. a. O. S. 67.

[474] Kullmann, MonKrimBiol. Band 10, 483; vgl. derselbe auch: Strafrecht und Läsionenlehre, S. 134 f.

nahmen. So hat nach Lammasch[475] der freiwillige Rücktritt im Sinne des § 46 Ziff. 1 als Ausschließungsgrund für Schuld und Strafe zu gelten", während Liepmann[476] gerade in § 46 Ziff. 2 „die Anwendung des allgemeinen ... Prinzips erblickt", daß die strafrechtliche Zuordnung „das Beurteilungsfazit aus Schuld und sozialer Schädlichkeit darstellt". Für Berolzheimer[477] geht es bei beiden Rücktrittsalternativen um „Schuld und Schuldlosigkeit" und v. Gleispach hat „grundsätzlich nichts dagegen einzuwenden", den „Rücktritt vom Versuch als schuldausschließend zu behandeln"[478].

bb) zwischen den beiden Weltkriegen

Die Dogmengeschichte der „Rücktritt-Schuld-Beziehungen" enthält in dem folgenden, zwischen den beiden Weltkriegen liegenden Zeitraum außer den schon erwähnten Lehren von Sauer und Kemsies so viele Namen[479], daß es zu weit führen würde, alle Meinungen hier im einzelnen darzustellen. Aus dem großen Kreis von Autoren seien daher nur diejenigen herausgegriffen, die besonders nachhaltig bzw. besonders dezidiert in diesem Sinne Stellung bezogen haben. Als erster ist Schoetensack[480] zu nennen, der verschiedentlich die These vom freiwilligen Rücktritt als einem persönlichen „Strafaufhebungsgrund" als „unrichtig" zurückgewiesen und die Auffassung vertreten hatte, der Rücktritt vom Versuch sein „schon nach geltendem Recht als ein (persönlicher) Schuldausschließungsgrund zu qualifizieren".

Abgesehen davon verdienen vor allem die beiden Dissertationen von Wittenberg und H. H. Müller hervorgehoben zu werden. Ersterer kommt im Anschluß an Sauer zu dem Ergebnis, durch die „innere Umkehr" des Täters und sein „entsprechendes Verhalten" in der Außenwelt werde ein für ihn günstiges „Werturteil" gefällt, das das „bisherige Unwerturteil und

[475] Lammasch a. a. O. S. 72; bezüglich § 46 Ziff. 2 spricht er von einem „*Aufhebungsgrund* der Strafe" (S. 72); vgl. auch Jaques (Beiträge zur Revision des österreichischen Strafrechts, 1894, S. 166), der § 46 als Schuldausschließungsgrund bezeichnet.

[476] Liepmann ZStW 22, 93.

[477] Berolzheimer, Strafrechtsphilosophie, S. 101.

[478] v. Gleispach, Prager Juristische Vierteljahresschrift, Band 46 (1914) S. 96, siehe auch v. Gleispach a. a. O. S. 118. Dieselbe Auffassung findet sich auch bei Laue, Das bedingte Verbrechen, Diss. Leipzig 1906, S. 12; v. Nayhauß-Cormons a. a. O. S. 39.

[479] Vgl. Gummersbach, Der nach § 46 des Reichsstrafgesetzbuchs straflose Versuch und das Wesen des Rücktritts, Diss. Erlangen 1916, S. 39; Tittelbach, Die strafrechtliche Bedeutung des Rücktritts vom Versuch unter besonderer Berücksichtigung des Strafgesetzentwurfs 1925, Diss. Königsberg 1925, S. 59; Kolb a. a. O. S. 19 (nur für § 46 Ziff. 1; § 46 Ziff. 2 ist seiner Ansicht nach ein Strafaufhebungsgrund — S. 19); Hohmann a. a. O. S. 29; Griesmaier a. a. O. S. 8, 11; vgl. auch Spohr a. a. O. S. 5: „gegen die Deliktsschuld wird das Verdienst ... aufgerechnet", aber § 46 ist „Strafaufhebungsgrund" (S. 68).

[480] Schoetensack GS 91, 398; an anderer Stelle (Festgabe für Frank, Band 2, S. 67) spricht er von § 46 als „Schuldaufhebungsgrund" bzw. von einem „Unrechtsausschließungsgrund" (VDA Band 2, S. 437).

damit die Schuld" beseitigt[481], anders formuliert: das ursprünglich „zu Recht" erfolgte Schuldurteil werde aufgehoben durch das nachfolgende, entgegengesetzte „Werturteil, das die Nichtschuld des Täters konstatiert"[482].

Ausführlich bemüht sich auch H. H. Müller um den Nachweis, daß „der freiwillige Rücktritt ein Schuldausschließungs- bzw. Schuldaufhebungsgrund ist"[483]. Müller knüpft an die damals noch obligatorische Strafmilderung beim Versuch an und meint[484], wenn man im Nichteintritt des Erfolges allein schon eine Abschwächung des Schuldvorwurfs erblicke und deshalb die „Schuld geringer erscheint", so sei es „durchaus folgerichtig, ... eine weitere Milderung dieses Schuldvorwurfs eintreten oder ihn überhaupt fallen zu lassen", wenn das Ausbleiben des Erfolges gewollt ist und auf einer „Sinnesänderung des Täters" beruht. Diese „Korrektur des ... für die Regelfälle des Versuchs vertypten Schuldvorwurfs"[485] sei möglich, „weil die strafrechtliche Schuld nicht lediglich ein feststehender psychologischer, sondern ein normativ bewertender Sachverhalt"[486] sei. Dementsprechend könne bei einer abschließenden Würdigung des „Gesamtverhaltens" aus Versuch und Rücktritt die Schuld des Täters so gering sein, „daß für eine strafrechtliche Schuld fast oder gar kein Raum mehr ist"[487], wobei der Gesetzgeber sich in Ausübung eines „Wahlrechts" für die zweite Alternative entschieden habe.

d) Zusammenfassung: Die Behandlung des Rücktritts als „Schuld"-problem ist dogmengeschichtlich keine „Rarität"

Faßt man das Ergebnis des vorstehenden Literaturüberblicks zusammen, wird man zugeben müssen, daß die „Aura des Außergewöhnlichen" oder „Fortschrittlichen", mit der man teilweise die Auffassungen umgibt, die die Schuldbezogenheit des Rücktritts bejahen, sachlich jeglicher Berechtigung entbehrt. Denn wie man sieht, ist der freiwillige Rücktritt in der Literatur seit alters[488]) immer wieder unter den verschiedensten Voraussetzungen als *Schuld*problem behandelt worden. Sogar die Meinung, daß es beim Rücktritt ebenso wie z. B. bei § 35 um den Aspekt der „Schuldquantifizierung", um die Frage der „Relevanz des Schuldvorwurfs"[489] geht, ist mehrfach ausdrücklich vertreten worden und auch in der Rechtsprechung vorzufinden. So

---

481 Wittenberg a. a. O. S. 54, vgl. auch S. 56.

482 Wittenberg a. a. O. S. 55; der Rücktritt sei daher als „Schuldaufhebungsgrund" treffend charakterisiert (S. 66 Anm. 107).

483 H. H. Müller a. a. O. S. 33.

484 H. H. Müller a. a. O. S. 32.

485 H. H. Müller a. a. O. S. 31.

486 H. H. Müller a. a. O. S. 30.

487 H. H. Müller a. a. O. S. 32.

488 Vgl. aus dem Schrifttum vor 1871 auch: Kleinschrod a. a. O. S. 114 f.; Dollmann, Blätter für Rechtsanwendung, Band 19, S. 322; Arnold a. a. O. S. 199; v. Bar, Recht und Beweis im Geschworenengericht, Hannover 1865, S. 256.

489 Rudolphi ZStW 85, 121.

heißt es in der schon erwähnten Entscheidung BGHSt. 6, 85 (87), durch die Verhinderung des Erfolgseintritts infolge freiwilliger Abstandnahme von weiterem strafbaren Tun könne „der den Täter treffende Schuldvorwurf soweit gemindert werden, daß ein Sühnebedürfnis nicht mehr besteht". Allerdings vermochten sich diese Ansichten bisher noch nicht durchsetzen, wenngleich sie neuerdings — erfreulicherweise — in verstärktem Maße in den Vordergrund treten. Ihre mangelnde Durchschlagskraft dürfte vor allem darauf beruhen, daß auf der Grundlage der vier oben ausgiebig diskutierten sog. tragenden Gesichtspunkte zur Interpretation des § 46 a. F. bzw. § 24 eine schlüssige Erklärung für die Verneinung der Schuld nicht möglich erscheint. Die in der vorliegenden Arbeit versuchte Deutung des freiwilligen Rücktritts als „Entschuldigungsgrund" könnte hier vielleicht Abhilfe schaffen, indem materiellrechtliche Begründung und systematische Einordnung des Rücktrittsprivilegs bei dem beschriebenen Zusammenwirken mehrerer schuldmindernder Faktoren Hand in Hand gehen und die Entscheidung des Gesetzgebers aus einem durch die Sachstruktur der Entschuldigungsgründe vorgegebenen, einheitlichen Gesamtkonzept verständlich gemacht wird.

IV. Die gegen die „Schuldlösungen" im allgemeinen vorgetragenen Einwände und ihre Beachtlichkeit gegenüber der hier entwickelten Auffassung vom Rücktritt als „Entschuldigungsgrund"

Es darf jedoch nicht verschwiegen werden, daß in Rechtsprechung und Schrifttum ganz *allgemein* gegen jede Verbindung des Rücktritts mit dem Verbrechensmerkmal „Schuld" und gegen die daraus resultierende Berücksichtigung des § 46 a. F. im Rahmen der Schuldprüfung heftige Kritik vorgetragen wurde. Ob der eine oder andere Einwand gegenüber dieser oder jener aus dem Kreis der untereinander recht verschiedenartig konzipierten „Schuldlösungen" zutreffend ist, mag dahinstehen. Denn jedenfalls hält, wie sich zeigen wird, die hier vorgeschlagene „Entschuldigungskonstruktion" den Angriffen der prinzipiellen „Schuldgegner" stand.

1. Das „Teilnahmeargument"

Das älteste, insbesondere von der Judikatur immer wieder ins Feld geführte Argument, „wer in dem strafbefreienden Rücktritt einen Deliktsausschließungsgrund" sehe, müsse „notgedrungen" — aber unverdientermaßen[490] — „auch die Teilnehmer für straflos erklären"[491], hat mit der im

[490] Die Straflosigkeit des Teilnehmers bei freiwilligem Rücktritt des Täters wäre deshalb unverdient, weil — schon kraft Gesetzes — gleichgültig, welcher Theorie zur Erklärung des Rücktritts man auch folgt — ein *eigenes* Verdienst desjenigen vorliegen muß, der Straflosigkeit erhält, vgl. dazu Rudolphi, ZStW 85, 120 f.; Kemsies a. a. O. S. 26; Reinhard v. Hippel a. a. O. S. 41 f.; Cohn, Revisionsbedürftigkeit, S. 149; Lang-Hinrichsen, JR 1968, 279.

Jahre 1943 erfolgten Einführung der sog. *limitierten* Akzessorietät ins Strafgesetzbuch seine unabdingbare Grundlage verloren und heute lediglich noch historische Bedeutung. Denn nur unter der Voraussetzung *streng* akzessorischer Natur der Teilnahme fehlt mit dem Wegfall der Schuld die Tat, zu der angestiftet oder Beihilfe geleistet werden kann, während seit der erwähnten Gesetzesänderung eine *schuldhafte*[492] Täterhandlung für die Strafbarkeit des Anstifters oder Gehilfen nicht mehr erforderlich ist.

2. Die Entstehungsgeschichte des § 46 als Gegeneinwand

Gegen die Annahme eines Schuldausschließungsgrundes wird ferner vorgetragen, der Gesetzgeber habe „in bewußtem Gegensatz zur Fassung des § 31 des Preußischen Strafgesetzbuches“ durch die vollständige Aufzählung der Tatbestandsmerkmale des strafbaren Versuchs in § 43 a. F. und die Regelung des Rücktritts „drei Paragraphen später“ zum Ausdruck gebracht, daß der Deliktscharakter „des Versuchs durch das spätere Verhalten des Täters nicht abgeändert wird“, sondern lediglich „die Folgen der an und für sich begründeten Strafbarkeit ... erlassen werden sollen“[493]. Dabei wird auch auf die amtliche Äußerung in den Motiven verwiesen, wo es heißt, die freiwillige Tataufgabe stelle „nur ... einen Ausschließungsgrund der an und für sich verwirkten Strafe“[494] dar.

Ob aus dieser Formulierung jedoch die obige Folgerung zu ziehen ist, erscheint überaus fraglich, wenn man bedenkt, daß zur damaligen Zeit die Begriffe „Straf“- bzw. „Schuldausschließungs“- oder „-aufhebungsgrund“ noch häufig synonym gebraucht wurden, weil „die ganze Lehre von den Ausschließungsgründen“[495] dogmatisch und terminologisch noch keineswegs geklärt war. Soweit die Entstehungsgeschichte des § 46 a. F. selbst zur Begründung herangezogen wird, ist ebenfalls größte Vorsicht geboten. Denn man braucht nur die detaillierte Schilderung der Gesetzesberatungen bei Herzog[496] nachzulesen, um zu erkennen daß die von ihm behauptete sach-

---

[491] Spohr a. a. O. S. 70; es blieb auch keine Bestrafung wegen *versuchter* Anstiftung nach § 49 a a. F., da diese Norm zum selben Zeitpunkt eingeführt wurde. Vgl. zum Teilnahmeargument im übrigen: Frank § 46 Anm. V 1 m. w. Nachw.; v. Liszt-Schmidt (26. Aufl.) S. 318 m. w. Nachw.; M. E. Mayer, Versuch und Teilnahme in: Die Reform des Reichsstrafgesetzbuchs, Band I, 1910, S. 351; Dahlmann a. a. O. S. 111 f.; Hatzig a. a. O. S. 58; vgl. aus der Rechtsprechung u. a.: RGSt. 6, 341 (342); 14, 19 (23 f.); 16, 347 (348 f.); 56, 210 f.; 57, 272 (273).

[492] Die limitierte Akzessorietät verlangt nach h. L. eine tatbestandsmäßig-rechtswidrige und vorsätzliche Haupttat, vgl. jetzt §§ 26, 27.

[493] Spohr a. a. O. S. 67; ebenso: Gutmann a. a. O. S. 23; Olshausen (11. Aufl.) § 46 Anm. 27; Baumgarten a. a. O. S. 469; Fuhrmann a. a. O. S. 12; vgl. auch RGSt. 6, 341 (342); 14, 19 (24).

[494] Motive zum Strafgesetzbuch für den Norddeutschen Bund a. a. O. S. 53.

[495] Dahlmann a. a. O. S. 102.

[496] Herzog a. a. O. S. 201 ff.

liche Kontinuität der preußischen und reichsrechtlichen Rücktrittsregelung durchaus nicht von der Hand zu weisen ist, weil die Abweichungen „ausschließlich mit prozessualen Rücksichten“[497] erklärt werden können, und daher die Annahme einer bewußten materiellrechtlichen Änderung im Bereich des Rücktritts jedenfalls nicht zwingend ist[498]. Im übrigen aber zeigt ein Blick auf die österreichische Rücktrittslehre, daß die Beantwortung der Frage nach dem systematischen Standort nicht davon abhängt, ob Versuch und Rücktritt äußerlich getrennt, in zwei Vorschriften, oder zusammengefaßt in *einer* Norm behandelt werden. Denn obwohl z. B. in § 8 des österreichischen Strafgesetzbuchs ebenso wie in dem erwähnten § 31 des ehemaligen Preußischen Strafgesetzbuchs der Rücktritt in die Begriffsbestimmung des Versuchs selbst einbezogen ist, wird in Österreich in der Rechtsprechung vielfach, in der Literatur neuerdings überwiegend die Ansicht vertreten, der freiwillige Rücktritt sei ein persönlicher Strafaufhebungsgrund[499]. Die definitorische Verklammerung von Versuch und Rücktritt in einer Gesetzesvorschrift präjudiziert also keineswegs die „Schuldbezogenheit“ des Rücktritts und umgekehrt schließt dessen Aufspaltung in zwei separate Bestimmungen die „Schuldlösung“ nicht von vornherein aus. Über die systematische Stellung des Rücktritts entscheiden nicht solche — letztlich gesetzestechnischen — Details, sondern die im Wege der Auslegung[500] zu ermittelnde Antwort auf die Grundfrage, „wie der Strafwegfall“ bei Vorliegen der einzelnen Rücktrittsvoraussetzungen sachlich „zu rechtfertigen ist“[501].

---

[497] Herzog a. a. O. S. 200.

[498] Reinhard v. Hippel a. a. O. S. 37 stellt ausdrücklich fest, daß sich „aus der Entstehungsgeschichte des RStGB gegenüber dem Preußischen StGB für das Rücktrittsprinzip sachlich keine Änderung ergibt“; a. A. Lang-Hinrichsen, Festschrift für Engisch, S. 367 Anm. 37; RGSt. 4, 290 (293); 6, 341 (343).

[499] Für Strafaufhebungs- bzw. -ausschließungsgrund aus der Rechtsprechung: Entscheidungen des KH Bd. III Nr. 201; Österreichische Rechtsprechung in Strafsachen Bd. III Nr. 280; SSt. VI Nr. 141; SSt. XXI Nr. 75; SSt. XXXVIII Nr. 3; abweichend dagegen OGH Bd. IV, neue Folge, Nr. 2702; SSt. XXII Nr. 50; XXV Nr. 27; für Strafaufhebungs- bzw. -ausschließungsgrund aus der Literatur: Platzgummer, JurBl. 1957, 1, Fußnote 4, S. 6 f. m. w. Nachw.; Nowakowski, Das Österreichische Strafrecht in seinen Grundzügen, 1955 S. 93; Rittler, Lehrbuch des österreichischen Strafrechts, 1. Band, 2. Aufl. 1954, S. 267; Roeder, Der allgemeine Teil des österreichischen Strafgesetzentwurfs 1965, S. 38 (anders in: Die Erscheinungsformen des Verbrechens, 1953, S. 41 Anm. 81 a); Burgstaller, JurBl. 1969, 521 Anm. 4; aus dem älteren Schrifttum: Janka, Das österreichische Strafrecht, 3. Aufl. 1894, S. 133; Hoegel, a. a. O. S. 226; Geyer, Grünhuts Zeitschrift Bd. 2, S. 352; a. A. sind: Malaniuk, Lehrbuch des Strafrechts, 1. Bd. 1947 S. 221; Herz, ÖJZ 1950, 85, 86 oben; ders. ÖJZ 1954, 588; Finger, Strafrecht, 3. Aufl. 1912, S. 497; Zimmerl, Zur Lehre vom Tatbestand, Strafrechtliche Abhandlungen, Heft 237, Breslau 1928, S. 54.

[500] Reinhard v. Hippel a. a. O. S. 37; sachlich ebenso v. Scheurl a. a. O. S. 16; zustimmend zu beiden Munoz-Conde ZStW 84, 765, 776.

[501] Platzgummer JurBl. 1957, 2.

3. *Die rein „kriminalpolitische" Rechtfertigung des Rücktrittsprivilegs*

Deshalb ist vom prinzipiellen, methodischen Ansatz her gesehen an sich nichts gegen die weitere Argumentation[502] einzuwenden: weil § 46 a. F. lediglich dem in der Tatausführung begriffenen Täter durch die Zusicherung von Straflosigkeit zum Zwecke des Rechtsgüterschutzes eine „goldene Brücke" zum Rückzug bauen bzw. ihn jedenfalls nicht von der freiwilligen Tataufgabe abhalten wolle, ändere sich am Charakter des Versuchs als einer tatbestandsmäßig-rechtswidrigen und schuldhaften Handlung nichts, und folglich könne auch der freiwillige Rücktritt nur einen außerhalb von Unrecht und Schuld stehenden persönlichen Strafaufhebungsgrund bilden. In der Sache selbst aber schlägt auch dieser gegen jede Schulddeutung des Rücktritts gerichtete Einwand nicht durch, da seine Grundlage, die kriminalpolitische Rechtfertigung dieses Privilegs, nicht haltbar ist, wie oben im einzelnen näher ausgeführt wurde.

4. *Die „Schuldlösungen" als Nachfolger der verfehlten „Rechtstheorien"*

Soweit ferner pauschal der Vorwurf erhoben wird[503], in den „Schuldlösungen" kämen die verfehlten Annullierungsgedanken der alten Rechtstheorien wieder zum Vorschein, da die Tatsache der „Schuld" die nachträgliche Feststellung der „Nichtschuld" ausschließe, schießt die Kritik über das Ziel hinaus. Denn sie läßt außer Betracht, daß bei einer normativen Gesamtbetrachtung von Versuch und Rücktritt erst im Zeitpunkt der freiwilligen Tataufgabe oder Erfolgsabwendung aufgrund einer Wertung der einzelnen positiven und negativen Komponenten des Geschehens ein endgültiges Urteil über die Erhebung des Schuldvorwurfs gefällt wird. Da die von uns entwickelte Entschuldigungskonzeption auf diesem methodischen Ansatz aufbaut und außerdem ja nicht die zuvor bejahte Schuld nachträglich aufgehoben, sondern nur bis auf einen „verzeihlichen" Rest reduziert wird, bleibt sie von dem eben erwähnten Einwand unberührt.

5. *Der Einwand des „Gesinnungsstrafrechts" und die Kritik von Munoz-Conde*

Die hier vertretene Lehre zwingt auch nicht zu der mit dem geltenden Recht unvereinbaren Schlußfolgerung, „um von einer Tilgung der Schuld ... sprechen" zu können, müsse man „die Schuld statt in dem Urteil über

---

[502] Vgl. Olshausen (11. Aufl.) § 46 Anm. 2; Olshausen-Niethammer (12. Aufl.) § 46 Anm. 1; Heimberger a. a. O. S. 77; Behrendt a. a. O. S. 43; Schuh a. a. O. S. 42 f.; Brandis a. a. O. S. 16.

[503] Vgl. Bockelmann NJW 1955, 1420; Allfeld, Festgabe für Frank, Bd. II, S. 75; Munoz-Conde, ZStW 84, 774; Wein a. a. O. S. 34; Hatzig a. a. O. S. 81 f.; Boyke a. a. O. S. 40; Gieseke a. a. O. S. 9.

die einzelne Tat in der Gesinnung des Täters erblicken"[504]. Denn bei der zur Begründung der Schuldminderung vorgenommenen „Gesinnungswertung"[505] wurde ausdrücklich hervorgehoben, daß es „nicht um das dauernde So-sein des Täters, nicht um seine individuelle Gefährlichkeit i. S. der Spezialprävention"[506], sondern „um den Wert oder Unwert" seiner Handlung geht, die sich „in der konkreten" — aus Versuch und freiwilligem Rücktritt zusammengesetzten — „Tat" aktualisiert[507]. Der Gegensatz zu einer symptomatischen Schuldauffassung tritt damit deutlich zutage[508].

In diesem Zusammenhang war jedoch *ein* — von Platzgummer und Stratenwerth vorgebrachtes — Argument als zwingend anerkannt worden: „Wenn es wirklich auf die innere Umkehr allein ankäme ..., so müßte sie immer von der Strafe befreien und nicht nur" — entsprechend der gesetzlichen Regelung — „dann, wenn die Vollbringung des Verbrechens tatsächlich unterbleibt"[509]. Es ist selbstverständlich, daß derselbe Einwand auch gegenüber der These erhoben wird, „der Rücktritt tilge die im Versuch liegende Schuld"[510]. Aber, wie Stratenwerth selbst betont hat, ist diese „erweiterte" Kritik nur dann überzeugend, wenn „die Verdienste des Täters *nicht* auch danach bemessen werden, ob ihm die Erfolgsabwendung gelingt"[511]. Da die Interpretation des § 46 a. F., § 24 als Entschuldigungsgrund jedoch gerade auf das durch den Rücktritt des Täters vorsätzlich herbeigeführte *Ausbleiben des tatbestandsmäßigen Erfolges* abstellt und darin die eine der beiden schuldmindernden Komponenten sieht, deren Zusammenwirken den Verzicht auf die Erhebung des Schuldvorwurfs ermöglicht, wird aus einer solchen Schuldkonzeption verständlich, „weshalb nur der ‚erfolgreiche' Rücktritt von der Strafe befreit"[512], und dem Gegeneinwand damit der Boden entzogen.

Letzteres gilt auch gegenüber dem Schlußsatz der zusammenfassenden Kritik von Munoz-Conde, mit Beginn der tatbestandsmäßigen Ausführungshandlung müßten alle den Schuldvorwurf begründenden Merkmale vorhanden sein, „nachträgliche Umstände" könnten „nur den Grad der Vorwerfbarkeit der Tat vermindern oder erhöhen"[513]. Denn der von uns auf

---

[504] Allfeld, Festgabe für Frank, Bd. II S. 76; Munoz-Conde ZStW 84, 773; Meyer, Oswald, a. a. O. S. 69 ff.; Sonnenholzner a. a. O. S. 39; Zinsmeister a. a. O. S. 17.

[505] Gallas, Festschrift für Mezger, S. 323 Anm. 1.

[506] Gallas, Festschrift für Mezger, S. 324.

[507] Gallas, Festschrift für Mezger, S. 324; vgl. zur Kritik an Allfeld auch H. H. Müller a. a. O. S. 34 f. Aufgrund der obigen Ausführungen greift auch der Einwand von Scheurls (a. a. O. S. 29) nicht durch, die Straflosigkeit beruhe „nicht auf der besonderen Persönlichkeit des Täters, sondern auf einer generalisierenden Betrachtung des Getanen".

[508] Siehe im übrigen oben im Text S. 87, 93; Platznummer JurBl. 1957, 4.

[509] Platzgummer JurBl. 1957, 4; ebenso Stratenwerth AT Rdnr. 755.

[510] Stratenwerth AT, Rdnr. 755.

[511] Stratenwerth AT, Rdnr. 755.

[512] Stratenwerth AT, Rdnr. 756.

[513] Munoz-Conde ZStW 84, 774.

der Grundlage einer Einheitsbewertung von Versuch und Rücktritt beschrittene Weg zur Rechtfertigung des § 46 a. F., § 24 I S. 1 entspricht den genannten Forderungen, da der freiwillige Rücktritt als zeitlich dem Anfang der Tatbestandsverwirklichung nachfolgendes Ereignis nur schuldmindernd wirkt, allerdings in einem Ausmaß, daß die Rechtsordnung trotz bestehender Schuld wegen deren Geringfügigkeit aus Nachsicht auf Sanktionen gegenüber dem Täter verzichtet.

V. Die Einordnung des Rücktritts außerhalb des Bereichs der Schuld — kritische Würdigung der einzelnen Auffassungen

Für die hier entwickelte „Entschuldigungskonzeption" spricht nicht nur, daß sie der unmittelbaren Konfrontation mit ihren Gegnern standzuhalten vermag, sondern auch der Umstand, daß alle anderen — abweichenden — Qualifizierungen des § 46 a. F.: auf der Ebene der Tatbestandsmäßigkeit, Rechtswidrigkeit, Strafwürdigkeit, als Strafaufhebungs- oder Strafbarkeitsausschließungsgrund letztlich unhaltbar sind.

1. Die Einstufung jenseits der Schuld

a) Der Rücktritt als Strafaufhebungs- oder -ausschließungsgrund

Was zunächst die Charakterisierung des freiwilligen Rücktritts als Strafaufhebungs- oder — inhaltsgleich[514] verwandt — als Strafausschließungsgrund angeht, so ist vorab klarzustellen, daß wir es dabei trotz der bereits erwähnten und weiter nach unten noch angeführten Gegenstimmen mit der seit Bestehen des Reichsstrafgesetzbuches eindeutig herrschenden Lehre in Rechtsprechung und Literatur zu tun haben[515], die auch in den Beratungen

---

[514] Der Unterschied beider Begriffe liegt darin, daß „die Strafausschließungsgründe die *Entstehung* des staatlichen Strafrechts verhindern", während die „Strafaufhebungsgründe solche Umstände sind, die das entstandene staatliche Strafrecht wieder *beseitigen*" (Frank vor § 51 Anm. V); vgl. auch Baumann AT § 30 II; Jescheck AT § 52 II 1, 2; vgl. im übrigen Lazarus a. a. O. S. 45 f. und Kitzinger, Juristische Aphorismen, 1923, S. 43.

[515] Vgl. aus der Rechtsprechung („Strafausschließungsgrund"): RGSt. 3, 93; 4, 290 (293); 6, 341 (343); 14, 19 (24); 55, 66; 56, 149 (150); 59, 412 (414); RG Rechtsprechung 3, 375; 4, 37; 8, 12 (13); 9, 724 (726); RG JW 1894, 599; RG Recht 1910 Nr. 2415; RG LZ 1914, 378; PrOT Bd. 12, 190 (191); 16, 186 (187); einen „Strafaufhebungsgrund" haben angenommen: RGSt. 16, 347 (348); 17, 243 (244); 56, 209 (211) (dort auch als „Strafausschließungsgrund" bezeichnet); 57, 272 (273); 72, 349 (350); BGHSt. 1, 152 (155, 156); BGH 4 StR 328/68 v. 30. 8. 68 (unveröffentlicht); LG Berlin MDR 1964, 1023; PrOT Oppenhoffs Rechtsprechung Bd. 20, 307; siehe aus dem Schrifttum: Schmidhäuser AT S. 497 Kapitel 15/7; Lackner-Maassen, § 46 Anm. 1; Busch LK (9. Aufl.) § 46 I 1; Mezger-Blei AT S. 256; Mezger, Lehrbuch, S. 402; Maurach AT § 41 V D S. 525; Welzel, Lehrbuch, S. 196; Jescheck AT S. 413; Stratenwerth AT Rdnr. 754; Baumann AT § 34 I 2 S. 515; Eser, Studienkurs, Teil 2, Fall Nr. 32 Rdnr. 3; Hellmuth Mayer AT S. 295; Dreher § 46 Anm. 2; Bockelmann NJW 1955, 1419.

zur Strafrechtsreform nicht in Zweifel gezogen wurde[516]. Diese Kontinuität in der rechtssystematischen Würdigung des § 46 a. F. ist insofern ein erstaunliches Phänomen, als die Umstände, die zu seiner Sonderstellung außerhalb von Unrecht und Schuld führten, sich mittlerweile grundlegend geändert haben. Solange das Rücktrittsprivileg ausschließlich oder überwiegend auf Erwägungen gestützt wurde, die mit der Tat selbst nicht in Verbindung stehen, war ein dementsprechender Standort im Anschluß an die Grundelemente jeder strafbaren Handlung eigentlich eine selbstverständliche Folgerung[517], zumal sich dann auch bei freiwilligem Rücktritt des Täters konstruktiv keinerlei Schwierigkeiten in Gestalt von Strafbarkeitslücken infolge der seinerzeit noch streng akzessorischen Natur von Anstiftung und Beihilfe ergaben. Nachdem aber die kriminalpolitische Rechtfertigung des § 46 a. F., § 24 I S. 1 in zunehmendem Maße auf Ablehnung gestoßen, als alleinige Begründung sogar kaum noch anzutreffen ist und der Teilnahmegesichtspunkt seit der Einführung der limitierten Akzessorietät 1943 insoweit keine Rolle mehr spielt, ist der Theorie vom „Strafaufhebungsgrund" das sachliche Substrat entzogen. Daß diese Lehre trotzdem beibehalten wird, läßt sich eigentlich nur noch mit dem Eigengewicht erklären, das eine langjährige Tradition entfaltet und schwer auf allen Versuchen lastet, sich dagegen aufzulehnen.

An solchen hat es nie gefehlt. Insbesondere die in den 20er Jahren entbrannte lebhafte Kontroverse um die grundsätzliche Berechtigung der Kategorie der „Strafaufhebungsgründe" verdient höchste Aufmerksamkeit, da das, was damals von Sauer, Radbruch u. a. für ihre Ablehnung vorgetragen wurde, nicht entkräftet werden konnte, fast möchte man sagen, nicht widerlegt werden *kann,* und daher auch heute noch gültig ist. Zusammengefaßt lautet die Kritik dahingehend, daß die den Strafaufhebungsgründen zugerechneten Erscheinungen „durchaus zweckverschieden sind und nur durch das kategoriale Merkmal"[518] des „Strafwegfalls" untereinander verbunden werden. Schon ein kurzer Blick auf die von Literatur und Rechtsprechung angeführten, z. T. allerdings in ihrer Zugehörigkeit hierher bestrittenen[519], konkreten Beispiele bestätigt dies: Rücktritt vom Versuch, Amnestie, Begnadigung, Verjährung oder Tod des Beschuldigten, lassen kein gemeinsames materielles Grundprinzip erkennen, vielmehr erscheinen sie als eine bunt zusammengewürfelte Gruppe, in die man nach Art eines „Abstellraumes" „jene Umstände hineintat, über deren systematische Bedeutung man sich nicht klar war"[520]. Da die entscheidende Frage, „*weshalb* ausnahms-

[516] Siehe Amtliche Begründung zum E 1962, S. 146; Dreher, Sonderausschuß für die Strafrechtsreform, 88. Sitzung v. 29. 11. 1967, S. 1774.

[517] Jescheck AT S. 413; Roxin, Heinitz-Festschrift, S. 273.

[518] Radbruch, Festgabe für Frank, Band 1, S. 163; zustimmend zu seiner Kritik v. Hippel a. a. O. S. 55 f.; zustimmend zu v. Hippel: Lang-Hinrichsen, JR 1968, 279; Roxin, Heinitz-Festschrift, S. 275 Anm. 77.

[519] Vgl. Maurach AT S. 420; Baumann AT § 30 III; Jescheck AT § 52 II 2; Kemsies a. a. O. S. 12 ff. bis S. 23.

[520] Kemsies a. a. O. S. 23.

weise die Strafe entfällt"[521], in der Bezeichnung „Strafaufhebungsgrund" offenbleibt, ist der Begriff „nichtssagend"[522] und „farblos"[523].

Einzelne Autoren haben sich zwar bemüht, ihn materiell auszufüllen, aber die untereinander sehr verschiedenartigen Erläuterungsversuche bleiben im Grunde genommen bei einer rein formalen Bestimmung stehen: Nach Roxin „erhalten Kategorien wie die ... Strafaufhebungsgründe ihren Inhalt nicht aus *kriminalpolitischen* sondern aus davon unabhängigen allgemein *rechtspolitischen* Überlegungen"[524]. Demgegenüber stellt Jescheck[525] fest, der „Sinngehalt" dieser „jenseits von Unrecht und Schuld" stehenden Gegengründe sei „teils außerstrafrechtlicher Natur", teils durch „spezifisch strafrechtliche Gesichtspunkte" bestimmt, und verneint bei an sich bestehender Strafwürdigkeit der Tat „in Fällen, in denen solche Umstände in Betracht kommen", das Strafbedürfnis, während Schmidhäuser[526] gerade in dem Aspekt der *Strafwürdigkeit* ihr gemeinsames Bindeglied entdeckt.

Ob die Kategorie der Strafaufhebungsgründe allerdings jeglicher Funktion entbehrt und deshalb überflüssig ist, wie von einigen Autoren behauptet wird[527], mag hier dahinstehen. Jedenfalls aber ist kein Sinn darin zu sehen, diejenigen Rechtsinstitute, die in irgendeiner Weise mit Unrecht und Schuld zu tun haben, in dieser „Verlegenheits- und Sammelrubrik"[528] zu belassen. Sie müssen herausgenommen und dort eingeordnet werden, wo sie ihren materiellrechtlichen Gehalt auch zum Ausdruck bringen, umgekehrt formuliert: als Strafaufhebungsgründe kommen nur solche Umstände und Erscheinungen in Frage, „die mit der ... kriminalpolitischen Verbrechenseigenschaft der Tat und der kriminalpsychologischen Verbrechereigenschaft des Täters in keinerlei Zusammenhang stehen"[529]. Da letzteres für den freiwilligen Rücktritt nach heute absolut herrschender Auffassung trotz aller Unterschiede im einzelnen zu verneinen ist, muß ihm eine andere deliktssystematische Stellung als die eines „Strafaufhebungsgrundes" zugewiesen werden.

Dafür spricht im übrigen auch folgende Erwägung: Da nach überwiegender Ansicht bei persönlichen Strafaufhebungsgründen allein die *objektive* Sachlage entscheidend sein soll, während für die Strafbarkeit des Versuchs die *subjektive* Theorie als maßgeblich gilt[530] und das Freiwilligkeitsmerkmal eine *subjektive* Voraussetzung des Rücktritts ist, kommt es zwangsläufig

---

[521] Sauer, Grundlagen, S. 352.

[522] Sauer, Grundlagen, S. 352; ebenso Wittenberg a. a. O. S. 34.

[523] v. Scheurl a. a. O. S. 17; siehe auch Küper GA 1968, 322 (zum Begriff des „Strafausschließungsgrundes").

[524] Roxin, Kriminalpolitik, S. 36.

[525] Jescheck AT S. 416.

[526] Schmidhäuser AT S. 383, Hervorhebung vom Verfasser; vgl. auch derselbe in: Festschrift für Radbruch 1968, S. 279 f.

[527] Sauer, Grundlagen, S. 352; Wittenberg a. a. O. S. 47.

[528] Radbruch, Festgabe für Frank, Band I, S. 170.

[529] Radbruch a. a. O. S. 170.

[530] Jescheck AT S. 400.

zu Widersprüchen[531]. Diese zeigen sich deutlich bei der Erörterung der zahlreichen Irrtumsprobleme — z. B. über das bereits erreichte Stadium der Ausführungshandlung, deren Tauglichkeit oder Entdecktsein. Denn streng genommen müßten diejenigen, die den Rücktritt als bloßen Strafaufhebungsgrund werten und bei dieser Gruppe von Strafbarkeitsvoraussetzungen nur deren objektives Vorliegen für notwendig erachten, die Unkenntnis und Fehlvorstellungen des Täters als völlig gleichgültig außer Betracht lassen — doch sieht die Wirklichkeit in Rechtsprechung und Literatur anders aus.

b) Der Wegfall der Strafwürdigkeit

Der grundsätzliche Einwand gegen die systematische Einordnung des Rücktritts als Strafaufhebungsgrund — die lediglich formale Struktur dieser „Deliktskategorie" — ist in entsprechender Abwandlung auch der Lösung Lang-Hinrichsens entgegenzuhalten. Wenn er nämlich[532] dabei ausdrücklich die Stufen der Tatbestandsmäßigkeit Rechtswidrigkeit und Schuld ausschließt und statt ihrer auf die „Ebene der Strafwürdigkeit der „Tat" im Sinne der Gesamttat bei werteinheitlicher Betrachtung" verweist, so bleibt die entscheidende Frage offen, welche Umstände — außer Unrecht und Schuld — die Strafwürdigkeit beeinflussen, deren Vorliegen offenbar die Strafbarkeit im Falle des Rücktritts beseitigt. Der Begriff „Strafwürdigkeit" ist viel zu undifferenziert und allgemein, als daß damit eine konkrete positive Sachaussage gemacht wäre[533]. Im übrigen bestehen auch unter systematischen Gesichtspunkten Bedenken, eine besondere „Ebene der Strafwürdigkeit" anzuerkennen. Denn da der Gesetzgeber bei der Aufstellung der Straftatbestände davon ausgeht, daß die inkriminierten Verhaltensweisen strafwürdig sind, liegt z. B. schon der Erörterung der Tatbestandsmäßigkeit — dasselbe gilt vice versa für Rechtswidrigkeit und Schuld — eine Strafwürdigkeitsprüfung zugrunde, so daß sich — ohne klare Abgrenzung voneinander — Vermischungen zwischen den einzelnen, allgemein anerkannten Deliktsstufen und dieser Zusatzkategorie ergeben.

c) Der Rücktritt als „Strafbarkeitsausschließungsgrund"

Die gleiche Kritik trifft die Ausführungen von Munoz-Conde. Auch seiner Meinung nach hat der freiwillige Rücktritt „nichts mit ... Tatbestandsmäßigkeit, Rechtswidrigkeit oder Schuld zu tun"[534], vielmehr muß er „als

---

[531] Darauf hat Reinhard v. Hippel a. a. O. S. 56 mit Recht hingewiesen.

[532] Lang-Hinrichsen, Festschrift für Engisch, S. 374.

[533] Vgl. dazu eingehend Schmidhäuser (Lb. Kap. 2/10 ff., Kap. 6/27 f., Kap. 12/1 ff.), der aber selbst zugibt, die Begriffsbildung sei „keineswegs einheitlich" (Kap. 2/Rdnr. 14) und erfasse ein „äußerst vielschichtiges Phänomen".

[534] Munoz-Conde ZStW 84, 777.

Merkmal der Strafwürdigkeit des Versuchs selbst angesehen werden"[535]. Das Urteil darüber sei von zusätzlichen, jenseits von Unrecht und Schuld liegenden Momenten abhängig, deren gemeinsames Charakteristikum die „Zweckmäßigkeit" darstelle. Diese besonderen Merkmale müsse man systematisch auf der Ebene der „Strafwürdigkeit"[536] einstufen, woraus sich für § 46 a. F. konsequent die Qualifizierung als „Strafbarkeitsausschließungsgrund" ergebe. Daß jedoch auf diese Weise mit einer bloßen Neuprägung von inhaltlich unbestimmten und substanzleeren Begriffen die vermißte Klarheit im Bereich der theoretischen Grundlagen des Rücktritts nicht zu erreichen ist, dürfte einleuchten. Die Herausnahme des § 46 a. F. aus dem „Sammelbecken" der „Strafaufhebungsgründe" und Eingruppierung in eine andere, rein formal bestimmte „Auffangkategorie" ist nichts als purer „Etikettenschwindel", der offenbar der heute vielfach zu beobachtenden Neigung entspringt, Altes unter neuem Namen als „eigene Ansicht" auszugeben.

2. *Die Kritik an der Einordnung des Rücktritts diesseits der Schuld auf der Ebene der Tatbestandsmäßigkeit und Rechtswidrigkeit*

Zusammenfassend darf man somit feststellen, daß die systematische Einordnung des Rücktrittsprivilegs *jenseits* der Schuld — unabhängig von der Lokalisierung im einzelnen — nicht zu überzeugen vermag. Dasselbe gilt aber auch — wie die nachstehenden Darlegungen zeigen — für die Einstufung *diesseits,* d. h. auf der Ebene der Tatbestandsmäßigkeit oder Rechtswidrigkeit.

a) Strafbarkeitslücken im Bereich der Teilnahme als Folge dieser Lösungsansätze

Zwei Argumente sind es vor allem, die in der Literatur sowohl gegen die in den letzten Jahren von Reinhard v. Hippel[537] und v. Scheurl[538] unternommenen Vorstöße eingewandt wurden, den freiwilligen Rücktritt konstruktiv als negatives Merkmal des Versuchstatbestandes zu erfassen, als auch gegen die früher vereinzelt — u. a. von Binding[539] und Oetker[540] — vertretene Auffassung, § 46 a. F. als „Unrechtsausschließungsgrund" zu interpretieren[541]. Das erste knüpft an die Strafbarkeitslücken an, die sich für

---

[535] Munoz-Conde ZStW 84, 777.
[536] Munoz-Conde ZStW 84, 778.
[537] Reinhard v. Hippel a. a. O. S. 68 ff.
[538] v. Scheurl a. a. O. S. 25 ff.
[539] Binding, Normen, Band 1, 4. Aufl. 1922, S. 117 Anm. 8; GS 68, 23.
[540] Oetker GS 88 (1922), 98; vgl. auch ZStW 17, 68.
[541] Ebenso: Hegler, Frank-Festgabe, Bd. 1, S. 329 Anm. 2; Schoetensack VDA Bd. 2, S. 437 (anders aber GS 91, 398); Sommer a. a. O. S. 58 f.

etwaige Teilnehmer im Hinblick auf das Prinzip der limitierten Akzessorietät ergeben[542], wenn bei freiwilligem Rücktritt des Täters Tatbestandsmäßigkeit und (oder) Rechtswidrigkeit seiner Ausführungshandlung geleugnet werden. Denn — wie schon in anderem Zusammenhang erwähnt — stellt die — von der Bestrafungsmöglichkeit nach §§ 49 a und b a. F., § 30 sowie einigen anderen Sonderbestimmungen abgesehen[543] — automatisch im Falle des Täterrücktritts eintretende Straflosigkeit des Anstifters oder Gehilfen eine mit dem Wortlaut und Sinn des § 46 a. F., § 24 I S. 1 unvereinbare Konsequenz dar. Gleichgültig wie man nämlich seinen tragenden Grundgedanken deutet, gilt die Privilegierung stets „nur für den selbst Zurücktretenden"[544], da es auf „seinen" Willen, auf seine „eigene" Tätigkeit und die „Freiwilligkeit" ankommt[545], mit anderen Worten, es wird die *höchstpersönliche* Entscheidung, das *individuelle Bekenntnis* zur Tataufgabe oder erfolgsabwendenden Aktivität als Grundvoraussetzung jeder Strafbefreiung wegen Rücktritts verlangt.

b) Das „Notwehrargument"

Der zweite Einwand leitet sich aus § 32 ab[546]: da Notwehr nur gegenüber rechtswidrigen Handlungen erlaubt ist, würde man bei Verneinung der Rechtswidrigkeit in den Fällen des Rücktritts demjenigen, dessen Rechtsgut von der Versuchshandlung angegriffen war oder der dem bedrohten Rechtsgut zu Hilfe kommen wolle, die Verteidigung seiner bzw. der fremden Interessen verbieten. Dieses Ergebnis sei unhaltbar. Denn daß ein „gegenwärtiger, rechtswidriger Angriff" i. S. des § 32 mit Beginn der Ausführungshandlung nach § 22 vorliegt, den der Täter nicht vornehmen darf und der Betroffene nicht zu dulden braucht, sei eine unumstößliche Tatsache und werde von niemandem, auch nicht von den Verfechtern des Tatbestands- oder Rechtswidrigkeitsausschlusses, bestritten.

c) Die These von der Unerklärbarkeit der „Freiwilligkeit" des Rücktritts

Speziell gegen letztere Konstruktion wurde ferner im früheren Schrifttum häufig eingewandt, von ihrem Boden aus lasse sich das Freiwilligkeitserfor-

---

[542] Vgl. Koch a. a. O. S. 33; Lang-Hinrichsen JR 1968, 279; Rudolphi ZStW 85, 120 f.; Roxin, Heinitz-Festschrift, S. 275 Anm. 77; Kemsies a. a. O. S. 26; Zimmerl, Lehre vom Tatbestand, S. 55.

[543] Reinhard v. Hippel a. a. O. S. 41.

[544] Lang-Hinrichsen JR 1968, 279.

[545] Lang-Hinrichsen JR 1968, 279; ebenso v. Scheurl a. a. O. S. 36; vgl. auch § 50 Abs. 3 a. F. und den Hinweis bei Baumann AT § 37 III 2 b.

[546] Vgl. Koch a. a. O. S. 33; Roxin, Heinitz-Festschrift S. 275 Anm. 77; Zimmerl, Lehre vom Tatbestand, S. 55.

dernis nicht erklären[547]. Denn da „die innere Einstellung" des Zurücktretenden bei Annahme eines Rechtfertigungsgrundes „ganz gleich" sei, müßte folglich „die Strafe auch bei unfreiwilligem Rücktritt entfallen"[548], wenn allein die Tataufgabe die Rechtswidrigkeit beseitigt, die Straflosigkeit also nur auf objektiven Gründen beruht. Diese Auffassung übersieht jedoch, daß auch die Rechtfertigungsgründe „subjektive Elemente" aufweisen, die, wie z. B. der Notwehrwille, erfüllt sein müssen, um das Unrecht der tatbestandsmäßigen Handlung zu beseitigen. Die „Psyche des Täters"[549] kann daher durchaus auf der Ebene der Rechtswidrigkeit eine bedeutsame Rolle spielen, so daß grundsätzlich gesehen kein Hindernis besteht, das Freiwilligkeitsmerkmal als subjektive Voraussetzung des Unrechtsausschlusses zu deuten womit dem obigen Einwand gegen einen derartigen systematischen Standort des Rücktritts die Grundlage entzogen ist[550].

d) Kritische Würdigung des „Teilnahme"- und „Notwehrarguments"

Dagegen greift das Notwehrargument gegen die Rechtfertigungsthese ebenso durch wie das Teilnahmeargument, das darüber hinaus auch jede Einordnung des Rücktritts im Bereich des *Tatbestandes* ausschließt, obwohl es unter den Vertretern dieser Lehrmeinungen nicht an Versuchen gefehlt hat, die gerügten unhaltbaren Konsequenzen zu vermeiden.

aa) Auseinandersetzung mit dem Aspekt der „relativen" Rechtswidrigkeit

Schon Oetker[551] flüchtete zu der Unterscheidung zwischen relativer und absoluter Beseitigung der Normwidrigkeit und erkannte § 46 a. F. nur eine „relative" Wirkung zu, dergestalt daß „der Täter durch den Rücktritt für sich die Normwidrigkeit aufgehoben" habe, „aber die Tat taugliche Grundlage für die Annahme normwidriger und strafbarer Beteiligung in der Person des Anstifters oder Gehilfen" bleibe. Warum jedoch § 46 a. F. „ein *persönlich wirkender Deliktsaufhebungsgrund*"[552] ist, warum „der Wegfall der Normwidrigkeit *für den Täter*"[553] kein Hemmnis darstellt, „die *Tat* noch als normwidrig zu erachten"[554], wird nicht begründet. Das wäre um so mehr erforderlich gewesen, als der Normbefehl ohne Ansehen der Person gegen-

---

[547] Vgl. Koch a. a. O. S. 34; Kemsies a. a. O. S. 21; Krauthammer a. a. O. S. 10; Gutmann a. a. O. S. 23 f.; Meyer, Oswald a. a. O. S. 73; Gieseke a. a. O. S. 9; Wittenberg a. a. O. S. 51 ff.; H. H. Müller, a. a. O. S. 15; Ruchner a. a. O. S. 19; Munoz-Conde ZStW 84, 770; Platzgummer JurBl. 1957, 3.

[548] Griessmaier a. a. O. S. 8.

[549] Griessmaier a. a. O. S. 29.

[550] Platzgummer JurBl. 1957, 3.

[551] Oetker GS 88, 98.

[552] Oetker GS 88, 98 unten, 99 oben.

[553] Oetker GS 88, 98.

[554] Oetker GS 88, 98.

über jedermann gilt[555], so daß der Täter mit Verlassen des Stadiums strafloser Vorbereitung gegen eine Handlungs- oder Unterlassungspflicht verstößt und sich insofern ja auch der Zurücktretende zumindest formell rechtswidrig verhalten hat[556]. Oetkers „Rechtswidrigkeitsspaltung" hat daher keine tragfähige Basis, sondern erscheint wie ein deus ex machina, um die bei seiner systematischen Einordnung des § 46 a. F. auftretenden akzessorietätsbedingten Strafbarkeitslücken zu umgehen. Abgesehen davon gelingt es ihm aber auch mit diesem Kunstgriff nicht, in Notwehrfällen das ungerechte, weil die Interessenlage des Betroffenen völlig unberücksichtigt lassende Ergebnis auszuschließen daß sich der Angegriffene gegen den Täter vor dessen Rücktritt nicht zur Wehr setzen dürfte, da durch die freiwillige Tataufgabe die Rechtswidrigkeit seines Tuns nach Oetker „rückwirkend"[557] beseitigt wird.

bb) Die Schaffung von Unternehmenstatbeständen als Ausweg de lege ferenda

Auch Reinhard v. Hippel hat die aus seiner teleologischen Deutung des § 46 a. F. und dessen Einordnung in den Tatbestand sich insbesondere für die Teilnahme ergebenden praktischen Folgerungen klar erkannt: Ausdrücklich bezeichnet er „die Privilegierung eines selbst nicht zurücktretenden" Anstifters oder Gehilfen „aufgrund der Akzessorietät" als „unverdient"[558], sieht darin aber vom Standpunkt seines teleologischen Systems aus „keinerlei prinzipielle Schwierigkeiten"[559]. Denn „da diesem der fragmentarische Charakter des Strafrechts immanent" sei, komme es nur darauf an, ob unter den Gesichtspunkten der „Strafbedürftigkeit und Strafwürdigkeit ... unerträgliche Strafbarkeitslücken" entstünden. Das sei für die Teilnahmehandlungen bei freiwilligem Rücktritt des Täters im Hinblick auf die zahlreichen Sondertatbestände und die Wahrung des Präventionsgedankens trotz der Straffreiheit für Anstifter und Gehilfen „von der allgemeinen Versuchslehre aus gesehen"[560] zu verneinen. Sollte sich hier dennoch ein Strafbedürfnis zeigen, bestehe de lege ferenda die Aufgabe und Möglichkeit, „zum besonderen Schutz bestimmter Rechtsgüter oder gegen bestimmte Angriffe die Akzessorietät durch Umwandlung in Unternehmenstatbestände zu durch-

---

[555] Vgl. Jescheck AT S. 183.

[556] Vgl. Jescheck AT S. 76.

[557] Oetker GS 88, 98; gegen nachträglichen Wegfall der Rechtswidrigkeit auch: Goldberg, Das bedingte Verbrechen, Diss. Würzburg 1926, S. 127; Gutmann a. a. O. S. 24; Beling, Grenzlinien zwischen Recht und Unrecht in der Ausübung der Strafrechtspflege, Tübingen 1913, S. 36; siehe auch Münzberg, Verhalten und Erfolg als Grundlagen der Rechtswidrigkeit und Haftung, Frankfurt am Main 1966, S. 118; Oehler, Das objektive Zweckmoment in der rechtswidrigen Handlung, Berlin 1959, S. 120.

[558] Reinhard v. Hippel a. a. O. S. 40.

[559] Reinhard v. Hippel a. a. O. S. 41.

[560] Reinhard v. Hippel a. a. O. S. 72.

brechen"[561] und dadurch potentielle „Löcher" im „Netz" der Strafbarkeit zu beseitigen.

Da jedoch der Ruf nach dem Gesetzgeber zur Verdeckung von Mängeln, die dem eigenen theoretischen Konzept anhaften, zwar einen beliebten, aber wenig überzeugenden Ausweg aus der Sackgasse darstellt, in die man sich zuvor hineinmanövriert hat, behält die insoweit geäußerte Kritik ihre Gültigkeit. In einem anderen Punkt verdient v. Hippel dagegen Zustimmung: Aus dem „Notwehrtest" läßt sich kein Argument gegen die Einbeziehung des Rücktritts in den Tatbestand herleiten. Denn zweifellos „kann z. B. eine Handlung schon ‚gegenwärtiger rechtswidriger Angriff' (§ 32 II) sein mit der Rechtsfolge, daß der Angreifer die Abwehr rechtens dulden muß, ohne daß damit logisch zwingend"[562] die Verwirkung strafbaren Unrechts durch ihn festgestellt ist. Die Notwehrbestimmung setzt nicht voraus, daß der Angriff bereits „bis zu einem strafbaren Deliktsversuch gediehen ist"[563] oder eine *tatbestandsmäßige*[564] Ausführungshandlung i. S. des § 22 darstellt. Ebenso wie die versuchte Körperverletzung nach § 223 ein zwar „tatbestandsloses", aber „rechtswidriges" Verhalten ist, gegen das der Angegriffene Notwehr üben darf, erfüllte die Versuchshandlung, deren negatives Tatbestandsmerkmal — der freiwillige Rücktritt — gegeben ist, das Notwehrerfordernis „rechtswidriger Angriff", ohne selbst „tatbestandsmäßig" zu sein. Unhaltbare praktische Konsequenzen ergäben sich daher für diese Lehre in Notwehrfällen nicht[565].

Gegen v. Hippels Interpretation des freiwilligen Rücktritts als Tatbestandselement spricht jedoch — abgesehen von den Strafbarkeitslücken im Bereich der Teilnahme — entscheidend ihre Unvereinbarkeit mit der kriminalpolitischen Aufgabe des Tatbestandes[566]. Dieser soll nach herrschender Ansicht „Klarheit darüber schaffen, welches Rechtsgut der Gesetzgeber als Sinn der Strafnorm im Auge gehabt hat, welche Handlungsobjekte in Betracht kommen, welches Ausmaß der Verwirklichung des Unrechtssachverhalts gegeben sein muß und welche Modalitäten des Angriffs erfaßt werden sollen"[567]. Die Tatbestandsmerkmale geben deshalb eine erschöpfende, im Hinblick auf die Garantiefunktion des Strafgesetzes möglichst präzise, sachliche Umschreibung der Verbotsmaterie, der dadurch eine „Appellfunk-

[561] Reinhard v. Hippel a. a. O. S. 72, S. 42.

[562] Reinhard v. Hippel a. a. O. S. 54.

[563] Welzel, Lehrbuch, S. 85.

[564] Vgl. Lackner-Maassen, § 53 Anm. 2 d; Dohna, Die Rechtswidrigkeit, Halle 1905, S. 21.

[565] Diese Feststellung präjudiziert kein Bekenntnis zum teleologischen Versuchsbegriff, sondern ist auch bei Zugrundelegung eines kategorialen Versuchsbegriffs möglich. Vgl. zum „Notwehrargument" in diesem Zusammenhang auch Zimmerl, Lehre vom Tatbestand, S. 56.

[566] Roxin, Heinitz-Festschrift, S. 275 Anm. 77; Munoz-Conde, ZStW 84, 767 ff.

[567] Jescheck AT S. 185 m. w. Nachw.; Stratenwerth AT Rdnr. 172 ff.; Welzel, Lehrbuch, S. 58.

tion"[568] zukommt. Daraus folgt: Weil der Tatbestand, wie insbesondere die Auseinandersetzung um die Qualifizierung der Rechtfertigungsgründe als negative Tatbestandsmerkmale deutlich gemacht hat, „nur die unwertbegründenden und nicht die unwertausschließenden Umstände umfaßt"[569], stellt der freiwillige Rücktritt auf der Ebene der Tatbestandsmäßigkeit systematisch einen Fremdkörper dar, zumal auch „schon durch den Versuch als solchen" zweifellos die „Appellwirkung" des Verbotstatbestandes „ausgelöst" wird[570].

cc) Der besondere „Unrechts-Tatbestand" v. Scheurls

Da der soeben aus dem Tatbestandsbegriff der h. L. abgeleitete Einwand allgemeiner Natur ist, gilt er gegenüber jeder Konzeption, die den Rücktritt als negativen Tatumstand der Versuchsstrafdrohung einstuft. V. Scheurl versucht zwar, diesem Gegenargument auszuweichen, indem er „weitere Betrachtungen zum Verbrechensaufbau"[571] anstellt, deren Ergebnis sich in dem Bekenntnis zu einem „erweiterten Tatbestandsbegriff"[572] niederschlägt, der „alle Merkmale erfaßt, die einen Vorgang zu einer Störung des Rechtsfriedens machen"[573], doch wird damit eigentlich nur die Stoßrichtung des Einwands verschoben. Zwar ist es von einer solchen Prämisse aus konsequent, den Rücktritt systematisch als negatives Tatbestandsmerkmal zu qualifizieren, „weil wegen der deutlich sichtbaren Distanzierung des Täters von der Tat der Rechtsfrieden nicht nachhaltig beeinträchtigt ist"[574], aber um so bedenklicher erscheint diese neue — gleich einem Maßanzug für die jeweiligen Bedürfnisse zurechtgeschneiderte — Tatbestandskonstruktion. Wenn nämlich der Tatbestandsbegriff „nicht durch eine Inflation weiterer Merkmale und durch Zuweisung weiterer Aufgaben an seinem eigenen Volumen ersticken soll"[575], muß er in seiner Zielsetzung und seinem Umfang beschränkt bleiben. Dem widerspricht die Konzepiton v. Scheurls in hohem Maße, indem er den konturenlosen, allgemeinen „Wertaspekt der Rechtsfriedensstörung"[576] zum Orientierungspunkt seines Tatbestandes macht. Dessen kriminalpolitischer Funktion, die „strafrechtliche Verbotsmaterie"[577] zu umschreiben, und der Forderung eines klar abgegrenzten, systematischen Verbrechensaufbaus wird ein solcher Ansatz nicht gerecht, doch würde es hier zu weit führen, darauf im einzelnen einzugehen.

Ebenfalls als gescheitert müssen v. Scheurls Bemühungen angesehen werden, das gegen den Tatbestandsausschluß bei freiwilligem Rücktritt gerich-

[568] Vgl. dazu Naka JZ 1961, 210.
[569] Munoz-Conde ZStW 84, 768.
[570] Roxin, Heinitz-Festschrift, S. 275 Anm. 77.
[571] v. Scheurl a. a. O. S. 30.
[572] v. Scheurl a. a. O. S. 35.
[573] v. Scheurl a. a. O. S. 34.
[574] v. Scheurl a. a. O. S. 35.
[575] Maurach AT S. 233.
[576] v. Scheurl a. a. O. S. 34.
[577] Welzel, Lehrbuch, S. 58.

tete „Teilnahmeargument" zu entkräften, d. h. den Nachweis zu führen, daß eine „Bestrafung des Teilnehmers trotz Rücktritts des Täters nicht zum herrschenden Prinzip der Akzessorietät in Widerspruch"[578] steht. Zur Begründung weist er darauf hin, die These, Teilnahme setze eine tatbestandsmäßig-rechtswidrige Tat voraus, beruhe auf dem engen Tatbestandsbegriff der h. L. und dürfe daher nicht ohne weiteres übernommen werden[579]. Seine weitergezogene Tatbestandsdefinition lasse die Möglichkeit offen, daß „lediglich ein Teil der hier dem Begriff Unrecht geordneten Merkmale"[580], nämlich „der Beginn der Ausführung durch den Täter"[581] als Anknüpfungspunkt für die Strafbarkeit des Anstifters oder Gehilfen vorliegen muß. Da bei freiwilligem Rücktritt des Täters „das Urteil der Rechtswidrigkeit" bestehen bleibe, der „Unwert" vielmehr bloß nicht genügend „gravierend"[582] sei, um ihn wegen des vorangegangenen Handelns zu bestrafen, könne „dieser schwache Rest" doch ausreichen, „um — zum Erfolgsunwert ausgestaltet — den Handlungsunwert des Teilnehmers zu *ergänzen*"[583], und dadurch trotz der Akzessorietätslockerung die Möglichkeit seiner Bestrafung eröffnen.

Soweit für diese Ansicht der abweichende „umfassende Begriff des Unrecht-Tatbestandes"[584] den Ausschlag gibt, ist auf die dazu schon geäußerte Kritik zu verweisen. Aber auch davon abgesehen erscheint die an Oetkers Relativierung der Normwidrigkeit erinnernde Argumentation konstruktiv nicht schlüssig. Wenn v. Scheurl nämlich davon ausgeht, daß „erst das unwertige Verhalten des Täters das Tun des Teilnehmers sozial unerträglich macht"[585], dann ist es vom Standpunkt der „Abhängigkeit des Teilnehmerunrechts vom Unrecht der Haupttat"[586] inkonsequent, wenn ein *un*wesentlicher, im *Täter*verhalten steckender „Unwertrest" auf Seiten des *Teilnehmers* als Erfolgsunwert so *stark* ins Gewicht fällt, daß daraus im Ergebnis seine Strafbarkeit herrührt. Eine Erklärung für diesen „Umschlag" wird denn auch nicht gegeben. Ebensowenig überzeugt v. Scheurls Hinweis auf § 50 III a. F.[587], die gesetzlich angeordnete Akzessorietätslockerung. Denn seiner Ansicht nach ist der freiwillige Rücktritt ja gerade kein „Strafausschließungsgrund" und „betrifft" nicht nur am Rande den Unrechtsgehalt wie zahlreiche der unter § 50 Abs. III a. F. fallenden Merkmale[588], bewirkt vielmehr eine — fast totale — Reduzierung des Unwerts der Versuchs-

---

[578] v. Scheurl a. a. O. S. 40.
[579] v. Scheurl a. a. O. S. 37 f.
[580] v. Scheurl a. a. O. S. 38.
[581] v. Scheurl a. a. O. S. 38.
[582] v. Scheurl a. a. O. S. 39.
[583] v. Scheurl a. a. O. S. 40.
[584] v. Scheurl a. a. O. S. 38.
[585] v. Scheurl a. a. O. S. 39.
[586] v. Scheurl a. a. O. S. 40.
[587] v. Scheurl a. a. O. S. 40; § 50 III a. F. entspricht dem neuen § 28 II.
[588] Vgl. Küper GA 1968, 321 ff. betr. die Strafmilderungsgründe; Welzel, Lehrbuch, S. 120 f.; Maurach AT S. 716 ff.; Stratenwerth AT Rdnr. 982 ff.

handlung bis nahe Null, so daß das Band der Akzessorietät im Fall der Teilnahme nicht bloß „gelockert" ist.

3. Schlußbetrachtung

Zieht man das Fazit aus den vorstehenden „systematischen" Erörterungen, so zeigt sich eine *negative* Bilanz: Die Einordnung des Rücktrittsprivilegs auf der Ebene der Tatbestandsmäßigkeit und Rechtswidrigkeit ist ebenso unhaltbar wie seine Einstufung jenseits der Schuld in die Kategorie der Strafaufhebungsgründe, der Strafwürdigkeit oder als Strafbarkeitsausschließungsgrund. Die Ausscheidung all dieser theoretisch denkbaren Standorte läßt *positiv* die Zuordnung zur Schuld als einzige noch verbleibende Alternative übrig und ist damit ein zusätzliches Argument für die hier vertretene Auffassung, den freiwilligen Rücktritt vom Versuch als „Entschuldigungsgrund" zu interpretieren[589]. Welche Folgerungen diese Deutung der ratio des § 46 a. F., § 24 I S. 1 für die Entscheidung der beiden einleitend herausgestellten Grundfragen des Rücktritts vom Versuch hat, wird sich im folgenden zeigen.

[589] Insofern stimmen also „kategoriale und teleologische Versuchslehre in ihren praktischen Ergebnissen" überein, vgl. v. Hippel a. a. O. S. 33.

DRITTER TEIL

Die Abgrenzung zwischen „unbeendetem" und „beendetem" Versuch

Wie wir sahen, ist — in den oben[1] dargelegten Grenzen — unabdingbare Voraussetzung der Anwendbarkeit des § 46 a. F., § 24 I S. 1 daß der Täter den Eintritt des zunächst angestrebten tatbestandsmäßigen Erfolges durch sein Verhalten verhindert. Was dazu im einzelnen erforderlich ist, richtet sich nach dem jeweiligen, im Hinblick auf die Tatvollendungsnähe zu differenzierenden Stadium der Ausführungshandlung: bald genügt das bloße „Nichtweitermachen", die Tataufgabe oder der Handlungsabbruch, also ein *Unterlassen,* bald ist dagegen ein *positives* Tun, ein aktiver Einsatz i. S. einer erfolgsabwendenden Tätigkeit vonnöten. Insoweit ergibt sich ein grundlegendes Abgrenzungsproblem, das in Rechtsprechung und Lehre unter dem Stichwort „unbeendeter und beendeter Versuch" wegen seiner zentralen Bedeutung als „Weichenstellung" den Ausgangspunkt jeder Rücktrittsprüfung bildet und daher auch hier vorab zu behandeln ist, zumal die bislang dazu vorgetragenen Ansichten in vielem außerordentlich kontrovers sind.

Einigkeit herrscht heute eigentlich nur in zwei Punkten:

Erstens: mit der Formulierung des § 46 Ziff. 1 a. F.: „Der Versuch bleibt los, wenn der Täter die Ausführung der beabsichtigten Handlung aufgegeben hat", ist der Rücktritt vom „unbeendeten" Versuch umschrieben, während § 46 Ziff. 2 a. F. mit den Worten: „der Versuch bleibt straflos, wenn der Täter ... den Eintritt des zur Vollendung des Verbrechens oder Vergehens gehörigen Erfolges ... abgewendet hat", den Rücktritt vom „beendeten" Versuch zum Ausdruck bringt. Obwohl diese beiden Begriffe selbst weder im früheren noch in der sachlich übereinstimmenden Fassung des neuen § 24 I S. 1: „wegen Versuchs wird nicht bestraft, wer freiwillig die weitere Ausführung der Tat aufgibt oder deren Vollendung verhindert", expressis verbis verwandt werden, läßt man *ihre* Definitionsmerkmale und nicht die im Gesetzestext genannten Kriterien über die Frage entscheiden[2], was der Täter im Rücktrittsfall tun muß, um Strafbefreiung zu erlangen.

Unbestritten ist gegenwärtig ferner, daß die Grenzziehung zwischen Beendigung und Nichtbeendigung des Versuchs „nur nach einem *subjektiven Maßstab*"[3] vorgenommen werden kann. Danach ist der Versuch unbeendet, wenn der Täter nach seiner Vorstellung noch nicht alles zur Herbeiführung der Deliktsvollendung Erforderliche getan hat. Demgegenüber liegt ein be-

---

[1] Siehe oben im Text S. 97 ff.

[2] Kritik hieran übt v. Scheurl a. a. O. S. 43.

[3] Jescheck AT S. 408.

endeter Versuch vor, wenn der Täter glaubt, alles seinerseits Notwendige in die Wege geleitet zu haben, um den Eintritt des tatbestandsmäßigen Erfolges zu gewährleisten.

Angesichts der insoweit bestehenden Meinungsübereinstimmung, vor allem der Selbstverständlichkeit, mit der dieses Begriffspaar heute in Rechtsprechung und Literatur in dieser oder ganz ähnlichen, stereotyp wiederkehrenden Wendungen als Unterscheidungskriterium der beiden Rücktrittsformen gebraucht wird, mag es naheliegen, den fast zum Dogma erhärteten Standpunkt der herrschenden Lehre bedenkenfrei zu akzeptieren. Hält man sich jedoch vor Augen, daß früher nicht nur vielfach andere Auffassungen bezüglich der Abgrenzung „unbeendeter-beendeter Versuch“ vertreten, sondern diese Differenzierung selbst für gänzlich verfehlt erachtet wurde, so erkennt man: eine solche kritiklose Übernahme der gegenwärtigen communis opinio würde außer der historischen auch die sachliche Dimension des anstehenden Problems ziemlich verkürzen. Erst wenn man dessen „Tiefe“ wirklich kennt, kann man aber ermessen, ob mit Hilfe der für § 46 Ziff. 1 und 2 a. F., § 24 I S. 1 gebräuchlichen „Ersatzformeln“ mehr Klarheit zu gewinnen ist als bei einer streng dem Gesetzeswortlaut verhafteten Auslegung. Ein kurzes Eingehen auf Bedeutung und Entwicklung der „Lehre vom unbeendigten und beendigten Versuch“[4] erscheint daher zur Absicherung und zum besseren Verständnis der Grundlagen, auf denen die anschließende Erörterung der strittigen Detailfragen aufbaut, zwingend geboten.

I. Die Entwicklung der Lehre vom „unbeendeten“ und „beendeten“ Versuch in historischer Sicht

1. Die Entwicklungsgeschichte bis zum Inkrafttreten des RStGB

a) Die Unterscheidung mehrerer Versuchsgrade

Nachdem Art. 178 der Constitutio Criminalis Carolina die unterschiedliche Bestrafung des Versuchs je nach „gelegenheit und gestalt der sach“ anerkannt hatte, ohne jedoch formell zwischen einzelnen Versuchsstufen zu differenzieren, setzte sich in „der deutschen Doktrin mit seltener Übereinstimmung“ die Ansicht durch, „daß der Versuch von seinem Anfangspunkt an immer verbrecherischer und somit strafbarer werde, je mehr er an der Vollendung sich nähere“[5]. Von diesem Ansatz „einer allmählich vorwärtsschreitenden Verwirklichung des objektiven Tatbestandes durch die Handlung des Täters“[6] war es nur natürlich, wenn „die genaue Wertung der konkreten Verursachungstätigkeit als solcher“[7] in den Mittelpunkt dogmatischer

[4] Siehe dazu im einzelnen das gleichnamige Buch von Goldschmidt, Strafrechtliche Abhandlungen Heft 7, Breslau 1897.

[5] Köstlin, Neue Revision, S. 411 Anm. 1.

[6] Binding, Normen, Band III, S. 515.

[7] Binding, Normen, Band III, S. 516.

Bemühungen rückte. Dementsprechend versuchte man im Schrifttum, innerhalb der Ausführungshandlung je nach ihrer größeren oder geringeren Entfernung vom Vollendungszeitpunkt klar bestimmte Teilabschnitte herauszuarbeiten und nach Maßgabe dieser sog. Versuchsgrade dessen Strafe abzustufen. Dabei ging man allerdings „ohne festes Prinzip"[8] vor und gelangte deshalb zu einer ziemlich divergierenden Einteilungssystematik[9] deren Verständnis durch die Vielfalt der Begriffe und ihre uneinheitliche Verwendung erheblich erschwert wurde.

Einige unterschieden vier derartige Ausführungsstadien: den geendigten, aber erfolglosen oder fehlgeschlagenen Versuch, den nächsten Versuch (conatus proximus), dessen „Fortsetzung unmittelbar das Verbrechen beendigt haben würde", den entfernten Versuch (conatus remotus), wenn schon „ein Anfang der Gesetzesübertretung" vorliegt, aber die Vollendung dadurch „noch nicht allein, sondern erst in Verbindung mit einer oder mehreren noch fehlenden"[11] Handlungen erreicht werden kann, und schließlich „die Vorbereitung des Verbrechens (delictum praeparatum)"[12]. Die meisten Autoren vertraten jedoch nur eine dreigliedrige Einteilung, indem sie „die sog. Vorbereitungshandlungen bald zum conatus remotus mitrechnen"[13], bald gänzlich aus dem Versuchsgebiet aussondern. Manche begnügten sich aber auch mit der Unterscheidung von lediglich zwei Kategorien, gebildet aus dem Gegensatzpaar des „nahen" (oder „nächsten") und „entfernten" Versuchs bzw. aus der Antithese „nicht beendigter" und „beendigter" Versuch, der von Klein in Gestalt des sog. delictum perfectum als eigene Stufe strafbarer Tätigkeit in die Literatur eingeführt wurde[14], von ihm allerdings nicht dem Versuchsstadium zugerechnet, sondern — in der Mitte zwischen Versuch und Vollendung liegend — dahingehend beschrieben wird, daß „die zum Begriff des Verbrechens erforderliche Handlung ... in Rücksicht auf die Tat, aber nicht in Ansehung der Wirkung vollendet" ist[15].

b) Die Durchsetzung des Begriffs des „beendigten" Versuchs in der Gesetzgebung als Anknüpfungspunkt einer besonderen Strafandrohung

Es würde zu weit führen, in diese Kasuistik von Klassifikationen und Benennungen tiefer einzudringen. Denn bis auf die Abgrenzung des unbeendigten vom beendigten Versuch haben all jene Differenzierungen keinerlei

[8] v. Schwarze HH Bd. II S. 280.
[9] Vgl. dazu Geib, Lehrbuch, S. 303 ff.
[10] Heffter, Lehrbuch, S. 64 Nr. 74.
[11] Henke, Handbuch, S. 262.
[12] Heffter, Lehrbuch, S. 64 Nr. 74.
[13] Köstlin, System, S. 242 Fußnote 14.
[14] Vgl. dazu Köstlin, System, S. 242; Henke, Handbuch, S. 263; Krug, Rechtslexikon, S. 745.
[15] Klein, Grundsätze, S. 125, § 145.

praktische Bedeutung erlangt, da, wie schon früh erkannt wurde, bei dem „zwischen Anfang und Ende mitten inne liegenden Fortschritt des Versuchs"[16] die „Zahl der Abstufungen und Grade eigentlich unberechenbar"[17] ist und die bloß quantitativen Unterschiede „sich gar nicht befriedigend fixieren lassen"[18]. Lediglich der „Endpunkt des Versuchs"[19] wurde als bestimmt genug angesehen, um bei den Strafrechtskodifikationen der meisten deutschen Partikularstaaten des 19. Jahrhunderts[20] im Begriff des „beendigten" Versuchs als „Norm" für ein besonderes Strafmaß Berücksichtigung zu finden.

c) Die Begriffsbestimmung des „beendigten" Versuchs in Gesetzgebung, Wissenschaft und Praxis

aa) Die „Legaldefinitionen"

Dabei werden dessen Voraussetzungen ziemlich gleichlautend „fast immer ganz *objektiv*"[21] formuliert wie z. B. in § 107 des Strafgesetzbuchs für das Großherzogtum Baden vom 6. 3. 1845: „Hat der Täter alles getan, was von seiner Seite zur Vollendung des beabsichtigten Verbrechens notwendig war, ist jedoch der zum Begriffe des vollendeten Verbrechens erforderliche Erfolg durch andere, dazwischen getretene Umstände, welche ihren Grund nicht in seinem Willen, noch in seiner eigenen Handlungsweise hatten, abgewendet worden, so ist die Tat als beendigter Versuch ... zu bestrafen". Eine Ausnahme bildet das sächsische Strafgesetzbuch vom 13. 8. 1855, das — auch in seiner revidierten Fassung vom 1. 10. 1868 eine rein *subjektive* Begriffsbestimmung vertritt. Danach ist „der Versuch ein beendigter, sobald der Verbrecher alles getan hat, was er zu tun für nötig hielt, um die von ihm beabsichtigte Rechtsverletzung herbeizuführen. In allen anderen Fällen ist der Versuch ein nicht beendigter"[22].

bb) Die Begriffsbestimmung des „beendigten" Versuchs in der Literatur: Der Gegensatz zwischen objektiver und subjektiver Definition sowie die vermittelnden Lösungen

Auch im gemeinrechtlichen Schrifttum überwog die Auffassung, die Frage der Beendigung des Versuchs nach einem objektiven Maßstab zu entschei-

---

[16] Hälschner, Das gemeine deutsche Strafrecht, S. 358, 359 oben.

[17] Geib, Lehrbuch, S. 303.

[18] Köstlin, System, S. 243.

[19] Köstlin, Neue Revision, S. 410.

[20] So Württemberg (Art. 64), Braunschweig (§ 36); Thüringische Staaten (Art. 23 Nr. 2); Hamburg (Art. 34); Baden (§ 107); Hessen (Art. 68 Abs. III); Hannover (§ 33); Ausnahmen: Preußen und Bayern, die keine Definition des beendigten Versuchs geben.

[21] Binding, Normen, Bd. III, S. 516; Hervorhebung vom Verfasser; vgl. dazu auch Berner GS 17 (1865) 84 ff.

[22] Art. 40 des Strafgesetzbuchs für das Königreich Sachsen von 1855.

den[23], angesichts der Vorherrschaft des „Objektivismus" zur damaligen Zeit eigentlich eine Selbstverständlichkeit. Die vorgeschlagenen Definitionen stimmen dabei, wie zwei Beispiele verdeutlichen mögen, im Wortlaut weitgehend mit der angeführten badischen Gesetzesfassung überein: So liegt nach Abegg ein beendigter Versuch vor, „wenn der Verbrecher seinerseits alles getan hat, was zur Herbeiführung des gesetzwidrigen Erfolges dienen konnte, dessen Eintreten jedoch durch Umstände, die außerhalb des Willens und der Handlung des Täters lagen, verhindert wurde"[24].

Zachariae sieht das Gebiet des nicht beendigten Versuchs verlassen, wenn der Täter „auf solche Weise gehandelt habe, wie es zur Hervorbringung des Verbrechens nach dem natürlichen Lauf der Dinge erforderlich war"[25]. Gegen die subjektive Bestimmung des beendigten Versuchs und damit zur Rechtfertigung der objektiven Abgrenzung wurden im wesentlichen drei Argumente ins Feld geführt: Käme es maßgeblich auf die Vorstellung des Täters an, hätte dieser Begriff überhaupt keinen „bestimmten Inhalt", da er ja zwangsläufig „ebenso verschiedenartig sei, wie das individuelle Meinen und Dafürhalten des einzelnen Täters"[26]. Der subjektive Ansatz führe außerdem „zu der sicherlich höchst bedenklichen Annahme, daß der Versuch ... selbst mit absolut untauglichen Mitteln ein beendigter"[27] sein könne. Abgesehen davon sei es aber auch „unjuristisch, jemandes Handlung nicht nach dem zu beurteilen, was sie *ist*, sondern nach dem, was sie ihm zu sein *scheint*"[28]. In Fällen, *„wo der Handelnde den letzten, unmittelbar auf die Herbeiführung des Erfolges gerichteten Akt gar nicht vollzogen hat"*[29], lasse sich schwerlich von einem beendigten Versuch sprechen, eine Bestrafung deswegen liefe daher auf einen Pönalisierung des „erwiesenen bloßen" Willens hinaus[30].

Unbeeindruckt von diesen Bedenken vertrat jedoch eine Mindermeinung[31], angeführt von Köstlin, Breidenbach, Hälschner, Krug und v. Buri,

---

[23] Roßhirt, Lehrbuch des Criminalrechts, Heidelberg 1821, S. 87; Bauer, Abhandlungen, Bd. 1, S. 332; derselbe in: Lehrbuch, S. 106 f.; Dollmann a. a. O. S. 239 f.; Geib, Lehrbuch, S. 302; Goltdammer, Materialien, S. 271; derselbe GA 8, 623; Oppenhoff, Commentar zum Preußischen StGB (5. Aufl.), § 31 Anm. 21, 23; Haeberlin, Grundsätze des Criminalrechts, 1. Band, Allgemeine Lehren, Leipzig 1845, S. 50; Heffter, Lehrbuch, S. 64 Nr. 74; Thilo a. a. O. S. 137 f.; Tittmann, Handbuch, Bd. 1, 2. Aufl. 1822 S. 192; Weber, Neues Archiv des Criminalrechts, Bd. IV (1820) S. 34 f.; Beseler, Commentar, § 31 Anm. III S. 145.

[24] Abegg, Lehrbuch der Strafrechtswissenschaft, Neustadt a. d. Orla 1836, S. 153.

[25] Zachariae, Versuch, Teil II, S. 30.

[26] John, Entwurf, S. 208.

[27] Leonhardt a. a. O. S. 167; Berner GS 17 (1865), 91; Hufnagel, Commentar, Bd. 1 S. 132.

[28] Berner GS 17, 90.

[29] Berner GS 17, 90.

[30] Berner GS 17, 91.

[31] Köstlin, System, S. 241 f.; derselbe, Neue Revision, S. 422 ff.; Hälschner, Das gemeine deutsche Strafrecht, S. 359; derselbe, System, S. 205; Breidenbach a. a. O. S. 174; Krug, Rechtslexikon, S. 746; derselbe, Commentar, S. 69 ff.; Luden, Handbuch, S. 428; v. Buri, GA 19 (1867) 78.

mit Nachdruck den gegenteiligen, subjektiven Standpunkt. Danach ist der Versuch beendet, „sobald der Handelnde alle ihm erforderlich scheinenden Tätigkeitsäußerungen vorgenommen hat, die Wirkung aber, welche das vollendete Verbrechen ausmacht, nicht eintritt, vermöge einer Naturursache, deren Wirksamkeit ganz oder relativ unabhängig von seinem Willen ist"[32]. Ausdrücklich hebt Breidenbach als Konsequenz dieser Auffassung hervor, „daß die nämliche Handlung, von dem Einen vorgenommen, beendigter, von dem Anderen vollführt, unbeendigter Versuch ist je nach dem Plan, den sich die Täter vorgesetzt haben"[33].

Die hierin zum Ausdruck kommende Dominanz der Tätermeinung über die tatsächliche Beschaffenheit der Handlung wird verschieden begründet. Teils leitet man sie aus dem Wesen des Versuchs ab, das „im Übergreifen der subjektiven Seite über die objektive"[34] bestehe und daher erstere für seine „charakteristischen Bestimmungen"[35] maßgeblich sein lasse, teils wird auf die Unlogik der objektiven Definition des beendeten Versuchs verwiesen. Denn wenn wirklich *alles* geschehen sei, was zur Vollendung der Tat notwendig war, dann müsse *„die Vollendung auch eintreten"*[36]. Da aber fast stets der Einwand möglich sei, „es habe noch etwas gefehlt, was der Täter noch hätte tun können und sollen, um den Erfolg herbeizuführen", folge aus einer „streng wörtlich" genommenen objektiven Auslegung weiter, daß die Fälle des beendigten Versuchs absoluten Seltenheitswert besitzen[37].

Als Beispiel hierfür und damit für die praktische Relevanz des Meinungsstreits wurde immer wieder das Erkenntnis des Criminalsenats in Eßlingen vom Februar 1839[38] angeführt, dem folgender Sachverhalt zugrunde lag: Der Täter hatte seinem Opfer in der Absicht, es zu töten und anschließend auszurauben, „mit einem dolchartigen Instrumente ... in die Mitte der linken Schenkelbeugung eine $1^1/_2$ Zoll tiefe Wunde beigebracht", die nicht tödlich war, immerhin aber einen sechswöchigen Krankenhausaufenthalt erforderlich machte. Nach Auskunft des Arztes wäre der Verletze bei einer nur geringfügigen Richtungsänderung des Stiches wahrscheinlich schnell verblutet. Das Gericht nahm beendeten Mordversuch an, obwohl es bei wortgetreuer Anwendung des Art. 64 des Württembergischen Strafgesetzbuchs an sich zu einem ablehnenden Ergebnis hätte kommen müssen; denn nur wenn der Täter „etwas tiefer, oder etwas mehr rechts oder links"[39] zugestoßen hätte, könnte man sagen, er habe „alles getan, was von seiner Seite" zur Herbeiführung des Todes „nötig war". Da es dann „aber freilich auch nicht beim Versuch geblieben", sondern der beabsichtigte Erfolg eingetreten wäre, darf man nach Ansicht Hufnagels den Gesetzgeber „nicht

[32] Köstlin, System, S. 241, 242 oben.
[33] Breidenbach a. a. O. S. 174.
[34] Köstlin, Neue Revision, S. 422.
[35] Köstlin, Neue Revision, S. 422.
[36] Krug, Rechtslexikon, S. 746; John, Entwurf, S. 208; Berner GS 17, 91.
[37] Hufnagel, Commentar, 3. Band, S. 70 f.; Leonhardt a. a. O. S. 167.
[38] Zitiert bei Hufnagel, Commentar, 1. Band, S. 131 f.
[39] Hufnagel, Commentar, 1. Band, S. 132.

buchstäblich auslegen“[40], was umgekehrt genauso für die vorgeschlagene subjektive Fassung gelte. Entscheidend sei die Beurteilung des konkreten Falles und dabei gebe letztlich „das vernünftige Ermessen des Richters“[41] den Ausschlag. Auf derselben Linie liegt das Ergebnis der Untersuchungen Berners: Bei der Definition des beendigten Versuchs solle man das „vermeintliche Requisit ‚alles was nötig war‘ oder ‚alles, was der Täter für nötig hielt‘ am besten“[42] fallenlassen und ihn statt dessen „ganz einfach als denjenigen bezeichnen, bei dem die auf den Erfolg gerichtete Handlung fruchtlos vollzogen wurde“[43].

cc) Die Begriffsbestimmung des „beendigten“ Versuchs in der Rechtsprechung vor 1871

Daß diese — zwischen den extremen Positionen vermittelnde, aber in der Grundhaltung objektive — Theorie auch in der damaligen Gerichtspraxis vorherrschend war — angesichts der wenigen zur Verfügung stehenden Entscheidungen eine zweifellos etwas gewagte Festellung — zeigen u. a. zwei Urteile des Königlichen Oberappellationsgerichts zu Dresden. Im ersten[44] — einem Mordfall — wurden die Voraussetzungen des Art. 40 des sächsischen Strafgesetzbuches, das den beendigten Versuch *subjektiv* definiert, ohne weiteres Eingehen auf die Vorstellungen des Täters einfach aufgrund des *objektiven* Tathergangs bejaht:

Da der Angeklagte bei der Führung des Schlages „den Kopf oder Hals seiner Ehefrau zum Zielpunkt genommen hatte, und da er den Streich kräftig und mit der Schneide eines frisch geschliffenen Beiles führte“, bewirke „ein derartiger Hieb in der Regel den Tod“ des Opfers. Daher könne man „unbedenklich“ annehmen, daß der Täter „im Augenblick der Vornahme“ der Handlung „des Glaubens war, es werde dieser eine Streich zur Erreichung seiner Tötungsabsicht genügend sein“, und somit nach dem Fehlschlag — die Frau erlitt nur eine Verwundung „über dem linken Schulterblatt“ — ein beendigter Mordversuch vorliegt. Um jeden Zweifel an der Richtigkeit dieses Ergebnisses auszuschalten, verweist das Gericht abschließend auf die enge Parallele zu dem Fall des mit Tötungsvorsatz abgefeuerten, aber den Feind nicht treffenden oder nur verwundenden Pistolenschusses, der seit Feuerbach[45] auch im Schrifttum immer wieder als Paradebeispiel des beendeten Versuchs angeführt wurde.

---

[40] Hufnagel, Commentar, 1. Band, S. 132; zustimmend Leonhardt a. a. O. S. 167.

[41] Hufnagel, Commentar, 1. Band, S. 132; zustimmend Leonhardt a. a. O. S. 167.

[42] Berner GS 17, 96.

[43] Berner GS 17, 96.

[44] Urteil vom 10. 1. 1862, veröffentlicht in: Allgemeine Gerichtszeitung für das Königreich Sachsen, Band 6, S. 171 Nr. XX.

[45] Feuerbach, Kritik des Kleinschrodschen Entwurfs, 2. Teil, S. 108, zitiert bei Bauer, Berner, Beseler, Goltdammer, Krug, Schröter u. a.

Auch in der anderen Entscheidung[46] ging es um ein Tötungsdelikt: eine junge Mutter hatte „mit der Schere nach der Brust“ ihres etwa eineinhalb Jahre alten Kindes gestochen, wobei sie davon ausging, „auf diese Weise“ würde es „am schnellsten sterben“. Als sie jedoch nach dem ersten Stich, der „in der Mitte des Brustbeins, bei der dritten und vierten Rippe“ eine nur „unbedeutende und gefahrlose Wunde“ verursacht hatte, Blut sah und das Kind aufschrie, ließ sie aus Mitleid von ihm ab und warf die Schere weg. Beide Instanzen verneinten freiwilligen Rücktritt mit der Begründung, die Handlung der „Inkulpatin“ sei „nicht als ein bloß *begonnenes*, sondern als ein schon *beendigtes* verbrecherisches Unternehmen (ein beendigter Versuch) anzusehen“. Denn sie habe ihre Tat erst in dem Augenblick aufgegeben, „als sie bereits einen Stich nach der Brust des Kindes geführt, mithin alles getan hatte, wodurch ihr Zweck, die Tötung desselben, erreicht werden konnte und erreicht worden sein würde, wenn sie das dazu gewählte taugliche Mittel nicht in unzureichender und ungeschickter Weise angewendet hätte“.

Typisch für die damalige Rechtsprechung, daß es weder auf die Vorstellung des Täters noch darauf ankommt, ob er wirklich — im Sinne einer „Erfolgsoptimierung“ — *alles* seinerseits Erforderliche getan hat[48], sind auch die folgenden, wegen ihres Gegensatzes zur jüngeren BGH-Judikatur besonders instruktiven Entscheidungen.

In einem von Brückner[49] mitgeteilten Rechtsfall aus dem Herzogtum Sachsen-Coburg-Gotha hatte der Angeklagte seinem Gegner wiederholt „mit einem über zwei Pfund schweren Stein auf den Kopf und das Gesicht“ geschlagen und „diesem 10 zum Teil schwere Wunden zugefügt“, die allerdings im Endeffekt nicht tödlich waren. Nach Auffassung des Gerichts war der Mordversuch beendet, da die vom Täter aufgewendete „Gewalt... von einer solchen Beschaffenheit und Stärke“ war, daß die Erreichung seiner Tötungsabsicht „ihm nicht ungewiß bleiben konnte“. Die Mißhandlungen vermochten „menschlichen Erfahrungen nach“ den Tod des Opfers herbeizuführen und „mußten“ — zumal, weil es sich tot stellte — „bei dem Inquisiten die feste und vollkommene Überzeugung bewirken, daß er das Verbrechen der Tötung vollbracht habe“.

Über einen anderen Fall aus derselben Delikskategorie berichtet Hufnagel[50]: Hier hatte der Täter seiner Halbschwester wenige Tage nach deren Geburt mit Tötungsvorsatz so stark mit den Fingern „auf den Kehlkopf oder vielmehr auf die Luftröhre“ gedrückt, daß das Kind husten mußte, „nicht mehr recht schnaufen konnte“ und sein Hals an der Druckstelle

[46] Urteil des Königlichen Oberappellationsgerichts Dresden, Neue Jahrbücher für Sächsisches Strafrecht, Bd. 1, S. 157 = Temmes Archiv Band 1 (1854) S. 269 f.

[47] Hufnagel, Commentar, Band 1, S. 133.

[48] Vgl. auch Urteil des Königlichen Oberappellationsgerichts Dresden, Allgemeine Gerichtszeitung für das Königreich Sachsen, Band 14 (1870), S. 50.

[49] In: Annalen der deutschen und ausländischen Criminal-Rechtspflege, begründet von Hitzig, Jahrgang 1841, 1. Band, S. 99 ff., insbesondere S. 105.

[50] Hufnagel, Commentar, 3. Band, S. 66 ff., insbesondere S. 72.

„blaurot" angelaufen war. Da „der von dem Angeschuldigten ausgeübte Druck nach seiner Individualität, nach seinem Zweck, nach den Erscheinungen, die er sofort bei dem Kinde wahrnahm", offenbar heftig war, besaß eben diese Handlung zweifellos „eine das Leben des Kindes gefährdende Wirkung". Der Gerichtshof hielt daher „wegen beendigten Versuch des Mordes" eine fünfjährige Zuchthausstrafe für angemessen.

Abschließend sei noch auf das Urteil des Cassationshofs zu Wien vom 26. 7. 1854[51] hingewiesen. Das Landgericht hatte den Angeklagten wegen versuchten Gattenmordes verurteilt, weil er in Tötungsabsicht seiner Ehefrau „mit dem Messer drei Stichwunden ... in die Brust, ... die linke Lendenseite und ... das Knie" beigebracht hatte, von denen eine „an und für sich lebensgefährlich" war, doch wurde die Frau gerettet. Der Ehemann berief sich demgegenüber auf freiwilligen Rücktritt, da er seiner Gattin keine — weiteren — tödlichen Stiche versetzt habe, „obwohl er sie ganz in seiner Gewalt gehabt und ungehindert nach seinem Belieben mit ihr habe verfahren können". Der Cassationshof hielt die Nichtigkeitsbeschwerde jedoch für unbegründet. „Denn diese mit einem spitzen scharfen Messer, wie das vorliegende, von einem kräftigen Manne, der solche Werkzeuge handzuhaben weiß", mit Tötungsvorsatz geführten Stiche „in Körperteile" eines anderen, „wo eines der wichtigsten Lebensorgane leicht verletzt werden kann", seien „unstreitig" eine Tötungshandlung und erfüllten „alle Merkmale des versuchten Mordes". Das Ausbleiben des Todes müsse man dem Zufall zuschreiben, sei es in Gestalt der durch die „Aufgeregtheit" des Täters bedingten „Unsicherheit" beim Zustechen, der „gegenseitigen Stellung" beim Kampf oder aber „der Bekleidung" des Opfers.

dd) Zusammenfassung

Faßt man den Meinungsstand zur Abgrenzungsproblematik „unbeendigter-beendigter" Versuch in Gesetzgebung, Literatur und Rechtsprechung vor Inkrafttreten des Reichsstrafgesetzbuchs zusammen, so muß man feststellen, daß über diese Frage zwar keine Einigkeit herrscht aber die *objektive* — an der tatsächlichen Sachlage orientierte — Begriffsbestimmung in allen drei Bereichen eindeutig dominiert, wobei gegen praktisch unhaltbare Konsequenzen eines überspitzten Objektivismus „das vernünftige Ermessen des Richters"[52] als Regulativ dient.

d) Die besondere Deliktstufe „beendigter" Versuch im Kreuzfeuer der Kritik

aa) Die Gegner einer Sonderstellung des „beendigten" Versuchs im Bereich der Strafzumessung

Angesichts der vorhandenen Gegensätze sowie der Schwierigkeiten und Unsicherheit bei der Grenzziehung im Einzelfall ist es nicht weiter ver-

---

[51] Temmes Archiv, Band II (1855) S. 50 f.

[52] Hufnagel, Commentar, 1. Band, S. 132; Leonhardt a. a. O. S. 167.

wunderlich, wenn schon früh Stimmen laut wurden, die sich bei ihrem Kampf gegen jede Differenzierung verschiedener Versuchsstufen auch gegen die Funktion des beendigten Versuchs als Anknüpfungspunkt einer besonderen Strafdrohung wandten. So bemerkt Mittermaier in der von ihm besorgten 14. Auflage des Feuerbachschen Lehrbuchs[53] im Hinblick auf die schwankende Terminologie der Gesetzbücher, „der Begriff des beendigten Versuchs" habe sich „in der Praxis durchaus nicht als zweckmäßig bewährt". Hufnagel schließt seine Schilderung der oben mitgeteilten Entscheidung betreffend den Mordversuch des Stiefbruders an seiner Halbschwester mit dem Zusatz ab, Fälle dieser Art „dürften den Wunsch unterstützen, daß das Gesetz zwischen beendigtem und nicht beendigtem Versuche nicht unterschieden haben möchte"[54]. Auch Leonhardt ist voller Skepsis gegenüber einer derartigen Einteilung[55]. Er bezweifelt, ob durch eine Legaldefinition „in jedem Fall mit völliger Klarheit" festgestellt werden könne, „wann ein beendigter, wenn ein nicht beendigter Versuch oder ob nicht vielmehr der Satz Platz greife, omnis definitio in jure periculosa"[56]. Dies gelte vor allem dann, wenn man auch auf Verbrechen abstellt, „nach deren gesetzlichem Begriffe der Erfolg abhängig ist von menschlicher Tätigkeit, von persönlichem Verhalten, der Eintritt des Erfolges aber gehindert wird durch menschliche Willkür"[57].

Was Leonhardt hier noch vorsichtig in die Form einer Frage kleidete, ist für Lamm eine „klare Sache": die Klassifizierung des Versuchs in beendigten und unbeendigten „ist keine durchgreifende", da ersterer „nicht bei allen Verbrechen vorkommt"[58]. Der Begriff des beendigten Versuchs finde vielmehr nur auf solche Delikte Anwendung, „welche zu ihrer Vollendung einen materiellen Erfolg verlangen"[59], nicht aber bei denjenigen, die „in einer rein willkürlichen Handlung bestehen"[60]. Hälschner hält diese Differenzierung der Verbrechenstypen zwar für unklar[61] und glaubt, der „Unterschied des beendigten und nicht beendigten Versuchs" sei bestimmbar[62], doch spricht er ihm jegliche praktische Bedeutung ab. Denn ebenso wie alle Abstufungen

---

[53] Feuerbach, Lehrbuch des gemeinen in Deutschland gültigen Peinlichen Rechts, herausgegeben von Mittermaier, 14. Auflage, Gießen 1847, S. 79 Note I von S. 78; ebenso skeptisch schon Henke, Handbuch, S. 263.

[54] Hufnagel, Commentar, 3. Band, S. 73 unten Fußnote*.

[55] Leonhardt a. a. O. S. 165.

[56] Leonhardt a. a. O. S. 166.

[57] Leonhardt a. a. O. S. 168.

[58] Lamm, Allgemeine Gerichtszeitung für das Königreich Sachsen, Jahrgang 3 (1859) S. 158.

[59] Lamm, Allgemeine Gerichtszeitung für das Königreich Sachsen, Jahrgang 3, S. 160.

[60] Lamm, Allgemeine Gerichtszeitung für das Königreich Sachsen, Jahrgang 3, S. 161; ebenso schon Zachariae, Versuch, Teil II, S. 30; Hepp, Neues Archiv 1836, 231.

[61] Hälschner, System, S. 204.

[62] Hälschner, System, S. 205.

zwischen Anfang und Ende der Ausführungshandlung vergebliche Fixierungsbemühungen darstellten, seien „auch Anfangs- und Endpunkt des Versuchs untauglich, um als Basis einer allgemeinen Regel über die Strafbarkeit zu dienen“[63].

Einer der schärfsten Kritiker der Sonderstellung des beendigten Versuchs bei der Strafzumessung war Binding. Seiner Meinung nach ist dieser Begriff „völlig wertlos“[64], da es allein von den Ausführungsmodalitäten des geplanten Verbrechens abhänge, „ob überhaupt die menschliche Tätigkeit unbeschadet des Eintritts des rechtswidrigen Erfolges vor demselben abbrechen kann oder nicht“, und außerdem „der beendigte Versuch bei derselben Verbrechensgattung“ bald auf niedrigerer, bald auf höherer „Stufe der Versuchsleiter“ stehe[65]. Mit Recht sei deshalb die Unterscheidung verschiedener Versuchsgrade im Strafgesetzentwurf für den Norddeutschen Bund unterblieben[66].

bb) Die Befürworter einer besonderen Strafandrohung für den „beendigten“ Versuch

Es wäre allerdings eine grobe Irreführung, wollte man verschweigen, daß bei der seinerzeit um den Begriff des beendigten Versuchs geführten Grundsatzdebatte diese besondere Deliktstufe nicht auch zahlreiche Befürworter gehabt hätte. So erklärte Köstlin vom Boden seiner subjektiven Definition des beendigten Versuchs aus, „der Punkt, wo die fortschreitende Handlung“ die äußerste „Grenze des Versuchsgebietes erreicht“[67], könne „bestimmt bezeichnet“[68] werden, und zwar „bei allen Verbrechen“[69]. Daher passe die „Einteilung des Versuchs in beendigten und nicht beendigten“[70] durchgängig, „eben sowohl auf die sog. formellen als auch auf die materiellen“[71] Delikte, bei ersteren allerdings nur für den Fall der Untauglichkeit von Objekt oder Mittel. Auch Breidenbach[72] verteidigte „die Abgrenzung des beendigten Versuchs von dem noch nicht so weit gediehenen“ als „wohl begründet“, unbeschadet der Tatsache, daß „diese Distinktion nicht bei allen Verbrechen stattfindet“. Denn der Endpunkt des Versuchs lasse sich nicht nur im Gegensatz

---

[63] Hälschner, System, S. 205 Anm. 2.

[64] Binding, Entwurf eines Strafgesetzbuchs für den Norddeutschen Bund, Leipzig 1869, S. 76.

[65] Binding, Entwurf, S. 76.

[66] Ebenso: John, Entwurf, S. 208 f.; vgl. auch schon die Revision des Entwurfs des Strafgesetzbuchs für Preußen von 1843, Band 1, S. 137, wo im Hinblick auf die „Schwierigkeiten, welche der Unterschied des beendigten und nicht beendigten Versuchs vor den Geschworenengerichten herbeiführen würde“, der Vorschlag gemacht wurde, die abstrakte Strafdrohung für beide Fälle gleich anzusetzen.

[67] Köstlin, Neue Revision, S. 427.

[68] Köstlin, Neue Revision, S. 410.

[69] Köstlin, Neue Revision, S. 427.

[70] Köstlin, Neue Revision, S. 427.

[71] Köstlin, Neue Revision, S. 423.

[72] Breidenbach a. a. O. S. 175.

zu anderen Abstufungen „scharf bestimmen“, sondern erscheine auch „in subjektiver und objektiver Hinsicht rechtsstörender als die geringeren Gradationen“.

Der vielleicht nachdrücklichste Verfechter dieses Standpunkts aber dürfte Bauer gewesen sein. Seiner Ansicht nach muß man „gewisse *Grade des Versuchs*“ bilden, da das jeweilige Stadium der Ausführungshandlung „auf die Bestrafung großen Einfluß“[73] habe. Dabei stelle „die Unterscheidung zwischen *beendigtem* und *nicht beendigtem* Versuche“ jedoch „die *einzige* Abstufung“ dar, „welche sich durch ein *allgemeines* und *sicheres Merkmal* bezeichnen und begrenzen“[74] lasse, da sie „tief in der Natur der Sache gegründet“[75] sei. Ihre erhebliche praktische Relevanz sieht Bauer darin, daß sie in der Rechtswissenschaft „die Verwechslung der Begriffe von beendigtem Verbrechen und Versuch verhindert“, der Gesetzgebung „einen sicheren Anhaltspunkt darbietet“ und in der Rechtsprechung „die richtige Beurteilung der vorhandenen Stufe des Versuchs erleichtert“[76].

2. Die Bedeutung der Unterscheidung zwischen „unbeendigtem“ und „beendigtem“ Versuch nach 1871 unter dem Gesichtspunkt des Rücktritts

Die Kontroverse um den Begriff des beendigten und seine Abgrenzung vom unbeendigten Versuch im gemeinen und partikularen Recht des 19. Jahrhunderts soll hier nicht weiter vertieft werden. Es genügt, wenn durch die Herausarbeitung der gegensätzlichen Standpunkte der schwankende Boden dieser Terminologie und Unterscheidung sichtbar und damit verständlich geworden ist, warum das Reichsstrafgesetzbuch bei der Versuchsbestrafung auf jegliche graduelle Abstufung verzichtet hat. Zwar wurde wenige Jahre nach dessen Inkrafttreten der Vorstoß unternommen, für den beendigten Versuch eine besondere Strafbestimmung zu schaffen[77], doch lehnte der Reichstag die entsprechende Vorlage ab. Immerhin gab dies Veranlassung, die Frage auch wissenschaftlich noch einmal zu überdenken und daher auf die Themenliste des 13. Deutschen Juristentages 1876 zu setzen. Das Ergebnis der Gutachten und Beratungen war eindeutig[78]: Alle drei Referenten — Berner, Lamm und Leuthold — sprachen sich gegen die gesetzliche Verankerung des beendigten Versuchs als „Norm für das Maß der Strafbarkeit“[79] aus, und auch

[73] Bauer, Anmerkungen, S. 387.

[74] Bauer, Anmerkungen, S. 387; ebenso derselbe in: Abhandlungen, S. 331.

[75] Bauer, Anmerkungen, S. 389.

[76] Bauer, Anmerkungen, S. 389, im Ergebnis zustimmend Berner, GS 17, 89 (keine „scholastische Distinktion“).

[77] Vgl. GA 23 (1875) S. 413.

[78] Gutachten zum 13. Deutschen Juristentag, Berlin 1876, Band I, 109 ff. (Berner), 145 ff. (Lamm), 178 ff. (Leuthold); Beratungsergebnisse der 3. Abteilung, Band II, S. 229 ff. (258).

[79] Hälschner, Das gemeine deutsche Strafrecht, S. 359.

die dritte Abteilung des Juristentages entschied sich fast einstimmig in diesem Sinne.

Damit schien dem Begriff des beendigten Versuchs dasselbe Schicksal beschieden wie den zahlreichen anderen, früher herausgearbeiteten Versuchsgraden, die allesamt in den Verliesen der Dogmengeschichte verschwanden. Aber der Schein trog. Zwar findet sich in der Anfangsphase der Reichsgerichtsjudikatur bis zur Jahrhundertwende der fragliche Terminus nur selten[80] ausdrücklich erwähnt, doch schon unter den ersten einschlägigen Stellungnahmen des Schrifttums zum neuen Reichsstrafrecht überwiegt — selbst bei denjenigen, die die Einteilung in beendigten und nicht beendigten Versuch unter dem Aspekt einer bestimmten Schuldabstufung starr ablehnen — die Auffassung, daß „der Tatbestand des *beendigten* Versuchs in der Bestimmung des § 46, 2 zu einer gewissen Geltung kommt"[81].

Im Rahmen der Rücktrittsprüfung wurde somit diesem fast tot geglaubten Begriff die Tür zu einer neuen Zukunft aufgestoßen, durch die er in der Folgezeit — wie der Phönix aus der Asche — sich zum maßgeblichen Abgrenzungskriterium zwischen § 46 Ziff. 1 und 2 emporschwang, so sehr sich auch Binding[82] dagegen stemmte. Sein entschiedener Widerspruch, „in nicht zu billigender Weise" habe das Gesetzbuch in § 46 der „ganz verfehlten" Konstruktion des beendigten Versuchs „praktische Bedeutung verliehen", blieb ohne Eindruck, vielmehr setzte sich in Rechtsprechung und Literatur unter Führung von Liszts dessen genau gegenteilige Ansicht durch, die in der erwähnten begrifflichen Unterscheidung „eine praktisch durchaus berechtigte und juristisch in jeder Beziehung haltbare"[83] Differenzierung erblickte.

a) Der Streit zwischen objektiver, subjektiver und „gemischter" Theorie

Damit brach zugleich — nur unter anderem Vorzeichen — der alte Streit um die richtige Abgrenzung beider Versuchsstadien erneut aus, wobei die bereits vor Inkrafttreten des Reichsstrafgesetzbuchs üblichen, durch den Gegensatz zwischen objektivem und subjektivem Beurteilungsstandpunkt[84]

[80] RGSt. 15, 44 (46); RGSt. 1, 307 (309).

[81] v. Schwarze, Commentar, S. 104; derselbe in: HH Bd. II, S. 281; Baumgarten a. a. O. S. 444; ebenso später Kriegsmann ZStW 30, 548 f.; Allfeld, Lehrbuch (8. Auflage) S. 193 Anm. 16; Binding, Grundriß des Deutschen Strafrechts, 8. Auflage, Leipzig 1913, S. 139; v. Bar, Gesetz und Schuld, Band II, S. 517, 557; Kolb a. a. O. S. 21; anderer Ansicht Hugo Meyer (2. Auflage) S. 205 Anm. 7; Schütze, S. 116, Anm. 43; Galli, DJZ 1913, 138; Krauthammer a. a. O. S. 22; vgl. zum Ganzen mit ausführlichen Nachweisen Goldschmidt a. a. O. S. 36 ff.

[82] Binding, Grundriß, S. 139 unter 6.

[83] v. Liszt, Strafrechtliche Aufsätze und Vorträge, Band 1, Berlin 1905, S. 200; ebenso v. Gleispach, Prager Juristische Vierteljahresschrift 1914, S. 5 Anm. 5.

[84] Im Schrifttum wird vereinzelt die objektive Theorie in eine „strenge" und „gemäßigte" Richtung unterteilt, vgl. dazu Goldschmidt a. a. O. S. 53 ff.; Neuenhofen a. a. O. S. 40 ff.; Schuch a. a. O. S. 31 ff.

gekennzeichneten Begriffsbestimmungen wörtlich übernommen wurden: Beendigt ist der Versuch für die einen, wenn der Täter alles getan hat, was zur Verwirklichung des Erfolges *nötig war*, für die anderen dann, wenn der Täter alle Handlungen vorgenommen hat, die *ihm* nach *seiner Vorstellung* zur Erreichung der Tatvollendung notwendig *erschienen*. Zu diesen beiden grundsätzlichen Ausgangspositionen, die von ihrer jeweiligen Anhängerschaft dem Wortlaut nahezu identisch formuliert wurden und daher hier nicht im einzelnen geschildert zu werden brauchen, gesellten sich im Laufe der Zeit eine Reihe vermittelnder, untereinander nicht ganz einheitlicher Lehren, von denen diejenigen Berners und Henkels am bekanntesten geworden sind.

Ersterer definiert den beendigten Versuch kurz als *„die erfolglos gebliebene beendigte Ausführungstätigkeit“*[85], in den Fällen also, „wo die Handlung aus einer Mehrzahl einzelner Aktionen besteht“[86], als den erfolglosen Vollzug des „letzten Konsummationsakts“, ohne daß es darauf ankäme, ob der Täter *„alle* zur Begehung erforderlichen Handlungen begangen“[87] hat. Henkel dagegen kommt — ausgehend von der Frage nach dem „Sinn der Versuchsbestrafung und der Rücktrittsregelung“[88] — über den „Grundgedanken“[89], daß der Täter mit Beginn seiner Handlung „ein Risiko eingegangen“ ist und „daher den tatsächlich oder vermeintlich drohenden Erfolg abwenden“ muß, zu der Schlußfolgerung: „Beendet ist der Versuch, wenn der Täter, *sei es auch nur nach seiner Vorstellung vom Sachverhalt*, alles zur Herbeiführung des Erfolges Erforderliche getan hat[90].“

Aufmerksamkeit verdient auch die Begriffsbestimmung des beendigten Versuchs durch eine Gruppe von Autoren[91], die entscheidend auf die jeweiligen Rücktrittsvoraussetzungen des § 46 Ziff. 1 und 2 abstellen[92]. Danach wird die Grenze des unbeendigten zum beendigten Versuch dort überschritten, wo „die zur Vollendung der beabsichtigten Straftat erforderliche Tätigkeit bereits so weit vollzogen ist, daß zur Abwendung des drohenden Erfolges ein passives Verhalten des Täters nicht mehr genügt“[93].

[85] Berner, Gutachten, S. 112; vgl. auch Lehrbuch, S. 148; zustimmend Baumgarten a. a. O. S. 443; Goldschmidt a. a. O. S. 63, 67; wohl auch Lamm, Gutachten, S. 148.

[86] Berner, Lehrbuch, S. 148.

[87] Berner, Gutachten, S. 122.

[88] Henkel JW 1937, 2376.

[89] Henkel JW 1937, 2376.

[90] Henkel JW 1937, 2377; ähnlich Köhler AT S. 456; im Ergebnis ebenso Klee Versuchslehre S. 51; Schuh a. a. O. S. 12 f.

[91] Vgl. Hatzig a. a. O. S. 44 f.; Goldschmidt a. a. O. S. 52; Tittelbach a. a. O. S. 25; vgl. Leuthold a. a. O. S. 182 und Zeime a. a. O. S. 88 f., die aber beide die subjektive Abgrenzungsformel „an sich“ bzw. „prinzipiell“ für berechtigt halten.

[92] Diese Auffassung geht wohl zurück auf Berners Hinweis, „das Charakteristische des *unbeendigten* Versuchs“ sei „die Möglichkeit des Rücktritts“ (Gutachten S. 124, ebenso schon GS 17, 101), doch ist zu beachten, daß Berner selbst zugleich betont hat, die Möglichkeit der Erfolgsverhinderung liege „außerhalb des Bereichs des beendigten Versuchs“ (Gutachten S. 124).

[93] Hatzig a. a. O. S. 45.

b) Der Sieg der subjektiven Begriffsbestimmung in Rechtsprechung und Lehre

Sieht man von den vorstehend beschriebenen sog. vermittelnden Theorien ab, die sich in dieser Ausprägung mit Ausnahme der Lehre Berners in der Diskussion um die sachgerechte Abgrenzung des beendigten Versuchs vor 1871 noch nicht nachweisen lassen, so könnte dem oberflächlichen Betrachter, der lediglich die Grundstruktur der Auseinandersetzung — die Dreispurigkeit der Lösungsansätze — ins Auge faßt, der Streitstand nach Inkrafttreten des Reichsstrafgesetzbuchs leicht als gänzlich unverändert erscheinen. Das wäre jedoch ein grober Trugschluß, denn tatsächlich besteht insoweit ein erheblicher, durch einen fast totalen Meinungsumschwung ausgelöster Unterschied: Während *früher*, wie dargelegt, die *objektive* Begriffsbestimmung klar das Feld beherrschte, setzte sich *nun* in immer stärkerem Maße der *subjektive* Standpunkt durch. Charakteristisch hierfür ist die Entwicklung der Rechtsprechung: in der ersten Zeit der Reichsgerichtsjudikatur behauptete sich noch die langjährige — objektive — Tradition der Praxis[94]. So heißt es z. B. in einer Entscheidung[95], in der der Angeklagte seinem Geschäftspartner eine falsche Rechnung zur Bezahlung übersandt hatte, aber noch vor Annahme des Geldes einen Dritten bat, sie wieder zurückzufordern, der Täter habe in dem Augenblick, in dem er diesen „Rückzieher" machte, „noch nicht ganz diejenige Tätigkeit vollzogen, welche seinerseits erforderlich war, um den Betrug zur Vollendung zu bringen"[96]. Daher liege der „im § 46 Nr. 2 vorgesehene Fall des beendigten Versuchs" hier — entgegen dem „Ausgangspunkt des ersten Richters" — nicht vor. In einem anderen Urteil,[97] das einen Brandstiftungsversuch zum Gegenstand hatte, wurde umgekehrt § 46 Ziff. 1 mit der Begründung verneint, „insofern der Angeklagte die... zahlreichen Abfälle von Zeichenpapier mit Spiritus tränkte und mit einem Streichholz anzündete", habe „er alles getan, was zu einem beendigten Versuch erforderlich ist".

Aber schon in einer kurz zuvor ergangenen Entscheidung[98] findet sich — ohne daß auf die Abweichung in irgendeiner Form Bezug genommen wird — die bekannte subjektive Abgrenzungsformel und damit eine Kehrtwendung angedeutet, die dann einige Jahre später ausdrücklich unter Abwägung der konträren Standpunkte vollzogen wurde. Dabei gab folgende Überlegung

---

[94] Vgl. für die Zeit nach 1871 bis zum Beginn der Reichsgerichtsrechtsprechung die Entscheidung des Königlich Preußischen Obertribunals in Oppenhoffs Rechtsprechung, Band 14, 714.

[95] RGSt. 15, 44 (46); a. A. Spohr a. a. O. S. 38, der in dieser und den in Fußnote 98, S. 145 genannten Entscheidungen den subjektiven Standpunkt vertreten sieht. Unklar nennt sie Gutmann a. a. O. S. 106 Anm. 126.

[96] RGSt. 15, 44 (46).

[97] RGSt. 38, 402 = JW 1906, 604; den objektiven Standpunkt vertraten außerdem: RGSt. 1, 307 (308); 26, 77 (78).

[98] RG Recht 1906 Nr. 551, auch RG Recht 1903 Nr. 2749; in RG Rechtsprechung Band III S. 375 gibt die Meinung der Angeklagten den Ausschlag.

den Ausschlag: „Wie es für den Begriff des Versuchs als solchen nicht entscheidend ist, ob die begonnene Ausführungshandlung in ihrer Fortführung — objektiv — geeignet gewesen wäre, den verbrecherischen Tatbestand zu verwirklichen . . ., so ist ein solches — objektives — Merkmal auch für die Beurteilung der Frage unwesentlich, ob beendigter oder nicht beendigter Versuch vorliegt. Es kommt vielmehr darauf an, von welchen Vorstellungen der Handelnde geleitet war, insbesondere also auf die Frage, welche Handlungen er . . . zur Vollendung der Tat . . . nach der gegebenen Sachlage für geeignet und ausreichend *gehalten* hat[99].“ Dieser Auffassung, der alle weiteren einschlägigen Reichsgerichtsurteile im Grundsatz vorbehaltlos zustimmten[100], hat sich der BGH[101] ebenso angeschlossen wie die Rechtsprechung der Oberlandesgerichte vor und nach dem 2. Weltkrieg[102], ohne daß irgendwann der Theorienstreit noch einmal aufgerollt worden wäre.

Einen ähnlichen Verlauf nahm die Auseinandersetzung im Schrifttum. Während nach 1871 die objektiven oder zumindest mit objektiven Kriterien durchsetzte Lehrmeinungen zwar in die Minderheit gerieten[103], aber zunächst durchaus noch so einflußreiche Anhänger wie z. B. Oppenhoff, v. Birkmeyer, Wachenfeld, v. Olshausen und Heimberger hatten[104], verloren sie mit fortschreitender Zeitdauer immer mehr an Boden. In der Gegenwartsliteratur bekannte sich, soweit ersichtlich, als einziger Treplin zu einer „objektiven Rücktrittstheorie“[105], gegen den geschlossenen Block *aller* Kom-

---

[99] RGSt. 43, 137 (138).

[100] Vgl. aus der Vielzahl der Entscheidungen: RGSt. 45, 183, 185; 57, 278 (279); 68, 82 (83); 68, 306 (308); RG JW 1924, 299; RG Recht 1924 Nr. 74; RG JW 1928, 508; RG HRR 1928 Nr. 1665; RG Sächs. Arch. 1910, 147; RG BayZ 1912, 400; RG Warn. Jahrb. 1914, 6; RG LZ 1915, 302; RG LZ 1918, 446; RG LZ 1922, 165; RG LZ 1927, 320 (321).

[101] BGHSt. 4, 180; 10, 129 (130 f.); 14, 75 (79); 22, 176 (177); 330 (331); 23, 356 (359); 24, 48 (49); BGH GA 1956, 89; GA 1966, 208; BGH NJW 1961, 1123; NJW 1973, 632; BGH MDR 1951, 117; MDR 1956, 395; MDR 1966, 22; MDR 1970, 381.

[102] Vgl. OLG Braunschweig NJW 1947, 109; BayObLGSt. 1953, 154; OLG Celle GA 1964, 154 ff.

[103] Den subjektiven Standpunkt vertraten u. a. v. Buri GA 1876, 190; v. Hippel, Deutsches Strafrecht, S. 411; Frank, § 43 Anm. IV, § 46 Anm. II; Nagler, LK (6. Aufl.) § 43 Anm. III B 2 e; M. E. Mayer, AT, S. 370; Hugo Meyer (4. Aufl.) S. 269; Meyer-Allfeld (8. Aufl.) S. 192 f.; Finger, Lehrbuch des Deutschen Strafrechts, S. 308; Hälschner, Das gemeine Deutsche Strafrecht, S. 359; Kohler, Leitfaden, S. 61; v. Calker, Strafrecht, S. 59; Mezger JW 1936, 325; Coenders JW 1930, 916; Waldmann DJ 1944, 93.

[104] Oppenhoff StGB (12. Aufl.) § 43 Anm. 19; v. Birkmeyer in: Enzyklopädie der Rechtswissenschaft, 2. Auflage 1904, S. 1116; Wachenfeld AT S. 176; Beling, Grundzüge, S. 60 oben i. Verb. m. S. 59 unten; v. Olshausen (11. Aufl.) § 46 Anm. 6; Heimberger, Lehrbuch, S. 75; Lobe, Handwörterbuch, S. 178; ebenso Meyer, Oswald, a. a. O. S. 19; Makarewicz a. a. O. S. 419; Krauthammer, a. a. O. S. 21.

[105] Treplin ZStW 76, 468.

mentar- und Lehrbuchautoren[106], so daß der Sieg der subjektiven Lehre zur Abgrenzung von beendetem und unbeendetem Versuch heute, wie eingangs erwähnt, als „total" bezeichnet werden muß[107].

Fragt man nach den Gründen, die diesen nahezu vollständigen Meinungsumschlag bewirkt haben, so liegt es nahe, nach neuen Argumenten Ausschau zu halten, doch die Suche danach verläuft ergebnislos: Die Gesichtspunkte, die seit Beginn der reichsstrafrechtlichen Ära für die Wahl des subjektiven Standpunktes ins Feld geführt wurden, decken sich inhaltlich völlig mit den früheren, im gemeinrechtlichen Schrifttum angestellten Überlegungen, die sich damals jedoch nicht durchsetzen konnten. Angesichts dieses — auf den ersten Blick sicherlich etwas überraschenden — Tatbestandes bleibt nur die Schlußfolgerung übrig, daß sich nach 1871 offenbar eine grundlegende Neubewertung der Stichhaltigkeit und Überzeugungskraft eines oder mehrerer der bekannten Argumente pro et contra vollzogen hat. Geht man den Dingen nach, so deutet alles darauf hin, daß die letztlich ausschlaggebende Ursache für die spezielle Tendenzwende im Abgrenzungsstreit der beiden Versuchsstufen der fundamentale Wandel der herrschenden Lehre zum Strafgrund des Versuchs war, konkret: die Ablösung der objektiven Theorie, nach der die Strafwürdigkeit des Versuchs allein in der wirklichen, mehr oder weniger nahen Gefährdung des tatbestandlich geschützten Rechtsgutes liegt, durch die subjektive, die in der Betätigung des rechtsfeindlichen Täterwillens das eigentlich strafbare Unrecht des Versuchs erblickt. Denn von dieser neuen Grundlage aus gewann die zugunsten der subjektiven Fassung des beendigten Versuchs angeführte, ursprünglich nur wenig beachtete Erwägung Köstlins immer mehr an Bedeutung, der „böse Wille" bestimme das Wesen des Versuchs und daher bilde die „Subjektivität" auch das „Prinzip, von welchem aus alle einzelnen Fragen" der Versuchslehren „ihre Beantwortung erhalten müssen"[108].

So steht der hier zum Ausdruck kommende Kerngedanke nicht nur hinter der oben zitierten „Umbruchsentscheidung" des Reichsgerichts, die eine ständige Rechtsprechung einleitete, sondern ist in zahlreichen Stellungnahmen

---

[106] A. A. Baumann AT S. 501, der auch Jagusch (LK § 46 Anm. I 2) und H. Mayer AT S. 246 zu den Vertretern der objektiven Theorie zählt, obwohl bei beiden der subjektive Standpunkt jedenfalls als Grundlage der Beurteilung anerkannt ist.

[107] Lackner-Maassen § 46 Anm. 2; Dreher, § 46 Anm. 1; Jagusch LK (8. Aufl.) § 46 Anm. I 2; Busch LK (9. Aufl.) § 46 Rdnr. 6; Schönke-Schröder, § 46 Rdnr. 6; Kohlrausch-Lange, § 46 III; Schmidhäuser AT Kapitel 16 Rdnr. 85; Jescheck AT S. 408; Wessels AT (3. Aufl.) S. 101; Baumann AT S. 499 f.; Stratenwerth AT Rdnr. 759; H. Mayer, Studienbuch, S. 146; AT S. 296; Geilen JZ 1972, 336; Welzel, Lehrbuch, S. 196; Maurach AT S. 519; Mezger, Lehrbuch, S. 400; Roxin, Festschrift für Maurach, S. 213; Eser, Studienkurs, Bd. II, Fall Nr. 33 Rdnr. 5; Mezger-Blei AT S. 256; Otto, GA 1967, 144; v. Scheurl a. a. O. S. 43; Gutmann a. a. O. S. 108.

[108] Köstlin, Neue Revision, S. 378, konkret für die Abgrenzungsfrage „beendigter-nicht beendigter Versuch" S. 422, siehe oben Fußnote 35 auf S. 136.

des Schrifttums die maßgebliche Begründung dafür, daß beendigter und nicht beendigtem Versuch aus der Sicht des Handelnden bestimmt werden müssen. Dazu drei besonders markante Beispiele: Nach Mezger bildet „auch“ für diese Abgrenzungsfrage „der ‚*Entschluß*‘ des Täters, wie in der ganzen Versuchslehre, die maßgebende Grundlage“[110]. Maurach sieht „die Strafwürdigkeit des Versuchs in der Auflehnung des Täters gegen die Rechtsordnung“ und leitet daraus als „notwendige Folge ... eine *Subjektivierung* der an sich objektiv gefaßten gesetzlichen“[111] Rücktrittsvoraussetzung ab, so daß „das Vorstellungsbild des Täters darüber entscheidet, ob sein Versuch bereits beendet war oder nicht“[112]. Ebenfalls ausdrücklich auf die „Versuchslehre allgemein“[113] beruft sich Welzel, um das ausschlaggebende Gewicht des „individuellen Tatplans“ bei der fraglichen Unterscheidung verständlich zu machen.

3. Folgerungen aus dem geschichtlichen Rückblick für die Verwendung der Begriffe „unbeendeter“ und „beendeter“ Versuch

Mit diesen wenigen skizzenhaften Bemerkungen zur Entwicklung der Lehre vom beendigten Versuch nach 1871 kann der geschichtliche Rückblick abgeschlossen werden. Denn es ging ja nur um den Nachweis, daß die heute fast allgemein übliche Verwendung des Begriffspaares „unbeendigter-beendigter Versuch“ zur Bestimmung der Grenzen zwischen § 46 Ziff. 1 und 2 a. F., § 24 I S. 1 historisch gesehen alles andere als selbstverständlich ist und in dieser Terminologie — durch die gegenwärtige Meinungsübereinstimmung weitgehend verdeckt — erheblicher Konfliktsstoff in Gestalt der verschiedenen Interpretationsmöglichkeiten und der daraus resultierenden Abgrenzungsprobleme steckt. Wenn der Gesetzgeber aber seinerzeit nicht zuletzt deshalb dem Begriff des beendigten Versuchs keinen Platz im Text des neuen Strafgesetzbuchs einräumte, dann sollte man nicht sozusagen eine „Wortlautkorrektur“ vornehmen und ausschließlich mit jenem Terminus argumentieren, sondern es bei der mit Bedacht ergangenen gesetzgeberischen Entscheidung belassen und nur die Tatbestandsmerkmale des § 46 a. F. bzw. § 24 verwenden. Das darf nicht mißverstanden werden: die Tatsache, daß sich hinter der Formulierung des § 46 Ziff. 2 a. F., § 24 I S. 1 2. Alt. materiell die Figur des „beendigten“, hinter § 46 Ziff. 1 a. F., § 24 I S. 1 1. Alt. die des „unbeendigten“ Versuchs verbirgt, ist unbestreitbar, aber diese Erkenntnis macht die Auslegungsschwierigkeiten um nichts geringer und die Tren-

[110] Mezger, Lehrbuch, S. 400.

[111] Maurach AT S. 519.

[112] Maurach AT S. 519.

[113] Welzel, Lehrbuch, S. 196; vgl. außer Mezger und Maurach auch: Spohr a. a. O. S. 37; Gutmann a. a. O. S. 107 f.

nung beider Rücktrittsalternativen um nichts genauer. Denn der Rückgriff auf die alte Unterteilung des Versuchs in beendigten und nicht beendigten schiebt die anstehenden Fragen nur auf ein anderes Gleis, ohne sie einer Lösung näherzubringen: anstelle des interpretationsbedürftigen Gesetzeswortlauts tritt dessen in gleicher Weiser erläuterungsbedürftige Umschreibung!

Nicht zu Unrecht bezeichnet v. Scheurl ein solches Vorgehen als „Umweg, der das Problem höchstens verdunkeln kann“[114]. Denn es besteht die Gefahr, daß die „Ersatzformeln“ zunehmend an Selbständigkeit gewinnen, ein gewisses Eigenleben entfalten[115] und dadurch ihre Verankerung mit der Rücktrittsfrage, für die sie einzig und allein von Bedeutung sind, allmählich verlorengeht, was nicht ohne materielle Rückwirkungen bleiben kann. Diese Befürchtung ist kein bloßes Hirngespinst, sondern hat einen sehr realen Hintergrund, wenn man etwa liest, „die Rücktrittsvorschriften“ seien „bei der Bestimmung des beendigten Versuchs“ lediglich „als Korrektiv im Auge zu behalten“[116]. Krasser kann man die Umkehrung der gesetzlichen Ausgangslage kaum zum Ausdruck bringen, und es wird sich im Verlauf der weiteren Ausführungen zeigen, daß der hinter dieser Äußerung stehende Grundgedanke nicht nur die Meinung eines einzelnen Doktoranden ist, sondern noch mehrfach, wenn auch nicht stets so deutlich, in Rechtsprechung und Schrifttum zum Vorschein kommt. Auch die Tatsache, daß die Kategorie des beendigten und nicht beendigten Versuchs in Lehrbüchern und Kommentaren vielfach[117] im Zusammenhang mit den allgemeinen Erörterungen zum Versuchsbegriff behandelt und damit aus ihrer spezifischen Verbindung mit der Rücktrittsnorm gelöst wird, ist deshalb wohl kein Zufall oder ein bloß formaler Gliederungsakt, sondern eher als äußerlich sichtbares Zeichen der Verselbständigung dieser Unterscheidung zu werten.

Angesichts solcher Tendenzen ist der — schon wegen der bestehenbleibenden Auslegungs- und Abgrenzungsproblematik überflüssige — Rekurs auf die bekannten formelhaften Begriffsbestimmungen des beendigten und unbeendigten Versuchs nur noch nachdrücklicher abzulehnen, wobei der Verwendung der bisherigen Nomenklatur zur „schlagwortartigen“ Kenn-

---

[114] v. Scheurl a. a. O. S. 44.

[115] Vgl. Mezger-Blei AT S. 158, der solche Bedenken für das Merkmal der „Freiwilligkeit“ anmeldet — hier allerdings zu Unrecht, siehe unten im Text S. 243.

[116] Schuch, a. a. O. S. 45.

[117] v. Liszt-Schmidt (26. Aufl.) S. 307; Allfeld, Lehrbuch, S. 192 f.; Frank, § 43 IV; Mezger, Lehrbuch, S. 399 f.; Baumann AT § 33 II S. 499 f.; Gerland, Lehrbuch, S. 176. Auf diese Tatsache hat v. Scheurl a. a. O. S. 44 Anm. 17 zu Recht hingewiesen. Typisch für die hier monierte Erscheinung ist auch der Festschrift-Beitrag Roxins „Der Anfang des beendeten Versuchs“ in: Festschrift für Maurach, S. 213 ff.: Es interessiert nämlich nur der Anfang des Versuchs und, falls Rücktritt vorliegt, ob § 46 Ziff. 1 oder § 46 Ziff. 2 a. F. angewandt werden kann. Wo der Täter dagegen bereits alles nach seiner Vorstellung Erforderliche getan hat, ohne daß ein Versuch vorliegt, spielt die Frage des Rücktritts keine Rolle. Die Formel der h. L. zeigt hier ihre eigene Wirkkraft.

zeichnung der Rücktrittsfälle natürlich nichts im Wege steht. Um so entschiedener aber ist die Forderung zu erheben, die notwendige, exakte Differenzierung zwischen den beiden Rücktrittsalternativen streng an deren gesetzlichem Wortlaut auszurichten und stets unter Beachtung des dem Rücktrittsprivileg innewohnenden Grundprinzips vorzunehmen. Unabdingbare Voraussetzung zur Erlangung von Straffreiheit ist danach, daß die Ausführungshandlung im Versuchsstadium steckenbleibt und der Täter den zunächst geplanten Erfolgseintritt selbst — allein oder mit Hilfe anderer — verhindert bzw. in Ausnahmefällen ernstliche Bemühungen in dieser Richtung unternimmt. Dazu genügt manchmal einfach, „die Ausführung der beabsichtigten Handlung aufgegeben“ zu haben (§ 46 Ziff. 1 a. F., § 24 I S. 1 1. Alt.) manchmal ist aber auch — über das bloße Unterlassen weiterer Rechtsgutangriffe hinaus — noch zusätzlich erforderlich, daß der „Eintritt des zur Vollendung gehörigen Erfolges durch eigene Tätigkeit abgewendet“ wird (§ 46 Ziff. 2 a. F., § 24 I S. 1 2. Alt.). Dementsprechend lautet die entscheidende Fragestellung stets, ob der Täter, der nach Versuchsbeginn sein verbrecherisches Unternehmen abbricht, aber ansonsten *keine* Aktivität zur Erfolgsabwendung entwickelt, die Ausführung „aufgegeben“ hat. Wird er dagegen erfolgsabwendend tätig, dann ist es, wenn man für beide Rücktrittsalternativen im übrigen dieselben Erfordernisse verlangt, völlig belanglos, ob schon die Tataufgabe allein die Deliktsvollendung ausgeschlossen hätte, der Täter also unnötig „zuviel“ getan hat. Daraus ergibt sich als notwendige Konsequenz, den Bereich des „einfachen“[118], durch bloße Passivität möglichen Rücktritts näher abzustecken, wobei die beiden neuralgischen Punkte naturgemäß auf der einen Seite durch den „Fehlschlag“ des Versuchs, auf der anderen durch die von der Ausführungshandlung verursachte „Erfolgsgefahr“ markiert werden.

II. Die Umgrenzung des Bereichs des Rücktritts vom sogenannten „unbeendeten“ Versuch: Unterlassene Deliktsfortsetzung oder Nichtwiederholung des Versuchs nach einem „Fehlschlag“?

Damit sind die zwei zentralen Abgrenzungsprobleme umrissen, deren Lösung praktisch von außerordentlichem Gewicht ist. Worum es bei dem ersten, stichwortartig durch die Alternative: „Deliktsfortsetzung“ oder „Wiederholung“ der Tat? gekennzeichneten Fragenkomplex geht, zeigen am anschaulichsten die Rechtsprechungsbeispiele, die in der Reichsgerichtsära fast ausschließlich den Tatbestand der Abtreibung, in der BGH-Epoche bisher nahezu ausnahmslos Tötungsdelikte betrafen. Zugleich wird in diesen für die jüngere Judikatur typischen Fallgestaltungen auch das zweite Problem — die Bedeutung der Gefahr des Erfolgseintritts für die Abgrenzung der Versuchsstadien — besonders eindrucksvoll vor Augen geführt. Im einzelnen bietet

---

[118] Schmidhäuser AT S. 500, Kapitel 15 Rdnr. 79.

die Rechtsprechung unter der Führung des Reichsgerichts ein ziemlich einheitliches, nach dessen Ablösung durch den BGH aber verändertes und voller Widersprüche steckendes Bild.

1. *Der Meinungsstand der Rechtsprechung*

a) Die Judikatur des Reichsgerichts

Schon in einer der ersten Entscheidungen des Reichsgerichts überhaupt[119] wurde die „Wiederholungs"-problematik — allerdings unter dem Aspekt der Freiwilligkeit — behandelt. Nach den tatrichterlichen Feststellungen hatte „die Angeklagte binnen einigen Tagen dreimal die ihr vorgeschriebene Medizin in dem Glauben und in der Absicht" eingenommen, „dadurch den Abgang ihrer Leibesfrucht zu bewirken". Als sich jedoch kein Erfolg einstellte, nahm sie in der Überzeugung, das Mittel sei untauglich, von weiteren Versuchen Abstand. Die Strafkammer wertete dies unter Zustimmung des Senats als unfreiwilligen Rücktritt. Denn freiwillige Tataufgabe nach § 46 Ziff. 1 könnte nur dann bejaht werden, wenn die Täterin, wie von der Revision unterstellt, der Meinung gewesen sei, „daß es zur Erzielung der Abtreibung eines mehr als dreimaligen Gebrauchs der Medizin bedurft hätte", doch finde diese Hypothese im tatsächlichen Sachverhalt keine Stütze. Als „gänzlich verfehlt" wird dagegen vom Reichsgericht die Erwägung bezeichnet, „es müsse der Angeklagten zugute gerechnet werden, daß sie nach der Überzeugung von der Untauglichkeit des angewendeten Mittels nicht zu anderen Mitteln gegriffen habe"[120].

Mit auffallender Häufigkeit wurde dieses Problem etwa von dem Zeitpunkt an entscheidungserheblich, in dem sich die subjektive Abgrenzung zwischen § 46 Ziff. 1 und 2 a. F. endgültig durchsetzte und damit die Verbrechensplanung des Täters als maßgebliches Beurteilungskriterium in den Vordergrund rückte. Zahlreiche Urteile, nach deren Sachverhalt die Versuchshandlung aus mehreren Teilakten bestand, legen hierfür Zeugnis ab[121], wobei die Anwendbarkeit des § 46 Ziff. 1 a. F. stets verneint wurde.

Offenbar um die Gefahr von Fehlinterpretationen vorzubeugen, stellte das Reichsgericht daraufhin[122] *positiv* fest, „bei einer solchen Sachgestaltung" sei Rücktritt unter bestimmten Voraussetzungen möglich. Diese lägen vor, wenn „der Täter *von vornherein* in dem Bewußtsein handelte, zur Realisierung seines verbrecherischen Entschlusses des Zusammenwirkens mehrerer gleichartiger Willensbestätigungen zu bedürfen, und er es dementsprechend von Anfang an auf ein fortgesetztes Handeln als Mittel zur Erreichung seines Zieles abgesehen hatte".

---

[119] RG Rechtsprechung Band II S. 375.

[120] RG Rechtsprechung Band III S. 376.

[121] RG Rechtsprechung Band IV S. 543; RG Recht 1906, 258 Nr. 551; RGSt. 39, 220 (221) u. a.

[122] RG Recht 1906, 1276 Nr. 3171.

Eine andere grundsätzliche Klarstellung erfolgte kurz darauf durch die Entscheidung RGSt. 43, 137 ff. Nach dem zugrundeliegenden Sachverhalt hatte die Angeklagte einen Abtreibungsversuch unternommen, indem sie von einem aus den Blättern des Lebensbaumes zubereiteten Tee „mehrere Mund voll"[123] trank. Da sie danach keinen weiteren Schluck mehr zu sich nahm, obwohl sie „ursprünglich beabsichtigte, eine größere Menge"[124] zu trinken, tauchte die Frage auf, ob darin eine Tataufgabe i. S. des § 46 Ziff. 1 zu sehen sei. Die Strafkammer verneinte dies, doch hob das Reichsgericht auf die Revision der Angeklagten das Urteil mit der Begründung auf, es spreche sich „über die Vorstellungen" der Täterin „überhaupt nicht aus"[125]. Ihr Versuch könne nämlich nur dann als beendigt bezeichnet werden, wenn sie aufgrund der von ihr „erweislich" unterstellten „Wirksamkeit des angewandten Abtreibungsmittels ... annahm, daß die tatsächlich genossene oder sogar noch eine geringere Menge zur Herbeiführung des Abtreibungserfolges schon geeignet und ausreichend sei"[126].

Die in dieser Formulierung zum Ausdruck kommende grundlegende Auffassung des Senats zu den Voraussetzungen, die für die Bejahung des beendigten Versuchs vorliegen müssen, ist weitgehend unbeachtet geblieben, obwohl es im Urteil ganz allgemein und ausdrücklich heißt[127]: „Es ist ... denkbar, daß der Handelnde zur Herbeiführung des begrifflich notwendigen Erfolges Handlungen in gewissem Umfang an sich schon für ausreichend erachtet, ... sich aber zur größeren Sicherung oder schnelleren Erreichung seines Zieles noch weitere Handlungen vorgesetzt hatte, als er tatsächlich vorgenommen hat. In einem solchen Falle kann der Versuch als beendigt angesehen werden, obwohl" der Täter „nicht alle Handlungen, die er ... zur Verwirklichung seines verbrecherischen Planes überhaupt ins Auge gefaßt" hatte, „zur Ausführung gebracht, vielmehr mit ihrer Vornahme in einem früheren Zeitpunkt innegehalten hat". Daß diese Sachaussage keine singuläre oder zufällige Meinungsäußerung darstellt, sondern „von besonderer Bedeutung beim Vorliegen einer fortgesetzten Handlung"[128] ist, zeigt ihre mehrmalige Bestätigung in der Folgezeit. Von diesen Urteilen[129] ist vor allem die Entscheidung RG JW 1924, 299 wegen ihrer zusammenfassenden, grundsätzlichen Ausführungen wichtig. Das Reichsgericht ging hier entsprechend der subjektiven Theorie vom Vorstellungsinhalt der Angeklagten aus und stellte für die Fälle der wiederholten, aber erfolglosen Anwendung von Abtreibungsmitteln ganz allgemein vier denkbare Alternativen mit ihren jeweiligen Konsequenzen heraus:

(a) Der Täter hält „von vornherein die Vornahme aller Akte zur Herbeiführung des Erfolges für notwendig" — dann ist die „mehrfache Anwen-

[123] RGSt. 43, 137 (138).
[124] RGSt. 43, 137 (139).
[125] RGSt. 43, 137 (139).
[126] RGSt. 43, 137 (139).
[127] RGSt. 43, 137 (139).
[128] RG JW 1924, 299.
[129] RG BayZ 1912, 400; RG LZ 1922, 165.

dung" eines bestimmten Mittels „nicht als fortgesetzte Handlung im technischen Sinn zu erachten", so daß „beendeter Versuch erst nach Vornahme des letzten Aktes in Betracht" kommt.

(b) Der Täter erachtet „gewisse Handlungen für ausreichend", damit die tatbestandsmäßige Vollendung eintreten kann, plant aber „zur größeren Sicherheit und schnelleren Erreichung" seines Zieles noch weitere Akte — führt er diese nicht aus, dann hat er zwar nicht alle in Aussicht genommenen Handlungen vollbracht, doch war der Versuch bereits vorher beendet.

(c) Der Täter erhofft „schon von einem oder einigen Akten den Erfolg", ist aber „für den Fall, daß dieser" ausbleibt, „von vornherein" zu einer „Wiederholung" entschlossen — auch hier ist nach Vornahme der in Erfolgserwartung begangenen Handlungen beendigter Versuch anzunehmen.

(d) Beschließt der Täter „erst nach dem erkennbaren Mißlingen des ersten oder der ersten Akte" den zunächst nicht beabsichtigten wiederholten Einsatz des Tatmittels, so ist nach Verwirklichung der im ursprünglichen Tatkonzept vorgesehenen Tätigkeit ebenfalls das Stadium des beendigten Versuches erreicht.

Daß das Reichsgericht diese Differenzierung nicht nur in Abtreibungsfällen[130], sondern stets in Fallgestaltungen vornahm, in denen sich die Frage: „Deliktsfortsetzung" oder „Deliktswiederholung" (nach „fehlgeschlagenem" Versuch)? stellte, zeigen die beiden folgenden Urteile.

In der Entscheidung RGSt. 68, 306 ff., die insbesondere im Vergleich zur späteren BGH-Judikatur interessant ist, hatte der Angeklagte seiner Freundin drei Stiche in den Arm mit Tötungsvorsatz beigebracht, dann aber, weil „ihm die Sache leid wurde"[131], nicht mehr weiter zugestochen, sondern Hilfe herbeigerufen. Das Reichsgericht würdigte die Verletzungen als beendeten Totschlagsversuch. Dabei verteidigte es gegenüber den Revisionsangriffen seinen ausdrücklich als „ständige Rechtsprechung" bezeichneten Ausgangspunkt[132], die Frage, „ob und von wann an die ... im Rahmen eines geplanten, aber im Ergebnis mißglückten Unternehmens" entfaltete Tätigkeit als beendeter Versuch anzusehen sei, hänge von der „inneren Stellungnahme des Täters", d. h. davon ab, „wie er sich selbst die Wirkung seines Tuns in der Richtung auf den beabsichtigten Erfolg vorgestellt hat". Da aufgrund der „tatsächlichen Annahme des Schwurgerichts der Angeklagte nach dem dritten Stich der Meinung" war, „bereits das zur Vollendung der Tat Erforderliche getan zu haben", sei der Tötungsversuch demnach „in diesem Zeitpunkt" beendet gewesen[133]. Dem steht, wie der Senat unmißverständlich hervorhebt, nicht entgegen, daß der Täter seinem Opfer „noch weitere

---

[130] Siehe noch RG Recht 1910, Nr. 1041; 1924, Nr. 75; RG Sächs. Arch. 1910, 147; RG WarnJb. 1914, S. 6 unter § 46, 2); RG LZ 1915, 302 f.; LZ 1918, 446 und 1279; LZ 1919, 385; RGSt. 52, 181 ff.; RGSt. 57, 278; RG BayZ 1924, 275.

[131] RGSt. 68, 306 (308).

[132] RGSt. 68, 306 (308); vgl. auch die Entscheidungen RGSt. 68, 82 (84) — wörtlich ebenso — und RG DJ 1938, 723.

[133] RGSt. 68, 306 (308).

Schnitte hätte beibringen wollen und können, wenn sich das etwa"[134] als notwendig gezeigt hätte, um dessen Tod herbeizuführen. Denn wenn die Möglichkeit besteht, „durch die Vornahme neuer ... Handlungen ... den mißglückten Versuch doch noch zum Taterfolg zu bringen"[135], so bedeute das Unterlassen dieser Akte lediglich den Verzicht auf „eine Wiederholung des fehlgeschlagenen Verbrechens"[136]. Der Angeklagte konnte daher im konkreten Fall nur nach § 46 Ziff. 2 Strafbefreiung erlangen, doch wurden dessen Voraussetzungen abgelehnt, weil das Ausbleiben des Erfolges nicht auf der späteren Hilfstätigkeit beruhte, sondern auf der „Unzulänglichkeit der tatbestandsmäßigen Handlung"[137].

Als weiteres Fallbeispiel sei die auf RGSt. 68, 306, 308 f. Bezug nehmende Stellungnahme des Reichsgerichts zur Frage des Rücktritts und der tätigen Reue bei einem Betrugsversuch[138] erwähnt. Der Angeklagte hatte „mit großer Hartnäckigkeit immer wieder" neue Täuschungsmanöver unternommen, um die „Versicherungssumme für 13 Ziegen" zu erlangen, nachdem ihm die Wirkungslosigkeit seiner vorhergehenden Handlung jeweils bewußt geworden war. Schließlich stellte er seine Bemühungen in dieser Richtung aber ein. Der Senat führte aus, der Betrugsversuch sei beendet, wenn „die täuschende Kundgebung den Empfänger, für den sie bestimmt war, erreicht hat". Lasse er sich nicht irreführen oder zu einer Vermögensverfügung bewegen, so sei der Versuch gescheitert, so daß die Weiterverfolgung des ursprünglichen Tatziels durch eine neue Täuschungshandlung einen erneuten Versuch darstelle. Der Rücktritt hiervon in einer der Formen, die § 46 vorsieht", könne „Strafbefreiung nur für den neuen", nicht aber für den ... früheren — gescheiterten — Versuch" zur Folge haben. Die Verurteilung des Angeklagten wegen fortgesetzten Betrugsversuchs erfolgte daher nach Ansicht des Reichsgerichts zu Recht.

Zieht man das Fazit aus den bisherigen Darlegungen der Rechtsprechung zur Bestimmung des Anwendungsbereichs des § 46 Ziff. 1 a. F. und seiner Abgrenzung gegenüber § 46 Ziff. 2 a. F. in Fällen, in denen der Täter eine oder mehrere Ausführungshandlungen vorgenommen, aber trotz deren Erfolglosigkeit auf eine weitere, noch bestehende Handlungsmöglichkeit verzichtet hat, so ergeben sich folgende Leitgesichtspunkte:

1. Die entscheidende Frage, ob das *Nichtweiterhandeln* eine „Tataufgabe" i. S. des § 46 Ziff. 1 a. F. darstellt, ist *positiv* zu beantworten, wenn der unterlassene Tätigkeitsakt im Falle seiner Vornahme als *„Fortsetzung"* des — unbeendeten — Versuchs zu qualifizieren wäre, *negativ* dagegen, wenn er lediglich dessen *„Wiederholung"* nach erkanntem oder erkennbarem *„Fehlschlag"* bedeuten würde.

---

[134] RGSt. 68, 306 (308).
[135] RGSt. 68, 306 (309).
[136] RGSt. 68, 306 (309).
[137] RGSt. 68, 306 (309).
[138] RG JW 1936, 324; ebenso früher RG Recht 1910 Nr. 1041, siehe oben S. 153, Fußnote 130.

2. Maßgebendes Beurteilungskriterium zur Ermittlung, welche der beiden Alternativen im konkreten Sachverhalt vorliegt, ist der *Täterplan* bei Handlungs*beginn.*

3. Hat der Handelnde *alle* Tätigkeitsakte ausgeführt, deren Vornahme er zur Verwirklichung seines verbrecherischen Plans überhaupt in Erwägung gezogen hatte, so ist eine „Fortsetzung“ der Tat begrifflich ausgeschlossen und Rücktritt durch passives Verhalten nach dem Handlungsschlußakt unmöglich.

4. Dasselbe gilt aber auch dann, wenn der Täter *nicht alle* in seine Vorstellung einbezogenen Tätigkeitsakte vorgenommen hat, sondern nur diejenigen, die nach seiner Planung zur Herbeiführung des tatbestandsmäßigen Erfolges *„ausreichend* und *geeignet“* waren.

5. Aus der Tatsache, daß eine „Deliktsfortsetzung und damit ein unbeendeter Versuch ausscheidet, sobald der Täter einen nach seiner Erwartung potentiell *„erfolgswirksamen“* Versuchsakt ausgeführt hat, folgt: die Nichtvornahme von darüber hinaus geplanten Handlungen, die bloß der sichereren oder schnelleren Erfolgsverwirklichung dienen sollten, stellt keinen Rücktritt nach § 46 Ziff. 1 a. F. dar.

6. Hinsichtlich der Vorstellung des Täters von der zur Deliktsverwirklichung *genügenden* Wirksamkeit seiner Tätigkeitsakte ist weiter zu unterscheiden: Handelt er von vornherein in dem Bewußtsein, erst mehrere Teilakte führten in ihrem *„Zusammenwirken“* zum Erfolg, dann wird der Versuch bis zum Schlußakt fortgesetzt, so daß der vorzeitige Abbruch unter § 46 Ziff. 1 a. F. fällt. Sollte dagegen *jede einzelne Tathandlung schon für sich genommen* ausreichen, um den Eintritt der Vollendung zu bewerkstelligen, dann wäre bereits der zweite Teilakt bloße „Deliktswiederholung“ seine Unterlassung kein „Aufgeben der beabsichtigten Handlung“.

7. Die Abstandnahme von *neuen,* erfolgsgeeigneten und dem Täter *ohne weiteres möglichen* Versuchshandlungen, läßt die Strafbarkeit des in sich abgeschlossenen, fehlgeschlagenen „ersten“ Versuchs unberührt.

b) Die Rechtsprechung des Bundesgerichtshofs

Die vorstehend herausgearbeiteten Grundsätze der Reichsgerichtsjudikatur wurden vom Bundesgerichtshof zum Teil übernommen, teilweise aber auch — ohne irgendeinen Hinweis — abgeändert oder durch neue ersetzt. Da die Entwicklung der BGH-Rechtsprechung jedoch nicht immer geradlinig verlief und manche Urteile kaum auf einen gemeinsamen Nenner zu bringen sind, ist es nicht ganz einfach, aber praktisch um so wichtiger, die fast ausschließlich an Mord- und Totschlagsfällen entwickelten Abgrenzungskriterien einigermaßen übersichtlich und doch möglichst exakt darzustellen.

aa) Die Rechtsprechungsentwicklung bis zur Grundsatzentscheidung BGHSt. 14, 75 ff.

Unbestritten ist und bleibt zunächst der subjektive Ausgangspunkt, wie er gleich in der ersten einschlägigen Entscheidung des BGH[139] als selbstverständliche Feststellung zum Ausdruck kommt: § 46 Ziff. 1 betrifft den unbeendigten Versuch, der dann gegeben ist, wenn der Täter noch nicht alles getan hat, was nach seiner Vorstellung zur begrifflichen Vollendung der Tat erforderlich ist. Im konkreten Fall wurden diese Voraussetzungen allerdings verneint. Denn der Angeklagte, der „in einem starken Affekt“ auf sein Opfer „eingeschlagen“ hatte, hörte erst in dem Augenblick damit auf, als es sich „leblos stellte“ und er daher „sein Ziel, die Tötung, erreicht glaubte“. Der Umstand, daß er nach Gewahrwerden seines Irrtums nicht erneut zugeschlagen habe, bedeute somit lediglich ein Absehen von der Versuchs*wiederholung*, dem keine strafbefreiende Wirkung zukomme.

Aber trotz der unverändert vom Reichsgericht übernommenen Grundauffassung machten sich schon früh erste Anzeichen eines gewissen Rechtsprechungswandels bemerkbar. So wurde in BGH MDR 1952, 530 f.[140] unbeendigter Totschlagsversuch bejaht, obwohl der Täter, bevor er in einem Akt der „Selbstbesinnung“ das Beil beiseite legte, seinem Opfer damit „mehrere Schläge auf den Kopf versetzt“ hatte, so daß es mit schweren Verletzungen ... bewußtlos zusammengebrochen war und „ohne alsbaldige Hilfe verblutet wäre“[141]. Zur Begründung heißt es lapidar, „nach diesen Feststellungen“ habe der Angeklagte „noch nicht alle“ ihm zur Erfolgsherbeiführung notwendig erscheinenden Handlungen vorgenommen, ohne daß hier auf den Täter*plan* näher eingegangen, insbesondere die Frage aufgeworfen wird, ob er die Beilhiebe — aus ex-ante-Sicht — für „tödlich“ gehalten und daher von jedem einzelnen oder allen zusammen den Erfolgseintritt „erhofft“ oder „erwartet“ hat.

Auch die vielzitierte Entscheidung BGHSt. 4, 180 ff., in der es um eine versuchte räuberische Erpressung ging, liegt nur insoweit auf der bisherigen Rechtsprechungslinie, als über die „Abgrenzung des nicht beendigten vom beendigten Versuch“ die „Vorstellung des Täters“ entscheiden soll. Die weitere Frage, welcher Zeitpunkt für deren Beurteilung maßgebend ist, wird dagegen abweichend beantwortet: Während die Strafkammer — ebenso wie früher das Reichsgericht — das Vorstellungsbild vom Geschehensablauf *„bei Beginn“*[142] der Ausführungshandlung zugrunde legte, weist der BGH diese Auffassung „im vorliegenden Fall“ ausdrücklich zurück und erklärt statt dessen den Versuch ganz allgemein für unbeendet, „solange der Täter glaubt, durch *Fortführung* seiner Versuchstätigkeit zum Ziele

---

[139] BGH MDR 1951, 117; ebenso BGH Urt. v. 11. 4. 1958 — 5 StR 49/58 — unveröffentlicht — und BGH LM § 46 Nr. 5.

[140] Insoweit nicht mitgeteilt in JR 1952, 414.

[141] So die Sachverhaltsschilderung des Einsenders, des Senatspräsidenten Neumann, JR 1954, 414.

[142] BGHSt. 4, 180 (181).

gelangen zu können"[143]. Dabei müsse man allerdings in subjektiver Hinsicht zwischen der Vorstellung einer — mit Aussicht auf Erfolg möglichen — *Fortsetzung* eines begonnenen und der bloßen *Wiederholung* eines gescheiterten und damit beendeten Versuchs unterscheiden. Ob aber „das, was der Täter im *Augenblick der Aufgabe* seines Plans nach seiner Meinung noch hätte tun können, um den Erfolg herbeizuführen", die Voraussetzungen der einen oder der anderen Alternative erfüllt, „läßt sich" nach Ansicht des Senats „nicht bei allen Straftaten ausschließlich nach dem *ursprünglichen* Plan des Täters beurteilen"[144], vielmehr sei hierfür auf die „natürliche Auffassung"[145] abzustellen.

Ein weiterer Beleg für die Abkehr des BGH von reichsgerichtlichen Positionen ist die unveröffentlichte Entscheidung vom 17. 5. 1955[146]. Nach den tatrichterlichen Feststellungen hatten die beiden Angeklagten beschlossen, ihren Weggefährten, einen alten Mann, auszurauben, mit seinem Spazierstock totzuschlagen und anschließend zur Beseitigung der Tatspuren in den am Tatort vorbeifließenden Bach zu werfen. In Ausführung dieses Plans gab der eine von ihnen dem Opfer „von hinten einen kräftigen Stoß", so daß es zu Boden fiel, packte dessen Stock und „schlug ihm damit zwei- bis dreimal über den Kopf", während der andere Täter die Geldbörse an sich nahm. Dann ließen sie von dem Überfallenen ab, der „noch Lebenszeichen von sich gab, insbesondere wimmerte", und beobachteten aus der Ferne, wie er sich „nach einiger Zeit erhob" und fortging. Das Schwurgericht nahm bezüglich des Mordversuchs zugunsten der beiden Täter freiwilligen Rücktritt nach § 46 Ziff. 1 an. Der BGH verwarf die dagegen eingelegte Revision der Staatsanwaltschaft mit der Begründung: „weil die Angeklagten im Zeitpunkt ihrer Entfernung vom Tatort auch nach ihrer Vorstellung ihr ursprüngliches Ziel, die Tötung" des Opfers „noch nicht erreicht hatten", sei der Versuch unbeendet gewesen und Strafbefreiung daher durch Unterlassung weiterer, auf die Tatvollendung gerichteter Handlungen möglich. Deutlich tritt in diesen Ausführungen wiederum die Verschiebung des für die Tätervorstellungen maßgeblichen Beurteilungszeitpunkts vom *Tatbeginn* auf den Augenblick des *Rücktritts* hervor, so daß der ursprüngliche Tatplan gar nicht näher erforscht wird.

Eine eigenartig widersprüchliche Zwitterstellung nimmt insoweit das nur wenig später ergangene Urteil BGH GA 1956, 89 f. ein[147]. Danach kommt es für die Abgrenzung „unbeendeter-beendeter" Versuch „auf die Vorstellung des Täters" an, und zwar, wie der Senat präzisierend hervorhebt, „auf seine Vorstellung in dem Augenblick, als er sich zum Rücktritt von der Tat entschloß"[148]. Liest man jedoch weiter, so muß man die überraschende Feststellung machen, daß in Wirklichkeit ein ganz anderer Zeitpunkt für

[143] BGHSt. 4, 180 (181).
[144] BGHSt. 4, 180 (181), Hervorhebungen vom Verfasser.
[145] BGHSt. 4, 180 (181).
[146] Urteil v. 17. 5. 1955 — 1 StR 154/55.
[147] Zum Sachverhalt s. o. S. 11.
[148] BGH GA 1956, 89.

den Vorstellungsinhalt maßgebend ist. Denn das Landgericht wird ausdrücklich gerügt, nicht geprüft zu haben „*wieviel* Schläge der Angeklagte ... zu führen gedachte, *bevor* er den Entschluß zur Tat aufgab"[149]. Ob damit die Planperspektive bei Versuchs*beginn* angesprochen ist, bleibt offen, jedenfalls aber ist ein vom Rücktrittszeitpunkt verschiedenes und darum mit der Ausgangsthese kaum zu vereinbarendes neues „Orientierungsdatum" gesetzt, nach dem das Vorstellungsbild des Täters ermittelt werden muß, konkret insbesondere, ob er glaubte, „mit *einem* Schlage auskommen zu können, oder ob er willens war, erforderlichenfalls mehrere Schläge gegen sein Opfer zu führen"[150].

Zur Entscheidung dieser Frage gab der BGH dem Tatrichter einige bemerkenswerte, bei ähnlichen Fallkonstellationen später völlig in Vergessenheit geratene und deshalb hier wörtlich wiedergegebene praktische Hinweise. Danach sind „neben der Einlassung des Angeklagten die äußeren Umstände der Tat heranzuziehen, ... also die Eignung des zur Tat benutzten Handbeils für die Tötung eines Menschen, die Benutzung der scharfen oder der stumpfen Seite, die Führung der Mordwaffe mit einer oder mit zwei Händen, mit ausholendem Schwung oder ohne diesen, wobei die örtlichen Gegebenheiten"[151] Berücksichtigung finden müßten[152]. Ergebe sich aus den genannten Anhaltspunkten, daß der Täter sein Ziel durch *einmaliges* Zuschlagen erreichen wollte, dann sei sein Versuch allerdings nur dann beendet, wenn er die Wirkung des Schlages „in der Kürze der Zeit bis zum Auftreffen des Beiles"[153] auf dem Kopf äußerlich nicht mehr verhindern oder zumindest vermindern konnte. Da somit bei entsprechenden — noch fehlenden — Tatsachenfeststellungen der Umstand, daß der Angeklagte nicht weiter auf seine Mutter einschlug, durchaus unter dem Aspekt des § 46 Ziff. 1 Bedeutung haben konnte, mußte seiner Revision stattgegeben werden.

Während die vorstehend zitierten Urteile aus der Anfangsphase der BGH-Rechtsprechung offen oder versteckt von der Linie der reichsgerichtlichen Judikatur abweichen, stimmt die zeitlich auf BGH GA 1956, 89 f. nächstfolgende einschlägige Entscheidung[154] inhaltlich exakt mit den früheren Abgrenzungsgrundsätzen überein. Dies hängt wohl nicht zuletzt damit zusammen, daß es sich erstmals um einen der vordem geradezu typischen Abtreibungfälle handelte. Obwohl nach Auffassung des BGH die verschiedenen erfolglosen Abtreibungshandlungen in Fortsetzungszusammenhang standen, hatte er „keine Zweifel daran, daß der Versuch nach jedem Teilakt ... ‚beendet' war". Auch wenn der Angeklagte nämlich „bereits vor der

---

[149] BGH GA 1956, 89, Hervorhebung des Wortes „bevor" vom Verfasser.

[150] BGH GA 1956, 89.

[151] BGH GA 1956, 89.

[152] Vgl. insoweit die frühe — oben mitgeteilte — gemeinrechtliche Judikatur, in der diese objektiven Anhaltspunkte eine enstcheidende Rolle für die Abgrenzungsfrage des beendeten vom unbeendeten Versuch spielten.

[153] BGH GA 1956, 90.

[154] BGH Urteil vom 14. 2. 1956 — 5 StR 544/55, mitgeteilt von Dallinger MDR 1956, 394 f.

ersten Einzelhandlung mit der Möglichkeit" des Mißerfolges „gerechnet und für diesen Fall weitere Versuchshandlungen in Aussicht genommen habe"[155], setzte er „durch die späteren Teilakte nicht einen begonnenen Versuch fort, sondern wiederholte einen fehlgeschlagenen", da nach seinem „Willen ... jeder Teilakt für sich allein den Erfolg herbeiführen sollte"[156]. Ein Indiz hierfür sei die Tatsache, daß zwischen den verschiedenen Abtreibungsmanipulationen jeweils eine Phase des Abwartens lag, ob der Erfolg eintritt oder nicht, wodurch „die einzelnen Teilakte" auch äußerlich „klar voneinander abgehoben" würden.

Umgekehrt dagegen das Ergebnis in dem wenig später entschiedenen Fall BGHSt. 10, 129 ff., der zwar einen Totschlagsversuch betraf, aber von der abstrakten Sachstruktur her gesehen mit dem vorigen insofern nahe verwandt ist, als sich beide durch einen Wechsel der Tatmittel im Laufe des Geschehens auszeichnen. Während dort auf den Versuch, mit einer Häkelnadel die Gebärmutter zu erreichen, die mehrfach wiederholten Scheidenspülungen folgten, allerdings in einem relativ großen zeitlichen Abstand, ergriff der Angeklagte hier zunächst „eine fast volle $^{3}/_{8}$-Liter-Flasche — einen sog. Flachmann" — und versetzte damit in einem plötzlichen Wutanfall seiner neben ihm im Pkw sitzenden, zur Wiederversöhnung nicht bereiten früheren Braut „einen heftigen Schlag auf den Kopf"[157]. Wörtlich fährt der BGH dann fort: „Da er erkannte, daß der Schlag nicht die gewollte tödliche Wirkung hatte, er zu wuchtigeren Schlägen infolge der Raumenge aber nicht ausholen konnte, ... umfaßte er sogleich mit beiden Händen den Hals des Mädchens ... und würgte sie, so sehr er konnte, so daß sie das Bewußtsein verlor"[158]. Plötzlich gab er jedoch die Würgegriffe auf und ließ sein Opfer, nachdem es das Bewußtsein wiedererlangt hatte, aus dem Wagen fliehen.

Das Schwurgericht wertete die Gewaltanwendung durch Schlagen und Würgen als zwei selbständige Versuchsakte, da letzteres auf dem „neuen Vorsatz" beruhte, die Tat durch den Einsatz „eines anderen Mittels zu wiederholen"[159], und hielt daher die freiwillige Aufgabe des Würgens hinsichtlich des in Erfolgserwartung zugefügten — also „mißlungenen" — Schlags mit der Flasche für gänzlich bedeutungslos. Der BGH hob jedoch auf die Revision des Angeklagten dessen Verurteilung wegen versuchten Totschlags wieder auf, da jener nach den bisherigen tatrichterlichen Feststellungen möglicherweise schon zu dem Zeitpunkt, „als er mit der Likörflasche auf seine Braut einschlug, daran dachte, es könne der eine Schlag ... zur Erreichung des tödlichen Erfolges nicht genügen" und deshalb „von Anfang an entschlossen war, in diesem Fall seinem Opfer weitere Gewalt anzutun"[160]. Dann aber — so folgerte der Senat weiter — „läge es nahe",

---

155 Insoweit ist der Text der Entscheidung unveröffentlicht.
156 BGH MDR 1956, 395.
157 BGHSt. 10, 129.
158 BGHSt. 10, 129, 130 oben.
159 BGHSt. 10, 130.
160 BGHSt. 10, 130.

das gesamte auf die Tötung seiner Begleiterin gerichtete Verhalten des Täters „als ein einheitliches Geschehen im natürlichen Sinne“[161] zu würdigen und demgemäß die einzelnen Gewaltakte — rechtlich durch den Aspekt der „natürlichen Handlungseinheit“[162] verbunden — als einen einzigen unbeendeten Totschlagsversuch zu beurteilen. Nichts anderes gelte, wenn nach der Vorstellung des Angeklagten zwar bereits der Schlag mit der Flasche den erstrebten Erfolg bringen sollte, „es ihm aber auf die Art des Tötungsmittels von vornherein nicht ankam“[163]. In beiden Sachverhaltsalternativen würde daher die Abstandnahme „vom letzten Teilakt“ — dem Erdrosselungsversuch — strafbefreiende Wirkung auch für den vorangehenden — unselbständigen — Handlungsabschnitt — den Schlag mit dem „Flachmann“ — haben. Nach Auffassung des Senats könnte „die nach dem Fehlschlag des ersten Mittels unmittelbar anschließende Verwirklichung desselben Tötungsentschlusses“ auf andere Weise „nur dann als im natürlichen und rechtlichen Sinne selbständige Handlung“ gesondert gewertet werden — mit der Maßgabe, daß ein Rücktritt hiervon auf diesen Versuchsakt beschränkt ist — „wenn der Täter seinen Tötungswillen ursprünglich *nur* mit einem *bestimmten* Mittel“ realisieren wollte[164].

Vergleicht man diese Ausführungen mit den bisher geschilderten Stellungnahmen des BGH, so fällt auf, daß hier wieder — im Gegensatz zu manch anderer der vorher ergangenen Entscheidungen — ganz eindeutig das Vorstellungsbild des Täters im Zeitpunkt des Handlungs*beginns* für die Abgrenzung des jeweiligen Versuchsstadiums dominiert. Hervorzuheben ist ferner, daß — ebenso wie schon in BGHSt. 4, 180, wo die „natürliche Auffassung,“ und in BGH GA 56, 89, wo die „äußeren Umstände der Tat“ in den Vordergrund geschoben wurden — erneut neben dem Tatplan ein zusätzliches *objektives* Kriterium für die Unterscheidung zwischen § 46 Ziff. 1 und 2, diesmal in Gestalt der „natürlichen Handlungseinheit“, eine ausschlaggebende Rolle spielt. Schließlich verdient nachhaltige Beachtung, daß trotz *Erfolgserwartung* seitens des Täters nach einer ihm zur Erreichung der Tatvollendung „ausreichend“ erscheinenden Ausführungshandlung mit der Vornahme dieses Tätigkeitsaktes der Versuch noch *nicht* beendet sein soll, wenn der Tatplan von vornherein bewußt auf *kein bestimmtes* Mittel zur Deliktsverwirklichung fixiert war.

Bei diesen Grundsätzen blieb es jedoch nicht lange, vielmehr brachte schon die nächste einschlägige Entscheidung[165] wieder eine Änderung. Denn selbst wenn man das ganze Geschehen — Ersticken- oder Verblutenlassen des Kindes beim Austritt aus dem Mutterleib — als einen einheitlichen Vorgang auffassen wollte“, liegt nach Ansicht des Senats — und darin zeigt sich die Abweichung von BGHSt. 10, 129 — „kein strafbefreiender Rück-

---

[161] BGHSt. 10, 130.

[162] BGHSt. 10, 131.

[163] BGHSt. 10, 131.

[164] BGHSt. 10, 131.

[165] BGH Urteil vom 4. 3. 1958 — 1 StR 41/58 — unveröffentlicht; zustimmend BGH Urteil vom 25. 7. 1958 — 1 StR 51/58 — unveröffentlicht.

tritt vor, weil die Angeklagte nichts unternommen" habe, „um den dem Kinde infolge der mangelnden Vorsorge weiterhin drohenden Tod abzuwenden". Ausdrücklich wird hier also dem zuvor bei der Abgrenzung zwischen unbeendigtem und beendigtem Versuch vernachlässigten Aspekt der „Erfolgsgefahr" entscheidende Bedeutung zuerkannt.

bb) Die jüngere BGH-Judikatur im Anschluß an BGHSt. 14, 75 ff.

Hält man an diesem Punkt bei der Durchsicht der BGH-Judikatur kurz inne und vergegenwärtigt sich nochmals in groben Zügen das Bild seiner bisherigen Rechtsprechung, so ist es keineswegs übertrieben, wenn man feststellt: der Entwicklung liegt keine einheitliche Linie zugrunde, vielmehr vollzieht sie sich unter Schwankungen in einem widersprüchlichen Wechsel der Meinungen. Das Unbefriedigende eines derartigen Zustandes ist offensichtlich. Daher wundert es nicht, daß der BGH selbst bei der nächsten Gelegenheit den Versuch unternahm, dem unerfreulichen „Zick-Zack-Kurs" mit einer Grundsatzentscheidung ein Ende zu bereiten; diese erfolgte durch BGHSt. 14, 75 ff. am 15. 1. 1960. Wieder ging es um einen Fall versuchten Totschlags: Der stark angetrunkene (2,5 ‰) Angeklagte geriet durch das beharrliche Schweigen seiner Ehefrau, die die Scheidungsklage gegen ihn eingereicht hatte, so sehr „in Wut", daß er das „scharf geschliffene, spitz zulaufende, mit einer 11 cm langen Klinge versehene Fahrtenmesser" holte und ihr „mindestens 7 cm tief in die linke Bauchseite, etwa eine Handbreit unter dem Herzen", stieß[166]. Sofort zog er das Messer jedoch wieder heraus und ließ es sich ohne Gegenwehr von der Verletzten abnehmen, die daraufhin „eilig" das Haus verließ und ins Krankenhaus eingeliefert wurde, während der Täter aus Furcht, „seine Frau ernstlich, möglicherweise sogar tödlich verletzt zu haben, ruhelos"[167], von Selbstmordabsichten geplagt, in der Wohnung umherirrte.

Das Schwurgericht wertete den Messerstich als beendeten und daher den „einfachen" Rücktritt in Form bloßen Nicht-weiter-handelns ausschließenden Versuch, da der Angeklagte den Stich „mit Bedacht in die Herzgegend geführt" habe, wobei er sich auch über dessen möglicherweise „tödliche Wirkung im klaren" gewesen sei[168]. Rücktritt nach § 46 Ziff. 1 scheide aber auch dann aus, wenn der Täter sein Opfer nur für ernstlich verletzt hielt, da insoweit der taugliche Tötungsversuch fehlgeschlagen und die Unterlassung weiterer Stiche lediglich die Nichtwiederholung der Tat bedeute.

Der BGH meldete jedoch bezüglich dieser rechtlichen Würdigung des Sachverhalts „durchgreifende Bedenken" an und gab der Revision statt. Dabei stellte er zwei allgemeine Grundsätze an die Spitze seiner Überlegungen[169]:

---

[166] BGHSt. 14, 75 (77).
[167] BGHSt. 14, 75 (77).
[168] BGHSt. 14, 75 (78).
[169] BGHSt. 14, 75 (79); vgl. dazu auch die übersichtliche Wiedergabe des Urteils bei Martin LM, § 46 Nr. 14 a.

1. Über die Beantwortung der Frage, wann der Versuch eines Verbrechens oder Vergehens nach § 46 Ziff. 2 „beendet“ ist, entscheidet „in erster Linie“ die Vorstellung des Täters *„bei Beginn der Tatausführung“*, falls er aufgrund konkreter Planung von vornherein einen einzigen oder ganz bestimmte Tätigkeitsakte ins Auge gefaßt hatte: mit der Vornahme dieser Handlung(en) ist der Versuch *stets* beendet.

2. Hatte der Täter dagegen seinen Vorsatz nicht von Anfang an in der eben beschriebenen Weise beschränkt, die Ausführungsmodalitäten der Tat also nicht exakt vorher festgelegt, sondern vom jeweiligen Ablauf des Geschehens abhängig gemacht, so „kommt es auch noch darauf an, welche Wirkungen er sich von seinem bisherigen Tun im Zeitpunkt seiner Entschließung, keine weiteren“ Tathandlungen „mehr vorzunehmen, versprochen und ob er“ eine Fortführung der Tat „überhaupt noch als möglich angesehen hat“. Unterläßt er weitere — an sich durchführbare — Tathandlungen, weil er sein bisheriges Verhalten für erfolgversprechend und deshalb die Deliktsvollendung schon dadurch *„für möglich hält“*[170], so liegt ein beendeter Versuch vor.

Nach diesen Richtlinien ergibt sich im konkreten Fall folgende Alternative: Entweder wollte der Angeklagte seine Ehefrau „mit nur einem einzigen Messerstich töten“[171] — dann wäre der Totschlagversuch schon nach dieser Handlung ohne Rücksicht auf deren Wirkung und die Möglichkeit weiterer zur Erfolgsherbeiführung geeigneter Maßnahmen beendet gewesen, der nächste Stich hätte also einen neuen Tatentschluß vorausgesetzt und damit eine Versuchswiederholung bedeutet.

Denkbar ist aber auch, daß der Täter „vor oder bei Beginn“ seiner Handlung „nicht bedacht“ hatte, ob er „einmal oder mehrmals“ zustechen müsse, um den Tod seiner Frau herbeizuführen — dann wäre der Versuch nach dem ersten und einzigen Messerstich nur unter der Bedingung beendet gewesen, daß der Angeklagte *„in Erwartung des Erfolgeintritts“*[172], genauer: *weil* er den Stich — sicher oder möglicherweise — für tödlich hielt, von weiteren Angriffen gegen sein Opfer Abstand nahm. Für diesen Fall könnte er Strafbefreiung nur nach § 46 Ziff. 2 durch eine erfolgsabwendende Tätigkeit erlangen, da er „die Gefahr der Verwirklichung des strafbaren Erfolges gesetzt“[173] habe.

Die Hoffnung, daß die vorstehende, „offensichtlich als abschließendes Grundsatzurteil“[174] gedachte Entscheidung endgültig Klarheit schaffen und damit die bislang vermißte, aber dringend notwendige Kontinuität der Rechtsprechung sicherstellen würde, erfüllte sich jedoch nicht. Ob deren Bild danach sogar „zunehmend widersprüchlicher“ wurde, wie Geilen meint, mag angesichts der schon zuvor sichtbaren — erheblichen und vielfältigen — Gegensätze dahinstehen, jedenfalls aber blieb die Judikatur in der Folge-

[170] BGHSt. 14, 75 (76), Leitsatz b.
[171] BGHSt. 14, 75 (79).
[172] BGHSt. 14, 75 (79).
[173] BGHSt. 14, 75 (80).
[174] Geilen JZ 1972, 341.

zeit stark schwankend. Im Schrifttum wurde diese Tatsache erstaunlicherweise weitgehend unbeachtet gelassen, wenn man von den Abhandlungen Ottos[175], Drehers[176] und Geilens[177] absieht, und selbst hier nur zum Teil deutlich, da ihre nur auf ein verhältnismäßig geringes Fallmaterial gestützte Kritik notgedrungen lückenhaft sein mußte. Die fehlende vergleichende Gesamtbetrachtung aller publizierten und, soweit auffindbar, auch der unveröffentlichten einschlägigen Entscheidungen, die allein einen einigermaßen vollständigen Überblick gewährleisten kann, soll oder vielmehr: *muß* daher im folgenden nachgeholt werden.

Die erste auf BGHSt. 14, 75 folgende Entscheidung[178] zur hier erörterten Abgrenzungsfrage erwähnt dessen Leitlinie mit keinem Wort, was sicherlich damit zusammenhängt, daß es sich um einen Abtreibungsfall handelte. Denn schon früher[179] hatte der BGH ja insoweit die alten Reichsgerichtsgrundsätze beibehalten. Dementsprechend stellte er auch diesmal — durch z. T. wörtliche Übernahme seiner Darlegungen in MDR 1956, 394 — fest: Entgegen der Revision „besteht kein Zweifel, daß der Versuch nach jedem einzelnen Teilakt i. S. des § 46 Nr. 1[180] StGB beendet war". Denn „jede einzelne Abtreibungshandlung sollte nach dem Willen der Beteiligten für sich allein den Erfolg herbeiführen", die Wiederholungsabsicht für den Fall des Mißerfolges ist unbeachtlich.

Ausdrücklich zustimmend zitiert wurde dagegen BGHSt. 14, 75 im nächsten — ebenfalls unveröffentlichten — Urteil vom 3. 6. 1964[181]. Nach den Feststellungen des Schwurgerichts geriet der erheblich unter Alkoholeinwirkung stehende Angeklagte über die Weigerung seiner geschiedenen Frau, die eheliche Lebensgemeinschaft wieder aufzunehmen, so sehr in Zorn, daß er mit Tötungsvorsatz „sein Taschenmesser faßte", sich auf seine Exgattin „stürzte und mehrere Male heftig" zustach. Da „die Klinge des Messers immer wieder" einknickte und sein Opfer „nur verhältnismäßig geringfügige Verletzungen an der Schulter und im Gesicht" erlitt, holte er sogleich ... ein feststehendes spitzes Brotmesser, stach damit aber nicht mehr zu, da die Frau „in ihrer Todesangst" zu ihm zurückzukehren versprochen hatte.

Das Schwurgericht lehnte Rücktritt nach § 46 Ziff. 1 bezüglich des Tötungsversuchs mit dem Taschenmesser ab, da die in Erfolgserwartung zugefügten Stiche als eine selbständige, fehlgeschlagene Versuchshandlung zu qualifizieren seien. Der BGH war jedoch im Einklang mit der Revision des Angeklagten anderer Ansicht. Zur Begründung führte der Senat aus,

---

175 Otto GA 1967, 144 ff.

176 Dreher JR 1969, 105 ff.

177 Geilen JZ 1972, 335 ff.

178 BGH Urteil vom 18. 7. 1962 — 2 StR 246/62, S. 4 — unveröffentlicht —.

179 Siehe oben S. 158 f.

180 Soll wohl heißen: „Nr. 2".

181 BGH Urteil vom 3. 6. 1964 — 2 StR 125/64 — unveröffentlicht. Die nachfolgenden Zitate beziehen sich auf diese Entscheidung, soweit nicht ausdrücklich anders vermerkt.

„zwei rechtlich voneinander getrennte Versuchshandlungen“ seien nicht schon dann anzunehmen, wenn der Täter — wie hier — „zunächst“ vom tödlichen Erfolg seiner Angriffe „mit dem Taschenmesser überzeugt war“. Von „entscheidender Bedeutung“ sei vielmehr, „ob es ihm unter Ablehnung anderer Tötungsmittel gerade auf die Verwirklichung der Tat mit diesem als ersten von ihm gebrauchten Mittel ankam“; denn „nur in einem solchen Falle“ wäre mit dessen Einsatz „der Tötungsplan abgeschlossen“.

Insoweit herrscht, was den theoretischen Ausgangspunkt angeht, völlige Übereinstimmung mit BGHSt. 10, 129 ff. Während der BGH jedoch dort die Antwort auf diese Frage mangels ausreichender tatsächlicher Feststellungen des Schwurgerichts in dessen Kompetenz zurückverwies, entschied er hier in der Sache selbst, ohne daß man bei einem Sachverhaltsvergleich irgendwelche zusätzlichen Informationen und Fakten entdecken könnte, die ein solches Vorgehen rechtfertigten. Vielmehr heißt es einfach lapidar, der Angeklagte habe sich „ersichtlich“ auf eine *bestimmte* Handlungsmodalität „von vorneherein nicht“ festgelegt, sondern „zu seinem Klappmesser ... nur deshalb ... gegriffen, weil er es gerade bei sich trug“ und für ein wirksames Tötungswerkzeug hielt. Man wird bei dieser Feststellung daher den Eindruck nicht los, zumal in späteren Urteilen noch mehrmals — und deutlicher — genau die gleiche Beobachtung zu machen ist, daß hier das Revisionsgericht — unter Mißachtung seiner Kompetenzen — eine von der beabsichtigten Entscheidung des Vorlagefalles beeinflußte, gleichsam „passende“ Sachverhaltsdeutung oder -unterstellung vorgenommen hat.

Von dieser aus greift der Senat für die weitere Argumentation auf die in BGHSt. 14, 75 ff. niedergelegten Grundsätze zurück. Danach hängt im konkreten Fall, wo der Angeklagte „seinem Opfer so viele Verletzungen“ zufügen wollte, „bis der von ihm erstrebte Erfolg erreicht war“, die Annahme beendeten Versuchs davon ab, ob er von weiteren Stichen „gerade wegen der Möglichkeit des Erfolgseintritts“[182] abgesehen hatte. Da die Prüfung dieser Frage negativ ausfällt, der Tötungsversuch also noch unbeendet und nicht fehlgeschlagen war, beurteilte der Senat das Wegwerfen des Taschenmessers im Hinblick auf das „sofortige Ergreifen“ eines anderen, besser geeigneten Tatwerkzeugs nicht als Aufgabe des Tötungsvorsatzes. Vielmehr sah er den ganzen Tathergang von Anfang bis Ende als ein „einheitliches Geschehen“ und honorierte im Ergebnis die Aufgabe des Tötungsvorhabens nach dem letzten Teilakt („Brotmesser“) als strafbefreienden Rücktritt von der *ganzen* Tat.

Die gleichen Gesichtspunkte, d. h. eine Kombination der in BGHSt. 10, 129 ff. und BGHSt. 14, 75 ff. entwickelten Leitsätze, lagen auch der Entscheidung BGH GA 1966, 208 f. zugrunde. Dabei war der Sachverhalt insofern etwas anders gelagert, als der Täter nicht nach erkannter *Untauglichkeit* des ersten Tötungsmittels zu einem neuen griff, sondern nach dem Fehlschlag des ersten — an sich *tauglichen* — Tötungsversuchs auf *unver-*

---

[182] BGHSt. 14, 75 (80).

änderte Art und Weise, durch bloße Wiederholung, sein Ziel zu erreichen suchte, dann jedoch aufgab.

Der BGH[183] bejahte hier freiwilligen Rücktritt aus zwei Gründen: Einmal hielt er — unter Rückgriff auf BGHSt. 14, 75 — den Tötungsversuch auch nach dem *zweiten* Fehlschuß noch für unbeendet, da der Täter infolge der ungünstigen Sichtverhältnisse „so viele Schüsse abgeben" wollte, „wie sich während der Tatausführung" als zur Tötung „erforderlich" erweisen sollten, und außerdem trotz Wiederholungsmöglichkeit die Schußversuche „in *Kenntnis*" ihres Mißerfolges abbrach, nicht aber, *weil* er von ihnen — vorzeitig — die Tatvollendung erwartete. Zum anderen hob der Senat entscheidend darauf ab, daß „unter diesen *ganz besonderen* Umständen ... das *einem* Ziel dienende und auf einem einheitlichen Wissensentschluß beruhende mehrfache schnelle Abdrücken des auf Einzelfeuer eingestellten Schnellfeuergewehrs als eine natürliche Handlungseinheit und damit als eine einzige Handlung im Rechtssinne" zu werten sei. Denn bei „natürlicher Betrachtung" stehe „das Auslösen der ganzen geplanten raschen Schußfolge" dem „Feuerstoß aus einer Maschinenpistole" gleich.

Man fragt sich allerdings unwillkürlich, welche Funktion dieser zweite tragende Entscheidungsgrund hier — und dasselbe gilt für das vorige Urteil — eigentlich hat. Denn mit der Feststellung, daß der Tatplan *nicht* von vornherein auf zwei Schüsse begrenzt war und der Angeklagte *nicht* in Erfolgserwartung von weiteren Schußversuchen absah, ist nach BGHSt. 14, 75 der Weg zur Anwendbarkeit des § 46 Ziff. 1 frei, unabhängig vom Vorliegen einer „natürlichen Handlungseinheit" zwischen den einzelnen Tätigkeitsakten. Insofern gibt es eigentlich nur drei Antwortmöglichkeiten: entweder ist die Prüfung dieses Kriteriums überflüssig oder es schränkt die in jenem Grundsatzurteil allgemein formulierten Thesen wieder ein oder aber es soll lediglich für eine gewisse Objektivierung des Täterplans sorgen. Angesichts weiterer Rechtsprechungsbeispiele mit derselben Zielsetzung[184] dürfte die letztgenannte Alternative zutreffen, zumal auch nur so eine sinnvolle und widerspruchsfreie Einordnung des fraglichen Abgrenzungsmerkmals möglich erscheint. Nicht im Einklang mit dieser hier unterstellten „Objektivierungstendenz" steht allerdings der abschließende Hinweis des Senats, mit dem der offenbar auf die Wertung jedes Fehlschusses als „fehlgeschlagener" Versuch abzielende Einwand des Generalbundesanwalts zurückgewiesen wird: bei der Grenzziehung zwischen nichtbeendetem und beendetem Versuch komme es „nicht auf die Gefährlichkeit und auf die objektive Eignung eines einzelnen Angriffsteiles an, schon allein den ganzen Erfolg herbeizuführen"[185]. Daß diese Feststellung in der vorstehenden Fassung in krassem — mit keinem Wort erwähnten — Gegensatz zur gesamten einschlägigen Reichsgerichtsjudikatur und einer Reihe von

---

[183] BGH GA 1966, 209.

[184] BGHSt. 4, 180 ff.; 10, 129 ff.; GA 1956, 89 f. und spätere Urteile: BGHSt. 22; 176 ff. u. a.

[185] BGH GA 1966, 209.

BGH-Entscheidungen steht, z. B. in den beiden schon zitierten Abtreibungsfällen[186], sei ausdrücklich vermerkt[187].

Symptomatisch für den gerade in dem zuletzt berührten Punkt herrschenden Wirrwarr sind die beiden nächsten Urteile. Das erste[188] wiederholte in einem Fall schwerer, mit Tötungsvorsatz zugefügter Kindesmißhandlungen nahezu wörtlich die in BGHSt. 14, 75 ff. aufgestellten Grundsätze, ja es ging sogar verbal — beabsichtigt oder unbeabsichtigt? — noch einen Schritt weiter: während dort die Frage, ob der Versuch beendet ist, „in erster Linie“[189] davon abhing, welche Handlungen der Täter bei Tatbeginn für erforderlich hielt, sollen hier „ausschließlich“[190] seine diesbezüglichen Vorstellungen entscheiden, so daß insoweit für den Rückgriff auf die natürliche Handlungseinheit oder ein anderes objektives Abgrenzungsmerkmal als Korrektiv oder Ergänzung des Täterplans kein Raum ist. Dementsprechend hinderte die Tatsache, daß die Angeklagte ihr Kind „zweimal mit dem Hinterkopf mit großer Wucht gegen eine scharfe hölzerne Bettkante gestoßen“[191] und dadurch in Lebensgefahr gebracht hatte, die Anwendbarkeit des § 46 Ziff. 1 nicht.

In der folgenden — einen Mordversuch betreffenden — Entscheidung[192] interessierte sich der BGH dagegen überhaupt nicht für das Vorstellungsbild des Täters bei Beginn der Ausführungshandlung, in deren Verlauf dieser „seinem Opfer mit einem Papiermesser schwere Verletzungen“ beigebracht hatte, vielmehr wird ausschließlich auf die *Wirkungen* der Tat abgestellt. In lakonischer Kürze heißt es[193], es handele sich um einen beendeten Versuch, da „die beiden Messerstiche ... in die Lunge des Opfers ... lebensgefährlich waren“ und dies „dem Angeklagten auch bewußt“ war; denn „er glaubte ..., die Verletzte würde ohne alsbaldige ärztliche Hilfe sterben“. Insofern knüpft der Senat hier also wieder an seine Entscheidung vom 4. 3. 1958[194] an, wo ebenfalls *allein die Tatsache der bestehenden Lebensgefahr* unabhängig vom Täterplan den Versuch in das Stadium der Ziff. 2 überführte und damit den „einfachen“ Rücktritt durch Unterlassen ausschloß. Hervorzuheben ist allerdings, um keinen falschen Eindruck zu erwecken, daß dieser Gedanke insgesamt nur sporadisch auftauchte und ins-

---

[186] BGH MDR 1956, 394; BGH Urteil vom 18. 7. 1962 — 2 StR 246/62 (siehe oben S. 163); BGH GA 1956, 89 f.; BGH Urteil vom 4. 3. 1958 — 1 StR 41/58 (siehe oben S. 160); vgl. auch die Hinweise bei den folgenden Urteilen.

[187] Auch Geilen (JZ 1972, 338) wirft die Frage auf, ob zwischen BGH GA 1966, 208 f. und BGH MDR 1956, 394 nicht ein Widerspruch besteht.

[188] Urteil vom 11. 6. 1965 — 2 StR 196/65, mitgeteilt von Dallinger MDR 1966, 22.

[189] BGHSt. 14, 75.

[190] BGH MDR 1966, 22.

[191] Insoweit von Dallinger in MDR 1966, 22 nicht veröffentlicht.

[192] BGHSt. 21, 216 ff.

[193] BGHSt. 21, 216.

[194] Siehe oben S. 160.

besondere in den letzten Jahren, wie noch zu zeigen sein wird, immer mehr aus dem Blickfeld geriet.

Das Wechselspiel der Judikatur wird fortgesetzt mit BGHSt. 22, 176 ff., dem berühmten „Rohrzangenfall", der wieder ganz auf der Linie BGHSt. 14, 75 liegt, und zwar auch — im Gegensatz zu BGH MDR 1966, 22 — hinsichtlich der vorsichtigeren Formulierung des Ausgangspunktes der Abgrenzungsrichtlinien, nach denen lediglich „grundsätzlich"[195] die „Vorstellungen des Täters bei Beginn der Tatausführung"[196] maßgebend sein sollen. Erstaunt fragt man deshalb, wieso dieses Urteil eigentlich so viel Staub aufwirbeln konnte, doch findet man bei näherer Prüfung von Sachverhalt und Entscheidungsgründen ziemlich schnell den „Stein des Anstoßes".

Nach den tatrichterlichen Ermittlungen hatte der Angeklagte seiner Stieftochter „mit einer Rohrzange, die er zuvor mit einem Handtuch umwickelt hatte, von hinten einen heftigen Schlag über den Kopf" versetzt[197]. Obwohl die Angegriffene entgegen seiner Annahme, „der Schlag werde" sie „sofort töten", lediglich „benommen" war, sah er in klarer Erkenntnis dieses Umstandes „von weiteren Schlägen" ab[198]. Nach Auffassung des Schwurgerichts war der Mordversuch beendet, Rücktritt nach § 46 Ziff. 1 mithin ausgeschlossen, da der Täter „mit dem einen Schlag"[199] alles nach seinem Plan zur Erfolgsherbeiführung Notwendige getan habe. Demgegenüber bejahte jedoch der BGH die prinzipielle Anwendbarkeit des § 46 Ziff. 1 im vorliegenden Falle, indem er kurzerhand die *positiv* festgestellte *Tatsache*, der Angeklagte habe schon von seinem *ersten* Schlag den Tod des Opfers erwartet, negierte. Statt dessen ging er von folgendem — nirgends belegtem, frei erfundenem — Erfahrungssatz aus[200]: „Wer mit unbedingtem Mordvorsatz unter solchen Umständen und in einer solchen Weise ... wie der Angeklagte ... auf einen anderen einschlägt, macht sich in der Regel keine bestimmten Gedanken über die Zahl der Schläge", und schloß daran die Behauptung an, „besondere" Anhaltspunkte für eine „Ausnahme von jener Regel" seien im konkreten Sachverhalt nicht ersichtlich. Damit wird das Beweisergebnis des Schwurgerichts schlicht auf den Kopf gestellt und — wie schon in der oben geschilderten Entscheidung vom 3. 6. 1964[201] — vom Revisionsgericht ein unzulässiger Eingriff in die Zuständigkeit des Tat-

---

[195] BGHSt. 22, 176 (177) allerdings ist zuzugeben, daß der Begriff „grundsätzlich" auch i. S. von „ausnahmslos" verstanden werden kann; wie hier interpretiert ihn Dreher in JR 1969, 106.

[196] BGHSt. 22, 176 (177); vgl. zu dieser Entscheidung die Anmerkungen von Dreher JR 1969, 105 ff., Pelchen LM § 46 Nr. 20 sowie Geilen JZ 1972, 336 rechte Spalte.

[197] BGHSt. 22, 176.

[198] BGHSt. 22, 176.

[199] BGHSt. 22, 176 (177).

[200] BGHSt. 22, 176 (177).

[201] Siehe oben im Text S. 163.

richters vorgenommen. Die Annahme eines noch unbeendeten Versuchs schied daher in casu aus.

Beachtung verdient das Vorgehen des Senats darüber hinaus in anderer Hinsicht: indem die *subjektive* Tätervorstellung durch eine *objektive* Erfahrungsregel korrigiert wird, zeigt sich zum wiederholten Male — aber ohne durchgängige Linie — die Skepsis der Rechtsprechung gegenüber der allein am Täterplan orientierten Abgrenzungsmethode und ihren Zufälligkeiten im praktischen Ergebnis.

Mangels einer klaren Konzeption insoweit bleibt die jeweilige Entscheidung des BGH letztlich allerdings unberechenbar. So findet man in einem nur *eine* Woche später ergangenen Urteil[202] *desselben* Senats weder die Grundsätze von BGHSt. 14, 75 noch den eben aufgestellten Erfahrungssatz noch die Gesichtspunkte der im maßgeblichen Sachverhaltsabschnitt ganz ähnlich strukturierten Entscheidung BGH GA 1956, 89 erwähnt, obwohl es sich wiederum um die schon bekannte typische Fallkonstellation handelte: Der Angeklagte hatte nach vergeblichen Aussöhnungsversuchen mit seiner geschiedenen Frau dieser „plötzlich aus einer Entfernung von etwa 1 bis 2 m mit einem scharfen, nachgeschliffenen Messer“ einen Stich versetzt, der „unter der linken Brustseite des Opfers vorn am Rippenbogen etwa über der Herzspitze auf eine Rippe auftrat und eine 3 cm lange, senkrecht verlaufende ... Wunde verursachte“. Nach den Urteilsfeststellungen war „die Wucht des Stichs teilweise“ herabgemindert, da der Täter „die Hand, die das Messer führte, schon gleich nach dem Ansatz des Stichs wieder abbremste“ bzw. „zurückriß“, als er sich der Tragweite seines Tuns bewußt wurde.

Während das Schwurgericht ihn dennoch wegen versuchten Totschlags verurteilte, hob der BGH mit Rücksicht auf die darin liegende Möglichkeit strafbefreienden Rücktritts nach § 46 Ziff. 1 den Schuldspruch auf. Denn dadurch, daß der Täter noch vor Erreichen der Kleidung seines Opfers die Gewalt des Stichs abfing, habe er ihn „so, wie geplant und begonnen, ... nicht fortgesetzt“, also „auch äußerlich“ den Tatentschluß „in einem Zeitpunkt aufgegeben, in dem der Versuch“ des beabsichtigten „Verbrechens noch nicht beendet war“.

Vergleicht man diese Begründung mit der anderer Entscheidungen, so ist als gemeinsames Charakteristikum das Bemühen um eine *Objektivierung* der Abgrenzungsproblematik hervorzuheben, wie sie in der Anknüpfung der Tataufgabe an ein in der *Außenwelt* sichtbares Zeichen zum Ausdruck gelangt. Ansonsten aber lassen sich nur — kaum erklärliche — Differenzen feststellen: Warum z. B. wird hier nicht entsprechend BGH GA 1956, 89 geprüft, wie oft der Täter nach seinem Tatplan zustechen wollte? Warum unterbleibt die im Rohrzangenfall praktizierte „Erfahrungs“-argumentation, nach der schon das bloße Unterlassen weiteren Zustechens „unmittel-

---

[202] BGH Urteil vom 18. 6. 1968 — 5 StR 15/68, teilweise veröffentlicht bei Dallinger MDR 1968, 894. Die nachstehenden Zitate sind der vollständigeren unveröffentlichten Entscheidung entnommen.

bar nach dem ersten, als wirkungslos erkannten“ Stich als Rücktritt gemäß § 46 Ziff. 1 zu gelten hätte? Warum kommt es auf die *Wirkungen* der Tat im Augenblick der Beendigung der Ausführungshandlung im vorstehenden Fall nicht an?

Fragen über Fragen, die das Ausmaß des Dilemmas immer deutlicher offenbaren, in das die Rechtsprechung sich verstrickt hat und für das die immer raschere Folge von Revisionsentscheidungen auf diesem Sektor ein betrübliches Zeichen ist. So ergingen noch im selben Jahre — 1968 — zwei weitere Urteile, die beide nicht unerheblich von den einst als abschließend gedachten Grundsätzen in BGHSt. 14, 75 abweichen, aber auch untereinander inhaltlich gänzlich verschieden sind. Gemeinsam ist ihnen nur, daß die Rücktrittsproblematik sich jeweils an einem Mordversuch entzündete! Im ersten — unveröffentlichten — Fall[203] hatte ein Krankenpfleger den ihm anvertrauten Patienten dadurch töten wollen, „daß er ihm nach vorheriger Betäubung Benzin in das Herz spritzte“. Obwohl trotz Verwendung von „Äther und schweren Schlägen auf den Kopf“ das Opfer noch bei Bewußtsein war, stieß der Angeklagte dennoch „die gefüllte Spritze mit einem kräftigen Stoß in Richtung des Herzens“, so daß „die Kanüle tief in die Brustseite“ eindrang. Da die Nadel jedoch „auf einen Rippenknochen“ traf, „brach“ sie „ab und wurde auch“ von dem vorgesehenen Ziel „abgelenkt“. Der Angeklagte erkannte „beide Folgen“ und verließ daraufhin das Krankenhaus. „Nach etwa einer Stunde kehrte“ er aber wieder zurück und verständigte aus Furcht, das Opfer könne „an einer Überdosis Äther“ oder an den erlittenen „Kopfverletzungen sterben, ... die Polizei“. Die sofort eingeleitete Untersuchung des Verletzten ergab, daß weder die mißglückte Spritze „noch die Schläge auf den Kopf noch das Übermaß an Äther“ tödlich gewesen wären.

Der BGH wies die vom Angeklagten gegen seine Verurteilung wegen Mordversuchs eingelegte Revision, die u. a. die Nichtanwendung des § 46 Ziff. 1 und 2 rügte, als unbegründet zurück. Dabei stellte er an den Anfang seiner Ausführungen die allgemeine These, „für die Frage, ob ein beendeter oder ein nichtbeendeter Versuch vorliegt“, sei „allein entscheidend, welche Vorstellungen der Täter in dem Zeitpunkt hatte, als er weitere Ausführungshandlungen unterließ“. In diesem Satz stecken zwei Änderungen gegenüber BGHSt. 14, 75: einmal die — bisher nur in BGH MDR 1966, 22[204] beobachtete — *Exklusivität* des subjektiven Abgrenzungsmaßstabs durch die Formulierung „allein“ statt „in erster Linie“; zum anderen ist maßgeblicher Bezugspunkt des Vorstellungsinhalts nicht der Täterplan bei Versuchs*beginn*, sondern der Augenblick des *Rücktritts*. Insofern wird eine seit BGHSt. 14, 75 ständige Rechtsprechung durchbrochen und wieder an frühere Urteile — BGHSt. 4, 180 (181), 1 StR 154/55 vom 17. 5. 55 oder — ausdrücklich — BGH GA 1956, 89[205] angeknüpft, die man in diesem Punkt längst überholt wähnte.

---

[203] BGH Urteil vom 30. 8. 1968 — 4 StR 328/68 — unveröffentlicht.
[204] Siehe oben S. 166. [205] Siehe oben S. 157 f.

Ausschlaggebend für die konkrete Sachentscheidung waren jene Abweichungen allerdings nicht, da die Tätervorstellungen zwischen Plan und Rücktrittsperspektive nicht gewechselt haben: der Angeklagte blieb bei seinem — vor Handlungsbeginn gefaßten — Entschluß, den Tod des Patienten „nicht durch die Schläge und die Verwendung des Äthers, sondern allein durch das Einspritzen von Benzin“ ins Herz herbeizuführen. Da diese Injektion aus den schon genannten Gründen „vor dem geplanten Erreichen des Herzens“ scheiterte, war nach Ansicht des Senats der „Tötungsversuch ... vor der Beendigung ... fehlgeschlagen“ und daher das Rücktrittsprivileg des § 46 Ziff. 1 unanwendbar. Die Voraussetzungen des § 46 Ziff. 2 wurden ebenfalls verneint. Denn der Telefonanruf bei der Polizei galt — wenn man das Sonderproblem des untauglichen Versuchs einmal ausklammert — nicht der Abwendung des zur Vollendung des Tötungsversuchs — durch die *Benzineinspritzung* — „gehörigen“ Erfolges, sondern der Hinderung des Erfolgseintritts als Folge der — *ohne* Tötungsvorsatz — vorgenommenen *Betäubungshandlungen,* nachdem der Angeklagte sich dieser Gefahr bewußt geworden war. Hätte er sich angesichts seiner Befürchtung nun passiv verhalten, so wäre er aufgrund seiner Garantenstellung wegen eines neuen — „zu den bisherigen Handlungen hinzukommenden“ — Tötungsversuchs durch *Unterlassen* zu verurteilen gewesen.

Hält man sich dies Ergebnis vor Augen und vergleicht es mit den zahlreichen Fällen, wo der Täter trotz schwerer Verletzungen des Opfers überhaupt nichts zur Rettung Förderliches tat und dennoch freigesprochen wurde, so bleibt ein bitterer Nachgeschmack: hätte der Angeklagte von Anfang an mit der Möglichkeit gerechnet, daß die Schläge und der verwandte Äther selbst schon todbringend sein könnten, dann wäre § 46 Ziff. 2, hätte er von vornherein mehrere Spritzen vorgesehen, sogar § 46 Ziff. 1 nach Ansicht des BGH anwendbar gewesen. Nur weil er seine Planungen zu sehr spezifiziert, nicht genügend Alternativen offen gelassen hatte, kommt für ihn trotz späterer erfolgsabwendender Tätigkeit Strafbefreiung nicht in Betracht! Doch dazu später.

Zunächst gilt es noch, die Rechtsprechungsentwicklung bis zu Ende zu verfolgen. In dem oben bereits erwähnten Urteil vom 22. 10. 68 betr. einen Mordversuch durch Erwürgen betont der BGH, die Abgrenzung des nicht beendeten vom beendeten Versuch“ sei „nach der Vorstellung des Täters vorzunehmen, die er sich von der Wirkung seines Tuns machte“; der maßgebliche „Zeitpunkt dafür“ richte sich „nach den Umständen des Einzelfalles“[206]. Dabei schließt der Senat aus der Panikstimmung des Angeklagten „bei Beginn seiner Handlung“ und aus seiner Absicht, die Frau um jeden Preis „zum Schweigen zu bringen“, daß „er offenbar nicht von vornherein ... eine bestimmte“ Würgezeit bis zum Eintritt „einer tödlichen Wirkung“ einkalkuliert hatte, sondern „Dauer und Intensität der Handlung von der

---

[206] Insoweit in MDR 1970, 381 nicht veröffentlicht.

Widerstandskraft des Opfers abhängig machte"[207]. Daher komme es entscheidend auf seine Vorstellung in dem Zeitpunkt an, als er den Würgegriff löste, wobei der Versuch *schon*, aber auch *nur* dann „beendet" und Rücktritt nach § 46 Ziff. 1 ausgeschlossen sei, wenn der Täter es „in diesem Augenblick für möglich hielt, daß er" sein Opfer „getötet haben könnte"[208]. Da tatrichterliche Feststellungen insoweit fehlten, verwies der BGH die Sache an das Schwurgericht zurück.

So richtig diese Entscheidung auf der Basis der bisherigen höchstrichterlichen Spruchpraxis vom Ergebnis her auch ist, so wenig vermag sie vom theoretischen Standpunkt aus zu überzeugen. Schon die Ausgangsthese, die Abgrenzungsfrage hänge davon ab, wie der Täter die *Wirkung* seines Handels einschätzt, ist *so* niemals zuvor formuliert worden und deshalb ein beachtenswertes novum. Nach den in BGHSt. 14, 75 aufgestellten und danach noch mehrmals wiederholten Grundsätzen sollten nämlich lediglich unter der Voraussetzung, daß der Tätervorsatz sich „nicht von vornherein auf eine einzige oder bestimmte Ausführungshandlungen beschränkte, ... auch noch" die erwarteten „Wirkungen" zu berücksichtigen sein. Hinsichtlich des dafür maßgebenden Zeitpunkts weicht die hier kritisierte Entscheidung ebenfalls ab, indem sie allgemein auf die „Umstände des Einzelfalles" verweist, während BGHSt. 14, 75 konkret den „Augenblick der Beendigung" der „Tathandlungen" als entscheidend bezeichnet[209]. Aus den weiteren Urteilsgründen ergibt sich aber, daß diese beiden Unterschiede im theoretischen Ansatz keine praktischen Konsequenzen hatten, da der Senat zunächst vom Täterplan bei Versuchsbeginn ausging. Dabei folgerte er aus der „Panik" des Angeklagten, daß dieser „offenbar" keinen fest, dem Mittel nach begrenzten Tötungsplan entwickelt hatte, d. h. ähnlich wie im Rohrzangenfall wird wieder auf die Lebenserfahrung zurückgegriffen, um eine rücktrittsfreundliche Sachverhaltsdeutung zu ermöglichen, nur daß diesmal die tatrichterlichen Feststellungen nicht konträr entgegenstanden, sondern — wie im Urteil vom 3. 6. 64 — insoweit bloß nicht eindeutig waren. An der Tatsache der revisionsrichterlichen Kompetenzüberschreitung ändert dieser Unterschied jedoch nichts.

Schließlich noch eine letzte kritische Anmerkung: Während nach BGHSt. 14, 75 der Versuch beendet ist, wenn der Täter im Rücktrittszeitpunkt „weitere — an sich mögliche — Tathandlungen unterläßt", *weil* er den Erfolgseintritt schon aufgrund seines bisherigen Tuns für möglich hält, fehlt diese *kausale* Verklammerung in der vorliegenden Entscheidung[210]. Allein die Vorstellung im Augenblick der Tataufgabe, die Würgegriffe könnten den Tod des Opfers bewirken, führt nun zum Ausschluß des § 46 Ziff. 1. Die Formulierung des Senats ist allerdings etwas mißverständlich; denn der Gedanke, die Frau „getötet", d. h. die Tat *vollendet* zu „haben", wie es im Text heißt, machte die Anwendbarkeit *beider* Rücktrittsalternativen un-

---

[207] BGH MDR 1970, 381.
[208] BGH MDR 1970, 381.
[209] BGHSt. 14, 75 (76).
[210] So auch Geilen JZ 1972, 341 Anm. 34.

möglich[211]. Da jedoch ohne diese Vorstellung („anderenfalls") Rücktritt vom *unbeendeten* Versuch in Betracht kommen soll, dürfte damit inhaltlich die Erwartung gemeint sein, das Opfer könnte infolge des langen und heftigen Würgens *sterben*, wofür auch der ausdrückliche Hinweis auf BGHSt. 14, 75 (80) ein Indiz ist, das jedoch zugleich die aufgezeigte sachliche Diskrepanz um so erstaunlicher macht.

Diese Feststellung trifft vice versa auch gegenüber der zeitlich nächstfolgenden Entscheidung BGHSt. 22, 330 zu, die als Grundsatzurteil für die Abgrenzung zwischen beendetem und nicht beendetem Versuch bei *bedingtem* Vorsatz des Täters gedacht war. Dabei wird allerdings fälschlich der Eindruck erweckt, als habe der BGH sich bisher mit dieser Problematik noch nicht beschäftigt, wenn man liest, einschlägige Stellungnahmen seitens der Judikatur seien wiederholt ergangen, „soweit Fälle des Handelns mit direktem Vorsatz zur Erörterung standen"[212]. In Wirklichkeit gibt es jedoch schon früher (BGH MDR 1968, 894 und MDR 1970, 381) Fallgestaltungen mit *bedingtem* Vorsatz[213]. Auch die Tatsache, daß der Senat seine theoretischen Ausführungen mit der Formulierung: „in Übereinstimmung mit der bisherigen Rechtsprechung"[214] einleitet, steht in Widerspruch zur Realität und zeigt die Notwendigkeit, den Stand der höchstrichterlichen Judikatur in dem hier diskutierten Sachgebiet einmal in aller Ausführlichkeit bewußt zu machen.

Das angeblich „neue" Sonderproblem entzündete sich, wie nicht anders zu erwarten, an einem Tötungsversuch[215]: „Der Angeklagte brachte in einem Wutanfall aus Eifersucht seiner Geliebten mit einem Stilettmesser mehrere", z. T. „lebensgefährliche" Stiche bei, von denen einer 4,2 cm tief war und „bis unmittelbar an das Herz" heranreichte. Dabei nahm der Täter die Möglichkeit ihrer tödlichen Wirkung „billigend in Kauf". Als die Mutter des Opfers auf dessen Hilferufe ins Zimmer trat, „stand der Angeklagte noch mit dem Messer in der Hand gebückt" vor ihrer Tochter, „stach aber jetzt nicht mehr zu". Die „schwer verletzte und blutverschmierte" Frau erhob sich daraufhin und wurde auf dem Weg zur telefonischen Benachrichtigung eines Krankenwagens vom Täter, ehe er das Haus verließ, noch „ein Stück die Treppe hinunter" geleitet.

Der BGH gab der Revision des Angeklagten gegen seine Verurteilung wegen versuchten Totschlags statt, da das Schwurgericht die Prüfung strafbefreienden Rücktritts übersehen habe. Dabei stellte er zunächst fest, daß § 46 Ziff. 2 nicht in Betracht kam, weil die Hilfeleistung des Täters für die Erfolgsabwendung nicht kausal geworden ist und außerdem zum Zeitpunkt ihrer Vornahme die Tat bereits entdeckt war. Daher konnte der Angeklagte

---

[211] Vgl. dazu die oben S. 156 Fn. 139 mitgeteilten Entscheidungen.

[212] BGHSt. 22, 330 (331).

[213] Vgl. BGH MDR 1968, 894 und MDR 1970, 381 unter c).

[214] BGHSt. 22, 330 (331).

[215] BGHSt. 22, 330.

Straflosigkeit nur bei Vorliegen der Voraussetzungen des § 46 Ziff. 1 erlangen, was der Senat für „nicht schlechthin ausgeschlossen“[216] hielt.

Zur Begründung formulierte er zunächst die zur Abgrenzung der Anwendungsbereiche von § 46 Ziff. 1 und 2 in der „bisherigen Rechtsprechung“ entwickelten „Grundsätze ... beim Handeln mit direktem Vorsatz“[217], um sie anschließend „ohne Einschränkung“ auf die Fälle bedingten Vorsatzes zu übertragen. Danach soll die Frage, ob ein Versuch beendet ist, „allein“ von den „Vorstellungen des Täters“ abhängen[218] — eine in dieser Ausschließlichkeit, wie schon bemerkt[219], keineswegs durchgängig vertretene höchstrichterliche These. Im Anschluß daran folgt die auf BGHSt. 14, 75 zurückgehende Differenzierung[220]: die „Vorstellung bei *Tatbeginn*“ ist entscheidend, wenn der Täter „von vornherein den Erfolg durch eine oder mehrere *bestimmte* Handlungen verwirklichen“ wollte — die Vorstellung von der Wirkung seiner Tathandlungen bei deren *Beendigung* dagegen ist maßgebend, wenn „bei Tatbeginn kein fest umrissener Plan“ vorlag. Im ersten — logisch vorrangig zu untersuchenden — Fall ist der Versuch mit der Ausführung der beabsichtigten konkreten Tätigkeit „stets beendet“, „auch wenn der Täter nachträglich die mangelnde Eignung seines Tuns erkennt“ und unabhängig davon, wie er „die Wirkung seines bisherigen Tuns einschätzt“. Im zweiten Fall jedoch ist der Versuch noch *unbeendet,* wenn der Täter — sei es auch irrig — glaubt, das Getane genüge *nicht,* „um den erstrebten Erfolg herbeizuführen“, *beendet* dagegen dann, wenn der Täter „aufgrund seines bisherigen Handelns“ vom Erfolgseintritt „überzeugt ist“ oder ihn „für möglich hält“.

Es ist angesichts der engen Anlehnung an BGHSt 14, 75 außerordentlich erstaunlich, daß eine dort und in anderen Nachfolgeentscheidungen[221] sehr pointiert hervorgehobene, *zusätzliche* Voraussetzung für die Annahme eines *beendeten* Versuchs hier — ohne auch nur ein Wort darüber zu verlieren — einfach gestrichen ist: Die Einschränkung nämlich, daß der Rücktrittsweg nach § 46 Ziff. 1 nur dann versperrt ist, wenn der Täter seine verbrecherische Aktivität *gerade deshalb* nicht fortgesetzt hat, *weil* er an den Erfolg des bisherigen Tuns glaubte. Insofern herrscht allerdings Übereinstimmung mit BGH MDR 1970, 381[222], wo ebenfalls, wie oben dargelegt, das „Kausalitätserfordernis“ zwischen Rücktrittsentschluß und Erfolgserwartung nicht mehr erwähnt und dadurch der Anwendungsbereich des § 46 Ziff. 2 auf Kosten der Ziff. 1 ausgedehnt wird. Daß es sich bei dieser — „rücktrittserschwerenden“ — Änderung zumindest in der vorliegenden Entscheidung um kein Versehen handelt, zeigen die konkreten Lösungshinweise. Denn

[216] BGHSt. 22, 330 (331).
[217] BGHSt. 22, 330 (332).
[218] BGHSt. 22, 330 (331).
[219] Vgl. oben im Text, S. 169.
[220] BGHSt. 22, 330 (331 f.).
[221] BGH Urteil vom 3. 6. 1964 (siehe oben S. 163 f.), BGH GA 1966, 208 f. (siehe oben S. 164 f.), BGH MDR 1966, 22 (siehe oben S. 166).
[222] Urteil des BGH vom 22. 10. 1968, siehe oben S. 170.

falls der Täter „seinem Opfer eine unbestimmte Anzahl von Stichen“[223] zufügen wollte, aber schon nach einigen sein Tun abbricht, hängt die Frage der Beendigung des Tötungsversuchs nach den vorstehenden Darlegungen davon ab, wie er nun die Wirkungen seiner bisherigen Handlungen beurteilt. Dabei, so betont der Senat ausdrücklich, „gehen Zweifel ... in dem Sinne zu Lasten des Täters, daß er sich Straffreiheit nur nach § 46 Nr. 2 sichern kann“, d. h. durch „erfolgsabwendende Tätigkeit“[224].

Von diesem Ausgangspunkt betrachtet sind die Schlußbemerkungen und das Ergebnis des Urteils[225] allerdings mehr als überraschend. So wird das Schwurgericht bei Fehlen eines Tatplanes zu Versuchsbeginn aufgefordert zu prüfen, „warum“ der Angeklagte „nach dem letzten tatsächlich geführten Stich ... nicht mehr weiter zustach“, und außerdem erscheint ein besonderer Hinweis auf BGHSt. 14, 75, der gerade auf die dort ausgesprochene kausale Verknüpfung von Rücktritt und Erfolgserwartung Bezug nimmt. Darin liegt ein innerer Widerspruch und die Behauptung, beide Entscheidungen seien sachlich miteinander zu vereinbaren, ist bei einem objektiven Vergleich der Urteilsgründe schlechthin unhaltbar. Völlig zu Recht hat Geilen daher hier — in der Formulierung etwas zurückhaltender — von einem „reichlich gewaltsamen Harmonisierungsversuch“[226] gesprochen.

Wenig einleuchtend ist darüber hinaus nach den tatrichterlichen Feststellungen und der theoretischen Konzeption des BGH die Bejahung der Rücktrittsmöglichkeit nach § 46 Ziff. 1 a. F. Denn da schon bloße „Zweifel“ über die tödliche Wirkung der Stiche nach Auffassung des Senats die erschwerten Rücktrittsanforderungen des § 46 Ziff. 2 a. F. in Gestalt aktiver Erfolgshinderung auslösen, muß man sich doch wirklich fragen, wieso der Angeklagte *angesichts* des durch gezielte, gegen das Herz gerichtete Stiche schwerverletzten Opfers solche Bedenken nicht gehabt haben soll. Die Tatsache, daß die Frau sich noch erheben und gehen konnte, mag die „Erfolgsgefahr“ vermindert erscheinen lassen, beseitigt aber damit sicherlich nicht zugleich jeden „Zweifel“ in dieser Richtung, was der BGH jedoch für möglich hält. Wieder ist es also die schon mehrfach beobachtete[227], willkürlich[228] anmutende *Sachverhalts*deutung des *Revisions*gerichts, die dem Täter den Rücktrittsweg durch bloßes Nichtweiterhandeln eröffnet.

Ein augenfälliges Beispiel für dieses Phänomen stellt auch die schon aus der Einleitung der vorliegenden Arbeit bekannte, unveröffentlichte Entscheidung vom 4. 6. 1969[229] dar. Der BGH bescheinigte dem Schwurgericht, zutreffend unbeendeten Totschlagsversuch angenommen zu haben, da „nicht

---

[223] BGHSt. 22, 330 (333).

[224] BGHSt. 22, 330 (333).

[225] BGHSt. 22, 330 (334).

[226] Geilen JZ 1972, 341.

[227] Vgl. oben S. 167.

[228] Geilen (JZ 1972, 341) spricht in gleichem Sinne von einer „fragwürdigen Sachverhaltskonstruktion“.

[229] BGH Urteil vom 4. 6. 1969 — 2 StR 94/69 — unveröffentlicht, siehe dazu oben S. 6 f.

festgestellt ist und nach den gesamten Umständen auch nicht mehr festgestellt werden kann", ob der Angeklagte seinem Gegner „von vornherein" lediglich „einen einzigen Beilhieb" versetzen wollte und daher der Versuch beendet war. Hier setzt das Revisionsgericht also anstelle des Tatrichters den Schlußpunkt der Beweisaufnahme, indem es weitere Sachverhaltsermittlungen für aussichtslos erklärt, und knüpft an das dadurch erreichte non liquet unter Anwendung des Grundsatzes in dubio pro reo die Folgerung, daß der Täter „in seiner Erregung" ohne „festen Plan ... blindlings" auf sein Opfer losschlug. Im Ergebnis führt diese Annahme dann wegen der offenkundigen Wirkungslosigkeit der Tathandlung zur Gewährung des Rücktrittsprivilegs nach § 46 Ziff. 1, was berechtigterweise heftige Kritik auslöste[230].

Bei der Besprechung der Grundsatzentscheidung BGHSt. 22, 330 war als bedeutsamer Unterschied zur vorherigen Judikatur, insbesondere BGHSt. 14, 75, der Umstand herausgestellt worden, daß Strafbefreiung bei Tataufgabe stets dann an die schärferen Voraussetzungen des § 46 Ziff. 2 gebunden ist, *wenn* — im Gegensatz zu dem vormals einschränkenden *„weil"* — der Täter den Erfolgseintritt für möglich hielt. Diese Auffassung wurde durch das Urteil vom 18. 11. 1969[231] ausdrücklich bestätigt.

Im Einklang mit dem Schwurgericht lehnte der BGH hier strafbefreienden Rücktritt ab. Denn da der Angeklagte „bei Tatbeginn ... nicht bedacht" hatte, wie oft er aus seiner Pistole feuern werde", kam es auf seine Vorstellung nach dem letzten Tätigkeitsakt an. Danach war er sich über die Wirkung seines Schusses: Erfolg oder Mißerfolg, d. h. Tod bzw. vielleicht tödliche Verletzung des Opfers oder „Fehlschlag" unklar, rechnete also „mit beiden Möglichkeiten". Bei „dieser Doppelvorstellung" verschafft nach Ansicht des Senats allein die freiwillige Abstandnahme „von weiterer Tatausführung" i. S. des § 46 Ziff. 1 dem Täter noch „keine Straffreiheit", da „nach seinem Gedankenbild der Erfolg möglicherweise doch eintritt", er „also nichts aufgegeben hat". Vielmehr führt der Weg zur Straflosigkeit wegen Versuchs in einem solchen Fall nur über § 46 Ziff. 2 mit dem Erfordernis einer eigenen erfolgsabwendenden Tätigkeit des Zurücktretenden. Als Ergebnis bleibt somit festzuhalten, daß hier — teils in Übereinstimmung[232], teils im Gegensatz zu einer Reihe früherer Entscheidungen[233] — dem Angeklagten trotz Nichtvornahme weiterer ihm möglicher Ausführungshandlungen das Rücktrittsprivileg mit der Begründung versagt wurde, er habe „nichts getan, um eine etwaige tödliche Wirkung des abgegebenen Schusses zu verhindern".

Zu diesem Ergebnis gelangte der BGH auch in seinem Urteil vom 16. 12. 1969[234]. Nach den Feststellungen des Schwurgerichts war sich der

---

[230] Siehe dazu oben S. 7 f.

[231] BGH Urteil vom 18. 11. 1969 — 1 StR 473/69 — mitgeteilt von Dallinger MDR 1970, 381 unter a).

[232] BGHSt. 22, 330; BGH Urteil vom 4. 3. 1958 — 1 StR 41/58; BGHSt. 21, 216; BGH MDR 1970, 381 unter c).

[233] BGH MDR 1952, 530; BGH MDR 1966, 22; BGH MDR 1968, 894.

[234] BGH Urteil vom 16. 12. 1969 — 1 StR 566/69 — teilweise veröffentlicht bei Dallinger in MDR 1970, 381 unter b).

Angeklagte, der seinem Gegner mit einem Messerstich in den Oberkörper schwere Verletzungen zugefügt und dann hilflos zurückgelassen hatte, über deren Umfang „nicht sicher ..., doch war ihm klar, ... mit dem Messer *möglicherweise* so getroffen“ zu haben, „daß der Stich zum Tode führen konnte“. Der Senat nahm aufgrund „dieser Vorstellung“ des Täters „von der Wirkung seines Handelns“ beendeten Totschlagsversuch an, da er damit „alles getan“ habe, „was er bei Beginn der Ausführungshandlung zur Erreichung seines Zieles für erforderlich hielt“. Das beim Täter vorhandene Bewußtsein u. U. tödlicher Folgen seines Tuns führte hier also wiederum zum Rücktrittsausschluß.

Beachtung verdient die vorstehende Entscheidung darüber hinaus noch aus einem anderen Grund: Obwohl das Schwurgericht ermittelt hatte, der Angeklagte habe seinen Gegner „auf einen Schlag kampfunfähig machen“ bzw. „schlagartig ausschalten“ wollen, sah der Senat hierin keinen eindeutigen Tötungsplan, mittels eines einzigen Stichs zum Ziele zu kommen, weil im Rahmen der Strafzumessung mildernd berücksichtigt wurde, daß der Täter „sich noch soweit beherrscht habe, nur einmal zuzustechen“. Erneut ist es also eine nach dem Ergebnis der Beweisaufnahme mehr als fernliegende, somit durchaus fragwürdige Sachverhaltskonstruktion, mit deren Hilfe der BGH die Annahme eines beendeten, fehlgeschlagenen Versuchs umgeht und dadurch jedenfalls prinzipiell zunächst die Rücktrittsmöglichkeit zugunsten des Täters offenhält.

Wer nach den zuletzt besprochenen Urteilen — beginnend mit BGHSt. 22, 330 — aufgrund ihrer Übereinstimmung im theoretischen Ausgangspunkt glaubte, ein neuer Anfang sei gemacht und davon künftig mehr Konstanz und Folgerichtigkeit in der Rechtsprechung erhoffte, sah sich jedoch getäuscht. Denn gerade die in den letzten Jahren ergangenen Entscheidungen bieten wegen ihrer Abweichungen untereinander und von den vorerwähnten, wiederholt anerkannten Grundsätzen ein äußerst diffuses Bild, das den desolaten Zustand der BGH-Judikatur noch einmal mit schonungsloser Offenheit aufzeigt.

An erster Stelle nicht nur in zeitlicher, sondern auch sachlicher Hinsicht, d. h. als besonders krasses Beispiel für die eben aufgestellte Behauptung ist BGHSt. 23, 356 zu nennen. Das „groteske Ergebnis“ dieser Entscheidung wurde eingangs[235] schon scharf kritisiert, so daß es hier nur noch darum geht, die Urteilsgründe unter dem Aspekt der Abgrenzungsproblematik[236] zwischen beendetem und nicht beendetem Versuch genauer zu untersuchen.

Anders als die Jugendkammer, die den Erdrosselungsversuch als beendet und § 46 Ziff. 1 daher für unanwendbar angesehen hatte, ging der BGH von der Möglichkeit strafbefreienden Rücktritts durch bloßes Unterlassen aus. Denn „abgesehen davon, daß der Angeklagte sein aus der Besinnungslosigkeit erwachtes Opfer noch weiter hätte drosseln können“, komme „es allein darauf an, ob er nach seinen Vorstellungen das zur geplanten *Tötung* der

---

[235] Siehe oben S. 5 f.

[236] Zu sonstigen Problemen, die dieses Urteil aufwirft, vgl. Geilen, JuS 1972, 73 ff.

Frau Erforderliche getan hat", und das sei „bisher nicht geprüft"[237]. Wenn man diese Begründung in ihrer apodiktischen Kürze mit den teilweise subtilen Differenzierungen anderer Urteile zum selben Themenkreis vergleicht und außerdem das Fehlen jeglichen Rechtsprechungshinweises als Indiz dafür wertet, daß offenbar keine einzige einschlägige Entscheidung zu Rate gezogen wurde, so ist die erhebliche sachliche Diskrepanz der vorstehenden Argumentation zwar nicht weiter verwunderlich, aber die Art und Weise ihres Zustandekommens doch einigermaßen bedrückend. Hätte der Senat nur die Grundsatzentscheidungen BGHSt. 14, 75 und 22, 330 herangezogen, hätte ihm nicht entgehen können, daß bei der Tätervorstellung dort zwischen der *Plan*perspektive bei Handlungs*beginn* und der Sicht vom *Rücktrittszeitpunkt* aus unterschieden und dem Tatplan der Primat bei der Beurteilung der Versuchsbeendigung eingeräumt wird. War der Angeklagte demnach von einer *bestimmten* Würgezeit ausgegangen, dann wäre der Mordversuch unstreitig mit der Vornahme dieser Tätigkeit beendet gewesen. Nur wenn also ein solches, inhaltlich bezüglich der Ausführungsmodalitäten beschränktes Tatkonzept fehlte, der Täter vielmehr sein Opfer bis zum Eintritt des Todes würgen wollte, kam überhaupt ein noch unbeendeter Versuch in Betracht. Für diesen Fall aber ist nach der insoweit ständigen Rechtsprechung der letzten Jahre einmal seine Vorstellung von der *Wirkung* seines bisherigen Tuns und zum anderen die Frage, ob er die Fortsetzung seiner verbrecherischen Tätigkeit für möglich hielt, von entscheidender Bedeutung. Offenbar hatte der Senat den zuletzt genannten Aspekt und damit die Tätervorstellung im Augenblick der *Beendigung* seiner Tathandlungen im Auge, wenn er als wichtiges — erstes — Moment zugunsten der Gewährung des Rücktrittsprivilegs für den Angeklagten feststellt, dieser hätte „sein aus der Besinnungslosigkeit erwachtes Opfer ... weiter drosseln können".

Um so erstaunlicher ist es aber angesichts der „ganz auf den Rücktrittszeitpunkt verlagerten Fragestellung"[238], daß der dann maßgebliche — zweite — Gesichtspunkt — die Einschätzung der Handlungs*wirkung* — gänzlich außer acht bleibt, obwohl doch gerade die unmittelbar vorhergehenden Entscheidungen des BGH besonders deutlich die Notwendigkeit erfolgsabwendender Tätigkeit herausgestellt, d. h. die Rücktrittsmöglichkeit nur nach § 46 Ziff. 2 bejaht hatten, wenn der Täter die Ausführungshandlung(en) abbricht und dabei gleichzeitig den Erfolgseintritt als möglich ansieht bzw. Zweifel in dieser Richtung hat. Hiervon ist nach den tatrichterlichen Feststellungen aber bedenkenfrei auszugehen. Trotzdem hält der Senat nur die Prüfung des Vorstellungsbildes im Planungsstadium für erforderlich und setzt sich damit zugleich zu seinem eigenen Ausgangspunkt in Widerspruch.

Schließlich noch eine letzte kritische Bemerkung: Der BGH schneidet nur das Problem der Beendigung des „Erdrosselungsversuchs" ausdrücklich an,

[237] BGHSt. 23, 356 (359).

[238] Geilen JZ 1972, 341.

während die weiteren Angriffe des Angeklagten auf das Leben der Frau — die Faustschläge gegen den Kopf und die Messerstiche — insoweit nicht eigens erwähnt werden. Selbst wenn der Mordversuch nach dem Einsatz des zunächst geplanten Tatmittels noch unbeendet gewesen wäre, könnte aber hinsichtlich der anderen Ausführungshandlungen ohne weiteres eine andere Beurteilung Platz greifen. Indem der Senat nur allgemein auf das zur Tötung des Opfers — subjektiv — Erforderliche abstellt, soll allerdings wohl das gesamte Geschehen mit in die Betrachtung einbezogen sein. Dabei fällt jedoch auf, mit welcher Selbstverständlichkeit trotz der verschiedenartigen Versuchshandlungen die Tataufgabe nach dem letzten Teilakt dem Täter als Rücktritt von der *ganzen* Tat zugute gehalten wird. Das gerade in derartigen Fallgestaltungen in der Judikatur mehrfach herangezogene objektive Kriterium der „natürlichen Handlungseinheit“[239], mit dem nicht nur eine Ausdehnung, sondern auch eine gewisse Einschränkung einer allzu weitgehenden Rücktrittsprivilegierung Hand in Hand ging, bleibt völlig unbeachtet. Warum die auf das Würgen folgenden Hiebe und Stiche nicht „auf einem neuen Vorsatz“ beruhten, „den Versuch durch Anwendung eines anderen Mittels zu wiederholen“[240], ist aber sicherlich keine unberechtigte Frage. Hätte man sie erörtert und dem Aspekt der „Erfolgsgefahr“ bei der Abgrenzung von beendetem und unbeendetem Versuch Aufmerksamkeit geschenkt, so wäre die Revisionsprüfung für den Angeklagten zweifellos negativ ausgefallen und diese höchst unbefriedigende Entscheidung vermieden worden.

Diese zugegeben etwas polemisch klingende Schlußbemerkung wird verständlicher, wenn man das nur wenig später ergangene Urteil desselben Senats vom 8. 12. 1970[241] zum Vergleich heranzieht. Hier hatte der Angeklagte seine frühere, ihm auf einem Fahrrad vorausfahrende Freundin in einer Art Racheakt aus verschmähter Liebe mit seinem Pkw „von hinten“ mit bedingtem Tötungsvorsatz derart gerammt, „daß sie auf die Vorderhaube und gegen die Windschutzscheibe geschleudert wurde und von dort auf die Straße fiel“, wobei sie „eine Platzwunde am Kopf, einen Unterkieferbruch und Prellungen am Bein“ erlitt[242].

Obwohl der Täter sofort ärztliche Hilfe holte, lehnte der BGH in Übereinstimmung mit dem Schwurgericht die Anwendbarkeit von § 46 Ziff. 1 und 2 ab. Dabei wurden die Voraussetzungen der ersten Rücktrittsalternative mit der Begründung verneint, der Totschlagsversuch sei „in demjenigen Zeitpunkt beendet“ gewesen, „in welchem der Angeklagte“ seine Exfreundin „angefahren hatte“. Denn „Anhaltspunkte dafür, daß“ er „sich bei dem Beginn der Ausführung weitere“ Tathandlungen „als notwendig oder möglich

---

[239] Vgl. insbesondere BGHSt. 10, 129 ff. und das Urteil vom 3. 6. 1964 (siehe Fußnote 181 S. 163).

[240] BGHSt. 10, 129 (130).

[241] BGHSt. 24, 48 ff.; die Bemerkung v. Scheurls (a. a. O. S. 52 Anm. 43), dies Urteil liege „ganz auf der Linie der h. M. in der Rechtsprechung“, ist sachlich unrichtig, wie die vor- und nachstehenden Ausführungen zeigen.

[242] BGHSt. 24, 48 (49).

vorgestellt hätte", könne man dem „Urteil nicht entnehmen"[243]. Ob bzw. welche Feststellungen der Tatrichter insoweit getroffen hat, geht aus den mitgeteilten Gründen nicht hervor, so daß man mit der Kritik vorsichtig sein muß. Beachtung verdient aber zumindest die Tatsache, daß in dieser Entscheidung einmal *nicht zugunsten* des Täters trotz entgegenstehenden oder ungeklärten Sachverhalts unterstellt wird, er habe *keinen* fest umrissenen Tatplan bei Versuchsbeginn gehabt. Da der Senat die somit allein verbliebene Rücktrittsmöglichkeit nach § 46 Ziff. 2 wegen der Entdeckung der Tat durch das Opfer ebenfalls ablehnte, ergibt ein Vergleich der praktischen Ergebnisse in BGHSt. 23, 356 und 24, 48 folgendes Bild: dort soll die bloße Abstandnahme von weiteren Versuchshandlungen nach Zufügung lebensgefährlicher Verletzungen u. U. strafbefreiend nach § 46 Ziff. 1 wirken, hier dagegen wird der Täter nach Tataufgabe trotz erfolgsabwendender Tätigkeit und relativ harmloser Verwundung des Opfers wegen Totschlagsversuchs verurteilt. Daß diese Diskrepanz dem Rechtsgefühl widerspricht und die Handhabung des Rücktrittsprivilegs in ein schiefes Licht bringt, dürfte kaum zu bezweifeln sein. Daher spricht Geilens Kritik, „für eine Optimierung der Rücktrittschancen" in der Judikatur sei „eine möglichst umfassende und vor allem alternativreiche Versuchsplanung ebenso empfehlenswert wie (beim Tötungsdelikt) eine durch den Versuch möglichst weitgediehene Lebensgefahr"[244], nur eine bittere Wahrheit aus.

Diese Feststellung gilt auch für die unveröffentlichte Entscheidung vom 13. 10. 1971[245], in der die Straflosigkeit des Angeklagten im Ergebnis von der Frage abhing, ob er bei seinem nach einem Beilhieb abgebrochenen Totschlagsversuch entsprechend dem vorgefaßten Tatplan einmal oder mehrmals zuschlagen wollte. Im ersten Fall ist der Versuch nach Auffassung des Senats beendet, mit der Konsequenz, daß strafbefreiender Rücktritt ausscheidet, in der zweiten Alternative dagegen — also bei größerer verbrecherischer Energie und Umsicht des Täters — noch unbeendet und demgemäß § 46 Ziff. 1 anwendbar.

Abgesehen davon sind die vorliegenden Ausführungen in zweifacher Hinsicht bemerkenswert. Einmal ist wiederum die schon häufig als unzulässig gerügte, rücktrittsfreundliche Sachverhaltsinterpretation des BGH zu beobachten. Denn obwohl der Totschlagsversuch nach der „Überzeugung des Schwurgerichts beendet" gewesen war, weil der Angeklagte sein Opfer „mit einem Henkerschlag töten wollte" und „ein Schlag mit der Tatwaffe zur Herbeiführung des Todes genügt hätte", entgeht der Senat der Bindung an diese tatsächliche Feststellung dadurch, daß er die Formulierung „Henkerschlag" nicht numerisch, sondern qualitativ — als Umschreibung der Begehungsweise — interpretiert. Demnach hätte an sich der Tatrichter wieder in Funktion treten und die Zahl der nach der Vorstellung des Täters zur Tötung erforderlichen Beilhiebe ermitteln müssen, doch hält das Revisions-

---

[243] BGHSt. 24, 48 (49).
[244] Geilen JZ 1972, 341 unter c).
[245] BGH Urteil vom 13. 10. 1971 — 2 StR 450/71 — unveröffentlicht.

gericht die Zurückverweisung insoweit für überflüssig. Denn „eindeutige Feststellungen in der Richtung, daß der Angeklagte seine Ehefrau schon mit dem *einen* Schlag hat töten wollen“, seien „auch in einer erneuten Verhandlung nicht zu erwarten“. Damit ist das Ende der Beweisaufnahme im Sinne des tatrichterlichen „non liquet“ bestimmt und der Weg zur Annahme eines noch unbeendeten Versuchs mit der Rücktrittsmöglichkeit durch Unterlassen weiterer Ausführungshandlungen frei.

Erstaunlich ist ferner — und damit kommen wir zum zweiten Punkt, der kritische Aufmerksamkeit verdient — daß der BGH bei seiner Sachverhaltsdeutung entgegen BGHSt. 14, 75 und anderen Urteilen überhaupt nicht danach fragt, „welche Wirkungen“ sich der Täter „im Augenblick der Beendigung seiner Tathandlungen von seinem bisherigen Tun versprochen hat“[246]. Wahrscheinlich geht der Senat stillschweigend davon aus, der Täter habe mit der Möglichkeit des Erfolgseintritts angesichts der Tatsache, daß die Verletzte noch um Hilfe rufen konnte, nicht gerechnet, doch sollte dies positiv festgestellt werden, nachdem das Opfer immerhin eine stark blutende „zehn Zentimeter lange und drei Zentimeter tiefe Wunde im Nacken“ davongetragen hatte.

Während die vorige Entscheidung sich in die Rechtsprechungstendenz, den Anwendungsbereich des unbeendeten Versuchs möglichst auszuweiten, nahtlos einfügt, erweckt das in MDR 1972, 781 veröffentlichte Urteil vom 3. 5. 1972[247] den genau gegenteiligen Eindruck. Angesichts der spärlichen Sachverhaltsmitteilungen der Revisionsinstanz weiß man allerdings lediglich, daß der Angeklagte seiner Ehefrau mit Tötungsvorsatz einen stark blutenden Messerstich beigebracht hatte und anschließend mit dem Hilfsappell an seine Mutter, „alles Notwendige zu veranlassen“, fortgegangen war. Die sonstigen Tatumstände und Einzelheiten der Ausführung bleiben dagegen leider im dunkeln. Daher läßt sich sachlich die Richtigkeit der Annahme: „Der Versuch des Totschlags war beendet“[248] zwar nicht überprüfen, aber kritisch doch soviel sagen: daß die Abgrenzungsproblematik „beendeter-unbeendeter Versuch“ hier mit einem einzigen Satz ohne jede Begründung abgetan wird, ist im Vergleich zu anderen „Messerstich-Tötungsfällen“ eine unverständliche Ausnahme, die fehlende Argumentation zumindest ein schlechter Stil und die Sachaussage selbst — Rücktrittsmöglichkeit nur nach § 46 Ziff. 2 — kommt nach den oft krampfhaften Konstruktionen des BGH, dem Täter den leichten Rücktrittsweg über § 46 Ziff. 1 offen zu halten, mehr als überraschend. Bedenkt man weiter, daß der Senat die Voraussetzungen des § 46 Ziff. 2 letztlich mangels „Ernstlichkeit“ der Erfolgsabwendungsbemühungen des Angeklagten abgelehnt hat, dann wird — gemessen an BGHSt. 23, 356 — das schon registrierte Mißverhältnis bei der Zuerkennung des Rücktrittsprivilegs sichtbar.

---

[246] BGHSt. 14, 75 (76).

[247] BGH Urteil vom 3. 5. 1972 — 3 StR 7/72 — mitgeteilt von Dallinger MDR 1972, 781.

[248] BGH MDR 1972, 781.

Nicht im Ergebnis, aber ebenfalls in der Begründung völlig unbefriedigend ist das — in dieser Übersicht — letzte einschlägige Urteil des BGH vom 21. 12. 1972[249]. Nach den Feststellungen der Jugendkammer hatte der eine der beiden Angeklagten den gemeinsamen Gegner, den sie nach ihren eigenen Äußerungen während einer Schlägerei „totschlagen wollten", zu Boden gerissen und „mit seinen beschuhten Füßen" gegen Kopf und Hals getreten, während der andere mit einem „Vierkantholz" des Ausmaßes „70 × 10 × 8 cm" auf das Opfer einschlug, bis es „schließlich regungslos liegenblieb und nur noch röchelnde Laute von sich gab". Daraufhin „verließen beide den Tatort". Vom weiteren Sachverhalt ist in diesem Zusammenhang nur noch zu berichten, daß der Verletzte „u. a. mit einer Gehirnerschütterung und einem Schleudertrauma der Nackenmuskulatur im besinnungslosen Zustand ins Krankenhaus" eingeliefert wurde. Die Strafkammer wertete das Tatgeschehen als beendeten Mordversuch, dem sich der BGH mit der Begründung anschloß, die Angeklagten hätten „nach ihrer Vorstellung alles zur Tötung Notwendige getan", als sie sich entfernten. Diese Argumentation überzeugt nicht, mag sie auch die richtige Sachentscheidung treffen. Denn da hier offenbar der Augenblick des Rücktritts der maßgebende Zeitpunkt für den Inhalt der Tätervorstellung ist, hätten die Wirkungen des bisherigen Tuns aus Tätersicht gemäß den oftmals wiederholten Grundsätzen zur Abgrenzungsproblematik nicht wortlos übergangen werden dürfen. Daß die Angeklagten den Erfolgseintritt im Moment der Tataufgabe für möglich hielten, ist zwar wahrscheinlich, aber insofern mit gewissen Zweifeln behaftet, als im Urteil nicht genau angegeben wird, wann — bei Tatbeendigung oder erst später auf dem Rückweg — ihnen die Gewissensskrupel kamen, das Opfer „möglicherweise sterben zu lassen".

Damit soll der Überblick über die BGH-Rechtsprechung abgeschlossen[250] werden. Eine Zusammenfassung in Leitsätzen, wie sie am Ende der Reichsgerichtsjudikatur geboten wurde, ist wegen der geschilderten Widersprüche und Abweichungen, angesichts des häufigen Wechsels zwischen Aufgabe und Übernahme der in Grundsatzurteilen formulierten Thesen, kurzum: mangels einer stetig und konsequent vertretenen Konzeption nicht möglich. So bleibt als Schlußbemerkung an dieser Stelle nur der dringende Aufruf zu einer Neubesinnung und Überprüfung der bisherigen Lösungsansätze, um ein solides Fundament zu schaffen und dadurch künftige Urteile vom Stigma der Zufälligkeit und Willkür zu befreien.

---

[249] BGH NJW 1973, 632.

[250] Zur Abgrenzungsproblematik zwischen § 46 Ziff. 1 u. 2 a. F. äußern sich außerhalb des Bereichs der Tötungs- und Abtreibungsdelikte außerdem noch folgende Entscheidungen: BGH Urt. v. 6. 8. 1953 — 4 StR 274/53 — unveröffentlicht (betreffend § 153) BGH Urteil vom 19. 1. 1960 — 1 StR 624/59 — unveröffentlicht (betreffend § 175 a) und BGH NJW 1961, 1123 (betreffend § 263). Die neuesten Entscheidungen der Jahre 1974 und 1975, die das hier gezeichnete Bild der Rechtsprechung bestätigen, finden sich im Anhang.

2. *Die Stellungnahmen der Literatur zur Abgrenzungsproblematik: Tat-„aufgabe“ und Versuchs-„fehlschlag“*

Inwieweit dabei die einschlägige Literatur Hilfe leisten kann, wird sich nach der Darstellung der zahlreichen und vielfältigen Lehrmeinungen zeigen, die zu den beiden Kernproblemem bezüglich des Anwendungsbereichs des § 46 Ziff. 1 a. F., nämlich zur Abgrenzung der Tat-„aufgabe“ vom Versuchs-„fehlschlag“ und gegenüber § 46 Ziff. 2 a. F. im Falle einer — bezogen auf den Täterplan — *vorzeitig* ausgelösten „Erfolgsgefahr“ vorgetragen wurden.

a) Der Stand der Meinungen im gemeinen Recht

Die zuerst genannte Thematik bildete seit alters einen Schwerpunkt wissenschaftlicher Auseinandersetzung. Schon im gemeinrechtlichen Schrifttum — dort allerdings meist unter dem Aspekt der Rücktrittsmöglichkeit nach beendetem Versuch — wurde sie im Anschluß an die Ausführungen Zachariaes lebhaft diskutiert. Dieser hatte die Frage aufgeworfen[251], ob man nicht denjenigen, „der zwar die Handlung“ — erfolglos — „beendigt hat“, aber im „Bewußtsein, daß es in seiner Macht stehe“, den beabsichtigten „Erfolg noch hervorzubringen“, freiwillig „die in seiner Willkür stehende weitere Tätigkeit unterläßt, ... auf gleiche Stufe mit demjenigen stellen“ müsse, „welcher bei einem unbeendigten Versuche stehen geblieben ist“. Seine Antwort lautete positiv[252], da „alle Gründe des Rechts und der Politik“, d. h. die ratio des Rücktrittsprivilegs, „für die Straflosigkeit“ sprächen und es „gerade hier von besonderer Wichtigkeit sei“, durch Inaussichtstellung von Straffreiheit die in der Hand „des Täters liegende Vollendung zu verhindern“.

Dementsprechend unterschied Zachariae zwei Fallkonstellationen: einmal bleibt der Täter straflos, wenn er „selbst ... durch seine aus einer Willensänderung hervorgegangene positive Tätigkeit den Erfolg abwendete, z. B. der Brandstifter löscht das Feuer wieder aus“[253], zum anderen dann, wenn — etwa bei einem „Fehlschuß“ — sich „das Objekt der Tat völlig in seiner Gewalt befunden“ hat, er „aber von der in seiner Macht stehenden Erneuerung oder Wiederholung der Handlung vermöge einer tatsächlich bekundeten Willensänderung abgestanden“ ist.

Die Gewährung von Straffreiheit in der zweiten Sachverhaltsalternative forderte schon bald Widerspruch heraus. Breidenbach[254] hielt diese Auffassung für „zu weit“-gehend und warf mehr als skeptisch die Frage auf, ob auch dort, wo „der Mörder nach einem Fehlschusse das Gewehr nicht abermals ladet und seinen Feind totschießt, ... der böse Wille rückwärts

---

[251] Zachariae, Versuch, Teil II, S. 255 unten, 256 oben.
[252] Zachariae, Versuch, Teil II, S. 256.
[253] Zachariae, GA, Bd. 5 S. 593.
[254] Breidenbach a. a. O. S. 204 Anm. 1.

annuliert" werde und „welcher Zeitraum" eigentlich zwischen der positiv ausgeführten und der „*nicht* vorgenommenen" Handlung liegen müsse. Ablehnend, wenngleich mit anderer Begründung, äußerte sich auch Luden. Seiner Ansicht nach ist Voraussetzung der Straflosigkeit wegen Rücktritts, daß „der Versuch ... noch nicht bis zu den Handlungen fortgeschritten" war, „von welchen der Täter die Vollendung erwartet hatte", da danach der Erfolgseintritt „immer wider seinen Willen unterblieben"[255] sei. Wenn deshalb „z. B. der Mörder eine Doppelflinte" besitzt und es „unterläßt, nachdem er mit dem einen Lauf gefehlt hat, den anderen abzuschießen", oder wenn es „der Brandstifter unterläßt, nachdem der eingelegte Zündstoff nicht in der erwarteten Weise gezündet hat, seinen Versuch zu wiederholen"[256], so liege darin zwar durchaus ein „Abstehen"[257] von der Tatausführung, aber mangels Freiwilligkeit kein strafbefreiender Rücktritt. Zum gleichen — allerdings wiederum etwas anders begründeten — Ergebnis gelangte Krug[258] im Falle des mörderischen Schusses, der „sein Ziel verfehlt". Hier sei die Handlung vollendet und „der von dem Verbrecher beabsichtigte Erfolg ... durch äußere Umstände verhindert" worden.

Ebenfalls im Gegensatz zu Zachariae verneinte Berner die Frage[259], ob „bei dem beendigten Versuche" im Falle der „Nicht-erneuerung"[260] der Ausführungshandlung ebenso wie bei der — davon zu unterscheidenden — Abwendung ihres Erfolges „noch Rücktritt möglich" ist. Denn wie er am Beispiel eines „*Fehlschusses*" zeigt[261], ändert der Umstand, „daß der Täter nicht eine zweite Kugel entsendet, wenn er es kann", nichts an der „Tatsache, daß er den Versuch schon einmal beendigt hat". Diese Auffassung vertrat auch das Preußische Obertribunal in einer von Goltdammer mitgeteilten[262] Entscheidung, in der es um einen Tötungsversuch ging, bei dem der Angeklagte „ein mit tödlicher Ladung versehenes Terzerol"[263] auf seine Ehefrau abgefeuert, sie jedoch nicht getroffen hatte. Denn da der Täter seine Handlung „mit einem letzten Akt" abgeschlossen habe, „nach dessen Vornahme" er es „gemäß der Natur dieses Aktes nicht mehr in seiner Macht hat, den Erfolg aufzuhalten", müsse bis zum Schluß der Tötungsvorsatz vorhanden gewesen sein.

Ein „entgegengesetzter Wille" könne deshalb nur in einem dem beendigten Versuch „nachfolgenden Verhalten"[264] enthalten sein, dessen Berücksichtigung jedoch dem Gesetz widerspreche.

---

[255] Luden, Handbuch, S. 428.
[256] Luden, Handbuch, S. 428 Anm. 8.
[257] Luden, Handbuch, S. 428.
[258] Krug, Grundsätze der Gesetzesauslegung, Leipzig 1848, S. 50.
[259] Berner GS 17, 98.
[260] Berner GS 17, 99.
[261] Berner GS 17, 99.
[262] GA 8, 621 ff.; Goltdammers eigene Stellungnahme dazu ist unklar (S. 631).
[263] Goltdammer GA 8, 626.
[264] Goltdammer, GA 8, 625.

Zachariae hat jedoch nicht nur Kritik mit seiner These geerntet. So behandelte z. B. Dollmann unter der Überschrift: „Ein Abstehen bei vollendetem Versuche ist denkbar"[265], sowohl das Herausziehen eines „in tödlicher Absicht in das Wasser Geworfenen" als auch das Unterlassen eines zweiten Revolverschusses nach dem fehlgehenden ersten, während sich der Gegner „noch im Bereich seines Schusses befand". Zu diesen zwei Fallkonstellationen fügte er als dritte Variante[266] hinzu, daß „der Erfolg eines Mittels nach der Meinung des Täters von dem fortgesetzten Gebrauch desselben bedingt ist", dieser aber vor Erfolgseintritt „den weiteren Gebrauch unterläßt". Straflos sei daher die Schwangere, die „ein Abortivmittel" benutzt, dessen Wirkung nach ihrer Vorstellung von der wiederholten Verwendung „oder einer größeren Quantität des Mittels" abhängt, wenn sie vorzeitig „aus Gewissensregung" die weitere Benutzung aufgibt[267].

Auch Leonhardt[268] gelangte in dem Fall, „daß A, welcher den B ermorden will, zwei geladene Pistolen bei sich führt, die eine auf den B abdrückt, ihn aber fehlt" und „nun ... aus freiem Antrieb von der Tat völlig absteht", ebenso wie Zachariae zum Freispruch des Angeklagten. Zur Begründung stellte er die rhetorische Frage, ob hier „ein Grund ersichtlich" sei, dem reuigen Täter das Rücktrittsprivileg zu versagen, und forderte deshalb, den Tötungsversuch noch als unbeendet anzusehen und „den Begriff des beendeten Versuchs möglichst objektiv zu fassen".

b) Die Diskussion um den Anwendungsbereich des § 46 Ziff. 1 in der Literatur bis zum 2. Weltkrieg

Nach der Einführung des Reichsstrafgesetzbuchs im Jahre 1871 setzte die Diskussion um die Rücktrittsmöglichkeit durch Unterlassen weiterer rechtsgutfeindlicher Tätigkeitsakte nach Vornahme einer oder mehrerer — erfolglos gebliebener — Ausführungshandlungen verstärkt ein.

Dabei wurden — wohl unter dem Einfluß der im Vordringen befindlichen subjektiven Abgrenzungsformeln — die möglichen Sachverhaltskonstellationen im Gegensatz zu früher meist schärfer differenziert und dadurch das Gemeinsame und Trennende der einzelnen Auffassungen untereinander deutlicher sichtbar.

Durchmustert man das einschlägige Schrifttum bis zum zweiten Weltkrieg, so stößt man insgesamt auf drei für die Problematik typische Fallgruppen, die abstrakt-schematisch wie folgt gekennzeichnet werden können:

---

[265] Dollmann, Kommentar, S. 240.

[266] Dollmann, Kommentar, S. 240.

[267] Dollmann, Kommentar, S. 241. Dollmann verweist in diesem Zusammenhang auf die Entscheidung des ständigen Kriminalsenats des Obersten Gerichtshofs in Bayern vom 28. 3. 1857 (Zeitschrift für Gesetzgebung und Rechtspflege des Königreichs Bayern 1858 (Bd. IV) S. 100 ff.), der ein so strukturierter Sachverhalt zugrunde lag.

[268] Leonhardt S. 173 Anm. 8.

(a) der Täter plant eine *einzige* Handlung, von der er den Eintritt des erstrebten *Erfolges erwartet,* hat es aber in der Hand, im Falle des Fehlschlages den Versuch zu wiederholen — freiwillig verzichtet er jedoch auf diese Möglichkeit.

(b) der Täter plant *mehrere* Einzelakte, von denen er *jeden* zur Erfolgsverwirklichung *an sich* für geeignet hält und deshalb auch schon vom ersten, zumindest aber dem jeweils nächsten die Tatvollendung erhofft — doch hört er, ohne sein Ziel erreicht zu haben, aus Reue *vor* der ursprünglich beabsichtigten *letzten* Tathandlung auf.

(c) der Täter plant *mehrere* Teilakte, die *kumulativ zusammenwirken* müssen, um den Erfolg herbeizuführen, bricht aber aus eigenem Antrieb seine verbrecherische Tätigkeit ab, *bevor* der unter Kausalitätsgesichtspunkten als notwendig erachtete *„Additionseffekt"* erreicht war.

Für jede der drei theoretisch umschriebenen Sachverhaltsalternativen findet man je ein fast stereotyp benutztes Standardbeispiel: im Falle (a) ist es die Tataufgabe nach dem fehlgegangenen Todesschuß bei Fortbestehen weiterer, aber nicht geplanter Schußmöglichkeiten; im Falle (b) ist es der Handlungsabbruch nach dem erfolglosen Abfeuern einer oder einiger von mehreren, zur Tötung eines Menschen für erforderlich gehaltenen Gewehrkugeln und im Fall (c) ist es der vorzeitig eingestellte Giftmordversuch, der langsam, durch sukzessiv beigebrachte Teilmengen, erst nach Erreichen der vorgestellten Quantität zum Ziele führen sollte.

Betrachtet man im groben die hierzu in der Literatur vertretenen Lösungen, so ist bei der zweiten Fallkonstellation (b) ein scharfer Meinungsgegensatz zu registrieren, während bei der ersten (a) — von ein paar Ausnahmen abgesehen — ganz übereinstimmend die Rücktrittsmöglichkeit abgelehnt wird und bei der dritten (c) die Annahme eines noch unbeendeten Versuchs und damit die Anwendbarkeit des § 46 Ziff. 1 sogar völlig unbestritten ist. Da jedoch häufig überhaupt nicht oder zumindest nicht klar zwischen den Fallvarianten (b) und (c) unterschieden wurde, liegt die Besonderheit der in der letztgenannten Gruppe zusammengefaßten Stellungnahmen nicht in ihrem praktischen Entscheidungsvorschlag, sondern darin, daß sie die Notwendigkeit dieser Differenzierung und Herausstellung eines eigenständigen dritten Problembereichs erkannt haben.

aa) Rücktritt durch Verzicht auf die Möglichkeit der Versuchswiederholung nach Vornahme einer — allein geplanten — Ausführungshandlung

Konkret ergibt sich folgendes Bild vom Stand der Diskussion bis 1914:

aaa) Zustimmende Antworten

Die Frage, ob der Täter, der seine geplante Handlung ohne Erfolg ausgeführt hat, wegen einer ihm verbliebenen Wiederholungsmöglichkeit noch nach § 46 Ziff. 1 vom Versuch zurücktreten kann, wird uneingeschränkt bejaht von Hrehorowicz. Seiner Ansicht nach „steht der Täter ... da, wo die beendigte Tat sich als untauglich erwiesen hat, ... vor der Alternative, entweder den Angriff zu erneuern oder den Versuch aufzugeben. Entschließt er sich für das Letzte"[269], so ist seine Straflosigkeit allein eine Frage der Freiwilligkeit und immer dann zu bejahen, wenn sich seine „Lage, in Bezug auf die Ausführung des Verbrechens, gar nicht verschlimmert", also z. B. „der Angreifer nach einem erfolglosen Revolverschusse noch mehrere zur Disposition" hat und „der Ort des Angriffs so einsam" ist, „daß eine Intervention nicht zu besorgen steht"[270].

Zustimmend zitiert wurden diese Darlegungen lediglich von Fuhrmann[271], der ausdrücklich die Beschränkung der Anwendbarkeit des § 46 Ziff. 1 auf den Fall, daß „die Handlung nach dem Vorsatz des Täters aus mehreren Teilakten bestehen sollte", als „unzutreffend" verwirft. Denn es sei „ganz gleichgültig, ob der Täter einmal oder dreimal vorbeigeschossen" habe, bevor er trotz weiterer Schußmöglichkeiten Schluß machte. Da „von einem beendeten Versuch ... keine Rede sein" könne, komme eine freiwillige Tataufgabe „auch nach dem dritten und eventuell auch ferneren Schusse" noch in Betracht. Im Gegensatz zu Fuhrmann hält Zeime[272] „eine prinzipielle Entscheidung" der Frage, „in welchem Moment der nichtbeendete Versuch in ein fehlgeschlagenes Verbrechen übergeht", für unmöglich und „die Gestaltung des einzelnen Falles" für „maßgebend". Immerhin aber bejaht auch er straflos machenden Rücktritt, wenn der erste Schuß eines „sehr guten Schützen ... sein Ziel nur zufällig verfehlt" und dieser dann freiwillig nicht weiter schießt"[273].

Eine Begründung für diese Auffassung liefert allerdings nur v. Lilienthal[274]. Seiner Ansicht nach kann in der Bestrafung des Täters, dem „ein formell beendeter mißlungener Versuch" nachgewiesen wurde, der „leicht" wiederholbar war, aber freiwillig „nicht wiederholt worden ist", gegenüber dem Freispruch desjenigen, der von einem noch unbeendeten Versuch zurücktritt, „eine materielle Ungerechtigkeit liegen".

Denn praktisch bedeute dies, daß „der stärkere böse Wille eine Rechtswohltat genießt, die dem harmloseren versagt bleibt". Außerdem stünden, „wenn man in § 46 StGB im wesentlichen eine kriminalpolitische Bestimmung sieht ..., beide Fälle im Grund gleich, beide Male" habe „der Täter die Ausführung aufgegeben, beide Male § 46 seinen Zweck erreicht"[275]. Daher sei eine „gleichmäßige Behandlung" angebracht, d. h. der Täter stets dann straflos, wenn er aus eigenem Antrieb auf die Herbeiführung „eines

[269] Hrehorowicz a. a. O. S. 275.

[270] Hrehorowicz a. a. O. S. 275.

[271] Fuhrmann a. a. O. S. 22 f.

[272] Zeime a. a. O. S. 96 f.

[273] Zeime a. a. O. S. 97; anders, wenn „ein schlechter Schütze von den 6 Schüssen 5" abfeuert, „den 6. aber nicht", da dann der Rücktritt nicht freiwillig ist wegen der „annähernden Sicherheit, daß der 6. Schuß auch nicht trifft" (S. 97).

[274] v. Lilienthal JW 1924, 299.

[275] Ebenso schon unter Hinweis auf den „Gedanken des § 46": Galli DJZ 1913, 138 rechte Spalte.

ganz bestimmten Einzelerfolges nach einem mißlungenen Versuche" verzichtet hat.

bbb) Der ablehnende Standpunkt der h. L.

Soweit ersichtlich, hat abgesehen von den genannten Autoren die gesamte übrige Lehre die *„unterlassene Wiederholung"* des nach dem Täterplan auf die Vornahme einer einzigen Ausführungshandlung beschränkten Deliktsversuchs „in einen scharfen Gegensatz zum Rücktritt"[276] gebracht und dessen Voraussetzungen in diesem Falle nach geltendem Recht *verneint.* Das gilt auch für Frank[277], der in seinem Beispiel: „A will den X töten und denkt nicht anders, als daß ihm die Tötung durch *einen* Schuß gelingen werde", doch „geht der erste Schuß fehl" — den Täter trotz der — aus Reue nicht wahrgenommenen — Möglichkeit, nochmals abzudrücken, de lege lata „wegen versuchter Tötung" für schuldig erklärt. Zu beachten ist allerdings, daß Frank „de lege ferenda" hier — im Anschluß an Zachariae — Freispruch wegen freiwilligen Rücktritts für erwägenswert hält. Denn im Vergleich zu dem Täter, der in Kenntnis der mangelnden „Durchschlagskraft seines Revolvers ... von vornherein mit der Notwendigkeit" mehrerer Schüsse rechnet, aber schon nach *einem,* nicht tödlichen Treffer aufgibt und dafür das Rücktrittsprivileg zugebilligt erhält, bestehe kein Unterschied, abgesehen davon, daß sich die für eine derartige Differenzierung „erforderlichen tatsächlichen Feststellungen" wohl kaum erreichen ließen. Für die „Gleichstellung der unterlassenen Wiederholung mit dem Rücktritt" spreche darüber hinaus besonders die „bei voller Gleichartigkeit der Schuld und des Verhaltens" sonst wenig einleuchtende Abhängigkeit der Bestrafung von der subjektiven Tatplanung im einzelnen. Frank sieht jedoch auch die Schwächen dieser Lösung. Bedenklich erscheint ihm vor allem die Versagung des § 46 Ziff. 1 bei fehlender Wiederholungsmöglichkeit des Versuchs. Denn es sei nicht einzusehen, warum der Täter „schlechter stehen soll", wenn er „nach dem Fehlschuß keine Patronen" mehr zur Verfügung hatte, „als wenn er sich vorsorglich solche mitgebracht hätte".

Dieses „mißliche Ergebnis" bei Berücksichtigung des Verzichts auf fortbestehende Handlungsalternativen zugunsten des Täters findet man in der Literatur nur vereinzelt[278] als Argument für den *generellen* Rücktrittsausschluß bei fehlgeschlagenem, *„einaktig" geplantem* Versuch — unabhängig von dessen Wiederholbarkeit.

In der Regel wird diese, für jene Fallgruppe nahezu unangefochtene Auffassung dagegen entweder für so selbstverständlich gehalten, daß nur eine lapidare Feststellung erfolgt[279], oder aber — unter Hinweis auf das delit

[276] Frank VDA Bd. V S. 238.

[277] Frank VDA Bd. V S. 238.

[278] Vgl. Wimmer a. a. O. S. 20.

[279] Allfeld, Lehrbuch (8. Aufl.) S. 199 Anm. 46; derselbe in Festschrift für Frank, Band 1, S. 80; Köhler, Studien zum Vorentwurf, 1910, S. 32 Anm. 82; Gerland, Lehrbuch (2. Aufl.) S. 182 unter II 1 a, 183 oben, vgl. auch S. 176; Meyer, Hugo, Lehrbuch (6. Aufl.) S. 181; Olshausen-Niethammer (12. Aufl.) § 46 Anm. 3;

manqué des französischen Rechts — damit begründet, die Tat sei „subjektiv und, soweit es“ vom Täter „abhing, objektiv vollendet“ gewesen, so daß er „*ein* Verbrechen beging“ und lediglich die nach dem Fehlschlag des ersten noch vorhandene Chance ausließ, „sofort ein zweites zu begehen“[280].

bb) Rücktritt bei Verzicht auf eine von mehreren geplanten, jeweils für sich zur Erfolgsherbeiführung geeigneten Handlungsakten?

Die insoweit zu beobachtende Meinungsübereinstimmung wird jedoch durchbrochen und von einer lebhaften Kontroverse abgelöst, wenn man die bisher betrachtete Fallkonstellation nur geringfügig dahingehend abwandelt, daß der Täter bei Tatbeginn *mehrere — jede für sich gesehen zur Erfolgsherbeiführung geeignete* — Tathandlungen eingeplant, aber vor dem beabsichtigten Schlußakt seine „Versuche“ aufgegeben hat. Hier stehen sich zwei Lösungen: eine rücktrittsfreundliche, unbeendeten Versuch bejahende, und eine rücktrittsfeindliche, § 46 Ziff. 1 verneinende Auffassung diametral gegenüber, deren jeweilige Anhängerschaft sich in etwa die Waage hält[281]. Auffallend ist dabei, daß die Vertreter der erstgenannten, den Täter privilegierenden Ansicht sich mit den Gegenargumenten überhaupt nicht auseinandersetzen, sondern allein auf den Täterplan abstellen und entsprechend der von ihnen verwandten subjektiven Abgrenzungsformel zwischen beendetem und unbeendetem Versuch jedes — hinter der ursprünglichen Tätervorstellung zurückbleibende — Nichtweiterhandeln als Rücktritt bewerten.

aaa) Die „rücktrittsfreundlichen“ Lösungen

So heißt es etwa bei Allfeld[282]: „War die Ausführung in der Weise berechnet, daß der Erfolg durch öftere Wiederholung derselben Tätigkeit herbeigeführt werden sollte, so genügt es“ zum Erwerb der Straflosigkeit, „wenn diese Tätigkeit ‚freiwillig‘ nicht der Absicht des Täters gemäß wiederholt wird, z. B. A will den B durch mehrere Schüsse töten, läßt es“ aber aus eigenem Antrieb „bei einem Schuß bewenden“. In gleicher Weise betont M. E. Mayer, daß die für § 46 Ziff. 1 wesentliche Frage, ob der Täter die Deliktsfortsetzung unterlassen hat, „nur aus“ seinem „verbrecherischen Plane“ beantwortet werden könne[283], und folgert daraus[284]: wenn

---

Wachenfeld a. a. O. S. 176; Würfel, Der Versuch nach dem geltenden Recht und nach dem Amtlichen Entwurf eines Allgemeinen Deutschen Strafgesetzbuchs von 1925, Diss. Erlangen 1926, S. 67; Schmitz, Willi, Der freiwillige Rücktritt vom Versuch nach dem Vorentwurf zu einem deutschen Strafgesetzbuch verglichen mit dem geltenden Recht, Diss. Erlangen 1912, S. 43; Ruchner a. a. O. S. 27; Loeb a. a. O. S. 37; Baer a. a. O. S. 40; Kreuzer a. a. O. S. 21; Hohmann a. a. O. S. 14 f.; Spohr a. a. O. S. 41; Fahrenhorst a. a. O. S. 28; Schuh a. a. O. S. 14.

[280] v. Schwarze, Commentar, Exkurs X S. 112; ebenso: Frank § 46 Anm. II; Meyer, Oswald, a. a. O. S. 44; Wein a. a. O. S. 21 f.; Häberlin GS 24, 271.

[281] Geilens (JZ 1972, 337) Formulierung, es könne „keine Frage sein“, daß die Literatur früher überwiegend den zweiten Standpunkt eingenommen habe, ist angesichts der zahlreichen Gegenstimmen daher zu scharf.

[282] Allfeld, Lehrbuch (8. Aufl.), S. 199. [283] M. E. Mayer, Lehrbuch, S. 370.

[284] M. E. Meyer, Lehrbuch, S. 370 Anm. 8 (auf S. 371).

„die beabsichtigte Fortsetzung“ ausbleibe, so sei dies „unter allen Umständen“ als ein „Zurücktreten“ zu werten, „gleichviel ob der Täter beim Abbrechen der verbrecherischen Tätigkeit eine gleich- oder andersartige Fortsetzung in Aussicht genommen hatte“. Ausdrücklich erklärt er dementsprechend den Versuch für „noch nicht beendet“, falls der Täter „vielleicht auf den noch nicht Getöteten einen zweiten Schuß abfeuern“[285] wollte.

Ebenso lautete die Stellungnahme Franks. Seiner Meinung nach gilt die Annahme unbeendigten Versuchs, „solange der Täter *glaubte,* zur Herbeiführung der Vollendung noch weiter handeln zu müssen, ... auch dann, wenn die geplante Handlung in einer Wiederholung der vollzogenen bestehen soll“[286].

Wollte der Täter also „von vornherein *mehrere* Schüsse“ abfeuern, steht er aber „von dem zweiten Schusse ab“, so müsse er — Freiwilligkeit vorausgesetzt — „freigesprochen werden“[287].

Auch Hugo Meyer vertrat in seinem Lehrbuch ausdrücklich diesen Standpunkt, indem er seine allgemeine Feststellung, die Nichtwiederholung der schon vollzogenen Handlung sei kein Rücktritt, durch den Zusatz einschränkte: „es sei denn, daß die Ausführung von vornherein auf eine mehrfache Verübung berechnet war“[288]. Nicht ganz so klar äußerte sich demgegenüber Nagler[289]. Seiner Ansicht nach bleibt die Abgrenzung zwischen unbeendetem und beendetem Versuch „im Einzelfall manchmal deshalb unsicher, weil der Plan und die Vorstellung des Täters entscheiden“, so daß es dann, wenn „der Mörder“ vorbeischießt, „aber noch mehrere Patronen im Magazin“ hat, darauf ankomme, ob „er mit einem möglichen Fehlschuß, z. B. wegen seiner geringen Schießfertigkeit oder wegen der schlechten Sicht, von vornherein gerechnet“ habe. Obwohl Nagler hier „im Zweifel“[290] für die Annahme *beendeten* Versuchs plädiert, räumt er damit aber doch zugleich ein, daß bei einem entsprechend anderen Beweisergebnis in einem solchen Sachverhalt Rücktritt nach § 46 Ziff. 1 möglich ist[291].

Eindeutig kommt dagegen die „rücktrittsfreundliche“ Einstellung wieder in einer Reihe von Dissertationen zum Ausdruck. Hatzig, Schuh, Schmitz, Osenberg und Würfel sehen es allesamt[292] als mehr oder weniger unproble-

---

[285] M. E. Meyer, Lehrbuch, S. 370 unten, 371 oben.

[286] Frank, § 46 Anm. II.

[287] Frank VDA Bd. V S. 238 oben.

[288] Hugo Meyer, Lehrbuch, 4. Aufl., S. 266.

[289] Nagler LK (6. Aufl.), § 43 B III 2 e β S. 291; ebenso wohl v. Hippel, Deutsches Strafrecht, S. 411.

[290] Nagler LK (6. Aufl.), § 43 B III 2 e β S. 291.

[291] Ebenso v. Hippel, Deutsches Strafrecht, S. 411.

[292] Hatzig a. a. O. S. 42; Schuh a. a. O. S. 15; Schmitz, Willi, a. a. O. S. 43, der immerhin auf die „eigenartigen Konsequenzen“ dieser Auffassung im Vergleich zum Fall des einzigen geplanten, aber fehlgegangenen Schusses aufmerksam macht; Osenberg, Der freiwillige Rücktritt vom Versuch nach geltendem Recht und den reichsdeutschen Entwürfen, Diss. Erlangen 1924, S. 69; Würfel a. a. O. S. 67.

matisch an, daß jemand, der „6 Schüsse aus einem Revolver abgeben" will und „nach dem 4. Schuß"[293] aufhört, sich noch im Stadium des unbeendeten Versuchs befindet und damit „bis zum letzten Teilakt"[294] die Chance zum Rücktritt durch bloßes Unterlassen behält.

bbb) Die „rücktrittsfeindlichen" Ansichten

Diese Auffassung war jedoch im Schrifttum von Anfang an auf entschiedenen Widerstand gestoßen. Kategorisch erklärte Häberlin[295] in einer der ersten Stellungnahmen zu den gerade in Kraft getretenen Rücktrittsbestimmungen des Reichsstrafgesetzbuchs überhaupt: Selbst „wenn eventuell die Absicht" des Täters „von vornherein auf die Vornahme mehrerer gleicher Handlungen, mehrerer Streiche mit dem Beil, mehrerer Schüsse aus einem Revolver oder Doppelgewehr gerichtet war, so bedarf es doch jedenfalls, wenn die erste Handlung den beabsichtigten Erfolg noch nicht bewirkte, noch einer zweiten", deren Unterlassen „auf die Strafbarkeit des bereits beendigten Versuchs gar keinen Einfluß" habe; dieser sei vielmehr „in solchen Fällen unbedingt strafbar".

Zustimmung fand diese Auffassung bei Herzog — und zwar ausdrücklich auch für den Fall, daß der Täter den Gegner nach dem ersten Fehlschuß „völlig in der Hand hatte"[296], sowie insbesondere bei v. Bar. Letzterer hielt es für „keineswegs unbedenklich"[297], den Schuldigen nach dem Vorgang Zachariaes nur deshalb freizusprechen, weil er „mit einem oder mit zwei Schüssen fehlend, in seinem Revolver noch drei andere Schüsse bereit hat und nunmehr sein Vorhaben aufgibt"[298]. Doch „noch weniger will es" ihm „einleuchten, den Täter allemal straflos zu lassen, wenn die Ausführung von vornherein auf mehrfache Wiederholung der Handlung (auf Ausprobieren) berechnet war"[299]. Zur Begründung verwies v. Bar, soweit ersichtlich, als erster auf das später noch oftmals vorgetragene Argument: Wenn nach dem Fehlschlag eines Versuchs die Möglichkeit, dasselbe Mittel nochmals anzuwenden oder „sich ein anderes zu verschaffen, zugunsten des Täters Berücksichtigung fände, „so würde, wer von vornherein sich mehrfache Mittel besorgt", bei deren „Erfolglosigkeit in besserer Lage sein als derjenige, der, weniger umsichtig, sich einstweilen mit einem Mittel begnügte; dies hieße den stärkeren, weil besonders genau prämeditierten dolus privilegieren"[300], ... insbesondere die gewöhnlichen Revolverattentäter, so-

---

[293] Das Beispiel stammt von Hatzig a. a. O. S. 42.

[294] Hatzig a. a. O. S. 42.

[295] Häberlin GS 24, 272.

[296] Herzog a. a. O. S. 237.

[297] v. Bar, Gesetz und Schuld, Bd. II S. 559.

[298] v. Bar, Gesetz und Schuld, Bd. II S. 558.

[299] v. Bar, Gesetz und Schuld, Bd. II S. 559.

[300] v. Bar, Gesetz und Schuld, Bd. II S. 555.

lange sie die letzte im Revolver befindliche Patrone nicht abgefeuert haben"[301].

Ob auch v. Schwarze, Köhler, Gerland und v. Liszt-Schmidt als Anhänger einer solchen „rücktrittsfeindlichen" Auffassung anzusehen sind, was Geilen[302] bezüglich der drei letztgenannten Autoren bejaht, erscheint dagegen recht fraglich; denn ihre Ausführungen sind allesamt nicht eindeutig. So heißt es bei Gerland zunächst ganz allgemein, die „Nichtwiederholung einer fehlgeschlagenen Versuchshandlung (A schießt auf B)" sei „kein Rücktritt"[303], doch wird von diesem Grundsatz der Fall ausgenommen, daß der Täter sein Opfer „durch wiederholte Zuführung von Gift in kleinen Dosen"[304] töten wollte. Das Rücktrittsproblem nach Vornahme einer von mehreren geplanten, für sich betrachtet „erfolgsgeeigneten" Handlungen wird hier also gar nicht angesprochen, so daß der Umkehrschluß, für Fälle dieser Sachstruktur gelte der Rücktrittsausschluß, nur mit Vorbehalt zu ziehen ist. Auch v. Liszt-Schmidt behandeln nur die Fallkonstellation: Giftbeibringung durch „fortgesetzte kleine Gaben"[305]. Die Tatsache, daß sie die Rücktrittsmöglichkeit hier „bis zum letzten Teilakt"[306] bejahen, läßt sich daher ebenfalls lediglich mit einer gewagten Argumentation e contrario als Ablehnung des § 46 Ziff. 1 in den übrigen „Wiederholungsfällen" deuten. Ähnlich zweifelhaft ist die Interpretation der These Köhlers, „die unterlassene Wiederholung des Versuchs" dürfe man mit „dem Abstehen von der Vollendung nicht gleichsetzen"[307], sowie die Darlegungen v. Schwarzes. Denn sein Grundprinzip, „die Nichtwiederholung des verbrecherischen Unternehmens" nach dem Mißerfolg der eingesetzten Mittel sei „nicht nach § 46 zu beurteilen", ist ausdrücklich durchbrochen, wenn erst „eine fortgesetzte Anwendung der Mittel den Erfolg bewirken sollte und die Fortsetzung unterlassen wird"[308]. Ob damit beispielsweise nur der „dosierte Giftmordversuch" oder auch die mehrfachen vergeblichen „Revolverschüsse" gemeint sind, bleibt offen und wird weder durch den Hinweis auf die Entscheidung des Reichsgerichts vom 4. 6. 1881[309] noch aus v. Schwarzes einleitenden Bemerkungen zum Versuch[310] deutlicher.

---

[301] v. Bar, Gesetz und Schuld, Bd. II S. 559; ebenso im Ergebnis: v. Olshausen (11. Aufl.) § 46 Anm. 6 und v. Olshausen-Niethammer (12. Aufl.) § 46 Anm. 3.

[302] Geilen JZ 1972, 337 Anm. 9.

[303] Gerland, Lehrbuch, 2. Aufl. S. 182.

[304] Gerland, Lehrbuch, 2. Aufl. S. 183 Anm. 1.

[305] v. Liszt-Schmidt, Lehrbuch (26. Aufl.) S. 316.

[306] v. Liszt-Schmidt, Lehrbuch (26. Aufl.) S. 316.

[307] Köhler, Studien zum Vorentwurf, S. 32.

[308] v. Schwarze, Commentar (5. Aufl.) § 46 Ziff. 2 Anm. 3 S. 214.

[309] v. Schwarze, Commentar (5. Aufl.) § 46 Ziff. 2 S. 214 Anm. 6: RG Rechtsprechung Bd. III S. 375, siehe oben im Text S. 151.

[310] v. Schwarze, Commentar (5. Aufl.) S. 112, Exkurs X.

Klar und unmißverständlich treten dagegen zahlreiche Dissertationen[311] für den Rücktrittsausschluß in der oben im Text unter b) gekennzeichneten Fallgruppe ein. Die Ähnlichkeit ihrer Beispiele und Formulierungen macht eine ins einzelne gehende Darstellung überflüssig. Hervorhebung verdienen lediglich einige Besonderheiten. So wird die Ablehnung des § 46 lediglich bei Fahrenhorst[312] zusätzlich — neben der Annahme beendeten Versuchs — mit der auf v. Bar zurückgehenden Erwägung begründet, „die Ungerechtigkeit der Unterscheidung“ je nachdem, ob der Täter einmal oder mehrmals schießen wollte, liege „auf der Hand“, da danach „der vorsichtige Täter vor dem weniger weitschauenden begünstigt“ werde. Bemerkenswert sind ferner die Ausführungen Neuenhofens: Wenn die Versuchsplanung des Täters dahin ging, „das Mittel bis zur Erreichung des Erfolges anzuwenden“, so sei davon auszugehen, daß er „vorab“ mit einer „einmaligen“ Benutzung rechnete und „erst für den Fall“ des Fehlschlags weitere Angriffe beabsichtigte[313]. Daher werde z. B. in RGSt. 39, 220, obwohl mehr als drei Einspritzungen zu Abtreibungszwecken geplant waren, mit Recht beendeter Versuch angenommen, „da die Beteiligten bereits eine für wirksam hielten“[314]. Eine ähnliche, im Ergebnis zu Lasten des Täters gehende Korrektur seines Tatplans, die wir interessanterweise in genau umgekehrter Richtung in der neueren BGH-Rechtsprechung fanden, ist bei Oswald Meyer[315] zu beobachten. Denn dieser schenkt dem „Ausführungsplan des Täters“, der „von vornherein sein Verbrechen durch mehrere gleichartige wiederholte Teilakte verwirklichen“ wollte, insoweit keine Beachtung, als „ein einziger ... oder eine gewisse Reihe solcher Teilakte bereits objektiv betrachtet einen beendigten Versuch (meist in Form des fehlgeschlagenen Verbrechens) darstellen“.

cc) Rücktritt bei Verzicht auf Vornahme eines Teilakts, der erst im Zusammenwirken mit anderen den Taterfolg herbeiführen sollte

Genauer auf die „Teilakts“-problematik gehen diejenigen Autoren ein, die der soeben behandelten Fallgestaltung die oben erwähnte — eine besondere dritte Gruppe bildende — Sachverhaltskonstellation gegenüberstellen, bei der der erstrebte Deliktserfolg — tatsächlich und nach dem Plan des Täters — erst durch mehrere Tätigkeitsakte *zusammen* erreicht werden kann und soll. Diese Differenzierung ist, wie im Vorstehenden schon sichtbar wurde,

---

[311] Vgl. Baer, Rücktritt und tätige Reue bei untauglichem Versuch, Strafrechtliche Abhandlungen, Heft 14, Breslau 1910, S. 40; Meyer, Oswald, a. a. O. S. 43 unten, 44 oben; Schmitt, Anton, Der beendigte und der nicht beendigte Versuch, Diss. Erlangen 1920, S. 97 f.; Spohr a. a. O. S. 41; vgl. dort auch Anm. 1; Fahrenhorst a. a. O. S. 28; Neuenhofen a. a. O. S. 46; Joussen a. a. O. S. 11.

[312] Fahrenhorst a. a. O. S. 28 Anm. 57 (auf S. 29).

[313] Neuenhofen a. a. O. S. 46 unten.

[314] Neuenhofen a. a. O. S. 47 Anm. 1; vgl. zu dieser Entscheidung oben im Text S. 151 Fn. 121.

[315] Oswald Meyer a. a. O. S. 43 unten, 44 oben.

nicht immer sauber durchgeführt worden und muß gerade angesichts der jüngsten Entwicklung in Rechtsprechung und Schrifttum mit besonderem Nachdruck wieder in Erinnerung zurückgerufen werden.

aaa) Die Herausarbeitung der Zweigleisigkeit der „Teilakts"-problematik

An hervorragender Stelle sind in diesem Zusammenhang die außerordentlich präzisen, leider aber völlig unbekannt gebliebenen Ausführungen Anton Schmitts[316] zu nennen. Im Anschluß an das „Schulbeispiel" des schlechten Schützen, der, mit der Notwendigkeit von sechs Schüssen rechnend, nach vier Fehlversuchen von seinem Tötungsplan freiwillig absteht, weist Schmitt als Einwand gegen die Straflosigkeit des Täters auf den hier wesentlichen „Unterschied zwischen Wiederholungsakt und Teilakt" hin. Wörtlich fährt er fort: „Ersterer liegt vor, wenn schon die einzelne Handlung den ganzen Verbrechenstatbestand verwirklichen kann und die Wiederholung deshalb erfolgt, weil die vorausgehende Einzelhandlung erfolglos geblieben ist; ein Teilakt kann aber nicht für sich allein, sondern nur im Zusammenwirken mit den anderen Teilakten den Erfolg nach sich ziehen. Der einzelne Wiederholungsakt ist also schon die ganze Ausführung, der Teilakt nur ein Teil derselben, die mehreren Wiederholungsakte stellen eine mehrfache Verbrechensbegehung dar, die sämtlichen Teilakte zusammen die einmalige Tatbestandsverwirklichung." Im Ausgangsfall sei daher jeder Schuß als „beendigter, fehlgeschlagener Versuch" zu werten, demgegenüber der Umstand, daß der Täter mehrere Schüsse zur Herbeiführung des Todes für nötig gehalten hat, keine Rolle spiele, da der Täter nur für den Fall des Mißerfolges des ersten mehrere Schüsse geplant hatte. Eine andere— die Möglichkeit des Rücktritts nach § 46 Ziff. 1 offen lassende — Sachlage sei dagegen dann gegeben, wenn der Schütze „mehrere Schüsse" abgeben muß, damit sie „in ihrer Gesamtheit" einen tödlichen „Blutverlust" bewirken.

Sehr klar wird die unterschiedliche Sachverhaltsgestaltung auch von Fahrenhorst[317] gesehen. Im einen Fall erhoffe der Täter die Tötung des Feindes „mit jedem einzelnen Schuß", so daß das Unterlassen der möglichen Wiederholung „keine Aufgabe" i. S. des § 46 Ziff. 1 sei. Im anderen Fall dagegen — der Täter will z. B. „sein Opfer durch wiederholtes Eingeben einer geringen Dosis Gift langsam umbringen, nach ein oder zwei Dosen" bricht er aber seinen Mordversuch freiwillig ab — soll nach seinem Tatplan der „Erfolg durch eine Summe von Teilakten, durch deren Zusammenwirken" erzielt werden. Da hier die „Ausführungstätigkeit erst mit der Erfüllung des letzten geplanten Teilaktes zu Ende" ist, liege ein noch unbeendeter Versuch vor.

Wie verbreitet die Auffassung einer sachbedingten und darum notwendigen Unterscheidung der „Teilaktproblematik" im monographischen Schrifttum der hier betrachteten Epoche war, belegen zahlreiche weitere Stellungnahmen. Aber diese Tatsache ist ebenso unbekannt geblieben oder in Ver-

---

316 Schmitt a. a. O. S. 97 f.

317 Fahrenhorst a. a. O. S. 28.

gessenheit geraten wie die meisten Namen der Autoren[318]: Ihre untereinander manchmal nahezu wörtlich übereinstimmenden Ansichten unterscheiden sich eigentlich nur dadurch voneinander, daß teilweise[319] ein praktisch nicht unwesentlicher Vorbehalt gegenüber der Berufung des Angeklagten auf eine solche Teilaktplanung gemacht wird. Insoweit seien dessen „Angaben natürlich mit Vorsicht aufzunehmen“[320], meint Spohr, und Loeb formulierte diesen einschränkend gedachten Hinweis noch schärfer, indem er bei der Untersuchung, „ob nach dem Tätervorsatz *ein* Akt oder wieviel Einzelakte gewollt waren“, expressis verbis „die Behauptungen des Delinquenten“ für „natürlich nicht schlechtweg maßgebend“ erachtete[321].

bbb) Die mangelnde Differenzierung der „Teilakts-“ problematik in der Kommentar- und Lehrbuchliteratur

Überblickt man die bislang zu diesem Falltyp angeführten Schrifttumsnachweise, so wird man sicherlich mit Verwunderung registrieren, daß kein renommierter Name aus der damaligen Kommentar- und Lehrbuchliteratur erwähnt ist. Das beruht aber keineswegs auf einem Versehen, sondern ist sachlich begründet. Denn dort[322] sucht man vergeblich die genaue Herausarbeitung und Gegenüberstellung der beiden Alternativen des Teilaktaspekts. Daraus darf jedoch nicht die Schlußfolgerung abgeleitet werden, das Problem, etwa der ratenweisen Giftbeibringung, sei in den Standardwerken überhaupt nicht behandelt. So heißt es z. B. bei v. Liszt-Schmidt ganz klar: „Sollte die Handlung nach dem Vorsatz des Täters aus mehreren Teilakten bestehen (fortgesetzte kleine Gaben von Gift), die erst durch ihr Zusammenwirken den Erfolg herbeiführen sollten, so ist Rücktritt bis zum letzten Teilakt möglich“[323]. Auch Gerland hat offenbar diese Sachkonstellation im Auge, wenn er gegenüber dem fehlgeschlagenen Versuch abgrenzend feststellt[324]: „Anders liegt der Fall, wenn der Erfolg durch eine Reihe von Einzelakten herbeigeführt werden sollte (Vergiftung durch wiederholte Zuführung von Gift in kleinen Dosen).“

---

[318] Dopffel GS 94, 424; Baer, a. a. O. S. 40 f.; Glaeser a. a. O. S. 12; Hohmann a. a. O. S. 14 f.; Kreuzer, Über den Rücktritt vom Versuch nach dem Reichsstrafgesetzbuch (§ 46) und der Reichsabgabenordnung (§ 410) Dissertation Erlangen 1935, S. 20 f.; Loeb a. a. O. S. 37; Ruchner a. a. O. S. 27; Spohr a. a. O. S. 41 f.; Schuh a. a. O. S. 14 f.; Wein a. a. O. S. 21 f.

[319] Loeb a. a. O. S. 37; Spohr a. a. O. S. 41.

[320] Spohr a. a. O. S. 41 Anm. 3.

[321] Loeb a. a. O. S. 37.

[322] Lobe LK (5. Aufl.) § 46 Anm. 1, 4, siehe auch Handwörterbuch S. 178; Nagler LK (6. Aufl.) § 43 Anm. III B 2 e; v. Olshausen (11. Aufl.) § 46 Anm. 6; Niethammer in: v. Olshausen-Niethammer (12. Aufl.) § 46 Anm. 3; Frank § 46 Anm. II, vgl. auch VDA Bd. V S. 206 und 238; v. Hippel, Lehrbuch, S. 411 unter 2 b; Köhler AT S. 456 ff.; M. E. Mayer, AT, S. 370 f.; Wachenfeld, Lehrbuch, S. 176; Heimberger, Lehrbuch S. 74 f.

[323] v. Liszt-Schmidt (26. Aufl.) S. 316.

[324] Gerland, Lehrbuch (2. Aufl.) S. 183 Anm. 1.

Beide Stellungnahmen weisen jedoch gegenüber den Darlegungen der vorrangig zitierten „namenlosen" Autoren einen beachtlichen Mangel auf, der ihre „Zurücksetzung" rechtfertigt: Während man bei v. Liszt-Schmidt den Unterschied zum Fall der Versuchs-„wiederholung", z. B. der Nichtabgabe des letzten von mehreren ursprünglich beabsichtigten Revolverschüssen vermißt, nimmt Gerland hierauf zwar Bezug, doch ist das Kontrastbeispiel „A schießt auf B"[325] viel zu undifferenziert, da offenbleibt, von welcher Vorstellung der Täter ausging und ob die Anzahl der geplanten Schüsse eine Rolle spielt oder gänzlich unerheblich ist. Hinzu kommt, daß Gerland die Strukturdivergenz der beiden von ihm angeführten Beispiele nicht ausdrücklich herausstellt.

Auch Allfeld betrachtet den Fall, daß A dem B „längere Zeit Gift in die Speisen" mischen will, „aber schon nach ganz kurzer Zeit" damit aufhört, und den vorzeitig abgebrochenen Tötungsversuch mit mehreren Schüssen als völlig gleichliegende Sachverhaltsalternative[326]. Insofern ist die Kritik Geilens, die verschieden gelagerte „Teilakt"-problematik sei „schon in der früheren Literatur nicht genügend trennscharf behandelt"[327] worden, durchaus berechtigt, in solch allgemeiner, pauschaler Form allerdings wegen der zahlreichen, exakt differenzierenden monographischen Abhandlungen nicht aufrechtzuerhalten.

ccc) Bejahung der Rücktrittsmöglichkeit bei kumulativ wirkenden Tätigkeitsakten

Abschließend noch eine kurze Bemerkung zur Lösung der Fallgruppe c), wenn erst die *Kumulativ*wirkung mehrerer Einzelakte den Erfolg herbeiführen *kann* und *soll*: dem Täter, der vor der letzten notwendigen Teilhandlung seinen Versuch freiwillig abbricht und nicht mehr „weitermacht", wurde hier übereinstimmend im Hinblick auf § 46 Ziff. 1 Straflosigkeit gewährt. Dabei ergibt sich die von Krauthammer als höchst unbefriedigend bezeichnete Konsequenz, daß der „gefährliche Verbrecher besser als der harmlose gestellt" ist. Denn „glaubt der nicht routinierte" Täter, „mit einer Dosis eines bestimmten Giftes jemanden töten zu können, während in Wirklichkeit vielleicht sechs nötig sind", so bleibe „ihm trotzdem nur die Rücktrittsmöglichkeit nach § 46 Z. 2"[328]. Dagegen werde „eine Marquise de Brinvillier", die „berüchtigte französische Giftmischerin des 17. Jahrhunderts"[329], aufgrund ihrer intimen toxikologischen Kenntnisse insofern bevorzugt, „als sie selbst nach der fünften Dosis noch immer die Rücktritts-

---

[325] Gerland, Lehrbuch (2. Aufl.) S. 182.

[326] Allfeld, Lehrbuch (8. Aufl.) S. 199.

[327] Geilen JZ 1972, 337 Anm. 13.

[328] Krauthammer a. a. O. S. 20.

[329] Krauthammer a. a. O. S. 20 Anm. 130; vgl. zur Person und Geschichte: Brockhaus' Konversations-Lexikon, 14. Aufl. 1894, Bd. III S. 542 m. w. Nachw., siehe auch: Der neue Pitaval Bd. 2, Leipzig 1846.

möglichkeit nach § 46 Ziff. 1 besitzt“[330]. Dieser Einwand[331] ist im Auge zu behalten, doch erst später im Zusammenhang näher zu besprechen, wenn auch die neuere, nach dem zweiten Weltkrieg erschienene Literatur zur Abgrenzung zwischen Tat-„aufgabe“ und Versuchs-„fehlschlag“ in groben Zügen dargestellt ist.

c) Der Stand der „Teilakts“-kontroverse im Schrifttum nach dem 2. Weltkrieg

Während das ältere Schrifttum hierzu anhand der drei eingangs hervorgehobenen, unterschiedlich strukturierten Fallgruppen relativ übersichtlich geordnet werden konnte, stößt ein derartiges Vorgehen bei der Gliederung der jüngeren Stellungnahmen auf gewisse Schwierigkeiten. Das ist zum Teil darauf zurückzuführen, daß unter dem Einfluß der Rechtsprechung des BGH eine Reihe neuer Gesichtspunkte hinzugekommen sind, von denen insbesondere die Aufspaltung der Tätervorstellungen in „bestimmte“ und „unbestimmte“ und — daraus folgend — in diejenigen bei Tat*beginn* und diejenigen bei Tat*abbruch* sowie die Berücksichtigung der Gefahr des Erfolgseintritts bei einem nach dem ursprünglichen Tatplan noch unbeendeten Versuch eine zunehmende Differenzierung und Verästelung der Problematik bewirkten. Zum Teil ist die Beibehaltung der bisherigen dreiteiligen Systematik aber auch einfach dadurch erschwert, daß die einzelnen Fallgestaltungen von den Autoren häufig nicht klar genug auseinandergehalten wurden und folglich ihre eindeutige Zuordnung als Vertreter dieser oder jener Ansicht unmöglich ist. All diese Umstände schließen jedoch nicht aus, mit den entsprechenden ergänzenden Hinweisen das bisherige Gliederungsschema in seinen Grundzügen unverändert weiterzubenutzen.

aa) Zur Rücktrittsproblematik nach Vornahme des einzigen vom Täter geplanten Handlungsakts

Der Vorzug der hier gewählten Kontinuität in der Darstellungsmethode dürfte darin liegen, daß sowohl die Wandlungen des Diskussionsstandes als auch die dogmengeschichtliche Entwicklung der verschiedenen Auffassungen klar sichtbar werden und damit einem Mangel abgeholfen wird, der eigentlich allen bisherigen Abhandlungen auf diesem Sektor anhaftet. Das zeigt sich schon bei der ersten Sachverhaltskonstellation, wo es um die Frage geht, ob dem Täter, der planmäßig mit einer einzigen, konkret festgelegten Ausführungshandlung die Deliktsvollendung erreichen wollte, im Falle des Mißerfolgs der Verzicht auf eine Wiederholung oder weitere zur Verfügung stehende Handlungsmöglichkeiten als Rücktritt nach § 46 Ziff. 1 zugutezuhalten ist.

---

[330] Krauthammer a. a. O. S. 20.

[331] Möglicherweise hatte schon früher Frank (vgl. VDA Bd. V, S. 206) sein Argument, es sei nicht „gerechtfertigt, die Höhe der Strafbarkeit von der zufälligen Gestaltung des verbrecherischen Planes abhängig zu machen“, auch auf diese Fallkonstellation (c) bezogen, doch sind seine Ausführungen insoweit nicht eindeutig.

aaa) Die im Vordringen befindliche Lehre: grundsätzliche Berücksichtigung des Verzichts auf eine bestehende Wiederholungsmöglichkeit

Während dies früher, wie dargelegt, ganz überwiegend verneint wurde, ist heute die gegenteilige Lehre zwar — noch — nicht herrschend, aber doch stark im Vordringen begriffen[332].

Als ihr entschiedenster Verfechter tritt Otto auf, der in seinem Aufsatz: „Fehlgeschlagener Versuch und Rücktritt" die Fragwürdigkeit der Rechtsprechung[333] deutlich machte und mit seinen Ausführungen den Meinungsumschwung maßgeblich beeinflußt hat.

Dabei geht Otto davon aus, daß die Gewährung des Rücktrittsprivilegs „nach beendetem untauglichen Versuch"[334] bei ernsthafter Erfolgsabwendungsbemühung des Täters mittlerweile fast allgemein anerkannt ist und dieser Einsatz „keinen besonderen Eigenwert", sondern „allein Bedeutung" hat „als objektiver Ausdruck" der Distanzierung des Täters von seinem ursprünglich gefaßten Tatentschluß[335]. In gleicher Weise[336] manifestiere „der Täter die Abkehr von seinem Verbrechensplan", wenn er „nach dem ersten Fehlschlag im Bewußtsein weiterer erfolgreicher Möglichkeiten die Erfolgsanstrebung unterläßt". Als eine „derartige Manifestation"[337] dürfe man jedoch „nicht jedes Abstehen von weiterer" Deliktsrealisierung werten, vielmehr sei stets Voraussetzung, daß dem Täter „in der konkreten Situation eine Fortsetzung seines verbrecherischen Tuns deshalb möglich ist, weil er keinesfalls umständlich einen neuen Plan zu fassen braucht, sondern die Wiederholung des Versuchs oder eine unmittelbare Fortsetzung" der Tat „unter Anknüpfung an das bisherige Geschehen sich — dem Handelnden bewußt — geradezu aufdrängen".

Das bedeutet konkret: Lauert „der Täter nach dem Fehlgehen der einzigen Kugel ... dem enteilenden Opfer am nächsten Tag"[328] nicht erneut auf, so ist dies unter Rücktrittsgesichtspunkten unerheblich. Wollte er dagegen seinen Feind „mit einem Messerstich" oder „mit einem Schuß aus der Maschinenpistole töten" und sticht oder schießt er nun, nachdem das mißglückt ist, nicht nochmals, obwohl er „das Opfer hilflos" vor sich liegen oder „unbewaffnet hinter einer Tischplatte Schutz"[339] suchen sieht, so müsse man dies dem Täter „durch analoge Anwendung des § 46 Abs. 2"[340] zugute halten.

---

[332] So richtig festgestellt von Roxin, Heinitz-Festschrift, S. 269.
[333] Otto, GA 1967, 144 ff.
[334] Otto GA 1967, S. 148.
[335] Otto GA 1967, S. 148.
[336] Otto GA 1967, S. 148.
[337] Otto GA 1967, S. 149.
[338] Otto GA 1967, S. 149.
[339] Otto GA 1967, S. 149.
[340] Otto GA 1967, S. 153; näherliegend wäre m. E. eine analoge Anwendung des § 46 Ziff. 1 gewesen, wie sie Hruschka JZ 1969, 498 Anm. 18 in Betracht zieht. Otto wertet das „ernstliche Bemühen" nur als Ausdruck der „Abwehr" vom Verbrechen

Otto sieht darin keinen Widerspruch zum Grundgedanken des Rücktritts, wenn man ihn nicht als „goldene Brücke" oder Zeichen geringer „Schuld", sondern nach seiner oben[341] dargestellten Konzeption — einer Kombination des Verdienstaspekts mit dem Strafzweckkriterium — interpretiert. Denn weder sei „der bloße Versuchsbeginn bereits aus generalpräventiven Erwägungen ohne Ausnahme strafbar" noch werde die unter Umständen darin liegende „Rechtsgütergefährdung grundsätzlich eigenständig bestraft"[342]. Nur so könne man unter Wahrung des Gleichheitsgrundsatzes denjenigen Täter, der nach fehlgeschlagenem Versuch eine bestehende aktuelle Chance zur Erfolgsverwirklichung nicht wahrnimmt, denen gleichstellen, „die nach der heute h. M. Straffreiheit nach § 46 erlangen"[343].

Ähnlich wie Otto empfindet es auch Dreher als „Ärgernis" und „schwer zu ertragen", daß der Angeklagte, „der sich geschickt damit verteidigt, er habe mit mehreren Schüssen töten wollen", selbst dann „freigesprochen wird", wenn er „das ... Opfer in seinem Blute liegen ließ", während man den anderen, „der zugibt", nur einen „einzigen Schuß" geplant zu haben, unter sonst gleichen Voraussetzungen bestraft[344]. Das „Unbehagen" über die verschiedene Behandlung dieser beiden Fallgestaltungen führt Dreher zu einem Begradigungsvorschlag im Sinne Franks, d. h. zur Annahme unbeendeten Versuchs auch dort, wo der Täter sein Ziel „mit einer einzigen Handlung" erreichen wollte, nach deren „Fehlschlagen" aber die Tat unter Verzicht auf weitere, ihm bekannte und mögliche „erfolgversprechende Handlungsakte" aufgibt[345]. Für diese Ansicht und damit gegen die Isolierung der einzelnen Teilakte spreche zudem die Überlegung, daß sonst „wegen zehnfacher versuchter Tötung bestraft werden" müßte, „wer nach zehn Fehlschüssen das Gewehr beiseite legt"[346].

Das Problematische seiner eigenen Lösung verschweigt Dreher nicht[347]. Abgesehen davon, daß man von dem „Dogma" der ausschließlich tatplanorientierten Unterscheidung zwischen unbeendetem und beendetem Versuch Abschied nehmen und jedenfalls bei fehlender Wiederholbarkeit oder anderweitiger Fortsetzungsmöglichkeit der Tatausführung beendeten Versuch bejahen müsse, gehe es vor allem um eine befriedigende Antwort auf die Frage, wie der von ihm vorgeschlagenen Ausdehnung des Anwendungsbereichs des § 46 Ziff. 1 „sinnvolle Grenzen gesetzt" werden können. Denn

---

und stellt es deshalb dem bewußten Auslassen von Handlungsmöglichkeiten gleich. Der ernstlich sich um Erfolgsabwendung Bemühende zeigt aber mehr: nämlich, daß er den Erfolgseintritt nicht dem Zufall überlassen will, was der bloß Unterlassende nicht beweist. Gegen Otto siehe auch v. Scheurl a. a. O. S. 52, Fußn. 42 a. E.

[341] Siehe oben im Text S. 51.

[342] Otto GA 1967, 151.

[343] Otto GA 1967, 151.

[344] Dreher JR 1969, 106.

[345] Dreher JR 1969, 107; abweichend noch im SAS 5. Wahlperiode, 88. Sitzung, S. 1749, 1758 rechte Spalte.

[346] Dreher JR 1969, 106.

[347] Dreher JR 1969, 107; die folgenden Zitate finden sich auf derselben Seite.

selbstverständlich liege keine Fortsetzung der verbrecherischen Tätigkeit und folglich auch kein Rücktritt vom unbeendeten Versuch vor, wenn der Täter „heute auf sein Opfer erfolglos schießt" und „einen Monat später" beschließt, den Tod nun „mit Hilfe von Gift" herbeizuführen, den Plan jedoch wieder fallenläßt. Dreher löst dieses „Problem der Tatidentität" dadurch, daß er unbeendeten Versuch „stets dann, aber auch nur dann" annimmt, „wenn die neuen Handlungsakte mit den alten zu einer natürlichen Handlungseinheit verschmelzen würden", die er i. S. der Begriffsbestimmung Maiwalds unter Verzicht auf einen von vorneherein gefaßten „durchlaufenden Tatentschluß" versteht[348].

Der damit von Dreher zur Diskussion gestellte Lösungsansatz ist, was man nicht übersehen sollte, durch den Einbau des Kriteriums der natürlichen Handlungseinheit *enger* als der Vorschlag Ottos. Dieser Unterschied zeigt sich auch bei den übrigen hier einschlägigen Stellungnahmen: Jescheck, Schmidhäuser, Blei, Schäfer und v. Scheurl liegen im Ausgangspunkt — unbeschadet ihrer Abweichungen im Detail — auf der von Dreher vorgezeichneten Linie, Roxin dagegen weist — trotz aller Verschiedenheit in der Begründung — ausdrücklich auf seine Übereinstimmung mit Otto „im Ergebnis"[349] hin. Als dessen Vertreter dürften ferner auch Jagusch und Busch mit ihren kurzen, nicht ganz eindeutigen Bemerkungen einzuordnen sein. Das ist im einzelnen zu belegen.

Roxin hebt einleitend die ungereimten Konsequenzen der herrschenden psychologischen, d. h. nach der Vorstellung des Täters beurteilten Abgrenzung von fehlgeschlagenem und unbeendetem Versuch hervor: danach sei straflos, wer kaltblütig „alle Eventualitäten und damit auch die etwaige Erforderlichkeit mehrerer Einzelakte vorher" durchrechne, während der weniger umsichtig planende Täter, der „mit einem Einzelakt zum Ziele zu kommen meint, unter allen Umständen strafbar" bleibe[350]. Das führe „je nach dem gewünschten Ergebnis zu psychologischen Fiktionen"[351]. Daher sei die ganze Fragestellung, „ob der Täter" beispielsweise „sein Opfer mit einem Schlage (dann fehlgeschlagener Versuch) oder mit mehreren Beilhieben (dann freiwilliger Rücktritt) töten wollte, ... von vornherein wenig sinnvoll"[352]. Vielmehr komme es überall dort, wo er nach dem Mißerfolg des ersten Versuchsakts trotz weiterer erfolgsversprechender Handlungsmöglichkeiten aufhört, unabhängig von seinen „Vorstellungen über die Zahl der zur Erfolgsherbeiführung nötigen Einzelakte" allein darauf an, ob er „mit Aussicht auf Erfolg ohne Vergrößerung seines Risikos weiterhandeln" konnte. Denn „solange der Täter eine ‚konkrete' (d. h. sich in un-

[348] Ebenso Dreher § 46 Anm. 1. Mißverständlich ist dort allerdings die später folgende Bemerkung, § 46 komme nicht in Betracht, wenn der Täter die Absicht hatte, den Versuch im Falle des Mißlingens zu wiederholen. Denn der Gedanke der natürlichen Handlungseinheit müßte dann wohl auch Berücksichtigung finden!

[349] Roxin, Kriminalpolitik, S. 38 Anm. 77.

[350] Roxin, Heinitz-Festschrift, S. 267.

[351] Roxin, Kriminalpolitik, S. 38 Anm. 77.

[352] Roxin, Kriminalpolitik, S. 38 Anm. 77.

mittelbarem Anschluß an den ersten Handlungsakt anbietende) Fortsetzungsmöglichkeit" sieht, sei der Versuch noch unbeendet und der „freiwillige Verzicht auf diese Möglichkeit der Erfolgsbewirkung" mit Straffreiheit zu belohnen[353], da sich darin die „Rückkehr in die Legalität" widerspiegele, die „die verminderte verbrecherische Energie" des Handelnden „beweist"[354] und „eine Strafsanktion überflüssig macht"[355]. Die Gegenmeinung, die jeden Teilakt als selbständigen und damit fehlgegangenen Versuch wertet, hält Roxin im übrigen unter Hinweis auf die Argumentation Drehers schon deshalb für „sachlich nicht richtig"[356], weil sonst ein Täter, der neunmal danebengeschossen, aber beim zehnten Mal sein Opfer tödlich getroffen hat, „wegen eines Mordes und zusätzlich wegen weiterer neun versuchter Morde" anstatt einzig und allein wegen Mordes bestraft werden müsse[357].

Widerspruchsvoll sind die Ausführungen von Jagusch und Busch. Einerseits wollen sie den Rücktrittsweg über § 46 Ziff. 1 dem Täter ganz *allgemein* bis zu dem Zeitpunkt offenhalten, in dem er noch „glaubt, durch Fortführung der Tat... zum Ziele kommen zu können"[358]. Andererseits aber erklären sie „mit Rücksicht auf die Pflicht zur Erfolgsabwendung" den Versuch immer dann für beendet, wenn der Erfolgseintritt aufgrund des bisherigen Tuns möglich ist, messen also insoweit der Tatsache, daß die Tathandlung wiederholt oder fortgesetzt werden kann, keinerlei Bedeutung bei[359].

Auf der von Dreher vorgezeichneten Linie liegt die Stellungnahme Jeschecks zu der ausdrücklich als „sehr zweifelhaft" empfundenen Frage, ob derjenige Täter nach § 46 Ziff. 1 zurücktreten könne, der „zunächst an eine einzige Handlung" dachte, dann aber, nachdem sie „den Erfolg wider Erwarten noch nicht" herbeiführte, seine Deliktstätigkeit abbricht, obwohl er „andere wirksame Mittel" zur Hand hat[360]. Da ein „Nein" zur Privilegierung des besonders gefährlichen Verbrechers, der von vornherein mehrere Handlungen geplant hatte, und zur Benachteiligung des unüberlegten Delinquenten führe[361], tritt Jescheck für ein — allerdings an gewisse Bedingungen geknüpftes — „Ja" ein. Danach ist ein unbeendigter Versuch „immer dann anzunehmen, wenn die neuen Tatakte, von denen der Täter Abstand nimmt, mit den alten, die er erfolglos begangen hat, eine *natürliche Handlungseinheit* bilden würden"[362]. Notwendig hierfür sei „der enge zeitliche Zusammenhang" der Ausführungshandlungen, „die bloß quantitative Steigerung des Unrechtsgehalts" durch die Versuchswiederholung und „das

---

[353] Roxin, Heinitz-Festschrift, S. 269 Anm. 52.
[354] Roxin, Heinitz-Festschrift, S. 269; ebenso schon in ZStW 77, 94 Anm. 22.
[355] Roxin, Heinitz-Festschrift, S. 269.
[356] Roxin, Heinitz-Festschrift, S. 269 Anm. 52.
[357] Roxin, ebendort S. 269 Anm. 52; Dreher JR 1969, 106.
[358] Jagusch, LK (8. Aufl.) § 46 Anm. I 2; Busch LK (9. Aufl.) § 46 Rdnr. 6, 9.
[359] Jagusch LK (8. Aufl.) § 46 Anm. I 2 a. E.; Busch LK (9. Aufl.) § 46 Rdnr. 16.
[360] Jescheck AT S. 408.
[361] Jescheck AT S. 408.
[362] Jescheck AT S. 409.

Fortbestehen einer einheitlichen Motivationslage"[363]. Zu beachten ist allerdings: Jescheck hält Rücktritt nicht nur unter der Voraussetzung für ausgeschlossen, daß der Täter an die Wirksamkeit der ihm zur Verfügung stehenden Mittel nicht mehr glaubt, sondern — unbeschadet der Existenz weiterer Handlungsmöglichkeiten — auch dann, wenn es ihm „gerade auf die Verwendung eines bestimmten Tatmittels ankommt und dieses versagt"[364]. Insoweit befindet er sich also im Einklang mit BGHSt. 14, 75 ff.

Ebenso wie Dreher und Jescheck greift auch Schmidhäuser[365] auf den Aspekt der *Handlungseinheit* zurück, um die Grenze zwischen unbeendetem und fehlgeschlagenem Versuch festzulegen. Obwohl dessen Annahme in den Fällen naheliege, in denen dem Täter mit seiner ersten Handlung die Tatvollendung nicht — wie beabsichtigt — gelingt, gewährt ihm Schmidhäuser hier das Rücktrittsprivileg des § 46 Ziff. 1, falls er „im unmittelbaren zeitlichen Zusammenhang durch neues gleiches oder andersartiges Handeln" die Erfolgsverwirklichung doch noch für möglich hielt, aber freiwillig aufgab. Dabei müsse man allerdings die „psychischen Fähigkeiten" zur Fortsetzung der Tat „genau prüfen". Die praktischen Konsequenzen seiner Auffassung zeigt die Entscheidung des abschließenden Fallbeispiels: „Hat der Täter mehrere Kugeln zur Tötung des Opfers im Pistolenmagazin, so ist der Versuch so lange noch nicht fehlgeschlagen" — und damit Rücktritt nach § 46 Ziff. 1 oder 2 möglich[366] — „als der Täter mit Aussicht auf Erfolg weiterschießen zu können glaubt, und es ist ganz unerheblich", ob er „mit einem einzigen Schuß töten wollte oder nicht". Insoweit geht Schmidhäuser also über den Ansatz der BGH-Judikatur und Jeschecks hinaus, die nach Ausführung eines konkreten, dem Mittel nach beschränkten Tatplans *stets beendeten* Versuch annehmen.

Wesentlich zurückhaltender sind die Ausführungen Bleis. Während er in der 14. Auflage seines Studienbuchs[367] die Frage offengelassen hatte, ob unbeendeter Versuch anzunehmen sei, wenn der Täter die Tatvollendung zwar schon mit einem Schuß aus einer voll geladenen Pistole" erreichen wollte, aber nach dessen Fehlgehen die „Abgabe eines weiteren Schusses" unterläßt, erschien ihm an anderer Stelle[368] eine positive Antwort „kriminalpolitisch" vertretbar, „weil das Ablassen von erkennbar möglichem weiterem Handeln der ratio des § 46 Ziff. 1 zumindest nicht allzu ferne steht". Zu beachten ist jedoch zweierlei: erstens *verneint* Blei — unabhängig vom Vorliegen einer natürlichen Handlungseinheit und deshalb abweichend

[363] Jescheck AT S. 409.

[364] Jescheck AT S. 409.

[365] Schmidhäuser AT S. 502 Kapitel 15 Nr. 83; die folgenden Zitate beziehen sich, soweit nicht anders vermerkt, auf diese Fundstelle.

[366] Schmidhäuser AT S. 503 Kapitel 15 Nr. 83 a. E.

[367] Mezger-Blei, Studienbuch AT S. 257.

[368] Blei JA 1969, StR 92, lfd. Seite 284; die von Dreher § 46 Anm. 1 angegebene Fundstelle JA 1970, 614 = StR S. 194 ist unrichtig, da die dortigen — ihm vorbehaltslos zustimmenden Ausführungen — nicht von Blei stammen!

von Dreher und Schmidhäuser[369] — Rücktritt nach *§ 46 Ziff. 1 ausnahmslos* auch dann, wenn der Täter mit dem einzigen ihm zur Verfügung stehenden Schuß den Feind verfehlt und nun „erkennt, daß er die Waffe zum Erschlagen des Opfers benutzen könnte“[370], davon aber freiwillig keinen Gebrauch macht. Zweitens *bejaht* Blei[371] *generell* beendeten Versuch, falls „der Täter vom Bevorstehen des Erfolgseintritts ausgeht“.

Auch Schäfer und v. Scheurl vertreten auf der Grundlage der Konzeption Drehers eine im Ergebnis das Rücktrittsprivileg einschränkende Auffassung. Denn beide verneinen die Anwendbarkeit des § 46 Ziff. 1 schlechthin, falls der Täter das Delikt „*nur* durch ein *bestimmtes* Mittel“[372] realisieren wollte und nun „bei dessen Versagen auf eine naheliegende andere Möglichkeit nicht zurückgreift“[373]. Insoweit stimmen sie also mit der Ansicht Jeschecks und BGHSt. 14, 75 ff. überein. Das gilt auch für den Gesichtspunkt der natürlichen Handlungseinheit, mit dessen Hilfe beide eine allzu starke Rücktrittsausdehnung im Falle einer möglichen, aber unterlassenen Deliktsfortführung vermeiden wollen. Im einzelnen bestehen jedoch Unterschiede: Schäfer hält dieses Kriterium auch dann für maßgebend, wenn der Täter die Ausführungsmodalitäten ändert, z. B. nach dem in Tötungsabsicht abgefeuerten, fehlgegangenen Schuß das Opfer zu würgen sucht[374], und meint — im Vergleich[375] zu Dreher und Jescheck einschränkend, der Täter müsse im zweiten Geschehensabschnitt „denselben Tatentschluß“[376] verwirklichen.

v. Scheurl dagegen verlangt, daß die verschiedenen Versuchsakte sich als „natürliche Handlungseinheit im Sinne Maiwalds darstellen, das heißt: die Unterlassung des Weiterhandelns sei lediglich dann als Rücktritt zu werten, wenn der nicht ausgeführte Einzelakt im Falle seiner Vornahme mit dem vorhergehenden aufgrund der „konkreten Situation“ eine „einheitliche Äußerung derselben psychischen Lage des Täters“[377] bilden würde. Denn obwohl nach jedem aus Tätersicht zur Erfolgsherbeiführung geeigneten Tätigkeitsakt „der Handlungsunwert schon voll verwirklicht ist“, sei das Auslassen „weiterer naheliegender“ Handlungsmöglichkeiten ein sichtbarer Tatverzicht und damit eine „Abkehr vom Verbrechen“[378].

---

[369] Nach Schmidhäuser kommt es aber darauf an, ob für den Täter „psychisch“ die Möglichkeit gegeben war, die Tat auf diese — andere — Weise fortzusetzen. Ob Bleis Ansicht zu Jeschecks Ausführungen im Gegensatz steht, muß man dagegen bezweifeln, da das gewählte Beispiel auf die Tötung mit einem *bestimmten* Mittel hindeutet und für diesen Fall nach dessen Verbrauch der Versuch fehlgeschlagen ist.

[370] Mezger-Blei AT S. 257.

[371] Mezger-Blei AT S. 257.

[372] Dalcke-Fuhrmann-Schäfer § 46 Anm. 2 a.

[373] v. Scheurl a. a. O. S. 54 Anm. 50.

[374] Dalcke-Fuhrmann-Schäfer § 46 Anm. 2 a.

[375] Dreher verlangt expressis verbis keinen „durchlaufenden Tatentschluß“ und Jescheck begnügt sich mit einer „einheitlichen Motivationslage“.

[376] Dalcke-Fuhrmann-Schäfer § 46 Anm. 2 a.

[377] v. Scheurl a. a. O. S. 52 ff. (S. 54).

[378] v. Scheurl a. a. O. S. 53.

Daß „eine solche objektive Abgrenzung" zwischen unbeendetem und fehlgeschlagenem Versuch „neue Probleme mit sich bringt", verkennt v. Scheurl[379] aber nicht und räumt ausdrücklich ein, über die Anwendbarkeit des § 46 Ziff. 1 bei freiwilliger Nichtfortsetzung eines Tötungsversuchs durch Würgen nach dem ersichtlich nicht tödlichen Schlag mittels einer Flasche könne man „wohl streiten". Dies ändere jedoch nichts an der prinzipiellen Notwendigkeit, im Hinblick auf die „Gleichheit des Unrechtsgehalts" § 46 Ziff. 1 zugunsten des Täters unabhängig davon offenzuhalten, ob *eine* oder *mehrere* Ausführungshandlungen geplant waren.

bbb) Die herrschende Lehre: Verneinung der Rücktrittsmöglichkeit nach Vornahme des einzigen vom Täter geplanten, erfolgstauglichen Handlungsakts

Den Stellungnahmen der vorstehend zitierten Autoren wurde mit Absicht ein etwas breiterer Raum gewidmet. Denn nur so konnte gezeigt werden, daß die von ihnen gebildete „Mindermeinung" keineswegs ein monolithischer Block ist, sondern auf der Basis einer tendenziell „rücktrittsfreundlichen" Grundauffassung praktisch zu doch recht unterschiedlich weitreichenden Konsequenzen führt. Demgegenüber läßt sich die „herrschende" Ansicht zur Lösung der ersten Fallgruppe, wenn also der Täter nach dem Mißlingen des einzigen für notwendig, weil *allein* schon für *erfolgstauglich* gehaltenen, *wiederholbaren* Tatakt nicht weitermacht, außerordentlich kurz behandeln. Denn sowohl über das Ergebnis, die uneingeschränkte Versagung der Rücktrittsmöglichkeit nach § 46 Ziff. 1, als auch über dessen Begründung — als zwingende Schlußfolgerung aus der subjektiven Abgrenzung von unbeendetem und beendetem Versuch — besteht volle Einigkeit. Lediglich zwei typische Beispiele seien als Beleg und zur Veranschaulichung herausgegriffen: Nach Hellmuth Mayer[380] ist „die *subjektive Vorstellung*" des Täters „maßgebend" und deshalb ein „beendeter Versuch" gegeben, wenn jemand, der „mit einem Schuß aus der Schußwaffe seinen Gegner töten" wollte, vorbeischießt. „Daß er nicht wagt, diesen fehlgeschlagenen Versuch mit tauglicheren Mitteln zu wiederholen", mache „ihn nicht straffrei".

Für Gutmann[381] ist von „entscheidender Wichtigkeit" der Täterplan, so daß A, der „seinen Erbonkel mittels *einer Dosis Gift* umbringen will", dabei aber keinen Erfolg hat, die Tat nicht mehr aufgeben könne, da er „eine weitere Handlung nicht für nötig hielt". Daher sei es „konstruktiv fehlerhaft", den Verzicht auf die Wiederholungsmöglichkeit zugunsten des Täters zu berücksichtigen.

Daß diese Auffassung — so ausschließlich und kompromißlos — heute in der Literatur noch ganz überwiegend anerkannt ist, dokumentiert die stattliche Zahl ihrer Anhänger. Dazu zählen außer den beiden eben genannten

---

[379] v. Scheurl a. a. O. S. 55.
[380] Hellmuth Mayer, Studienbuch, S. 146.
[381] Gutmann a. a. O. S. 91.

Autoren eindeutig[382] Baumann, Eser, Geilen, Maurach, Welzel, Wessels und Petters-Preisendanz, aber auch — ohne ausdrückliches Eingehen auf die hier herausgestellte Fallgestaltung — mit Rücksicht auf ihre allein am Täterplan orientierte Abgrenzung und zumindest *nicht positive* Kommentierung der abweichenden Ansicht[383]: Schönke-Schröder, Lackner-Maassen, Kohlrausch-Lange, Stratenwerth und Mezger. Schließlich soll nicht unerwähnt bleiben, daß im Sonderausschuß des Deutschen Bundestages für die Strafrechtsreform bei der Behandlung der Abgrenzungsproblematik jedenfalls für Fälle dieser Sachstruktur von allen Diskussionsrednern beendeter Versuch bejaht und damit der „einfache" Rücktritt durch Unterlassen verneint wurde[384].

bb) Die Kontroverse um die Anwendbarkeit des Rücktrittsprivilegs bei Verzicht auf einen geplanten Tätigkeitsakt nach Durchführung einer oder mehrerer erfolgsgeeigneter Handlungen

Ein anderes Bild bietet dagegen der Meinungsstand bezüglich der Fallgruppe b), bei der der Täter von vorherein *mehrere*, jeweils *für sich* gesehen zur Erfolgsherbeiführung *geeignete* Tätigkeitsakte vornehmen will, aber *vor* dem Vollzug der als Schlußakt geplanten Handlung von der Tat freiwillig Abstand nimmt. Die meisten sehen darin nämlich einen strafbefreienden Rücktritt, was gegenüber früher einen Meinungsumschwung bedeutet und wiederum die in jüngerer Zeit zu beobachtende Tendenz bestätigt, den Einzugsbereich des § 46 Ziff. 1 auszudehenen.

aaa) „Rücktrittsfreundliche" Stellungnahmen aufgrund der Gleichstellung mit der Lösung der ersten Fallgruppe zugunsten des Täters

Dabei ist es eigentlich fast überflüssig, eigens darauf hinzuweisen, daß diejenigen Autoren, die bei der ersten Fallgruppe unter gewissen, mehr oder weniger engen Kautelen *für* die Eröffnung der Rücktrittsmöglichkeit votierten, auch hier unter denselben Bedingungen *zugunsten* des Täters entscheiden[385]. Denn gerade dieses — als *richtig unterstellte* — Ergebnis war ja der Ansatzpunkt für die Kritik und das Hauptargument für die Gleichbehandlung beider Fallgestaltungen unter dem Aspekt des § 46 Ziff. 1. Besonders in Erinnerung zurückgerufen sei lediglich die Einschränkung des

---

[382] Baumann AT S. 500; Eser, Studienkurs Teil 2, Fall Nr. 33 Rdnr. 33 ff.; Maurach AT S. 519; Welzel, Lehrbuch, S. 196; Wessels AT (3. Aufl.) S. 101 unten; Petters-Preisendanz StGB (27. Aufl.) § 46 Anm. III; Geilen JZ 1972, 336 ff., insbesondere S. 336, 337.

[383] Schönke-Schröder § 46 Rdnr. 6, 7; Lackner-Maassen § 46 Anm. 2; Kohlrausch-Lange, § 46 Anm. III; Stratenwerth AT Rdnr. 757 ff.; Mezger-Lehrbuch (3. Aufl.) S. 400.

[384] Vgl. Sonderausschuß für die Strafrechtsreform, Deutscher Bundestag, 5. Wahlperiode, 88. Sitzung vom 29. 11. 1967, S. 1749 bis 1759 (damals war, wie schon oben zitiert, auch Dreher noch dieser Auffassung).

[385] Unklar allerdings Busch LK (9. Aufl.) § 46 Rdnr. 7 ff.

„einfachen" Rücktritts durch Jagusch und Busch[386], falls der Täter eine Situation geschaffen hat, in der der Erfolgseintritt möglich ist, also etwa „das Opfer, das er durch mehrere Stiche töten will, verletzt" hat. Hier könne ihn niemals „der weiterreichende Plan dahin privilegieren, daß er ohne abwendende Tätigkeit allein durch bloßes Innehalten Straflosigkeit erwirbt". Vielmehr müsse unter solchen Umständen generell „mit Rücksicht auf die Pflicht zur Erfolgsabwendung" *beendeter* Versuch angenommen werden. Beachtung verdient ferner die auf derselben Linie liegende Feststellung Schmidhäusers, der Angeklagte, der seine „Ehefrau durch mehrere Stiche töten wollte", aber nach dem ersten in der Erwartung aufhört, sein Opfer tödlich verletzt zu haben, könne nur über § 46 Ziff. 2 Straflosigkeit erlangen, „obwohl nach dem ursprünglichen Tatplan mehr Stiche vorgesehen waren"[387].

bbb) Rücktrittsbejahung trotz entgegengesetzter Entscheidung in der ersten Fallvariante

Im Gegensatz zur eben erwähnten Gruppe von Autoren, die in den Fallgestaltungen a) *und* b) aus Gründen der Gleichbewertung dem Täter den Rücktrittsweg nach § 46 Ziff. 1 offenhalten, lehnt eine Reihe von Schriftstellern — unbeeindruckt von den Gegenargumenten — die Notwendigkeit einer einheitlichen Entscheidung ab: trotz Verneinung des Rücktritts nach § 46 Ziff. 1 in der ersten bejahen sie ihn in der zweiten Fallgruppe.

Sehr pointiert vertritt diesen Standpunkt Maurach. Seiner Ansicht nach ist der Versuch in dem Augenblick beendet, in dem der einzige zur Tatvollendung für nötig gehaltene Handlungsakt ausgeführt ist, folglich also das Unterlassen der möglichen Deliktsfortsetzung kein „Rücktritt". Dagegen bejaht er die Anwendbarkeit des § 46 Ziff. 1, „wenn der nach Plan und Vorstellungsbild des Täters erforderliche Schlußakt noch aussteht"[388], wenn die vom Täter vorgenommenen Teilakte (zwei Schüsse anstelle der beabsichtigten sechs) objektiv schon für sich allein zur Herbeiführung des tatbestandsmäßigen Erfolges geeignet gewesen wären[389].

In die gleiche Richtung weisen die Ausführungen einer Reihe anderer Autoren, die zwar nicht immer ganz so präzise diese Fallgestaltung hervorheben, sie aber dem Zusammenhang nach wohl bei ihrer „rücktrittsfreundlichen" Lösung im Auge haben. Das gilt etwa für Hellmuth Mayers[390] Bejahung des § 46 Ziff. 1, wenn der Täter, der „weiß, daß er nicht hoffen kann, mit einem einzigen Schuß zu treffen, ... nach dem Fehlschuß" — freiwillig — „zu schießen aufhört"; ebenso für Wessels[391] Annahme eines unbeendeten Mordversuchs, falls der Täter „sein Opfer mit einer Folge von

[386] Jagusch LK (8. Aufl.) § 46 Anm. I 2; Busch LK (9. Aufl.) § 46 Rdnr. 16.
[387] Schmidhäuser AT S. 506 Kapitel 15 Rdnr. 95.
[388] Maurach AT S. 519.
[389] Maurach AT S. 519.
[390] Hellmuth Mayer, Studienbuch, S. 146; vgl. AT S. 296.
[391] Wessels AT S. 101; ähnlich Petters-Preisendanz § 46 Anm. II 1.

Schüssen aus einem Schnellfeuergewehr töten will“ und das Schießen abbricht, „bevor er getroffen hat“.

Ebenfalls als Anhänger dieser Ansicht müssen aufgrund ihrer uneingeschränkt vom Blickfeld des Täters aus beurteilten Grenzziehung zwischen den Bereichen des § 46 Ziff. 1 und 2 Lackner-Maassen, Kohlrausch-Lange, Mezger und Welzel angesehen werden[392]. Letzterer wendet sich besonders gegen die Verwendung der natürlichen Handlungseinheit als „Prinzip oder Korrektiv der Abgrenzung“, da dadurch „neue Zweifel“ aufkämen, indem nun „objektive Momente im Rahmen der Versuchslehre“ dominierten[393].

Auch für Maiwald[394] ist die „*subjektive* Abgrenzung“ in dem Fall maßgebend, daß „der Täter bei *einer* Gelegenheit zwei Schüsse abgibt, die fehlgehen, und einen dritten unterläßt“. Dabei verdient sein Hinweis Beachtung[395], das Kriterium der natürlichen Handlungseinheit, mit dem Rechtsprechung und Schrifttum zum Teil die Rücktrittsmöglichkeit begründen, habe mit der Abgrenzungsproblematik: „beendeter-unbeendeter“ Versuch „nichts zu tun“, da es hier allein um den „kriminalpolitischen Sinn des § 46“ gehe.

Schließlich gehört in diesen Zusammenhang noch wegen ihrer allgemeinen Formulierung die These Stratenwerths[396], der zu mehreren Einzelakten entschlossene Täter, der z. B. bis zum tödlichen Treffer auf sein Opfer schießen will, überschreite erst dann die Grenze zum beendeten Versuch, wenn er den Erfolgseintritt aufgrund seines bisherigen Tuns „wenigstens für möglich hält“. Denn diese Voraussetzung ist zweifellos nicht erfüllt, wenn jemand von seinen fünf geplanten Schüssen zwei am Ziel vorbeigeschossen hat und daraufhin sein Vorhaben abbricht.

Zum gleichen Ergebnis gelangt in diesem Fall auch Schröder, allerdings mit gänzlich anderer Begründung, die wegen ihrer theoretischen Sonderstellung sozusagen „zwischen den Fronten“ Hervorhebung verdient. Gegen eine Verselbständigung der Teilakte wendet Schröder im Anschluß an Dreher ein, dadurch werde ein möglicherweise einheitlicher Vorgang auseinandergerissen, so daß es „Schwierigkeiten bei der Entscheidung des Verhältnisses mehrfacher Versuche zueinander“[397] geben müsse. Aber auch die umgekehrte Lösung, „mit objektiv normativen Kriterien“ die Einheitlichkeit mehrerer Teilakte zu begründen, sei nicht voll befriedigend, weil sie den subjektiven Vorstellungen des Täters nicht genügend Rechnung trage[398]. Diese Nachteile vermeide nur eine aus objektiven und subjektiven Gesichts-

---

392 Lackner-Maassen § 46 Anm. 2; Kohlrausch-Lange § 46 Anm. III; Mezger, Lehrbuch, S. 400; Welzel, Lehrbuch, S. 196 f.

393 Im Widerspruch dazu steht jedoch seine Zustimmung zu BGHSt. 10, 129, vgl. dazu Welzel, Lehrbuch, S. 226.

394 Maiwald, Die natürliche Handlungseinheit, Heidelberg 1964, S. 93 Anm. 118 von S. 92.

395 Maiwald a. a. O. S. 92.

396 Stratenwerth AT Rdnr. 760.

397 Schönke-Schröder § 46 Rdnr. 8 b.

398 Schönke-Schröder § 46 Rdnr. 8 c.

punkten kombinierte Abgrenzung[399] des unbeendeten vom fehlgeschlagenen Versuch. Letzterer liege danach vor, wenn der Täter das einzige ihm zur Verfügung stehende[400] oder das einzige von ihm — ausschließlich und allein — zur Tatbegehung ausgewählte[401] Mittel erfolglos verbraucht hat. Sei dagegen „von vornherein die Möglichkeit mehrfachen Handelns" eingeplant gewesen, so entscheide der Aspekt der Handlungseinheit bzw. -mehrheit darüber, ob der Wiederholungsakt mit dem voraufgegangenen Teilakt *eine* Tat bilde[402] oder „die Anwendung des gleichen" bzw. „eines anderen Mittels" ein *neuer* Versuch ist. Konkret sieht Schröder „die wiederholte Abgabe von Schüssen oder das wiederholte Zustechen" bei einem Tötungsversuch „als eine einzige" — noch unbeendete — Handlung an, so daß die freiwillige Tataufgabe nach dem ersten oder mehreren Einzelakten die Rücktrittsfolge des § 46 Ziff. 1 auslöst[403]. Zu beachten ist jedoch, daß Schröder an anderer Stelle als *generelle* Voraussetzung des unbeendeten Versuchs die Überzeugung des Täters verlangt, der Erfolg werde „ohne weiteres Zutun nicht eintreten"[404].

ccc) Die Mindermeinung: Versagung des Rücktrittsprivilegs nach Vornahme eines für erfolgstauglich gehaltenen Teilakts

Wie eingangs schon kurz bemerkt, vertreten die prinzipielle Unanwendbarkeit des § 46 Ziff. 1 in der Fallgruppe b) in der Gegenwartsliteratur nur noch wenige Autoren. Einigkeit besteht unter ihnen darin — und insoweit auch Übereinstimmung mit ihren Gegnern — daß „der umsichtig planende und gefährlich vorgehende Täter ungerechtfertigt privilegiert"[405] würde, wenn *er* noch nach 99 Schüssen mit strafbefreiender Wirkung zurücktreten könnte, nur weil er den geplanten hundertsten Schuß nicht mehr abgefeuert hat, während demjenigen, der bloß *einen* Schuß einkalkuliert hatte, nach dessen Fehlgehen der Rücktrittsweg versperrt wäre. In Konsequenz dieses gemeinsamen — auch im früheren Schrifttum wohlbekannten — Arguments *gegen* eine *verschiedene* Behandlung beider Täter wird hier also lediglich der umgekehrte — im einzelnen durchaus abweichend begründete — Weg beschritten, um das „Gleichheitsgebot" zu verwirklichen.

Baumann[406] hält die „subjektive Abgrenzung" für „zu weit getrieben", wenn der Täter die Tatvollendung „evtl. mit dem ersten Teilakt zu erreichen" hoffte, aber für den Fall des Mißlingens weitere Ausführungshandlungen beabsichtigt hatte. Er schlägt deshalb vor, „im Rahmen der §§ 43, 46 bei der natürlichen Handlungseinheit wie auch beim Forsetzungszusammenhang die Gesamtbetrachtung" beiseitezulassen und statt dessen

---

399 Schönke-Schröder § 46 Rdnr. 8 d.
400 Schönke-Schröder § 46 Rdnr. 8 e.
401 Schönke-Schröder § 46 Rdnr. 8 f.
402 Schönke-Schröder § 46 Rdnr. 8 g.
403 Schönke-Schröder § 46 Rdnr. 8 g.
404 Schönke-Schröder § 46 Rdnr. 7.
405 Baumann AT S. 500; das folgende Beispiel stammt von Baumann.
406 Baumann AT S. 500.

„auf die Einzelakte" durchzugreifen. Danach liegt unabhängig vom — vielleicht weitergehenden — Tatplan und etwaigen Wiederholungs- oder Fortsetzungsmöglichkeiten jedesmal ein beendeter Versuch vor, wenn eine vom Täter zur Erfolgsherbeiführung für geeignet angesehene Handlung vorgenommen wurde. Ausdrücklich betont Baumann[407] im Hinblick auf die Darlegungen Ottos, diese seien nicht dazu angetan, „die Unbilligkeit der h. L." zu beseitigen, da sie denjenigen zu Unrecht bevorzugten, der „nach fehlgeschlagenem Versuch schnell" eine Handlungsalternative „sucht, aber nicht durchführt".

Auch Eser bezeichnet die Anwendbarkeit des § 46 Ziff. 1 in der hier zur Diskussion stehenden Fallgestaltung als „*kriminalpolitisch* höchst zweifelhaft"[408], weil sie *den* Täter begünstigt, „der sich nach mißlungenem Versuch geschickt und gerissen eine konkrete Fortsetzungsmöglichkeit (als Ausrede) einfallen läßt"[409]. Außerdem weist Eser auf die als Konsequenz der Gegenmeinung sich ergebende „bedenkliche *Ausweitung*"[410] des Rücktrittsprivilegs hin und wirft sarkastisch im Anschluß an das von Baumann gebildete Beispiel die Frage auf[411], was „eigentlich dafür" spreche, dem „Attentäter, der bereits 99 von 100 einkalkulierten Schüssen ergebnislos abgefeuert hat", seinen nicht mehr ausgeführten letzten Versuch mit gänzlicher Straffreiheit zu honorieren. Schließlich greift er im Anschluß an Maiwald[412] speziell die Lösung der Abgrenzungsproblematik mit Hilfe des Kriteriums der „natürlichen Handlungseinheit" an, da die Frage, ob *eine* Tat vorliege, und die Frage, ob der Versuch beendet oder unbeendet sei, verschiedenen Ebenen mit unterschiedlichen Gesichtspunkten angehörten, die daher nicht einfach übertragbar seien[413].

Aus all diesen Gründen hält Eser ebenso wie Baumann eine „*Einzelbetrachtung*"[414] der Ausführungshandlungen für geboten. Dabei könne man je nach dem Grad der Verselbständigung der Teilakte, d. h. je nach ihrer „subjektiv zu beurteilenden"[415] Eignung, einzeln — für sich allein — den Deliktserfolg zu realisieren, „im wesentlichen drei Fallabstufungen unterscheiden"[416]: *Keine selbständige* Funktion hätten die durchgeführten Einzelakte dort, wo nach der Vorstellung des Täters noch weitere Handlungen hinzukommen müssen, um die Tatvollendung zu bewirken. Als *relativ selbständig* sei der vorgenommene Einzelakt dagegen zu bewerten, wenn der Täter ihn allein als „möglicherweise oder gar sicher"[417], erfolgstauglich

---

[407] Baumann AT S. 501.
[408] Eser, Studienkurs, Teil II, Fall Nr. 33 Rdnr. 29.
[409] Eser, Studienkurs, Teil II, Fall Nr. 33 Rdnr. 29.
[410] Eser, Studienkurs, Teil II, Fall Nr. 33 Rdnr. 28.
[411] Eser, Studienkurs, Teil II, Fall Nr. 33 Rdnr. 28.
[412] Ebenso Hruschka, JZ 1969, 498 Anm. 18.
[413] Eser, Studienkurs, Teil II, Fall Nr. 33 Rdnr. 29.
[414] Eser, Studienkurs, Teil II, Fall Nr. 33 Rdnr. 30.
[415] Eser, Studienkurs, Teil II, Fall Nr. 33 Rdnr. 39.
[416] Eser, Studienkurs, Teil II, Fall Nr. 33 Rdnr. 31.
[417] Eser, Studienkurs, Teil II, Fall Nr. 33 Rdnr. 33.

angesehen hat, aber davon ausgeht, „daß zwischen der Einzelhandlung und deren Wirkung der Erfolgseintritt noch durch einen ‚actus contrarius' aufgehalten werden könnte"[418]. Rechnet der Täter mit dieser Möglichkeit nicht mehr, dann sei die dritte Stufe, die *absolute Selbständigkeit* seiner Ausführungshandlung, erreicht, da nunmehr aus seiner Sicht die Tatvollendung „nur noch vom Zufall"[419] abhänge.

Im Rahmen des § 46 wirkt sich nach Eser die vorgeschlagene Differenzierung dahingehend aus, daß der Versuch im Falle unselbständiger Teilakte noch unbeendet und bei absoluter Verselbständigung fehlgeschlagen ist. Das heißt[420], „*unabhängig* davon", ob der Täter — besonders umsichtig — im Hinblick auf einen etwaigen Mißerfolg „weitere unmittelbar anschließende Versuchshandlungen" plante, kann er sich in den beiden letztgenannten Alternativen durch bloßes, wenn auch freiwilliges Abstehen von der Tat keine Straflosigkeit nach § 46 Ziff. 1 verschaffen. Die Vorzüge seiner Auffassung sieht Eser in der gleichmäßigen und sicheren Einordnung der auftretenden Fallvarianten, in der Vermeidung einer allzu großzügigen Rücktrittsprivilegierung und in der Berücksichtigung der unterschiedlichen „Erfolgsnähe der Handlungsakte des Täters"[421]. Außerdem werde dadurch weder die Annahme natürlicher Handlungseinheit zwischen mehreren „Versuchen" bei der Prüfung der Konkurrenzfragen ausgeschlossen, — Drehers Einwand einer u. U. zigfachen Versuchsstrafbarkeit[422] also nicht praktisch — noch dem Täter „jeder Anreiz"[423] zum Rücktritt genommen. Denn diese Erwägung beruhe auf der als verfehlt erkannten kriminalpolitischen Deutung des § 46, und im übrigen sei die gegenüber der Vollendung mildere Versuchsstrafe eine genügend wirksame Motivation zur Tataufgabe.

Eine in den praktischen Ergebnissen weitgehend übereinstimmende, konstruktiv allerdings anders aufgebaute Lösung hat Geilen[424] vorgeschlagen, um bei der Bestimmung des Anwendungsbereichs des § 46 Ziff. 1 zu verhindern, daß „paradoxerweise geradezu ein Prämieneffekt für die besonders gelungene Tatplanung" entsteht und „über die Strafbarkeit subjektive Zufälle" oder die „Geschicklichkeit des Täters bzw. seines Verteidigers" entscheiden. Ausgangspunkt der Überlegungen Geilens ist die Feststellung, daß die „Teilaktproblematik" von der Sachstruktur her zwei ganz verschiedene Fallkonstellationen umschließt, die lediglich durch die einheitliche Formulierung verdeckt sind. Einmal sei der „Teilakt", z. B. die Einzeldosis Gift bei einem sukzessiv — durch Beibringung von mehreren kleinen Mengen —

---

[418] Eser, Studienkurs, Teil II, Fall Nr. 33 Rdnr. 33.

[419] Eser, Studienkurs, Teil II, Fall Nr. 33 Rdnr. 34.

[420] Eser, Studienkurs, Teil II, Fall Nr. 33 Rdnr. 38.

[421] Eser, Studienkurs, Teil II, Fall Nr. 33 Rdnr. 39.

[422] Siehe oben im Text S. 198.

[423] Eser, Studienkurs, Teil II, Fall Nr. 33 Rdnr. 41; Otto GA 1967, 149 unten, meint gerade umgekehrt, nach der Theorie der „goldenen Brücke" sei es „folgerichtig, das Verhalten des Täters nach Erkennen des Fehlschlags für unbeachtlich zu erklären".

[424] Geilen JZ 1972, 336.

abrollenden Giftmordversuch, objektiv und subjektiv ein „wesensnotwendiger Bestandteil eines bestimmten vom Täter angestrebten Summationseffektes“[425], weshalb man hier durchaus folgerichtig nach dem „Tatplan und dessen Verwirklichungsgrad die jeweilige Versuchsphase“[426] bestimme. Zum anderen könne der „Teilakt“, etwa ein Pistolenschuß, in der Täterperspektive aber auch eine schon für sich allein zur Tatvollendung taugliche Handlung sein, so daß der zusätzlich geplante Tätigkeitsakt lediglich einen, auf die „möglichst optimale Sicherstellung des Erfolges“ berechneten „Wiederholungsakt“ im Falle des Fehlschlags der jeweils vorhergehenden Ausführungshandlung(en) bilde[427].

Dementsprechend müsse man — bei grundsätzlicher Beibehaltung der subjektiven Abgrenzungstheorie — „nach dem Inhalt“ der Tätervorstellungen differenzieren, wobei „die für“ erforderlich „gehaltene *Minimal*voraussetzung des Erfolges entscheidend“[428] sei: Ging der Täter davon aus, erst das Zusammenwirken mehrerer Einzelakte könnte die Deliktsvollendung herbeiführen, so stehe ihm der Rücktrittsweg des § 46 Ziff. 1 bis zum Schlußakt offen; hielt er dagegen den vorgenommenen Teilakt aus ex-ante-Sicht für ausreichend, den beabsichtigten Erfolg zu gewährleisten, so liege ein beendeter Versuch vor, demgegenüber unter dem Aspekt des Rücktritts der Verzicht auf eine Wiederholungs- oder sonstige Fortsetzungsmöglichkeit der Tat keine Rolle spiele. Geilen verkennt dabei nicht[429] die mitunter „praktische Schwierigkeit“, im konkreten Fall, etwa bei einem Tötungsversuch „mit manuellen Mitteln, mit einem Messer“ oder „einem Beil“, den jeweiligen Tatplan — Summierungs- oder Wiederholungs-Teilakt — herauszufinden, hält dies Problem aber unter Zuhilfenahme der objektiven „Einzelheiten des Tatgeschehens“, zum Beispiel der Wucht des Schlages, der Stoßrichtung des Stichs, der Schärfe der Klinge, auch in Grenzsituationen nicht eindeutiger „Phänomenologie“ des Handlungsablaufs für durchaus befriedigend lösbar.

Dagegen bleibe die Gegenmeinung, die das Auslassen einer im Rücktrittszeitpunkt sich bietenden Handlungsalternative als Rücktritt belohnt, schwerwiegenden Bedenken ausgesetzt. Neben den schon erwähnten Einwänden von Baumann, Maiwald, Hruschka und Eser macht Geilen vor allem auf drei zusätzliche Argumente aufmerksam: erstens beseitige sie nicht die Privilegierung des besonders gefährlichen Verbrechers, weil sich die umsichtigere Planung „in aller Regel auch in einer entsprechend besseren objektiven Vorsorge“[430] niederschlage und durch das so geschaffene Mehr an Handlungsmöglichkeiten die Rücktrittschancen sich erhöhten. Zweitens sei das zu deren Begrenzung verwandte Kriterium der natürlichen Handlungs-

[425] Geilen JZ 1972, 337.
[426] Geilen JZ 1972, 337.
[427] Geilen JZ 1972, 337.
[428] Geilen JZ 1972, 337.
[429] Geilen JZ 1972, 339.
[430] Geilen JZ 1972, 338.

einheit zu wenig exakt[431], um davon die Entscheidung: Strafbarkeit oder Straflosigkeit abhängig machen zu dürfen. Drittens zeigt Geilen, wie wenig die Ausweitung des Anwendungsbereichs des § 46 Ziff. 1 mit dessen „heute im Vordergrund stehenden Deutungsversuchen" — der Verdienstlichkeit, der fehlenden Strafwürdigkeit oder mangelnden Schuld des Zurücktretenden — in Einklang zu bringen ist[432].

Im Ansatz ebenso wie Baumann, Eser und Geilen, aber ohne nähere Begründung hatte schon Gutmann auf die *Isolierung* der Versuchsakte abgestellt, wenn jede einzelne Handlung die Tatvollendung herbeiführen sollte. Die Nichtabgabe des zweiten einkalkulierten Schusses nach dem Fehlgehen des ersten, bereits in der Hoffnung auf Erfolg abgefeuerten, bedeute daher keine Aufgabe des Verbrechens, da nicht erst von mehreren „in ihrer Gesamtheit" der Erfolgseintritt erwartet wurde[433]. Falsch entschieden sei deshalb der sogenannte „Flachmann-Fall", in dem der Täter den Tod des Opfers „primär" durch den Schlag mit der Flasche beabsichtigte[434], so daß der Abbruch des nachfolgenden Würgens keine strafbefreiende Wirkung für den vorhergehenden — beendeten — Mordversuch habe.

Abschließend sei noch erwähnt, daß die Fallgestaltung b) im Sonderausschuß des Deutschen Bundestages für die Strafrechtsreform eine lebhafte Diskussion ausgelöst hat, in deren Verlauf Meyer, Horstkotte, Müller-Emmert und Arndt ebenfalls die Annahme beendeten Versuchs bejahten und die Rücktrittsmöglichkeit nach § 46 Ziff. 1 entschieden zurückgewiesen haben[435]. Arndt verlangte sogar, um jedes Mißverständnis in späteren Zeiten auszuschließen, eine ausdrückliche Feststellung im Protokoll[436]!

cc) Rücktritt bei Planung mehrerer nur zusammen erfolgswirksamer Einzelakte

Der Überblick über das Schrifttum zur dritten, eingangs hervorgehobenen, charakteristischen Sachverhaltskonstellation — typisch dafür der vorzeitig abgebrochene Giftmordversuch durch nacheinander zu verabreichende, nur in bestimmter Zahl tödlich wirkende Einzeldosen — zeigt noch mehr als früher die Vermengung dieser Fallvariante mit der vorstehend behandelten. Die völlig verschieden gelagerte Sachstruktur je nachdem, ob schon *ein* Teilakt *allein* nach der Vorstellung des Täters zur Erfolgsherbeiführung genügen sollte oder von vornherein nur mehreren in ihrer *Gesamtheit* Erfolgswirksamkeit beigelegt wurde, kam dadurch nicht zum Tragen. Das soll nicht bedeuten, daß die Lösung der dritten Fallgruppe etwa umstritten wäre, vielmehr besteht insoweit am Vorliegen eines unbeendeten Versuchs nicht der geringste Zweifel. Aber im Hinblick auf die kontroverse Entscheidung der Fallgestaltung b) kann die schärfere Differenzierung, der

---

[431] Geilen JZ 1972, 338.
[432] Geilen JZ 1972, 338.
[433] Gutmann a. a. O. S. 92.
[434] Gutmann a. a. O. S. 93 betreffend BGHSt. 10, 129 ff.
[435] SAS Strafrechtsreform, 88. Sitzung, S. 1749 f., insbesondere S. 1758 f.
[436] Arndt SAS S. 1758 unten.

Kontrast der beiden Ausgangssituationen im Tatsächlichen, Mißverständnisse und Fehlentscheidungen vermeiden helfen. Es ist daher mehr als bedauerlich, daß die Kommentar- und Lehrbuchliteratur mit Ausnahme Hellmuth Mayers[437] geschlossen an der sachlich gebotenen, schon vom Reichsgericht und zahlreichen älteren Autoren klar herausgearbeiteten Trennung von „Wiederholungs"- und „Summierungs"-Teilakt[438] vorbeigeht[439]. Im monographischen Schrifttum dagegen wird sie häufiger, mit besonderem Nachdruck von Geilen, aber auch von Gutmann, v. Scheurl und Eser durchgeführt[440], von anderen — wie Otto, Dreher und Roxin — jedoch wieder außer acht gelassen.

III. Die Bedeutung einer objektiv bestehenden „Erfolgsgefahr" für die Abgrenzungsproblematik „unbeendeter"-„beendeter" Versuch

Wie bereits bei der Darstellung der BGH-Judikatur deutlich wurde und in einigen der bislang angeführten Literaturstellungnahmen zum Ausdruck kam, hat die Abgrenzungsproblematik zwischen unbeendetem und beendetem Versuch noch eine sehr wichtige *zweite* Dimension. Entgegen aller Planung des Täters kann nämlich schon die erste oder irgendeine andere Handlung *vor* dem geplanten Schlußakt die — von ihm auch erkannte — *Gefahr des Erfolgseintritts* heraufbeschwören, das heißt, es kann objektiv zu einem Widerspruch mit den Vorstellungen des Täters bei Tatbeginn und dadurch zu einer „Überschneidung der beiden an sich in einem zeitlichen nacheinander gedachten"[442] Versuchsabstufungen des § 46 Ziff. 1 und 2 kommen.

1. Die Behandlung des Problems im älteren Schrifttum

Dieser Fragenkreis wurde in der Reichsgerichtsrechtsprechung nicht akut und auch im Schrifttum jener Epoche, wenn überhaupt, stets nur im Rahmen von „Irrtumsfällen" erörtert, wenn also der Täter trotz seiner Über-

---

[437] Hellmuth Mayer, Studienbuch, S. 146; derselbe AT S. 296.

[438] Geilen JZ 1972, 338.

[439] Schönke-Schröder, § 46, Rdnr. 8; Dreher, § 46, Anm. 1; Lackner-Maasen, § 46, Anm. 2; Kohlrausch-Lange, § 46, Anm. III; Jagusch, LK (8. Aufl.) § 46, Anm. I 2; Busch, LK (9. Aufl.) § 46, Rdnr. 7; vgl. auch Dalcke-Fuhrmann-Schäfer, § 46 Anm. 2; Petters-Preisendanz, § 46, Anm. III; ebenso: Baumann, AT, S. 500; Jescheck, AT, S. 408 f.; Maurach, AT, S. 519 f.; Mezger-Blei, AT, S. 256 f.; Stratenwerth, AT, Rdnr. 758 ff.; Schmidhäuser, AT, S. 502 Kapitel 15 Rdnr. 83 (im Rahmen der Besprechung des unbeendeten Versuchs erwähnt er allerdings den sukzessiven Giftmordversuch als Beispiel); Welzel, Lehrbuch, S. 196 f.; Wessels, AT, S. 101.

[440] Geilen JZ 1972, 337 ff.; Gutmann a. a. O. S. 89 unten, 90 oben; v. Scheurl a. a. O. S. 45, 50; Eser, Studienkurs, Teil II, Fall Nr. 33, Rdnr. 32; vgl. auch OLG-Rat Meyer, in: SAS 88. Sitzung, S. 1758 rechte Spalte.

[441] Otto GA 1967, 148 ff.; Roxin, Heinitz-Festschrift, S. 267 ff.; Dreher JR 1969, 107.

[442] Geilen JZ 1972, 339.

zeugung, noch nicht alles zur Erfolgsherbeiführung Erforderliche getan zu haben, freiwillig nicht mehr weiterhandelt, tatsächlich aber schon die Möglichkeit des Vollendungseintritts bestand. Die Lösung des Problems war kontrovers und eng mit der grundsätzlichen Fragestellung verknüpft, ob die Abgrenzung zwischen beendetem und unbeendetem Versuch „objektiv" oder „subjektiv" vorzunehmen sei. Während die Anhänger der subjektiven Theorie die Maßgeblichkeit des Täterplans und damit die Anwendbarkeit des § 46 Ziff. 1 in der obigen Fallgestaltung bejahten[443], erachteten andere dieses Ergebnis für unbefriedigend[444], da der Täter „zwar guten Willen ... bewiesen, nicht aber die durch ihn selbst bewirkte Gefährdung beseitigt"[445] habe, und leiteten daraus ein Argument für ihre „objektive" oder „gemischte" Theorie ab[446]. Besondere Hervorhebung verdient die Stellungnahme v. Hippels. Obwohl er sich prinzipiell zur subjektiven Abgrenzungstheorie nach dem „*Plan des Täters*"[447] bekannte, begründet seiner Ansicht nach das bloße Unterlassen keine Straffreiheit, „wenn die vom Standpunkt des Täters noch nicht beendete Handlung in Wahrheit bereits zur Vollendung genügt"[448], vielmehr sei „dazu aktives Eingreifen"[449] erforderlich.

2. *Der Meinungsstand in der jüngeren Literatur*

a) Das Problem des Irrtums über die Erfolgstauglichkeit der Versuchshandlung

Auch im neueren Schrifttum wurde der Fall des Hinübergreifens des § 46 Ziff. 2 in den Bereich der Ziff. 1 anhand der vorstehend beschriebenen Irrtumsproblematik verschiedentlich behandelt, wobei der Meinungsgegensatz im Ergebnis erhalten blieb. So bekennt sich z. B. Treplin[450] zur „objektiven Rücktrittstheorie", da er es als „nicht zu billigende Folgen" der subjektiven Lehre ansieht, den Täter, der seinem Opfer eine an sich tödliche Dosis Gift gegeben hat, wegen Mordversuchs straflos zu lassen, nur weil er glaubte, ihm zur Erreichung des Todeserfolges noch mehr Gift einflößen zu müssen, dies aber dann freiwillig unterließ. Auch nach Ansicht Hellmuth Mayers[451] und Seegers[452] ist trotz ihrer grundsätzlich an der Tätervorstel-

---

[443] v. Buri GA Bd. 25 (1877), 288, 293; Neuenhofen a. a. O. S. 45 ff.

[444] Henkel JW 1937, 2377; Lobe, Handwörterbuch, S. 178; Köhler, Strafrecht, S. 457 f.; Krauthammer a. a. O. S. 20; Anton Schmitt a. a. O. S. 63 ff., 68; Schuch a. a. O. S. 41; Wimmer a. a. O. S. 18.

[445] Henkel JW 1937, 2377.

[446] Siehe dazu oben im Text S. 144.

[447] v. Hippel, Deutsches Strafrecht, S. 411, 2 a.

[448] v. Hippel, Deutsches Strafrecht, S. 411 Anm. 6.

[449] v. Hippel, Deutsches Strafrecht, S. 411 Anm. 6.

[450] Treplin ZStW 76, 468.

[451] Hellmuth Mayer AT S. 296.

[452] Seeger a. a. O. S. 39 f.

lung orientierten Abgrenzung zwischen unbeendetem und beendetem Versuch „allein der objektive Sachverhalt"[453] entscheidend, „wenn der Täter irrtümlich ... seine Tätigkeit für unbeendet hielt"[454].

Im Gegensatz dazu gewähren Arzt, Stratenwerth, Gutmann und v. Scheurl hier dem Täter bei freiwilligem Nichtweiterhandeln das Rücktrittsprivileg nach § 46 Ziff. 1 a. F.[455], wobei vor allem die Selbstverständlichkeit überrascht, mit der diese Lösung vertreten wird. Besonders kraß ist insoweit die Äußerung v. Scheurls[456], es bestehe „kein Grund, dem Täter die Wohltat des § 46 Ziff. 1 / 24 I n. F. zu versagen", wenn er z. B. in dem — irrigen — Glauben von dem Opfer seines Mordversuchs abläßt, ihm keine lebensgefährlichen Verletzungen zugefügt zu haben, und der Tod lediglich „dank einer glücklichen Verkettung von unvorhersehbaren Umständen" nicht eintritt!

b) Die Berücksichtigung der „Erfolgsgefahr" im Anschluß an BGHSt. 14, 75 ff.

Abgesehen von derartigen „Irrtumsfällen" findet man den Aspekt der — bezogen auf den Tatplan — vorzeitig ausgelösten „Erfolgsgefahr" in der Gegenwart — anders als früher — auch sonst vielfach wenigstens kurz unter Bezugnahme auf die von der Rechtsprechung des BGH entwickelten Grundsätze erörtert. Die Ausführungen beschränken sich insoweit allerdings meist nur auf eine ganz bestimmte Fallgestaltung, die dadurch gekennzeichnet ist, daß „der Täter bei Tatbeginn noch keinen fest umrissenen Plan ... hat, sondern ... so lange handeln will, bis der Erfolg eingetreten ist"[457]. Bei dieser Sachlage soll es für die Frage der Abgrenzung der beiden Versuchszonen darauf ankommen, welche Vorstellungen der Täter sich von der Wirksamkeit seines Tuns im Augenblick der Abstandnahme von weiteren Ausführungshandlungen machte.

Trotz des gemeinsamen Ausgangspunkts ergeben sich jedoch bei der Bestimmung der Anwendungsbereiche von § 46 Ziff. 1 und 2 a. F. im einzelnen gewisse — oft vielleicht unbewußte — Abweichungen. So wird teilweise an BGHSt. 14, 75 angeknüpft und beendeter Versuch nur dann bejaht, wenn der Täter die Tatausführung gerade *deshalb* abbricht, *weil* er den Eintritt der Tatvollendung für möglich hält[458]. In anderen Stellungnahmen taucht dagegen ein solcher das Gebiet des § 46 Ziff. 2 einschränkender, den

---

[453] Hellmuth Mayer AT S. 296.

[454] Hellmuth Mayer AT S. 296; vgl. auch Seeger a. a. O. S. 40.

[455] Arzt GA 1964, 8; Stratenwerth AT Rdnr. 766; Gutmann a. a. O. S. 108; v. Scheurl a. a. O. S. 45 f.

[456] v. Scheurl a. a. O. S. 45.

[457] Welzel, Lehrbuch, S. 197 oben.

[458] So Dreher, § 46, Anm. 1 (in seiner Anmerkung JR 1969, 105 ff. geht er auf die Problematik nicht ein); v. Scheurl a. a. O. S. 55; Gutmann a. a. O. S. 93; siehe auch unten S. 216 Fußnote 461.

Täter also begünstigender, „spezifischer Motivationszusammenhang zwischen Rücktritt und Erfolgserwartung“[459] nicht auf, vielmehr genügt hier zur Annahme beendeten Versuchs schon die dem Täter bewußte Tatsache einer möglicherweise bestehenden „Erfolgsgefahr“[460]. In den Formulierungen kommt dieser Unterschied deutlich zum Ausdruck. So heißt es etwa bei Dreher, der Versuch sei beendet, wenn der Täter weitere Maßnahmen „unterläßt“, *weil* er die Verwirklichung des tatbestandsmäßigen Erfolges schon aufgrund seiner bisherigen Handlungen für denkbar hält, während er nach Wessels ganz allgemein „Straffreiheit nur über § 46 Nr. 2 gewinnen“ kann, „*wenn*“ er an die Möglichkeit der Tatvollendung denkt. Oder: Jescheck bejaht beendeten Versuch, wenn der Täter „es auch nur für möglich hielt, *daß* der Erfolg ohne sein weiteres Zutun eintreten werde“, dagegen versagt v. Scheurl dem Täter das Rücktrittsprivileg des § 46 Ziff. 1 erst dann, wenn „er aufhört, *weil* er“ bereits von dem bis dahin Vollbrachten die Deliktsrealisierung erhofft.

c) Die Grenzziehung zwischen „unbeendetem“ und „beendetem“ Versuch unabhängig vom Bestehen der Gefahr des Erfolgseintritts

Während die vorstehend genannten Autoren das Problem der — wie auch immer im Detail bestimmten — grundsätzlichen Vorrangigkeit des § 46 Ziff. 2 a. F. wenigstens in der besonderen Fallgestaltung des ohne konkret festgelegten Plan die Tatausführung beginnenden Täters herausarbeiten, wird der Aspekt der „Erfolgsgefahr“ in anderen Stellungnahmen, so z. B. von Otto, Roxin, Baumann oder Kohlrausch-Lange nicht behandelt. Dies mag teilweise daraus zu erklären sein, daß man immer nur den „fehlgeschlagenen“ und „unbeendeten“ Versuch einander gegenüberstellt und ersteren *objektiv* versteht, so daß die Möglichkeit des Erfolgseintritts hier nie gegeben ist. Teilweise aber dürfte diese besondere Komponente der Abgrenzungsproblematik auch einfach übersehen worden sein.

d) Die Anerkennung der prinzipiellen Vorrangigkeit des „beendeten“ Versuchs bei möglicher Erfolgsverwirklichung

Mit um so größerem Nachdruck ist deshalb auf diejenigen Literaturmeinungen hinzuweisen, die — ohne Rücksicht auf die Fallgestaltung — *bei drohender Erfolgsgefahr* — teils wenn sie vom Täter erkannt ist, teils unabhängig davon — dem *Präventivgedanken* stets den Vorrang geben, d. h. den oder die Teilakte als *beendeten* Versuch ansehen. Daraus folgt,

---

[459] Geilen JZ 1972, 337.

[460] Lackner-Maassen § 46 Anm. 2; Stratenwerth AT Rdnr. 760; Welzel, Lehrbuch, S. 197; Jescheck AT (1. Aufl.) S. 358; Wessels AT S. 102 oben; Petters-Preisendanz § 46 Anm. III 1.

daß nur durch *erfolgsabwendende Tätigkeit* Straflosigkeit erworben werden kann. In Erinnerung zurückgerufen seien insoweit die oben mitgeteilten Äußerungen von Blei, Busch, Eser, Jagusch, Schmidhäuser und Schröder. Dabei darf jedoch nicht unerwähnt bleiben, daß sich auch bei ihnen manchmal[461] die besondere Kausalbeziehung zwischen unterlassenem Weiterhandeln und Erfolgserwartung als Erfordernis des beendeten Versuchs findet, bisweilen[462] dagegen insoweit das bloße „Für-möglich-Halten" genügt. Ob Blei darüber hinausgehend die *Überzeugung* des Täters vom Eintreten des Erfolges verlangt, ist nicht ganz klar, dürfte aber zu verneinen sein, da im Gegensatz zu der insoweit mißverständlichen Formulierung[463] im Rahmen eines Beispiels an anderer Stelle betont wird, bei Zweifeln hinsichtlich der Tatvollendung sei eine erfolgsabwendende Tätigkeit erforderlich.

Am eingehendsten hat sich — unter klarer Herausstellung der Widersprüche und Ungereimtheiten der Rechtsprechung sowie unter Hinweis auf die insgesamt zu oberflächliche Behandlung dieses Sonderproblems der „Rücktrittskonkurrenz"[464] in der Literatur — Geilen mit den anstehenden Fragen befaßt.

Ausgangspunkt seiner Überlegungen ist einerseits die Forderung, im Zuge der Ausdehnung des „einfachen" Rücktritts nach § 46 Ziff. 1 dürften „die verschärften Rücktrittsvoraussetzungen der Ziff. 2 nicht unterwandert werden"[465], und zum anderen die Erkenntnis, daß „bei Ziff. 2 der präventive Blickwinkel dominiert"[466], indem bei drohendem Erfolgseintritt der Täter zu dessen Abwendung tätig werden muß. Daher stünden die Anwendungsbereiche des § 46 Ziff. 1 und 2 „nur so lange beziehungslos nebeneinander", als die das Plansoll des Täters noch nicht erfüllenden Ausführungshandlungen „folgenlos geblieben", z. B. die berühmten Revolverschüsse am Ziel vorbeigegangen sind[467]. Wenn aber aufgrund der bisherigen Tätigkeit — mag auch nach der Vorstellung des Täters noch nicht alles Erforderliche verwirklicht sein — schon die Gefahr der Erfolgsverwirklichung gegeben und dies dem Täter auch bewußt ist, dann könne „in Umkehr der ziffermäßigen Reihenfolge des Gesetzes ... das Stadium des „beendeten" dem des „unbeendeten" Versuchs durchaus vorgelagert sein"[468]. In solchen Fällen regiere wegen der Rechtsgutgefährdung aus präventiven Erwägungen die „Rücktrittsperspektive"[469] und nicht der u. U. weitergehende Täterplan zu Tat-

[461] Schmidhäuser AT S. 506 Rdnr. 95; Mezger-Blei AT S. 257.

[462] Busch LK (9. Aufl.) § 46 Rdnr. 16; Jagusch LK (8. Aufl.) § 46 Anm. I 2; Schönke-Schröder § 46 Rdnr. 7; Maurach AT S. 520; Eser, Studienkurs, Teil II, Fall Nr. 33 Rdnr. 33.

[463] Mezger-Blei AT S. 257; anders wohl in JA 1969, StR 177 = S. 539, wo er in „Zweifelsfällen" eine erfolgsabwendende Tätigkeit fordert.

[464] Geilen JZ 1972, 342.

[465] Geilen JZ 1972, 339.

[466] Geilen JZ 1972, 339.

[467] Geilen JZ 1972, 339.

[468] Geilen JZ 1972, 339.

[469] Geilen JZ 1972, 342.

beginn. Dieser müsse insoweit „völlig ignoriert werden"[470], so daß nur die Rücktrittmöglichkeit nach § 46 Ziff. 2 noch offenstehe.

Für diesen Standpunkt spricht nach Geilen, daß sich sonst ein Widerspruch insofern ergäbe, als man einerseits dem Täter wegen seines bloßen Nichtweiterhandelns Straflosigkeit gewähre, ihn andererseits aber mangels erfolgsabwendender Aktivität aufgrund des vorangegangenen Tuns wegen eines unechten Unterlassungsdelikts bestrafen müsse. Daher sei eine Koordinierung beider Aspekte unabdingbar: die strafbefreiende Wirkung des Rücktritts müsse zumindest dort enden, „wo anderenfalls die entsprechende Ingerenzhaftung beginnt"[471]. Das bedeutet: „Sobald der Täter trotz des vorzeitigen Abbruchs mit dem Eintritt des Erfolges als einer jedenfalls nicht auszuschließenden Möglichkeit rechnet, steht er schon damit ... im Anwendungsbereich des § 46 Ziff. 2"[472], unabhängig davon, ob der von BGHSt. 14, 75 und seinen Anhängern in der Literatur geforderte „spezifische Motivationszusammenhang zwischen Rücktritt und Erfolgserwartung" vorhanden ist oder nicht[473].

IV. Der eigene Standpunkt zum Problem der Abgrenzung von „unbeendetem" und „beendetem" Versuch

1. Allgemeines: Gesetzestext und Präventivzweck des Rücktritts

Betrachtet man rückblickend die vielfältigen Meinungsverschiedenheiten in Rechtsprechung und Literatur zur Abgrenzungsproblematik „unbeendeter — beendeter Versuch", so bestätigt sich mit Nachdruck die oben bereits aus der geschichtlichen Entwicklung abgeleitete Feststellung[474], daß diese beiden bei der Abfassung des § 46 a. F. seinerzeit bewußt nicht verwandten Begriffe keine Auslegungshilfe darstellen. Denn trotz der heute nahezu völligen Übereinstimmung bezüglich ihrer Definition im allgemeinen, bleiben im Detail offenbar genügend Zweifelsfragen und Interpretationsschwierigkeiten übrig. Deshalb sei nochmals mit Entschiedenheit die Forderung erhoben, den Wortlaut des § 46 Ziff. 1 und 2 a. F. bzw. des neuen § 24 Abs. 1 S. 1, der sachlich in dieser Hinsicht keine Änderung brachte, wieder stärker in den Vordergrund zu rücken und zum Ausgangspunkt aller Abgrenzungsbemühungen zu machen. Angesichts des überkommenen, in Theorie und Praxis jahrzehntelang geübten Verfahrens, § 46 a. F. insoweit durch die gängigen Formulierungen des unbeendeten und beendeten Versuchs zu ersetzen, mag dieser Appell nur eine minimale Verwirklichungschance haben. Jedoch — es wäre schon ein Erfolg, wenn dadurch wenigstens die Tatsache bewußt gemacht würde, daß die gegenwärtig praktizierte Methode nicht selbstverständlich, sondern — eher umgekehrt — durchaus

---

[470] Geilen JZ 1972, 342.
[471] Geilen JZ 1972, 342.
[472] Geilen JZ 1972, 342.
[473] Geilen JZ 1972, 342.
[474] Siehe oben im Text S. 124 f.

bedenklich ist, insofern hier formelhafte Gesetzesumschreibungen allmählich ein solches Eigenleben entfalten, daß sie den Gesetzestext selbst und seinen sachlichen Hintergrund vollständig verdrängen.

Damit soll, um jegliches Mißverständnis auszuschließen, keineswegs irgendwie in Zweifel gezogen werden, daß sich in § 46 Ziff. 1 und 2 a. F. bzw. § 24 I S. 1 zwei verschiedene Versuchsstufen verbergen, die der historischen Einteilung in unbeendeten und beendeten Versuch — weitgehend — entsprechen. Aber es bleibt zu beachten, daß diese Differenzierung seit 1871 nicht mehr wie früher über das Strafmaß entscheidet, sondern allein für den *Rücktritts*vollzug Bedeutung hat und deshalb auch allein unter dem spezifischen Aspekt des dem Rücktritt innewohnenden Grundprinzips und Zwecks vorzunehmen ist. Es geht also immer und in erster Linie um die *Erfolgsverhinderung*, um den *Schutz* des angegriffenen Rechtsgutes, d. h. typisch und vorrangig ist für den Rücktritt, gleichgültig in welcher Form er sich äußert, der *präventive* Blickwinkel, da das auf den Gedanken der Unrechts- und damit auch der Schuldminderung gestützte Rücktrittsprivileg grundsätzlich[475] das Ausbleiben des Erfolges voraussetzt. Diesen Präventionsgesichtspunkt unterstreicht der Text des § 46 Ziff. 2 a. F. noch besonders durch das Erfordernis einer *erfolgsabwendenden* Tätigkeit, § 24 Abs. 1 S. 1 2. Alt. durch die Worte: „die Vollendung hindert“, während ihn § 46 Ziff. 1 a. F. bzw. § 24 Abs. 1 S. 1 1. Alt. nur deshalb sprachlich weniger pointiert formulieren, weil im Normalfall richtiger Einschätzung der objektiven Gegebenheiten durch den Täter das Steckenbleiben der Tat im Versuchsstadium die selbstverständliche, zwingende Folge eines vorzeitigen Abbruchs der beabsichtigten Handlung ist. Beachtung verdient darüber hinaus, daß sich im Rahmen des hier erörterten Themenkreises nicht — wie in der Regel bei der Abgrenzung von Vorbereitungshandlung und Versuch — die Frage stellt, ob ein Verhalten überhaupt strafbar ist, sondern: unter welchen Bedingungen ein — an sich schon strafbares — Tun ausnahmsweise straffrei bleibt.

2. Die Planperspektive des Täters als grundlegender Ansatzpunkt in § 46 Ziff. 1 / § 24 Abs. 1 S. 1 AT 1975

Wie schon oben betont, besteht das entscheidende Problem darin, den Bereich des für den Täter „einfachen“, weil in einem bloßen Unterlassen bestehenden Rücktritts näher abzustecken. Wenn er nämlich erfolgsabwendend eingegriffen hat, obwohl bereits das Ablassen von weiterer Tätigkeit die Vollendung vereitelt hätte, so schadet dieses „Zuviel“ an Einsatz natürlich nicht, fraglich kann vielmehr nur sein, ob die Tatsache des erfolglosen Vollzugs eines oder mehrerer Handlungsakte die Versuchsstrafbarkeit trotz des „Nicht-mehr-weitermachens“ bestehen läßt. Geht man vom Wortlaut

---

[475] Siehe oben im Text S. 97 ff.

des § 46 Ziff. 1 a. F. aus[476], so ergibt sich zunächst eindeutig, daß hier zur Bestimmung der Rücktrittsanforderungen auf die *Planperspektive* des *Täters* abgestellt wird. Denn die „beabsichtigte Handlung" kann nur diejenige sein, die der Täter sich — mehr oder weniger exakt — bei Tatbeginn vorgestellt und in Ausführung seines verbrecherischen Entschlusses teilweise verwirklicht hat[477]. Auch der Begriff des „Aufgebens" zwingt dazu, einen *subjektiven* Maßstab zugrunde zu legen und auf den konkreten Tatplan zurückgreifen, da man nur etwas, was man sich vorgenommen hatte, was „gewollt" war, dem Wortsinn nach „aufgeben" kann. Darin liegt mit anderen Worten der Verzicht auf ein ursprünglich angesteuertes Ziel, das Nichterreichenwollen des zunächst Angestrebten, die nachfolgende Einschränkung einer vorausgegangenen, weiterreichenden Planung des Täters.

3. Die Abgrenzungsproblematik bei Überschneidung beider Versuchsbereiche infolge der Divergenz von Plan und Wirklichkeit

§ 46 Ziff. 2 a. F. und § 24 I S. 1 2. Alt. sprechen dagegen nicht von der vollständigen Verwirklichung der Vorstellungen des Handelnden, sondern nur von der Abwendung des Taterfolges. Hier wird also — von Ausnahmefällen wie dem des untauglichen Versuchs z. B. abgesehen — eine so weit fortgeschrittene Tatausführung vorausgesetzt, daß die Vollendung *möglich* ist, und zugleich bestimmt, daß Straflosigkeit nur erlangen kann, wer selbst den Erfolgseintritt verhindert. Allein die Tatsache der *möglichen* Rechtsgutverletzung löst also die Handlungspflicht aus, weshalb der von Geilen hier verwandte Begriff der „Erfolgsgefahr"[478] als terminus technicus zu eng ist, da nach der üblichen Gefahrdefinition der Eintritt eines Schadens „wahrscheinlich" oder „naheliegend" sein muß[479], und daher nur als ungenaue Kurzformel in dem hier zugrunde gelegten weiteren Sinn gebraucht werden kann. Die Möglichkeit eines Umschlags des Versuchs in die Vollendung wird nun allerdings meist erst *nach* der „Ausführung der beabsichtigten Handlung" gegeben sein, weil etwa der Tatbestand, z. B. § 242, die *Vollbringung* einer bestimmten *Handlung* verlangt oder der Täter die objektive Beschaffenheit seiner Akte und den voraussichtlichen Kausalverlauf im Planungsstadium der Tat zutreffend beurteilt hat und dabei von den objektvien *Minimal*anforderungen für den Erfolg ausging. Es ist aber natürlich auch denkbar, daß er einer Fehleinschätzung unterlegen ist oder

---

[476] Für § 24 I S. 1 1. Alt. gilt nichts anderes, obwohl der subjektive Ansatz nicht so klar zum Ausdruck kommt.

[477] Die sog. objektive Theorie zur Abgrenzung zwischen unbeendetem und beendetem Versuch widerspricht demnach insoweit dem Gesetz. Wie hier — unter ausdrücklichem Hinweis auf den Gesetzeswortlaut — auch Hruschka JZ 1969, 498.

[478] Geilen JZ 1972, 339.

[479] Vgl. Jescheck, Lehrbuch, S. 198; Welzel, Lehrbuch, S. 47 jeweils mit weiteren Nachweisen.

im Rahmen des Handlungsablaufs besondere — unvorhergesehene, vielleicht auch unvorsehbare — Umstände auftreten, die ein *objektives* Vorauseilen des Geschehens in Richtung Tatbestandserfüllung gegenüber der gedachten, vom Planungshorizont des Täters aus programmierten Entwicklung bewirken. Möglich ist ferner, daß der Täter sozusagen „auf numero sicher ging", d. h. zur Herbeiführung der Tatvollendung ein *Maximum* an Einzelakten plante, wohl wissend, daß schon nach einem einzigen oder einigen wenigen objektiv eine „Erfolgschance" begründet wird. Es kann also durchaus im Zeitpunkt des Handlungsabbruchs schon die *Möglichkeit des Erfolgseintritts* („Erfolgsgefahr") bestehen, obwohl der Täter aus seiner Sicht die „beabsichtigte Handlung" noch gar nicht zu Ende geführt hat, sondern — bezogen auf seine subjektiven Vorstellungen bei Tatbeginn — noch „weitere" Akte nötig sind. Der Bereich des § 46 Ziff. 2 a. F. bzw. § 24 I S. 1 2. Alt. folgt daher *nicht stets*, etwa aus zwingenden, sachlogischen Gründen, dem der Ziff. 1 bzw. 1. Alt. *zeitlich nach*, vielmehr kann ihr Verhältnis zueinander — vor allem bei außerplanmäßigem Tatverlauf — die Gestalt zweier sich schneidender Kreise annehmen, wenn der Täter im Augenblick der Abstandnahme von der Tat subjektiv die weitere Ausführung aufgegeben" hat, während gleichzeitig objektiv die Tatvollendung möglich und darum aktiver Einsatz zu deren Verhinderung notwendig ist[480]. Damit stellt sich das Problem, ob hier die *formell*, d. h. dem Wortlaut nach erfüllten — geringeren — Voraussetzungen des § 46 Ziff. 1 a. F. bzw. § 24 I S. 1 1. Alt. maßgebend sind oder aber § 46 Ziff. 2 a. F. bzw. § 24 I S. 1 2. Alt. vorgeht, anders formuliert, ob die Schnittfläche materiell zur „Unterlassungszone" des „einfachen" oder zur „Eingriffszone" des „tätigen" Rücktritts gehört.

a) Die möglichen Fallvarianten

Zur Beantwortung dieser Frage empfiehlt es sich, schrittweise vorzugehen und zunächst einmal die verschiedenen, theoretisch denkbaren Fallgestaltungen sichtbar zu machen. Drei grundsätzlich differierende Ausgangssituationen lassen sich insoweit feststellen: (a) Der Täter *rechnete* selbst schon *vor* restloser Verwirklichung seines Tatplans mit dem Eintritt der „Erfolgsgefahr", wenn er z. B. das Opfer mit mehreren wuchtigen Hammerschlägen auf den Kopf töten wollte und davon ausging, daß schon der erste Schlag — wie dann auch tatsächlich geschehen — eine lebensgefährliche Verletzung verursacht. (b) Der Täter wird vom früheren Einsetzen der „Erfolgsgefahr" *überrascht*, *erkennt* sie jedoch und ist deshalb vom Vollendungseintritt *überzeugt* oder *hält* ihn wenigstens *für möglich*. (c) Der Täter *verkennt* die objektiv bestehende „Erfolgsgefahr", hat also *kein*

[480] Zwischen den beiden Rücktrittsalternativen des „unbeendeten" und „beendeten" Versuchs besteht somit keine tatbestandliche Exklusivität, sondern in Ausnahmefällen Interferenz mit Vorrang des § 46 Ziff. 2 a. F., 24 I S. 1 2. Alt., wie im folgenden rücktrittsspezifisch begründet wird.

Gefährdungsbewußtsein im Moment der Tataufgabe, wobei dieser Irrtum entweder auf Fahrlässigkeit beruhen oder unverschuldet sein kann, je nachdem, ob die Möglichkeit der vorzeitigen Tatbestandsverwirklichung voraussehbar war oder nicht.

b) Die Notwendigkeit erfolgsabwendenden Eingreifens bei Kenntnis der „Erfolgsgefahr"

Differenziert man in dieser Weise die im „Überschneidungsgebiet" des § 46 Ziff. 1 und 2 a. F./§ 24 I S. 1 auftretenden Sachverhaltskonstellationen, so sollte die Antwort auf die Ausgangsfrage bezüglich der Fälle, in denen der Täter — die Möglichkeit des Erfolgseintritts vor Augen — das beabsichtigte weitere Handeln einstellt, bei Berücksichtigung der ratio des Rücktrittsprivilegs eigentlich nicht zweifelhaft sein: es gilt hier uneingeschränkt die *Priorität des § 46* Ziff. 2 a. F., § 24 I S. 1 2. Alt., d. h. ohne erfolgsabwendende Tätigkeit kommt Straflosigkeit wegen „Rücktritts" nicht in Betracht. Denn wenn der Täter die „Gefahr" der Tatvollendung aufgrund seines bisherigen Tuns im Rücktrittszeitpunkt für gegeben hält, vielleicht sogar erwartete, dann wäre es mit dem Präventionszweck des § 46 a. F., § 24 I S. 1 schlechterdings unvereinbar, wenn er einfach dadurch straffrei werden könnte, daß er — unter Berufung auf seinen noch nicht ganz realisierten, vor Handlungsbeginn aufgestellten Tatplan — die Hände in den Schoß legt und zusieht, wie *andere* für ihn den Erfolg abwenden. Andernfalls brauchte ein mit besonderer verbrecherischer Energie ausgestatteter Täter ja nur genug zu planen, um bei freiwilliger Aufgabe der Tat irgendwann *vor* dem *beabsichtigten Schlußakt* — ohne Rücksicht auf das inzwischen objektiv Geschehene — von der Versuchsstrafbarkeit befreit zu sein.

Daß ein solches Ergebnis schlicht widersinnig ist und der Rechtsnatur des Rücktritts als „Entschuldigungsgrund" widerspricht, zeigt sich sofort, wenn man die Frage stellt, worin denn die mindere Schuld desjenigen liegt, der sich gegenüber dem von ihm angegriffenen, als gefährdet erkannten Rechtsgut passiv verhält. Wie wir oben sahen, fällt der mangelnde Erfolgsunwert des Versuchs nur dann *zwingend* — unrechts- und schuldmindernd — *zugunsten* des Täters in die Waagschale, wenn das Ausbleiben des Erfolges auf einem „Umkehrakt" beruht, wenn der Täter also wissentlich selbst für die Erhaltung des bedrohten Rechtsgutes sorgt, so daß das Steckenbleiben der Tat im Versuchsstadium nicht „purer Zufall", sondern angesichts der Kausalität des Rücktritts für die Nichtvollendung das „Verdienst" des Täters ist. Wer aber z. B. bei einem Mordversuch von seinem Opfer abläßt und fortgeht, obwohl er die Möglichkeit des Todes ohne sofortige Hilfeleistung erkennt, der tritt zwar — äußerlich gesehen — von der weiteren Tatausführung zurück, unterläßt aber eigentlich nur die Vollendung und eröffnet damit die Chance, daß es *überhaupt* beim *Versuch* bleibt. Ein eigener — schuldmindernder und damit belohnenswerter — Beitrag zur *Bewahrung des*

Rechtsguts „Leben" ist jedoch das spezifische Erfordernis der Rücktrittsprivilegierung, da sonst allein die Tatsache der Nichtvollendung schon zugleich als „Rücktritt" zur Straffreiheit führen könnte. Wenn der Täter daher von der Tat absteht in Erwartung der Hilfeleistung anderer, fehlt die positiv auf ihn zurückführende, „kausale" Verhinderung des Erfolgseintritts. Aus seiner Sicht überläßt er das Opfer seinem „Schicksal" — fürwahr kein Grund zur Gewährung von Straflosigkeit. Handelt er dagegen nicht weiter, weil er nun die Tatbestandsverwirklichung ohne zusätzliche Aktionen *erhofft*, so fehlt darüber hinaus schon jeglicher Rücktritts*wille*. Das gilt auch im Falle von „Gleichgültigkeit" gegenüber dem weiteren Geschehensablauf[481], da bedingter Vorsatz bezüglich des Erfolgseintritts die notwendige „Garantieerklärung" für das Rechtsgut ausschließt. Das Verhalten des Täters, einerseits Schonung des Opfers, andererseits Sichabfinden mit dessen Tod, leidet an einem inneren Widerspruch, stellt also, zivilrechtlich gesprochen, ein venire contra factum proprium dar, das dort unter dem Gedanken des „Rechtsmißbrauchs" als unbeachtlich gilt. Ob diese Rechtsfigur im Strafrecht Anwendung finden und zusätzlich die Ablehnung des „einfachen" Rücktritts in solchen Fällen begründen helfen kann, mag dahinstehen. Jedenfalls aber muß sich bei für *möglich erachteter Erfolgsverwirklichung* der zur Erlangung von Straffreiheit (wegen des Versuchs) erforderliche „Umkehrakt", die Distanzierung von der Tat, *positiv* in einer *erfolgsabwendenden Tätigkeit* äußern, da nur unter dieser Voraussetzung das Grundprinzip des Rücktritts gewahrt bleibt.

Für das Erfordernis *aktiver* Hilfeleistung bei Kenntnis der „Erfolgsgefahr" spricht schließlich noch Geilens — auch von Blei als „sehr einleuchtend"[482] bezeichnete — Überlegung, daß die Auslegungsergebnisse zu § 46 a. F. — dasselbe gilt für § 24 I S. 1 — andernfalls in Widerspruch mit der „entsprechenden omissiven Verantwortung des Versuchstäters"[483] gerieten. Denn würde man etwa im obigen Mordversuchsbeispiel, in dem sich der Täter um das von dritter Seite gerettete Opfer trotz erkannter Lebensgefahr nicht kümmerte, schon das bloße — freiwillige — Abstehen von der Tatausführung mit Straflosigkeit belohnen, so stünde dies in scharfem Gegensatz zu der Tatsache, daß der Täter wegen seines vorangegangenen Tuns als Garant zu erfolgsabwendendem Eingreifen verpflichtet ist. Wenn darüber hinaus das passive Verhalten mit Tötungsvorsatz erfolgt, so sind die tatbestandsmäßigen Voraussetzungen des Mordversuchs durch *Unterlassen* erfüllt, so daß u. U. ein und dasselbe Verhalten des Täters straflos und strafbar zugleich wäre!

Zu beachten ist jedoch, daß dieses Argument nur eine begrenzte Schlagkraft hat, weil die Unterlassungshaftung nicht so uneingeschränkt bejaht werden kann, wie Geilen es formuliert. Nur wenn der Täter im Hinblick auf den Erfolgseintritt *vorsätzlich* nichts tut, kommt nämlich ein Unter-

---

[481] Ebenso Wimmer a. a. O. S. 19.
[482] Blei JA 1972, StR 140.
[483] Geilen JZ 1972, 342.

lassungsversuch in Frage. Hält man mit Welzel und Armin Kaufmann den von ihnen sogenannten „Quasi-Vorsatz“[484] der Unterlassung schon dann für gegeben, wenn der Garant trotz Kenntnis der dem Rechtsgut drohenden Gefahr und Erkennbarkeit der Rettungsmöglichkeit untätig bleibt, dann ist allerdings in der hier betrachteten Fallkonstellation Vorsatz so gut wie immer anzunehmen. Folgt man dagegen der herrschenden Lehre[485], so ist, wenn ein Entschluß zum Unterlassen fehlt, auch bei Wissen des Täters um die Rechtsgutgefährdung die Annahme bewußter Fahrlässigkeit nicht ausgeschlossen, wenngleich wahrscheinlich äußerst selten.

Denn wenn der Garant sieht, daß das Opfer möglicherweise ohne sofortige Hilfe stirbt, trotzdem aber nichts dergleichen unternimmt, dann will er entweder den Tod oder findet sich zumindest mit der Tatbestandsverwirklichung ab, was für das Vorliegen bedingten Vorsatzes genügt. Dem steht nicht entgegen, daß er den Tod möglicherweise nicht wünscht[486], da sich der Begriff des „Wünschens“ nur darauf bezieht „welcher Geschehensablauf dem Täter willkommen wäre“[487], nicht jedoch darauf, mit welchem er trotz allem innerlich einverstanden ist. Verläßt der Täter aber z. B. das Opfer im Vertrauen darauf, daß nahende Passanten ihm Hilfe bringen, und verhält er sich nur deshalb passiv, um nicht entdeckt oder ergriffen zu werden, so läge darin ein bewußt fahrlässiges Unterlassen, das straflos ist, solange der Taterfolg ausbleibt.

Von diesem „Fahrlässigkeitsvorbehalt“ abgesehen, ist Geilens Argument bei vorhandenem Gefährdungsbewußtsein des Täters aber überzeugend. Vor allem läßt sich nicht dagegen einwenden, ein unechtes Unterlassungsdelikt komme hier nicht in Betracht, da der Täter gerade *denjenigen* Erfolg nicht abwendet, auf dessen Herbeiführung die Begehungs-Vortat abzielte[488]. Dieses Bedenken hat Welp[489] mit eingehenden und zutreffenden Darlegungen ausgeräumt und dabei gezeigt, daß besonders bei außerplanmäßigem Tatablauf beide Verhaltenskomponenten — die aktive Vorhandlung und das nachfolgende Unterlassen — in ihrer Selbständigkeit sichtbar werden und bei Mängeln des Begehungsdelikts, z. B. fehlender Schuld des Täters, die „Ingerenz-Konstruktion“ auch „praktische Bedeutung“ erlangt[490].

Abschließend ist somit festzuhalten, daß der Täter *immer* dann, wenn er von seinem weitergehenden Tatplan absteht und in diesem Augenblick den Eintritt des Deliktserfolges für *möglich hält*, Strafbefreiung nur durch

---

484 Welzel, Lehrbuch, S. 204 ff., 211 ff.; Armin Kaufmann, Festschrift für H. v. Weber, 1963, S. 229 ff.

485 Vgl. dazu Jescheck AT S. 477 f. mit weiteren Nachw.

486 Vgl. BGHSt. 7, 363 (369); zustimmend Mezger, LK (8. Aufl.) § 59 Anm. II, 20 b.

487 Stratenwerth ZStW 71, 64.

488 In dieser Richtung Androulakis, Studien zur Problematik der unechten Unterlassungsdelikte, 1963, S. 21.

489 Welp, Vorangegangenes Tun als Grundlage einer Handlungsäquivalenz der Unterlassung, 1968, S. 322 ff.

490 Welp a. a. O. S. 325.

„tätigen“ Rücktritt erwerben kann, d. h. bei dieser Überlagerung der Ziff. 1 und 2 des § 46 a. F. bzw. § 24 I S. 1 1. u. 2. Alt. dominiert eindeutig letztere.

c) Das Erfordernis erfolgshindernder Tätigkeit bei Unkenntnis der Möglichkeit des Erfolgseintritts

Fraglich ist, ob die Priorität des § 46 Ziff. 2 a. F., § 24 I S. 1 2. Alt. auch für den anderen oben herausgestellten Fall gilt, daß *objektiv* eine „Erfolgsgefahr“[491] besteht, der Täter sie aber — fahrlässig oder unverschuldet — *nicht erkennt*. Dies zu bejahen, mag zweifelhaft erscheinen, da der Hinweis auf den sonst entstehenden Widerspruch zur Unterlassungsstrafbarkeit als Argument hier aus subjektiven Gründen ausscheidet und man — unter Bezugnahme auf Stratenwerth — meinen könnte, dem Täter sei „nichts anderes“ abzuverlangen, „als daß er sich so verhält, wie es aus *seiner* Sicht zur Erfolgsabwendung erforderlich ist“[492]. Diese Bedenken müssen jedoch zurücktreten, wenn man Sinn und Zweck des Rücktrittsprivilegs ins Auge faßt. Der Gesichtspunkt der Prävention, der Rechtsgüterschutzgedanke, ergibt sich aus der *objektiven* Sachlage, unabhängig von deren Beurteilung durch den Täter. Besteht die Möglichkeit des Erfolgseintritts, dann ist die unrechts- und schuldmindernde Wirkung des fehlenden Erfolgsunwertes nur dann gegeben, wenn der Täter die Vollendung durch Beseitigung der Gefahrenlage verhindert hat. Das bloße Abstehen von der Tat trägt zwar auch dazu bei, daß der Erfolg ausbleibt, ist aber eigentlich nur die selbstverständliche Voraussetzung dafür, daß man die Rücktrittsfrage *überhaupt* aufwerfen kann, insofern nämlich die Tat im Versuchsstadium angehalten wurde. Nicht jeder „Versuch“ aber, der nach Handlungsabbruch zur Vollendung führen kann, ist bei glücklichem Ausgang zugleich als „Rücktritt“ zu honorieren! Nur wenn der Täter diese Zufallskomponente ausschaltet und die Nichtvollendung der Tat als sein Verdienst manifestiert, erbringt er die besondere Leistung, die § 46 a. F. / § 24 I S. 1 zur Strafbefreiung voraussetzen.

Daran fehlt es, wenn er sich passiv verhält, weil er in Verkennung der objektiven Situation glaubt, dies werde mit Sicherheit den Erfolgseintritt verhindern. Auch Stratenwerth zögert nicht, den Täter zu bestrafen, wenn aufgrund dieser Fehleinschätzung der *Erfolg eintritt*[493], ja, es ist allgemein anerkannt, daß grundsätzlich — von den besprochenen Einschränkungen[494] abgesehen — der Täter das „Erfolgsrisiko“ trägt. Wenn man ihm hier also vorwirft, er hätte *aktiv* rettend eingreifen müssen, dann kann man diese Forderung nicht fallenlassen, wenn die Tatbestandsverwirklichung ausbleibt, da für die Erfolgsabwendungspflicht — angesichts der vorhandenen Rechts-

---

[491] „Erfolgsgefahr“ bedeutet: *mögliche* Rechtsgutverletzung.

[492] Stratenwerth AT Rdnr. 759; vgl. auch Gutmann a. a. O. S. 108.

[493] Stratenwerth AT Rdnr. 764 ff.

[494] 494 Siehe oben im Text S. 97 ff.

gutgefährdung — der Maßstab ex-ante gilt[495]. Zudem erweist sich die Nichtvollendung der Tat unter solchen Umständen als purer „Zufall“, der nie über § 46 a. F. / § 24 I S. 1 privilegierend wirkt. Praktisch trägt der Täter also nicht nur das „Erfolgs“-, sondern auch das „Rücktrittsrisiko“, d. h. ob er durch einfaches Unterlassen oder aktives Tun Strafbefreiung erlangen kann. Die falsche Beurteilung der tatsächlichen Gegebenheiten geht insoweit zu seinen Lasten. Dies bedeutet keine unzulässige Umkehr der Beweislast, keinen Verstoß gegen den Grundsatz „in dubio pro reo“, der nach ganz überwiegender Ansicht, für die von uns vertretene „Schuldkonzeption“ sogar zwingend, auch für die Rücktrittsvoraussetzungen gilt[496]. Insofern ist etwa Naglers Feststellung[497], „im Zweifel“ sei beendeter Versuch anzunehmen, unhaltbar. In den hier betrachteten Fällen steht jedoch fest, daß eine „Erfolgsgefahr“ existierte und der Täter deshalb erfolgsabwendend hätte tätig werden müssen, sich aber passiv verhielt. Diese Tatsachen liegen offen zutage, so daß zu seinen Ungunsten nichts unterstellt wird.

d) Zusammenfassung und Vergleich mit gleichgerichteten Lösungsansätzen in Rechtsprechung und Schrifttum

Als Zwischenergebnis unserer vorstehenden Darlegungen läßt sich somit festhalten: Ist der Eintritt des Erfolges aufgrund der Ausführungshandlung(en) des Täters objektiv möglich, so muß er, unabhängig davon, ob er dies erkennt oder nicht, und unabhängig von seinem Tatplan zu Handlungsbeginn die Vollendung durch eigene Tätigkeit verhindern. § 46 Ziff. 2, jetzt § 24 I S. 1 2. Alt., geht im „Konkurrenzfall“ § 46 Ziff. 1 a. F., jetzt § 24 I S. 1 1. Alt., also *stets* vor. Insoweit kehrt sich die Fragestellung: hat der Täter seiner Meinung nach alles Erforderliche getan? unter *präventiven* Gesichtspunkten um und lautet: ist aktives Eingreifen notwendig, um das bedrohte Rechtsgut vor Schaden zu bewahren? Praktisch läuft das darauf hinaus, in Rücktrittsfällen zunächst zu prüfen, ob eine „Erfolgsgefahr“ besteht, da bei deren Vorhandensein Strafbefreiung durch bloßes Unterlassen weiterer Versuchsakte ausscheidet.

---

[495] Ebenso Köhler, Lehrbuch, S. 458; Seeger, a.a. O. S. 40.

[496] Siehe dazu Jescheck AT S. 114; Baumann AT § 14 I c; Stree a. a. O. S. 23 ff.; Peters JR 1949, 499; ders. Strafprozeß, 2. Aufl. 1966, S. 259; Henkel, Strafverfahrensrecht 1968, S. 352; Eb. Schmidt, Lehrkommentar, Teil I, Rdnr. 306; insbesondere S. 156 Anm. 41; Reinicke MDR 1950, 79; Seibert DRZ 1949, 558; Beling, Deutsches Reichsstrafprozeßrecht 1928, S. 240; v. Hippel, Der Deutsche Strafprozeß, 1941, S. 385; *a. A.* Ullmann, Lehrbuch des Deutschen Strafprozeßrechts 1893, S. 333; John, Holtzendorffs Handbuch, Band III, S. 34 Anm. 4; Rubo § 46 Anm. I; v. Kries, Lehrbuch des Deutschen Strafprozeßrechts, 1892, S. 342; aus der Rechtsprechung: OGHSt. 1, 338; 2, 126.

[497] Nagler LK (6. Aufl.) § 43 Anm. III B 2 e S. 291; vgl. auch ähnlich v. Bar, Gesetz und Schuld, Bd. II S. 557 sowie die oben S. 194 mitgeteilten Darlegungen von Spohr und Loeb.

Diese Auffassung ist, wie ein abschließender Rückblick auf das oben ausgebreitete Rechtsprechungs- und Literaturmaterial zeigt, in solch dezidierter Form, unter Herausarbeitung der verschiedenen Fallgestaltungen, bisher zwar nicht zu finden, jedoch gibt es im Ergebnis übereinstimmende Ansichten und zahlreiche, mehr oder weniger stark einschränkende, aber ansonsten in die gleiche Richtung tendierende Stellungnahmen.

aa) Die vereinzelte Betonung der Priorität des § 46 Ziff. 2 bei bestehender Erfolgsgefahr in der BGH-Rechtsprechung

Aus der Judikatur des BGH verdienen in diesem Zusammenhang die beiden oben schon referierten Entscheidungen vom 4. 3. 1958[498] und 9. 3. 1967[499] größte Aufmerksamkeit. Im ersten Fall — einer versuchten Kindestötung — lehnte der Senat — ganz im Einklang mit der hier vertretenen Konzeption — strafbefreienden Rücktritt ohne Berücksichtigung des Täterplans, einfach mit der Begründung ab, die Angeklagte habe „nichts unternommen, um den dem Kinde ... weiterhin drohenden Tod abzuwenden“. Im anderen Fall — einem Mordversuch mittels eines Papiermessers — fragte der BGH ebenfalls nicht nach der Zahl der Stiche, die der Angeklagte dem Opfer beibringen wollte, sondern bejahte beendeten Versuch, weil, wie es im Urteil kurz und bündig, aber sachlich richtig heißt, „die beiden Messerstiche ... in die Lunge des Opfers ... lebensgefährlich waren“ und der Angeklagte „glaubte, daß die Verletzte ohne alsbaldige ärztliche Hilfe sterben würde“[500]. Ob das Gefährdungsbewußtsein allerdings Voraussetzung für die Annahme beendeten Versuchs war, geht hieraus nicht mit Sicherheit hervor.

bb) Konsequenzen der Vernachlässigung des Aspekts der „Erfolgsgefahr“ — die Folgen von BGHSt. 14, 75 ff.

Daß der BGH den Aspekt der „Erfolgsgefahr“ nicht konsequent beachtet, sondern im Gegenteil fast völlig aus dem Blick verloren hat, ist in höchstem Maße bedauerlich und wohl die entscheidende Ursache für den empfindlichen Verlust an Rechtssicherheit und Gerechtigkeit in der höchstrichterlichen Spruchpraxis. Einen besonders negativen Einfluß übte in dieser Richtung das als Grundsatzentscheidung geltende Urteil BGHSt. 14, 75 aus, wonach es auf die *Wirkungen* der Versuchshandlung im Augenblick der Abstandnahme von der Tat nur dann ankommen soll, wenn der Täter *keinen* fest umrissenen Tatplan bei Tatbeginn hatte.

Denn diese Einschränkung ist nicht nur praktisch unhaltbar, weil sich die notwendigen tatsächlichen Feststellungen in aller Regel nicht treffen las-

---

[498] 1 StR 41/58 — Urteil vom 4. 3. 1958 — unveröffentlicht — siehe oben im Text S. 160 f.

[499] BGHSt. 21, 216, siehe dazu oben im Text S. 166 ff.

[500] BGHSt. 21, 216; vgl. im übrigen auch die sachlich übereinstimmenden Entscheidungen des Obersten Gerichtshofs der DDR vom 12. 3. 1965 (Neue Justiz 1965, 617 f.) sowie des Österreichischen OGH vom 23. 3. 1955 (SSt. XXVI S. 54 [56]).

sen[501], wie die immer wiederkehrenden Sachverhaltsunterstellungen des BGH zeigen, sondern auch sachlich widersinnig, da — je gründlicher und genauer die Planung — desto größer die Chance für einen erfolgreichen Rücktritt durch bloßes Unterlassen weiterer Handlungsakte ist — ohne Rücksicht auf die zwischen Tatbeginn und -abbruch eingetretene Sachlage.

Das liefe auf die Prämiierung wenn nicht des gefährlicheren[502], so doch des sich geschickter verteidigenden Verbrechers hinaus, der sich ja nur auf einen umfassender angelegten, konkreten Tatplan zu berufen braucht, um — angesichts der zumeist gegebenen Unwiderlegbarkeit einer solchen Einlassung — nach dem Grundsatz „in dubio pro reo" bei Vorliegen der Freiwilligkeitsvoraussetzung nach § 24 I S. 1 1. Alt. Straflosigkeit zu erlangen, obwohl er sich z. B. der Lebensgefahr des Opfers bewußt war[503]. Ein „guter" Rechtsanwalt hat es damit in der Hand, durch entsprechende Beratung seines Mandanten in nahezu jedem Versuchsfall, in dem dieser irgendwann vor dem drohenden Erfolgseintritt „Schluß machte", „Rücktritt" geltend zu machen und dem Angeklagten zu einem — wohl kaum erwarteten — Ausstieg aus der Strafbarkeit insoweit zu verhelfen. Dies Ergebnis ist besonders grotesk, weil in der Lebenswirklichkeit gerade bei den einschlägigen Delikten §§ 211, 212, 217, 218 nicht der exakte, bis in die Anzahl der Tathandlungen ausgearbeitete Tatplan dominiert[504]. Man kann es deshalb vom hier vertretenen Standpunkt aus eigentlich nur als „Glück" bezeichnen, daß die unteren Instanzen, insbesondere die Schwurgerichte, wie die zahlreichen Revisionsentscheidungen zeigen, immer wieder *entgegen*

---

501 Auf die Beweisschwierigkeiten bei der Ermittlung des Tatplans wurde häufig hingewiesen, vgl. Henkel JW 1937, 2376; Frank, VDA Bd. V S. 238; Geilen JZ 1972, 336; Eser, Studienkurs, Teil II, Fall 33 Rdnr. 13; Neuenhofen a. a. O. S. 44; Spohr a. a. O. S. 41 Anm. 3; Loeb a. a. O. S. 37.

502 Ob, wie Welzel, Lehrbuch, S. 197, annimmt, der ohne festen Tatplan handelnde Täter weniger gefährlich als derjenige ist, der einen *bestimmten* Tatplan hat, erscheint durchaus zweifelhaft.

503 So schon Geilen JZ 1972, 340. Das Argument der Privilegierung des umsichtigen Täters und der Einwand, daß Strafbarkeit bzw. Straflosigkeit vom Einlassungsgeschick des Angeklagten abhängen, wurde, wie dargestellt, in der Literatur häufig verwandt (so u. a. von Roxin, Geilen, Schmidhäuser, Jescheck, Blei, Schröder, Baumann, Eser), dort aber nie im Zusammenhang mit den Fällen einer durch den Versuch vorzeitig — vor Planerfüllung — ausgelösten „Erfolgsgefahr".

504 Vgl. BGHSt 22, 176, wo diese Tatsache unzulässigerweise zur Umdeutung des Sachverhalts benutzt wird; kritisch auch Eser, Studienkurs, Teil II Fall Nr. 33 Rdnr. 13; siehe aus dem kriminologischen Schrifttum Brückner, Zur Kriminologie des Mordes, Hamburg 1961, S. 38. In den meisten der oben referierten BGH-Entscheidungen zu § 211 und § 212 fehlte ein von langer Hand genau ausgearbeiteter Tatplan, vielmehr ging der Täter in einem „Wutaffekt" (MDR 1951, 117) oder in „aufgestauter Wut" (vgl. GA 1966, 208 und BGHSt. 14, 75 [77]), in einem „Wutanfall" (BGHSt. 22, 330), in „heftiger Erregung" (2 StR 94/69 v. 4. 6. 69), „im Zorn" (2 StR 196/65 v. 11. 6. 65 und 2 StR 125/64 v. 3. 6. 64) in „Panik" (5 StR 544/68 v. 22. 10. 68) oder „plötzlich" (MDR 1968, 894; 2 StR 450/71 v. 13. 10. 71), häufig in mehr oder weniger alkoholisiertem Zustand auf sein Opfer los.

dem BGH allein im Hinblick auf die „Erfolgsgefahr" die Anwendbarkeit des § 46 Ziff. 1 verneinen[505] und so sicherlich mit dazu beigetragen haben, daß die maßgebliche höchstrichterliche Judikatur in „Verteidigerkreisen" noch nicht überall in ihren für den Täter nahezu „persilscheinartigen" Konsequenzen bekannt ist und ausgenutzt wird. Denn sonst müßte die Zahl der ungerechtfertigten Freisprüche zweifellos noch höher liegen[506]!

Bei diesem Gedanken darf man sich jedoch nicht beruhigen, da die ständige Kassation der erstinstanzlichen Urteile mit Hilfe der hier kritisierten Tatplandifferenzierung auf die Dauer ihre Wirkung nicht verfehlen und allmählich zur „de-facto-Anerkennung" und allgemeinen Kenntnis dieser Revisionsrechtsprechung führen wird. Das zu verhindern und die Gewährung des Rücktrittsprivilegs in dem Umfang zu halten, wie er dessen tragendem Grundprinzip entspricht, ist das erklärte Ziel der vorliegenden Abhandlung, der deshalb nicht der Vorwurf der „Rücktrittsfeindlichkeit" gemacht werden darf. Denn es geht — unter Rückbesinnung auf die ratio des Rücktritts — nur darum, gegen „Auswüchse" bei dessen Anwendung zugunsten des Täters, gegen den „Trend zur Inflationierung der Rücktrittsprämie"[507] in neuerer Zeit Front zu machen. So und nicht anders muß man es aber bezeichnen, wenn etwa in BGHSt. 23, 356 der Täter sein Opfer nach Würgen, Schlägen und etlichen Messerstichen gegen Kopf und Oberkörper ersichtlich schwerverletzt liegen läßt und dennoch § 46 Ziff. 1 in Betracht kommen soll. Der Kerngedanke des Rücktrittsrechts — Schuldminderung aufgrund bewußten Rechtsgüterschutzes und dadurch Wahrung des Präventionsgesichtspunktes — bleibt dabei unberücksichtigt. Er wird jedoch, um es zu wiederholen, nur dann erfüllt, wenn man überall dort, wo eine „Erfolgsgefahr" bestand, auch eine *erfolgsabwendende Tätigkeit* zum Erwerb der Straffreiheit verlangt. Die Frage nach dem Tatplan, d. h. wieviele Handlungsakte der Täter ursprünglich vornehmen wollte und ob seine Tatkonzeption auf eine ganz *bestimmte* Ausführungsmodalität festgelegt war, ist demgegenüber ebenso gleichgültig wie die Frage, ob er auf den Einsatz weiterer, im Moment des Handlungsabbruchs verfügbarer Tatmittel verzichtet oder *warum* er von seinem Opfer abgelassen hat.

cc) Mit der eigenen Konzeption ganz oder teilweise übereinstimmende Ansichten in der Literatur

Ebenso wie es in der Rechtsprechung einzelne Urteile gibt, die im Einklang mit dem von uns vertretenen Standpunkt stehen, die große Masse der Entscheidungen jedoch harter Kritik ausgesetzt ist, verdienen auch im Schrifttum eine Reihe von Stellungnahmen uneingeschränkte oder überwiegende Zustimmung, während den meisten der Vorwurf nicht erspart bleiben kann, den Gesichtspunkt der „Erfolgsgefahr" gar nicht oder — im

[505] Siehe oben im Text S. 161 ff. passim.
[506] Kritisch im gleichen Sinne auch Dreher NJW 1971, 1047.
[507] Geilen JZ 1972, 340.
[508] So schon Geilen JZ 1972, 340.

Anschluß an die BGH-Judikatur — nur ungenügend beachtet zu haben. Auf die zahlreichen Meinungsäußerungen, die in diesem Sinne zu „rügen" waren, wurde im Rahmen des Literaturüberblicks schon hingewiesen, so daß es jetzt nur noch einer kurzen kritischen Würdigung derjenigen Ausführungen bedarf, die mit der hier entwickelten Konzeption übereinstimmen oder verwandt sind.

Völlige Harmonie besteht insoweit nur mit der von Jagusch und Busch — allerdings in teilweise mißverständlicher Form[509] — vorgetragenen Auffassung, „mit Rücksicht auf die Pflicht zur Erfolgsabwendung"[510] sei der Versuch bei bestehender „Erfolgsgefahr" — unabhängig von dem weiterreichenden Plan des Täters — stets beendet. Demgegenüber bejahen Geilen, Blei[511], Schröder, Schmidhäuser und Eser die Priorität des § 46 Ziff. 2 bei Überschneidung mit dem Bereich der Ziff. 1 nur dann, wenn der Täter ein „Gefährdungsbewußtsein" hatte. Diese Einschränkung ist jedoch aus den obengenannten Gründen abzulehnen. Darüber hinaus ist bezüglich der Ausführungen Schröders kritisch anzumerken, daß er die Maßgeblichkeit der „Erfolgsgefahr" für die Beurteilung der Abgrenzungsfragen zwischen unbeendetem und beendetem Versuch zwar betont, aber in den Einzelerörterungen nicht konsequent beachtet, und hinsichtlich der Darlegungen von Blei und Schmidhäuser einzuwenden, daß sie den verfehlten „spezifischen Motivationszusammenhang" zwischen Rücktritt und Erfolgserwartung für den Umschlag der Handlung in das Stadium des „beendeten" Versuchs erfordern[512].

Im Gegensatz zu den eben genannten Autoren, die das Wissen des Täters um die Möglichkeit des Erfolgseintritts für die Vorrangstellung des § 46 Ziff. 2 voraussetzen, verlangen eine Reihe von Schriftstellern der älteren und neueren Literatur[513] ohne Rücksicht auf eine derartige Kenntnis zur Rücktrittsprivilegierung *generell* eine erfolgsabwendende Tätigkeit, wenn der Täter glaubte, noch nicht alles Erforderliche zur Erfolgsherbeiführung in Gang gesetzt zu haben, objektiv aber das Getane bereits ausreicht[514]. Insofern fehlt bei diesen Stellungnahmen zwar die *monierte* subjektive Begrenzung, doch dafür tritt an ihre Stelle eine andere, sachlich nicht gerechtfertigte Einschränkung: das Problem der „Erfolgsgefahr" wird lediglich für

---

509 Siehe oben im Text S. 200 u. 204 Fn. 385.

510 Jagusch LK (8. Aufl.) § 46 I 2; Busch LK (9. Aufl.) § 46 Rdnr. 16.

511 In JA 1971, StR 12 scheint Blei aber — anders als in den einschlägigen Ausführungen seines Lehrbuchs — § 46 Ziff. 2 auch dann zu bejahen, wenn der Täter zwar keine Kenntnis von der Gefahrenlage hatte, aber dies auf Fahrlässigkeit beruht. Dort heißt es nämlich, mit dem Gedanken der Rücktrittsprivilegierung sei es unvereinbar, denjenigen straffrei zu lassen, „der — ohne sich auch nur um ein klares Bild zu bemühen — den Dingen ohne weiteres Nachdenken einfach ihren Lauf läßt".

512 Siehe oben im Text S. 216 Fußnote 461.

513 U. a. Robert v. Hippel, Lobe, Köhler, Henkel, Hellmuth Mayer, Seeger.

514 Siehe oben im Text S. 213 f.

den Spezialfall des Täterirrtums über das erreichte Versuchsstadium behandelt, *nicht* aber *allgemein*, unter Einbeziehung der übrigen denkbaren Fallgestaltungen, gewürdigt.

4. Die Grenzen der Rücktrittsmöglichkeit durch Unterlassen bei objektiv fehlender Erfolgsgefahr nach Vornahme einer oder mehrerer Ausführungshandlungen

Nachdem sich somit gezeigt hat, daß das oben als erster „Fixpunkt" in der Abgrenzungsproblematik herausgearbeitete Zwischenergebnis vereinzelt in Rechtsprechung und Schrifttum schon vertreten, im übrigen aber dort durch eine Reihe in die gleiche Richtung zielender Denkansätze wenigstens partiell bereits vorbereitet war und insoweit auch literarisch abgesichert auf einem durchaus soliden Fundament steht, kann nunmehr der zweite Fragenkomplex in Angriff genommen werden. Dabei geht es um die Grenzen des unbeendigten Versuchs in den Fällen, in denen die Versuchshandlung *objektiv nicht* zu einer „Erfolgsgefahr" geführt hat, d. h. es geht um die Lösung des mit dem Begriffspaar „Deliktsfortsetzung" oder „Versuchswiederholung" nach „fehlgeschlagener" Ausführungshandlung umschriebenen „Teilakt"-problems. Von diesem Ausgangspunkt aus ist es eigentlich selbstverständlich, sei aber, um jedes Mißverständnis auszuschließen, noch besonders hervorgehoben, daß ein „Fehlschlag" oder „Mißlingen" des Versuchs gemäß der herrschenden Lehre[515] jedenfalls dann vorliegt, wenn das Ausbleiben der Tatvollendung *objektiv sicher* ist. Das von Schmidhäuser zugunsten einer *rein subjektiven* Interpretation ins Feld geführte Argument, „bei allen Rücktrittsproblemen" könne „nur die Sicht des Täters eine Rolle spielen"[516], ist dagegen, wie die voraufgegangenen Ausführungen nachzuweisen suchten, mit dem Grundgedanken des Rücktritts nicht vereinbar.

a) Allgemeine Grundsätze zur Unterscheidung von „Nichtfortsetzung" und „Nichterneuerung" des Versuchs

Wendet man sich nach dieser terminologischen Klarstellung der entscheidenden Frage zu, wann die Abstandnahme des Täters von weiteren ihm möglichen Ausführungshandlungen als „Nichtfortsetzung", d. h. als Tataufgabe im Sinne der §§ 46 Ziff. 1 a. F., 24 I S. 1 und wann als bloße — unter

---

[515] Vgl. Köhler AT S. 458; Hegler JW 1924, 197; v. Liszt-Schmidt (26. Aufl.) S. 307; Schönke-Schröder § 46 Rdnr. 8, 8 e; Welzel, Lehrbuch, S. 199.

[516] Schmidhäuser AT S. 501 Kapitel 15 Rdnr. 82; eine abweichende Begriffsbestimmung des „fehlgeschlagenen" Versuchs findet sich auch bei Eser, Studienkurs Teil II Fall 33 Rdnr. 37.

Rücktrittsaspekten unstreitig[517] unerhebliche — „Nichterneuerung" eines fehlgeschlagenen Versuchs zu qualifizieren ist, so lassen sich drei grundlegende Leitgedanken oder Richtpunkte formulieren:

1. Wie schon betont, ist für die Bestimmung der Rücktrittsanforderungen in §§ 46 Ziff. 1 a. F., 24 I S. 1 nach dem Gesetzeswortlaut die Planperspektive des Täters bei Tatbeginn der grundlegende Ausgangspunkt — das ist in der Rechtsprechung unbestritten und in der Literatur heute nahezu einhellige Lehre. Die Anwendbarkeit des § 46 Ziff. 1 a. F., § 24 I S. 1 1. Alt. scheidet daher aus, wenn der Täter seiner Ansicht nach die „beabsichtigte Handlung" voll ausgeführt, den Versuch also *subjektiv* „beendet" hat, bei *objektiver* Betrachtung aber keine „Erfolgsgefahr" bestand[518]. Dies mag ungerecht erscheinen. Denn hätte der Täter z. B. mit dem in Tötungsabsicht abgefeuerten Revolverschuß sein Opfer getroffen, könnte er durch freiwillige erfolgsabwendende Tätigkeit vom Mord- bzw. Totschlagsversuch mit strafbefreiender Wirkung zurücktreten. Zu beachten ist jedoch, daß vom Täter hier mehr verlangt wird als ein bloßes Unterlassen, nämlich ein aktives Eingreifen, und ferner, daß er grundsätzlich das „Erfolgs"- und „Rücktrittsrisiko" trägt. Ein gewisses Zufallsmoment ist dem Rücktritt wesenseigen: ob es etwa beim Versuch bleibt oder ob die Rettungshandlung erfolgreich ist, hängt meist entscheidend von den — zufälligen — Gegebenheiten des Falles ab, z. B. davon, in welches Krankenhaus das Opfer kommt, wie diese Klinik ausgerüstet ist oder wie schnell der Täter die Hilfe Dritter herbeiholen kann.

2. Jeder Lösungsversuch hat im Auge zu behalten, daß es nicht zu einer Privilegierung des gefährlicheren, umsichtiger planenden, besser ausgerüsteten Täters kommt, konkret ausgedrückt: diejenigen Fälle, in denen der Täter sein Opfer mit *einem* Schuß töten oder nur *eine* — an sich erfolgsgeeignete — Einspritzung zu Abtreibungszwecken vornehmen wollte, nach gescheitertem Versuch aber von weiteren Ausführungshandlungen absieht, sind im Hinblick auf § 46 a. F., § 24 I S. 1 nicht anders zu behandeln, als diejenigen, in denen der Täter von vornherein *mehrere* derartige Tätigkeitsakte geplant, dann aber nicht alle verwirklicht hat. Die Gründe für die *Gleichstellung* dieser beiden Sachverhaltsvarianten sind im Schrifttum vielfach, u. a. von Frank, v. Bar, neuerdings insbesondere von Otto, Dreher, Roxin, Baumann, Eser und Geilen[519], in so überzeugender Weise herausgear-

---

[517] Denn diejenigen Autoren, die den freiwilligen Verzicht auf eine konkrete Handlungsmöglichkeit als Rücktritt nach § 46 Ziff. 1 bewerten, sehen den Versuch infolge dieser Handlungsalternative als noch unbeendet an, vgl. Roxin, Heinitz-Festschrift S. 269 Anm. 52.

[518] Ebenso: Köhler AT S. 458; Henkel JW 1937, 2377; Baumann AT S. 500, § 33 II; Arzt GA 1964, 6; Treplin ZStW 76, 468; Seeger a. a. O. S. 38; Gutmann a. a. O. S. 110 f.; Wimmer a. a. O. S. 18; Neuenhofen a. a. O. S. 45; vgl. auch BGH MDR 1951, 117.

[519] Zustimmend auch Busch ZStR 85, 411.

beitet worden, daß auf ihre insoweit einschlägigen oben bereits mitgeteilten[520] Ausführungen verwiesen werden darf.

3. Im Rahmen der Teilaktproblematik, d. h. wenn der Täter mit mehreren Handlungen zum Ziele kommen wollte, sind — was nicht immer scharf genug beachtet wurde — je nach der tatsächlichen Beschaffenheit der geplanten Einzelakte zwei völlig verschieden strukturierte Sachgestaltungen zu unterscheiden: einmal ist *jede* Handlung *für sich allein* zur Erfolgsherbeiführung geeignet, im anderen Fall kann der jeweilige Teilakt objektiv nicht selbständig den Taterfolg verursachen, vielmehr erst *alle* oder zumindest eine *bestimmte Anzahl zusammen.* Hinsichtlich der Lösung der zweiten Fallvariante, für die der Giftmordversuch in kleinen, sukzessiv aufeinanderfolgenden Raten das meistverwandte Beispiel ist, bestehen keine Zweifel: vor Erreichen des „Summationseffektes“, also bis zum letzten Teilakt ist die „beabsichtigte Handlung“ noch nicht vollbracht und kann deshalb nach § 46 Ziff. 1 auch noch „aufgegeben“ werden.

b) Keine Straflosigkeit wegen Rücktritts trotz Einstellung weiterer Versuchstätigkeit nach Vornahme eines zur Erfolgsherbeiführung geeigneten Teilakts

Geht man von diesen drei Grundsätzen aus und berücksichtigt ferner, daß § 46 Ziff. 1 a. F., § 24 I S. 1 1. Alt, überhaupt nur bei fehlender „Erfolgsgefahr“ in Betracht kommen kann, so reduzieren sich Umfang und Bedeutung des hier erörterten Problems nicht unerheblich. Denn es bleibt dann lediglich noch die Frage zu entscheiden, in welcher Richtung die unter 2. geforderte Gleichstellung bezüglich § 46 a. F., § 24 I S. 1 erfolgen soll. Insoweit sind, wie die Durchsicht des Schrifttums ergab, zwei genau entgegengesetzte Lösungsmöglichkeiten denkbar: *Entweder* man betrachtet jeden zur Erfolgsherbeiführung geeigneten[521] und in diesem Bewußtsein vorgenommenen Handlungsakt als *selbständigen,* folgenlos gebliebenen und damit fehlgeschlagenen Versuch — mit der Konsequenz, daß Rücktritt nach dem *ersten* Tätigkeitsakt *immer, unabhängig* von weiteren Handlungsalternativen und „sicherheitshalber“ geplanten Aktionen, ausscheidet und der Verzicht auf diese als bloße Nichtwiederholung des Versuchs zu werten ist. *Oder* man zieht umgekehrt den oder die tatsächlich ausgeführten Einzelakte und die im Rücktrittszeitpunkt sich noch anbietenden Handlungsalternativen zu *einer* Tat zusammen — mit der Folge, daß erst nach Verbrauch des letzten noch verfügbaren Tatmittels die „beabsichtigte Handlung“ zu Ende geführt, das freiwillige Auslassen bestehender Vollendungsmöglichkeiten daher als Rücktritt vom unbeendeten Versuch zu honorieren ist.

---

[520] Siehe oben im Text S. 197 ff., 207 ff.

[521] Zur „Erfolgsherbeiführung geeignet“ ist jeder Tätigkeitsakt, der die „Erfolgsgefahr“, also die Möglichkeit der Rechtsgutverletzung bewirkt.

aa) Der Verzicht auf konkrete Handlungsmöglichkeiten als fakultativer Schuldminderungsgrund

Welche dieser beiden Auffassungen im Ergebnis den Vorzug verdient, ist vom Standpunkt der hier zugrunde gelegten Sinndeutung des Rücktritts als „Entschuldigungsgrund" m. E. zwingend vorgezeichnet: nämlich diejenige, die — ohne daß es auf die Anzahl der geplanten Handlungsakte ankäme — Strafbefreiung wegen Rücktritts ablehnt. Denn schon Otto, der selbst mit Entschiedenheit und in besonders weitem Umfang *für* die Anwendbarkeit des § 46 Ziff. 1 a. F. bei freiwilligem „Unterlassen der weiteren konkret möglichen Erfolgsverwirklichung nach einem fehlgeschlagenen Versuch[522] eintritt, hatte seinerzeit treffend hervorgehoben, daß darin „keine belohnenswert geringe Schuldäußerung des Täters gesehen werden kann", da „der Erfolg in zahlreichen Fällen ohne Verdienst des Täters ausgeblieben sein" dürfte[523]. Noch schärfer betont Geilen den mit einer *schuld*orientierten Begründung des Rücktrittsprivilegs unvereinbaren Ansatz der im Vordringen begriffenen Lehre, den Verzicht auf weitere konkrete Handlungsmöglichkeiten nach Vornahme eines zur Erfolgsherbeiführung an sich schon ausreichenden Versuchsakts als Rücktritt zu belohnen, indem er feststellt: wenn es auf die nach mißlungenem Versuch noch zur Verfügung stehenden, aber nicht mehr eingesetzten Tatmittel für die Rücktrittsproblematik ankäme, würde „ein der Schuldfrage geradezu wesensfremder Umstand, der Zufall der besseren Munitionsversorgung"[524], Einfluß auf die Entscheidung haben.

Damit sind die maßgeblichen Gesichtspunkte für die Verneinung des § 46 a. F. bzw. § 24 I S. 1 vom Boden einer Schuldkonzeption des Rücktritts aus bereits genannt und nur noch etwas stärker zu verdeutlichen: Nach Ausführung des an sich zur Erreichung des Taterfolges geeigneten Handlungsaktes war der Eintritt der Vollendung aus der Sicht des Täters allein vom Zufall abhängig[525]. Das Ausbleiben der angestrebten Tatbestandsverwirklichung beruhte daher, was die tatsächlich vollzogene Handlung angeht, nicht auf einem bewußten Umkehrakt zur Bewahrung des bedrohten Rechtsgutes vor Schaden, wie ihn § 46 a. F,. § 24 I S. 1 zur Erfüllung der einen, auf vermindertem *Unrecht* aufbauenden Entschuldigungskomponente verlangt. Insoweit könnte nur der Verzicht auf weitere Tätigkeitsakte nach Erkenntnis des Fehlschlags der ersten, schon in Erfolgserwartung vorgenommenen Ausführungshandlung in Betracht kommen, und zwar mit der Begründung, der fehlende Erfolgsunwert des Versuchs beruhe hier auf einer rechtsguterhaltenden Entscheidung des Täters. In diese Richtung weist denn auch der Gedanke Roxins, der Täter, der konkret gegebene, erfolg-versprechende Handlungsalternativen nicht genutzt habe, beweise durch seine „Rückkehr in die Legalität" zugleich seine „verminderte verbrecherische

[522] Otto GA 1967, 151, 152.
[523] Otto GA 1967, 150.
[524] Geilen JZ 1972, 338.
[525] Vgl. Eser, Studienkurs, Teil II, Fall 33 Rdnr. 34.

Energie“[526]. Sicherlich — hätte der Täter im Einzelfall, z. B. bei einem Tötungsversuch erneut zugestochen, geschossen oder — nach dem Verlust des Tatwerkzeugs etwa — mit bloßen Händen — durch Faustschläge oder Würgen — das Opfer weiterhin attackiert, so wäre dessen Tod vielleicht, wahrscheinlich oder sogar ziemlich sicher eingetreten, und insofern ist es zweifellos „verdienstvoll“, daß der Täter von den ihm gebotenen Handlungsmöglichkeiten keinen Gebrauch gemacht hat. Aber diese Tatsache kann nur unter dem Aspekt der *Nichtvollendung* der Tat, also im Rahmen der *Versuchs*strafbarkeit *fakultativ* straf- und damit auch schuldmindernd berücksichtigt werden, nicht aber darüber hinaus. Denn der Umstand, daß der Täter im Augenblick des Handlungsabbruchs noch über konkrete Wiederholungs- oder anderweitige Fortsetzungsmöglichkeiten verfügt, ist entweder das rein *zufällige* Ergebnis des objektiven Geschehensablaufs oder aber das Produkt der *umsichtigeren Planung*, hat also entweder *überhaupt nichts* mit *„Schuld“* zu tun oder ist Ausdruck *besonderer Gefährlichkeit, größerer verbrecherischer Aggressivität,* mithin *höherer Schuld.* Daraus folgt: die Nichtwahrnehmung weiterer konkreter und als solche erkannter Erfolgsverwirklichungschancen, gleichgültig ob sie auf der planmäßig besseren Ausrüstung des Täters oder auf außerplanmäßiger Entwicklung der Tatsituation beruhen, ist unter dem Gesichtspunkt des „Rücktritts“, der ein *zwingend* schuldmindernd zu bewertendes Verhalten des Täters voraussetzt, ohne Bedeutung.

bb) Unabhängigkeit des Rücktrittsausschlusses von bestehenden konkreten Handlungsalternativen

Die vorstehenden Erwägungen machen zugleich deutlich, daß nur mit der hier vertretenen Auffassung die obige — in der Literatur weitgehend anerkannte — Grundsatzforderung, gleich strafwürdige Täter auch „rücktrittsrechtlich“ gleich zu behandeln, tatsächlich erfüllt werden kann. Denn würde man den Verzicht auf die fortbestehende Möglichkeit der Erfolgsherbeiführung als Rücktritt vom unbeendeten Versuch honorieren, so wäre der Täter, der sich eine Wiederholungs- oder Fortsetzungschance bewußt durch entsprechende objektive Maßnahmen geschaffen oder dank seiner Findigkeit rasch erkannt hat, demjenigen Täter gegenüber bevorzugt, der sich — unbedacht — schlechter ausgestattet ans „Werk“ gemacht hat oder weniger Routine und Übersicht dabei entfaltet. Der gerissene, schlaue, kurzum derjenige Verbrecher, der Strafbefreiung am wenigsten verdient, hätte damit mehr Rücktrittschancen, wäre also besser dran als der harmlose „Anfänger“ oder naive Dilettant. Dieser gewichtige Einwand gegen die „Gleichstellung der unterlassenen Wiederholung mit dem Rücktritt“[527] ist nicht neu. Schon Frank[528] hatte ja — das sei in Erinnerung zurückgerufen — auf die bedenklichen Konsequenzen einer derartigen Nivellierung hingewiesen, da

526 Roxin, Heinitz-Festschrift, S. 269.
527 Frank VDA Bd. V S. 238.
528 Frank VDA Bd. V S. 238, siehe oben im Text S. 187.

dadurch der Täter, dem „nach dem Fehlschuß keine Patronen zu Gebote standen, sich schlechter" stehe, „als wenn er sich vorsorglich solche mitgebracht hätte", und v. Bar[529] hatte kritisch hinzugefügt, das „hieße den stärkeren, weil besonders genau prämeditierten dolus bevorzugen".

In neuerer Zeit haben Baumann[530], vor allem aber Geilen dieses in Vergessenheit geratene Argument wieder aufgegriffen und klargemacht, daß diejenigen Autoren, die das Auslassen konkreter Handlungsmöglichkeiten im Zeitpunkt der Abstandnahme von der Tat als Rücktritt werten, ihr eigentliches Ziel, die Privilegierung des gefährlicheren, weitschauender planenden Täters zu beseitigen, *nicht* erreichen und deshalb im Grunde eine „Scheinleistung"[531] anbieten. Denn da der Plan, wie Geilen mit Recht hervorhebt, nicht nur „etwas Subjektives", lediglich im Täterinneren Beheimatetes ist, sondern reale Auswirkungen in der Außenwelt nach sich zieht, würde z. B. der „Mordschütze", der sich aufgrund umsichtigerer Planung „mit mehr Munition, einem moderneren Schnellfeuergewehr oder mit einer sonstigen besser arbeitenden Tatwaffe versehen" hat, nach jener „Auffassung — einfach weil dann seine Handlungsmöglichkeit weitergeht — hinsichtlich des Rücktritts besser gestellt sein"[532] als der entsprechend unvollständiger, „nachlässiger" ausgerüstete Täter. Da die hier entwickelte im Ergebnis „rücktrittsfeindlichere" Lösung solch unbillige Konsequenzen vermeidet, ist sie der genau entgegengesetzten „rücktrittsfreundlichen" Lehrmeinung auch in ihren praktischen Auswirkungen überlegen, unabhängig von der theoretischen Begründung oder Deutung des Rücktritts.

cc) Zu weitgehende Ausdehnung des Rücktrittsprivilegs durch die Gegenmeinung

Hinzu kommen weitere, in der Literatur ebenfalls schon vorgetragene Bedenken gegen die Rücktrittsprivilegierung des Täters, der nach dem ersten, an sich schon zur Erfolgsherbeiführung geeigneten, aber fehlgeschlagenen Versuchakt die ihm mögliche Deliktsverwirklichung freiwillig unterläßt. Wenn Jagusch und Busch bei fehlender „Erfolgsgefahr" nämlich *schlechthin jede* nicht wahrgenommene Handlungsalternative als Tataufgabe i. S. des § 46 Ziff. 1 a. F. qualifizieren, so muß man besorgt die Frage nach dessen Grenzen stellen, soll sich nicht diese Rücktrittsbestimmung in ein konturenloses Gebilde auslösen[533] und zum Tummelplatz von Ausreden, Ausflüchten und Schutzbehauptungen des Angeklagten bzw. zum Spielball eines geschickten Verteidigers werden[534]. Denn der Gegenbeweis, daß eine frei erfundene, aber plausibel klingende Möglichkeit zur Fortsetzung der Tat

---

[529] v. Bar, Gesetz und Schuld, Bd. II S. 555, siehe oben im Text, S. 362 f.; ebenso Krauthammer a. a. O. S. 20, siehe oben im Text S. 373; sowie Anton Schmitt a. a. O. S. 67 und Schuch a. a. O. S. 41.

[530] Baumann AT S. 501.

[531] Geilen JZ 1972, 338.

[532] Geilen JZ 1972, 338.

[533] Vgl. Eser, Studienkurs, Teil II, Fall 33 Rdnr. 39.

[534] Vgl. Geilen JZ 1972, 338.

im Augenblick des Handlungsabbruchs in Wahrheit *nicht* bestand, dürfte in der weitaus überwiegenden Zahl der Fälle scheitern.

Andere Autoren haben die in diesem, von ihnen grundsätzlich gutgeheißenen Ansatz steckende Gefahr einer uferlosen Ausweitung des § 46 Ziff. 1 a. F. zwar erkannt[535] und sich durch den Einbau zusätzlicher Voraussetzungen um eine vernünftige Restriktion und klare Grenzziehung bemüht. Daß das angestrebte Ziel erreicht worden wäre, läßt sich jedoch kaum behaupten. Denn weder der von Otto und Roxin gemachte Vorschlag, nur den Verzicht auf die „konkrete" Erfolgsverwirklichungschance „in der konkreten Tatsituation"[536], d. h. auf die sich „in unmittelbarem Anschluß an den ersten Handlungsakt anbietende"[537] Wiederholungs- oder Fortsetzungsmöglichkeit als Rücktritt zu honorieren, noch das von Dreher, Jescheck, Schmidhäuser u. a. verwandte Abgrenzungskriterium der — im einzelnen unterschiedlich bestimmten — „natürlichen Handlungseinheit" haben die für § 46 a. F., § 24 I S. 1 notwendige Exaktheit[538]. Es fällt daher nicht schwer, in der Praxis neue Kontroversen und Unsicherheiten vorauszusagen[539], falls sich diese im Vordringen befindlichen Lehren voll durchsetzen würden. Aber auch theoretisch ist ihr Rückgriff auf einen Aspekt der Konkurrenzlehre alles andere als überzeugend, da es bei der Festlegung des Bereichs des unbeendeten Versuchs nicht darum geht, ob mehrere Versuche nur *eine strafbare* Handlung darstellen[540], sondern darum, ob eine oder mehrere tatbestandsmäßige Ausführungshandlungen infolge freiwilliger Abstandnahme von weiterem Tun als Versuchsakte *straflos* zu lassen sind. Mit Recht haben daher zuerst Maiwald und ihm folgend Hruschka, Eser und Geilen nachdrücklich betont[541], die im Rahmen des Rücktritts zu erörternde Frage der Nichtbeendigung oder Beendigung des Versuchs liege auf einer gänzlich anderen Ebene mit anderer Zielsetzung und anderem Hintergrund als die Rechtsfigur der natürlichen Handlungseinheit und folglich sei die Übernahme dieses Aspekts zur Lösung jener Abgrenzung ein sachlich unhaltbares Verfahren.

dd) Unerheblichkeit der „Maximalplanung" des Täters — Maßgeblichkeit der „Erfolgseignung" der „beabsichtigten Handlung"

Aus den vorangehenden Ausführungen ergibt sich, daß willkürliche Ergebnisse, eine zu weitgehende Ausdehnung des Rücktrittsprivilegs und die Besserstellung des gefährlicheren Verbrechers nur dann vermieden werden können, wenn man sich zu der hier vertretenen Auffassung bekennt, d. h. die Anwendbarkeit des § 46 Ziff. 1 a. F., § 24 I S. 1 1. Alt. nach dem Fehlschlag eines, wie der Täter weiß, an sich erfolgstauglichen Versuchs-Teilakts

[535] Ausdrücklich Dreher JR 1969, 107.
[536] Otto GA 1967, S. 149.
[537] Roxin, Heinitz-Festschrift, S. 269 Anm. 52.
[538] Ebenso schon Geilen JZ 1972, 338.
[539] Vgl. Welzel, Lehrbuch, S. 197; v. Scheurl a. a. O. S. 55.
[540] Vgl. dazu Warda JuS 1964, 91 Note 67.
[541] Siehe oben im Text S. 208, 210; vgl. auch BGHSt 13, 156 (157).

verneint — unbeschadet weiterer bei Tatbeginn geplanter oder bei Tatabbruch *bestehender* Handlungsalternativen. Das bedeutet konstruktiv: Der Begriff der „beabsichtigten Handlung" in § 46 Ziff. 1 bzw. die „weitere Ausführung" nach § 24 I S. 1 1. Alt. umfaßt nur den oder die *unbedingt* vom Täter zur Erfolgsherbeiführung für erforderlich gehaltenen Ausführungsakte, nicht aber auch diejenigen, die — *bedingt* für den Fall des Mißerfolges der vorhergehenden Tathandlungen — vom Täter lediglich „sicherheitshalber" im vorhinein einkalkuliert waren oder nach seinem Plan der schnelleren Erreichung des Tatziels dienen sollten. Ein „Aufgeben" i. S. des Gesetzeswortlauts kommt also nur solange in Betracht, als der Täter noch nicht diejenigen Schritte getan, d. h. Kausalfaktoren in Bewegung gesetzt hat, durch die aus seiner Sicht ex ante der Eintritt der tatbestandsmäßigen Vollendung ermöglicht wurde. Die *„erfolgsgeeignete"* Handlung markiert demnach die Grenze, bis zu der der Tatplan berücksichtigt werden muß und *darf*. Bezogen auf die für § 46 Ziff. 1 a. F., § 24 I S. 1 1. Alt. gebräuchliche Ersatzformel des „unbeendeten" Versuchs führt diese Ansicht zu einer Korrektur: es kommt nicht darauf an, ob der Täter *alle* von ihm zur Deliktsrealisierung ins Auge gefaßten Handlungen vorgenommen hat, sondern nur darauf, ob Tätigkeitsakte in *„Erfolgserwartung"* ausgeführt wurden, ob das Getane also seiner Meinung nach genügte, um den Vollendungseintritt zu gewährleisten. Anders formuliert: der Begriff des zur vollständigen Erfüllung des Tatbestandes „Erforderlichen" richtet sich nicht nach dem *„Maximalplan"* des Täters, sondern nach seinen „*Minimal*vorstellungen", d. h. die ganze — über die vom Täter ex ante für *„ausreichend"* erachtete Versuchshandlung hinausgehende — *„optimalere"* Planung ist unter dem Aspekt des § 46 Ziff. 1 a. F., § 24 I S. 1 1. Alt. unerheblich und kann deshalb im Falle ihrer Nichtverwirklichung auch keine Rücktrittsprivilegierung auslösen.

ee) Zur Problematik der Teilakt-Isolierung

Die Befolgung des hier entwickelten Konzepts läuft im Ergebnis zweifellos auf eine *Isolierung* der verschiedenen Teilakte hinaus. Dagegen läßt sich aber nicht mit Dreher — unter Zustimmung Schröders und Roxins — geltend machen[542], die Folge einer solchen Einzelanalyse seien Schwierigkeiten und Ungereimtheiten bei der Feststellung des Verhältnisses mehrerer Versuche zueinander. Denn nichts hindert daran, die für die *Rücktritts*prüfung getrennten Tätigkeitsakte später bei der Erörterung der *Konkurrenz*fragen unter dem Gesichtspunkt der natürlichen Handlungseinheit oder des Fortsetzungszusammenhangs rechtlich als *eine* Tat zu betrachten[543].

---

[542] Siehe oben im Text S. 198, 206; gegen eine Auflösung des Gesamtgeschehens in Einzelakte vgl. auch Peters GA 1958, 97 (98).

[543] Ähnlich Eser, Studienkurs, Teil II, Fall 33 Rdnr. 40; Hruschka JZ 1969, 498 Anm. 18.

c) Zustimmung und Ablehnung gegenüber der vorgetragenen Konzeption in Rechtsprechung und Schrifttum

Vergegenwärtigt man sich abschließend noch einmal kurz die oben geschilderte Entwicklung von Rechtsprechung und Schrifttum zu dem einschlägigen Fragenkomplex, so erkennt man, daß der von uns eingenommene Standpunkt keine „revolutionäre“ Neuerung darstellt, sondern beinahe als die „traditionelle“ Auffassung bezeichnet werden könnte. Denn nicht nur die Gerichtspraxis *vor* 1871[544] und die Reichsgerichtsjudikatur danach vertraten in einer Fülle von Entscheidungen[545], besonders klar in RGSt. 43, 137 (139) und JW 1924, 299, die Ansicht, für die Annahme unbeendeten Versuchs sei kein Raum, wenn der Täter die zur Erzielung des beabsichtigten Erfolges vorgenommene Handlung für „hinreichend“ angesehen hat. Vielmehr erfreute sich diese Lehre auch in der älteren Literatur einer zahlenmäßig großen, wissenschaftlich sehr gewichtigen Anhängerschaft[546]. Im einzelnen darf insoweit auf unsere früheren Darlegungen verwiesen werden.

Erst die Judikatur des BGH rückte — anfangs noch zögernd, wie die auf der Linie des Reichsgerichts liegenden Urteile BGH MDR 1956, 396, BGH GA 1956, 89 und BGH 2 StR 246/62 vom 18. 7. 1962 beweisen — hiervon ab und verlor zunehmend stärker aus den Augen, daß in Fällen einer aus mehreren Teilakten bestehenden Ausführungshandlung der Aspekt der „Erfolgstauglichkeit“ des Einzelakts als generelle Schranke für die Anwendbarkeit des § 46 Ziff. 1 zu beachten ist. Wohin die statt dessen praktizierte „Tatplandifferenzierung“, z. B. nach der Anzahl der Stiche, Schüsse, Hiebe oder der Zeitdauer des Würgens bei Mord- und Totschlagsversuchen, führte, haben wir gesehen: weil ein solches Vorgehen die Lebenswirklichkeit[547] verkennt, indem es einen Täter voraussetzt, der nach Art eines Mathematikers die Summe seiner jeweiligen Tätigkeitsakte vor Tatbeginn exakt festlegt oder die Dauer seiner Versuchshandlung minuziös bestimmt, mußte der BGH zur Vermeidung unbilliger und unsinniger Ergebnisse im Einzelfall zu Fiktionen, Sachverhaltsumdeutungen oder unbekannten Erfahrungsregeln Zuflucht nehmen. Die Folge davon war der Verlust einer klaren und einheitlichen Rechtsprechungslinie, der die Frage nach den Erfolgsaussichten der Revision kaum noch kalkulierbar machte.

Es ist in höchstem Maße bedauerlich, daß das neuere Schrifttum das unsichere Fundament und die gefährliche Entwicklung der BGH-Judikatur bei der Fixierung der beiden Rücktrittsbereiche des § 46 teilweise zwar scharf kritisierte, aber nur eine Alternativlösung anbot, die ähnlich schwer-

---

[544] Siehe oben im Text S. 137 ff., besonders klar Königliches Oberappellationsgericht Dresden, Allgemeine Gerichtszeitung f. d. Königreich Sachsen Bd. 6 S. 171.

[545] Siehe die oben im Text S. 151 ff. angeführten Urteile.

[546] Vgl. insbesondere Berner, Gutachten, S. 122; Spohr a. a. O. S. 42; Joussen a. a. O. S. 11; vgl. im übrigen oben im Text S. 187 ff.

[547] Siehe oben im Text S. 227 f.

wiegenden Einwänden ausgesetzt ist. Lediglich Baumann, Eser, Geilen und Gutmann bilden insoweit eine Ausnahme und stimmen im theoretischen Ansatz mit der von uns vertretenen Konzeption überein[548].

d) Ermittlung der Tätervorstellung hinsichtlich der Erfolgsgeeignetheit seiner Tätigkeitsakte

Allerdings behandelt nur Geilen die bislang noch ausgesparte, praktisch aber sehr wichtige Frage, wie man konkret feststellen kann, ob der Täter den von ihm verwirklichten Teilakt schon für „erfolgsgeeignet" hielt oder nicht. Angesichts der Maßgeblichkeit des Tatplans für die Bestimmung der „beabsichtigten Handlung" in § 46 Ziff. 1 ist der Ausgangspunkt der Antwort klar: zunächst muß man auf die Einlassung des Angeklagten zurückgreifen, doch darf man dabei nicht stehenbleiben, vielmehr sind dessen Angaben der objektiven Kontrolle durch die Einzelheiten des äußeren Tatgeschehens ebenso zu unterwerfen wie diese bei fehlender Äußerung des Täters die alleinigen Anhaltspunkte zur Rekonstruktion seiner subjektiven Vorstellungen bilden.

Worauf es hierbei ankommt, haben einige, z. T. schon in anderem Zusammenhang erwähnte Entscheidungen der Judikatur deutlich gemacht. Uneingeschränkte Zustimmung verdienen insoweit die — auch von Geilen zugrunde gelegten[549] — Ausführungen des BGH in einem Mordversuchsfall[550], in dem er zur Ermittlung des Tatplans außer auf die Aussage des Angeklagten auch und vor allem darauf abstellte, ob das zur Tatbegehung eingesetzte Handbeil zur Tötung eines Menschen geeignet war und ob es „mit der scharfen oder stumpfen Seite, mit einer oder zwei Händen, mit ausholendem Schwung oder ohne diesen" — unter Berücksichtigung der örtlichen Verhältnisse — benutzt wurde. Auch ältere Entscheidungen aus der Zeit vor 1871 gingen in gleicher Weise vor. So folgerte das Königliche Oberappellationsgericht zu Dresden[551] aus der Tatsache, daß der Täter „den Streich kräftig und mit der Schneide eines frisch geschliffenen Beiles" gegen den „Kopf oder Hals seiner Ehefrau" als „Zielpunkt" führte, dieser *eine* Hieb sei für die Verwirklichung der „beabsichtigten Rechtsverletzung hinreichend" gewesen. Ähnlich begründete der Cassationshof zu Wien schon 1854[552] die „Erfolgseignung" mehrerer mit Tötungsvorsatz zugefügter Messerstiche, indem er auf die Spitze und Schärfe des Messers, auf die Vertrautheit des Täters im Umgang mit der Tatwaffe, auf dessen Kraft sowie auf die Zielrichtung

---

[548] Vgl. dazu oben im Text S. 207 ff.

[549] Geilen JZ 1972, 339.

[550] BGH GA 1956, 89.

[551] Allgemeine Gerichtszeitung für das Königreich Sachsen, Bd. 6 (1862), S. 171, siehe dazu oben im Text S. 137.

[552] Temmes Archiv, Bd. 2 (1855) S. 50 f.; vgl. auch den von Brückner in Hitzigs Annalen Jahrgang 1841, S. 101 ff (105) mitgeteilten Fall, siehe oben im Text S. 138.

gegen Körperteile mit dem Sitze lebenswichtiger Organe abhob. Ein weiteres Beispiel findet sich in der jüngeren österreichischen Judikatur. In seinem Urteil vom 18. 2. 1964[553], nach dessen Sachverhalt die Angeklagte ihrem geschiedenen Gatten ein 24 cm langes Küchenmesser „mit einer gewissen Kraft ... in die linke Brustseite" gestoßen hatte, bejahte der OGH trotz seiner subjektiven Abgrenzungstheorie[554] beendeten Versuch der schweren Körperverletzung einfach deshalb, weil „durch den Stich in die Richtung der Herzgegend mit einem solchen Werkzeug und auf solche Art ... gemeiniglich Lebensgefahr verbunden ist". Schließlich sei auch noch auf die Entscheidung des Obersten Gerichtshofs der DDR vom 26. 5. 1966[555] hingewiesen. Hier wurde jeder der drei bis vier in Tötungsabsicht „mit großer Wucht ... auf den Kopf des Opfers gezielt ausgeführten Schläge" als beendeter Tötungsversuch gewertet, da die vom Angeklagten dazu verwandte Luftpumpe ein „objektiv zur Tötung geeignetes Mittel" gewesen und der Erfolg lediglich zufällig oder aufgrund einer Fehleinschätzung der „objektiven Bedingungen und Gesetzmäßigkeiten", wie z. B. „auch beim fehlgegangenen Schuß", ausgeblieben sei.

Die vorstehenden Beispiele aus der Praxis machen deutlich, daß durch eine umfassende und subtile Analyse der vielfältigen äußeren Tatumstände, insbesondere der Art des Tatmittels, der Zielrichtung und Stärke des Angriffs, der Örtlichkeiten des Geschehens, der Lage des Opfers, der Person des Täters und seines Verhaltens nach dem jeweiligen Handlungsende — die konkrete „Teilakt"-vorstellung des Täters auch in schwierigen Fällen durchaus befriedigend herausgeschält werden kann. Daraus erhellt zugleich, daß der hier vertretene Standpunkt, nach Vornahme eines vom Täter für „erfolgstauglich" angesehenen Tätigkeitsakts trotz weiterreichender Planung und fortbestehender Handlungsmöglichkeit(en) den Rücktrittsweg über § 46 Ziff. 1 a. F., § 24 I S. 1 1. Alt. abzuschneiden, nicht nur eine theoretisch saubere, sondern auch praktikable Lösung ist.

5. *Zusammenfassung*

Zusammenfassend läßt sich somit zum Problem der Abgrenzung zwischen § 46 Ziff. 1 und 2 a. F., § 24 I S. 1 1. und 2. Alt. feststellen: Ausgangspunkt der Prüfung muß die Frage sein, ob der Eintritt des Erfolges aufgrund der Ausführungshandlung(en) des Täters objektiv möglich war. Ist dies zu bejahen, kommt Rücktritt durch bloßes Unterlassen weiterer Rechtsgutangriffe nicht in Betracht, vielmehr ist dazu eine positive Tätigkeit zur Verminderung der Tatvollendung erforderlich.

Besteht dagegen keine derartige „Erfolgsgefahr", so sind drei Fälle zu unterscheiden: Hat der Täter zur Tatbestandsverwirklichung nur *einen* aus seiner Sicht hierfür genügenden Tätigkeitsakt geplant, aber ohne Erfolg

[553] SSt. XXXV, 33.
[554] SSt. XXXV, 34.
[555] Neue Justiz 1966, 601.

durchgeführt und dann von weiteren möglichen Versuchshandlungen Abstand genommen, so bedeutet dieser Verzicht lediglich die Nichtwiederholung des Versuches, durch die nach § 46 Ziff. 1 a. F., § 24 I S. 1 1. Alt. *keine* Straffreiheit zu erlangen ist. Dasselbe gilt, wenn er *einen* von *mehreren* beabsichtigten, in seiner Vorstellung *„erfolgsgeeigneten"* Teilakten vorgenommen hat. Die Tatsache, daß er von vornherein zur sicheren oder schnelleren Erreichung der Tatvollendung zusätzliche Handlungen ausführen *wollte* oder im Moment der Tataufgabe noch realisieren *konnte*, ist unter dem Aspekt des § 46 Ziff. 1 a. F., § 24 I S. 1 1. Alt. gänzlich unbeachtlich. Rücktritt nach dieser Vorschrift ist dagegen trotz Vorliegens eines oder mehrerer Teilakte möglich, wenn erst das *Zusammenwirken* einer bestimmten Zahl von ihnen die „Erfolgstauglichkeit" der Gesamthandlung ergeben sollte, und zwar solange, als der letzte dazu notwendige „Summationsakt" noch aussteht.

Das Ergebnis unserer Untersuchung mag manchem vielleicht zu radikal, zu „rücktrittsfeindlich" sein — es steht jedoch im Einklang mit dem Grundgedanken des Rücktritts, kann ferner auf eine langjährige, wenngleich vergangene, höchstrichterliche Rechtsprechung gestützt werden, bürgt darüber hinaus — anders als die abweichenden Lehren — für größtmögliche Rechtssicherheit und bannt schließlich die aufgrund der heute überwiegend anzutreffenden „Rücktrittseuphorie" drohende Gefahr, daß „von hier aus die Strenge des Strafrechts ausgehöhlt wird"[556].

[556] Gallas, Niederschriften, Band II, S. 151 (dort im Zusammenhang mit einer zu weiten Ausdehnung des Zumutbarkeitsgedankens im Strafrecht formuliert).

VIERTER TEIL

Die Inhaltsbestimmung des Merkmals „freiwillig“

Ähnlich wie bei der Abgrenzung der Anwendungsbereiche von § 46 Ziff. 1 und 2 a. F., § 24 I S. 1 1. und 2. Alt. bietet die Rechtsprechung auch bei der für jeden Rücktrittsfall aktuellen Inhaltsbestimmung der „Freiwilligkeit“, dem dritten Themenkreis dieser Arbeit, ein oftmals widerspruchvolles, im theoretischen Ansatz und in den praktischen Ergebnissen insgesamt nicht befriedigendes Bild. Einen ersten, flüchtigen Eindruck hiervon vermittelten schon die wenigen im ersten Teil dieser Arbeit geschilderten Urteile des Reichsgerichts und Bundesgerichtshofs[1]. Auch in der Literatur hat die Freiwilligkeitsproblematik bisher noch keine allgemein anerkannte Lösung gefunden[2], obwohl gerade dieser Begriff im Mittelpunkt der dogmatischen Bemühungen um die Klärung der Rücktrittsvoraussetzungen sowohl vor als auch nach Einführung des Reichsstrafgesetzbuches stand, wie die kaum noch übersehbare und sachlich zu verarbeitende Fülle einschlägiger Monographien oder sonstiger Abhandlungen bis in die jüngste Zeit hinein[3] „handgreiflich“ dokumentiert. Wenn trotz dieser — eher zur Resignation verleitenden — Tatsache die kontrovers gebliebenen Fragen hier erneut angeschnitten werden, so geschieht dies weder in dem Bewußtsein, eine „Patentantwort“ zur Hand zu haben, noch in dem — fast möchte man sagen: vermessenen — Glauben, nach über hundertjähriger intensivster Forschungsarbeit, z. T. durch die angesehendsten Gelehrten, in jener Auseinandersetzung noch grundlegend Neues vortragen zu können. Andererseits aber gewinnt man beim Studium der Judikatur und des Schrifttums doch den Eindruck, daß es nicht nur nötig, sondern auch möglich ist, durch eine bessere Auswertung der vorliegenden höchstrichterlichen Entscheidungen, durch die Zurückführung der verschiedenen Lösungsansätze auf den grundsätzlichen Ausgangspunkt, durch die pointierte Herausarbeitung ihrer Gemeinsamkeiten und Trennungslinien über den gegenwärtig erreichten Diskussionsstand hinaus wenigstens zu mehr Klarheit, Übersichtlichkeit, Geradlinigkeit und Überzeugungskraft bei der Beurteilung des „freiwilligen“ Rücktritts in konkreten Fallgestaltungen zu gelangen.

---

[1] Siehe oben im Text S. 8 ff.

[2] Vgl. Roxin ZStW 77, 92.

[3] Die Bemerkung Roxins, die Voraussetzungen des strafbefreienden Rücktritts vom Versuch seien „in den letzten 25 Jahren nicht mehr monographisch behandelt worden“ (ZStW 77, 91), ist überspitzt, wie z. B. die beiden eingehenden Dissertationen von Giffhorn und Seeger zeigen.

I. Die „Freiwilligkeit" als materielle Grundvoraussetzung jedes strafbefreienden Rücktritts

Während im Text des § 46 a. F. der Begriff der „Freiwilligkeit" „umständlich"[4] und „unklar"[5] umschrieben wurde, ist nunmehr im Wortlaut des § 24 I S. 1 „unter Ausscheidung alles Unwesentlichen und Entbehrlichen"[6] direkt die positive Formulierung „freiwillig" als einheitliche, für beide Rücktrittsalternativen notwendige Voraussetzung herausgestellt worden. Da das Freiwilligkeitserfordernis der Sache nach früher wie heute allgemein anerkannt war, haben die zur alten Textfassung ergangenen Entscheidungen und dogmatischen Erläuterungen nichts von ihrer grundsätzlichen und praktischen Bedeutung verloren. Sie bilden daher die Grundlage der folgenden Erörterungen.

II. Die Rechtsprechung zum Problem der „Freiwilligkeit" des Rücktritts

Da es sich bei der Frage, nach welchen Kriterien freiwilliger und unfreiwilliger Rücktritt zu unterscheiden sind, angesichts der „schneidigen" Konsequenzen für den Täter um ein außerordentlich praxisbezogenes Problem handelt, erscheint es sinnvoll, auch hier von der Judikatur auszugehen. Das hat zugleich den Vorteil, daß nicht nur die eingangs an der Rechtsprechung geübte Kritik verständlich wird, wenn man die vielen unterschiedlichen Begründungen und untereinander abweichenden Lösungen sozusagen „schwarz auf weiß" vor Augen sieht, vielmehr zeigt eine solche Bestandsaufnahme von Fallbeispielen aus der Lebenswirklichkeit auch besonders anschaulich, um welche Sachkonstellationen es vor allem geht und wo die Hauptschwierigkeiten bei der konkreten Beurteilung der „Freiwilligkeit" liegen. Dabei läßt sich ein einigermaßen zuverlässiger Gesamteindruck vom Stand der Meinungen in der Rechtsprechung am besten dadurch vermitteln, daß man anstelle einer rein sachbezogen, nach der jeweiligen Freiwilligkeitsinterpretation geordneten Übersicht über das vorhandene Fallmaterial von den einzelnen rücktrittsrelevanten Tatbeständen ausgeht, dort typische, im wesentlichen gleichgelagerte Problemgruppen zusammenfaßt und bei deren Lösung die Gemeinsamkeiten und Gegensätze in den theoretischen Aussagen deutlich macht.

1. Die einschlägigen Entscheidungen im Bereich der Aussagedelikte

Die erste Deliktskategorie, bei der der Rücktritt eine gewisse, im Laufe der Zeit allerdings schwächer gewordene Rolle spielt, bilden Meineid und uneidliche Falschaussage. Im Vordergrund stehen dabei die Fälle, in denen

[4] Treplin ZStW 76, 469; vgl. auch M. E. Mayer in Aschrott-v. Liszt, Bd. I S. 350.

[5] Nagler LK (6. Aufl.) § 46 Anm. III A 1; ähnlich Schoetensack, Verbrechensversuch S. 53.

[6] Begründung zum Vorentwurf S. 297.

der Angeklagte seine früheren unwahren Angaben als Zeuge noch während seiner Vernehmung auf einmaligen oder wiederholten Vorhalt, infolge von eindringlichen Ermahnungen oder Warnungen des Vorsitzenden bzw. der Gegenpartei im Zivilprozeß oder aufgrund von zuredenden Worten und Zeichen anderer Personen berichtigt hatte. Schon das Königlich-Sächsische Oberlandesgericht zu Dresden sah hierin keinen vom Willen des Täters unabhängigen „Behinderungsgrund an der Ausführung", sondern „nur das die Freiwilligkeit des Abstehens nicht aufhebende Motiv der ... Willensänderung"[7]. Dem schloß sich das Reichsgericht in mehreren Urteilen[8] im Ergebnis an, indem es darauf hinwies, „nicht jeder äußere Umstand, der die Entschließung des Täters zum Rücktritt mitbestimmt"[9], stehe der Anwendbarkeit des § 46 Ziff. 1 im Wege, vielmehr nur ein solcher, der die Vollendung der Tat „schlechthin unmöglich" macht „oder doch nach der gewöhnlichen Lebensauffassung" dem „Täter zwingend"[10] die Abstandnahme von seinem verbrecherischen Tun nahelegt. Ob diese Voraussetzungen im konkreten Fall vorliegen, sei „Tatfrage"[11], die letztlich davon abhänge, „welche Beweggründe den Angeklagten zum Widerruf der Unwahrheit veranlaßt haben"[12]. Tat er es „von seinem Gewissen gedrückt"[13] oder wurde er „allein durch Furcht vor späterer Bestrafung"[14] dazu bestimmt, so bestünden keine Bedenken hinsichtlich der Annahme freiwilligen Rücktritts. Das gelte auch, wenn jemand seine Aussage mit Rücksicht auf die mögliche Beeidigungspflicht korrigiert[15].

Dagegen sei der Abbruch einer Zeugenaussage unter Berufung auf ein Zeugnisverweigerungsrecht als unfreiwilliger Rücktritt zu werten, sofern die „Erkenntnis" von der „Aussichtslosigkeit, die Wahrheitsfindung zu verhindern"[16], der Anlaß dafür war. Aus dem gleichen Grund wird die „Freiwilligkeit" der Tataufgabe verneint, wenn in einem Falle versuchter Anstiftung zum Meineid der Ehemann der Begehung der Falschaussage entgegenwirkt, weil seine Freundin den Ehebruch wegen seines der Ehefrau in die Hände gefallenen schriftlichen Geständnisses „mit Aussicht auf Gehör und Glauben nicht mehr leugnen kann"[17].

---

[7] OLG Dresden, Annalen des Königlichen Sächsischen Oberlandesgerichts Dresden, Bd. IV S. 493 (495); zur Rechtsprechung vor 1871 siehe auch Oberappellationsgericht zu Cassel vom 10. 9. 1836, Temmes Archiv Bd. I S. 272.

[8] RG JW 1888, 452; RG JW 1924, 1730 (1731); RG JW 1926, 1167 f. mit Anmerkung v. Lilienthal; RG JW 1929, 1009; RG JW 1930, 634 ff.

[9] RG JW 1926, 1167.

[10] RG JW 1926, 1168.

[11] RG JW 1929, 1009; ebenso JW 1930, 634.

[12] RG JW 1926, 1168.

[13] RGSt. 14, 19 (22); RG JW 1925, 792.

[14] BGH 4 StR 274/53 — Urt. v. 6. 8. 53 — S. 7 — unveröffentlicht —.

[15] RGSt. 58, 295 (296).

[16] BGH 4 StR 274/53 — Urt. v. 6. 8. 53 — S. 7; vgl. auch BGHSt. 4, 173 (174, 175 oben).

[17] OLG Tübingen DRZ 1949, 43 (44).

2. Rücktritt vom Versuch der Notzucht und schweren Unzucht

Praktisch ungleich wichtiger, für die Offenlegung der Freiwilligkeitsproblematik ergiebiger und in der Lösung schwieriger sind die Rücktrittsfälle beim Versuch der Notzucht und sog. schweren Unzucht nach § 176 Abs. 1 Nr. 1 und Nr. 3 a. F.[18]. Zur Erklärung der besonderen Affinität des Rücktritts speziell zum Tatbestand des § 177 hat Lackner[19] mit Recht auf die „namentlich infolge des ungewissen Kräfteverhältnisses zwischen Täter und Opfer“ bestehende „Labilität“ des Geschehensablaufs hingewiesen. Sie wird noch dadurch verstärkt, daß es sich um ein Triebverbrechen handelt, bei dem die Reaktionen des Täters auf bestimmte Einflüsse der Außenwelt vorwiegend emotional und nicht rational erfolgen, was zugleich auch die Schwierigkeiten bei der Beurteilung der Freiwilligkeitsfrage verständlich macht.

a) Die Fallkonstellationen bei §§ 177, 176 I Nr. 1 a. F.

aa) Tataufgabe infolge vorgespiegelter Einwilligung des Opfers

Diese taucht im Bereich der *Notzucht* in mehreren typischen Fallgestaltungen auf, von denen eine — der Täter steht aufgrund der Vorspiegelung des Opfers, zum Geschlechtsverkehr später *bereit* zu sein, von seinem Vorhaben ab — bereits einleitend[20] mit ihren widerspruchsvollen Lösungen durch die Rechtsprechung dargestellt wurde.

bb) Abstandnahme von der Tat infolge Gegenwehr des Opfers

Die zweite charakteristische Rücktrittssituation ist die Tataufgabe infolge des mehr oder weniger starken Widerstandes des Opfers, bei deren Beurteilung die Judikatur[21] gleichfalls keine einheitliche Linie zeigt. So lehnte der BGH in Fällen „heftiger Gegenwehr“[22], lauten Schreiens, Schlagens[23] oder der Drohung des Opfers mit Anzeige zum Arbeitgeber[24] freiwilligen Rücktritt mit der Begründung ab, der Täter habe „mit dem Maß an Gewalt, das

---

[18] Jetzt in veränderter Fassung § 176 I und § 178.

[19] Lackner JR 1966, 106; vgl. auch Dallinger MDR 1966, 22.

[20] Siehe oben im Text S. 8 ff.

[21] Siehe dazu aus der Rechtsprechung vor 1871: Königliches Oberappellationsgericht Dresden, Allgemeine Gerichtszeitung für das Königreich Sachsen, Bd. 8 (1864) S. 138.

[22] Vgl. BGH MDR 1973, 554; BGH Urteil vom 18. 4. 61 — 5 StR 38/61 — unveröffentlicht — S. 2; BGH NJW 1972, 347 („erhebliche Gegenwehr“); BGHSt. 17, 1 („heftig wehrte“); HansOLG Hamburg MDR 1971, 414 („wehrte sich heftig“).

[23] BGH 1 StR 638/54 — Urteil vom 15. 3. 1955 — S. 6 — unveröffentlicht.

[24] Vgl. BGH 1 StR 638/54 — Urteil vom 15. 3. 1955 — S. 6 — unveröffentlicht; BGH 5 StR 38/61 — Urteil vom 18. 4. 1961 — unveröffentlicht — S. 2 („laut schrie“).

anzuwenden er sich entschlossen hatte", die Tatvollendung unmöglich erreichen[25] können.

Dieselbe Erwägung findet sich auch in dem insoweit unveröffentlichten Urteil des BGH vom 2. 9. 1958[26]. Dort heißt es, die entschlossene Kampfansage der Überfallenen an den Täter, „er könne sein Ziel nur über ihre Leiche erreichen", habe ihn „über seinen ursprünglichen Tatplan hinaus vor die Wahl gestellt", bei der Fortführung der Tat entweder infolge der lauten Hilferufe der Frau „die Gefahr einer alsbaldigen Entdeckung und Bestrafung" heraufzubeschwören oder sie „durch Würgen am Schreien" zu hindern und „dabei ihre Tötung" zu riskieren. Angesichts einer solchen Alternative sei der Tatverzicht trotz fortbestehender Vollendungsmöglichkeit „zwingend" und damit unfreiwillig gewesen.

Zum gleichen Ergebnis waren in ganz ähnlichen Fallgestaltungen zuvor schon das Reichsgericht[27] und das OLG Dresden[28] gekommen, wobei sie allerdings zur Begründung auf die vom Täter erkannte „Wirkungslosigkeit seiner Versuchshandlung" abstellten.

Im Gegensatz dazu spiegelt sich in einer Reihe anderer höchstrichterlicher Entscheidungen ein „milderer" Standpunkt wider:

Der Angeklagte, der „bewogen durch den Widerstand und die Bitten des angegriffenen Mädchens seinen Vorsatz aufgab"[29], der Täter, der aus den ihm zugefügten Kratzwunden „blutete und bei dem Widerstand der Zeugin sein Ziel nicht erreichen konnte"[30], der Angeschuldigte, der seinen Angriff aufgab, weil das bedrängte Mädchen sich „heftig wehrte" und einen „regelrechten Ringkampf"[31] lieferte — sie alle beriefen sich mit Erfolg auf freiwilligen Rücktritt. Denn es sei nicht auszuschließen, daß trotz der genannten Umstände „noch die freie Wahl" bestand, den Versuch zu vollenden oder abzubrechen.

Eine gewisse Erklärung für dieses mehr als überraschende Ergebnis liefert die unveröffentlichte Entscheidung des BGH vom 21. 4. 1967[32], die hinsichtlich des Widerstandes des Opfers in einer bei dieser Fallgruppe sonst unbekannten Weise differenziert: Wurde dem Täter dadurch „die Aussichtslosigkeit seines Tuns" vor Augen geführt, so ist die Tataufgabe unfreiwillig; änderte sich dagegen „unter dem Einfluß der Gegenwehr" sein Entschluß, „obwohl er seiner Meinung nach bei Fortsetzung seiner Gewalttätigkeit

[25] BGH 1 StR 638/54 — Urteil vom 15. 3. 1955 — S. 7 — unveröffentlicht; ebenso BGH 5 StR 38/61 — Urteil vom 18. 4. 1961 — unveröffentlicht — S. 4; BGH MDR 1973, 534 mitgeteilt von Dallinger; zustimmend in BGH 2 StR 535/58 — Urteil vom 28. 1. 1959 — unveröffentlicht — S. 4.

[26] BGH 5 StR 339/58 — Urteil vom 2. 9. 1958 — insoweit in BGHSt. 12, 42 nicht veröffentlicht.

[27] RG HRR 1942, 124.

[28] OLG Dresden LZ 1929, Spalte 860.

[29] Reichsoberhandelsgericht GA 1872, 447 (448).

[30] RG BayZ 1933, 39.

[31] BGHSt. 17, 1 ff.

[32] BGH 4 StR 64/67 — Urteil vom 21. 4. 67 — unveröffentlicht — S. 4.

doch noch hätte zum Ziel kommen können", so liegt ein freiwilliger Rücktritt vor.

Dieser Ansicht schloß sich das Hans. OLG Hamburg ausdrücklich[33] an und attestierte einem Angeklagten freiwilligen Rücktritt, der „nach mindestens einer halben Stunde vergeblichen Bemühens wegen der heftigen Abwehrreaktionen der Überfallenen zu der Überzeugung kam, daß es trotz der Mithilfe zweier anderer Männer „nicht gelingen würde, mit den Mitteln begrenzter Gewalt zum Geschlechtsverkehr mit der Zeugin" zu gelangen, und deshalb seinen Plan aufgab[34]. Denn die Täter hätten ihr Vorhaben auch ohne schärfere Gewaltmaßnahmen wie Schlagen und Würgen, einfach „weil sie zu dritt waren"[35], noch verwirklichen können. Die Tatsache, daß sie dies nach dem Sachverhalt für aussichtslos hielten, bleibt dabei jedoch ebenso unberücksichtigt wie der Umstand, daß sie, wie sie wußten, dem Opfer *bekannt* waren! Interessant ist ferner, daß der BGH für einen ganz ähnlich strukturierten Sachverhalt in einem früheren Urteil den tragenden Gesichtspunkt des OLG mit der kurzen Bemerkung abtat, es sei „ohne Belang, daß es den drei Angeklagten, drei kräftigen jungen Männern, an sich möglich gewesen sein mag, an dem abgelegenen Ort ... die Notzucht ... durchzuführen"[36].

cc) Abbruch der Ausführungshandlung infolge mangelnder sexueller „Lust"

Im Gegensatz zu den beiden ersten Fallgruppen ist sich die Rechtsprechung bei der nun folgenden dritten Entscheidungskategorie in der Ablehnung freiwilligen Rücktritts weitgehend einig. Dabei sind zwei Fallgestaltungen zu unterscheiden: zum einen die Reaktion des Täters, der von seinem Vorhaben Abstand nimmt, weil seine libido unter dem Einfluß äußerer Umstände erloschen war[37]; zum anderen die bekannte Sachkonstellation, daß der Täter sich einer Frau gegenübersieht, die gerade ihre Monatsregel hatte und mit Rücksicht darauf von ihm nicht mehr als „begehrenswert" empfunden wurde.

aaa) Physische Unmöglichkeit als Grund der Nichtvollendung des Versuchs

In der ersten Sachverhaltsalternative spielt der Gesichtspunkt der *physischen Unmöglichkeit* des Weiterhandelns für die Ablehnung des § 46 Ziff. 1 die ausschlaggebende Rolle. Hierher gehören die Fälle, in denen der Täter

---

[33] Hanseatisches OLG Hamburg MDR 1971, 414 (415); vgl. auch OLG Kiel, Schlesw. HAZ 1946 S. 342, das die Frage offenläßt, ob der „energische Widerstand" allein ein Umstand ist, der den Rücktritt unfreiwillig macht.

[34] Hans. OLG Hamburg MDR 1971, 414.

[35] Hans. OLG Hamburg MDR 1971, 414 (415).

[36] BGH 5StR 38/61 — Urteil vom 18. 4. 1961 — unveröffentlicht — S. 2 f.

[37] Vgl. zu einer solchen Fallgestaltung aus der Rechtsprechung vor 1871 die Entscheidung des Königlichen Oberappellationsgerichts Dresden, Allgemeine Gerichtszeitung für das Königsreich Sachsen, Bd. 7 (1863) S. 418 (Ausbruch bzw. „Vorahnung" epileptischer Krämpfe).

sein Opfer chloroformierte[38] bzw. bis zur Bewußtlosigkeit würgte[39] und dann vor Schreck über die „wie leblos" vor ihm liegende Frau nicht mehr „in der physischen Verfassung" war, den Beischlaf zu vollziehen. Weitere Beispiele sind der Täter, der „infolge des Verhaltens seines Opfers ... in einen solchen Angstzustand" geriet, „daß dadurch sein Triebverlangen beseitigt wurde"[40], sowie der Angeklagte, dessen „geschlechtliche Erregung" infolge vorzeitigen Samenergusses „ohne seinen Willen abgeklungen war", so daß er „kein Bedürfnis mehr zum Geschlechtsverkehr verspürte"[41].

Auch in anderen Entscheidungen wurde anerkannt, „seelischer Druck" (BGHSt. 7, 296 (299)) oder ein „Schock" infolge des unerwarteten Erkanntwerdens (BGHSt. 9, 48 (53)) könne zum Libidoverlust führen und den Rücktritt unfreiwillig machen.

bbb) Rücktritt infolge festgestellter oder behaupteter Indisponiertheit des Opfers

Anders als in den vorstehend geschilderten Entscheidungen ging die Rechtsprechung in den Rücktrittsfällen wegen tatsächlicher oder behaupteter Menstruationsblutungen des Opfers von der dem Täter verbliebenen Möglichkeit aus, sein Vorhaben rein physisch gesehen fortzusetzen. Dennoch verneinten RG und BGH im Ergebnis mit *einer* Ausnahme stets die Freiwilligkeit. Ausgehend von dem Grundsatz, hierfür müsse die Tatausführung nicht „schlechthin unmöglich" sein, vielmehr genüge ein „nach der gewöhnlichen Lebensauffassung" zwingender Hinderungsgrund[42], wurde die „Erkenntnis" des Täters, daß das von ihm angegriffene Mädchen „seine Tage hatte" und deshalb „für den von *ihm* erstrebten Zweck ungeeignet"[43] sei, als ein solcher zwingender Umstand angesehen.

Nicht recht verständlich — und daher in der Literatur[44] mit Recht kritisiert — ist es allerdings, wenn der BGH am Schluß seiner Ausführungen in BGHSt. 20, 280 erklärt, diese seien mit der nur wenige Monate früher ergangenen Entscheidung vom 4. 6. 1965 vereinbar, in der der Rücktritt eines Täters „wegen der von dem Mädchen behaupteten Menstruationsblutungen" als freiwillig anerkannt worden war[45]. Denn der — soweit ersichtlich — einzige Sachverhaltsunterschied besteht darin, daß das eine Mal die Indisposition vom Opfer „behauptet" wurde, während sie das andere Mal der Täter selbst festgestellt hatte. Da er jedoch die Behauptung glaubte und es für die Freiwilligkeitsfrage „maßgebend" auf seine „Vor-

[38] RG DR 1943, 910.

[39] BGH LM Nr. 6 zu § 177.

[40] BGH MDR 1971, 363 mitgeteilt von Dallinger.

[41] OLG Kiel Schlesw. HAZ 1946, 342; zust. BGH 4 StR 64/67 — Urt. v. 21. 4. 67 — unveröff.

[42] RG LZ 1931, Spalte 986.

[43] BGHSt. 20, 279 (280).

[44] Lackner JR 1966, 106; Dallinger MDR 1966, 22.

[45] BGH 2 StR 203/65 — Urteil vom 4. 6. 1965 — unveröffentlicht; vgl. dazu Dallinger in MDR 1966, 22.

stellung im Einzelfall"[46] ankommt, kann man die sachliche Diskrepanz zwischen dem zuletzt erwähnten Urteil und den übrigen Entscheidungen dieser Sachstruktur schwerlich leugnen. Der vom BGH unternommene Harmonisierungsversuch[47], „die *bloße Behauptung*" des Mädchens über seinen Zustand „hinderte jenen Täter nicht" an der Weiterführung der Tat und ließ ihn — im Gegensatz zu den Parallelfällen — „Herr seiner Entschließungen" bleiben, wirkt denn auch mehr als willkürlich[48].

dd) Furcht vor Entdeckung als Rücktrittsmotiv

Den Abschluß der Rechtsprechungsübersicht über die Behandlung der Freiwilligkeitsfrage beim Rücktritt vom Versuch der Notzucht oder Gewaltunzucht bilden einige Entscheidungen, die man unter dem Stichwort: Tataufgabe aus Furcht vor Entdeckung oder ihren Folgen als weitere Fallgruppe zusammenfassen kann. Das soll nicht darüber hinwegtäuschen, daß sich hinter diesem abstrakt-schematischen Oberbegriff konkret recht vielgestaltige Rücktrittssituationen verbergen. So waren die Beweggründe des Angeklagten, von der Vollendung der Tat abzusehen, einmal die Drohung des Mädchens, „den Vorfall seiner Ehefrau zu melden,"[49] und die Angst vor einem aus einer solchen Mitteilung möglicherweise entstehenden Eheskandal, ein andermal die plötzlichen „Rufe des Arbeitgebers"[50] aus dem Nebenraum; in BGHSt. 9, 48 ff. gab der Täter — wahrscheinlich, aber vom Tatrichter nicht eindeutig geklärt[51] — sein Vorhaben allein aus Bestürzung darüber auf, daß die Überfallene ihn erkannt hatte, und in der zu § 176 Abs. 1 Nr. 1 ergangenen Entscheidung des BGH vom 22. 7. 1966 blieb offen, ob der Angeklagte den herannahenden Kraftwagen des Zeugen wahrgenommen hatte und „deshalb die Flucht ergriff oder ob er von dem Mädchen abließ, weil es um Hilfe schrie"[52].

Für die rechtliche Würdigung unter dem Aspekt des § 46 spielten diese Unterschiede im tatsächlichen Geschehensablauf allerdings keine Rolle: In allen Fallvarianten wurde freiwilliger Rücktritt abgelehnt[53]. Dabei stellte das Reichsgericht[54] klar, die bloße Furcht, „infolge der Entdeckung Strafe

---

[46] BGHSt. 20, 279 (280).

[47] BGHSt. 20, 279 (280).

[48] Ebenfalls sachlich unzutreffend ist die Begründung des BGH im Urteil v. 13. 2. 1964 — 1 StR 549/63 — unveröff. S. 4, in dem er sich einfach auf „BGHSt. 9, 48 (53)" berief. Denn die in Bezug genommene Textstelle äußert sich zur — gänzlich anderen — Frage eines *schockbedingten* physischen Unvermögens.

[49] RG HRR 1939 Nr. 1434.

[50] BGHSt. 1, 152 (156).

[51] BGHSt. 9, 48 (49 unten).

[52] BGH MDR 1966, 892 mitgeteilt von Dallinger.

[53] Sollte sich jedoch bei der erneuten tatrichterlichen Prüfung im Falle BGHSt. 9, 48 ergeben, daß der Angeklagte sich nach seinem Erkanntsein nun schämte und „wesentlich auch aus diesem Grunde" von seinem Opfer abließ, so wäre dies ein freiwilliger Rücktritt (S. 53).

erleiden zu müssen“, begründe für sich allein noch nicht die Unfreiwilligkeit, „weil eine solche Willensbeeinflussung gerade im Gesetz gewollt“ sei, und der BGH betonte in BGHSt. 9, 48 (50) ergänzend, die Freiwilligkeitsfrage hänge nicht davon ab, ob „der Beweggrund zum Rücktritt sittlich billigenswert“ sei. Wenn aber der Angeklagte „die Gefahr baldiger Entdeckung und Bestrafung“ aus seiner Sicht der objektiven Sachlage „vernünftigerweise nicht auf sich nehmen konnte“[2], weil „andere Wirkungen der Entdeckung“ wie etwa die Gefahr der Scheidung oder eines Skandals[56] hinzukämen, dann müsse die Tataufgabe als unfreiwillig bezeichnet werden. Die gegen diese Argumentation vom Schrifttum vorgebrachten Bedenken wies der BGH mit der — sachlich, wie noch zu zeigen sein wird, unzutreffenden — Behauptung zurück, sie beruhten auf dem falschen Standpunkt, das Freiwilligkeitserfordernis in § 46 Ziff. 1 nur bei *Unmöglichkeit* der Tatvollendung zu verneinen. Denn in einem solchen Falle fehle es bereits an der „Entschließung des Täters“[57] zum Rücktritt, die der Gesetzgeber mit dem Begriff des „Aufgebens“ zur Vorbedingung der strafbefreienden Wirkung jenes Privilegs gemacht habe.

b) Die Freiwilligkeitsproblematik im Rahmen des § 176 I Nr. 3 a. F.: Fehlschlag des Versuchs, Entdeckung, Widerstand, Scham des Täters als Gegenstand der Beurteilung

Ebenso wie der Tatbestand des § 177 bis in die jüngste Zeit hinein war früher das Delikt des § 176 Abs. 1 Nr. 3 a. F. unter dem Gesichtspunkt der Freiwilligkeit des Rücktritts von großem praktischen Gewicht. Als Beweggründe des Täters, von seinem verbrecherischen Vorhaben abzugehen, gewannen dabei in den Fällen der versuchten Vornahme unzüchtiger Handlungen die *Entdeckung* seiner Absichten durch das Kind oder Dritte, *Abwehrreaktionen* des Opfers sowie *Scham* und *Scheu* aktuelle Bedeutung, während bei den Begehungsformen des Verleitens zweimal „das Mißlingen der Willensbeeinflussung“[58] der Anlaß zum Verzicht auf die Verwirklichung des Tatentschlusses waren. Daß die zuletzt genannte Fallgestaltung keinen Raum für die Annahme freiwilligen Rücktritts läßt, wurde mit der Erwägung begründet, der Versuch sei objektiv und auch in der Vorstellung des Täters im Augenblick der Tataufgabe bereits „fehlgeschlagen“[59] gewesen. Ebenso selbstverständlich ist nach Ansicht des Reichsgerichts[60] umgekehrt

[54] RG HRR 1939, Nr. 1434.
[55] BGHSt. 9, 48 (50).
[56] RG HRR 1939 Nr. 1434.
[57] BGHSt. 9, 48 (51).
[58] RG HRR 1940 Nr. 1101.
[59] RG HRR 1940 Nr. 1101; ebenso — allerdings unter Annahme eines beendeten Versuchs nach § 176 I Nr. 3 — OLG Braunschweig NJW 1947/48 S. 109.
[60] Vgl. RGSt. 47, 74 (77 f.); siehe auch RGSt. 69, 140.

die Bejahung des § 46 Ziff. 1, wenn die Willensänderung des Angeklagten „überwiegend" durch seine „besseren *seelischen Regungen*" und „deshalb frei von zwingenden äußeren Einflüssen" erfolgte.

Gleichfalls einheitlich in der — negativen — Beurteilung der Freiwilligkeitsfrage sind die Entscheidungen[61] zum Rücktritt infolge der Gegenwehr des Kindes. Das ist insofern überraschend, ja zum Teil widersprüchlich, als in einer Reihe von Notzuchtfällen bekanntlich selbst der energische Widerstand einer Erwachsenen für sich allein noch nicht als tragfähige Begründung der Unfreiwilligkeit angesehen wurde. Hier dagegen soll dafür nach Ansicht des Reichsgerichts schon die Tatsache genügen, daß ein Kind bei dem Versuch des Angeklagten, ihm „unter die Röcke zu greifen", sich „losriß" und dessen „Hand zurückstieß"[62] oder „die Beine aufeinanderpreßte" und den Rock „zusammenzog"[63] bzw. den Täter vor der Ausführung seines Plans „durch Niederknien und Aufschreien ... abschreckte"[64]. Sucht man nach den Argumenten für den Freiwilligkeitsausschluß in diesen Fällen, so stößt man auf folgenden Gedankengang: Die tatsächliche Möglichkeit des Angeklagten, unter Einsatz von Gewalt zum Ziele zu kommen, sei unerheblich, da das Gesetz in § 46 Ziff. 1 „nicht ein ‚Verhindern', sondern nur ein ‚Hindern" fordere[65]. Die Voraussetzungen dieses Begriffsmerkmals aber seien angesichts der größeren Anstrengungen des Täters zur Überwindung des von dem Kind der Tatausführung entgegengesetzten Widerstandes zu bejahen. Freiwilligkeit liegt, wie das Reichsgericht in seiner ersten Entscheidung eines derartigen Falles[66] allgemein formulierte, „nur dann vor, wenn der Täter nicht auf ein äußeres, sondern auf ein inneres Hindernis gestoßen, d. h. durch spontan in ihm selbst ohne Rücksicht auf äußere Schwierigkeiten ... erzeugte Vorstellungen abgehalten worden ist", wobei es auf deren positiven oder negativen „moralischen Gehalt" nicht ankomme.

Abschließend noch ein kurzes Wort zum Problem der Entdeckung beim Versuch des § 176 Abs. 1 Nr. 3 a. F. und deren Bedeutung für die Freiwilligkeit des Rücktritts. In RGSt. 47, 74 (76) wurde das Urteil einer Strafkammer aufgehoben, die § 46 Ziff. 1 ausschließlich mit der Begründung abgelehnt hatte, der Angeklagte sei von seinem Vorhaben „abgegangen, weil" er es *„von dem Mädchen entdeckt sah und sich nicht getraute, weiter zu gehen"*. Der Senat bemängelte die fehlende Feststellung, daß der Täter aufgrund der Wahrnehmung seiner „bösen Absicht"[67] nun mit Abwehrmaßnahmen des

---

[61] RG GA 38, 212; RG JW 1891, 285; RG Warneyers Jahrbuch 1908, 10; vgl. auch RGSt. 47, 74 (76 f.); in RGSt. 69, 140, wo das Kind „weinend" weggelaufen war, verhinderte allerdings die mangelnde Sachaufklärung eine abschließende Antwort.

[62] RG JW 1891, 285.

[63] RG Warneyers Jb. 1908, 10.

[64] RG GA 38, 212 (213).

[65] RG JW 1891, 285; unrichtig deshalb die Formulierung in RGSt. 47, 74 (76): „verhindern".

[66] RG GA 38, 212 (213).

[67] RGSt. 47, 74 (77).

Kindes, wie z. B. tätlichem Widerstand und Hilferufen, oder mit einer drohenden Anzeige und Bestrafung gerechnet habe. Denn nur unter diesen Voraussetzungen sei überhaupt eine „nach der Auffassung des gewöhnlichen Lebens ... das Gefühl der freien Wahl“[68] aufhebende und damit zwingende Einwirkung auf seinen Willen gegeben, die sein Verhalten „praktisch nicht mehr“[69] als „freiwillig“ erscheinen lasse. Dabei müsse man allerdings im Falle der Besorgnis des Täters vor strafrechtlichen Sanktionen die *„bloße Furcht, Strafe zu erleiden“*, als eine „vom Gesetz gewollte“ und daher die Rücktrittsvergünstigung nicht ausschließende Willensbeeinflussung streng von der „infolge einer als sicher vorausgesehenen Strafanzeige und Überführung“ bestehenden *„Gewißheit“* der Bestrafung unterscheiden, die „in besonders gelegenen Fällen ... nahezu unfrei“ macht[70].

Wenig überzeugend ist angesichts solcher Kritik und Differenzierung des Reichsgerichts der Rücktrittsausschluß in den beiden nachfolgenden Entscheidungen begründet. Im ersten Fall[71] wird er auf die nicht näher konkretisierte Erwägung gestützt, der Angeklagte sei zur Tataufgabe *„gezwungen“* worden, da er das „unvermutete Hindernis“ in Gestalt der „geschlossenen und in die Strümpfe gesteckten Hose“des Kindes nicht „ohne die Gefahr einer sofortigen Entdeckung“ durch andere Personen beseitigen konnte, „sein Wille“ aber darauf abzielte, bei der Ausführung des Verbrechens *„unentdeckt“* und „ungestört“ zu bleiben. Im anderen Fall[72] heißt es lapidar, § 46 Ziff. 1 komme nicht in Betracht, da der Versuch mit der Aufforderung des Täters zur Duldung der unzüchtigen Handlungen „beendigt“ war, und § 46 Ziff. 2 scheide aus, „weil die Tat mit ihrer Vornahme dem 11jährigen Mädchen gegenüber bereits ‚entdeckt‘ war, zumal“ es „die Absichten des Angeklagten genau erkannt hatte“ — eine Begründung, die in RGSt. 47, 74 (76) beim unbeendeten Versuch ausdrücklich als unzureichend gerügt worden war!

3. Bejahung und Verneinung der „Freiwilligkeit“ des Rücktritts vom versuchten Tötungsdelikt

Den nächsten für die Untersuchung der Freiwilligkeitsproblematik beim Rücktritt praktisch außerordentlich bedeutsamen und sachlich ergiebigen Tatbestandsbereich bilden die Tötungsdelikte. Dabei lassen sich in einer ersten „Grobeinteilung“ des Materials wiederum mehrere typische Problemgruppen unterscheiden, von denen die Frage der Entdeckung der Tat durch das Opfer oder Dritte eindeutig im Vordergrund steht, und zwar nicht nur wegen der zahlreichen Urteile, die sich damit beschäftigen, sondern auch wegen der Uneinheitlichkeit der Lösungen.

---

[68] RGSt. 47, 74 (76).
[69] RGSt. 47, 74 (78).
[70] RGSt. 47, 74 (78).
[71] RG SächsArch. 1914, 64.
[72] RG JW 1930, 916 f.

a) Die Bedeutung der Tatentdeckung durch das Opfer bei „beendetem" Versuch

Im Gegensatz zu den bisher geschilderten Fallgestaltungen ist Anknüpfungspunkt der höchstrichterlichen Erörterungen hier stets ein *beendeter* Versuch und damit die Rücktrittsalternative des § 46 Ziff. 2, der das Nichtentdecktsein der Handlung ausdrücklich als notwendige Freiwilligkeitsvoraussetzung fordert. Wegen dieses allgemeinen Bezugs bleibt die Inhaltsbestimmung des „Entdeckungs"-begriffs trotz seiner Verdrängung aus dem Gesetzeswortlaut des § 24 I S. 1 eine aktuelle Aufgabe und deshalb die dazu ergangene Rechtsprechung von fast ungeschmälertem Interesse[73]. Das Reichsgericht lehnte in seiner, soweit ersichtlich, ersten veröffentlichten Entscheidung[74] zum Rücktritt vom Mord- bzw. Totschlagsversuch überhaupt mit Rücksicht „auf die Kenntnis" des Opfers „von dem Geschehenen" die Anwendbarkeit des § 46 Ziff. 2 zugunsten eines Angeklagten ab, der „einige Zeit" nach dem Anschlag auf seine Ehefrau „Leute herbeiholt, mit deren Hilfe" sie verbunden und danach „in ärztliche Behandlung" gebracht hatte. Zur Begründung heißt es, als „entdeckt" i. S. dieser Vorschrift müsse „eine Straftat jedenfalls dann" gelten, „wenn sie einem anderen offenbar wird, von dem die Verhinderung ihres Erfolges oder die Veranlassung der Strafverfolgung zu erwarten" ist. Das könne zweifellos auch der Verletzte selbst sein, im konkreten Fall also „nach der erkennbaren Annahme des Schwurgerichts" die Ehefrau — und zwar trotz ihrer Verwundungen.

Der Grundsatz, daß auch das Opfer eines Tötungsversuchs unter den oben angegebenen Voraussetzungen „entdecken" kann, wurde in der Folgezeit von der Judikatur noch mehrfach in gleichlautenden Formulierungen[75] bestätigt oder als selbstverständlich stillschweigend[76] zugrunde gelegt. Warum allerdings das Reichsgericht diese Möglichkeit in seinem Urteil vom 24. 2. 1925[77] so eingehend erörtert hat, vermag nicht recht einzuleuchten. Denn da als Angegriffene und damit potentielle „Entdecker" hier nur die beiden zur Tatzeit zwei und vier Jahre alten Kinder (!) der Angeklagten in Betracht kamen, die sie mit Tötungsvorsatz ins Wasser eines Flusses geworfen hat, fragt man sich wohl nicht ganz zu Unrecht, wie durch diese „die Verhinderung des Erfolges der Tötung oder die Veranlassung der Strafverfolgung ihrer Mutter" möglich sein sollte. Der dem Tatrichter gemachte Vorwurf, eine dahingehende Prüfung unterlassen zu haben, mutet deshalb mehr als spitzfindig an, während dessen Feststellung, „die Entdeckung

---

[73] Lediglich die Frage, ob der Entdeckungsbegriff ausschließlich oder auch objektiv oder aber allein subjektiv zu interpretieren ist, hat § 24 I S. 1 i. S. der subjektiven Alternative entschieden. Soweit sich Urteile mit diesem Fragenkomplex befassen, werden sie daher übergangen. Vgl. im übrigen unten im Text S. 333.

[74] RG DJZ 1925, 513 f.

[75] RG BayZ 1925, 283; BGH MDR 1952, 530 f. mitgeteilt von Dallinger; BGHSt. 24, 48 ff.; BGH NJW 1972, 2004.

[76] RG BayZ 1933, 39 f.

[77] RG BayZ 1925, 283.

könne nur von einem „Dritten“ vorgenommen werden“, zwar zu allgemein formuliert sein mag, im konkreten Fall aber sicherlich bei lebensnaher Betrachtung das Richtige trifft.

Trotz der gemeinsamen Ausgangsbasis finden sich jedoch innerhalb der einschlägigen Rechtsprechung des RG und BGH auch deutliche Meinungsunterschiede, so etwa bezüglich der Frage, inwieweit Art und Schwere der dem Opfer zugefügten Verwundungen dessen „Entdeckereigenschaft“ beeinflussen. Während das Reichsgericht in der schon angeführten Entscheidung DJZ 1925, 513 die Frage aufwarf, ob Entdeckung „nicht auch“ dann bejaht werden müßte, wenn der Verletzte zur Erstattung einer Anzeige oder Anrufung fremder Hilfe außerstande gewesen wäre, korrigierte der Bundesgerichtshof in seinem Urteil vom 5. 6. 1952[78] das Schwurgericht, das im Ergebnis diesen Standpunkt vertreten hatte. Denn da das Opfer im konkreten Fall infolge mehrerer Beilhiebe auf den Kopf bewußtlos zusammengebrochen war und ohne fremde Hilfe alsbald verblutet wäre, sei es nicht in der Lage gewesen, „den Erfolg zu verhindern oder eine Strafverfolgung zu veranlassen“, habe also die an die Person des „Entdeckers“ zu stellenden Anforderungen *nicht* erfüllen können.

In zwei Entscheidungen neueren Datums wird allerdings, wenn nicht alles täuscht, eine ziemliche Relativierung dieser Voraussetzungen sichtbar. Denn in beiden Fällen *bejahte* der BGH die Entdeckung eines Totschlagsversuchs wegen der Kenntnisnahme der Tat durch denjenigen, gegen den sie sich unmittelbar gerichtet hatte, ohne dabei auch nur mit einem Wort auf dessen körperliche Verfassung im Zeitpunkt vor der Hilfeleistung des Täters näher einzugehen. Dieser Mangel ist nicht darauf zurückzuführen, daß eine derartige Prüfung nach dem mitgeteilten Sachverhalt gänzlich überflüssig oder gar abwegig war; denn immerhin hatte in BGHSt. 24, 48 ff. das Opfer bei dem vom Angeklagten mit Tötungsvorsatz herbeigeführten Zusammenstoß „eine Platzwunde am Kopf, einen Unterkieferbruch und Prellungen am Bein“[79] erlitten, was einen einwöchigen Krankenhausaufenthalt erforderlich machte, und in der Entscheidung vom 8. 8. 1972 blieb es sogar fraglich, ob der Verletzte „selbst in der Lage gewesen wäre“[80], andere zu seiner Hilfe zu alarmieren. Die Erklärung, warum diese Tatumstände keine Beachtung fanden, liegt vielmehr darin, daß der BGH beide Male die Frage der Entdeckung aus einer Sicht ex-post, d. h. aus dem Verhalten des Opfers *nach* dessen Rettung beurteilt, indem er sich für den Nachweis der „Kenntnis von der Tat“ mit der Feststellung begnügt, der oder die Verletzte hätten mit ihren „belastenden Angaben vor der Polizei die Strafverfolgung ausgelöst“[81]. Wenn allerdings diese Begründung ausreicht, um das Opfer als „Entdecker“ zu qualifizieren, dürfte praktisch bei jedem Tötungsversuch, den der Angegriffene miterlebt, § 46 Ziff. 2 ausgeschlossen und die im BGH-

[78] BGH MDR 1952, 530 f.
[79] BGHSt. 24, 48 (49).
[80] BGH NJW 1972, 2004.
[81] BGH NJW 1972, 2004; vgl. die ähnliche Formulierung in BGHSt. 24, 48 (50).

Urteil vom 5. 6. 1952 hervorgehobene Einschränkung hinfällig sein. Denn *nach* der Beseitigung der Lebensgefahr wäre die Verletzte zweifellos auch hier in der Lage gewesen, mit ihrer Anzeige ein Strafverfahren einzuleiten. Das ist in diesem Zeitpunkt lediglich eine Frage des *Wollens*, nicht aber des *Könnens*, die man sinnvollerweise nur im Stadium *vor* Beginn des erfolgsabwendenden Tätereinsatzes stellen kann.

Im Zusammenhang mit der Prüfung der *Bereitschaft* des Opfers, die Strafverfolgung des Täters in Gang zu bringen, ist für den Bereich der Tötungsdelikte noch auf eine weitere Inkonsequenz der Rücktrittsjudikatur hinzuweisen, die besonders augenfällig in der Entscheidung BGH MDR 1972, 751 in Erscheinung tritt. Denn während der Senat Bedenken hat, die Kenntnisnahme der Tat durch die *Mutter* des Angeklagten als Entdeckung i. S. des § 46 Ziff. 2 zu werten, „weil es sich bei ihr um eine Angehörige handelte, von der" ihm „wohl kaum Gefahr drohte", wird dieser Gesichtspunkt bei der Frage, ob die Verletzte selbst — die *Ehefrau* des Täters (!) — „entdecken" kann, mit keinem Wort erwähnt. Das ist nicht nur deshalb mehr als überrachsend, weil der Angehörigenbegriff i. S. des § 11 I Nr. 1 formell in beiden Alternativen erfüllt ist, sondern vor allem deshalb, weil die Rechtsprechung in anderen Fallgestaltungen[82] auf das Bestehen enger persönlicher Beziehungen zwischen Täter und Opfer gerade wegen der Möglichkeit eines dadurch bedingten Fehlens seines Strafverfolgungswillens besonders achtete. Warum dies bei Mord- und Totschlagsversuchen anders ist, stellt daher eine wohl berechtigte Frage dar. Eine gewisse Erklärung allerdings ist in der sicherlich meist richtigen Annahme zu finden, daß man von demjenigen, dem ein anderer nach dem Leben getrachtet hat, eher aus dem Gefühl der Vergeltung die Erstattung einer Strafanzeige als — in einem Akt des Verzeihens — die Geheimhaltung des Verbrechens erwarten kann. Doch weil die Erfahrung auch Ausnahmen von dieser „Regel" lehrt, hätte ihr Vorliegen in jedem Einzelfall geprüft werden müssen[83].

b) Rücktritt nach Wahrnehmung des „beendeten" Tötungsversuchs durch Dritte

Während die bislang betrachteten Rücktrittsentscheidungen zu §§ 211, 212 sich speziell mit dem Sonderproblem der Tatendeckung durch das *Opfer selbst* zu beschäftigen hatten, geht es in den Fällen[84] der Wahrnehmung des Versuchs durch *Dritte* um die Auslegung dieses Gesetzesmerkmals im allgemeinen. In RGSt. 71, 242 ff. stellte sich die Frage, ob die Tat der Angeklagten, die ihrem zwei Monate alten Kind mit Tötungsvorsatz Essigsäure eingeflößt, auf die Schreie des Säuglings hin aber damit aufgehört und

[82] Siehe unten im Text S. 335.

[83] Die Frage klingt an in BGH GA 1971, 51 (52), konnte dort aber offenbleiben.

[84] Vgl. aus der Rechtsprechung vor 1871 OAG Kassel, Temmes Archiv Band I, 253.

ihm „zur Abwendung der Folgen" Milch gegeben hatte, bereits deshalb „entdeckt" war, weil sich ein vierzehnjähriges Mädchen die gesamte Zeit über mit ihr in demselben Zimmer befand und „das Verbrechen beobachtet" hatte. Das Schwurgericht bejahte dies ohne weitere Begründung, stieß insoweit jedoch beim Reichsgericht auf Widerspruch. Denn wenngleich zum Begriff der Entdeckung nicht die exakte juristische Einordnung der in Betracht kommenden Straftat und auch nicht die umfassende Kenntnis all ihrer Einzelheiten gehöre, so sei doch immerhin erforderlich, daß der Dritte aufgrund seiner Feststellungen „den Erfolg ... oder die zu erwartenden Wirkungen einer Tat verhindern kann" bzw. die Voraussetzungen für „ein strafrechtliches Verfahren" schafft[85]. Die vom Schwurgericht vorgenommene Gleichsetzung von „Beobachtung" und „Entdeckung" sei daher „in dieser Allgemeinheit"[86] nicht haltbar.

Auch die übrigen hier einschlägigen Entscheidungen[87] stimmen im theoretischen Ansatz mit dieser „Entdeckungs"-definition überein, enthalten also nichts Neues. Hervorhebung verdient lediglich die präzisere Bestimmung des „entdeckungsfähigen" Personenkreises durch BGH MDR 1969, 532 angesichts der konkreten Frage, ob dazu auch der Bekannte der Angeklagten zu rechnen ist, dem sie „in einem Zustand der Ratlosigkeit" die Vergiftung ihres Liebhabers vor Eintritt der geplanten Wirkungen „offenbarte". Die Antwort blieb, da letztlich nicht entscheidungserheblich, offen, aber der Senat stellte klar heraus, „Mitwisser, auf deren Verschwiegenheit der Täter rechnen darf", insbesondere diejenigen, die er in das Geschehen „eingeweiht hat, um ihren Rat oder sonstigen Beistand im Hinblick auf die Abwendung des Erfolges zu gewinnen", schieden als „Entdecker" der Tat i. S. des § 46 Ziff. 2 aus.

c) Unerheblichkeit der Tatentdeckung bei Rücktritt vom „unbeendeten" Tötungsversuch

Während in der umfangreichen Rechtsprechung zum Rücktritt vom *beendeten* Tötungsversuch in Fällen, in denen der Erfolg durch den Einsatz des Täters verhindert wurde[88], ausnahmslos die vorzeitige „Entdeckung" der Tat der Grund für die Ablehnung des § 46 Ziff. 2 war, obwohl *auch andere* Umstände, etwa die vom Täter erkannte Aussichtslosigkeit[89] seines straf-

---

[85] RGSt. 71, 242 (243).

[86] RGSt. 71, 242 (243); ausdrücklich zustimmend: BGH 1 StR 195/63 — Urteil vom 9. 7. 1963 — unveröffentlicht — S. 3 (heimliche Beobachtung des Angeklagten durch seinen Lehrbuben).

[87] Vgl. RG BayZ 1925, 283; BGH GA 1971, 51 (52); BGH MDR 1969, 532 mitgeteilt von Dallinger.

[88] Vgl. zu den Fällen des untauglichen oder fehlgeschlagenen Versuchs bzw. zur nichtkausalen Erfolgsabwendungstätigkeit: RGSt. 68, 306 (309); RG JW 1933, 2952; BGHSt. 11, 324 ff.; BGH MDR 1972, 751 mitgeteilt von Dallinger; BGH NJW 1973, 632.

[89] RG BayZ 1933, 39 (40).

baren Tuns oder eine „schockartig“ wirkende „seelische Erschütterung“[90] die Freiwilligkeit ausgeschlossen hätten[91], gibt es umgekehrt beim *unbeendeten* Versuch der §§ 211, 212 in der höchstrichterlichen Spruchpraxis *kein einziges* Beispiel für die Verneinung des § 46 Ziff. 1 wegen „Entdeckung“ oder der Furcht vor den damit verbundenen Konsequenzen. Diese Tatsache ist vor allem deshalb ein erstaunliches Phänomen, weil die Entdeckung allgemein als — sei es nun unwiderlegliche oder nur widerlegbare — gesetzliche Vermutung der *Unfreiwilligkeit*[92] des Rücktritts galt. Denn von dieser Prämisse aus ist es eigentlich nicht recht einzusehen, warum dasjenige Moment, das die Tataufgabe bei beendetem Versuch stets oder zumindest, wenn der Gegenbeweis mißlingt, unfreiwillig macht, z. B. die Entdeckung durch das Opfer oder Dritte, im Falle des *unbeendeten* Versuchs völlig belanglos sein soll, wie es in BGHSt. 22, 330 (331) besonders anschaulich zum Ausdruck kommt[93]: Obwohl die Handlung des Angeklagten, der seine Geliebte mit einem Stilettmesser schwer verletzt hatte, ehe auf deren Hilferufe ihre 80jährige Mutter ins Zimmer kam, ohne nähere Begründung als „bereits entdeckt“ angesehen wird, fährt der Senat unvermittelt fort: „Dagegen ist § 46 Nr. 1 nicht schlechthin ausgeschlossen. Die Freiwilligkeit könnte nach den bisherigen Feststellungen jedenfalls nicht in Zweifel gezogen werden. Daß die alte Mutter der Verletzten am Tatort erschien, war kein Umstand, der den Angeklagten hinderte, weiter zuzustechen“. Allein mit dem Hinweis auf den unterschiedlichen Wortlaut in § 46 Ziff. 1 und 2 wird man das hier sichtbar werdende verschiedene Gewicht der Tatentdeckung für den Rücktrittsausschluß je nach Versuchsstadium wohl kaum erklären können. Denn da beiden Rücktrittsalternativen die Freiwilligkeitsvoraussetzung zugrunde liegt, war mit Rücksicht auf den anderen Gesetzestext in § 46 Ziff. 1 zwar eine *Vermutung* der Unfreiwilligkeit undenkbar, wenn die Handlung entdeckt ist, damit aber nicht zugleich auch die *Möglichkeit* verschlossen, die Erwägungen, die für den Entdeckungsbegriff in § 46 Ziff. 2 galten, auch im Rahmen der Ziff. 1 anzustellen. Es kann daher nicht verwundern, daß bei anderen Tatbeständen gerade innerhalb der Rücktrittsprüfung nach § 46 Ziff. 1 das Entdeckungsmoment eine praktisch sehr gewichtige Rolle spielt und dadurch seine Bedeutungslosigkeit für die ent-

---

[90] BGHSt. 21, 216 (217); siehe dazu oben im Text S. 43. Der BGH ließ allerdings in dieser Entscheidung offen, ob auch andere Gründe als das Entdecktsein oder die Furcht davor § 46 Ziff. 2 unanwendbar machen.

[91] Nicht aber Überredung, so BGH MDR 1969, 532; offengelassen bezüglich erfolgsabwendender Tätigkeit „auf Bitten“ Dritter in BGH MDR 1969, 495.

[92] RG BayZ 1925, 283.

[93] Vgl. im übrigen diesbezüglich: BGHSt. 23, 356 (359 f.) BGH 2 StR 125/64 — Urteil vom 3. 6. 1964 — unveröffentlicht —; BGH 2 StR 94/69 — Urteil vom 4. 6. 1969 — unveröffentlicht; BGH 2 StR 450/71 — Urteil vom 13. 10. 1971 — unveröffentlicht — (siehe dazu im Text oben S. 179 f.). Ausdrücklich offengelassen wurde die Freiwilligkeitsfrage in BGHSt. 22, 176 (177); BGH MDR 1968, 894; BGH MDR 1970, 381.

sprechende Fallgestaltung im Bereich der Tötungsdelikte noch deutlicher als eigenartige Diskrepanz empfunden werden muß.

d) Die Rücktrittsbeweggründe bei „unbeendetem" Tötungsversuch

Was aber sind nun *positiv* die Umstände, die den Täter in der Praxis veranlaßt haben, seinen noch unbeendeten Totschlags- oder Mordversuch aufzugeben? Betrachtet man die Entscheidungen des Reichsgerichts und Bundesgerichtshofs, so lassen sich trotz der Vielfalt der Beweggründe im einzelnen einige übergeordnete „Leitmotive" herausstellen.

aa) Undurchführbarkeit des konkreten Tatplans

Eine zusammengehörige Gruppe bilden zunächst die Fälle, in denen nur eine einzige, exakt festgelegte Art und Weise der Tatbegehung vom Täter in Erwägung gezogen, aber aufgrund bestimmter unerwarteter Ereignisse so nicht realisierbar war, der Versuch also — gemessen am *konkreten Tatplan* — *fehlgeschlagen* ist. Besonders anschauliche Beispiele[94] hierfür finden sich in der Reichsgerichtsjudikatur: der Vater, der sein fünf Monate altes Kind nur töten wollte, „während es bewußtlos" war, und deshalb sein Unternehmen aufgab, als er das Kind trotz Eingabe von Morphium am nächsten Morgen „wider Erwarten bei Bewußtsein"[95] fand, oder: die Angeklagten, die — nur auf den „einen Plan" festgelegt, ihr Opfer während des Kreischens der Mahlgänge einer Mühle zu erschlagen und anschließend in das Räderwerk zu werfen — von der Tat Abstand nahmen, als das Mühlengetriebe versagte und sie ihr Vorhaben „so wie geplant, unmöglich" ausführen konnten[96]; oder schließlich der Täter, der sich zurückzog, weil er „seinen Plan", die Anstaltspflegerin „im Badezimmer zu treffen und zu töten", infolge ihres überraschend kurzen Aufenthalts dort „nach seiner eigenen Vorstellung an jenem Tag" nicht mehr verwirklichen konnte[97]. In allen diesen Fällen wurde die Freiwilligkeit des Rücktritts fast selbstverständlich verneint.

bb) Persönliches Unvermögen des Täters

Dies gilt auch für die zweite Fallgruppe, die durch den Aspekt des persönlichen Unvermögens des Täters charakterisiert wird. Denn der Angeklagte, der z. B. seinem Opfer schußbereit auflauerte, dabei aber „in so starke Erregung" geriet, daß ihm „die Pistole abglitt" und ein dadurch ausgelöster Schuß „ihn in den linken Arm traf", habe sich infolge des vorzeitigen Losgehens des Schusses und seiner Verletzung „nicht mehr in der Lage gefühlt", „die Tat auszuführen"[98], und deshalb unfreiwillig seine Waffe fortgeworfen.

---

[94] Vgl. außerdem RG JW 1933, 2952; BGH Urt. v. 30. 8. 68 S. 169 im Text oben.

[95] RG JW 1926, 1166.

[96] RG LZ 1927, 320.

[97] RGSt. 77, 162 ff.

[98] RGSt. 77, 1 (3); ein anderes instruktives Beispiel ist BGH NJW 1961, 1779.

cc) Fehlvorstellungen des Täters

Während in allen bislang betrachteten Fällen des Rücktritts vom unbeendeten Tötungsversuch wesentliche Abweichungen vom vorgestellten Gang des Geschehens eintraten, die sich *zuungunsten* des Täters als Hinderungsgrund auswirkten, liegt in der BGH-Entscheidung vom 3. 6. 1964[99], wenn man so will, genau umgekehrt eine — vom Täter aus gesehen — *günstige* Veränderung gegenüber der Ausgangssituation bei Tatbeginn vor: erst treibt ihn die beharrliche Weigerung seiner geschiedenen Ehefrau, mit ihm die Lebensgemeinschaft wiederaufzunehmen, im Zorn zu dem Entschluß, sie zu töten — dann, nachdem er schon mehrmals heftig mit einem Messer zugestochen hat, läßt die vom Opfer nicht ernstgemeinte, „vom Angeklagten jedoch als Zeichen ehrlicher Bereitschaft" empfundene Beteuerung, „sie wolle wieder zu ihm kommen", das ursprüngliche Tatmotiv entfallen. Schwurgericht und Senat sahen in dem sofortigen Abbruch des Tötungsversuchs aufgrund dieser Äußerung einen freiwilligen Rücktritt, da die Abstandnahme von der Tat zwar „durch eine List" des Opfers veranlaßt, aber doch kraft „eigenen Entschlusses" erfolgt sei. Nähere Ausführungen dazu unterbleiben unter Hinweis auf „BGHSt. 7, 296, 298; 9, 48, 53", obwohl die Frage nach der Bedeutung der „List" im Rahmen des Rücktritts bei versuchter Notzucht durchaus nicht so unproblematisch und einheitlich behandelt wird, wie es hier erscheint.

Ebenfalls auf einer Täuschung durch das Opfer beruhte das Nichtweiterhandeln des Angeklagten in BGH MDR 1951, 117. Dort hatte sich die von ihm angegriffene Frau „leblos" gestellt und dadurch erreicht, daß er in dem Glauben, „sein Ziel, die Tötung", verwirklicht zu haben, spontan von ihr abließ. Das Schwurgericht lehnte unter Zustimmung des Senats Straflosigkeit nach § 46 Ziff. 1 ab, da der Täter „an der Fortsetzung seiner Handlung durch einen Umstand gehindert worden sei, der außerhalb seines Willens gelegen habe"[100].

Mit der gleichen Begründung hatte schon das Reichsgericht[101] einer Kindesmutter das Rücktrittsprivileg versagt, falls sie mit dem Würgen des Kindes erst aufhörte, als sie es bereits — irrtümlich — für tot hielt. Davon abweichend verneinte jedoch später der BGH bei einer solchen Fehlvorstellung des Täters § 46 Ziff. 1 nicht mangels „Freiwilligkeit" des Rücktritts, sondern schon mangels Tataufgabe[102].

dd) Innere Hemmungen und Schock

Unter den Gründen, die den Täter zum Abbruch seines Tötungsversuchs veranlaßt haben, spielen in der Praxis ferner[103] diejenigen eine herausragende Rolle, die man schlagwortartig unter dem Begriff „seelische Hem-

[99] BGH 2 StR 125/64 — Urteil vom 3. 6. 1964 — unveröffentlicht — S. 4.

[100] BGH MDR 1951, 117.

[101] RGSt. 4, 290 (294).

[102] BGH 5 StR 49/58 — Urteil vom 11. 4. 1958 — unveröffentlicht — S. 2.

[103] Vgl. aus der Rechtsprechung vor 1871: Oberappellationsgericht Dresden, Temmes Archiv Bd. I, 269.

mungen" zusammenfassen kann. Im einzelnen wird von einem Akt der „Selbstbesinnung"[104], von einem „inneren Willensumschwung"[105] als Folge des entsetzten Blicks des Opfers, der wie ein „Appell an die guten Regungen"[106] des Täters wirkte oder von dessen „besserer Einsicht"[107] gesprochen bzw. die Aufgabe des ursprünglichen Tatplans damit begründet, daß der Täter in dem angegriffenen Posten inzwischen einen gut gelittenen Kameraden entdeckt hatte, den zu töten er als verwerflich empfand"[108]. Schließlich gehört in diesen Zusammenhang wohl auch das unveröffentlichte BGH-Urteil vom 17. 5. 1955[109], in dem zwar nicht ausdrücklich gesagt wird, warum die Angeklagten von ihrem am Boden liegenden, wimmernden Opfer abließen, aber viel für die Vermutung spricht, daß dies aus Mitleid geschah.

In allen diesen Fällen wurde freiwilliger Rücktritt bedenkenfrei bejaht, teils unter Hinweis darauf, der oder die Täter seien keiner plötzlich veränderten, über Erwarten schwierigen Lage[110] ausgesetzt, sondern imstande gewesen, die Tat zu vollenden[111], teils einfach mit Rücksicht auf den sittlich wertvollen Beweggrund[112] des Handlungsabbruchs. Zu beachten ist jedoch, daß der BGH gerade im Bereich der Tötungsdelikte wiederholt auf die Möglichkeit eines *Schocks* aufmerksam gemacht und betont hat, auch seelischer Druck könne einen Grad erreichen, der dem Täter die Fähigkeit nehme, seinen Plan zu Ende zu führen, und deshalb die Anwendbarkeit des § 46 Ziff. 1 ausschließe[113]. Es ist bislang allerdings im Rahmen der Rücktrittsprüfung bei Mord- und Totschlagsversuchen noch keine Entscheidung des Bundesgerichtshofs bekannt geworden, in der positiv — und nicht nur als *theoretisch denkbare* Sachverhaltsalternative — eine *schockartig* wirkende seelische Erschütterung des Täters aufgrund des Geschehenen bejaht und die Freiwilligkeit im Sinne des § 46 Ziff. 1 *deswegen* verneint worden wäre.

4. Die Rechtsprechung zur Freiwilligkeitsfrage vor dem Hintergrund des Rücktritts vom Versuch der Abtreibung

Während von der Tatbestandsseite aus gesehen das Schwergewicht der Rücktrittserörterungen des BGH neben § 177 auf den Vorschriften der

---

[104] BGH MDR 1952, 530 f. mitgeteilt von Dallinger.

[105] BGH GA 1956, 90.

[106] BGH GA 1956, 90.

[107] BGHSt. 10, 129 (130).

[108] BGH GA 1966, 209.

[109] BGH 1 StR 154/55 — Urteil vom 17. 5. 1955 — unveröffentlicht — S. 2 f.; vgl. zum Fall des Rücktritts vom Tötungsversuch „aus Mitleid" auch LG Berlin MDR 1964, 1023.

[110] Vgl. BGH GA 1966, 208 (209).

[111] Vgl. BGH MDR 1952, 530 f.; BGH 1 StR 154/55 — Urteil vom 17. 5. 1955 — m. w. Nachw.

[112] Vgl. BGHSt. 10, 129 (130); BGH GA 1956, 1956, 89 (90).

[113] Vgl. BGHSt. 14, 75 (81); BGHSt. 21, 216 f.; BGH 2 StR 450/71 — Urteil vom 13. 10. 1971 — unveröffentlicht — S. 5.

§§ 211 und 212 liegt, bilden den Hauptbezugspunkt der reichsgerichtlichen Rücktrittsjudikatur[114] Abtreibung und Diebstahl, die beiden nächsten hier zu untersuchenden Deliktskategorien. Dabei ging es im Rahmen des § 218 ausschließlich um Rücktrittsfälle nach § 46 Ziff. 1, die sich bis auf einige wenige mühelos in drei Untergruppen aufteilen lassen.

a) Rücktritt wegen der durch die Abtreibungshandlung ausgelösten Schmerzen

Deren erste ist dadurch gekennzeichnet, daß die Täterin ihren — bezüglich der Ausführungsmodalitäten unterschiedlich gestalteten — Abtreibungsversuch *wegen zu starker Schmerzen* abbricht[115]. Das Reichsgericht führte dazu unter dem Aspekt der Freiwilligkeit des Rücktritts aus, „Schmerzen, auch starke Schmerzen" ließen „sich ertragen"[116] und könnten „nicht schon an und für sich als ein die Freiheit des Willens" — nach der gewöhnlichen Lebensauffassung — „ausschließender Zwang angesehen werden"[117], vielmehr erst dann, wenn sie „unerträglich, d. h. so heftig" waren, daß sie der Täterin die Fortsetzung ihrer Handlungen „unmöglich oder doch nahezu oder vermeintlich unmöglich" machten[118]. Solange sie dagegen nur einen solchen „Grad" erreichten, „daß ihre Überwindung noch im Willen" der Schwangeren lag[119], bleibe § 46 Ziff. 1 anwendbar, wobei über die Frage, welche der beiden Alternativen gegeben sei, weitgehend „die körperliche und seelische Beschaffenheit" der jeweils betroffenen Person entscheide.

Daß von diesem Ansatz aus in sich gesehen zwar konsequente, aber letztlich doch häufig nur willkürlich anmutende Ergebnisse gewonnen wurden, zeigt die Judikatur deutlich: zweimal wurde freiwilliger Rücktritt bejaht[120], zweimal verneint[121], obwohl auch in den beiden letzteren Fällen nur „heftige Schmerzen"[122] bzw. ihre allmähliche Steigerung gegenüber früher die Angeklagte zur Tataufgabe bewogen und konkrete Anhaltspunkte für den vom Reichsgericht hier unterstellten besonderen Intensitätsgrad nicht vorlagen.

---

114 Vgl. aus der Rechtsprechung vor 1871: Oberster Gerichtshof für Bayern, Zeitschrift für Gesetzgebung 1858, 100; Cassationshof Wien, Temmes Archiv Bd. I, 245; Preußisches Obertribunal, Temmes Archiv Bd. I, 284.

115 Vgl. RG GA 53, 283; RG Seuff. Bl. 72, 249 f.; RG LZ 1918, 1083 f.; RG BayZ 1924, 275.

116 RG BayZ 1924, 275.

117 RG BayZ 1906, 318 (319).

118 RG BayZ 1906, 318 (319).

119 RG BayZ 1924, 275.

120 RG BayZ 1906, 318 f.; RG BayZ 1924, 275.

121 RG Seuff. Bl. 72, 249 (250); ebenso RG LZ 1918, 1083 (1084).

122 RG Seuff. Bl. 72, 249.

b) Rücktritt infolge des widerlichen Geschmacks des Abtreibungsmittels

Die zweite „Motivgruppe" umfaßt diejenigen Fälle, in denen die Schwangere das schon in den Mund genommene Abtreibungsmittel *wegen des widerlichen Geschmacks* wieder ausspuckte[123]. Da es auf den Beweggrund des Rücktritts nicht ankomme[124], genügt nach Auffassung des Reichsgerichts dieser Umstand allein noch nicht zur Verneinung der Freiwilligkeit. Vielmehr müsse hierfür dargetan werden, daß der „schlechte Geschmack" des Pulvers, Getränks oder ähnlichem der Angeklagten das Schlucken „unmöglich gemacht" bzw. „ihr die Erreichung des angestrebten Zieles als nicht angängig oder doch als zu schwierig ... erscheinen" ließ und „deshalb einen zwingenden Einfluß auf ihren Willen ausgeübt" habe[125]. Ob diese als allgemeine Beurteilungsrichtlinien formulierten Voraussetzungen in den vorliegenden Fällen erfüllt waren, blieb in den dazu ergangenen Revisionsentscheidungen meist[126] offen.

Kritisch ist jedoch anzumerken, daß mit dieser Argumentation der Rücktritt praktisch nach Belieben als „freiwillig" oder „unfreiwillig" qualifiziert werden kann, wie die Ausführungen des RG gegenüber den Gründen der Vorinstanzen deutlich machen.

c) Rücktritt auf Grund der Erkenntnis, nicht zum Ziele zu kommen

Die dritte und letzte Fallgruppe im Bereich des § 218 enthält alle diejenigen Entscheidungen[127], in denen die Schwangere die Verwirklichung ihres Vorhabens aufgab, weil sie die *Erfolglosigkeit* oder *objektive Unmöglichkeit* weiterer Tathandlungen erkannte. Die Gründe dafür waren im einzelnen naturgemäß recht vielgestaltig, für die rechtliche Beurteilung unter dem Aspekt der „Freiwilligkeit" des Rücktritts aber selbstverständlich ohne Belang: § 46 Ziff. 1 wurde ausnahmslos verneint, gleichgültig ob die Angeklagte das eingenommene Pulver sofort wieder erbrach, die Flasche mit dem Abtreibungstrank fallen ließ, ihr dessen Untauglichkeit bewußt wurde oder aber den Eingriff unterließ, weil die Frucht bereits im Abgehen begriffen war.

---

[123] Vgl. RGSt. 35, 102 f.; RG Recht 1909 Nr. 606; RG SächsArch. 1910, 147; RG BayZ 1912, 400; RG Warneyers Jb. 1913, 7.

[124] RGSt. 35, 102.

[125] RG SächsArch. 1910, 147; wörtl; übereinstimmend bereits in RG Recht 1909, Nr. 606.

[126] RG Warneyers Jb. 1913, 7.

[127] RG Warneyers Jb. 1914, 6; BayObLGSt. 1953, 154 (155); OLG Hamm DRZ 1950, 236; vgl. RG Rspr. Bd. III S. 375 (376); RG Seuff.Bl. 72, 249 (250); RG SächsArch. 1915, 15; RG LZ 1915, 302; Obergericht Wolfenbüttel BraunschweigZ 1878, 65 ff.

d) Sonstige Rücktrittsmotive

In die hier gebildeten Kategorien nicht einordnen lassen sich RG LZ 1915, 302 f., soweit dort die Ankündigung der Zahlungsbereitschaft des Schwängerers der Grund für die Aufgabe der Abtreibungshandlungen gewesen sein sollte; ferner BGH MDR 1953, 19, wo die Angeklagte bei der Untersuchung feststellte, daß die Schwangere „bereits länger als 5 Monate" in anderen Umständen war, und deshalb den Eingriff unterließ, sowie BGH MDR 1953, 721 (722), wenn der angeklagte Arzt seine Tätigkeit abbrach, „weil die Durchführung" seines Vorhabens „wegen der Durchstoßung der Gebärmutterwand mit hoher Lebensgefahr" für die Schwangere verbunden war. Die Freiwilligkeitsfrage bot in allen drei Fällen keine Schwierigkeiten: in den beiden ersten wurde sie unbedenklich positiv, im dritten ebenso bedenkenfrei negativ entschieden.

5. Freiwilliger bzw. unfreiwilliger Rücktritt vom versuchten Diebstahl

Ebenso wie bei den vorstehend behandelten Tatbeständen stoßen wir auch in der reichhaltigen Rücktrittsjudikatur zum Diebstahl bei der Untersuchung der Umstände, die den Täter veranlaßt haben, die Wegnahmehandlung abzubrechen, auf einige wenige, charakteristische Beweggründe.

a) Furcht vor Strafe als Rücktrittsmotiv

Unter ihnen hat die bloße — von äußeren Vorgängen unbeeinflußte — Erwägung der möglichen Tatfolgen in Gestalt strafrechtlicher Sanktionen in der Gerichtspraxis die geringste Bedeutung, was wohl damit zusammenhängt, daß in diesen Fällen die Annahme freiwilligen Rücktritts ziemlich unproblematisch ist[128].

b) Entdeckung oder konkret begründete Furcht vor Entdeckung als Rücktrittsanlaß

Von ungleich größerem praktischem Gewicht als Rücktrittsmotiv beim Diebstahl ist dagegen die durch *konkrete* Ereignisse ausgelöste *Furcht vor Entdeckung* und den damit verbundenen Konsequenzen der Festnahme oder Strafverfolgung. Als derartige Außenweltseinflüsse kommen die verschiedenartigsten Zwischenfälle in Betracht: so z. B. das Geräusch einiger auf den Boden gefallener Geldstücke[129], das Poltern eines umstürzenden Geldschranks[130], das plötzliche Hellerwerden der Straßenbeleuchtung[131], das

---

[128] RG JW 1891, 538; BGHSt. 13, 156; BGHSt. 21, 319 (321).

[129] RG Seuff. Bl. 74, 131.

[130] RG Recht 1906, Nr. 2179, S. 869; ähnlich (das „Klirren" der einzuschlagenden Glasscheibe) OLG Hamburg NJW 1953, 956; vgl. auch der Rechtsprechung vor 1871: Königliches Oberappellationsgericht Dresden, Sächs. Gerichtszeitung 1866, 349; Königliches Preußisches Obertribunal, Oppenhoffs Rechtsprechung Bd. V, 262.

[131] BGH MDR 1954, 334 mitgeteilt von Dallinger.

Angehen von „Licht im Hof“[132], das unvermutete Erscheinen eines Dritten im Augenblick der Wegnahmehandlung[133], „umhergehende Leute“[134], das unerwartete Klopfen eines zurückgekehrten Gastes an der Eingangstür, nachdem das Lokal längst geschlossen hatte[135], die dem Dieb „plötzlich offenbar“ werdende „Anwesenheit des Eigentümers“[136], der als „Falle“ angesehene geringe Kasseninhalt[137], die Schwierigkeiten beim Abtransport eines angeketteten, nur tragbaren Fahrrades[138] sowie die Feststellung der Angeklagten, daß an der Ladentür, schon „gearbeitet“ worden war, also „möglicherweise bereits vor ihnen jemand“ einen Einbruch versucht[139] habe.

Hinsichtlich der praktischen Entscheidung der zitierten Fälle herrschte in der höchstrichterlichen Rechtsprechung insoweit Einmütigkeit, als Straffreiheit nach § 46 Ziff. 1 überall wegen fehlender „Freiwilligkeit“ des Rücktritts abglehnt wurde. Die eingehendste, immer wieder in Bezug genommene Begründung hierfür findet sich in RGSt. 37, 402, einem Urteil, das angesichts seiner grundsätzlichen zusammenfassenden Ausführungen zur Freiwilligkeitsproblematik besondere Aufmerksamkeit verdient. Danach ergibt die Auslegung des § 46 Ziff. 1, daß nicht nur derjenige Täter strafbar bleibt, „der zurücktritt, weil gewisse Verhältnisse die Ausführung *überhaupt unmöglich* machen“, dem also ein sog. *„absolutes“* Hindernis im Wege steht, „sondern auch derjenige“, der sich Umständen gegenübersieht, die *„ihn“* zum Abbruch der Tat zwingen. Ob ein derartiges „relatives Hindernis“ im konkreten Sachverhalt vorliegt, hängt nach Ansicht des Senats von der „Beschaffenheit“ der *„Beweggründe“* des Zurücktretenden ab. Deren Beurteilung richte sich allerdings nicht nach ihrer „mehr oder minder *sittlichen* Qualität“, wiewohl „in der Mehrzahl der Fälle der freiwillige Rücktritt auf sittlichen Motiven“ beruhe; vielmehr sei „von entscheidender Bedeutung“, ob sie *„lediglich* inneren Erwägungen entsprangen“ — dann Bejahung der Freiwilligkeit — oder „zugleich in der Wahrnehmung oder doch in der vermeintlichen Wahrnehmung *äußerer* Umstände ihre Quelle hatten“ — dann unfreiwilliger Rücktritt, wenn jene Außenweltsfaktoren den Täter vom Standpunkt des „praktischen Lebens“ aus „notgedrungen“ von seiner Tat Abstand nehmen ließen. Für den Strafrichter bedeute dies die schwierige,

[132] RG LZ 1919, 899.

[133] RGSt. 16, 182 f.; vgl. auch BGH 1 StR 346/53 — Urteil vom 15. 1. 1954 — unveröffentlicht — S. 10: „Furcht vor herannahender Polizeistreife“.

[134] RG JW 1889, 187 f.; vgl. auch RG DJ 1938, 597, wo der Angeklagte wegen der Besorgnis aufgab, „ein vorübergehender Hausbewohner“ könne die Tür verschließen und ihm dadurch den „Rückweg versperren“.

[135] BayObLGSt. Bd. 32 (1933), 90 ff.

[136] RG Recht 1910, Nr. 2415.

[137] RGSt. 37, 402 ff.

[138] OLG Braunschweig BraunschweigZ Bd. 67, 46 f.; im theoretischen Ansatz zustimmend RG Warneyers Jahrbuch 1908, 10; BGHSt. 13, 156; vgl. auch RG Recht 1921, Nr. 2907, wo „die Notwendigkeit größerer Gewaltanwendung“ zur Beseitigung der Türfüllung die Entdeckungsgefahr nach Ansicht der Täter erhöhte.

[139] BGH MDR 1966, 892 mitgeteilt von Dallinger.

weil „auf *subjektivem* Gebiet" liegende, Prüfung: hat der Angeklagte sich bei seinem Entschluß zur Tataufgabe „frei gefühlt ... oder ... einer Notwendigkeit zu gehorchen geglaubt" — eine Frage, die das Reichsgericht für den Fall der durch bestimmte Vorkommnisse ausgelösten Furcht vor Entdeckung und Überführung unbedenklich im Sinne der zweiten Alternative beantwortete, weil der Täter bei der Tatausführung „nicht *entdeckt*" sein wollte.

c) Nichtweiterhandeln wegen Erfolglosigkeit

Die übrigen Rücktrittsentscheidungen zum Diebstahl betreffen durchweg Sachverhalte, in denen der Täter sein Vorhaben aufgab, weil seine Bemühungen — allgemein gesprochen — *ohne* den gewünschten *Erfolg* geblieben waren. Typische Beispiele hierfür enthalten RGSt. 15, 281, wo der Einbrecher vergeblich versuchte, das „mit Eisenblech beschlagene Brett" über dem Schloß der Schublade mittels eines Messers „gewaltsam" hochzustemmen, RG Recht 1902 Nr. 1643, wo dem Dieb sein zum Öffnen des Behältnisses eingesetzter Bohrer abbrach und „ein anderes zur Ausführung der Tat geeignetes Werkzeug" nicht zur Verfügung stand, oder etwa RG JW 1931, 2787, wo der Täter den in die fremde Wohnungstür gesteckten Schlüssel wieder herauszog, weil er ihn „nur ein kurzes Stück einführen und im Schloß nicht herumdrehen" konnte. Daß in solchen Sachlagen der Rücktritt vom Versuch nicht freiwillig ist, erachtete die Judikatur[140] als selbstverständlich. Vorausgesetzt wird bei dieser Lösung allerdings, daß der Täter sich keine Ausführungsalternative vorbehalten hatte, die nach dem Scheitern im ersten Anlauf noch gangbar war. Insoweit enthält auch das unveröffentlichte Urteil des BGH vom 26. 8. 1969[141] keinen Widerspruch, wie man vielleicht zunächst meinen möchte. Denn der Senat rügt lediglich deshalb die Verneinung freiwilligen Rücktritts durch das Landgericht, weil es nach den bisherigen Feststellungen „nicht ersichtlich sei, daß die Täter von vornherein davon ausgingen, sie könnten sich beim Öffnen der lediglich provisorisch verschlossenen Kellertür nur ihres schwachen, zufällig mitgeführten Taschenmessers bedienen[142]. Daher bleibe ungeklärt, ob sie die Fortsetzung der Tat „für undurchführbar" bzw. „für zu risikoreich" hielten.

aa) Nichtauffinden irgendeines oder des gesuchten Diebstahlsobjekts

Als eine „diebstahlsspezifische" Erscheinungsform des Rücktritts wegen Erfolglosigkeit der Ausführungshandlung sind schließlich noch die zahl-

---

[140] Vgl. BGH 3 StR 135/54 — Urteil vom 18. 11. 1954 — unveröffentlicht — S. 7; ein anderes instruktives Beispiel ist OGHBZ JR 1950, 563.

[141] BGH 5 StR 309/69 — Urteil vom 26. 8. 1969 — unveröffentlicht.

[142] BGH 5 StR 309/69 — Urteil vom 26. 8. 1969 — unveröffentlicht — S. 3, Hervorhebung vom Verfasser.

reichen, vielfach[143] diskutierten Fälle zu behandeln, in denen der Täter von seinem Vorhaben abließ, weil er das gewünschte Tatobjekt nicht vorfand. Dabei sind mehrere Sachverhaltsvarianten zu unterscheiden, die die Rechtsprechung zwar von Anfang an klar herausgearbeitet, deren jeweilige Beurteilung unter dem Aspekt der „Freiwilligkeit“ i. S. des § 46 Ziff. 1 im Laufe der Zeit aber teilweise ziemlich geschwankt hat.

Einigkeit besteht zunächst darin[144], daß derjenige, der mit dem „unbestimmten Vorsatz“, sich „jede beliebige“, ihm gerade greifbare Sache anzueignen[145], an die Tatausführung herangeht, „unfreiwillig“ davon Abstand nimmt, wenn ihm „überhaupt nichts“ in die Hände fällt. Ebenso lautet im Ergebnis die Entscheidung, wenn der Täter es „von vornherein ... auf bestimmte Sachen oder ganz bestimmte Arten von Sachen“[146], z. B. auf „Bargeld“[147], „*Metall*figuren“[148] oder — wie in einem RG-Fall — auf „die Entwendung von Schweinen“[149] abgesehen hatte, dergleichen aber nicht auffand. Allerdings wurde diese — theoretisch häufig herausgestellte — Maxime praktisch nicht immer befolgt, wie die Darlegungen in RGSt. 39, 37 ff. zeigen. Denn obwohl nach dem zugrunde liegenden Sachverhalt der Vorsatz der Angeklagten darauf gerichtet war, „gerade den von ihnen wahrgenommenen vermeintlichen Gummiball, also einen bestimmten körperlichen Gegenstand, wegzunehmen“[150] und sie ihn nur liegen ließen, weil er sich bei näherem Hinsehen als etwas ganz anderes, nämlich als eine Holzkugel entpuppte, bejahte der Senat hier die Freiwilligkeit des Rücktritts mit der Begründung, „ein rein innerer seelischer Vorgang“[151], die durch die „Entdeckung des wahren Sachverhalts ausgelöste Überlegung“[152], sei Anlaß zur Aufgabe der Tat gewesen.

---

[143] Vgl. u. a. Finger GS 82, 375 Anm. 1; Alsberg JW 1924, 1726; z. Dohna ZStW 59, 544 f.; Oehler JZ 1953, 561; Niese JZ 1955, 325; Tröndle GA 1962, 231; Schönke-Schröder § 46 Rdnr. 25 a; Busch LK (9. Aufl.) § 46 Rdnr. 27.

[144] BGHSt. 4, 56 (57); RGSt. 24, 222; 55, 66; RG Warneyers Jahrbuch 1908, 10; RMG 8, 195 (197); RG Recht 1907, Nr. 827; Königlich Preußisches Obertribunal, Oppenhoffs Rechtsprechung Bd. 20, 307; vgl. aus der Rechtsprechung vor 1871: Cassationshof Darmstadt, Hitzigs Annalen 1854, 156; Königlich Preußisches Obertribunal, Oppenhoffs Rechtsprechung Bd. 4, 269.

[145] RGSt. 24, 222.

[146] RG Warneyers Jahrbuch 1908, 10; ebenso BGHSt. 4, 56 (57); RGSt. 24, 222 (223); 55, 66.

[147] BGHSt. 13, 156.

[148] RG JW 1924, 1726 (diese Entscheidung wird von Busch LK (9. Aufl.) § 46 Rdnr. 26 zur dritten Fallgruppe der Tataufgabe wegen Unbrauchbarkeit der Sache gerechnet, doch stellt die nicht metallene Figur ein aliud dar, nicht bloß — aus Tätersicht — einen wertmindernden Mangel).

[149] RG LZ 1920, 713.

[150] RGSt. 39, 37 (39, 40 oben).

[151] RGSt. 39, 37 (40).

[152] RGSt. 39, 37 (40).

bb) Unbrauchbarkeit des Tatobjekts für die Zwecke des Täters

Hält man sich an die spätere Entscheidung RGSt. 55, 66, so gehört das eben zitierte Urteil[153] allerdings gar nicht in den vorstehenden Zusammenhang[154], sondern zu den Beispielen der *dritten* einschlägigen Fallvariante, bei der der Rücktritt darauf beruht, daß der Dieb keine Tatobjekte der von ihm vorausgesetzten Qualität oder in der von ihm erwarteten Quantität findet.

Die Entscheidungen[155] im Bereich dieser neuen Sachkonstellation sind kontrovers: dem Angeklagten, der nach dem Durchsuchen der erbrochenen Kiste nichts wegnahm, weil deren „Inhalt nicht seinen Erwartungen entsprochen"[156] hatte, dem Einbrecher, der den aus dem verschlossenen Schrank entnommenen Zirkel wieder zurücklegte, weil ihm dessen Besitz „für seine Verhältnisse zweck- und wertlos erschien"[157], oder der von einer Entwendung gänzlich absah, weil er „in dem von ihm geöffneten Koffer" die begehrten Waren „nicht in so großer Menge" wie erwartet vorfand[158], wurde vom Reichsgericht die Freiwilligkeit seines Rücktritts bescheinigt. Denn die mangelnde Brauchbarkeit der Sachen für seine Zwecke sei nicht „in dem Maße"[159] zwingend gewesen, daß er aufgeben *mußte*, vielmehr habe er „kraft eigenen Willens"[160] von der ihm weiterhin möglichen Tatausführung Abstand genommen.

In einer Reihe anderer, von der Sachstruktur her völlig gleichgelagerter Fälle kam die höchstrichterliche Judikatur der Vorkriegszeit dagegen zum genau entgegengesetzten — auch vom BGH für richtig gehaltenen — Ergebnis[161], indem sie die Vereitelung des vom Täter ins Auge gefaßten Handlungszwecks als einen außerhalb seines Willens liegenden Umstand wertete, der die Tataufgabe als unfreiwillig erscheinen lasse. Mit dieser Begründung versagte man z. B. zwei Angeklagten das Rücktrittsprivileg, die ihr Vorhaben abbrachen, weil die Diebstahlsobjekte, ein „Gazefenster und Drahtgitter", durch die beim Versuch der Wegnahme eingetretene Beschädigung für sie „unbrauchbar und wertlos" geworden waren[162], und verneinte Straf-

---

[153] Dasselbe ließe sich auch für RG JW 1924, 1726 sagen.

[154] RGSt. 39, 37 wird von Finger GS 82, 376 Anm. 1; zu Dohna ZStW 59, 545; Schröder MDR 1956, 324 Anm. 24 wie im Vorstehenden eingeordnet. A. A. Busch LK (9. Aufl.) § 46 Rdnr. 27.

[155] Vgl. aus der Rechtsprechung vor 1871: Oberappellationsgericht Cassel, Temmes Archiv Band I, 274.

[156] RGSt. 24, 222 (223).

[157] RG Recht 1910, Nr. 2751; ebenso im Ergebnis auch RG Recht 1907, Nr. 827.

[158] RGSt. 55, 66 (67).

[159] RGSt. 55, 66 (67).

[160] RG Recht 1910, Nr. 2751.

[161] BGHSt. 13, 156 (157); RG JW 1904, 301; RGSt. 45, 6 (7); RG LZ 1917, 548; Königliches Oberappellationsgericht Dresden, Sächsische Gerichtszeitung, Band 17 (1873) S. 14 f.

[162] RGSt. 45, 6 (7).

freiheit aufgrund § 46 Ziff. 1 sowohl für den Täter[163], der „jede beliebige brauchbare Sache stehlen“ wollte, die vorgefundenen, für ihn völlig unverwendbaren Erdkabel aber liegen ließ, als auch für denjenigen[164], der „wegen der Unscheinbarkeit und Geringfügigkeit der vorhandenen Effekten“ von ihrer Mitnahme absah.

6. Die Erörterung der „Freiwilligkeit“ des Rücktritts vom Raubversuch

a) Unrealisierbarkeit des Tatplans als Grund des Tatabbruchs

Eine ähnliche Fallgestaltung findet sich auch in zwei Entscheidungen zu § 249, dem nächsten Deliktsbereich im Rahmen unserer Rechtsprechungsübersicht.

In dem einen Fall hatte es der Täter möglicherweise „von Anfang an auf eine größere Summe abgesehen“ und deshalb die vom Opfer angebotenen „paar Pfennige für so gut wie wertlos“, zumindest für einen Raub als „zu wenig“ erachtet[165]. Unter dieser Voraussetzung bejahte der Senat zwar bezüglich der verschmähten Pfennige freiwilligen Rücktritt, nicht aber bezüglich „der ganzen Tat“[166]. Denn da die „Freiwilligkeit“ i. S. des § 46 von den „Vorstellungen und dem Wollen“ des Täters abhänge, sei zu berücksichtigen, daß dieser seine „weitergehende ursprüngliche Absicht“ nur wegen der fehlenden nötigen Barschaft des Mädchens nicht verwirklichen konnte, seine Tat insofern einem fehlgeschlagenen Versuch ähnele[167].

In dem anderen Fall[168] betonte der BGH die entscheidende Bedeutung des vom Täter mit der erwarteten Beute verfolgten Zwecks in Relation zu Menge und Wert des Vorgefundenen und hielt deshalb den Verzicht auf den Kasseninhalt von 30,— DM für „unfreiwillig“, wenn der Täter mindestens 300,— DM als Startkapital zur Geschäftseröffnung benötigte.

Selbstverständlich wurde § 46 Ziff. 1 auch abgelehnt, wenn die Täter den Raubversuch abbrachen, weil sie ihr Unternehmen für fehlgeschlagen hielten, sei es, daß sie selbst bei weiterem Durchsuchen der Räume „kein Geld zu finden glaubten“[169], oder zu der Einsicht kamen, daß der erwartete Geldbote an diesem Tage ausblieb[170]. Problematisch erscheint dagegen folgende

---

[163] RG Sächs. Arch. 1917, 104.

[164] Königliches Oberappellationsgericht Dresden, Sächsische Gerichtszeitung, Band 17 (1873) S. 14 (15).

[165] RGSt. 70, 1 (2).

[166] RGSt. 70, 1 (2).

[167] RGSt. 70, 1 (2).

[168] BGHSt. 4, 56 ff.; zustimmend BGH 2 StR 535/58 vom 28. 1. 1959 — unveröffentlicht.

[169] RG JW 1932, 2433.

[170] BGH NJW 1952, 514 (515).

Entscheidung des BGH[171]: der Angeklagte hielt sein Opfer mit Gewalt fest und forderte seinen Bekannten mehrfach auf, dem Überfallenen die Brieftasche wegzunehmen. Wegen der „beharrlichen Weigerung" des ursprünglichen Komplicen, „den ihm zugedachten Tatbeitrag" zu leisten, gab der Täter jedoch sein Vorhaben schließlich auf und ließ das Opfer los. Der Senat hielt freiwilligen Rücktritt für möglich. Denn von einer „Zwangslage für den Täter" könne „beim Auftreten eines Hindernisses" gegen die geplante Handlung nur dann gesprochen werden, „wenn die Vorstellung über das ‚Wie der Tat' auch den Willen des Täters dahin bestimmt hat, die Tat so und nicht anders auszuführen". Entscheidend komme es letztlich allein darauf an, ob er „Herr seiner Entschlüsse" geblieben war und seinen Verbrechensplan noch für realisierbar hielt. Insoweit aber fehlten im angefochtenen Urteil die notwendigen Feststellungen.

b) Entsetzen, Schrecken, Bestürzung über die Tatfolgen als Rücktrittsgründe

Eine besonders markante Gruppe unter den Rücktrittsfällen beim Raubversuch bilden in der Praxis die bereits eingangs[172] geschilderten Entscheidungen, in denen Mutlosigkeit, Entsetzen oder Bestürzung über die Folgen der Gewaltanwendung den Täter zur Aufgabe veranlaßten. Die Rechtsprechung schwankte hier in ihren Ergebnissen stark, was auf den theoretischen Ausgangspunkt zurückzuführen ist, der schon im ersten einschlägigen Urteil[173] herausgestellt wurde. Danach kommt strafbefreiender Rücktritt nur in Betracht, wenn die weitere Ausführung unterblieb, „weil den Angeklagten das Grausige ihrer Tat zum Bewußtsein gekommen war", nicht aber, wenn der Anblick des Geschehenen „in solcher Stärke" auf sie wirkte, „daß sie gar nicht anders konnten, als sich vom Tatort zu entfernen".

7. Rücktrittsfälle mit „Freiwilligkeits"-bezug im Bereich der Erpressung

a) bei unbeendetem Erpressungsversuch

Ein weiteres Beispiel der zuvor erörterten Sachverhaltsstruktur findet sich im Bereich der Erpressung. Hier hatte der Täter von einem 77jährigen unter vorgehaltener Pistole Geld verlangt, dann aber aufgegeben, weil ihn der Mut verließ, als der alte Mann vor ihm stand und beteuerte, nichts zu besitzen und lediglich „Rentner und Opa"[174] zu sein. Der Beweggrund des

---

[171] BGH 2 StR 535/58 — Urteil vom 28. 1. 1959 — unveröffentlicht.
[172] Siehe oben im Text S. 10 ff.
[173] RG JW 1932, 2433.
[174] BGHSt. 4, 180.

Rücktritts war also formal derselbe wie in RGSt. 68, 238: die durch einen äußeren Eindruck hervorgerufene Mutlosigkeit; doch sah der BGH hier die Freiwilligkeit bei Vorliegen eines noch unbeendeten Versuchs als so selbstverständlich an, daß er gar nicht näher auf sie einging.

Ebenso unproblematisch erscheint die Beurteilung der übrigen in der höchstrichterlichen Judikatur auffindbaren Rücktrittsfälle nach § 46 Ziff. 1 bei versuchter Erpressung, insbesondere wenn „die Vorstellung der Aussichtslosigkeit" den Täter bewog, von seinem Vorhaben Abstand zu nehmen. Ein instruktives Beispiel[175] für diese Sachkonstellation bietet die Entscheidung RG JW 1934, 487 ff. Danach hatte der Angeklagte ein Mädchen überfallen, gefesselt und mit einem Dolch bedroht, um sich ein Schriftstück unterschreiben zu lassen, mit dessen Hilfe er von der angeblich begüterten Mutter des Opfers 1000,— RM zu erlangen hoffte. Als er aber weder bei sich noch in der Handtasche des Mädchens „Papier und Bleistift"[176] fand, gab er seinen Plan auf — nach Ansicht des Schwurgerichts deshalb, weil er nun „von der Aussichtslosigkeit der Erreichung seines Ziels überzeugt[177] war. Daß bei dieser Annahme der Rücktritt „unfreiwillig" gewesen wäre, hob der Senat klar hervor[178].

Allerdings kam nach Ansicht des Reichsgerichts noch ein anderer Beweggrund für den Abbruch des Erpressungsversuchs in Betracht. Als der Angeklagte nämlich die Handtasche seines Opfers durchsuchte, „fiel ihm ein im Gesangbuch liegendes Bild" mit seinem „Konfirmationsspruch" in die Hand[179], worauf er zu weinen begann, das geknebelte und an einen Baum gebundene Mädchen befreite und sich für seine Gewalttätigkeiten entschuldigte. Denkbar war also auch, daß der Täter „infolge der durch den Anblick seines Konfirmationsspruchs erzeugten seelischen Erschütterung"[180] von seinem Vorhaben Abstand genommen hatte; dann wäre sein Rücktritt „freiwillig" gewesen.

b) Das Problem der Tatentdeckung durch den Genötigten

Abgesehen von den vorstehend zitierten Entscheidungen konzentriert sich die übrige Rücktrittsjudikatur im Bereich der §§ 253, 255 ganz auf die Problematik der Tatentdeckung durch den Genötigten im Rahmen des § 46

[175] Königlich-Preußisches Obertribunal, Oppenhoffs Rechtsprechung, Band 14, 378 (379) und BGH MDR 1951, 369 sind weitere Fälle dieser Art.

[176] RG JW 1934, 487.

[177] RG JW 1934, 489.

[178] RG JW 1934, 489; ebenso im Ergebnis BGH MDR 1951, 369; RMG 11, 138 (141).

[179] RG JW 1934, 487. Der Spruch lautete: „Er führet mich auf rechter Straße um seines Namens willen."

[180] RG JW 1934, 489.

Ziff. 2. Dabei ging es vor allem um die prinzipielle Anwendbarkeit[181] dieser Norm bei Delikten, deren Tatbestand — wie die Erpressung — begrifflich die Kenntnis der Tat durch das Opfer voraussetzt. Da jedoch infolge der Neufassung der Rücktrittsvorschrift diese Ausführungen kein praktisches Interesse mehr haben, bleibt diese Kontroverse unerörtert. Bemerkenswert an ihr ist lediglich auch heute noch der Gegensatz zur Rechtsprechung im Bereich des Rücktritts vom beendeten Tötungsversuch, wo die grundsätzliche Entdeckungsmöglichkeit durch das Opfer nie in Frage gestellt wurde.

8. Das Problem der „Freiwilligkeit“ im Rahmen des Rücktritts vom Betrugsversuch

a) Der Einfluß der Tatentdeckung auf die Freiwilligkeitsbeurteilung bei „unbeendetem“ Betrugsversuch

Angesichts der praktischen Bedeutung der Tat-„entdeckung“ bei versuchter Erpressung unter dem Aspekt des § 46 Ziff. 2 fragt man sich allerdings wohl nicht ganz zu Unrecht, warum bei der Untersuchung des § 46 Ziff. 1 die Kenntnisnahme seitens des Angegriffenen überhaupt keine Rolle spielt, obwohl doch „gerade von dessen Seite her die Gefahr strafrechtlicher Verfolgung droht“[182] und damit die „Freiwilligkeit“ des Rücktritts zweifelhaft sein könnte. Die Frage erscheint um so berechtigter, als die Judikatur im entsprechenden Fall des Rücktritts vom unbeendeten *Betrugs*versuch offensichtlich eine andere — genau entgegengesetzte Haltung einnimmt, wie z. B. RG JW 1932, 415 deutlich macht[183]. Hier hatte der Angeklagte vorgespiegelt, er habe eine Baukantine zu verpachten, und einem Interessenten mitgeteilt, bei Abschluß des Pachtvertrages sei ein bestimmter Teil der erforderlichen Kaution von 500,— DM in bar zu bezahlen. Die mündlich begonnenen Vertragsverhandlungen brach der Angeklagte jedoch vorzeitig ab, weil er sich „nicht mehr recht traute und seine Entdeckung befürchtete“. Das Reichsgericht bemerkte[184] dazu, die Besorgnis des Täters, der Vertragspartner werde im weiteren Verlauf der Gespräche seine „betrügerische Handlungsweise erkennen“, schließe die Freiwilligkeit des Rücktritts „nicht ohne weiteres“ aus. Diese Annahme sei vielmehr erst dann gerechtfertigt,

---

[181] Vgl. RGSt. 1, 307 (309); RG JW 1890, 185; RGSt. 26, 77 (78) einerseits und RG Recht 1909, Nr. 927; RG DJZ 1911, 92 f. andererseits. Eine Sonderstellung hat RMG 11, 138 ff. eingenommen (Entdeckung durch das Opfer begrifflich nicht möglich, wohl aber Rücktritt durch aktives Tun).

[182] RGSt. 1, 307 (309).

[183] Ein anderes Beispiel ist RG BayZ 1912, 360: der Angeklagte hatte einem Fahrgast ein entwertetes Ticket gegeben. Als jedoch plötzlich ein Kontrolleur den Wagen betrat, nahm der Täter dem Fahrgast den Fahrschein wieder ab und zerriß ihn: unfreiwilliger Rücktritt.

[184] RG JW 1932, 415 (416).

wenn der Angeklagte befürchtete, der andere werde „seine Absichten durchschauen und Anstalten zu seiner Ergreifung treffen"[185].

b) Aussichtslosigkeit der Täuschungshandlung als Grund des Nichtweiterhandelns

Ebenfalls abgelehnt wurde die Freiwilligkeit des Rücktritts dort, wo die Aufdeckung des Betrugsmanövers im Angeklagten nicht die Furcht vor strafrechtlichen Konsequenzen, sondern die Überzeugung seines *Scheiterns* hervorrief und ihn deshalb zum Abbruch des Unternehmens bewog. Ein geradezu klassisches Beispiel stellt insoweit der vom Hanseatischen Oberlandesgericht[186] entschiedene Betrugsversuch eines Angeklagten dar, der durch Vortäuschung des eigenen Todes anläßlich eines Bootsunglücks die zugunsten seiner Mutter und seiner Verlobten abgeschlossene Lebensversicherung erlangen wollte, aber noch vor deren Auszahlung in seinem Versteck aufgrund einer Fahndungsanzeige gefunden wurde und deshalb im Bewußtsein des Fehlschlags seines Vorhabens die Heimreise antrat.

Weitere Fälle dieser Art behandeln RG JW 1915, 1371 — Rücktritt, weil die Getäuschten zu erkennen gaben, daß sie den Betrugsplan durchschauten — oder RGSt. 63, 158 (160) — Tataufgabe, weil der angeklagte Konkursschuldner glaubte, der Konkursverwalter kenne die wahre Sachlage. Daß hier für die Annahme strafbefreienden Rücktritts kein Raum bleibt, ist in der Rechtsprechung unbestritten[187], wird aber unterschiedlich begründet: überwiegend mit mangelnder „Freiwilligkeit", vereinzelt aber auch unter Hinweis auf das Fehlen eines Rücktritts*entschlusses,* da derjenige, der sein verbrecherisches Unterfangen „für gescheitert" erachtet, nicht „mit dem Willen" handeln könne, „das noch im Lauf befindliche Unternehmen aufzugeben oder rückgängig zu machen"[188].

c) Tatentdeckung bei „beendetem" Betrugsversuch

Die übrige Rücktrittsjudikatur im Bereich des § 263 befaßt sich ausschließlich mit dem Problem der Tatentdeckung im Rahmen des § 46 Ziff. 2, vor allem in Fällen des Versicherungsbetruges. Dabei ging es z. B. um die Frage, ob der Täuschungsversuch entdeckt ist, wenn der Versicherungsver-

---

[185] Dies gilt natürlich auch und erst recht bei Kenntnisnahme Dritter, vgl. RGSt. 15, 44 (47); RG HRR 1931, Nr. 1491; vgl. auch RG HRR 1928, Nr. 1665 und aus der Rechtsprechung vor 1871: Oberster Gerichtshof für Bayern, Zeitschrift für Gesetzgebung 1859, 466.

[186] Hans.OLG Hanseatische Gerichtszeitung 1929 A Spalte 89.

[187] Vgl. auch außer den beiden schon angeführten Entscheidungen RG JW 1936, 324; RG LZ 1931, Spalte 107 (108); Schlesw. OLG Schlesw. HAZ 1952, 67 (68); RG DJZ 1914, 1302 f.; BGH GA 1956, 356.

[188] RGSt. 63, 158 (159).

treter von den unrichtigen Angaben zur Wohnungseinrichtung „durch die Befragung der Hausangestellten“ der Angeklagten Kenntnis hat[189], wenn ein Experte der Versicherungsgesellschaft den gemeldeten Unfall als fingiert entlarvt[190], wenn von dem mit der Schadensregulierung betrauten Generalagenten Zweifel an der Wahrheit der „Schadensansprüche“ vorgebracht und deshalb „gerichtliche Schritte in Aussicht gestellt“ werden[191].

In den genannten Fällen[192] wurde die Anwendbarkeit des § 46 Ziff. 2 mit Rücksicht auf die „Entdeckung“ der Tat verneint[193]. Dabei stellte das RG klar, „Entdeckung“ setze nicht voraus, daß die „Modalitäten der Ausführung bis zur vollen Evidenz aufgedeckt“[194] sind und der Entdecker „alle zur Überführung nötigen Beweise“[195] hat, andererseits genüge aber auch „nicht jedes allgemeine und entfernte Mißtrauen“[196]. Mit diesen Grundsätzen kaum vereinbar erscheint allerdings die Bejahung strafausschließenden Rücktritts durch das Reichsgericht in einem Falle[197], wo der Angeklagte der Untreue überführt war, aber noch „*bevor* die Vorgesetzten“ von den zur Verdeckung der „Schiebung“ dienenden „falschen Eintragungen und Quittungen Kenntnis“ erlangt hatten, dem Vorstand den wahren Sachverhalt mitteilte.

9. Die unter dem Aspekt der „Freiwilligkeit“ bedeutsamen Entscheidungen zum Rücktritt vom Versuch der Brandstiftung

Die vorstehenden allgemeinen Ausführungen zum Begriff der „Entdeckung“ finden sich auch in den Rücktrittsentscheidungen[198] bei versuchter Brandstiftung, der letzten hier betrachteten Deliktsgruppe. Eine ins einzelne gehende Darstellung der einschlägigen Urteile erübrigt sich daher unter dem Aspekt des § 46 Ziff. 2 a. F.

---

[189] RG LZ 1931, Spalte 107 f.

[190] OLG Hamburg, Hans. GerichtsZ 1935, Spalte 456 f.

[191] RG Rechtsprechung Bd. 4, 37 f.; vgl. auch aus einem anderen Sachgebiet RGSt. 66, 61 ff.

[192] Ebenso auch Königlich-Preußisches Obertribunal, Oppenhoffs Rechtsprechung, Band 12, 190 f.; 16, 592 f.; Oberappellationsgericht Berlin, Oppenhoffs Rechtsprechung, Bd. 12, 504 (506).

[193] RG LZ 1931, Spalte 107 (108); ob RGSt. 66, 61 (62, 63 oben) anders zu verstehen ist bezüglich der Entdeckung durch das Betrugsopfer, falls dieses von vornherein die Täuschung erkennt, wie Dreher (NJW 1971, 1047) meint, ist nicht sicher.

[194] RG Rechtsprechung, Bd. 4, 37.

[195] RG LZ 1931, Spalte 107 (108).

[196] RG Rechtsprechung, Bd. 4, 37 (38).

[197] RG JW 1924, 197.

[198] RG HRR 1929, Nr. 454; RGSt. 1, 375 (377); RGSt. 3, 93 (94); RGSt. 38, 402 (404). In RGSt. 3, 93 (94) überzeugt die Feststellung, die Ehefrau des Angeklagten habe die Tat entdeckt, den Leser nicht, nachdem zuvor „einverstandene nächste Angehörige“ als „Entdecker“ ausgeschieden worden waren.

Der — soweit ersichtlich — einzige in der höchstrichterlichen Judikatur bislang behandelte Fall eines Rücktritts vom „*un*beendeten“ Brandstiftungsversuch findet sich in dem unveröffentlichten BGH-Urteil vom 13. 3. 1964. Da der Angeklagte nur deshalb von seinem Vorhaben Abstand genommen hatte, „weil die Sägespäne trotz des Gebrauchs von mindestens fünf Streichhölzern kein Feuer“ fingen, wurde § 46 Ziff. 1 mangels „Freiwilligkeit“ hier verneint. Ausdrücklich betonte der Senat dabei, für die Beurteilung dieser Frage sei es ohne Belang, daß dem Angeklagten die Tatvollendung unter Umständen „mit anderen Mitteln gelungen wäre, die er sich erst noch hätte beschaffen müssen“[199].

III. Zusammenfassung der Ergebnisse des Rechtsprechungsüberblicks

Damit kann der Überblick über die bisher in der höchstrichterlichen Judikatur bei den wichtigsten Versuchstatbeständen bekannt gewordenen *Rücktrittsmotive* und die der Entscheidung der Freiwilligkeitsproblematik in diesen Fallgestaltungen zugrundeglegten *theoretischen Beurteilungskriterien* abgeschlossen werden. Die ausführliche Wiedergabe der Entscheidungen sollte sicherstellen, daß die nachfolgende kritische Auseinandersetzung mit dem Freiwilligkeitsbegriff nicht, wie es insbesondere früher gang und gäbe war, im abstrakten Reich blutleerer Definitionen, vielmehr lebensnah, vor dem wahren praktischen Hintergrund geführt wird. Denn wenn irgendwo die Veranschaulichung und Erprobung theoretischer Maßstäbe am konkreten Beispiel notwendig ist, dann hier.

Bevor jedoch mit der Durchsicht der Literatur und Darlegung der dort erarbeiteten vielfältigen Lösungsansätze zum Problem des „freiwilligen“ Rücktritts diese Diskussion beginnt, gilt es zunächst einmal, die aus einer zusammenfassenden Betrachtung der Rechtsprechung sich ergebenden Einzelbeobachtungen in einer Art Zwischenbilanz herauszustellen und als Merkposten für die weiteren Untersuchungen festzuhalten.

Zwei Punkte, die besonders in die Augen springen und sich auf frühere Feststellungen beziehen, seien vorangestellt: Der erste betrifft die Erkenntnis, daß in keinem einzigen Fall der Täter seine Ausführungshandlung aufgegeben oder die Vollendung verhindert hat, um sich das Rücktrittsprivileg zu sichern. Damit ist der *empirische Nachweis* des *illusionären* oder *fiktiven* Charakters der Grundvorstellungen der kriminalpolitischen Theorie — gleichgültig welcher Spielart — geführt[200]. Der andere Aspekt betrifft die schon gerügte Widersprüchlichkeit zahlreicher Entscheidungen infolge unterschiedlicher theoretischer Beurteilungsrichtlinien, unterstreicht also die *Notwendigkeit* kritischer Überprüfung.

Im übrigen aber läßt sich aus der Rechtsprechungsübersicht folgendes Fazit ziehen:

---

[199] BGH 5 StR 54/64 — Urteil vom 13. 3. 1964 — unveröffentlicht.
[200] Siehe oben im Text S. 69 f.

1. Die Beantwortung der Freiwilligkeitsfrage liegt auf *subjektivem* Gebiet, maßgebend sind die Vorstellungen des Täters[201], wobei jedoch wegen des Gesetzeswortlauts in § 46 Ziff. 2 für das Merkmal der „Entdeckung" der *objektive*[202] Nachweis ihrer Voraussetzungen genügt, um die Anwendbarkeit des Rücktrittsprivilegs insoweit auszuschließen.

2. Wie verschieden formal-konstruktiv gesehen die Abschichtung der Bereiche „freiwilliger" und „unfreiwilliger" Rücktritt im Ansatz auch sein mag, d. h. konkret: unbeschadet davon, ob auf die Unterscheidung zwischen *rein inneren* und durch *äußere* Umstände veranlaßten Erwägungen[203], zwischen *absoluten* und *relativen* Hindernissen[204] für die Tatausführung abgestellt oder an die Frage angeknüpft wird, ob der Täter „aus *eigenem* Antrieb"[205] von der Tat Abstand genommen hat, ob er dabei „*Herr* seiner Entschlüsse"[206] bzw. ihm das „Gefühl der *freien Wahl*"[207] geblieben ist — gemeinsame Grundlage all dieser Abgrenzungskriterien im Rahmen des § 46 ist ein im *psychologischen* Bereich wurzelndes Freiwilligkeitsverständnis. Danach hängt es von der motivatorischen Kraft des Rücktrittsgrundes, von dem Grad seines psychischen Drucks, von der Stärke seines Einflusses auf den Willen des Handelnden ab, ob man im Einzelfall von einem „zwingenden", die „Freiwilligkeit" ausschließenden Anlaß zur Tataufgabe sprechen kann. Dies wird bejaht, wenn die auf die Entschlußfassung des Täters einwirkenden Umstände einen Zwang „im Sinne des praktischen" bzw. „nach Auffassung des gewöhnlichen Lebens"[208] darstellen oder so geartet sind, daß sich der Handelnde ihnen „vernünftigerweise"[209] beugen muß. Die vom theoretischen Ansatz her an psychologischen Kriterien aus-

[201] Vgl. RGSt. 37, 402 (406); 68, 82 (83); 75, 393 (394); RG HRR 1940, Nr. 1101; BGHSt. 7, 296 (298); BGH LM Nr. 6 zu § 177; BGH 2 StR 535/58 — Urteil vom 28. 1. 59 — unveröffentlicht; BGH 1 StR 624/59 — Urteil vom 19. 2. 1960 — unveröffentlicht; BGHSt. 20, 279 (280).

[202] Vgl. RGSt. 1, 375 (377); 47, 358 (361); RG BayZ 1925, 283; RG DJZ 1925, 513 (514); offengelassen in BGHSt. 24, 48 (50).

[203] Vgl. RG GA 38, 212 (213); RG GA 53, 283 f.; RGSt. 37, 402 (404 f.); 38, 402 (404); 39, 37 (40); 45, 6 (7); 47, 74 (79); 55, 66; 57, 278 (279); RG LZ 1920, 714; BGH JR 1952, 414; BGHSt. 4, 173 (174); BGH GA 1956, 355 (356).

[204] RGSt. 37, 402 (403); RG Seuff.Bl. 74, 131; RG Warn. Jb. 1913, 7.

[205] RGSt. 39, 37 (40); 45, 183 (186); RG Recht 1910, Nr. 27, S. 51; RG GA 38, 212 (213); RG JW 1926, 1167; BGH 1 StR 624/59 — Urteil vom 19. 1. 1960 — unveröffentlicht; BGH NJW 1961, 1779.

[206] Vgl. RGSt. 3, 93 (94); BGH 1 StR 624/59 — Urteil vom 19. 1. 1960 — unveröffentlicht; BGH 2 StR 535/58 — Urteil vom 28. 1. 1959 — unveröffentlicht; BGH 5 StR 49/58 — Urteil vom 11. 4. 58 — unveröffentlicht; BGH 2 StR 450/71 — Urteil vom 13. 10. 71 — unveröffentlicht; BGH 2 StR 203/65 — Urteil vom 4. 6. 1965 — unveröffentlicht; BGHSt. 7, 296 (299); 20, 279 (280).

[207] RGSt. 47, 74 (77); 75, 393 (395); RG BayZ 1933, 39; BGHSt. 7, 296 (300).

[208] RGSt. 37, 402 (405); 47, 74 (77); 57, 278 (279); 75, 393 (394, 395 oben); RG BayZ 1924, 275; RG JW 1926, 1167 (1168); RG Recht 1928, Nr. 1700; RG HRR 1931, Nr. 1491; RG LZ 1931, 986; RG JW 1932, 415 (416); BGH MDR 1966, 22.

[209] RGSt. 65, 145 (149); 75, 393 (395); BGH MDR 1966, 892.

gerichtete Freiwilligkeitsbeurteilung der Rechtsprechung ist also letztlich von Wertungsfragen abhängig, d. h. im psychologisch konstruierten „Begriffsgehäuse“ steckt ein *normativer* „Kern“[210].

3. Ein *ethisch hochstehendes* Motiv für die Bejahung freiwilliger Tataufgabe wird *nicht* vorausgesetzt; *insoweit* kommt es auf die *moralische* Qualität des Rücktrittsgrundes *nicht* an[211]. Andererseits aber zeigt sich doch eine deutliche, vom Reichsgericht und Bundesgerichtshof ausdrücklich hervorgehobene Korrelation zwischen „Freiwilligkeitsurteil“ und „Beweggrund“ insofern, als sittlich positive oder zumindest billigenswerte, von der Rechtsordnung anerkannte Motive „regelmäßig die Straffreiheit nach § 46 ... herbeiführen“[212]. Dazu zählen insbesondere: Reue, Gewissensbisse, Scham, Mitleid, Scheu, Selbstbesinnung, bessere Einsicht, seelische Erschütterung, Mutlosigkeit oder „bloße“ Furcht vor Strafe. Bei anderen auf gleicher Wertungsstufe stehenden „inneren“ Rücktrittsgründen wie z. B. Entsetzen, panischer Angst oder jähem Schrecken schwankt die Rechtsprechung dagegen unsicher hin und her, und im Falle des *„Schocks“*, der auch durch solche an sich positiv zu beurteilende seelische „Regungen“ ausgelöst sein kann, verneint sie sogar stets und ohne Umschweife die Freiwilligkeitsfrage.

4. Die praktische Bedeutung des „Schocks“ im Rahmen des § 46 a. F. beschränkt sich auf den Bereich gewaltsamer Ausführungshandlungen bei einigen wenigen Tatbeständen, nämlich §§ 177, 211, 212, 249 und 255. Man kann deshalb die *schockbedingte* Unmöglichkeit der Tatfortsetzung als einen *deliktsspezifischen* Rücktrittsgrund bezeichnen und dieser Kategorie, zu der auch „schlechter Geschmack“ und „starker Schmerz“ als typische Motive der Tataufgabe bei § 218 gehören, die Gruppe der *allgemeinen,* bei allen Tatbeständen mit Versuchsstrafdrohung nachweisbaren Beweggründe wie z. B. „Gefahr alsbaldiger Entdeckung“ oder „Aussichtslosigkeit“ der Planverwirklichung gegenüberstellen.

5. Die Rücktrittsmotive in den Fällen des „unbeendeten“ und „beendeten“ Versuchs sind weitgehend verschieden: Während die oben aufgezählten „inneren“ Gründe sowie die „Entdeckung“ bzw. die Furcht davor bei *beiden* Versuchsformen als „rücktrittsbestimmende“ Faktoren auftauchen, findet sich in der Praxis kein einziger Fall, in dem die Vorstellung von der Wirkungs- oder Aussichtslosigkeit der bisherigen Tathandlungen bzw. die Überzeugung vom Scheitern des Vorhabens, also Beweggründe, die für die Aufgabe eines *„unbeendeten“* Versuchs geradezu charakteristisch sind, die Täter zur Vornahme einer *erfolgsabwendenden Tätigkeit* motiviert hätten. Diese Feststellung ist keineswegs überraschend; denn bei der hier unterstellten subjektiven Vorstellung wäre aktiver Einsatz zur Hinderung der Tat*vollen-*

---

[210] Ebenso sehr klar: Schaffstein JW 1934, 2237; Roxin ZStW 77, 96; derselbe in Heinitz-Festschrift, S. 256; Seeger a. a. O. S. 77; v. Scheurl a. a. O. S. 61; vgl. auch Gutmann a. a. O. S. 200, 207.

[211] RGSt. 16, 182 (183); 24, 222 (223); 37, 402 (404); 63, 158 (159); RG Recht 1910, Nr. 2751; RG LZ 1915, 302; BGHSt. 7, 296 (299); 9, 48 (50).

[212] BGHSt. 7, 296 (299); ähnlich RGSt. 37, 402 (404); vgl. auch RG JW 1926, 1168 a. E.

dung widersinnig gewesen. Da die Palette der Rücktrittsgründe beim „beendeten" Versuch also naturgemäß nicht so breit gefächert ist wie beim „unbeendeten", ist auch der Spielraum für Freiwilligkeitskontroversen enger, wenn man einmal von dem — zukünftig entfallenden — Entdeckungsvorbehalt in § 46 Ziff. 2 a. F. und seinen Auslegungsstreitigkeiten absieht. Ja, man kann sagen, daß aktiver Einsatz zum Schutz des bedrohten Rechtsgutes die Freiwilligkeit „indiziert" und schon besondere Umstände vorliegen müssen, um zur gegenteiligen Annahme zu gelangen. Eine Stütze findet diese Auffassung in einigen älteren Reichsgerichtsurteilen, denen zufolge durch den Hinweis des Gesetzes auf die „eigene Tätigkeit" „nur das Erfordernis der Freiwilligkeit der Abwendung des Erfolges bestimmter präzisiert werden"[213] sollte.

6. Entsprechend der Ausgangsthese, daß für die Beurteilung der „Freiwilligkeit" die Vorstellung des Täters von wesentlicher Bedeutung ist, richtet sich die Frage der Unmöglichkeit oder Aussichtslosigkeit des Weiterhandelns nach dem mit der Tat verfolgten Zweck bzw. nach der jeweils geplanten Begehungsweise und dem Willen, die Tat so und nicht anders auszuführen[214]. Die Bejahung der „Freiwilligkeit" i. S. des § 46 Ziff. 1 a. F. steht dabei in einem „umgekehrt proportionalen" Abhängigkeitsverhältnis zum Grad der Konkretisierung des Verbrechensplans: je genauer, detaillierter, spezieller dieser ist, um so größer ist die Chance für Abweichungen, die dann den Charakter von „Hindernissen" annehmen mit der Folge, daß die Durchführung des Vorhabens *„so nicht"* möglich und dessen Aufgabe daher entsprechend häufiger unfreiwillig ist. Exaktes Planen wirkt sich also in der Rechtsprechung doppelt nachteilig für den Täter aus: bei *vollständiger* Planerfüllung dadurch, daß Rücktritt nur noch unter den erschwerten Voraussetzungen des § 46 Ziff. 2 a. F. möglich ist, während sonst der leichtere Weg über § 46 Ziff. 1 a. F. theoretisch bis zur Tatvollendung offensteht; bei *teilweiser* Verwirklichung des Tatkonzepts dadurch, daß die Aussichten, Straffreiheit zu erlangen, infolge der planungsbedingten Ausweitung des Bereichs „unmöglicher" Tatausführung erheblich geschmälert sind.

7. Gibt der Täter sein Vorhaben auf, weil er von dessen Erfolglosigkeit, Undurchführbarkeit, kurz gesagt vom „Fehlschlag" seines Versuchs überzeugt ist, begründet die Judikatur den Ausschluß des § 46 Ziff. 1 a. F. regelmäßig mit der fehlenden „Freiwilligkeit". Um so auffälliger sind des-

---

[213] RGSt. 1, 375 (376); 38, 402 (404).

[214] Vgl. u. a. RGSt. 24, 222 f.; 55, 66; 70, 1 f.; 77, 162 (165); RG JW 1926, 1166; RG LZ 1927, 320 (321); unrichtig daher zu Dohna ZStW 59, 544 f., der behauptet, nur in zwei Entscheidungen sei dieser Gedanke enthalten; vgl. zur Rechtsprechung des BGH: BGHSt. 4, 56 ff.; 7, 296 (299); BGH GA 1956, 355 (356); BGH MDR 1973, 554; BGH 2 StR 535/58 — Urteil vom 28. 1. 1959 — unveröffentlicht —; BGH 5 StR 38/61 — Urteil vom 18. 4. 1961 — unveröffentlicht; BGH 4 StR 328/68 — Urteil vom 30. 8. 1968 — unveröffentlicht; BGH 5 StR 309/69 — Urteil vom 26. 8. 1969 — unveröffentlicht; vgl. auch OGHBZ JR 1950, 563.

halb diejenigen Entscheidungen[215], die eine Durchbrechung dieser Regel darstellen und darauf hinweisen, daß in derartigen Fällen von einem „Aufgeben“ der beabsichtigten Handlung gar nicht die Rede sein kann. Warum diese sowohl vom Reichsgericht als auch vom Bundesgerichtshof vertretene Ansicht ohne Resonanz blieb, ist nicht ersichtlich; ausdrücklich verworfen wurde sie jedenfalls nie!

8. Die Annahme des Täters, „entdeckt“ zu sein, bzw. seine Furcht vor alsbaldiger oder unmittelbar bevorstehender „Entdeckung“ — das am häufigsten anzutreffende Rücktrittsmotiv — ist nicht nur Gegenstand einer grundsätzlichen Differenzierung hinsichtlich seines Einflusses auf die Tätervorstellungen, sondern steht bezüglich seines Inhalts auch in Abhängigkeit von den einzelnen Tatbeständen. Die vom Täter festgestellte oder erwartete „Entdeckung“ der Tat durch einen anderen kann in ihm entweder die Überzeugung bzw. Befürchtung hervorrufen, daß dieser die *Tatvollendung verhindert*, ihm also die Realisierung seines Unternehmens *unmöglich* macht. Insoweit ist das Moment des Entdecktseins oder -werdens nur eines von vielen denkbaren Ereignissen, aus denen der Handelnde auf ein *Scheitern* seines Vorhabens schließt, und daher — was allerdings nicht genügend deutlich wird — der Rücktritt wegen „Entdeckung“ in dieser Gestalt im Grunde genommen lediglich ein Fall der Tataufgabe wegen *„Fehlschlags“*. Die von der „Entdeckungs“-vorstellung ausgehende Einwirkung auf den Täter kann aber auch darin bestehen, daß er *Angst* vor gewissen „unangenehmen“ *Konsequenzen* seines Tuns — vorläufiger Festnahme, Untersuchungshaft, Fahndungsmaßnahmen oder Verurteilung — bekommt und deshalb von weiteren Schritten abläßt, wobei sich beide Beweggründe obendrein natürlich überlagern und dann *gemeinsam* die Entschlüsse des Täters bestimmen können. Die „Entdeckung“ der Tat durch Dritte bei versuchtem Meineid und durch den Adressaten der Täuschungshandlung bei versuchtem Betrug zeigt die Verschiedenheit der Fallgestaltung recht anschaulich: Ist die Unwahrheit der Aussage erkannt, so ist die Vollendung des Meineids weiterhin *möglich* und nur die Gewißheit der Strafverfolgung oder die „Sinnlosigkeit“ weiteren Falschaussagens als Rücktrittsmotiv in Betracht zu ziehen, während der Betrugsversuch wegen der gescheiterten Irrtumserregung oder — bei nachträglich festgestellter Unrichtigkeit der Angaben — mangels „irrtumskausaler“ Vermögensverfügung *fehlgeschlagen* ist. Ein anderes Beispiel: Bei § 177 spielt die — dort bedenkenfrei als möglich angesehene — Entdeckung durch das *Opfer* unter dem Aspekt der Tathinderung überhaupt keine Rolle, hat vielmehr nur im Falle der *Identifizierung* des Täters, seines *„Erkanntseins“*, unter dem Gesichtspunkt der Furcht vor strafrechtlichen Sanktionen als Rücktrittsgrund Bedeutung; bei §§ 211, 212 dagegen werden im Rahmen des § 46 Ziff. 2 a. F. bei Wahrnehmung der Tat durch den oder die Verletzte beide Motivationen einzeln oder nebeneinander für denkbar erachtet. Auf diese Beobachtungen und die damit zugleich aufgeworfenen Fragen

---

[215] RGSt. 37, 402 (403); 63, 158 (159); RG GA 36, 159 (160); BGHSt. 9, 48 (51).

wird ebenso zurückzukommen sein wie auf das Phänomen, daß bei einigen Tatbeständen (§§ 211, 212, 253) die Tat„entdeckung" im Bereich des Rücktritts vom *„beendeten"* Versuch das *Zentralproblem* der Freiwilligkeitsbeurteilung darstellt, bei *„unbeendetem"* Versuch jedoch *völlig* übergangen wird.

IV. Die Inhaltsbestimmung des Merkmals „freiwillig" durch die Literatur

Nach dem Versuch, die Freiwilligkeitsauffassung der Rechtsprechung in ihrem grundsätzlichen theoretischen Ausgangspunkt, dessen verschiedenartiger konkreter Ausgestaltung und seinen praktischen Konsequenzen vor dem Hintergrund und in Bezug auf die bislang relevant gewordenen Rücktrittsmotive zu verdeutlichen, geht es im folgenden darum, den Meinungsstand der Literatur zu diesem Fragenkomplex darzulegen. Dabei ergibt sich für die Darstellung wegen der erdrückenden Fülle von Beiträgen das Dilemma, einerseits deren sachlichen Gehalt voll auszuschöpfen, andererseits aber auch zu verhindern, daß man in einem Labyrinth von abstrakten Definitionen mit vielfachen Überschneidungen und oft nur verbalen Unterschieden die Orientierung verliert und die vorhandenen Gemeinsamkeiten kaum noch erkennt. Eine gewissenhafte, detaillierte Wiedergabe der jeweiligen „eigenen Ansicht" der weit über 100 (!) Autoren würde in diese zuletzt genannte Richtung führen und muß deshalb ausscheiden. Das andere Extrem, sich auf die Herausarbeitung der beiden grundsätzlichen Ausgangspositionen — der *psychologischen* und der *normativen* Deutung des Freiwilligkeitsbegriffs — zu beschränken, ist ebenso unbefriedigend, da wichtige Gesichtspunkte dabei „unterschlagen" werden. Am sachgerechtesten erscheint daher folgender Mittelweg: die *h. L.* mit ihrem *psychologischen* Ansatz wird mit Rücksicht auf ihren Bekanntheitsgrad und zugunsten größerer Übersichtlichkeit in ihrem Kerngedanken und dessen inhaltlich unterschiedlicher Ausprägung so weit wie möglich *zusammengefaßt*, unter besonderer Hervorhebung nur einiger weniger Stellungnahmen; die mit *normativen* Maßstäben operierende *Mindermeinung* wird dagegen wegen ihrer bislang noch fehlenden Gesamtdarstellung und ihres im übrigen auch heterogeneren Charakters eingehender unter stärkerer Bezugnahme auf die Ausführungen ihrer einzelnen Vertreter geschildert.

1. Die Freiwilligkeitsdeutung im gemeinrechtlichen Schrifttum

Um die Kontinuität mancher Aspekte zu zeigen, sei zunächst ein kurzer Blick auf die einschlägige gemeinrechtliche Literatur geworfen, in der die „Freiwilligkeit" allgemein — unabhängig von der jeweiligen Fassung der Rücktrittsvorschriften in den Partikulargesetzbüchern — als unabdingbare

Voraussetzung strafbefreienden Rücktritts anerkannt war[216]. Sieht man von der positiv-rechtlichen Ausnahmebestimmung des Art. 69 des Hessischen Strafgesetzbuchs von 1841 ab, derzufolge der Täter „freiwillig und aus Reue" von seinem Unternehmen abstehen mußte, um Straflosigkeit wegen des Versuchs zu erlangen, so herrschte nach anfänglichen Zweifeln bald Einigkeit darüber, daß es auf den sittlichen Charakter oder die moralische Qualität des Rücktrittsmotivs *nicht* ankommt[217]. In diesem Zusammenhang wurde vor allem der Handlungsabbruch aus „Furcht vor Strafe" immer wieder als privilegierungswürdig herausgestellt, da es nach den berühmten Worten Feuerbachs „beinahe ein Widerspruch der strafenden Gewalt mit sich selbst" wäre, „wenn sie diejenigen bestrafen wollte, die durch sie abgeschreckt die Tat unterlassen haben"[218].

Keine Übereinstimmung bestand dagegen hinsichtlich der Kriterien, nach denen die Abgrenzung zwischen „freiwilligem" und „unfreiwilligem" Rücktritt konkret vorgenommen werden sollte. Am häufigsten findet man insoweit, meist an entsprechende gesetzliche Formulierungen[219] anknüpfend, die Gegenüberstellung von „inneren" Beweggründen, bei deren Vorliegen die Freiwilligkeit der Tataufgabe stets bejaht wird, und wirklichen oder vermeintlichen „äußeren" Umständen[220], die den Täter wider seinen Willen von der Tatfortsetzung abhalten. Nach anderer, ebenfalls vielfach vertretener Auffassung schließt aber „nicht jeder äußere Umstand, der den Verbrecher zum Rücktritt bewogen hat"[221], die Gewährung von Straffreiheit aus, da man sonst z. B. auch den Dieb, der ein „Heiligenbild am Fenster sieht"[222] und von Reue gepackt umkehrt, bestrafen müßte. Entscheidend sei vielmehr, unabhängig vom jeweiligen Entstehungsgrund, ob ein Ausführungs*hindernis*[223] vorliegt, d. h. ob der Täter sein Vorhaben nicht mehr verwirklichen

---

[216] Vgl. Hälschner, Preußisches Strafrecht, S. 202; Berner, Grundsätze, § 17; Goltdammer, Materialien, S. 216; Köstlin, Neue Revision, S. 395; Zachariae, Versuch, 2. Teil, S. 252; Leonhardt, Commentar, S. 171; v. Schwarze, GA 2, 437; Held, Neue Jahrbücher für Sächsisches Strafrecht, Bd. 3, 101.

[217] Bauer, Entwurf, S. 381; Abhandlungen I S. 359; Berner, Grundsätze, § 17; Beseler a. a. O. S. 142; Hälschner, Preußisches Strafrecht, S. 202; Hufnagel, Commentar, S. 78; Köstlin, Neue Revision, S. 395; derselbe, System, S. 239; Krug, Rechtslexikon, S. 735; v. Schwarze GA 2, 436; Temme, Preußisches Strafrecht, S. 279; Zachariae, GA 5, 590; Luden, Handbuch, S. 427.

[218] Feuerbach, Kritik, S. 104.

[219] § 31 Preußisches Strafgesetzbuch von 1851; Art. 44 Sächsisches StGB von 1868; Art. 26 Thüringisches StGB von 1849; Art. 29 Lübeckisches StGB von 1863; Art. 47 Bayerisches StGB von 1861.

[220] Bauer, Anmerkungen S. 381; Beseler a. a. O. S. 142; Dollmann a. a. O. S. 238; Henke, Handbuch, S. 258; Held, Neue Jahrbücher für sächsisches Strafrecht, Band 3, S. 99 f.; Hocheder a. a. O. S. 203; Oersted Grundregeln, S. 160; v. Schwarze GA 2, 434; Weis a. a. O. S. 150.

[221] Krug, Commentar zu dem Strafgesetzbuch für das Königreich Sachsen v. 11. 8. 1855, 2. Auflage, 1. Abteilung, Allgemeiner Teil, Leipzig 1861, S. 77.

[222] Goltdammer, Materialien, S. 257.

[223] Krug, Commentar, S. 77; Hepp, Versuche, S. 308.

konnte oder das Delikt lediglich nicht vollenden *wollte*[224], anders formuliert durch die Antithese: „freier Wille“ einerseits, „Nötigung“ oder „Zwang“ andererseits. Dabei wurde verschiedentlich hervorgehoben, „schwierig wie interessant“ sei vor allem „die Beurteilung der Fälle“, wo der Täter auf Hindernisse stößt, „deren Überwindung ihm zwar möglich ist, aber nicht ratsam erscheint“[225], anders ausgedrückt, „wo die Verhinderung nicht eine absolute, eine objektiv zwingende war, sondern der Handelnde in den Umständen eine ausreichende Veranlassung fand, wider seinen ursprünglichen Willen den Entschluß aufzugeben“[226]. Als Beispiele hierfür nennt v. Schwarze[227] den „Notzüchtiger“, der von seinem Vergewaltigungsversuch Abstand nahm, weil er das Mädchen „bei der Ansicht ihres Körpers nicht mehr reizend genug“ empfand, den Dieb, der beim Gewahrwerden von „Licht im Nachbarhaus“ aus Furcht vor „Entdeckung“ das Weite suchte, und den Räuber, dessen Opfer „nur eine so geringe Barschaft“ bei sich hatte, „daß er sie der Mitnahme nicht wert“ erachtete. Die Lösung solcher Fallgestaltungen blieb umstritten: einige Autoren bejahten[228] die Anwendbarkeit des Rücktrittsprivilegs, da „nur dann ... von einem freiwilligen Abstehen nicht gesprochen werden“ könne, wenn die „Fortsetzung der Tat unausführbar“ geworden sei[229]; andere vertraten die entgegengesetze Auffassung[230] mit der Begründung, die unerwarteten und unvorhergesehenen Umstände hätten zwar nicht jedermann abgehalten, diesen konkreten Täter aber an der Verwirklichung seines Plans gehindert.

Zum gleichen Ergebnis, jedoch von einem sonst nicht anzutreffenden theoretischen Ansatzpunkt aus, gelangte Luden[231]. Seiner Ansicht nach beruht jeder Verbrechensentschluß „auf der Voraussetzung, daß gewisse faktische Verhältnisse dasein oder nicht dasein werden, unter welchen die beschlossene Handlung vorgenommen werden sollte“. Wenn der Täter die vorausgeplanten oder vorgestellten Gegebenheiten in der Wirklichkeit nicht antreffe und deshalb seine Tätigkeit abbreche, so habe er nicht die beabsichtigte Tatausführung „aufgegeben“, sondern lediglich den angesichts der veränderten Sachlage notwendigen „neuen Entschluß“ nicht zu fassen vermocht. Als „freiwillig“ könne daher nur ein Abstehen von der Tat „unter den nämlichen äußeren Umständen“ wie zu Handlungsbeginn angesehen

---

[224] Held, Neue Jahrbücher für Sächsisches Strafrecht, Band 3, S. 99 f.; Hepp, Versuche, S. 308; Neues Archiv 1836, 263; Goltdammer, Materialien, S. 257; Zachariae, Versuch, 2. Teil, S. 232 f.; Hälschner, System S. 202; Temme Glossen S. 96; Leonhardt a. a. O. S. 171.

[225] Leonhardt a. a. O. S. 171 Anm. 4.

[226] v. Schwarze GA 2, 439.

[227] v. Schwarze GA 2, 435 (die Beispiele stammen teilweise von Luden, Versuch, S. 518 f.).

[228] Leonhardt a. a. O. S. 171 Anm. 4; Temme, Lehrbuch, S. 279.

[229] Temme, Lehrbuch, S. 279; ebenso Hepp, Neues Archiv 1836, 263.

[230] v. Schwarze GA 2, 439; Osenbrüggen, Abhandlungen, S. 38; vgl. auch Hepp, Commentar, Band 1, S. 535 zu den Kommissionsberatungen in Württemberg.

[231] Luden, Handbuch, S. 424 ff.

werden, während bei Abweichungen von den Erwartungen des Täters die Vollendung „wider seinen Willen" unterblieben sei. Dies gelte auch dann, wenn ihm durch unvorhergesehene Ereignisse die Deliktsfortsetzung bloß „erschwert, bedenklich gemacht, verleidet oder das Interesse an der Hervorbringung des Verbrechens genommen wurde"[232], so z. B.[233], wenn „der Dieb ... die zu erbrechende Tür fester als ... erwartet" findet, „durch ein entstehendes Geräusch verscheucht" wird oder nichts entdeckt, „was ihm die Mühe" der Wegnahme „zu lohnen scheint". Luden verneinte hier „freiwilligen" Rücktritt ebenso wie er den Verzicht des Täters nicht honoriert, der bei einem Notzuchtsversuch von weiterer Gewaltanwendung abläßt, „weil sich die Angefallene ihm freiwillig hingibt", bzw. im Falle des Mordversuchs, „weil ihm sein Opfer Geld bietet", oder wo ihm klar wird, daß er von der Tat nicht den erhofften „Nutzen haben werde"[234].

Im Gegensatz zu dieser „psychologischen" Abgrenzungsmethode steht die „normative" Betrachtungsweise, wie sie etwa von Weiß ausschließlich oder von Temme zur „Kontrolle" des mit ersterer erzielten Ergebnisses angewandt wird. Danach bedeutet das Merkmal „freiwillig" ein Abstehen von der Tat „aus Überzeugung von der Gesetzwidrigkeit der Handlung und infolge der erwachten besseren Gesinnung"[235], anders formuliert, ist für die Gewährung der Rücktrittsvergünstigung unter Außerachtlassung der „Spitzfindigkeiten der Doktrin" letztlich „einfach die Frage" maßgebend: „bleibt bei dem manifestierten besseren Willen noch ein manifestierter böser Wille übrig, der eine Strafe hervorruft"[236]?

Faßt man abschließend die im gemeinrechtlichen Schrifttum erörterten Rücktrittsmotive zusammen und überprüft sie einzeln im Hinblick auf ihren „Freiwilligkeitsgehalt", so ergibt sich folgendes Bild: typische „Indikatoren" einer *„freiwilligen"* Tataufgabe sind Reue, Gewissensregung, „Ehrfurcht vor dem ethischen Prinzip"[237], „Erkenntnis des Unrechts"[238], Achtung vor dem Gesetz, Pietät, Mitleid beim Anblick oder aufgrund der Bitten des unglücklichen Opfers, Mutlosigkeit, plötzliches, an einen Affekt grenzendes Grauen[239], Aberglaube, Furcht vor Strafe oder Schaden und Angst vor Schande. *Strittig* sind die Fälle, in denen der Täter aus „Klugheit"[240], „Eigennutz"[241] oder aus der Erwägung von der Tat absteht, daß sie ihm nicht den erwarteten Vorteil bringt bzw. dieser im Verhältnis zum Grad der Gefährdung oder zur Höhe der Strafe nicht groß genug ist. Einhellig als

---

[232] Luden, Handbuch, S. 426; kritisch dazu Temme, Lehrbuch, S. 280.

[233] Luden, Handbuch, S. 426 Anm. 3; vgl. auch Versuch, S. 518 Anm. 3.

[234] Luden, Handbuch, S. 426 Anm. 4.

[235] Weiß, Criminalgesetzbuch für das Königreich Sachsen, 2. Auflage, Leipzig 1848, S. 149; vgl. auch v. Schwarze, GA 2, 439 oben.

[236] Temme, Glossen, S. 96.

[237] Friedreich-Barth-Demme a. a. O. S. 434.

[238] Temme, Lehrbuch, S. 279.

[239] Hepp, Neues Archiv, 1836, 254.

[240] Berner (Grundsätze § 17) für „freiwilligen" Rücktritt.

[241] Zachariae, GA 5, 590.

„unfreiwillig" wird dagegen der Rücktritt qualifiziert, wenn der Täter den Versuch abbricht, weil er bei der Tat ertappt wird, augenblickliche Entdeckung oder Überraschung befürchtet, vor einem unüberwindlichen Hindernis steht oder nicht das nötige Geschick, die erforderliche Kraft oder geistigen Fähigkeiten besitzt, kurz gesagt, wenn physisches oder „psychisches"[242] Unvermögen, „Zufall"[243] oder die Untauglichkeit des gebrauchten Mittels oder Tatobjekts der Beweggrund war, die Verwirklichung des geplanten Verbrechens fallen zu lassen. Dabei erscheint auch der irrige Glaube des Täters an die Undurchführbarkeit der Tat als Hinderung *„wider seinen Willen"*[244].

2. Die Lösungsansätze zur Beantwortung der Freiwilligkeitsfrage im Schrifttum nach 1871

Die in der Literatur vor Inkrafttreten des Reichsstrafgesetzbuchs entwickelten Kriterien zur Beantwortung der Freiwilligkeitsfrage beim Rücktritt vom Versuch wurden vom reichsrechtlichen Schrifttum im Prinzip allesamt übernommen, allerdings z. T. wesentlich verfeinert und anschaulicher herausgearbeitet. Daneben tauchen aber auch neue Lösungsansätze auf, wie die nachstehende Übersicht des Streitstandes zeigt.

a) Die psychologische Freiwilligkeitsbeurteilung der h. L.

aa) Die einzelnen Abgrenzungskriterien

Die am häufigsten verwandte, auch in jüngster Zeit noch fast allgemein gebräuchliche Abgrenzungsmethode beruht, wie schon erwähnt, auf einem *psychologischen* Denkansatz. Danach kommt es bei der Beurteilung der Umstände, die den Täter zum Rücktritt bewogen haben, nicht auf die sittliche Qualität des Motivs, „sondern auf seine Wirkung in der Vorstellung des Täters"[245] an, konkret, ob „die Stärke des Anstoßes und der entstehenden Bedenken"[246] die Tataufgabe „zwingend" macht oder dem Handelnden noch das „Gefühl der freien Wahl" läßt. „Unfreiwilligkeit" ist also anzunehmen, wenn die Willensbeeinflussung unter rein quantitativem Aspekt den Grad der „Zwangsmotivierung" erreicht, während der gesamte vorher-

[242] Hepp, Neues Archiv, 1836, S. 263; Versuche, S. 308.

[243] Leonhardt a. a. O. S. 171; Hocheder a. a. O. S. 203; Hepp, Versuche, S. 308.

[244] Hocheder a. a. O. S. 205; ebenso Held, Neue Jahrbücher für Sächsisches Strafrecht, Band 3, S. 100 f.; Dollmann a. a. O. S. 238; Hälschner, System, S. 202.

[245] Jagusch LK (8. Aufl.) § 46 Anm. II 3.

[246] Jagusch LK (8. Aufl.) § 46 Anm. II 3; ebenso u. a.: Olshausen (11. Aufl.) § 46 Anm. 11 a; Olshausen-Niethammer, § 46 Anm. 9 b; Nagler LK (6. Aufl.) § 46 Anm. III A 3; Busch LK (9. Aufl.) § 46 Rdnr. 19; Dreher § 46 1 A b; Kohlrausch-Lange § 46 Anm. VII; Baumann AT S. 517; Mezger, Lehrbuch, S. 404; Mezger-Blei AT S. 259; Heinitz JR 1956, 249.

gehende Bereich auf der „Skala psychischen Drucks" durch die *Entscheidungsfreiheit* des Täters zwischen mindestens zwei Alternativen und damit als Zone freiwilligen Rücktritts gekennzeichnet ist. Lediglich eine andere, auf den ersten Blick griffiger erscheinende Umschreibung dieser psychologischen Freiwilligkeitsauffassung stellt die berühmte „Franksche Formel"[247] dar: „Freiwillig ist der Rücktritt, wenn der Täter sich sagt: „ich will nicht zum Ziele kommen, selbst wenn ich es könnte"; unfreiwillig dagegen, wenn er resigniert feststellt: „ich kann nicht zum Ziele kommen, selbst wenn ich es wollte". Eine „Übersetzung" dieser Faustregel mit Hilfe des Begriffspaares „autonom" und „heteronom", wie sie schon in den Ausführungen Franks vorgezeichnet ist, ergibt die dritte Spielart[248] der psychologischen Theorie, so daß man zu folgender „Identitätsgleichung" gelangt: *autonome* Rücktrittsmotive bedeuten ein Nichtvollenden-*wollen* des Täters als Ausdruck *freier Wahl* und folglich *freiwillige* Tataufgabe; *heteronome* Rücktrittsmotive beruhen auf dem Nichtvollenden-*können* als Ergebnis einer *„Zwangslage"* und sind daher das Zeichen *unfreiwilliger* Abstandnahme von der Tat. Es handelt sich also bei den drei hier vorgestellten, in der Literatur fast gleichgewichtig vertretenen Abgrenzungsmethoden *nicht* um *sachliche,* sondern um rein *terminologische Varianten,* um *verschiedene Ausdrucksformen* des gemeinsamen „psychologisierenden" Grundgedankens.

bb) Die beiden Grundpositionen der psychologischen Theorie

Mit diesen Lösungsansätzen ist freilich nicht viel mehr als eine Verschiebung der Problematik erreicht und die Richtung ihrer weiteren Erörterung angezeigt. Denn die entscheidende Frage bleibt, wann ein zwingender oder heteronomer Beweggrund bzw. ein „Nichtkönnen" anzunehmen ist. Bei der Antwort hierauf zerbricht die soeben hervorgehobene Meinungsübereinstimmung und macht einer ersten Zweiteilung[249] Platz: Nach dem Votum der *Minderheit* ist das Rücktrittsprivileg nur demjenigen Täter zu versagen, der aufgibt, weil er die „Vollendung der konkret angebahnten tatbestandsmäßigen Handlung"[250] *physisch* oder *psychisch nicht* erreichen *kann*[251]. Das führt im Ergebnis zu einem relativ „weiten" Freiwilligkeitsbegriff, der jedoch von der ganz überwiegenden Lehre abgelehnt und durch eine „engere" Auffassung ersetzt wird. Danach ist Unfreiwilligkeit nicht *nur* bei *objektiver,* dem Täter bewußter *Unmöglichkeit* der Deliktsverwirklichung gegeben, sondern es genügt ein „minus", eine, wenn man so will, „Quasi-Unmöglichkeit", deren Charakteristikum die an sich fortbestehende Vollendungschance ist, aber unter Bedingungen, die von der Ausgangssituation

[247] Frank § 46 Anm. II; vgl. derselbe in VDA Bd. V S. 231.

[248] Vgl. Schönke-Schröder, § 46 Rdnr. 22 ff.; Maurach AT S. 520; Jescheck, AT S. 410; Lackner-Maassen, § 46 Anm. 3 c; Wessels AT S. 102; M. E. Mayer, AT S. 371 f.

[249] A. A. Gutmann a. a. O. S. 192; wie hier Roxin, Heinitz-Festschrift, S. 252 f.

[250] Maurach AT S. 521.

[251] Vgl. zu Dohna ZStW 59, 544; Frank § 46 Anm. II; Oehler JZ 1953, 562; Maurach AT S. 521; Welzel, Lehrbuch, S. 198.

bei Handlungsbeginn in einer bestimmten Weise abweichen[252]. Der Streit geht also um die schon im gemeinrechtlichen Schrifttum als problematisch empfundenen und kontrovers entschiedenen Fallgestaltungen, wo die Tatfortsetzung möglich war, dem Täter jedoch nicht „ratsam" erschien.

cc) Der Bereich objektiver Unmöglichkeit als Zone „unfreiwilligen" Rücktritts

Innerhalb der beiden dargelegten Grundrichtungen der herrschenden Lehre stellt sich damit die Aufgabe, den Bereich objektiver bzw. „Quasi-Unmöglichkeit" näher abzustecken, wobei sich weitere Differenzierungen ergeben. Selbstverständlich fehlt zunächst *objektiv* die Möglichkeit der Tatvollendung, wenn ein sog. *absolutes* Hindernis auftritt, das für *jedermann* unüberwindbar ist. Dasselbe gilt nach allgemeiner Auffassung aber auch bei einem sog. *relativen* Hindernis, zu dessen Beseitigung die körperlichen und geistigen Fähigkeiten des *hic et nunc agierenden Täters* nicht ausreichen. Darüber hinaus ist aber, wie vielfach[253] hervorgehoben wurde, in diesem Zusammenhang noch eine dritte Kategorie zu beachten, die man schlagwortartig als „modale" bzw. „finale" Unmöglichkeit bezeichnen könnte. Gemeint sind die Fälle, in denen der Täter seinem Vorhaben einen konkreten Tatplan, gewisse Bedingungen oder eine genaue Zweckbestimmung zugrunde gelegt hatte, infolge unerwarteter Ereignisse aber die Tat nicht *in der vorhergesehenen Weise* durchzuführen bzw. das mit ihr verfolgte *Ziel* nicht zu erreichen vermochte, wiewohl er den tatbestandsmäßigen Erfolg an sich ohne weiteres verwirklichen konnte. Als besonders anschauliches Beispiel hierfür sei an die Entscheidung RG JW 1926, 1166 erinnert wo der Täter sein fünf Monate altes Kind *nur in bewußtlosem Zustand* töten wollte, die Betäubung aber mißlang und deshalb der Mord „so wie geplant" tatsächlich nicht möglich war, so daß für die Annahme freiwilligen Rücktritts kein Raum blieb.

Begründet hat diese von Roxin „Tatplantheorie"[254] genannte Auffassung Herbst, bekannt geworden ist sie in der Literatur allerdings erst durch z. Dohna. Seiner Ansicht nach läßt sich das Gebiet der „Freiwilligkeit" nur vor dem Hintergrund der Absichten des Täters zutreffend einschränken[255], d. h. die Entscheidung der Frage, ob „keine Wahl mehr" besteht und „Unmöglichkeit" der Tatausführung gegeben ist, hängt davon ab, „worauf in concreto das Verlangen des Täters gerichtet war"[256]. Daraus folgert

---

[252] H. L., vgl. die oben im Text S. 283 f. Fußnote 246 bzw. 248 genannten Fundstellen.

[253] Herbst GA 32, 133 f.; Wachenfeld, Lehrbuch, S. 183; Finger, GS 82, 374 ff.; Wimmer a. a. O. S. 23; Fahrenhorst a. a. O. S. 53 f.; z. Dohna ZStW 59, 544 f.; Oehler JZ 1953, 562; Welzel, Lehrbuch, S. 197 f.; Gutmann a. a. O. S. 153; Nagler LK (6. Aufl.) § 46 Anm. III A 3; Schönke-Schröder, § 46 Rdnr. 25 a; Lackner-Maassen, § 46 Anm. 3 c; Busch LK (9. Aufl.) § 46 Rdnr. 22; Hruschka JZ 1969, 496 f.; Dreher, § 46 1 A b.

[254] Roxin ZStW 77, 97.

[255] Zu Dohna ZStW 59, 544.

[256] Zu Dohna ZStW 59, 545.

z. Dohna: Wollte der Täter etwa einen Gummiball stehlen, der sich jedoch bei näherem Zusehen als Holzkugel erwies, so bedeute das Liegenlassen derselben keinen freiwilligen Rücktritt, da „der Vorsatz offensichtlich undurchführbar war“[257]. Dasselbe gilt, wenn der Täter in dem Glauben von der Tat Abstand nimmt, jemand habe ihn beobachtet und werde nun zwar nicht „die Fortschaffung der Beute“ verhindern, aber später für seine gerichtliche Überführung sorgen. Denn da er den Diebstahl nur unter der Voraussetzung begehen wollte, „straflos“ zu bleiben, sei „sein Plan gescheitert“, das vorgesetzte „Ziel unerreichbar geworden“[258]. Daß mit zunehmender Konkretisierung des Tatplans das Gebiet des *objektiven* Nichtweiterhandeln*könnens* aber immer stärker ausgedehnt[259] und von diesem Standpunkt aus die oben aufgezeigte Diskrepanz zwischen der engeren und weiteren Freiwilligkeitskonzeption weitgehend eingeebnet wird, ist eine Tatsache, der das Schrifttum häufig nicht genügend Aufmerksamkeit geschenkt hat. Allerdings ist bei dieser Feststellung im Auge zu behalten, daß nach Welzel und Oehler nicht schon bei jeder, auch noch so geringfügigen Divergenz zwischen Planperspektive und Wirklichkeit ein „Nichtkönnen“ und damit „Unfreiwilligkeit“ anzunehmen ist, sondern erst, wenn der „erreichbare Erfolg vom vorgestellten wesentlich abweicht“[260] bzw. wenn die Willensänderung nicht mehr im Rahmen der „im praktischen Sinne“ verstandenen „Entschlußfreiheit“ des Täters liegt[261].

dd) Fehlende „Tataufgabe“ bei objektiver Unmöglichkeit

Während für die meisten Schriftsteller die im einzelnen unterschiedlich abgegrenzten Fälle objektiver Unmöglichkeit der Tatvollendung die geradezu „klassischen“ Beispiele eines „unfreiwilligen Rücktritts“ sind, haben eine Reihe von Autoren sowohl in der älteren[262] als auch in der neueren[263] Literatur — ebenso wie einige RG- und BGH-Entscheidungen — darauf hingewiesen, daß dort, wo der Täter die Verwirklichung seines Verbrechensplans als unmöglich erkennt, überhaupt nicht von einer „Aufgabe“ der „beabsichtigten Handlung“[264] bzw. der „weiteren Ausführung“[265] gesprochen werden kann. Denn der Begriff des „Aufgebens“ bedeute ein „Nichtweitermachen“, habe also einen dem vorgefaßten Tatplan entgegen-

---

[257] Zu Dohna ZStW 59, 545.

[258] Zu Dohna ZStW 59, 547.

[259] Finger, GS 82, 375 f.; Oehler JZ 1953, 562; Gutmann a. a. O. S. 156.

[260] Welzel, Lehrbuch, S. 197, 198 oben.

[261] Oehler JZ 1953, 562.

[262] Rüdorff-Stenglein § 46 Anm. 5; Dahlmann a. a. O. S. 38; Huther GA 36, 455; Wimmer a. a. O. S. 23 f.; Herbst GA 32, 134; Dopffel GS 94, 427; Olshausen-Niethammer § 46 Anm. B 8.

[263] Giffhorn a. a. O. S. 29; Seeger a. a. O. S. 69; Gutmann a. a. O. S. 82 f.; Hanack GA 1967, 157; Hruschka JZ 1969, 497; Schmidhäuser AT Kap. 15/82 S. 501; Roxin, Heinitz-Festschrift, S. 253 f.; Jescheck AT S. 410.

[264] Vgl. § 46 Ziff. 1 a. F.

[265] Vgl. § 24 Abs. 1 S. 1 1. Alt.

laufenden Willensentschluß zum Inhalt. Das Vorhandensein einer Möglichkeit zur Fortsetzung der Tat sei daher logische Voraussetzung für die Erörterung des Freiwilligkeitsproblems, dieses somit von der „Frage des Aufgebens ... streng zu scheiden“[266]. Sieht sich der Täter trotz Einsatzes all seiner Kräfte und Fertigkeiten nicht in der Lage, die begonnene Handlung zu dem von ihm erhofften Ende zu bringen, so entfällt bei einer solchen differenzierenden Betrachtungsweise „der Entschluß weiterzuhandeln, ohne daß es eines gerade auf den Tatentschluß bezogenen „Gegenentschlusses“ bedürfte[267], d. h. konstruktiv, es liegt aus Tätersicht ein fehlgeschlagener Versuch vor, von dem nach allgemein anerkannter Auffassung „jeglicher — freiwilliger und unfreiwilliger — Rücktritt ausgeschlossen ist“[268].

ee) Das Gebiet der hier sogenannten „Quasi-Unmöglichkeit“ der Tatvollendung

Wären die vorstehenden Überlegungen „communis opinio“, so beschränkte sich die Freiwilligkeitsproblematik ausschließlich auf den hier als nächsten zu betrachtenden Bereich der „Quasi-Unmöglichkeit“ der Deliktsvollendung. Dessen Grenzen werden von den Anhängern der zweiten, mehrheitlich vertretenen Grundrichtung der psychologischen Theorie sachlich weitgehend übereinstimmend gezogen. Gemeinsame Ausgangsbasis ist die Orientierung des Freiwilligkeitsbegriffs am „Sprachgebrauch des Lebens“[269], anders formuliert, der Quasi-Charakter der Unmöglichkeit beurteilt sich nach der „allgemeinen Verkehrsanschauung“. Dieser Maßstab, der die „krypto-normativen“[270] Elemente der h. L. deutlich macht, kehrt in den einschlägigen Stellungnahmen in immer neuen Variationen wieder, ohne daß sich dabei sein Inhalt im Kern änderte. So wird z. B. die Unmöglichkeit der Tatausführung bejaht, freiwilliger Rücktritt also abgelehnt, weil der Täter „vernünftigerweise“[271], „verständigerweise“[272], „praktisch“[273] nicht weiterhandeln konnte, weil sein Beweggrund „im natürlichen Sinne“[274], nach den „Grundsätzen“, „Regeln“ oder „Erfahrungen“ des „praktischen“, „gewöhnlichen“ bzw. „täglichen Lebens“[275] zwingend war, weil ein „für die

[266] Gutmann a. a. O. S. 85.
[267] Hruschka JZ 1969, 497.
[268] Roxin, Heinitz-Festschrift, S. 253.
[269] Lobe LK (5. Aufl.) § 46 Anm. 3.
[270] Roxin, Heinitz-Festschrift, S. 260.
[271] Allfeld, Lehrbuch, S. 199; Mezger-Blei AT S. 259; Jescheck, AT S. 410; Heinitz JR 1956, 251.
[272] Nagler LK (6. Aufl.) § 46 Anm. III A 3 b; Busch LK (9. Aufl.) § 46 Rdnr. 22.
[273] Jagusch LK (8. Aufl.) § 46 Anm. II 3; Kohlrausch-Lange, § 46 Anm. VII; Lobe LK (5. Aufl.) § 46 Anm. 3.
[274] Heinitz JR 1956, 251.
[275] Vgl. u. a. Lobe LK (5. Aufl.) § 46 Anm. 3; Heinitz JR 1956, 249; Olshausen (11. Aufl.) § 46 Anm. 11 b; Olshausen-Niethammer § 46 Anm. B 9 b; Köhler AT S. 469; Mezger, Lehrbuch, S. 404; Dopffel GS 94, 425; Herbst GA 32, 124; v. Lilienthal JW 1926, 1167; Krauthammer a. a. O. S. 44.

normale Willenskraft des Menschen"[276] unüberwindliches Hindernis vorlag oder jedenfalls ein solches, das „durchschnittlich die Volksgenossen"[277] von der Fortsetzung der Tat abhält.

Gewisse Nuancierungen, vereinzelt auch deutliche Unterschiede zeigen sich jedoch, wenn man den Blick etwas genauer auf die inhaltliche Ausgestaltung dieser formelhaften Wendungen lenkt. So ist etwa „der Rücktritt vom Versuche bzw. die Abwendung des Erfolges" nach v. Buri[278] „jedesmal dann nicht freiwillig, wenn der Täter sich überzeugt hält, es werde die bevorstehende Vollendung mehr von Nachteil als von Vorteil für ihn sein", oder nach Ansicht Fingers[279], „wenn der Täter die Verhältnisse ungünstiger findet, als er sie sich vorgestellt hat und hierdurch bestimmt wird, sein Tun aufzugeben". In gleicher Weise genügt Grünwald[280] zur Verneinung freiwilligen Rücktritts der Nachweis, daß der Täter „auf unerwartete abschreckende Umstände" gestoßen ist. Während hier also jede Erschwerung der Tatbestandsverwirklichung, jede negative „Abweichung des neuen Vorstellungskomplexes vom früheren ... die Freiwilligkeit ausschließt"[281], reicht nach Auffassung v. Bars[282] der straffreie Raum infolge freiwilliger Tataufgabe weiter, nämlich bis zu dem Punkt, wo „der Handelnde die Sachlage für die Ausführung seiner Pläne nicht erheblich ungünstiger gestaltet (oder sich gestaltend) *erachtet*, als er sie sich" gedacht hat.

Daß erst ein sozusagen „qualifizierter", d. h. einen bestimmten Schweregrad aufweisender Nachteil in der Geschehensentwicklung den Rücktritt als „vernünftig" und damit „unfreiwillig" erscheinen läßt, wird auch von der neueren Literatur mehr oder minder klar hervorgehoben. Ihren deutlichsten Ausdruck findet diese Meinung bei Stratenwerth[283], der es unter Abwägung der beiden divergierenden Standpunkte für „richtiger" hält, „das Rücktrittsprivileg nur dann" zu versagen, „wenn die Nachteile und Gefahren, die mit der Fortführung der Tat verbunden wären, in der Sicht des Täters, gemessen an den erstrebten Vorteilen, *unverhältnismäßig* schwer ins Gewicht fallen würden". In ähnlicher Weise sind für Lackner[284] nur ein „wesentlich erhöhtes Risiko", für Jescheck[285] nur „schwerwiegende Nachteile" und für Eser[286] nur eine „wesentlich nachteilige Sachlage" Umstände, die einen Straftäter „erfahrungsgemäß" von der ihm an sich möglichen

[276] Herzog a. a. O. S. 242.
[277] Nagler LK (6. Aufl.) § 46 Anm. III A 3.
[278] v. Buri GA 25, 295.
[279] Finger GS 82, 376.
[280] Grünwald a. a. O. S. 95 Anm. 3.
[281] Finger GS 82, 376.
[282] v. Bar, Gesetz und Schuld, Band II S. 550.
[283] Stratenwerth AT Rdnr. 769.
[284] Lackner § 46 Anm. 3 c.
[285] Jescheck AT S. 410.
[286] Eser, Studienkurs, Teil II, Fall 32, Rdnr. 29.

Deliktsvollendung abhalten und daher der Bejahung freiwilligen Rücktritts im Wege stehen[287].

b) „Innere“ und „äußere“ Rücktrittsgründe

Außer den psychologischen Abgrenzungskriterien findet man — insbesondere im älteren Schrifttum — als weiteren, teils mit ihnen vermischten, teils eigenständigen Ansatz zur Lösung der Freiwilligkeitsproblematik die Einteilung der Beweggründe des Rücktritts in solche, die lediglich auf „inneren“ Erwägungen, und solche, die zugleich auf der Wahrnehmung „äußerer“ Gegebenheiten beruhen[288]. Im ersten Fall wird die Freiwilligkeit bejaht, im zweiten dagegen verneint.

c) Die normativen Freiwilligkeitslehren

aa) Die Ansätze einer wertenden Betrachtungsweise im Schrifttum vor Bockelmann

Im Gegensatz zu den bisher dargestellten Abgrenzungsversuchen betonen die im folgenden zu behandelnden Lehrmeinungen den *normativen* Charakter des Freiwilligkeitserfordernisses beim Rücktritt und heben dementsprechend auf „wertende Kriterien“[289] bei der Umschreibung jenes Merkmals ab. In dogmengeschichtlicher Hinsicht ist diese Konzeption eng mit dem Namen Bockelmanns verbunden, zu Recht insofern, als er sie als erster umfassend herausgearbeitet und eingehend begründet hat. Aber schon vor ihm war von Schaffstein[290] in einer eigenartigerweise fast unbeachtet gebliebenen Stellungnahme klar und unmißverständlich darauf hingewiesen worden, „gerade dem Begriff der ‚Freiwilligkeit‘ beim Rücktritt“ sei „mit einer exakt psychologischen Auslegung, zu welcher der Wortlaut vielleicht verführen könnte, überhaupt nicht beizukommen, zumal sie den Auslegen-

---

[287] Sachlich übereinstimmend: Heinitz JR 1956, 251; Schmidhäuser AT Kap. 15/90 S. 504 f.; Schröder in Schönke-Schröder § 46 Rdnr. 22; MDR 1956, 323. Schröders Ausführungen sind allerdings nicht ganz klar, insofern „jede Vergrößerung des Aufwands, den die Ausführung erfordert“, die Freiwilligkeit ausschließen soll, andererseits aber Unfreiwilligkeit nur anzunehmen ist, wenn der Täter sich einer wesentlich zu seinem Nachteil veränderten Sachlage gegenübersieht.

[288] Vgl. dazu: v. Hippel, Deutsches Strafrecht, Bd. II S. 412; v. Schwarze, Commentar, Exkurs X, S. 109; Berner, Lehrbuch, S. 150; Nagler LK (6. Aufl.) § 46 Anm. III A 3; Hatzig a. a. O. S. 47 f. Sachlich eng damit verwandt ist die von Klee (Versuchslehre S. 46 f.) vorgetragene, zwischen gegenwärtigen und zukünftigen Umständen differenzierende Auffassung, vgl. dazu Kohler im Vorwort der Abhandlung von Klee S. IV.

[289] Roxin, Heinitz-Festschrift, S. 252.

[290] Schaffstein JW 1934, 2237.

den möglicherweise in das unentwirrbare Gestrüpp der Auseinandersetzung zwischen Determinismus und Indeterminismus verwickeln würde“; deshalb zeige sich hier „die Notwendigkeit einer normativen, d. h. wertenden Begriffsbestimmung für die Rechtsanwendung“. Wenn Schaffstein jedoch in unmittelbarem Anschluß daran fortfährt, dem entspreche es, daß die Judikatur nur einen „nach der gewöhnlichen Lebensauffassung für den Täter zwingenden“ Beweggrund für die Annahme unfreiwilligen Rücktritts verlange, und diese Rechtsprechung billigt, so wird damit deutlich, daß er den normativen „Kern“-gedanken noch ganz in seiner „psychologischen Verschalung“ läßt. Immerhin aber gebührt Schaffstein das Verdienst, erkannt und, soweit ersichtlich, erstmals *ausdrücklich* hervorgehoben zu haben, daß hinter den psychologischen Formeln und Begründungsansätzen der herrschenden Lehre in Wahrheit eine — letztlich entscheidende — wertende Betrachtungsweise steht.

Im Einklang hiermit befindet sich die Feststellung, daß in der Literatur bei einem ethisch wertvollen Rücktrittsmotiv mit größter Selbstverständlichkeit die Freiwilligkeit bejaht wird, obwohl in diesem Zusammenhang regelmäßig nach Art einer „salvatorischen Klausel“ der Hinweis vorangeht oder folgt, auf die sittliche Qualität des Beweggrundes zur Tataufgabe komme es nicht an[291]. In einzelnen Stellungnahmen aber tritt diese — sonst versteckte — Normativierung des Freiwilligkeitsbegriffs auch ganz offen zutage, und zwar in Form einer — von Bockelmann später wieder aufgegriffenen — besonderen Motivbewertung. So betonte schon Binding[292], der „Beweggrund des Abstehens“ sei nicht „gleichgültig“, vielmehr komme es auf die „Quelle seiner Entstehung“ an. Bei M. E. Mayer heißt es, „ob jemand freiwillig etwas unterlassen hat“, sei „nur aus seinen Beweggründen zu ersehen“[293]. Freiwilligkeit des Rücktritts sei zu bejahen, „wenn die Strafdrohung nicht aufgrund einer Entdeckung ..., sondern infolge ihrer sittlichen Berechtigung den Täter unter ihren Einfluß zieht“, er also aufgibt, weil er „das Unrecht fürchtet“[294]. Nach Lobe handelt derjenige Täter „freiwillig, bei dem die besseren Motive schließlich die Oberhand gewinnen“[295], nach Fahrenhorst begründet das „Durchdringen rechtgemäßer Motive die Straflosigkeit,“[296] und in die gleiche Richtung geht Tittelbachs Forderung, man müsse fragen, „was den Täter zum Rücktritt bewog“[297], und dürfe ihm nur dann das Rücktrittsprivileg gewähren, wenn ihn ausschließlich „die Achtung vor der Rechtsordnung“[298] motiviert habe.

---

[291] Vgl. oben im Text S. 283 Fn. 246.

[292] Binding, Grundriß, S. 139.

[293] M. E. Mayer AT S. 371.

[294] M. E. Mayer AT S. 371 Anm. 10 (auf S. 372).

[295] Lobe, Handwörterbuch, S. 178.

[296] Fahrenhorst a. a. O. S. 29.

[297] Tittelbach a. a. O. S. 36.

[298] Tittelbach a. a. O. S. 35.

Weitere klare Ansatzpunkte[299] zu einem normativen Freiwilligkeitsverständnis finden sich in den Ausführungen Allfelds, Herzogs, Spohrs und R. Schmidts. Obwohl Allfeld die Abgrenzung zwischen freiwilligem und unfreiwilligem Rücktritt ganz im Sinne der psychologischen Theorie nach der Stärke der sich aufdrängenden Motive entscheidet, gibt er freimütig zu, daß „der Gesetzgeber von dem Gedanken, den Zurücktretenden für seine Wendung zum Besseren zu belohnen, ausgegangen ist“[300]. Auch Herzog beurteilt die Freiwilligkeitsfrage grundsätzlich nach der zwingenden Kraft der hindernden Umstände, zeigt[301] aber, daß dieser Maßstab nicht paßt, wenn der Rücktritt durch das „religiöse oder moralische Bewußtsein des Täters“ ausgelöst ist. Denn die Freiwilligkeit wird hier im Ergebnis damit begründet, daß er „einer Stimme gehorchte, der kein Verbrecher gehorcht“. Besonders eindringlich hebt Spohr[302] die Bedeutung des Rücktrittsmotivs für die Beantwortung der Freiwilligkeitsproblematik hervor, indem er auf die „neben den objektiven Erfordernissen“ der Tataufgabe bzw. Erfolgsabwendung erforderliche weitere „subjektive Voraussetzung“ „freiwillig“ hinweist, die „auf die Quelle des Beweggrundes zur Willensänderung Rücksicht nimmt“. Daß und in welcher Weise hier ein Abhängigkeitsverhältnis besteht, macht schließlich Richard Schmidt in seiner Feststellung deutlich: wer das „wesentliche Element des Versuchs in der Betätigung des *bösen Willens*“ sehe, müsse die „Straflosigkeit wegen Rücktritts verneinen, wenn das Nichtweiterhandeln aus verwerflichen Gründen erfolgte“[303].

bb) Die Freiwilligkeitskonzeption Bockelmanns

Der psychologische Rahmen, in dem die Freiwilligkeitsproblematik von der Literatur erörtert wurde, war also stark mit normativen Elementen durchsetzt, als Bockelmann in seiner Anmerkung zu dem berühmten Notzuchtsfall RGSt. 75, 393 ff. in bestechender Klarheit die Wendung zur „ethischen Rücktrittsbewertung“[304] vollzog und darauf gestützt die Anwendbarkeit des § 46 Ziff. 1 zugunsten eines Täters verneinte, der durch das nicht ernstgemeinte Versprechen späterer Hingabe von seinem Opfer abließ. Denn da dieser lediglich aufgrund der „Überzeugung, sein Ziel auf bequemere und gefahrlosere Weise erreichen zu können“[305], sein Vorhaben aufgegeben habe, sei sein Verhalten „sittlich in höchstem Maße verwerflich“[306] gewesen und angesichts eines solchen Vorwurfs nicht privilegierungswürdig.

Die Notwendigkeit, ja Unvermeidbarkeit einer neuen Freiwilligkeitskonzeption begründete Bockelmann mit den unbefriedigenden Ergebnissen der

[299] Vgl. im übrigen insbesondere Meves GS 24, 171, 173; Kemsies a. a. O. S. 58; Krauthammer a. a. O. S. 38; vgl. auch v. Bar, Gesetz und Schuld, Band II, S. 554.

[300] Allfeld, Festgabe für Frank, Band II, S. 86.

[301] Herzog a. a. O. S. 245.

[302] Spohr a. a. O. S. 50.

[303] Richard Schmidt, Lehrbuch, S. 158.

[304] Bockelmann, DR 1942, 433.

[305] Bockelmann, DR 1942, 432.

[306] Bockelmann, DR 1942, 432.

psychologischen Methode und deren — daraus ersichtlicher — Undurchführbarkeit in der Praxis[307]. Die anschließende Überprüfung der ethischen Betrachtungsweise im Hinblick auf ihre Vereinbarkeit mit Wortlaut und Sinn des § 46 verläuft ebenfalls positiv[308]: Das Gesetz sage zwar nichts über „eine Bewertung der Rücktrittsmotive“, schließe einen solch einschränkenden Ansatz im Rahmen der Auslegung des — in den Text hineingelesenen — Freiwilligkeitsbegriffs aber auch nicht aus. Dieses Rücktritterfordernis mache zudem deutlich, daß nur ein verdienstliches Verhalten „die Strafbefreiung rechtfertigen soll“, ein echtes Verdienst liege aber erst dann vor, wenn der Täter „sittlich anerkenneswert“ handele, anders formuliert, wenn sein Entschluß zur Tataufgabe nicht nur Schaden verhüte, sondern auch selbst — unter ethischem Aspekt — zu billigen sei. Damit bleibt für Bockelmann als letztes die Frage nach den „konkreten sittlichen Maßstäben“, an denen die Rücktrittsmotive des Täters zu messen sind. Seine Antwort verweist zunächst allgemein auf das „gesunde Volksempfinden“, wodurch ein „besonderer sittlicher Rigorismus“, etwa im Sinne des kategorischen Imperativs, von vornherein ausgeschieden wird. Später sieht Bockelmann[309] die „moralischen Maßstäbe“ — unter Ausschluß „irgendeiner subjektiven Ethik, einer spezifischen Weltanschauung oder Religiosität, einer bestimmten Kirchenlehre“ — in der „esoterischen Moral des Rechts“ d. h., das Rücktrittmotiv muß von der Rechtsordnung anerkannt sein. Daraus folgt konkret: auch der Rücktritt aus Furcht vor Strafe ist freiwillig; entscheidend sei nur, daß den Täter der Beweggrund nicht seinerseits „wieder mit einem neuen Makel“ belaste[310]. Zu dieser Annahme aber müsse man kommen, wenn er „allein deshalb“ von der Tat ablasse, „weil sein verbrecherischer Wunsch keine genügende Befriedigung findet, ... weil er den verbotenen Erfolg auf andere, wenn auch an sich straflose Weise erlangen kann“ oder weil er umkehrt, „um bei besserer Gelegenheit sein Vorhaben doch noch auszuführen“[311].

cc) Die Anhänger Bockelmanns: Giffhorn, Otto, Seeger

Den Darlegungen Bockelmanns in ihren Kerngedanken voll angeschlossen haben sich Otto[312] — allerdings ohne nähere Begründung bloß in einem „obiter dictum“ — sowie — mit ausführlicher Deduktion und eigener Stellungnahme — Giffhorn und Seeger. Beide stimmen darin überein, daß die Lösung der Freiwilligkeitsfrage nur mit Hilfe einer „Bewertung des Motivs nach seiner sozialethischen Qualität“[313] erreicht werden kann, d. h.

---

[307] Bockelmann, DR 1942, 432; Strafrechtliche Untersuchungen, S. 164.

[308] Bockelmann, DR 1942, 433.

[309] Bockelmann, NJW 1955, 1421; Strafrechtliche Untersuchungen, S. 164.

[310] Bockelmann, DR 1942, 433; ebenso NJW 1955, 1421.

[311] Bockelmann, DR 1942, 433; ebenso NJW 1955, 1421; vgl. weitere Beispiele in Strafrechtliche Untersuchungen, S. 165.

[312] Otto, GA 1967, 152: Unfreiwilligkeit liegt vor, wenn der Täter zurücktritt, weil sein „verbrecherischer Wunsch keine genügende Befriedigung findet“.

[313] Giffhorn a. a. O. S. 109; J. Seeger a. a. O. S. 80.

„der Versuch bleibt straflos, wenn der Täter die Ausführung der beabsichtigten Handlung aus *rechtlich billigenswerten Beweggründen* aufgegeben hat"[314], mögen diese auch noch so stark auf den Täter eingewirkt haben, da es „geradezu paradox" wäre, dem Täter vorzuwerfen, daß er sie „zwingend" empfunden habe[315]. Es komme nur darauf an, „ob der Täter nach seinen Motiven zur Beachtung der Rechtsordnung zurückgekehrt ist"[316].

dd) Die Kritiker der Bockelmannschen Thesen unter grundsätzlicher Befürwortung einer normativen Freiwilligkeitsauffassung: H. Mayer, Jescheck, Salm, Gutmann, Roxin, v. Scheurl

Die anderen — hier in chronologischer Reihenfolge dargestellen — Befürworter einer normativen Freiwilligkeitsauffassung lehnten Bockelmanns Maßstab einer „strafrechtseigenen Sittlichkeit" mehr oder minder scharf ab[317].

Nach Auffassung Jeschecks, die sich insoweit allerdings nur in seiner Anmerkung[318] zu BGHSt. 7, 296 findet — einer im Sachverhalt mit RGSt. 75, 393 vergleichbaren Entscheidung — bedeutet freiwilliger Rücktritt die Rückkehr des Täters „unter die Rechtsordnung aus eigenem Antrieb". Dies wird auch für den Fall eines „mit sittlichem Makel" behafteten Rücktritts bejaht, wenn nämlich der Täter im Zeitpunkt der Tataufgabe glaubte, „später auf nicht strafbare Weise" das ursprünglich gesteckte Handlungsziel — den außerehelichen Beischlaf — noch verwirklichen zu können.

Nach Salm kommt es darauf an, daß sich „der Rücktritts- und Erfolgsabwendungswille ... *sichtbar*, eindrucksvoll und überzeugend als solcher"[319] im Geschehensablauf manifestiert. Das äußere „*Tatbild*... muß so beschaffen sein", daß objektiv der „Eindruck der Normbewährung", d. h. der „geltungs*bestätigende* Charakter" des Rücktritts das „geltungs*widrige* Versuchsgeschehen aufwiegt,"[320] und subjektiv die sich im Rücktritt widerspiegelnde „*eigene* ungewöhnliche Willensleistung"[321] des Täters deutlich wird.

Im Gegensatz zu Salms durch den „Eindrucksgedanken" objektivierter Freiwilligkeitskonzeption stellt Gutmann ganz auf die subjektive Seite ab. Seiner Ansicht nach kann die Abgrenzung: freiwilliger-unfreiwilliger Rücktritt „nur über eine rechtliche Bewertung psychologisch freier Motive erfol-

---

[314] Giffhorn a. a. O. S. 107.

[315] Seeger a. a. O. S. 71 f.; sachlich ebenso Giffhorn a. a. O. S. 92.

[316] Seeger a. a. O. S. 81; Giffhorn a. a. O. S. 105.

[317] Vgl. Salm a. a. O. S. 176 Anm. 181; Roxin ZStW 77, 97; Heinitz-Festschrift S. 257 f.; Gutmann a. a. O. S. 149 f.; v. Scheurl a. a. O. S. 60. Nicht ganz klar Hellmuth Mayer AT S. 297, siehe dazu Roxin ZStW 77, 92 Anm. 18 einerseits und Jescheck MDR 1955, 563 Anm. 10 andererseits.

[318] Jescheck MDR 1955, 562 f., siehe insbesondere S. 563.

[319] Salm a. a. O. S. 173.

[320] Salm a. a. O. S. 173.

[321] Salm a. a. O. S. 174.

gen“[322], so daß deren Untersuchung die zentrale Einstiegsstelle zur Lösung des Problems bildet. Maßstab für die Entscheidung des Richters ist dabei die Frage, ob der Rücktritt sich als *„Ausdruck einer inneren Rückkehr zur Rechtsordnung, einer verminderten verbrecherischen Willensintensität und einer verminderten Gefährlichkeit oder ein Sich-Schicken in das Unvermeidliche,* ein Resignieren, eine notwendige Anpassung an die Umwelt darstellt“[323].

Gutmanns Ausführungen wurden in der Literatur von Roxin in einer eingehenden Besprechung teilweise scharf kritisiert[324]. Gerügt wurde insbesondere der fehlende Bewertungsmaßstab zur Feststellung der Gefährlichkeit des Täters. In dessen Herausarbeitung sieht Roxin die Hauptschwierigkeit bei der Lösung der Freiwilligkeitsproblematik, und folglich setzen hier seine dogmatischen Bemühungen an. Ihr Ergebnis besteht in der Offenlegung einer Art von „Verbrechervernunft“[325] als entscheidendem — in der Rechtsprechung häufig „intuitiv“[326] angewandtem — Bewertungskriterium.

Danach ist der Rücktritt unfreiwillig, wenn er vom Standpunkt eines „hartgesottenen, Risiko und Chancen des konkreten Tatplanes kalt abwägenden Delinquenten[327] aus ein „vernünftiges“ Verhalten darstellt, so z. B., wenn der Täter sich entdeckt glaubt und Anzeige befürchtet, wobei zur Beurteilung der Frage, ob er „den Regeln des Verbrecherhandwerks“ folgte, auf der Grundlage des individuellen Tatplans — ein genereller Maßstab anzulegen sei[328]. Zur Annahme freiwilligen Rücktritts gelangt Roxin dagegen dann, wenn der Täter „nach den Maßstäben seines Gewerbes“ mit dem Entschluß zur Tataufgabe „unvernünftig“ handelt und dadurch seinen Willen „zur Rückkehr in die Legalität“ dokumentiert[329]. Diese Voraussetzung sei in all den Fällen „zwanglos“ zu bejahen, wo Gewissensskrupel, Scheu, Scham oder ähnliche Motive den Rücktritt auslösten, und zwar um so eher, je stärker solche Beweggründe den Täter beeinflußten, während die psychologische Betrachtungsweise hier völlig versage, da sie von ihrem Ansatz her an sich gerade umgekehrt bei wachsender Motivstärke immer leichter zur *Verneinung* der Freiwilligkeit kommen müsse[330]. Am deutlichsten in praktischer Hinsicht zeigt sich jedoch der Unterschied zwischen der Konzeption Roxins und der h. L. dort, wo eine für den Täter *günstige* Änderung der äußeren Tatumstände eintritt und ihn zum Rücktritt veranlaßt: Der Einbrecher, der sein Werkzeug beiseite legt, weil er eine andere Tür offenstehen sieht, oder der Räuber, der von einem armen Spaziergänger abläßt,

---

[322] Gutmann a. a. O. S. 148 in Verbindung mit S. 151.

[323] Gutmann a. a. O. S. 151.

[324] Roxin, ZStW 77, 96 f.

[325] Roxin, ZStW 77, 97; ebenso Heinitz-Festschrift, S. 256; Kriminalpolitik, S. 36 f. und ZStW 80, 708.

[326] Roxin, ZStW 77, 97.

[327] Roxin, ZStW 77, 97; Heinitz-Festschrift, S. 256.

[328] Roxin, ZStW 77, 97; Heinitz-Festschrift, S. 256.

[329] Roxin, Heinitz-Festschrift, S. 256; Kriminalpolitik, S. 37.

[330] Roxin, ZStW 77, 98; Heinitz-Festschrift, S. 265 ff.; Kriminalpolitik, S. 37.

weil die Ausplünderung des gerade daherkommenden reichen X größere Beute verspricht[331], paßt sich der neuen Lage „deliktskonform"[332] an und wählt den bequemeren oder gewinnträchtigeren Weg zur Tatvollendung. Da sein „verbrechensadäquates Verhalten"[333] im Sinne „zweckmäßiger Deliktsausführung"[334] nach den Normen der Verbrecherzunft „vernünftig" ist, kommt Roxin zum Freiwilligkeitsausschluß, während seiner Meinung nach[335] alle psychologisierenden Theorien in solchen Fallgestaltungen gezwungen sind, dem Täter das Rücktrittsprivileg zu gewähren.

Im Anschluß an Roxin hat sich auch v. Scheurl für die Freiwilligkeitsbeurteilung nach dem Maßstab der „Verbrechervernunft" ausgesprochen[336]. Angesichts der Schwierigkeiten[337], die sich bei der praktischen Handhabung dieses Kriteriums ergäben, warnt er allerdings davor, allzu große Hoffnungen für die Lösung der Freiwilligkeitsproblematik darauf zu setzen. „Wegen der entscheidenden Bedeutung" des Tatplans sei diese vielmehr so „weitgehend" von der jeweiligen Sachverhaltskonstellation abhängig, daß man nur einige „allgemeine Leitlinien" formulieren könne[338].

Danach ist der Rücktritt freiwillig, wenn er auf sittlich lobenswerten Motiven oder allgemeiner Furcht vor Strafe beruht, unfreiwillig dagegen, wenn der Täter sein Vorhaben aufgibt, weil er auf Grund seiner Entdeckung bzw. in Erwartung derselben glaubt, daß man ihn an der Tatvollendung hindern oder strafrechtlich zur Verantwortung ziehen werde[339].

d) Die psychologisch-normative Vermittlungslehre Sauers und Jan Schröders

Den Abschluß dieser Literaturübersicht bilden die Stellungnahmen Sauers und Jan Schröders, deren Besonderheit darin liegt, daß sie die beiden oben herausgehobenen methodischen Grundansätze zur Begriffsbestimmung der „Freiwilligkeit" miteinander kombinieren. Wie diese Verbindung im einzelnen aussieht, läßt Sauer[340] offen; denn er fordert lediglich, „zu der bisherigen rein psychologischen Auffassung" müsse „noch der ethische Maßstab treten: die Berechtigung des Motivs", über die „in einer konkreten Gestaltungsnorm des Richters" zu entscheiden sei. Ausführlicher äußert sich Jan

---

331 Die Beispiele stammen von Roxin (ZStW 77, 99 und Heinitz-Festschrift S. 262).

332 Roxin, Heinitz-Festschrift, S. 261.

333 Roxin, ZStW 77, 99.

334 Roxin, Heinitz-Festschrift, S. 261.

335 Roxin, ZStW 77, 99; Heinitz-Festschrift, S. 261 f. unter XII.

336 v. Scheurl a. a. O. S. 65; vgl. auch Blei, der in JA 1971, StR 175 die „Maßstäbe des Verbrecherhandwerks" zustimmend zitiert.

337 v. Scheurl a. a. O. S. 62 f.

338 v. Scheurl a. a. O. S. 63 f.

339 v. Scheurl a. a. O. S. 63—65.

340 Sauer, Allgemeine Strafrechtslehre, S. 116.

schneidender Kreise“[342] stehen. „Trotz sittlicher Freiwilligkeit“ könne daher „psychologische Unfreiwilligkeit“ gegeben sein[343].

Da Rücktritt aus sittlichen Motiven, deren Vorliegen nach den von Bockelmann herausgearbeiteten Richtlinien festzustellen sei, aber stets zur Straflosigkeit wegen Versuchs führe, gehe es nur um die Frage, ob außerdem „bei bloß psychologischer Freiwilligkeit“[344] — wenn der „Delinquent das Delikt nicht (mehr) wünscht“[345] — das Rücktrittsprivileg Anwendung finde. Schröder bejaht dies[346], da gerade in solchen Fällen die vom Täter ausgehende *„Gefahr für das Rechtsgut“* völlig beseitigt werde.

e) Der Gegensatz zwischen psychologischer und normativer Freiwilligkeitsdeutung in Theorie und Praxis

Der in den Stellungnahmen der Literatur sichtbar gewordene Gegensatz zwischen psychologischer und normativer Freiwilligkeitsauffassung wirkt in Anbetracht der scharf antithetischen Gliederung unseres Überblicks außerordentlich schroff. Wie jedoch schon oben erwähnt und von ihren Anhängern vereinzelt ausdrücklich[347] betont wurde, kommt auch die psychologische

[342] Jan Schröder a. a. O. S. 64.

[343] Jan Schröder a. a. O. S. 64.

[344] Jan Schröder a. a. O. S. 64.

[345] Jan Schröder a. a. O. S. 61, 67.

[346] Jan Schröder a. a. O. S. 65.

[347] Vgl. Schaffstein JW 1934, 2237 f.; Schröder MDR 1956, 321 rechte Spalte.

[348] Baumann, Strafrechtsfälle, Fall Nr. 22 S. 123 f.; Oehler JZ 1953, 561; Kohlrausch-Lange § 46 Anm. VII 1; Mersmann a. a. O. S. 26; Schmidhäuser AT S. 502 oben; Schönke-Schröder § 46 Rdnr. 22; Welzel, Lehrbuch, S. 197; *a. A.* Allfeld, Lehrbuch, S. 200 Fußnote 47; Frank, § 46 Anm. II; Gerland, Strafrecht, S. 183; v. Liszt-Schmidt a. a. O. S. 317; Lobe LK (5. Aufl.) § 46 Anm. 3; Mezger, Lehrbuch, S. 404.

[349] Bockelmann NJW 1955, 1421; Gutmann a. a. O. S. 163.

[350] Dreher § 46 Anm. 1 A b; Klee ZAkDR 1941, 257; Mersmann a. a. O. S. 32; Oehler JZ 1953, 562; *a. A.* Dahlke-Fuhrmann-Schaefer § 46 Anm. 3; Maurach AT S. 520 f.; Nagler LK § 46 Anm. III A; Schaffstein JW 1934, 2237 f.; Waldmann DJ 1944, 43.

[351] Bockelmann DR 1942, 433; Gutmann a. a. O. S. 166; H. Mayer AT S. 297; Roxin, Heinitz-Festschrift, S. 266; Seeger a. a. O. S. 70 f.

[352] Maurach AT S. 522; Mersmann a. a. O. S. 32, 34; Schröder MDR 1956, 323; JuS 1962, 83; Welzel, Lehrbuch, S. 198; *a. A.* Waldmann DJ 1944, 43; Nagler LK § 46 Anm. III A.

[353] Gutmann a. a. O. S. 211; Sauer, Strafrechtslehre, S. 117; *a. A.* Bockelmann DR 1942, 432; Roxin, Heinitz-Festschrift, S. 258; Salm a. a. O. S. 176.

[354] Dreher § 46 1 A b; Heinitz JR 1956, 251; Krumme LM § 46 Nr. 5; Lackner-Maassen, § 46 Anm. 3 c; Maurach AT S. 522; Niese JZ 1957, 664; Schmidhäuser AT S. 505 Kapitel 15/92; Schönke-Schröder § 46 Rdnr. 28.

[355] Bockelmann NJW 1955, 1421; H. Mayer, Studienbuch, S. 147; Otto GA 1967, 152; Roxin ZStW 77, 98; Heinitz-Festschrift, S. 259; *a. A.* Gutmann a. a. O. S. 211; Jescheck MDR 1955, 563; Salm a. a. O. S. 177 f.

Theorie nicht ohne Wertung aus, so daß sich die starre Polarität der Meinungen in der Sache selbst erheblich abschwächt und oft mehr als formale denn materielle Diskrepanz erscheint. Besonders anschaulich zeigt sich dies an der weitgehenden Übereinstimmung beider Konzeptionen in ihren praktischen Konsequenzen; und dort, wo unterschiedliche Ansichten bestehen, verlaufen die Fronten der Auseinandersetzung bezeichnenderweise nicht entlang der Trennlinie zwischen psychologischer und normativer Betrachtungsweise, sondern quer durch sie hindurch, d. h. die Entscheidung für oder gegen die Annahme freiwilliger Tataufgabe hängt innerhalb des jeweiligen methodischen Grundsatzes von der im Einzelfall getroffenen Wertung ab.

Der Nachweis für diese Behauptungen ist leicht zu erbringen. Das hohe Maß an Einigkeit offenbart sich in einem „Standardkatalog“ von Beispielen für das Vorliegen eines „freiwilligen“ bzw. „unfreiwilligen“ Rücktritts: wer aus Reue, Scham, sittlichem Abscheu, Gewissensregung, besserer Einsicht, innerer Einkehr, auf Grund von Vorhaltungen, Überredung, Bitten des Opfers, Mitleid oder bloßer Furcht vor Strafe von seinem Vorhaben abläßt, fällt typischerweise unter die erste Kategorie und wird mit Straffreiheit belohnt. Wer dagegen im Glauben, entdeckt zu sein und infolgedessen an der Vollendung der Tat gehindert zu werden, in Erkenntnis der Aussichtslosigkeit, Wirkungslosigkeit oder Untauglichkeit seiner Bemühungen, im Bewußtsein objektiver Unmöglichkeit oder eigenen körperlichen Unvermögens oder auf Grund einer unerwarteten, wesentlichen Verschlechterung der äußeren Situation von der Tat Abstand nimmt, handelt allemal „unfreiwillig“, soweit nicht von einigen Autoren hier schon die primäre Frage: Aufgabe der „weiteren Ausführung“? verneint wird.

Daß ferner die vorhandenen Meinungsunterschiede nicht einfach auf das Konto des Gegensatzes zwischen psychologischer und normativer Freiwilligkeitstheorie gehen, zeigen z. B. die im Ergebnis divergierenden Stellungnahmen ihrer jeweiligen Anhänger untereinander zu vier besonders umstrittenen höchstrichterlichen Entscheidungen. Die nachstehende tabellarische Übersicht (S. 298) mag dies verdeutlichen.

V. Zur Kritik der psychologischen Freiwilligkeitsdeutung

Die weitreichende Unabhängigkeit des Ergebnisses der Freiwilligkeitsbeurteilung in konkreten Fallgestaltungen von der Wahl des hier „bipolar“ dargestellten methodischen Ausgangspunktes ist zweifellos eine gewichtige Feststellung, die die nachfolgenden kritischen Ausführungen relativiert. Wenn jedoch von Scheurl[356] darüber hinaus den Gegensatz von psychologischer und normativer Betrachtungsweise überhaupt leugnen und als fiktives Zuchtprodukt der Wissenschaft abqualifizieren will, so geht diese Auffassung entschieden an den Realitäten vorbei. Denn ebenso unbestreitbar wie die Parallelität vieler Lösungen ist das Bestehen materieller Unter-

---

[356] v. Scheurl a. a. O. S. 61.

Vom Standpunkt der	äußern sich im Ergebnis u. a. *ablehnend*	äußern sich im Ergebnis u. a. *zustimmend*	betr. Entscheidung	Rücktritt ausgelöst durch
psychologischen[348]	Kohlrausch-Lange, Oehler, Mersmann, Schmidhäuser, Schönke-Schröder, Welzel	Allfeld, Frank, Gerland, v. Liszt-Schmidt, Lobe, Mezger	Fall (1): RGSt 55, 66 — Freiwilligkeit bejaht	Enttäuschung über die Geringwertigkeit der Beute (§§ 43, 242)
normativen[349]	Bockelmann, Gutmann			
psychologischen[350]	Mersmann, Klee zweifelnd: Dreher	Dalcke-Fuhrmann-Schaefer, Maurach, Nagler, Schaffstein, Waldmann	Fall (2): RGSt 68, 238 — Freiwilligkeit verneint	Schrecken beim Anblick des zusammenstürzenden Mannes (§§ 43, 249)
normativen[351]	Bockelmann, Gutmann, (u. U. allerdings Schock, dann fehlende „Aufgabe"), H. Mayer, Roxin, Seeger (u. U. allerdings Schock, dann fehlende „Aufgabe")	Gutmann und Seeger (falls Schock vorlag)		
psychologischen[352]	Heinitz, Maurach, Mersmann, Schröder, Welzel	Waldmann, Nagler	Fall (3): RGSt 75, 393 — Freiwilligkeit verneint	Vorspiegelung des Opfers, zu späterer freiwilliger Hingabe bereit zu sein (§§ 43, 177)
normativen[353]	Gutmann, Sauer	Bockelmann, Roxin, Salm		
psychologischen[354]		Dreher, Heinitz, Krumme, Lackner-Maassen, Maurach, Niese, Schmidhäuser, Schröder	Fall (4): RGSt 7, 296 — Freiwilligkeit bejaht	wie vorstehend
normativen[355]	Bockelmann, H. Mayer, Otto, Roxin	Gutmann, Jescheck, Salm		
Freiwilligkeitskonzeption				

Schröder. Seiner Ansicht nach gibt es im Bereich des Rücktritts zwei Freiwilligkeitsbegriffe, einen „unter dem psychologischen", den „anderen unter dem Wert-Aspekt"[341], die zueinander „im Verhältnis zweier sich über-

[341] Jan Schröder a. a. O. S. 63.

schiede. Das gilt vor allem, aber nicht nur, für die Art und Weise der Argumentation und die Überzeugungskraft der Begründung mancher Entscheidungen, was schon für sich gesehen keineswegs eine quantité négligeable, sondern Grund genug für eine sachliche Auseinandersetzung mit den divergierenden Kriterien wäre und der These von einer künstlichen Aufbauschung der Kontroverse schlicht den Boden entzieht. Hinzu kommt vielmehr noch, daß die beiden grundlegenden Lösungsansätze bei folgerichtiger Anwendung in gewissem Umfang auch praktisch entgegengesetzte Ergebnisse nach sich ziehen. Dies wird sofort einsichtig, wenn man die Fälle in den Blick nimmt, in denen der Täter wegen sog. „innerer Hemmungen" von der Tat zurückgetreten ist. Wohin die psychologische Theorie hier führt, illustriert mit kaum zu überbietender Deutlichkeit das folgende Beispiel Rubos[357]: läßt der Täter von seinem Versuch ab, „weil er durch den Klang einer plötzlich ertönenden Kirchenglocke dazu veranlaßt wird", so ist der Rücktritt freiwillig, wenn der Glockenklang den Täter in eine „weihevolle Stimmung" versetzt hat, unfreiwillig dagegen, wenn das Glockengeläut „eine derartige Wirkung auf den Täter" ausübte „daß dieser gleichsam wie unbeweglich sich befunden" hat. Je stärker also die Gewissensnot des Täters oder je übermächtiger sein Reuebewußtsein ist, desto eher ist konsequenterweise die Freiwilligkeitsfrage zu *verneinen,* wenn man auf die Stärke des Antriebs zur Tataufgabe als maßgebliches Kriterium abstellt, während vom normativen Ansatz aus *genau umgekehrt* argumentiert wird und die *Bejahung* der Freiwilligkeit um so selbstverständlicher ist, je drängender der Täter solche sittlichen Vorstellungen empfunden hat. In diesem Bereich laufen also die beiden Freiwilligkeitskonzeptionen theoretisch gänzlich auseinander, ein klarer Beweis für ihre nicht nur terminologische, sondern auch sachliche Eigenständigkeit. Daß ihre Verschiedenheit ergebnismäßig nicht allzu sehr ins Gewicht fällt, ändert nichts an dieser Tatsache und der daraus folgenden Notwendigkeit, die grundsätzliche Alternative zwischen psychologischer und normativer Deutung des Freiwilligkeitsmerkmals zu entscheiden. Im Gegenteil: da die weitgehende Übereinstimmnug nur dadurch erreicht wird, daß die psychologische Lehre die ihr immanenten Folgerungen nicht zieht, erscheint die kritische Auseinandersetzung auch um der gedanklichen Klarheit willen dringend geboten.

1. Die gedankliche Widersprüchlichkeit des psychologischen Lösungsansatzes

Der diesbezügliche Mangel der psychologischen Freiwilligkeitsfeststellung ist so evident, daß man sich über die Hartnäckigkeit und Unbekümmertheit, mit der jene theoretische Position bis heute aufrechterhalten wird, eigentlich nur wundern kann. Denn bei genauem Hinsehen erkennt man rasch den logischen Widerspruch, auf dem die psychologische Begriffskonstruktion in den meisten Fällen beruht: Wenn danach unfreiwilliger Rücktritt z. B. dort

[357] Rubo a. a. O. § 46 Anm. 4, S. 422.

angenommen wird, wo der Täter zwar die Tat vollenden *konnte*, sie aber wegen der ihm bei Fortsetzung des Versuchs drohenden schwerwiegenden Nachteile nicht zu Ende geführt hat, so wird dies damit begründet, daß er willensmäßig gerade *nicht* weiterhandeln *„konnte“*. Die Unmöglichkeit der Tatausführung, die man im Vordersatz entsprechend den tatsächlichen Gegebenheiten *verneint*, wird also im Nachsatz in Gestalt einer gänzlich unhaltbaren Fiktion *bejaht*. Denn wer in der Lage ist, sein Vorhaben vollständig durchzuführen, und nur mit Rücksicht auf das zu große Risiko aufgibt, der steht nicht aufgrund psychischen Unvermögens, sondern aus recht plausiblen Zweckmäßigkeitserwägungen von der Tat ab.

2. Die praktisch-forensische Unbrauchbarkeit der psychologischen Beurteilungskriterien

Die Berechtigung dieser Kritik, die schon Roxin[358] in sehr klarer Weise herausgearbeitet hat, bleibt auch unberührt von der besonderen Interpretation des Nichtkönnens als einer Unmöglichkeit im Sinne des „praktischen Lebens“ oder sachlich gleichbedeutender Kriterien. Der Grund dafür ist aber entgegen Roxin in erster Linie nicht darin zu suchen, daß „die Fähigkeit zur Erfolgsbewirkung“[359] ebenfalls nur in diesem Sinne verstanden werden könne, entscheidend ist vielmehr, wie Bockelmann[360] schon vor mehr als dreißig Jahren überzeugend dargelegt hat, daß es einen derartigen Maßstab der „gewöhnlichen Lebensauffassung“ in Wirklichkeit gar nicht gibt. Man braucht sich ja nur einige Entscheidungen der oben ausgebreiteten höchstrichterlichen Judikatur in Erinnerung zurückzurufen, um zu erkennen, wie unterschiedlich die einzelnen Täter auf bestimmte Ereignisse reagierten: Wo der eine aus Entsetzen über das Angerichtete sich um Hilfe für sein Opfer bemüht, schlägt der andere — in vergleichbarer Lage — brutal noch einmal zu. Eine *Norm* für die Wirkung eines Beweggrundes auf die Entschlußfassung des Täters läßt sich nicht feststellen[361].

Dem steht nicht entgegen, daß einzelne Fallgestaltungen häufiger anzutreffen sind, insoweit also von einer gewissen Regelmäßigkeit in der Verhaltensweise des Täters gesprochen werden kann. Denn mag auch das Rücktrittsmotiv, z. B. bei einem Diebstahl: Furcht vor Entdeckung, jedesmal dasselbe gewesen sein — die konkreten Umstände, die diese Furcht ausgelöst haben, waren niemals gleich: den einen erschreckte schon das angehende „Licht im Hof“, während der andere erst beim Herannahen fremder Personen seine Ergreifung befürchtete und deshalb floh. Auch Schröders Hinweis[362] auf den *generellen* Ausschluß der Entschlußfreiheit bei Drohung

[358] Roxin, Heinitz-Festschrift, S. 252.

[359] Roxin, Heinitz-Festschrift, S. 252.

[360] Bockelmann DR 1942, 431 f.; NJW 1955, 1418.

[361] Zustimmend Gutmann a. a. O. S. 201; v. Scheurl a. a. O. S. 63; Schröder MDR 1956, 322; Gifforn a. a. O. S. 91.

[362] Vgl. Schröder MDR 1956, 322.

mit einem empfindlichen Übel in § 240 — unbeschadet der tatsächlichen Reaktion des Genötigten im Einzelfall — dürfte kein entscheidender Gegeneinwand sein. Denn auch diese Verallgemeinerung ist insoweit fiktiv und nur aus der ganz anderen Zielrichtung zu erklären: während in § 240 die Dispositionsfreiheit des *Opfers* durch eine notwendigerweise generalisierende Strafnorm geschützt werden soll, geht es beim Rücktritt um ein Privileg des *Täters*, das seinem Sinn und Zweck nach nur ganz individuell gewährt werden darf.

Wenn aber jeder äußere Anlaß für die Tataufgabe auf jede Täterseele verschieden wirkt[363], kann man nicht von Erfahrungswerten ausgehen und erst recht nicht „die Motivation eines Durchschnittsmenschen als Modell zugrunde legen“[364], d. h. die „Erfahrungen, die aus der Beobachtung nicht verbrecherischer Menschen gewonnen werden“[365], kurzerhand auf das Verhalten des Straftäters übertragen. Denn dieser wird ja gerade von anderen Umständen motiviert als der „normale“ Bürger[366]. Wie verfehlt aber auch unabhängig davon der Maßstab „des täglichen Lebens“ ist, zeigt sich besonders anschaulich bei Affekt- und Triebverbrechen, in denen die Einmaligkeit und Einzigartigkeit der Situation dominiert und deshalb jeder Rekurs auf das „Übliche“ oder „Allgemeine“ von vornherein zum Scheitern verurteilt ist.

Weil es eine „durchschnittliche“ Stärke der psychischen Wirkung von Rücktrittsmotiven nicht gibt, muß die psychologische Freiwilligkeitskonzeption auch unter dem Aspekt der Praktikabilität überall dort versagen, wo die Tat an sich noch vollendet werden konnte und über die Freiwilligkeit ihrer Aufgabe die Frage entscheiden soll, ob der Einfluß der konkreten Sachlage auf den Täter „zwingend“ gewesen ist. Das ist m. E. ein sehr gewichtiger sachlicher Einwand, der über den Vorwurf mangelnder Exaktheit des Beurteilungsmaßstabs weit hinausgeht. Insofern trifft die Replik von Heinitz, die Abgrenzungsschwierigkeiten würden bei einer „Verschiebung der Fragestellung von der psychologischen auf die sozialethische Seite[367] nicht kleiner, den Kern des vorgetragenen Arguments nicht und v. Scheurls[368] leicht spöttische Bemerkung über dessen „Beliebtheit“ hätte sich erübrigt. Der Ansatzpunkt der Kritik liegt nämlich tiefer: Es ist nicht nur die fehlende Genauigkeit, die zu Dohna[369] mit den Worten bemängelt, „der psychische Zwang“ stufe sich „in unendlichen Nuancen“ ab, „ohne daß es möglich wäre, auf dieser Skala an irgendeinem Punkt eine Zäsur vorzunehmen“. Vielmehr weisen er und nachfolgende Kritiker vor allem auf den

363 Bockelmann DR 1942, 431; sachlich ebenso NJW 1955, 1418.

364 Schröder MDR 1956, 323; vgl. auch schon v. Bar, Gesetz und Schuld, II, S. 552.

365 Bockelmann DR 1942, 431 unten, 432 oben.

366 Bockelmann DR 1942, 432.

367 Heinitz JR 1956, 252; ebenso auch Schröder MDR 1956, 322: „Argumente der Praktikabilität“ sollten deshalb „keine Rolle spielen“.

368 v. Scheurl a. a. O. S. 59.

369 z. Dohna ZStW 59, 544.

fehlenden „Gradmesser" hin, „der es gestattete, die Stelle zu bestimmen, wo die noch immer freie Entschließung in ein Genötigtsein umschlägt"[370]. Die daraus resultierende Willkür[371] in der Begründung vieler Entscheidungen aber läßt sich nicht beschönigend als bloße Abgrenzungsschwierigkeit ausweisen, sondern ist Ausdruck der praktischen Undurchführbarkeit der psychologischen Begriffsbestimmung der Freiwilligkeit.

Zu diesem Ergebnis müßte man selbst dann gelangen, wenn es den Maßstab des „praktischen Lebens" zur Beurteilung der motivatorischen Kraft der Umstände gäbe. Denn wie wollte man ermitteln, ob dieser Täter hic et nunc noch weiterhandeln hätte können, wenn er dazu nur willens gewesen wäre? Mit Recht hat Roxin[372] jede Antwort hierauf als „Unterstellung" bezeichnet, da die Frage rein hypothetischer Natur sei und niemand — im Zeitpunkt des Rücktritts oder später bei der gerichtlichen Rekonstruktion des Geschehensablaufs — wirklich wissen könne, ob dem Täter „nach seiner individuellen psychischen Beschaffenheit" noch ein Alternativverhalten möglich war[373]. Hinzu kommt als weiterer Einwand, daß die im Einzelfall getroffene Annahme weitgehend von „der mehr oder minder geschickten Einlassung des Angeklagten"[374] und daher im hohen Maße vom Zufall besserer oder schlechterer Instruktion und Beratung abhängig ist.

3. Die objektive Unmöglichkeit der Erfolgsherbeiführung — kein Problem der „Freiwilligkeit", sondern der Tat-„aufgabe"

Die gegen die psychologische Freiwilligkeitskonzeption erhobenen Vorwürfe: gedankliche Widersprüchlichkeit und praktisch-forensische Untauglichkeit sind allerdings, wie sich aus den vorstehenden Darlegungen ergibt, auf diejenigen Fälle beschränkt, wo der Täter den Erfolg noch herbeiführen konnte, aufgrund bestimmter Gegebenheiten aber davon Abstand nahm. Beide Einwände entfallen daher im Bereich objektiver, dem Täter bewußter Unmöglichkeit, d. h. wenn er von seinem Vorhaben abläßt, weil er die Deliktsvollendung für unerreichbar hält[375], treffen also die oben im Rahmen der Schrifttumsübersicht herausgestellte Minderheitsrichtung[376] der psycho-

---

[370] z. Dohna ZStW 59, 544; zustimmend: Bockelmann DR 1942, 432; NJW 1955, 1418; Gutmann a. a. O. S. 190; H. Mayer AT S. 297; Giffhorn a. a. O. S. 97 f.

[371] Auf die schon Frank § 46 II als Konsequenz des reichsgerichtlichen Standpunkts hingewiesen hat; ebenso Niese JZ 1957, 664; Welzel, Lehrbuch, S. 198; Gutmann a. a. O. S. 189; Oehler JZ 1953, 562; Seeger a. a. O. S. 67; Roxin, Heinitz-Festschrift, S. 266; Sauer Strafrechtslehre S. 117; Giffhorn S. 93.

[372] Roxin, Heinitz-Festschrift, S. 266.

[373] Roxin, ZStW 77, 96; ebenso Giffhorn a. a. O. S. 79 f.; Gutmann a. a. O. S. 189 f.

[374] Roxin, Heinitz-Festschrift, S. 266.

[375] Das hat Roxin (Heinitz-Festschrift, S. 252 f.) mit Recht klar herausgestellt; vgl. auch Gutmann a. a. O. S. 191.

[376] Siehe oben im Text S. 284 Fn. 251.

logischen Theorie nicht, die die Annahme *unfreiwilligen* Rücktritts vom Vorliegen solcher Sachkonstellationen abhängig macht. Dafür aber ist diese Auffassung dem durchgreifenden *anderen* Bedenken ausgesetzt, daß der Verzicht auf eine als undurchführbar erkannte Handlung kein „Aufgeben" der Tatausführung im Sinne des § 46 bzw. § 24 Abs. 1 S. 1 AT 1975 darstellt. Das ist — entgegen der Ansicht Esers[377] — kein auf Schmidhäuser zurückgehendes neues Argument, sondern findet sich, wie erwähnt, schon früh in Rechtsprechung und Schrifttum[378]. Wieso sich allerdings dieser so einleuchtende Gedanke nicht durchsetzen konnte, sondern trotz seiner Handgreiflichkeit weitgehend außer acht gelassen wurde, und noch immer meist übergangen wird, bleibt ein Rätsel. An fehlender Klarheit und Überzeugungskraft der Argumentation kann es jedenfalls nicht gelegen haben. Zum Beweis sei in Ergänzung der obigen Darlegungen[379] auf zwei besonders prägnante ältere Stellungnahmen verwiesen. So heißt es z. B. bei Dahlmann[380]: „Aufgegeben werden kann allein eine Handlung, die man fortsetzen kann. Machen physisch unüberwindbare Hindernisse die Fortsetzung der Tätigkeit unmöglich", so ist „die Frage nach einer Anwendbarkeit des § 46 ... a limine zurückzuweisen. Das Verbrechen ist alsdann mißlungen oder fehlgeschlagen, nicht aber aufgegeben". Ebenso präzise äußerte sich fast zwei Jahrzehnte später Wimmer[381]: „Kann objektiv der Täter nicht zum Ziele kommen, weil seine — beendigte oder unbeendigte — Ausführungstätigkeit nicht dazu angetan ist, ... dann ist ... der Versuch fehlgeschlagen. Nur solange er mit der Möglichkeit der Vollendung rechnet, wird er überhaupt dazu kommen, einen Rücktrittsvorsatz zu fassen. Die Unmöglichkeit der Vollendung ist demnach kein Kriterium für die Frage: Freiwilligkeit oder Unfreiwilligkeit, sondern sie besagt, daß ein Rücktritt ausgeschlossen ist."

Dem ist m. E. im Grundsatz — und nur darum geht es an dieser Stelle — nichts mehr hinzuzufügen. Wenn Gutmann demgegenüber einschränkend bemerkt, ein „Aufgeben" der Tat sei begrifflich nur solange möglich, als der Täter sie noch *weiterführen,* wenn auch *nicht* mehr *vollenden* kann[382], so überzeugt eine solche Differenzierung nicht[383]. Denn auch im Falle einer sinnlos gewordenen Tatfortsetzung entfällt „der Entschluß weiterzuhandeln", ohne daß es eines „gerade auf den Tatentschluß bezogenen"[384] Aufgabevorsatzes bedürfte.

---

[377] Eser, Studienkurs, Teil II, Fall 32, Rdnr. 32.

[378] Vgl. die Nachweise im Text S. 286, Fn. 262, 263, insbesondere RGSt. 63, 158 (159) mit Anmerkung Oetker JW 1929, 3010.

[379] Vgl. oben im Text S. 286 f.

[380] Dahlmann a. a. O. S. 38 unten, 39 oben.

[381] Wimmer a. a. O. S. 23.

[382] Gutmann a. a. O. S. 82 f.

[383] Zustimmend Hruschka JZ 1969, 497 Anm. 16.

[384] Hruschka JZ 1969, 497; wie hier auch Roxin, Heinitz-Festschrift, S. 253; Schmidhäuser AT Kapitel 15/82.

4. Zu weite Ausdehnung der Straffreiheit bei Beschränkung des Rücktrittsausschlusses auf Fälle objektiver Unmöglichkeit

Erweist sich demnach die psychologische Freiwilligkeitstheorie in der Ausgestaltung, wie sie von einer *Mindermeinung* vertreten wird, unter theoretischem Blickwinkel als eine in sich zwar folgerichtige, aber im Ausgangspunkt verfehlte Konzeption, so kommt unter praktischem Aspekt noch ein zweiter Einwand hinzu. Denn wenn freiwilliger Rücktritt nur bei Vorliegen von Umständen ausgeschlossen wäre, die dem Täter die Herbeiführung des Erfolges als unmöglich erscheinen lassen, dann würden „Fälle straflos, in denen der Versuch strafwürdig bleibt“[385]. Das hat der BGH klar herausgestellt und auch im Schrifttum wurde dieser Auffassung, verkörpert in der Frankschen Formel, vielfach[386] ihre zu weite Ausdehnung des Bereichs strafbefreienden Rücktritts entgegengehalten. Sie zeigt sich besonders deutlich bei denjenigen Sachkonstellationen, in denen die Vollendung der Tat zwar noch möglich, aber aus der Sicht des Täters geradezu widersinnig ist, weil er z. B. unmittelbar danach von der herbeigerufenen Polizei gestellt oder durch einen dabei ausgelösten Sicherheitsmechanismus von seinem Fluchtweg abgeschnitten würde. Denn wie Roxin[387] mit Recht betont, ist hier der Plan des Täters „genauso gescheitert, wie wenn er in einem früheren Stadium stecken bleibt“, und deshalb spricht nichts dafür, ja es wäre vom Standpunkt der in dieser Arbeit vertretenen Schuldkonzeption des § 46 a. F., § 24 I S. 1 aus sogar ein groteskes Ergebnis, den Täter mit Straffreiheit zu belohnen, der durch den vorzeitigen Handlungsabbruch nur die Konsequenzen dieses Scheiterns zieht.

5. Ungereimte Ergebnisse bzw. inkonsequente Anwendung des psychologischen Freiwilligkeitsbegriffs bei sogenannten „inneren“ Rücktrittsgründen

Daß aber nicht nur die von der Minderheit, sondern auch die mehrheitlich vertretene Richtung der psychologischen Freiwilligkeitskonzeption bei konsequenter Anwendung zu grotesken Ergebnissen führen muß, wurde unter Hinweis auf die Fälle des Rücktritts aus „inneren Hemmungen“ zu

---

[385] BGHSt. 9, 48 (51).

[386] Vgl. u. a. Schönke-Schröder § 46 Rdnr. 22; z. Dohna ZStW 59, 541; Bockelmann DR 1942, 431; Heinitz JR 1956, 249, 251 Anm. 49; Oehler JZ 1953, 561 f.; Giffhorn a. a. O. S. 82; Gutmann a. a. O. S. 181; Dahlmann a. a. O. S. 60.

[387] Roxin, Kriminalpolitik, S. 37; Heinitz-Festschrift S. 265; H. Mayer AT S. 297; Bockelmann NJW 1955, 1418; Giffhorn a. a. O. S. 92; Seeger a. a. O. S. 71 f.; Gutmann a. a. O. S. 190 f.; vgl. auch Baumann AT S. 517, der es „eigentümlich“ nennt, daß „bei *sittlichen* Motiven noch niemals Unfreiwilligkeit angenommen“ wurde.

Beginn dieser kritischen Analyse bereits angedeutet. Denn es liegt auf der Hand, daß die dort als Folge der Theorie vom „psychischen Zwang" herausgestellte Wechselbeziehung: je stärker das Mitleid, um so eher die Annahme von *Unfreiwilligkeit* paradox[388] ist, da doch gerade derjenige seinen Gehorsam gegenüber der Rechts- und Sittenordnung besonders nachdrücklich beweist und deshalb „Anspruch auf belohnende Vergeltung" hat, der „das ethisch hochwertige" Rücktrittsmotiv „als zwingend empfindet"[389]. Indem bei *quantitativer* Bestimmung der Freiwilligkeit aber genau umgekehrt die größere Rechtstreue bestraft werden müßte, wäre der Täter, wie Roxin[390] zu Recht eingewandt hat, praktisch gezwungen, „sich zum Zwecke erfolgreicher Verteidigung" als möglichst hartgesotten und gefühllos hinzustellen, um nicht Gefahr zu laufen, einen die Freiwilligkeit ausschließenden Stärkegrad seelischer Erschütterung attestiert zu bekommen. Eine geradezu abstruse Vorstellung!

Daß diese Folgerungen der psychologischen Theorie weitgehend „Gedankenspielerei" blieben, entspringt natürlichem Rechtsempfinden und wurde konstruktiv einfach durch die Leugnung des Zwangscharakters „innerer Hemmungen" wie Reue, Gewissensskrupel, Mitleid u. ä. erreicht. Befriedigen aber kann ein solches Vorgehen in keiner Weise; denn es ist nicht nur inkonsequent, sondern beruht obendrein, wie Bockelmann und Roxin klar ausgesprochen haben, auf einem fatalen Zynismus[391]. Im übrigen bleiben Zweifelsfälle, insbesondere wenn der Täter im Angesicht dessen, was er angerichtet hat, aus Entsetzen, Angst, Schrecken oder Grauen die Tat aufgibt. Hier schwanken die Entscheidungen im Ergebnis bekanntlich hin und her, obwohl es sich auch bei diesen Beweggründen um „innere Hemmungen" handelt, die von den zuvor genannten kaum scharf zu trennen sind[392], vielmehr ineinander verfließen, so daß die jeweilige nachträgliche „Etikettierung" durch den Richter in gewissem Umfang zufällig ist. Allerdings darf in den zuletzt anvisierten Fallgestaltungen die Möglichkeit eines *Schocks* bei der Begründung des Rücktrittsausschlusses nicht außer acht gelassen werden. Denn wenn der Täter z. B. beim Anblick des blutenden Opfers in Ohnmacht sinkt oder ihm das Mordwerkzeug aus der Hand fällt, so fehlt es, gleichgültig welche seelische Regung auch immer dies ausgelöst hat, an einem willentlichen Verhalten, da der Schock die Handlungsfähigkeit beseitigt. Unter dieser Voraussetzung bleibt also der Täter strafbar; denn nach der oben dargelegten Auffassung liegt kein „Aufgeben" der Ausführung, nach der abgelehnten h. L. keine „Freiwilligkeit" des Rücktritts vor. Ob mit dem „Schock"-aspekt, auf dessen Problematik bei der Behandlung der Einzelfragen noch zurückzukommen sein wird, die unterschied-

---

[388] Roxin, Heinitz-Festschrift, S. 254 f.; ebenso früher schon Seeger a. a. O. S. 17; Giffhorn a. a. O. S. 92.

[389] H. Mayer AT S. 297.

[390] Roxin, Heinitz-Festschrift, S. 266.

[391] Bockelmann NJW 1955, 1418; Roxin, Heinitz-Festschrift, S. 265.

[392] Das hebt Roxin (Heinitz-Festschrift, S. 266) mit Recht hervor.

lichen Entscheidungen allerdings gänzlich zu erklären sind, muß bezweifelt werden.

Zusammenfassend ist somit festzustellen, daß die psychologische Deutung des Freiwilligkeitsbegriffs theoretisch unhaltbar und daher, sozusagen unter *negativem* Vorzeichen, die grundsätzliche Alternative: psychologische oder normative Betrachtungsweise? klar zugunsten letzterer zu entscheiden ist: ob der Rücktritt „freiwillig“ ist oder nicht, läßt sich nur anhand einer Wertung ermitteln. Aber auch aus anderer, gleichsam *positiver* Sicht gelangt man zu dieser Auffassung. Denn da, wie oben dargelegt wurde, der Rücktritt ein „Entschuldigungsgrund“ und der heute herrschende Schuldbegriff normativer Natur ist, kann die „Freiwilligkeit“ in ihrer Funktion als ein die Vorwerfbarkeit des Täters minderndes Rücktrittselement im Rahmen des Schuldurteils auch nur „normativ“ bestimmt werden. Begründung des Rücktrittsprivilegs aus dem Gedanken geringerer Schuld und Normativierung des Merkmals „freiwillig“ korrespondieren also miteinander, ein weiterer Beleg für die nicht nur theoretische Bedeutung der im zweiten Teil dieser Arbeit angestellten Erörterungen zur „ratio legis“ des § 46 a. F., § 24 I S. 1.

VI. Die Ermittlung „freiwilligen“ Rücktritts als Wertungsproblem

Mit der Erkenntnis, daß die Feststellung der „Freiwilligkeit“ ein reines Wertungsproblem ist, liegt jedoch erst der methodische Ausgangspunkt für die Lösung von Einzelfällen fest. Offen ist dagegen noch die praktisch ausschlaggebende Frage, nach welchen Kriterien dies geschehen soll. Die Herausarbeitung des sachgerechten Bewertungsmaßstabs muß daher das zentrale Thema der weiteren Diskussion bilden.

1. Kritische Bemerkungen zu Roxins Maßstab der „Verbrechervernunft“

Hierauf hat mit besonderem Nachdruck Roxin hingewiesen und dementsprechend auch in sehr eingehenden Darlegungen den seiner Ansicht nach entscheidenden Beurteilungsgesichtspunkt hervorgehoben: Eine Art „Verbrechervernunft“ als „spiegelbildliche Verkehrung“ der „Rechtsmoral“[393], anders ausgedrückt, die „Normen der Verbrecherzunft“[394], die den Rücktritt des ihnen gemäß Handelnden als „unfreiwillig“, die ihnen zuwider erfolgte Tataufgabe dagegen als „freiwillig“ erscheinen lassen.

a) Begriffliche Ungenauigkeiten

Trotz seiner erfolgreichen Erprobung in einer Reihe von Beispielen überzeugt dieser Ansatz jedoch nicht. Zunächst bestehen m. E. in begrifflicher Hinsicht Ungenauigkeiten, so z. B., wenn einerseits immer wieder ganz *all-*

---

[393] Roxin, ZStW 77, 97.

[394] Roxin, Heinitz-Festschrift, S. 264.

gemein auf die „Regeln des Verbrecherhandwerks" oder ähnliche Formulierungen als Richtschnur der Entscheidung verwiesen, andererseits aber die „Verbrechervernunft" *speziell,* durch den hartgesottenen, Risiko und Chancen des konkreten Tatplans kalt abwägenden Delinquenten", bestimmt wird. Denn die Normen des Verbrecherreglements"[395] können nicht einfach gleichgesetzt werden mit den Reaktionen dieser idealtypischen Figur. Die „Verbrecherzunft" ist doch wohl ein heterogeneres Gebilde als nur eine bestimmte Clique von Schwerverbrechern! Wenn man wie Roxin von dem spricht, was in Ganovenkreisen üblich und normal ist, d. h. generelle Grundsätze des „Verbrecherhandwerks" voraussetzt, so impliziert dies die Vorstellung eines „gewöhnlichen" Straftäters, der sich von dem abgebrühten „Bravo" ebenso unterscheidet wie von dem noch unbeholfenen „Anfänger". Als „Verbrechervernunft" sollen aber nur die spezifischen Erwägungen des eiskalten Rechners, also nur ein eng begrenzter Ausschnitt jener allgemeinen Regeln gelten, und insoweit ist der Rückgriff auf den „ordentlichen"[396] Verbrecher und dessen Normen zumindest irreführend.

Eine weitere Unklarheit liegt darin, daß Roxin nach außen meist undifferenziert auf „die" Verbrechervernunft schlechthin abstellt, sie in Wirklichkeit aber *tatbestandsbezogen* versteht. Das heißt: maßgebend ist das Verhalten eines hartgesottenen Diebes, Notzüchtigers oder Mörders, wenn es um den Rücktritt von einem Diebstahls-, Vergewaltigungs- oder Tötungsversuch geht, nicht dagegen die Reaktion eines quasi „Allroundverbrechers". Dem ist natürlich uneingeschränkt zuzustimmen. Denn man kann unmöglich den abgefeimten Dieb mit der geldgierigen Serienabtreiberin im Hinblick auf ihr verbrecherisches Kalkül vergleichen, und es ist klar, daß die Hartgesottenheit eines Betrügers und die eines Totschlägers nichts miteinander zu tun haben. Roxin sollte daher, um Mißverständnisse[397] von vornherein auszuschalten, nicht von der „Verbrechervernunft" im allgemeinen sprechen, sondern stets auch in der Formulierung die jeweilige Deliktsgattung mitberücksichtigen, so wie es schon an einigen Stellen[398] seiner Ausführungen geschieht, wo von den „Regeln des Diebeshandwerks" die Rede ist bzw. „ein ‚maßgerechter' Räuber oder Mörder" apostrophiert wird. Aber auch das wäre noch ungenau, wie das Beispiel des Mörders zeigt. Denn es gibt nach einhelliger Auffassung des kriminologischen Schrifttums[399] keinen einheitlichen Mördertyp, vielmehr sind im Anschluß an v. Hentig[400] vier charak-

---

[395] Roxin, Heinitz-Festschrift, S. 263.

[396] Roxin, Heinitz-Festschrift, S. 256.

[397] v. Scheurl unterstellt Roxin, er erkläre den „Durchschnittsverbrecher" für maßgebend.

[398] Roxin, Heinitz-Festschrift, S. 256/266.

[399] Vgl. Blühm, Die Kriminalität der vorsätzlichen Tötungen, Bonn 1958, S. 84; Gummersbach, Archiv für Kriminologie, Bd. 96, 154; Brückner, Zur Kriminologie des Mordes, 1961, S. 14.

[400] v. Hentig, Der Mord, 1956, S. 45 ff.

teristische „Mordsituationen" — der Gewinnmord, der Deckungsmord, der Konfliktsmord und der Sexualmord — zu unterscheiden, so daß man insoweit die Täterpersönlichkeit weiter spezifizieren müßte[401].

b) Unbestimmtheit und Willkürlichkeit des Roxinschen Leitbildes

Welche Anforderungen aber sind nun an diese Idealfigur zu stellen? Wie will man die spezifischen Maximen ihres Handelns ermitteln? Welcher Grad von Kaltschnäuzigkeit ist etwa dem „hartgesottenen" Erpresser eigen? Roxin gibt hierauf keine Antwort, sondern geht im konkreten Fall jeweils von einer bestimmten Vorstellung aus, die seinem subjektiven Bild von der „Verbrechervernunft" entspricht. So stellt er z. B. fest, ein Täter, der aufgrund der Selbstmorddrohung seiner geliebten Frau von der Fortsetzung der Tat ablasse — gemeint ist angesichts der Bezugnahme auf das Beispiel Schröders offenbar ein Diebstahlsversuch — folge „nicht konsequent den Normen der Verbrecherzunft"[402]. Damit wird praktisch vorausgesetzt, daß der wirklich „abgebrühte" Dieb keine menschlichen Empfindungen und Gefühle wie Liebe etc. hat, besser gesagt: haben darf. Denn per definitionem läßt sich ein solcher Standpunkt natürlich einnehmen, aber ob dieses Leitbild eines hartnäckigen Einbrechers der Wirklichkeit gerecht wird und nicht eher dem eines eiskalten Raubmörders entspricht, muß bezweifelt werden. Es gibt nämlich durchaus „erfahrene" Diebe, die bei ihrem Angriff auf fremdes Eigentum schon viele Male mit größter Kaltblütigkeit vorgegangen sind, und dennoch ein geordnetes Familienleben als besonderen Wert schätzen. Für einen Täter aus dieser Gruppe wäre also der Tod der Ehefrau in seinen Erwägungen bei der Durchführung des Vorhabens ein wesentlicher rationaler Gesichtspunkt, der die Tataufgabe als höchst „vernünftig" erscheinen ließe. Kann man ihn — trotz der zahlreichen Proben seiner Gefährlichkeit — einfach als „harmlos" qualifizieren, nur weil er „Mensch" geblieben ist? Ja, wie oft liest man nicht sogar von Mördern, die ihre Opfer in brutalster Weise getötet haben, daß sie im Privatbereich ganz normal und unauffällig lebten? „Hartgesottenheit" — gegenüber Fremden — und „Liebe zur Ehefrau" müssen also kein Widerspruch sein, und deshalb ist es fraglich, ob man ein solches Rücktrittsmotiv grundsätzlich als Fremdkörper in der „Verbrechervernunft" ansehen kann.

Roxin wird einwenden, die Kaltblütigkeit des Täters sei nicht als Charaktereigenschaft zu verstehen, sondern zeige sich bei der konkreten Tatausführung. Daher sei es durchaus möglich, daß auch der „Hartgesottene" im Einzelfall einmal nicht nach den sonst befolgten „Regeln der Verbrecherzunft" handle. Dieses Gegenargument überzeugt jedoch nicht, da Roxins Beurteilungsgrundlage für die „Verbrechervernunft" häufig *nicht* das

---

[401] Vgl. zur Differenzierung beim Notzuchtstäter: Schorsch, Sexualstraftäter, 1971, S. 212 ff.

[402] Roxin, Heinitz-Festschrift, S. 264.

Rücktritts*verhalten*, sondern der Täter ist[403]. Ein Beispiel hierfür ist die Feststellung, derjenige Dieb, der „aus geringfügigem Anlaß von Angst gepeinigt"[404] die Tat aufgebe, trete freiwillig, weil nach den Normen seines Metiers „unvernünftigerweise", zurück. Angesichts der durch die Angst erhöhten Gefahr von Fehlhandlungen und des damit gestiegenen Risikos ist aber die Abstandnahme von der Tat wohl äußerst „vernünftig" — auch ein gerissener Dieb, der sich unsicher fühlt, kehrt um — „unvernünftig" ist vielmehr, daß er sich ohne ausreichenden Grund ängstigt, bzw., daß ein solcher „Hasenfuß" sich überhaupt an ein derartiges Unternehmen heranwagt! Der *Täter* hatte hier also nicht die notwendigen verbrecherischen Qualitäten.

Gegen die obige Kritik an Roxins Ausführungen im Falle der mit Selbstmord drohenden Ehefrau ließe sich jedoch vorbringen, der Täter, den die Zuneigung zu ihr von der Tat abhalte, sei eben nicht „hartgesotten", doch man muß sehen, wohin dieser Einwand führt. Denn man kann sich eigentlich immer einen noch brutaleren, kaltschnäuzigeren Täter vorstellen, so daß — gemessen an dessen Verhaltensweise — der Rücktritt natürlich jedesmal sehr „unvernünftig" und damit „freiwillig" wäre. Ein Beispiel: denke ich mir als „hartgesottenen" Räuber jemanden, der vor massiver Gewaltanwendung nicht zurückschreckt, aber die Schußwaffe lediglich zur Abschreckung benutzen will, um auf keinen Fall den Tod des Opfers zu riskieren, dann ist sein Rückzug „vernünftig", wenn er den Widerstand so nicht brechen kann. Würde ich dagegen als wirklich „hartgesotten" nur den Täter bezeichnen, der von der mitgeführten Schußwaffe im Notfall Gebrauch macht, dann wäre sein Zurückweichen ein Zeichen dafür, daß er „nicht konsequent" die Regeln seines Gewerbes befolgt: der ihnen gemäß Handelnde hätte nämlich seinen Gegner niedergeschossen! Man kommt also im Grund zu dem — von Roxin selbst mit Recht für falsch gehaltenen — Ergebnis, daß bei einem hartgesottenen Täter „die Freiwilligkeit eher zu bejahen ist" als bei dem, der wenigstens teilweise „den anerkannten sozialethischen Grundsätzen[405] entspricht. Denn je kaltblütiger man den „maßgerechten" Räuber, Dieb oder Mörder zeichnet, d. h. je höher man die Normen für das zunftensprechende Verhalten schraubt, um so häufiger werden diese — unvernünftigerweise! — nicht eingehalten, mit der Folge, daß sich der Bereich „freiwilligen" Rücktritts ungeheuer ausweitet. Im Extremfall: bei Bestimmung der „Verbrechervernunft" vom Standpunkt einer Art „Superverbrecher" — würde daher das Freiwilligkeitsmerkmal seinen Charakter als selbständige Rücktrittsvoraussetzung verlieren und stets zugleich mit der Feststellung der Tataufgabe gegeben sein.

Es ist selbstverständlich, daß Roxin die Grundsätze des hartgesottenen Verbrechers nicht an diesem „Idealtyp" ausrichtet, sondern ganz offenbar von einem tieferen „Niveau" ausgeht. Damit aber sind wir wieder bei der Frage: von welchem Zuschnitt muß der kühl rechnende Straftäter sein?

---

[403] Vgl. hierzu schon Jan Schröder a. a. O. S. 58.

[404] Roxin, Heinitz-Festschrift, S. 256.

[405] Roxin, Heinitz-Festschrift, S. 263 unten, 264 oben.

Welchen „Mindeststandard" an Entschlossenheit und Übersicht muß er besitzen? Auf statistische Erfahrungswerte kann man sich hier nicht stützen, da es bekanntlich[406] keinen „Durchschnittsverbrecher" gibt und angesichts der geschichtlichen Einmaligkeit der tatsächlichen Gegebenheiten das Verhalten des einen nicht einfach *abstrakt* mit der Reaktion des anderen gleichgesetzt werden darf. Die „Normen des Verbrecherhandwerks" sind deshalb nicht nur „schwer fixierbar"[407] und weitgehend ungewiß[408], sondern ein fiktiver Maßstab, der von der jeweiligen Überzeugung des Urteilenden abhängt und daher starken subjektiven Schwankungen unterworfen ist. Wäre ein hartgesottener „Notzuchtsattentäter" z. B. noch länger unter dem Bett des Opfers versteckt liegen geblieben und nicht nach einigen Stunden vergeblichen Wartens nach Hause gegangen[409], obwohl er genau wußte, daß das Mädchen noch heimkommen mußte? Kann man nicht in den Notzuchtfällen, in denen der Täter aufgrund der vorgetäuschten späteren Hingabebereitschaft des Opfers von der Tat abließ, entgegen Roxin[410], der dies „vom Standpunkt der Verbrechervernunft aus" als „selbstverständlich" ansieht, genausogut behaupten[411], ein kaltblütiger Täter wäre auf diesen „Trick" nie und nimmer hereingefallen? Ist Aberglauben dem hartgesottenen Verbrecher fremd und daher ein derart motivierter Rücktritt sozusagen „zunftwidrig"[412] oder gilt die Gegenthese Waiblingers[413]: „Gerade bei Berufsverbrechern spielen nicht selten auch Umstände eine Rolle, die den Aberglauben des Täters rufen und ihn dazu bewegen, des bösen Omens wegen (z. B. einer über den Weg laufenden schwarzen Katze) die Tatausführung aufzuschieben"? Wird der „eiskalte" Mörder bei Wahrnehmung seines Tötungsversuchs durch einen Dritten die Flucht ergreifen oder den Mitwisser ebenfalls beseitigen bzw. dies zumindest versuchen? Ich glaube nicht, daß diese Fragen objektiv *zwingend* in dem einen oder anderen Sinne entschieden werden können. Für die Lösung der Freiwilligkeitsproblematik aber bedeutet dies: je nachdem, mit welchen Daten man die „Regeln des Verbrecherhandwerks" gewissermaßen vorprogrammiert, fällt das Ergebnis: Gewährung oder Ablehnung des Rücktrittsprivilegs aus. Diese Kontroverse wird daher bei Zugrundelegung der Auffassung Roxins zu einem Kampf um das richtige „Programm", d. h. um den „maßgerechten" Vergleichstäter.

Daß Roxin dabei von bestimmten Hypothesen ausgeht, zeigt m. E. seine Behauptung, „ein ‚maßgerechter' Mörder" erschrecke nicht „vor den unaus-

---

[406] Siehe oben im Text S. 300 ff.

[407] v. Scheurl a. a. O. S. 63.

[408] Vgl. Jan Schröder a. a. O. S. 58: „wenn diese ... nur überhaupt so gewiß wären!"

[409] Vgl. Aargauische Gerichts- und Verwaltungsentscheide 1953, Nr. 30.

[410] Roxin, ZStW 77, 98; vgl. auch Heinitz-Festschrift, S. 258 ff.

[411] So z. B. Jan Schröder a. a. O. S. 58.

[412] So im Ergebnis Roxin, Heinitz-Festschrift, S. 263.

[413] Waiblinger ZStW 69, 209.

weichlichen Begleiterscheinungen seiner Tat"[414]. Denn, wenn überhaupt, so kann dies nur für den mit kalter Berechnung vorgehenden Raubmörder zutreffen, der jedoch unmöglich als „der" typische Mörder angesehen werden kann, vielmehr ist insoweit, wie oben[415] erwähnt, zu differenzieren. Dann aber erkennt man rasch, daß etwa im Falle des „Konfliktsmordes" ein Innehalten des Täters wegen der ihm zu Bewußtsein kommenden Tatfolgen beileibe keine Seltenheit ist. Darüber hinaus macht die Unterscheidung nach besonderen individuellen „Mordsituationen" noch etwas anderes deutlich: da bei Affekt- und Triebtaten gerade nicht die „ratio" dominiert, sondern Empfindungen, Stimmungen, seelische Impulse, Instinkte oder Triebe überwiegen, anders formuliert, die Gefühls- und Triebsphäre der Täterpersönlichkeit verstandesgemäße Überlegungen weitgehend zurückdrängt[416], ist der Vergleichsmaßstab des kühl abwägenden Delinquenten hier von der Sache her unanwendbar. Hinzu kommt die Einmaligkeit der tatsächlichen Umstände, die jede Parallelwertung mit dem Verhalten anderer Täter ausschließt. Das Kriterium der „Verbrechervernunft" muß also in vielen Fällen von Mord- und Totschlag, Notzucht und Gewaltunzucht geradezu zwangsläufig versagen, was gegenüber seiner praktischen Relevanz erhebliche Bedenken[417] aufkommen läßt, da ja der Rechtsprechungsübersicht zufolge insbesondere der Bereich der Tötungs- und Sittlichkeitsdelikte das „Exerzierfeld" für die Prüfung „freiwilligen Rücktritts vom Versuch" ist.

c) Unbrauchbarkeit der „Verbrechervernunft" als Abgrenzungskriterium in Fällen des Rücktritts vom „beendeten" Versuch

Schließlich noch ein letzter Einwand gegen das von Roxin vorgeschlagene Prinzip: es versagt als Differenzierungskriterium in den Fällen des sog. „beendeten" Versuchs. Denn da die Hinderung der Vollendung „freiwillig" erfolgen muß, wird man sich bei Anwendung der Formel der „Verbrechervernunft" kaum je für die Annahme von „Unfreiwilligkeit" entscheiden können. Solange nämlich der hartgesottene Täter sich nicht für entdeckt hält und nicht persönlich gefährdet fühlt, ist die aktive Abwehr eines Rechtsgutschadens stets „unvernünftig", da er dadurch die bestehende Chance der Tatbestandsverwirklichung zerstört und außerdem die erfolgsabwendende Tätigkeit, z. B. die Hilfeleistung für den Verletzten, die Gefahr der Festnahme und Entdeckung erhöht, ohne daß er seinerseits wegen des ihn treffenden Erfolgsrisikos sicher sein kann, das Rücktrittsprivileg zugebilligt zu erhalten. Aber auch wenn der Täter meint, er sei erkannt und werde an der Vollendung gehindert bzw. strafrechtlich verfolgt werden, oder wenn

[414] Roxin, Heinitz-Festschrift, S. 266.
[415] Siehe oben im Text S. 309 f.
[416] Vgl. dazu Steigleder, Mörder und Totschläger, Stuttgart 1968, S. 68 ff.
[417] Zweifel in dieser Richtung hat auch v. Scheurl a. a. O. S. 63.

er infolge des Versuchs in Lebens- oder Leibesgefahr geraten ist, so fragt man sich, ob der über die bloße Tataufgabe hinausgehende bewußte Einsatz für die Erhaltung des fremden Rechtsgutes nicht immer „unvernünftig" ist. Zu verneinen wäre diese Frage wohl nur unter der Prämisse, daß sich der Täter Straffreiheit für den Versuch oder mildere Strafe wegen der Nichtvollendung der Tat verschaffen will. Der Einfluß solcher Erwägungen auf die Handlungsweise des Täters ist jedoch, wie die Auseinandersetzung mit der kriminalpolitischen Lehre zeigte[418], „graue Theorie", empirisch widerlegt durch die höchstrichterliche Spruchpraxis, in der sich kein Fall einer derartigen Motivation nachweisen läßt. Sollte sich aber ein Täter dennoch einmal durch diese „vernünftige" Überlegung motivieren lassen, so wäre dies sicherlich ganz im Sinne der Rechtsordnung und sein Verhalten dann gerade deshalb privilegierungswürdig.

d) „Rückkehr in die Legalität" als eigentlicher Beurteilungsgesichtspunkt

Nach den vorstehenden Einwendungen gegen die „Normen des Verbrecherhandwerks" als Beurteilungsmaßstab der „Freiwilligkeit" liegt der Schluß nahe, daß auch die von Roxin im Einzelfall vertretenen Lösungen weitgehend abzulehnen sind. Das ist aber — wie mit Nachdruck hervorgehoben werden soll, *nicht* der Fall und hat m. E. einen sehr einleuchtenden Grund. Denn das hier kritisierte Kriterium der „Verbrechervernunft" ist nur die in den Vordergrund geschobene begriffliche „Operationsformel", hinter der in Wirklichkeit ein ganz anderer für die Entscheidung des Freiwilligkeitsproblems maßgeblicher Gesichtspunkt steht. Roxin nennt ihn selbst, wenn er als ausschlaggebendes „Bewertungskriterium" die Frage ansieht, ob der Rücktritt sich „vom Standpunkt des Gesetzes aus als Rückkehr zu Legalität darstellt"[419], wenn er an anderer Stelle die Annahme von „Freiwilligkeit" mit der „Reaktion eines im entscheidenden Augenblick anständigen Menschen"[420] begründet oder die Gewährung von Straffreiheit unter Hinweis auf die Befolgung der „anerkannten sozialethischen Grundsätze"[421] rechtfertigt.

Nur weil Roxin glaubt, ihre Umkehrung seien die „Regeln des Verbrecherhandwerks", kann er nach außen hin dieses Leitbild verwenden, ohne letztlich die Orientierung und Anbindung seiner Ergebnisse an den vorgenannten Legalitätsaspekt aufgeben zu müssen. Die von Roxin angenommene Austauschbarkeit beider Maßstäbe ist aber nach unseren obigen Darlegungen kaum zu halten[422]; denn anerkannte sozialethische Grundsätze gibt es,

[418] Siehe oben im Text S. 69 ff.

[419] Roxin, Kriminalpolitik, S. 37; ähnlich Heinitz-Festschrift, S. 256; ZStW 80, 708.

[420] Roxin, Heinitz-Festschrift, S. 266.

[421] Roxin, Heinitz-Festschrift, S. 264.

[422] Das Umkehrverhältnis wird auch von Jan Schröder a. a. O. S. 58 bestritten.

anerkannte „Normen der Verbrecherzunft" dagegen nicht, und als „hartgesottener" Straftäter wird nur ein in seiner verbrecherischen Intensität auf bestimmter Stufe stehender Rechtsbrecher angesehen, nicht dagegen schon jeder, der die Gesetze mißachtet, wobei seine Abgrenzung vom sozusagen „graduierten" Täter unklar bleibt.

2. Die sachliche Übereinstimmung der normativen Freiwilligkeitslehren

So betrachtet unterscheidet sich die Auffassung Roxins von den Stellungnahmen der anderen „Normativisten" in der Sache nicht. Denn bei genauerem Hinsehen stößt man durchweg auf ganz ähnlich lautende Formulierungen: nach Jescheck[423] z. B. ist der Rücktritt freiwillig, wenn „der Täter aus eigenem Antrieb unter die Rechtsordnung zurückgekehrt ist". Bei Gutmann[424] hängt die Antwort auf die Freiwilligkeitsfrage davon ab, „ob der Rücktritt Ausdruck einer inneren Rückkehr zur Rechtsordnung" bzw. bei Seeger[425], „ob der Täter nach seinen Motiven zur Beachtung der Rechtsordnung zurückgekehrt ist". Giffhorn[426] hält „in erster Linie die Strafrechtsordnung" in ihrer Funktion als „sozial-ethische Wertordnung" für den geeigneten Maßstab und Salm[427] schließlich stellt auf die sich in der Willensumkehr manifestierende „*Geltung* des Rechts" bzw. den „Eindruck der Normbewährung" ab. Aber auch Bockelmann und H. Mayer vertreten im Grunde genommen nichts anderes, obwohl vor allem Bockelmann immer wieder vorgeworfen wurde, er gehe von einer verfehlten „moralisierenden Bewertung der Rücktrittsmotive"[428] aus. In der Tat deuten einige seiner Formulierungen in diese Richtung, so etwa, wenn er vom „Erfordernis moralischer Verdienstlichkeit"[429] spricht, oder das Schlagwort von der „esoterischen Moral des Strafrechts"[430] gebraucht, das von seinen Gegnern begierig aufgegriffen, aber mißverstanden wurde. Denn Bockelmann wandte sich expressis verbis gegen „rechtsfremdes Moralisieren"[431] bei der Entscheidung

---

[423] Jescheck MDR 1955, 563.

[424] Gutmann a. a. O. S. 151.

[425] Seeger a. a. O. S. 81.

[426] Giffhorn a. a. O. S. 104.

[427] Salm a. a. O. S. 173.

[428] Heinitz JR 1956, 251; vgl. Schröder MDR 1956, 323; Maurach AT S. 521; Stratenwerth AT Rdnr. 768; Jescheck MDR 1955, 563; Kohlrausch-Lange § 46 Anm. VII; Gutmann a. a. O. S. 45 ff.; Jan Schröder a. a. O. S. 59 ff.

[429] Bockelmann, Strafrechtliche Untersuchungen, S. 165; vgl. auch S. 164; es sei notwendig, „nach der moralischen Qualität der Rücktrittsmotive zu differenzieren"; vgl. NJW 1955, 1421; „sittliche Qualität der Antriebe zum Rücktritt ist entscheidend".

[430] Bockelmann, Strafrechtliche Untersuchungen, S. 164.

[431] Bockelmann, Strafrechtliche Untersuchungen, S. 164; vgl. später auch in Gedächtnisschrift für G. Radbruch, 1968, S. 259: „die Grundlage für die Entscheidung von Rechtsfragen liefern nicht moralische Erwägungen, sondern die Interpretationen der Normen des Rechts".

der Freiwilligkeitsfrage und glaubte, die mit dem Ausschluß jeglicher „subjektiven Ethik“[432] und der Bezugnahme auf die Moral „des Rechts“[433] bzw. „Strafrechts“ deutlich zum Ausdruck gebracht zu haben. Klarer zeigen m. E. aber zwei andere Textstellen die Parallelität seines maßgeblichen Bewertungskriteriums mit dem der übrigen Anhänger der normativen Theorie. So heißt es einmal, freiwillig sei die Tataufgabe, wenn „das Rücktrittsmotiv die Anerkennung der Rechtsordung beanspruchen darf“[434], und später wird es ausdrücklich als genügend erachtet, daß die „Umkehr des Täters“ zwar „nicht als moralische Leistung, so doch wenigstens als Rückkehr auf den Weg gesetzmäßigen Verhaltens gewertet werden konnte“[435]. Auch H. Mayer scheint mir dies bei seinem Hinweis im Auge zu haben, „das Gesetz“ verlange „kein ethisch positiv bewertetes Motiv“, so daß „Furcht vor Strafe im allgemeinen“ ausreichend sei[436].

VII. Der „freiwillige“ Rücktritt als Ausdruck rechtstreuer Gesinnung

Zusammenfassend läßt sich somit feststellen, daß der allen normativen Lehren zugrunde liegende gemeinsame „Freiwilligkeitsmaßstab“ sozialethisch geprägt ist und als „Rückkehr des Täters in die Bahnen des Rechts“ schlagwortartig umschrieben werden kann. Diese Auffassung ist vom Standpunkt der hier entwickelten Deutung des Rücktritts als Entschuldigungsgrund allein folgerichtig und verdient daher uneingeschränkte Zustimmung. Denn seine Funktion als selbständige Schuldminderungskomponente kann das Freiwilligkeitsmerkmal nur erfüllen, d. h. von einer „freiwilligkeitsbedingten“ Minderung der Vorwerfbarkeit läßt sich nur dann sprechen, wenn der Täter aus einer positiven Einstellung zum Recht gehandelt hat, anders ausgedrückt, wenn der Zurücktretende zeigt, daß er nach seinem „Abfall von den Grundwerten rechtlichen Handelns“[437] noch vor Beendigung der beabsichtigten Tatausführung oder jedenfalls vor Eintritt des ursprünglich anvisierten tatbestandsmäßigen Erfolges wieder zur Beachtung der Wert- und Sinngehalte der Rechtsordnung zurückgefunden hat. Das „Bekenntnis zur Verbindlichkeit der rechtlichen und sozialethischen Ordnung“[438] nach dem *gegen* ihre Geltung gerichteten Angriff beweist, daß sich im Täter ein im Rahmen des Schuldurteils zu beachtender Gesinnungsumschwung vollzogen hat, wobei unter „Gesinnung“ hier, wie gesagt, nicht eine „Dauerhaltung“ für alle Zukunft, sondern das „aktuell-einmalige Gesonnensein“[439] bei der konkreten, Versuch und Rücktritt umschließenden

[432] Bockelmann NJW 1955, 1421.

[433] Bockelmann NJW 1955, 1421.

[434] Bockelmann NJW 1955, 1421.

[435] Bockelmann NJW 1955, 1421.

[436] H. Mayer AT S. 297.

[437] Welzel, Lehrbuch, S. 2.

[438] Jescheck AT S. 320.

[439] So die Formulierung Welzels (Lehrbuch, S. 78), allerdings in anderem Zusammenhang.

Tat gemeint ist. Das Freiwilligkeitskriterium hat also nichts mit „Willensfreiheit“[440] zu tun, sondern ist ein rein strafrechtliches[441], speziell auf den Rücktritt zugeschnittenes Begriffsmerkmal, das auf eine Wertung der inneren Einstellung des Täters bei seiner Entscheidung zur Tataufgabe bzw. zum erfolgshindernden Einsatz abzielt. In Anlehnung an die negativen, schuldbegründenden oder -verstärkenden Gesinnungsmomente, wie z. B. „böswillig“ oder „gewissenlos“, könnte man deshalb umgekehrt das — wie auch immer im einzelnen gesetzlich ausformulierte — Rücktrittserfordernis „freiwillig“ als *positives,* weil schuldminderndes, *Gesinnungsmerkmal*[442] bezeichnen.

1. *Die ausschlaggebende Bedeutung des Rücktrittsmotivs für die Entscheidung der Freiwilligkeit*

Zu dessen Prüfung ist auf den jeweiligen Beweggrund des Rücktritts abzustellen. Denn da Elementarvoraussetzung jeden Rücktritts die *bewußte* Umkehr in Gestalt des Aufgebens der Ausführung oder des Abwendens des Erfolges ist und dies nie „grundlos, ohne Motiv“[443] geschieht, kann der Unterschied zwischen freiwilligem und unfreiwilligem Verhalten denknotwendig nur in der Rücktrittsmotivation liegen, wobei allerdings *nicht* deren Stärkegrad, also ein *quantitativer* Aspekt, sondern deren inhaltliche Ausgestaltung, also ein *qualitatives* Moment entscheidet. Das ist nicht nur die Auffassung der neueren normativen Freiwilligkeitslehren, sondern wurde, wie dargelegt, schon früher vereinzelt, unter anderem von Binding, M. E. Mayer und R. Schmidt hervorgehoben[444]. Auch das Reichsgericht hat sich, was fast durchweg[445] unbeachtet und darum ohne Resonanz geblieben ist, mehrfach ganz dezidiert in diesem Sinne ausgesprochen: nach RGSt. 37, 402 (404) „sind es gerade die *Beweggründe,* deren Beschaffenheit den Ausschlag gibt, ob der Rücktrittsentschluß ein freier oder unfreier war“. In RGSt. 45, 6 (7) heißt es ebenso deutlich: „Die Beweggründe, durch die der Täter veranlaßt wird, die begonnene Ausführung der Straftat aufzugeben, sind entscheidend für die Beantwortung der Frage, ob der Rücktritt ein freiwilliger war oder nicht“. Auf derselben Linie liegt das Urteil RG JW

---

[440] Ebenso RGSt. 37, 402 (405); z. Dohna ZStW 59, 544; Roxin, Heinitz-Festschrift, S. 255 Anm. 17; Bockelmann NJW 1955, 1418; Fahrenhorst a. a. O. S. 47.

[441] Vgl. Gutmann a. a. O. S. 129; „Zweckmäßigkeitsbegriff“, den der Gesetzgeber souverän bestimmen kann.

[442] Die Maßgeblichkeit der Gesinnung betonen auch Jescheck (MDR 1955, 563) und Arzt (GA 1964, 8 i. V. mit Anm. 37).

[443] Hälschner, Deutsches Strafrecht, S. 361 Anm. 2; v. Bar, Gesetz und Schuld, Band II, S. 551.

[444] Siehe oben im Text S. 290 f.

[445] Gewisse Beachtung hat die Rechtsprechung des RG bei z. Dohna ZStW 59, 547 gefunden.

1926, 1167 (1168), das die Vorinstanz kritisiert, weil sie nicht offenlege, „welche Beweggründe“ den Rücktrittsentschluß des Angeklagten hervorgerufen haben, obwohl „gerade hiervon“ die Freiwilligkeitsbeurteilung abhänge. In RGSt. 63, 158 (159) schließlich betont das Reichsgericht, § 46 räume „dem Willen des Täters und seinen Beweggründen für den Rücktritt entscheidende Bedeutung“ ein[446].

Wenn man demgegenüber in den meisten einschlägigen Stellungnahmen von Judikatur und Literatur den Satz liest, das Rücktrittsmotiv sei „gleichgültig“, so erscheint dies in solch allgemeiner Formulierung als Widerspruch, zumindest aber in höchstem Maße mißverständlich. Denn wie eine Überprüfung des älteren Schrifttums[447], aus dem die angeführte These wörtlich übernommen wurde, unter Ausschluß jeden Zweifels ergibt, bezog sie sich ursprünglich *allein* auf die Feststellung, „Reue“ sei nicht erforderlich, vielmehr genüge zur Erlangung des Rücktrittsprivilegs die Tataufgabe aus „Furcht vor Strafe“, d. h. man wollte lediglich klarstellen, daß die sedes materiae des Freiwilligkeitsbegriffs nicht das Gebiet der Ethik oder Moral, sondern der Bereich des Rechts ist. Die „rechtliche“Motivierung des Täters sollte *Minimal-* und *Maximal*bedingung zugleich sein, wie es der damals vorherrschenden kriminalpolitischen Konzeption entsprach, durch die Inaussichtstellung von Straffreiheit den Täter zur Umkehr zu bewegen. Dem Reichsgericht[448] stand jener gedankliche Zusammenhang anfangs noch deutlich vor Augen, als es die Ansicht von der Unerheblichkeit des Motivs nur „in dem Sinne“ für „zutreffend“ erklärte, daß die Frage der Freiwilligkeit „nicht aus der mehr oder minder *sittlichen* Qualität des Motivs heraus zu beantworten ist“. Im Laufe der Zeit aber wurde diese Inhaltsbeschränkung — die Abgrenzung gegenüber dem Gebiet von Moral und Sitte — häufig übersehen, und der Satz: „Die Motive sind gleichgültig“ entwickelte eine Art „Eigendynamik“, die mehr und mehr den Blick verdunkelte für das, was mit dem Merkmal „freiwillig“ eigentlich gemeint war: ein Rücktrittsmotiv, das zwar nicht sittlichen oder moralischen, wohl aber „rechtlichen“ Anforderungen genügen mußte. Hätte man diesen qualitativen Gesichtspunkt nicht aus den Augen verloren, wäre die unselige psychologische „Quantitätsbetrachtung“ der Freiwilligkeit wohl kaum über eine bloße Statistenrolle in Gestalt einer juristischen Theorie hinausgekommen. Es tut daher not, den Freiwilligkeitsbegriff wieder auf seine ursprüngliche Grundlage zu stellen, was allein durch seine Bindung an den sozialethischen Maßstab des Rechts gewährleistet ist. Eine solche Forderung bedeutet deshalb keinen Aufruf zum Moralisieren und keinen Rückgriff auf die Sittenordnung. Sie führt aber auch nicht zu einer Abkehr von der gesetzlichen Ausgestaltung der Rücktrittsvorschrift[449] und bedeutet folglich keine unzulässige

[446] Wörtlich ebenso RGSt. 68, 381.

[447] Vgl. oben im Text S. 280 Fußnote 217.

[448] RGSt. 37, 402 (404).

[449] So auch Roxin, Heinitz-Festschrift, S. 261.

Analogie[450] zuungunsten des Täters, vielmehr ist sie nichts anderes als das Ergebnis einer Rückbesinnung auf den Normzweck und die Korrektur eines teilweise mißverstandenen Grundsatzes. Die von Heinitz[451] und Schröder[452] vorgetragenen Argumente erschüttern darum die hier vertretene Auffassung nicht.

2. *Die Aufschlüsselung des Freiwilligkeitsmerkmals*

Ob der Rücktritt im Einzelfall als Ausdruck rechtstreuer Gesinnung zu werten ist, stellt natürlich ein Problem dar, dessen Lösung — ebenso wie die Feststellung der „echten“ Gesinnungsmerkmale „böswillig“, „gewissenlos“ u. a. — praktisch erhebliche Schwierigkeiten bereitet[453], da man ins Täterinnere nicht hineinsehen kann und die Einlassung des Angeklagten insoweit eine gewichtige Rolle spielt. Doch wird der Richter dadurch nicht zum „Spielball“ seiner Angaben; denn die äußeren Umstände der Tat üben eine durchaus beachtliche Kontrollfunktion aus, erlauben oftmals sogar eindeutige Rückschlüsse und vielfach kann man auch auf Aussagen des Opfers oder anderer Tatzeugen zurückgreifen. Trotzdem aber bleibt die Aufgabe der Gerichte, die in der Freiwilligkeitsformel abstrakt-generell umschriebenen konkreten Sachverhalte zu ermitteln, diffizil genug. Denn neben der auf *tatsächlichem* Gebiet liegenden Erforschung des Rücktrittsmotivs, d. h. des Wertungs*objekts*, gibt ja dessen *rechtliche* Beurteilung unter dem Gesichtspunkt der „sozialethischen Ordnung des Rechts“ zu weiteren Zweifeln Anlaß. Das ist die unvermeidbare crux einer jeden Wertung, die hier durch den relativ groben Wertungsmaßstab noch zusätzlich erschwert wird. Das Bemühen der Theorie kann daher nur darauf ausgerichtet sein, das Merkmal „freiwillig“ soweit aufzuschlüsseln[454], daß sich dieser Unsicherheitsbereich in möglichst engen Grenzen hält. In welchem Maße das gelingt, müssen die nun folgenden Ausführungen zeigen.

a) Die Abgrenzung der Rücktrittserfordernisse „aufgeben“ und „freiwillig“

Einen wesentlichen Beitrag zu größerer Klarheit vermag dabei die scharfe Abgrenzung der beiden Rücktrittsvoraussetzungen „Freiwilligkeit“ und „Aufgabe der beabsichtigten Handlung bzw. der weiteren Tatausfüh-

---

[450] Zum Analogieverbot im AT vgl. Warda-Faber JuS 1965, 444; Maurach AT, 3. Aufl., S. 445 f.

[451] Heinitz JR 1956, 251.

[452] Schröder MDR 1956, 323.

[453] Vgl. dazu Stratenwerth AT Rdnr. 352 ff.; v. Weber-Festschrift S. 171 ff.; Schmidhäuser, Gesinnungsmerkmale, S. 249 ff.

[454] So wie es einst der Gesetzgeber in einigen Partikularrechten des 19. Jahrhunderts in Ansätzen getan hat, als er z. B. Reue, Gewissensregung, Mitleid und Furcht vor Strafe ausdrücklich als Beweggründe anführte, die Straflosigkeit nach sich zogen, vgl. Art. 58 BayStGB v. 1813, Art. 69 HessStGB v. 1841.

rung“[455] zu leisten. Denn bei exakter Subsumtion erkennt man, daß eine Vielzahl der in Judikatur und Literatur üblicherweise dem erstgenannten Fragenkreis zugeordneten Fallgestaltungen sachlich nicht hierher gehören. Die Befreiung der Freiwilligkeitsproblematik von diesem „Wildwuchs“ stellt daher eine Aufgabe dar, die vorrangig in Angriff genommen werden muß.

aa) Keine Tataufgabe bei Unterlassen weiterer Handlungen im Glauben an die Erfolgsverwirklichung durch die bisherigen Tätigkeitsakte

Das führt zunächst einmal zur Aussonderung der Fälle, in denen der Täter von weiteren Aktionen Abstand nimmt, weil er glaubt, sein Ziel erreicht zu haben. Denn wer z. B. das Opfer seines Mordanschlags für tot hält, hat aus seiner Sicht den Erfolg verwirklicht und verzichtet deshalb nicht, wenn er von nun an untätig bleibt, auf irgendwelche Schritte zur Tatbestandsverwirklichung. Der dem Rücktritt wesentliche Wille zur Rechtsguterhaltung muß bei einem so motivierten Handlungsabbruch notwendigerweise fehlen. Uneingeschränkte Zustimmung verdient daher die letzte höchstrichterliche Entscheidung eines derart strukturierten Sachverhalts, in der der BGH mit aller Deutlichkeit feststellt: „Wer weitere Tatbestandshandlungen unterläßt, weil er die Tat für vollendet hält, gibt nicht die Ausführung der beabsichtigten Straftat auf“[456].

bb) Keine Tataufgabe bei Abstandnahme von weiterem Tun im Bewußtsein, den beabsichtigten Erfolg aus tatsächlichen Gründen nicht herbeiführen zu können

Dasselbe gilt im — fast könnte man sagen — umgekehrten Falle, daß der Täter sein verbrecherisches Tun abbricht, weil ihm die Vollendung seiner Tat als objektiv *unmöglich* erscheint. Denn wie schon im Rahmen der Kritik der psychologischen Freiwilligkeitsdeutung herausgestellt wurde, läßt sich rein begrifflich nur etwas „aufgeben“, das zu vollbringen man sich imstande fühlt, d. h. eine Tat-„aufgabe“ kommt *überhaupt nur* in Betracht, wenn vom Blickwinkel des Täters aus gesehen die Möglichkeit der Tatbestandsvollendung besteht. Das bedeutet aber nicht, daß unter dieser Voraussetzung *stets* ein „Aufgeben“ der beabsichtigten Handlung vorliegt, vielmehr ist damit erst eine *notwendige* Bedingung hierfür umschrieben. Denn nach unseren früheren Darlegungen zur Abgrenzung von Versuchsfortsetzung und Versuchswiederholung muß hinzukommen, daß der Täter noch

[455] Vgl. § 46 Ziff. 1 und § 24 I S. 1 AT 1975.

[456] BGH 5 StR 49/58 — Urteil vom 11. 4. 1958 — unveröffentlicht; anders (unter dem Aspekt der Freiwilligkeit): RGSt. 4, 290 (294); BGH MDR 1951, 117; BGHSt. 10, 129 (130). Vgl. aus der Literatur i. S. der Auffassung des Textes: Gutmann a. a. O. S. 88; Rüdorff § 46 Anm. 6; Würfel a. a. O. S. 68; anders dagegen v. Bar, Gesetz und Schuld, Bd. II S. 555, Anm. 123.

keinen schon für sich zur Erfolgsherbeiführung geeigneten Tätigkeitsakt vorgenommen hat. Ein fehlgeschlagener Versuch, von dem es weder einen freiwilligen noch einen unfreiwilligen Rücktritt gibt, ist daher sowohl dann anzunehmen, wenn der Täter trotz und in Kenntnis weiterer Vollendungsmöglichkeiten *nach* dem *Scheitern eines erfolgstauglichen Versuchsteilaktes* von der Tat — *gleichgültig* aus *welchem* Beweggrund — absteht[457], als auch dann, wenn er *vor* Beendigung der erfolgsnotwendigen Tätigkeit *gerade deshalb* weitere Handlungen unterläßt, *weil* er glaubt, den vorgestelllten tatbestandsmäßigen *Erfolg zu diesem Zeitpunkt nicht mehr verwirklichen zu können*[458]. Nur um dieses zweite Fallkategorie geht es im jetzigen Zusammenhang.

aaa) Unmöglichkeit der tatbestandsmäßigen Vollendung des Delikts

Beispiele dafür bietet die Rechtsprechung in Hülle und Fülle: wer bei einem Raubversuch den erwarteten Kassenboten nicht zu Gesicht bekommt, wer bei einem Notzuchtversuch wegen Libidoverlustes den Geschlechtsverkehr nicht auszuüben in der Lage ist, wer beim Einbruchsversuch nicht genügend Geschicklichkeit oder Kraft besitzt, die Tür aufzustemmen oder das gesuchte Tatobjekt nicht findet, wer von der Untauglichkeit des Mordwerkzeugs oder der Wirkungslosigkeit des Abtreibungsmittel überzeugt ist[459] oder wer merkt, daß sich das Betrugsopfer nicht täuschen läßt — und deshalb keine der an sich noch geplanten und zur Deliktsvollendung notwendigen Tathandlungen vornimmt, der gibt die „weitere Ausführung" nicht auf. Denn aus seiner Sicht war der Taterfolg aufgrund der gegebenen Umstände jedesmal unerreichbar, sein Versuch also gescheitert. Die Frage der „Freiwilligkeit" des Rücktritts, die Rechtsprechung und Lehre ganz überwiegend als das eigentliche Problem dieser Fälle angesehen haben, hätte daher bei systematischer Prüfung überhaupt nicht gestellt werden dürfen, wobei es gleichgültig ist, ob der Zurücktretende die objektive Sachlage richtig oder falsch beurteilt hat. Denn da es auf die Motivation des Handlungsabbruchs ankommt, kann immer nur maßgebend sein, welches Bild sich der *Handelnde* von der Wirklichkeit machte. Im Ergebnis ist also festzuhalten, daß dort, wo der Täter seine Rechtsgutangriffe aufgrund der Erkenntnis „ich kann nicht, selbst wenn ich wollte" einstellt, kein „Rücktritt" vorliegt und deshalb die vielzitierte Franksche Formel — im strengen Wortsinn ver-

---

[457] Siehe oben im Text S. 232 ff.

[458] Auf diese Fälle wenden Roxin (Kriminalpolitik, S. 38) und Schmidhäuser (AT Kapitel 15/81, S. 501) den Begriff des fehlgeschlagenen Versuchs an.

[459] Diese Beispiele zeigen, daß eine klare Grenzziehung zwischen fehlgeschlagenem und untauglichem Versuch kaum möglich ist, vgl. dazu Arzt GA 1964, 5 Anm. 25. Für die vorliegend behandelte Problematik spielt der Unterschied keine Rolle, da die Gründe, die im Täter die Vorstellung wecken, die Erfolgsherbeiführung sei unmöglich, keine Rolle spielen.

standen — keine Testformel für die „Freiwilligkeit“, sondern für das vorgelagerte Rücktrittserfordernis der Tat-„aufgabe“ darstellt[460].

bbb) Unmöglichkeit der konkret geplanten Deliktsrealisierung

Mit dieser Feststellung darf man sich jedoch nicht begnügen. Denn so klar umrissen das Gebiet des fehlgeschlagenen Versuchs erscheint, wenn man nur *abstrakt* fragt, ob der tatbestandsmäßige Erfolg *als solcher* noch herbeigeführt werden kann, so stark variieren seine Grenzen, wenn man die Vollendungsmöglichkeit vom jeweiligen *konkreten* Tatplan her bestimmt, wie es § 46 Ziff. 1 a. F. durch seinen Hinweis auf die „beabsichtigte Handlung“ ausdrücklich verlangt, an sich aber eine selbstverständliche und darum in § 24 Abs. 1 S. 1 AT 1975 nicht besonders hervorgehobene Notwendigkeit ist, da der Rücktritt ein Aufgeben des zunächst gefaßten Tatentschlusses erfordert. Schon Herbst hatte darauf aufmerksam gemacht, daß in denjenigen Fällen, in denen sich „die in bestimmter Gestalt vorgestellte und in Aussicht genommene Ausführungsweise der strafbaren Handlung als bedingende Voraussetzung ihrer Begehung überhaupt“[461] erweist, die „Verhinderung der speziellen Ausführungsweise zur Hinderung an der Ausführung schlechthin“[462] wird, und dies an folgendem Beispiel veranschaulicht: für den bislang gut beleumundeten Beamten, der zur Abdeckung eines Kassenfehlbetrages von 100 Mark gerade diese Summe stehlen „will und muß“, bedeute „die Tatsache, daß er nur 50 vorfindet, ein die Durchführung des konkreten Verbrechensentschlusses unmöglich machendes Hindernis“[463]. Noch schärfer stellte Finger den Zusammenhang zwischen dem jeweiligen Grad der Konkretisierung des Täterplans und der Frage seiner Realisierbarkeit heraus: ob der Täter, der in Diebstahlsabsicht eine Schmuckkassette erbrochen, aber die vorgefundenen Pretiosen liegen gelassen hat,

[460] Roxin (Heinitz-Festschrift, S. 254) spricht von einem „Formulierungsversuch am untauglichen Objekt“. In der Literatur schwankt die Beurteilung der Frankschen Formel stark: *Negativ* äußerten sich M. E. Mayer AT S. 371 Anm. 9 („nicht immer zuverlässig“); Nagler LK (6. Aufl.) § 46 Anm. III A („die Formel hat nur allgemein informatorischen Wert“); Baumann AT S. 518 („merkenswert, aber nicht mehr als eine praktische Faustregel“); Heinitz JR 1956, 249 („nicht genügend“); Schmidhäuser AT Kapitel 15/91 („dürftiger Behelf“); Schröder JuS 1962, 82 („letztlich nicht viel gewonnen“); MDR 1956, 321 („Probleme beginnen erst jenseits der von ihr erfaßten Fälle“); Gutmann a. a. O. S. 183 („bedeutet nur grobe Vorprüfung“); v. Scheurl a. a. O. S. 57 („nicht mehr gesagt als mit dem Ausdruck ‚freiwillig‘ selbst“). *Positiv* äußerten sich: Busch LK (9. Aufl.) § 46 Rdnr. 20 („für die Beurteilung wertvoll“); ebenso Jagusch LK (8. Aufl.) § 46 Anm. II 3; ebenso schon Lobe LK (5. Aufl.) § 46 Anm. 3 („gut sagt Frank“); Eser, Studienkurs, Teil II, Fall 32 Rdnr. 25 („für die Ausgangsprüfung empfiehlt sich regelmäßig die Franksche Formel“); Maurach AT S. 520 („am zweckmäßigsten unter Zugrundelgung der sog. Frankschen Rücktrittsformel“); Mezger, Lehrbuch S. 404; Welzel, Lehrbuch, S. 197; Wessels AT, S. 102.

[461] Herbst GA 32, 133.

[462] Herbst GA 32, 134.

[463] Herbst GA 32, 133.

„stehlen konnte", hänge davon ab, ob er den „allgemeinen Vorsatz" hatte, „fremde Sachen wegzunehmen"[464], oder von einer auf die Wegnahme *bestimmter* fremder Sachen gerichteten und somit „individualisierten verbrecherischen Absicht"[465] geleitet gewesen sei. Im ersten Fall konnte er seinen Vorstellungen gemäß die Tat vollenden, im zweiten dagegen nicht, wenn die gesuchten Stücke fehlten. Übertragen auf den Notzuchtversuch, von dem der Täter abließ, weil die Überfallene wesentlich älter als zunächst von ihm vermutet war, bedeutet dies nach Ansicht Fingers: „Wer von dem Willen des Täters, eine Frauensperson zu mißbrauchen", ausgeht, gelangt zu freiwilligem Rücktritt, wer den Ausgang nimmt von dem Willen, „eine junge Frauensperson zu mißbrauchen", zu einem unfreiwilligen Rücktritt[466].

Diese Feststellungen — wenngleich unter dem Gesichtspunkt der „Freiwilligkeit" getroffen — sind für die Beurteilung des Problems der Tataufgabe von erheblicher Bedeutung. Denn sie machen deutlich: je konkreter und individueller der Plan des Täters ist, um so eher wird er zu dem Schluß kommen, den tatbestandsmäßigen Erfolg nicht so, wie geplant, verwirklichen zu können, um so eher also vom Scheitern seines Versuchs überzeugt sein, so daß das Nichtweiterhandeln kein „Aufgeben" darstellt. Umgekehrt: je abstrakter und genereller der Täter sein Ziel anvisiert hat, um so weniger leicht drängt sich ihm der Gedanke auf, die Tatbestandsvollendung sei unmöglich, um so fernliegender also ist die Annahme eines fehlgeschlagenen Versuchs. Bei Eigentumsdelikten ist die Abhängigkeit der Rücktrittsentscheidung von der mehr oder minder exakten Festlegung des Tatobjekts seitens des Täters weithin anerkannt. Wer es auf Bargeld abgesehen hat, aber nur Photoapparate und anderes findet und deshalb nicht mitnimmt[467], wer das „Bismarckbild bei Z für einen echten Lenbach hält", kurz vor der Wegnahme jedoch bei genauerer Betrachtung als „für ihn reizlose" Kopie erkennt"[468] und daher hängen läßt, oder wer zum Zwecke der Geschäftseröffnung einen ganz bestimmten Geldbetrag benötigt, in der Kasse des auszuraubenden Opfers aber nur eine weit unter dem erforderlichen Minimum liegende Summe entdeckt und daraufhin, ohne etwas wegzunehmen, das Weite sucht"[469], dem wird wegen der Undurchführbarkeit seines *Tatplans* die Berufung auf Rücktritt versagt: nach herrschender Rechtsprechung[470] und Lehre[471] mit der Begründung fehlender „Freiwilligkeit", nach richtiger,

---

[464] Finger GS 82, 374; vgl. auch Stilke a. a. O. S. 36 f.; Wimmer a. a. O. S. 23.

[465] Finger GS 82, 376 (Fußnote 1 von S. 375) unten.

[466] Finger GS 82, 375.

[467] So BGHSt. 13, 156.

[468] So das Beispiel Köhlers AT S. 470.

[469] So BGHSt. 4, 56 ff.

[470] Vgl. RGSt. 70, 1 (2); BGHSt. 4, 56 (59); 13, 156 (157); anders noch z. T. RGSt. 55, 66; 24, 222, siehe oben im Text S. 267 ff.

[471] Vgl. u. a. Schönke-Schröder, § 46 Rdnr. 25 a; Welzel, Lehrbuch, S. 197; Oehler JZ 1953, 561; Busch LK (9. Aufl.) Rdnr. 24—27; Maurach AT S. 521; Dreher § 46 A 1 b; Lackner-Maassen, § 46 Anm. 3 c.

von einer Mindermeinung[472] im Schrifttum auch vertretener Ansicht: mangels Tat-„aufgabe“ infolge fehlgeschlagenen Versuchs[473]. Die Tatsache, daß die Vollendung des Diebstahls oder Raubes *an sich* noch möglich war, spielt hier also keine Rolle[474], da die Frage des Weiterhandelnkönnens ganz streng auf das *spezielle* Tatobjekt bezogen wird und insoweit — wegen dessen Nichtvorhandensein — zweifellos zu verneinen ist.

Was im Falle des auf eine bestimmte „fremde bewegliche Sache“ gerichteten Tatplans gilt, muß dann aber konsequent und durchgängig, d. h. auch bei Konkretisierung von Tat*mittel* und sonstigen Ausführungs*modalitäten* sowie auf alle Tatbestände angewandt werden. Denn Art und Weise der Deliktsverwirklichung, Handlungsmittel, Örtlichkeit und Zeitpunkt des Geschehens können im Einzelfall für das Vorhaben des Täters genauso wichtig und darum genauso exakt festgelegt sein wie das Tatobjekt, dem der Angriff galt. Ein instruktives Beispiel hierfür bietet der folgende Fall: der Angeklagte war aufgrund der Information, jemand habe seine drei Frauen durch wiederholtes Eingeben von geringen Mengen Arsenik völlig unbemerkt beseitigt, auf den Plan verfallen, in gleicher Weise seine ihn an der Übernahme des Hofs hindernde Stiefmutter umzubringen, d. h. er wollte sie „durch mehrere Dosen Arsenik so töten“, daß anfangs keinerlei erkennbare Wirkung festzustellen war und erst die gesamte Menge den Tod herbeiführte[475]. Schon nach der ersten ins Essen beigegebenen Dosis mußte sich jedoch die Stiefmutter heftig übergeben, was Verdacht erregte und den Angeklagten veranlaßte, seine Mordabsichten nicht mehr weiter zu verfolgen. Mit Recht betont Dopffel m. E., daß nach dem vorliegenden Sachverhalt § 46 Ziff. 1 „überhaupt nicht eingreifen“ könne, da der Versuch „fehl-

---

[472] Roxin, Heinitz-Festschrift, S. 254 Anm. 12; Jescheck AT S. 410; Hruschka JZ 1969, 497; Schmidhäuser AT 15/82; Baumann, Strafrechtsfälle, S. 124; schon Spohr a. a. O. verneinte in diesem Fall das Merkmal „Aufgeben“.

[473] Dagegen wendet sich Bockelmann (NJW 1955, 1419 Anm. 26 von S. 1418) mit dem Argument, dann müsse man konsequenterweise im Falle der Wegnahme der geringen Beute versuchten, in Realkonkurrenz mit vollendetem Diebstahl annehmen und das sei unrichtig. Dieser Einwand überzeugt nicht. Denn wenngleich für den Tatbestand des § 242 (abgesehen von dem Verhältnis zu § 370 Ziff. 5 a. F.) die Vorsatzfestlegung auf eine bestimmte Sache belanglos ist, so geht es doch bei der Frage der Aufgabe der beabsichtigten Handlung um ein anderes Problem, das die Konkretisierung nach dem gesetzlichen Wortlaut verlangt. Vgl. auch BGHSt. 13, 156, wo dies ebenfalls insoweit nicht als Widerspruch angesehen wird.

[474] In RGSt. 70, 1 (2) und BGHSt. 13, 156 (157) wird bezüglich der liegengelassenen Tatobjekte freiwilliger Rücktritt angenommen. Das ist nicht nur „überflüssig“, wie Schmidhäuser meint (AT Kapitel 15/82), sondern die sinnwidrige Aufspaltung des einheitlichen Geschehens (so mit Recht kritisch Baumann, Strafrechtsfälle, S. 124; Hruschka JZ 1969, 496). In Wahrheit liegt *ein* fehlgeschlagener Versuch vor.

[475] Mitgeteilt von Dopffel GS 94, 422 ff.

geschlagen"[476] sei. Denn die „Fortsetzung der geplanten Tat in dieser Form und mit diesen Dosen Arsenik" habe sich „als unmöglich" erwiesen[477].

Auch der BGH sprach in dem „Krankenpflegerfall"[478], wo der Angeklagte sein Opfer mit einer Benzininjektion ins Herz töten wollte, die Kanüle jedoch vor Erreichen des Herzens abbrach, von einem „fehlgeschlagenen" Mordversuch, obwohl bei leichter Modifizierung des Tatplans der Tod des schon betäubten Patienten sicherlich noch hätte herbeigeführt werden können. Aber die Möglichkeit der Erfolgsverwirklichung durch die *konkret* beabsichtigte Handlung fehlte und deshalb kommt eine Tat-„aufgabe" nicht in Betracht. In gleicher Weise beurteilte der BGH[479] den Notzuchtsversuch eines Täters, der von dem Mädchen abließ, weil es seine Tage hatte, als fehlgeschlagen; denn jener sei bei seinem Angriff von der Vorstellung ausgegangen, eine für seine Zwecke disponierte Frau vor sich zu haben, und stehe nun angesichts der mangelnden Eignung des Opfers vor der Unmöglichkeit, *diese* — seine geplante — Tat zu vollenden. Ebenso müßte man dann aber auch dort[480] entscheiden, wo für den Täter bei seinem Betrugsmanöver die Einsichtnahme in den Vertrag mit dem Vorpächter als ein „Teil seines Gesamtplans" so wesentlich war, daß er wegen der Nichtvorlage dieses Vertrages „das ganze Projekt scheitern ließ". Obwohl er sein Vorhaben ohne weiteres durch Aufgabe seiner Forderung „hätte durchführen können", erwies sich der Betrug in der von ihm geplanten Begehungsweise „als undurchführbar", nicht anders als in den vorstehend erwähnten Fällen, wo der Täter, um zur Vollendung zu gelangen, auch bloß geringfügige Abstriche oder Änderungen an seinen Ausgangsvorstellungen hätte vornehmen müssen und sich nicht auf ganz bestimmte Sachen, auf ihr Vorhandensein in bestimmter Menge, auf Personen mit bestimmten Eigenschaften oder eine bestimmte Art der Erfolgsverwirklichung hätte versteifen dürfen. Der Unterschied der einzelnen Fallgestaltungen liegt nur darin, daß das vom Täter als unmöglich Erkannte einmal das, *was* er wollte, betraf, das andere Mal dagegen sich auf das „*Wie*" der Ausführung bezog; die Motivation seines Nichtweiterhandelns war jedoch dieselbe: er sah keine Chance mehr, seinem Ziel durch Fortführung *seines* Tatkonzepts näherzukommen, so daß von einem „Aufgeben" keine Rede sein kann. Das gilt auch in den übrigen Fällen[481], in denen die Rechtsprechung den Täterplan genau analysierte und mit der Formel, „so wie geplant" sei die Deliktsvollendung nicht zu erreichen gewesen, die Freiwilligkeit des Rücktritts verneinte: Hier hätte überall wegen des dem Täter bewußten *Fehlschlags* seines

[476] Dopffel GS 94, 427; unrichtig in einem gleichgelagerten Fall Otto GA 1967, 197: es fehlte „bereits" (!) an der Freiwilligkeit.

[477] Dopffel GS 94, 427.

[478] BGH Urteil vom 30. 8. 1968 — 4 StR 328/68 — unveröffentlicht, siehe oben im Text S. 169.

[479] BGHSt. 20, 279 (280).

[480] BGH GA 1956, 355 (356).

[481] Siehe insbesondere die im Text S. 258 mitgeteilten Fälle.

Versuchs zur Begründung des Ausschlusses des § 46 Ziff. 1 auf den fehlenden *Aufgabe*entschluß abgestellt werden müssen.

Die Konsequenzen dieser Auffassung liegen auf der Hand: je mehr der Täter sein Handlungsziel konkretisiert und sich auf irgendwelche Details bei der Ausführung der Tat festlegt, um so begrenzter wird die Bedeutung des Freiwilligkeitsmerkmals und um so stärkere Relevanz erlangt die Tat*aufgabe* als primäre Rücktrittsvoraussetzung. Am Ergebnis der Entscheidung im praktischen Fall ändert sich dadurch freilich nichts: dem Täter, der vor restloser Durchführung der zur Erreichung des Erfolges als unbedingt notwendig erachteten Tätigkeit innehält und von weiteren Handlungen in der Annahme absieht, das Delikt nicht oder nicht „so wie geplant" vollenden zu können, bleibt das Rücktrittsprivileg versagt. Immerhin aber vermag die Ausscheidung dieser Fälle aus dem Bereich der *Unfreiwilligkeit* und ihre Kennzeichnung als *fehlgeschlagene* Versuche einiges zur Klarstellung beizutragen, nicht nur, weil dadurch die Freiwilligkeitsproblematik entzerrt[482] und übersichtlicher wird, sondern auch, weil durch diese Verschiebung das elementare Rücktrittserfordernis des „Aufgebens" wieder eine eigenständige sachliche Funktion erhält, die weitgehend aus dem Blick geraten war. Allerdings muß davor gewarnt werden, nun ins andere Extrem zu verfallen und das Gebiet des fehlgeschlagenen Versuchs ins Uferlose auszudehnen. Die Gefahr besteht insofern, als in der Berücksichtigung modaler Faktoren unter dem Aspekt „Unmöglichkeit der Deliktsvollendung" eine enorme Sprengkraft liegt. Denn da jede Tat, die im Versuchsstadium steckenbleibt, als „Fehlschlag" bezeichnet werden kann[483], muß, weil sie fehlgeschlagen ist, stets irgend etwas geschehen sein, was der Täter, der ja unter *Erfolgs*vorstellungen seine Handlung beginnt, nicht erwartet hatte. D. h.: Was auch immer den Täter veranlaßt, nicht mehr weiterzuhandeln, ist letztlich der Tatsache zuzuschreiben, daß er die Vollendung „so wie geplant" nicht realisieren konnte. Ob der Täter aus Reue, Mitleid, Angst, Schmerz, wegen drohender Verfolgung oder Lebensgefahr sein Vorhaben abgebrochen hat, wäre aus dieser Sicht gleichgültig; denn da er davon ausging, die nötige seelische Verfassung zum Durchstehen des Verbrechens zu haben, nicht wehleidig zu sein, nicht ertappt zu werden und kein besonderes Risiko zu laufen, wäre allemal bei Eintritt dem entgegenstehender Umstände ein Weiterhandeln in der vorausgesetzten Weise nicht mehr möglich gewesen. Dadurch könnten selbst unstreitige Fälle freiwilligen Rücktritts zu fehlgeschlagenen Versuchen umfunktioniert werden: das Freiwilligkeitskriterium wäre bedeutungslos und der Rücktritt mangels fortdauernder, „so wie gewollter" Vollendungsmöglichkeit überhaupt ausgeschlossen.

Das kann nicht richtig sein und hat deshalb auch noch niemand vertreten. Immerhin aber gibt es einen vielbeachteten ersten Schritt in diese Rich-

---

[482] Auf die Entlastung der Freiwilligkeitsfrage weist auch Eser hin (Studienkurs, Teil II, Fall 33, Rdnr. 33), ohne allerdings sich zu dieser Problemverschiebung durchringen zu können.

[483] Arzt GA 1964, 5.

tung. Gemeint ist der Gedanke z. Dohnas, der Rücktritt des Täters im Falle seiner Entdeckung und der daraus resultierenden Furcht vor Strafverfolgung[484] sei stets unfreiwillig, da jeder Verbrecher unentdeckt bleiben und die Tat *straflos* ausführen wolle, „dieses Ziel" aber „nunmehr unerreichbar geworden, ... sein Plan" also „gescheitert" sei[485]. Deutlich klingt hier schon in der Formulierung der Aspekt des fehlgeschlagenen Versuchs an, so daß man sich eigentlich wundern muß, warum z. Dohna nicht darauf die Verneinung des Rücktritts gestützt, d. h. ihn mangels Tat-„aufgabe" abgelehnt hat. Mit der Unterscheidung zwischen objektiver und subjektiver Interpretation des „Fehlschlags" hat das nichts zu tun; denn der Nichteintritt des Erfolges war — bezogen auf die *Modalität* des Handelns — *absolut sicher*, die Erfolgsherbeiführung in der beabsichtigten Weise also objektiv unmöglich und dem Täter dies auch bewußt. Trotzdem wird man im Ergebnis z. Dohna zustimmen und den Rücktrittsausschluß wegen *fehlender Freiwilligkeit* bejahen müssen. Denn mit der Begründung, der Täter habe nach Gewahrwerden seiner Entdeckung nicht mehr weiter gehandelt, weil sein Plan *undurchführbar* geworden sei, wird ein allzu vordergründiger und rein formaler Standpunkt eingenommen. Gewisse Vorstellungen bezüglich des Tatobjekts, des Einsatzes bestimmter Mittel oder des Handlungsverlaufs, insbesondere aber die Erwartung, die Tat vollenden zu können, und zwar *straflos*, hat nämlich fast jeder Täter und die Lehrbuchbeispiele, daß jemand „von vornherein mit sicherer Entdeckung rechnet"[486], dürften seltene Ausnahmen sein, für die man schon auf den Reiz, etwas Strafbares zu tun, oder die Sucht, durch eine unerhörte Tat — wie einst Herostrat aus Ephesus[487] — bekannt zu werden, als Handlungsmotive abstellen muß. Wollte man solche *allgemeinen*, im Regelfall völlig *selbstverständlichen* Voraussetzungen einer Straftat bereits als Ausdruck eines „konkreten" Tatplans werten und bei ihrem Nichtvorliegen dann konsequent in der Abstandnahme des Täters von der Weiterführung keine Tat-„aufgabe" sehen, da jene „so wie geplant" unmöglich gewesen sei, würde für die Freiwilligkeitsprüfung praktisch kaum noch ein problematischer Fall übrig bleiben.

Dagegen spricht einmal, daß das Rücktrittsmerkmal „freiwillig" neben dem Erfordernis des „Aufgebens" des Tatentschlusses, wie die Hervorhebung im Gesetz zeigt, eine *selbständige* Funktion hat und es daher auch Sachverhalte geben muß, in denen der Täter zwar „aufgegeben", dabei aber „unfreiwillig" gehandelt hat. Hinzu kommt, daß das Fehlen einer Voraussetzung, auf die sich der Täter nicht in besonderer Weise, aus ganz

[484] Glaubt der Täter aufgrund der Entdeckung, er könne die Tat *nicht vollenden*, so liegt nach den vorstehenden Ausführungen ohnehin kein „Aufgeben" vor; nach Ansicht z. Dohnas fehlt hier ebenfalls die „Freiwilligkeit". Vgl. hierzu später im Zusammenhang S. 333.

[485] z. Dohna ZStW 59, 547.

[486] Baumann AT S. 518.

[487] Herostrat soll im Jahre 356 v. Chr. den berühmten Artemis-Tempel von Ephesus angezündet haben, um in die Geschichte einzugehen.

speziellen Gründen bei Tatbeginn festgelegt hatte, auch kaum die Überzeugung hervorruft, die Fortsetzung der Tat sei ihm versperrt. Daß der Täter hier seine Tätigkeit einstellt, *weil* er die Vollendung in bestimmter Weise für *unerreichbar* hält, ist recht unwahrscheinlich, vielmehr wird der Handlungsabbruch regelmäßig auf *anderen Beweggründen* beruhen. Es erscheint daher richtig, nur in denjenigen Fällen „modaler“ Unmöglichkeit einen fehlgeschlagenen Versuch anzunehmen, wo der Täter von einem *detaillierten* Plan ausgegangen ist, in dem die Einzelheiten für die Erfolgsherbeiführung spezifische Bedeutung haben, so daß die tatbestandsmäßige Vollendung mit dem Eintritt der geplanten oder dem Ausbleiben der erwarteten Umstände „steht und fällt“, wo also der Täter sich bewußt selbst gebunden hat, d. h. wo es ihm einzig und allein auf ein Tatobjekt in bestimmter Qualität oder Quantität, auf ein bestimmtes Tatmittel oder auf eine bestimmte Art und Weise der Tatbegehung ankam. Ob der Täterplan derart ausschließlich fixiert ist oder insoweit nur unreflektierte Erwartungen, allgemeine Vorstellungen und Hoffnungen enthält, ist natürlich eine Frage des Einzelfalles, deren Beantwortung sich äußerst schwierig gestaltet und weitgehend von der Einlassung des Täters abhängt. Das ist eine bedauerliche, aber unvermeidbare Folge der Tatsache, daß das Rücktrittsmotiv den Auschlag gibt. Die u. U. praktisch weitreichenden Auswirkungen illustriert der in BGHSt 4, 56 entschiedene Fall, wo der Räuber den Kasseninhalt von 30 DM liegen ließ. Ohne seine Aussage, gerade 300 DM zum Zwecke der Geschäftseröffnung benötigt zu haben, hätte man mangels anderer Erklärung freiwilligen Rücktritt wohl ebenso bejaht wie dort, wo der Täter den unmittelbaren Angriff auf sein Opfer unterließ und nur „dank“ seiner Auskunft, er habe die zur Übertönung eventueller Schmerzensschreie notwendige „Geräuschkulisse“ in Gestalt eines Mühlenwerks nicht in Gang bekommen[488], wegen Mordversuchs verurteilt wurde. Während hier die Angaben des Täters sogar über Schuld und Strafe entscheiden, geht es bei der erörterten Eindämmung des Anwendungsbereichs des fehlgeschlagenen Versuchs in Fällen, wo der Täter die Tat z. B. nicht „unentdeckt“ oder „straflos“ vollenden kann, nur um das Problem der *Begründung* des Rücktrittsausschlusses: mangels Tataufgabe oder mangels Freiwilligkeit, so daß die Unsicherheit exakter Grenzziehung auf das Ergebnis nicht durchschlägt.

Allgemein läßt sich abschließend feststellen: Ein Abstehen des Täters vom Versuch infolge erkannter Undurchführbarkeit des Vorhabens bedeutet keine „Aufgabe“ der Tat. Dieses Problem taucht vor allem dort auf, wo der Täter auf einen konkreten Tatplan festgelegt war oder ohne solche Fixierung auf für ihn unüberwindliche Schwierigkeiten auf dem Weg zur Tatvollendung stieß. Bei günstigem oder zumindest gegenüber der erwarteten Sachlage unverändertem Kausalverlauf kommt dagegen niemals das Motiv des Gescheitertseins und damit höchstens „unfreiwilliger“ Rücktritt in Betracht. Stellt man keine zu geringen Anforderungen an den Grad der

---

[488] Sachverhalt der RG-Entscheidung LZ 1927, 320.

Konkretisierung der Tätervorstellungen, d. h. hält man die „Tatplan-Unmöglichkeit" in den vorgezeichneten Schranken, haben beide Rücktrittsvoraussetzungen eine in etwa gleichgewichtige Bedeutung. Der im Schrifttum[489] unternommene Versuch, nur bei wesentlichen Abweichungen vom vorgestellten Tatablauf einen Fall von „Unmöglichkeit" anzunehmen, erscheint demgegenüber unrichtig. Denn wenn der Täter von seinem Vorhaben abläßt, *weil* er glaubt, ohne das von ihm zur Durchführung der Tat vorausgesetzte Vorhandensein oder Fehlen bestimmter äußerer Umstände nicht zum Ziele gelangen zu können, dann ist die Abstandnahme von weiteren Handlungen ein untrügliches Zeichen für die Erheblichkeit dieser Momente auf dem Weg zur Tatvollendung. Maßgebend ist nicht, was ein Dritter — nach welchem Maßstab auch immer — innerhalb des Tatplans als wichtig oder unwichtig beurteilt, sondern welcher Beweggrund den Täter veranlaßt hat, „Schluß zu machen". Das dafür ausschlaggebende konkrete Ereignis kann gerade in den Augen anderer unter Relevanzgesichtspunkten ganz verschieden bewertet werden: ob ein anderer „Räuber" bei Unterstellung desselben Tatplans in dem schon mehrfach erwähnten Fall die vorgefundenen 30 DM mitgenommen hätte, ist gleichgültig; denn daran, daß der wirkliche Täter das Geld liegen ließ, *weil* er sein Unternehmen im Hinblick auf den damit verfolgten Zweck als *gescheitert* ansah, würde diese Feststellung nichts ändern. Ebenso darf die Differenz zwischen erwartetem (benötigtem) und tatsächlichem Kasseninhalt nicht einer objektiven Wertung unterzogen und etwa bei 270 DM als „bedeutend", bei 70 DM dagegen als „belanglos" bezeichnet werden, vielmehr ist entscheidend, wie der Handelnde — gemessen an seinen Vorstellungen — die neue Sachlage beurteilt und welche Schlußfolgerungen er für sich daraus zieht. Unter besonderen, hier nicht näher zu schildernden Umständen ist es denkbar, daß selbst ein sehr kleines „Manko" im obigen Fall die Überzeugung eines „Fehlschlags" beim Täter hätte auslösen können[490]. Wenn Roxin daher gegenüber z. Dohna einwendet, „inwieweit eine Veränderung der Situation die Intentionen des Täters vereitelt", hänge „davon ab, ob ein Weiterhandeln für ihn noch sinnvoll ist", und das sei „ein Problem wertender Beurteilung"[491], so ist nur der ersten Aussage voll zuzustimmen, während die zweite der Richtigstellung oder Ergänzung bedarf: Wertung durch den Täter anhand seines konkreten Tatplans und seiner speziellen Zielsetzung. Denn auch wenn *objektiv* betrachtet ein Weiterhandeln noch sinnvoll wäre, so steht der Täter, der das nicht erkennt, doch aus *demselben* Beweggrund ab, wie wenn er seine Lage nach dem Urteil Dritter zutreffend als aussichtslos eingeschätzt hätte.

---

[489] Oehler JZ 1953, 562; Welzel, Lehrbuch, S. 198 oben; Gutmann a. a. O. S. 556 i. V. m. S. 80 ff.

[490] Vor einer Überspitzung der Argumentation mit dem fehlgeschlagenen Versuch warnt Baumann allerdings mit Recht, vgl. Strafrechtsfälle Nr. 22 S. 124.

[491] Roxin ZStW 77, 97.

cc) *Keine Tataufgabe bei rechtlicher Unmöglichkeit der Tatbestandsvollendung*

Ebensowenig wie in den Fällen, in denen der Täter die geplante Deliktsrealisierung als *tatsächlich unmöglich* erkannt hat, kann von einem „Aufgeben" der Ausführung dort gesprochen werden, wo die Vollendung der Tat aus *rechtlichen* Gründen ausgeschlossen ist. Bedeutung hat insoweit vor allem das Einverständnis des oder der Verletzten bei Tatbeständen, zu deren Erfüllung ein Handeln wider oder ohne den Willen des Rechtsgutträgers ausdrücklich oder stillschweigend vorausgesetzt wird. Beispiele für eine solche *„rechtliche Unmöglichkeit"* lassen sich daher leicht im Bereich der Notzucht, des Diebstahls oder Raubes bilden. Äußert etwa die vom Täter mit Vergewaltigungsvorsatz angegriffene Frau ihre — ehrliche, nicht bloß vorgespiegelte — Bereitschaft zum unmittelbar anschließenden Geschlechtsverkehr oder ist der Eigentümer, der den Dieb beim Einsteigen in sein Haus bemerkt hat, mit der Wegnahme der Sachen einverstanden — dann scheidet Gewaltanwendung zur Überwindung des Widerstandes des Opfers in § 177 und ein Gewahrsamsbruch gemäß § 242 — dasselbe würde natürlich auch für einen entsprechenden Fall des Raubes nach § 249 gelten — und damit eine Fortsetzung der vom Täter beabsichtigten Tat aus: *„Erzwungener"* Beischlaf und Zueignung durch *„Wegnahme"* kommen tatbestandsmäßig nicht mehr in Betracht, das Vorhaben des Täters muß im Versuchsstadium stecken bleiben, wenn man von den darin liegenden vollendeten Delikten, z. B. Nötigung, u. U. auch Körperverletztung oder Unterschlagung bei rechtswidriger Aneignung der fremden Sachen absieht. Deshalb spielt es unter dem Aspekt des § *177* bzw. der §§ *242, 249* keine Rolle, ob der Täter aufgrund des Einverständnisses des Opfers nun überhaupt die Lust an der geplanten Tat verliert oder ob er nur auf den Einsatz physischer Kraft bzw. auf den Bruch des Gewahrsams verzichtet, den Geschlechtsverkehr aber noch ausübt bzw. die erstrebten Sachen sich noch zueignet: So oder so bleibt es beim strafbaren Notzuchts-, Diebstahls- oder Raubversuch[492]. Denn da die Tat mangels des entgegenstehenden Willens der oder des Angegriffenen nicht mehr vollendet werden kann und der Täter dies weiß, gibt er die „weitere Ausführung der Tat" nicht auf und das Einverständnis des Opfers ist auf den vorausgegangenen Rechtsgutangriff ohne Einfluß.

Dasselbe gilt, wenn die Einwilligung des Verletzten objektiv nur vorgetäuscht ist, der Täter aber die entsprechende Erklärung für ernst gemeint hält. Denn aus seiner Sicht, die für die Beurteilung der Tataufgabe allein maßgebend ist, erscheint die Tatvollendung vom Zeitpunkt der Gültigkeit des vermeintlichen Einverständnisses an aus rechtlichen Gründen ausgeschlossen. Daher würde es z. B. schon an der „Aufgabe" des Vergewaltigungsplans fehlen, wenn das verzweifelte Opfer aus Angst vor weiteren

---

[492] Vgl. dazu Schönke-Schröder, § 46 Rdnr. 28; Welzel, Lehrbuch, S. 198; Roxin ZStW 77, 98; Heinitz-Festschrift, S. 259 Maurach AT S. 522; Schmidhäuser, AT S. 504 Kapitel 15, Rdnr. 88; Gutmann a. a. O. S. 89; siehe auch RG JW 1934, 2335 und JW 1935, 2734 sowie weitere Nachweise oben im Text S. 9 f.

Gewalttätigkeiten seine *sofortige* Bereitschaft zum Geschlechtsverkehr vorgespiegelt und der Täter im Vertrauen darauf von der Vornahme neuer Gewaltakte abgesehen hätte. In den einleitend[493] geschilderten Notzuchtsfällen lag der Sachverhalt allerdings insofern anders, als das Opfer bei seinem „Angebot" auf Zeitgewinn ausging und deshalb *nicht unmittelbar auf der Stelle*, sondern *erst später* dem Täter willfährig zu sein versprach. Auf den Gesichtspunkt der „rechtlichen Unmöglichkeit" läßt sich unter diesen Umständen der Rücktrittsausschluß daher nicht stützen[494].

Das bedeutet jedoch nicht uneingeschränkte Versuchsstraflosigkeit in solchen Fallgestaltungen, vielmehr ist insoweit zu differenzieren: Entläßt der Täter das Opfer völlig aus seiner Gewalt[495] und macht die Erfüllung seiner Wünsche ganz von dessen Verhalten abhängig, so manifestiert sich darin deutlich seine Achtung vor dessen freier sexueller Selbstbestimmung. In der Einräumung einer wirklichen Wahlmöglichkeit für das Opfer spiegelt sich der Verzicht auf die Erzwingung des Beischlafs und damit eine Gesinnungsumkehr wider, die mit Straffreiheit zu belohnen ist. Da diese Voraussetzungen in RGSt 75, 393 erfüllt waren, hätte dem Angeklagten das Rücktrittsprivileg gewährt werden müssen. Anders ist dagegen zu entscheiden, wenn das Mädchen auch nach seiner Bereitschaftserklärung fest im Herrschaftsbereich des Täters bleibt. Denn er verzichtet dann zwar auf *neue* — angesichts des Einverständnisses überflüssige — unmittelbare Gewaltmaßnahmen, ändert aber an der durch die vorherige Gewaltanwendung bereits geschaffenen Nötigungssituation für das Opfer nichts, sondern läßt sie insofern weiterwirken, als jedenfalls aus dessen Sicht die Rücknahme des „Angebots" die sofortige Fortsetzung des gewaltsamen Vorgehens nach sich ziehen würde.

Dessen ist sich der Täter auch regelmäßig bewußt, so daß sein Verhalten nur eine Modifizierung seines ursprünglichen Tatplans darstellt: statt längerer, fortgesetzter Gewaltausübung nun — wegen der unverhofften Erleichterung der Planverwirklichung — Drohung mit Wiederaufnahme von Gewaltaktionen. Daß unter diesen Umständen keine Tataufgabe vorliegt[496], zeigt sich besonders deutlich, falls der Täter von vornherein nur mittels Drohungen zum Ziele kommen wollte; denn diese werden ja nicht dadurch aus der Welt geschafft, daß der Drohende sie nicht wiederholt oder nicht sofort realisiert. Insofern ist es nur allzu verständlich, daß der BGH in BGHSt 7, 296 hinsichtlich der Bejahung der Tataufgabe skeptisch ist und ausdrücklich eine erneute Prüfung dieser Frage in der kommenden Hauptverhandlung verlangt. Aber selbst wenn man dabei zu dem Ergebnis gelangt, daß der Täter wirklich zurückgetreten ist, wäre er dennoch nicht wegen versuchter Notzucht freizusprechen. Denn trotz des endgültigen Ver-

---

[493] Siehe oben im Text S. 8 f.

[494] So mit Recht Bockelmann NJW 1955, 1417 Anm. 2; Heinitz JR 1956, 251 Anm. 45; Gutmann a. a. O. S. 211; Schröder MDR 1956, 323 Anm. 17; a. A. früher Maurach AT (1. Auflage) S. 452.

[495] Vgl. die ähnlichen Überlegungen Ottos in GA 1967, 152 Anm. 37.

[496] Vgl. Welzel, Lehrbuch, S. 198.

zichts auf gewaltsame Schritte zur Durchsetzung seines Tatziels, ist die Tataufgabe kein Zeichen rechtstreuer Gesinnung, sondern das konsequente Ausnutzen der durch den Einsatz von fortwirkenden Nötigungsmitteln erreichten „Bereitwilligkeit“ des Opfers. Die Entscheidung BGHSt. 7, 296 ff. ist daher unrichtig[497].

dd) Keine Tataufgabe bei fehlendem Rücktrittswillen, insbesondere im Falle des Schocks

Eine weitere Fallgruppe, die fast überall[498] im Zusammenhang mit der *Freiwilligkeit* des Rücktritts behandelt wird, deren eigentliche Problematik aber die Rücktritts*handlung* selbst betrifft, bilden diejenigen Sachverhaltskonstellationen, in denen die Abstandnahme von der Tat oder die Erfolgsabwendung nicht auf einem willensgesteuerten Verhalten des Täters beruht. Das kann ganz verschiedenartige Ursachen haben. In Betracht kommt einmal, daß der Täter während der Ausführungshandlung — etwa ein Mörder beim Zustechen auf das Opfer durch den Anblick von Blut — ohnmächtig wird, zum anderen, daß der die Vollendung der Tat hindernde Umstand eine reine Reflexbewegung des Täters ist, so z. B., wenn die Schwangere das eingenommene Abtreibungsmittel wieder erbricht[499]. Möglich ist ferner, daß die Fortsetzung der Tat infolge eines Krampfanfalles des Täters unterbleibt. In diesem Zusammenhang ist auf die alte, einen Vergewaltigungsversuch betreffende Entscheidung des Oberappellationsgerichts Dresden vom 9. 9. 1863[500] hinzuweisen, in der es heißt, wenn den Täter, einen Epileptiker, nicht, wie der tatsächliche Sachverhalt lag, die Vorahnung seiner Krämpfe, sondern „der Ausbruch jener Krankheit“ selbst „von der Vornahme weiterer Versuchshandlungen abgehalten“ hätte, könnte „von einem „*Aufgeben* eines Entschlusses überhaupt gar nicht die Rede sein“[501]. Das ist im Ergebnis zutreffend und damit zu begründen, daß der Rücktritt — die Tataufgabe und die Erfolgsabwendung — „menschliche Zwecktätigkeit“ darstellt und insofern die Grundanforderungen einer *jeden* strafrechtlich relevanten Handlung im weiteren, positives Tun und Unterlassung umspannenden Sinne erfüllen muß, nämlich vom Willen des Täters getragen zu sein. Ein Verhalten, das nicht „willkürlich“, d. h. als körperliche

---

[497] Ebenso die oben im Text, S. 297 Fußnote 355, zitierten Autoren.

[498] Vgl. in Beziehung auf das Problem des Schocks: Jescheck AT (1. Aufl.) S. 360; Maurach AT S. 520, 521 oben; Lackner-Maassen § 46 Anm. 3 c; Oehler JZ 1953, 562; Eser, Studienkurs, Teil II, Fall Nr. 32 Rdnr. 28; Mersmann a. a. O. S. 32; siehe auch Baumann AT S. 517, der allerdings zwischen einem „bloßen Schock“, der die Willensfreiheit bestehen läßt, und „psychischer Lähmung“, die die Fähigkeit zu freier Willensentscheidung ausschließt, unterscheidet (wobei der Gegensatz zu den anderen Autoren auf einem anderen Verständnis des Schockbegriffs beruhen dürfte).

[499] RG-Rechtsprechung Band IV, 543.

[500] AllgGZ Band 7 (1863), 418 f.; siehe auch Wulffen a. a. O. S. 249 unten (Diebstahlsversuch eines Epileptikers).

[501] Oberappellationsgericht Dresden, AllgGZ Band 7, 419.

Aktivität oder Passivität durch den Willen beherrschbar ist[502], ist der Beurteilung des Strafrichters schlechthin, zu Gunsten wie zu Lasten des Täters, entzogen, so daß in den oben betrachteten Fallgestaltungen bei streng systematischem Vorgehen die Frage nach der „Freiwilligkeit“ des Rücktritts außer Betracht bleiben muß[503].

Besondere Bedeutung gewinnt dieser Aspekt dadurch, daß in der Rücktrittsjudikatur, wie die Entscheidungsübersicht deutlich machte[504], der durch ein plötzlich einschneidendes Erlebnis ausgelöste sog. apperzeptive *Schock* bei gewissen Delikten — Mord, Totschlag, Notzucht, Raub und räuberische Erpressung — eine praktisch nicht unerhebliche Rolle spielt. Denn es ist anerkannt, daß ein solcher Schock die körperlichen und seelischen Bewegungsabläufe gewaltsam unterbricht und an die Stelle freier Beweglichkeit Lähmung und Erstarrung treten läßt. „Dabei ergreift die Störung der körperlichen Motorik sowohl die willkürlichen als auch die unwillkürlichen“ Reaktionen und „im seelischen Bereich ... bleiben die Vorstellungen und Vorstellungsverbindungen aus“, die Grundlage des Handelns in Richtung „eines voll- oder halbbewußten Zieles“ sind[505]. Das *schock*bedingte Steckenbleiben einer Tat im Versuchsstadium kann daher nicht als „Aufgabe“ der weiteren Ausführung gewertet werden. Daß derartige Fälle vor allem bei gewaltsamem Vorgehen des Täters akut werden, ist nicht weiter verwunderlich. Denn dort ist die Möglichkeit des Außerordentlichen, nämlich daß das Opfer gewollt oder ungewollt tödliche Verletzungen erleidet, am größten und angesichts der dem Menschen angeborenen Tötungshemmung[506] ihr plötzlich-unerwartetes Wirksamwerden aufgrund akustischer oder visueller Reizfaktoren, z. B. Schreie, Blicke, lebloses Niedersinken oder Schmerzgebärden des Opfers, durchaus verständlich. Wenn aber das Entsetzen über das Angerichtete, das Erschrecken über die Folgen seines Tuns den Täter so abrupt, mit solch explosiver Kraft überfallen kann, daß eine Unterbrechung seiner „psychosomatischen Lebensvorgänge“[507] eintritt und er — bildlich gesprochen — „starr vor Schreck“, „wie angewurzelt“ innehält, dann lassen sich auch bei Vorliegen sog. „innerer“ Gründe Tat-„aufgabe“ und „Freiwilligkeit“ als Voraussetzungen strafbefreienden Rücktritts nicht schlechthin bejahen.

---

[502] Welzel, Lehrbuch, S. 31.

[503] So mit Recht hervorgehoben von Seeger a. a. O. S. 29 f.; Gutmann a. a. O. S. 206; unklar Fahrenhorst, dessen Ansatz, Willenshandlung und freiwillige Handlung seien nicht dasselbe (S. 49), richtig ist, der aber trotz fehlender Willkürlichkeit der Handlung an anderer Stelle (S. 50) Freiwilligkeit verneint.

[504] Siehe oben im Text S. 276.

[505] Lersch, Aufbau der Person, 9. Aufl. 1964, S. 241.

[506] Vgl. dazu Lullies, Das Problem der Tötungshemmung beim Mörder, Berlin 1941, S. 43.

[507] Lersch a. a. O. S. 241.

Insofern bedürfen die dahingehenden allgemeinen Formulierungen H. Mayers[508] und Roxins[509] einer gewissen Einschränkung. Zwar ist es im Prinzip sicherlich richtig, demjenigen das Rücktrittsprivileg zuzuerkennen, der „vor der abscheulichen Wirklichkeit seines Verbrechens den Mut verliert“[510]; aber ebensowenig läßt sich die Tatsache leugnen, daß etwa der Anblick des — von einem Beilhieb getroffen — blutend zu Boden stürzenden Opfers dem Räuber die Fähigkeit eines willensgesteuerten Rücktrittsvollzugs im Einzelfall nehmen oder der „Notzuchtsattentäter“ durch die jäh auftauchende Vorstellung, die chloroformierte, regungslos vor ihm liegende Frau sei tot, zur Ausübung des Beischlafs hic et nunc physisch unfähig werden kann. Diese Auffassung mag auf den ersten Blick befremdlich erscheinen, sieht es doch so aus, als folge aus der Ablehnung des Rücktritts im Falle eines den Täter überkommenden Schocks doch das oben[511] als grotesk bezeichnete Ergebnis, daß die Rücktrittsvergünstigung um so eher entfällt, je nachhaltiger der Täter ein sittlich achtbares Motiv empfinde. Aber der Schein trügt. Denn einmal geht es bei dem Sonderproblem des Schocks nicht um die der psychologischen Freiwilligkeitstheorie eigentümliche Frage nach der Überwindbarkeit seelischer Hemmungen oder der Stärke des Einflusses von Beweggründen auf die Handlungsweise des Täters, sondern um den Nachweis eines willentlichen Verhaltens als Grundbedingung jeder strafrechtlichen Wertung überhaupt. Dieser muß scheitern, wenn man das Faktum „Schock“ anerkennt. Zum anderen ist die daraus folgende Versagung der Straffreiheit bei schockbedingtem Nichtweiterhandeln des Täters vom Standpunkt der in dieser Arbeit entwickelten Entschuldigungskonzeption des Rücktritts auch konsequent. Denn da lediglich die *bewußte* Abkehr von der strafbaren Versuchshandlung und die *bewußte* Hinwendung zum Recht die Unrechts- und Schuldminderung auslösen, kann bei fehlender Willkürlichkeit der Rücktrittshandlung von einem geringeren, Nachsicht verdienenden Grad von Vorwerfbarkeit nicht die Rede sein. Daß der Täter in einen Schockzustand geriet, ist gleichfalls nichts Verdienstliches, sondern bloß das Produkt kausaler, der willensmäßigen Steuerung durch den Menschen entzogener Kräfte im körperlich-seelischen Bereich. Ebenso wie ein nicht vom menschlichen Willen beherrschtes Verhalten den Täter aber nicht belasten darf, vermag es auch nicht entlastend zu seinen Gunsten zu wirken.

Zu beachten ist jedoch, daß das Gewicht der vorstehenden Ausführungen für die praktische Rechtsanwendung durch zwei Umstände erheblich relativiert wird: Das Vorliegen eines „echten“, mit einer Lähmung aller Bewegungen verbundenen Schocks ist erfahrungsgemäß selten und außerdem gegenüber dem Fall der Tataufgabe infolge seeelischer Erschütterung kaum abgrenzbar[512].

---

508 H. Mayer AT S. 297; Studienbuch, S. 147.

509 Roxin, Heinitz-Festschrift, S. 265 ff.

510 H. Mayer AT S. 297.

511 Siehe oben im Text S. 305.

512 Maurach AT S. 521.

Das führt dazu, daß entsprechend dem Grundsatz in dubio pro reo stets von dieser dem Täter günstigen Motivation ausgegangen werden und das Gericht den positiven Gegenbeweis der auf einem Schock beruhenden Nichtfortsetzung der Tat erbringen muß. Dies verkennt das Reichsgericht, falls es in RGSt. 68, 238 stillschweigend einen Schockzustand zum Nachteil des Täters unterstellt haben sollte. Aber auch der BGH genügt den Beweisanforderungen nicht, wenn er kurzerhand von der ungesicherten Erfahrungsregel ausgeht: „Wer in dieser Weise wegläuft“, befindet sich in einem Schock[513], oder dessen Existenz im Zeitpunkt der Abstandnahme von weiteren Handlungen einfach aus bestimmten Formulierungen des Angeklagten wie z. B. „ich konnte nicht mehr“[514] folgert, um damit freiwilligen Rücktritt auszuschließen. Die Annahme eines Schocks statt bloßer innerer Hemmungen wird deshalb ein eng begrenzter Ausnahmefall bleiben, so daß der gegen ihre uneingeschränkt privilegierende Wirkung erhobene Vorbehalt weitgehend theoretischer Natur ist.

b) Die Bedeutung der Tatentdeckung für die Freiwilligkeitsbeurteilung

aa) Unterschiedliche Konsequenzen je nachdem, ob der Täter Hinderung der Tatvollendung oder strafrechtliche Sanktionen befürchtet

Die scharfe Unterscheidung zwischen den Rücktrittserfordernissen Tat„aufgabe“ und „Freiwilligkeit“ wirkt sich auch auf die Beurteilung der sozusagen „klassischen“ Rücktrittsmotivation, des Abstehens vom Versuch infolge „Entdeckung“, aus. Denn nach allgemein anerkannter Auffassung versteht man darunter die Kenntnisnahme der Tat durch einen anderen, von dem entweder die Hinderung des Erfolgseintritts oder die Veranlassung der Strafverfolgung zu erwarten ist. Aus der Sicht des Täters bedeutet das, daß sein Nichtweiterhandeln im Entdeckungsfall auf ganz verschiedenartigen Beweggründen beruhen kann, die unter dem Aspekt des Rücktritts zu unterschiedlichen Konsequenzen führen. Dominiert im Täter die Vorstellung, die Vollendung der Tat sei ihm durch das Dazwischentreten eines Dritten unmöglich gemacht — dann kommt nach unseren obigen Darlegungen ein „Aufgeben“ der weiteren Ausführung nicht in Frage. Anders dagegen ist der Rücktrittsausschluß zu begründen, wenn der Täter, der sich entdeckt weiß, die Hinderung der Deliktsvollendung nur befürchtet, also lediglich Zweifel an ihrer Realisierbarkeit hegt, oder aber glaubt, die Tat sei letztlich ohne Nutzen für ihn, da er aufgrund der dem Entdecker unterstellten Reaktion — Einleitung von Maßnahmen zu seiner Ergreifung — mit seiner Überführung im Anschluß an die Tatbegehung rechnen muß. Hier gibt der Täter zwar weitere, ihm mögliche und zur Erreichung der vollen Tatbe-

[513] BGH Urteil vom 11. 4. 1958 — 5 StR 49/58 — unveröffentlicht, siehe oben im Text S. 11.

[514] Vgl. BGH MDR 1958, 12 (anders in BGHSt. 21, 216 [217]).

standsverwirklichung notwendige Tätigkeitsakte auf, doch nicht aus Achtung vor den sozialethischen Forderungen des Rechts, mithin also „unfreiwillig". Wer nämlich von der Fortsetzung der Tat absteht, weil er deren Erfolgsaussichten nach der Entdeckung als gering einschätzt, dessen Verhalten ist nicht Ausdruck einer Gesinnungsumkehr, sondern Folge einer Risikoabwägung, eines nüchternen Kalküls auf der Grundlage des Verbrechensplans. Der Unterschied zwischen dem, der sein Vorhaben mit *Sicherheit* für gescheitert erachtet, und dem, der als unverbesserlicher Optimist die Erfolgsherbeiführung lediglich für *zweifelhaft* hält — eine ohnehin objektiv nicht nachprüfbare Einlassung — ist wertungsmäßig zu klein, als daß er für die Frage der Strafbarkeit oder Straflosigkeit Bedeutung gewinnen könnte.

Ebenfalls mangels „Freiwilligkeit" scheidet die Anwendbarkeit des § 46 dort aus, wo der Täter in der Entdeckung die aktuelle Gefahr sieht, strafrechtlich verfolgt zu werden. Denn nicht die generalpräventive Kraft der Strafgesetze, nicht die *abstrakte* Strafandrohung in Gestalt allgemeiner Furcht vor Strafe oder Entdeckung motiviert hier den Täter, sondern *konkrete* Umstände zeigen ihm eine zum Eingreifen entschlossene und fähige Person, deren Maßnahmen er durch den Rücktritt zu unterlaufen hofft. Der Täter bekennt sich somit nicht unter dem Druck des Gesetzes zu dem, was rechtens ist, vielmehr sucht er lediglich unter prinzipieller Beibehaltung seiner gegen das Recht gerichteten Einstellung den Folgen seines Handelns in Selbstbegünstigungsabsicht auszuweichen. Mag es also im Ergebnis auch unerheblich sein[515], welche Schlußfolgerungen der Täter aus seiner Entdeckung zieht und mögen die verschiedenen in Betracht kommenden Vorstellungsalternativen meist eher vermischt als „fein säuberlich" getrennt vorliegen, so bleibt es dennoch konstruktiv für die Begründung wichtig, als Rücktrittsmotiv nicht bloß undifferenziert die vordergründige Tatsache der Entdeckung anzugeben, sondern, soweit möglich, auf ihre spezielle Wirkung für den jeweiligen Täter abzustellen.

bb) Unschädlichkeit lediglich objektiv erfolgter Entdeckung für das Freiwilligkeitsurteil

Daraus folgt weiter: der Umstand, daß die Tat *objektiv* entdeckt ist, kann als Beweggrund des Rücktritts solange nicht in Frage kommen und daher zur Begründung von dessen Unfreiwilligkeit auch solange nicht herangezogen werden, als dieser Sachverhalt dem Täter erwünscht oder gleichgültig ist[516]. Dasselbe gilt für den Fall, daß er keine Kenntnis von der Entdeckung hat. Für den Rücktritt vom sog. unbeendeten Versuch war diese „subjektive" Interpretation des Entdeckungsbegriffs nie zweifelhaft; für den

---

[515] Abweichend Frank § 46 II; vgl. dazu Roxin, Heinitz-Festschrift, S. 252 Anm. 8, der mit Recht darauf hinweist, von der praktisch unbeweisbaren Differenzierung Franks dürfe nicht die Entscheidung über Straflosigkeit oder Strafbarkeit abhängig gemacht werden.

[516] Vgl. dazu Baumann AT S. 518; Oetker JW 1929, 5010; v. Buri GA 25, 295; Herbst GA 32, 133.

„beendeten“ Versuch hat dies nunmehr der Gesetzgeber in § 24 I S. 1 ebenfalls klargestellt[517].

cc) Entdeckung durch Eingeweihte oder dem Täter nahestehende Personen

Eine andere, ebenfalls lebhaft diskutierte Frage dieses Sachgebiets, *wer* die Tat in dem oben beschriebenen Sinne „entdecken“ kann, bleibt dagegen auch im neuen Recht unter den Gesichtspunkten „Tataufgabe“ und „Freiwilligkeit“ aktuell. Einigkeit besteht bislang darüber, daß Tatbeteiligte, nahe Angehörige und Freunde des Täters nicht als „Entdecker“ in Betracht kommen[518]. Die Ausschließlichkeit, mit der dieser, von der Rechtsprechung allerdings manchmal gänzlich unbeachtet gelassene Grundsatz vertreten wird, muß jedoch überraschen, wenn man sich die beiden inhaltlichen Komponenten des Entdeckungsbegriffs vor Augen hält. Denn so richtig es ist, daß der Täter in der Regel bei Wahrnehmung seines verbrecherischen Tuns durch den anderen Ehegatten, durch Verwandte, Komplizen oder Bekannte von diesen keine strafrechtlichen Schritte gegen sich erwartet, so kann es doch im Einzelfall durchaus anders liegen und der Täter gerade solche Maßnahmen befürchten. Es ist sicherlich nicht lebensfremd, wenn der Ehemann, der seine Schwiegermutter umbringen will, mit der Möglichkeit rechnet, daß seine Ehefrau sich unter dem Eindruck dieses Geschehens gegen ihn stellt und er deshalb aus Furcht vor Strafverfolgung infolge seiner Entdeckung den Versuch abbricht. Vor allem aber ist nicht einzusehen, warum derjenige aus dem genannten Personenkreis, der Kenntnis von der Tat erlangt, nicht zumindest alles tun soll, um ihre *Vollendung* zu verhindern. Daß auch nahe Angehörige zum Schutze des bedrohten Rechtsgutes aktiv tätig werden, ist mehr als wahrscheinlich, zumal sie sich bei untätigem Gewährenlassen des Angeklagten selbst u. U. nach dem betreffenden Delikt wegen Verletzung ihrer Garantenpflicht oder aus § 330 c strafbar machen würden. Die Vorstellung des Täters z. B., aufgrund der Entdeckung des Tötungsversuchs an seinen Kindern durch seine Ehefrau das Vorhaben nun

---

517 Zum früheren Meinungsstand: Frank § 46 III 2; Köhler AT S. 472; Olshausen-Niethammer § 46 Anm. C 12; Allfeld, Lehrbuch, S. 200; v. Schwarze, Commentar, S. 112; Schütze, Lehrbuch, S. 115 Anm. 42 [*rein* objektive Deutung]; Schönke-Schröder § 46 Rdnr. 34 f.; Baumann AT S. 521; Welzel, Lehrbuch, S. 198 f.; Jescheck AT S. 411 f.; Roxin, Kriminalpolitik, S. 39; Schmidhäuser AT S. 508, Rdnr. 100 Kapitel 15; Wessels S. 102; Kohlrausch-Lange, § 46 Anm. VII 2 a [subjektive Interpretation *zugunsten* des Täters]; RGSt. 38, 402; 63, 158; 71, 242; RG LZ 1925, 150; RG GA 69, 396; [subjektive Deutung *zuungunsten* des Täters]; Warda-Faber JuS 65, 444; Lackner-Maassen § 46 Anm. 4 c; Maurach AT S. 523; Busch LK (9. Aufl.) § 46 Rdnr. 39; Stratenwerth AT Rdnr. 777; Dreher NJW 1971, 1048; Gutmann a. a. O. S. 222; Henkel JW 1937, 2378 [spezielle Ausformung des Freiwilligkeitskriteriums].

518 Vgl. u. a. Busch LK (9. Aufl.) § 46 Rdnr. 38; Schönke-Schröder § 46 Rdnr. 37 a; Dreher § 46 1 Bb; Olshausen-Niethammer § 46 Anm. C 12; Nagler LK III B 2 b; aus der Rechtsprechung vgl. oben im Text S. 255.

unmöglich noch verwirklichen zu können, drängt sich förmlich auf. Dann aber scheidet hier ein „Aufgeben" der Tat genauso aus wie dort, wo der Täter nicht mehr weiterhandelt, weil er überzeugt ist, irgendein *Dritter* vereitele die Herbeiführung des Erfolges. Die These, bestimmte, dem Täter „wohlgesonnene" Personen seien gleichsam a priori nicht „entdeckungsfähig", läßt sich demnach kaum aufrechterhalten.

dd) Tatentdeckung durch das Opfer

Von größerer praktischer Wichtigkeit als der soeben behandelte Teilaspekt der Entdeckungsproblematik ist die oftmals diskutierte, in ihrer Beantwortung umstritten gebliebene Frage, ob auch derjenige die Tat entdecken kann, gegen den sie gerichtet war, wobei insbesondere die Gewalt- und Drohungsdelikte im Vordergrund der Erörterungen standen[519]. Aber schon wer in dieser Form an das Problem herangeht, versperrt sich im Grunde den Weg zu dessen einfacher und sachgerechter Lösung. Denn maßgebend ist — jedenfalls wenn man das Merkmal der „Entdeckung" vor dem Hintergrund des allgemeinen Freiwilligkeitserfordernisses aus der Sicht des Handelnden interpretiert — nicht die abstrakte, aus einer sprachlich-logischen Begriffsanalyse abgeleitete[520] Bestimmung des zur „Entdeckung" tauglichen Personenkreises, sondern die *Wirkung*, die dieser Umstand auf das Verhalten des Täters hat. Zu prüfen ist also im *konkreten* Fall, ob der Täter nicht weitergehandelt hat bzw. sogar erfolgsabwendend tätig geworden ist, *weil* er aufgrund der Kenntnisnahme der strafbaren Handlung seitens des Angegriffenen überzeugt war, dieser werde die Durchführung seines Vorhabens unmöglich machen, bzw. *weil* er dies oder die Einleitung von Strafverfolgungsmaßnahmen gegen sich befürchtete. Das Problem stellt sich also nicht nur für die Fälle des „beendeten" Versuchs, auf die sich bislang — wohl als Folge der gesetzlichen Hervorhebung der „Entdeckung" in § 46 Ziff. 2 a. F. — die Diskussion ausschließlich beschränkte, sondern betrifft in gleicher Weise den Bereich des sog. „unbeendeten" Versuchs.

Erkennt man an, daß nur die zum *Beweggrund* des Rücktritts gewordene Tatentdeckung, nicht aber diese Tatsache als solche für die strafrechtliche Beurteilung des Täterverhaltens eine Rolle spielt, dann verliert die Frage nach der „Entdeckerqualität" des Tatopfers ihre Sonderstellung und beantwortet sich zwanglos aus den allgemeinen, zum Entdeckungs*motiv* entwickelten Gesichtspunkten, unter Beachtung der strukturellen Eigenart des jeweils in Betracht kommenden Delikts. Danach scheidet z. B. Rücktritt vom Betrugsversuch mangels Tat-„aufgabe" aus, wenn der Täter weitere Täuschungshandlungen unterläßt oder ein Schriftstück mit falschen Angaben zurückzieht, weil er erkannt hat, daß der Adressat der Täuschung die be-

---

[519] Vgl. insbesondere die Erörterungen im Anschluß an BGHSt. 24, 48: Dreher NJW 1971, 1046 m. w. Nachw.; Bringewat JuS 1971, 403 ff. m. w. Nachw.; Baumann JuS 1971, 631 m. w. Nachw.; siehe auch Löbbecke NJW 1973, 62 zu BGH NJW 1972, 2004.

[520] Vgl. Dreher NJW 1971, 1046.

trügerischen Machenschaften durchschaut. Hier führt die Kenntnisnahme der strafbaren Handlung durch den Verletzten zwangsläufig zum Fehlschlag des Vorhabens. Ebenso ist die Rechtslage bezüglich des Rücktritts zu beurteilen, wenn der Ehemann den von seiner Frau vergifteten Morgenkaffee wegen dessen verdächtiger Färbung beiseite schiebt, die Täterin zur Rede stellt und diese daraufhin den Trank ausgießt, weil sie nun nicht mehr mit einem Gelingen ihres Mordanschlages rechnet. Dasselbe gilt, um noch ein drittes Beispiel zu erwähnen, bei Abstandnahme des Täters von einem Einbruchdiebstahl, weil er vom Eigentümer bemerkt wurde und deshalb die Überzeugung gewinnt, sein Vorhaben werde scheitern. In allen diesen Fallgestaltungen erzeugt also die Entdeckung der Tat durch das Opfer, das heißt, die Wahrnehmung der strafbaren Handlung durch diejenige Person, gegen die sie sich richtet, im Täter die Vorstellung, das erstrebte Ziel nicht mehr verwirklichen zu können, und wird dadurch zum Anlaß für ihn, seinen Angriff auf das betreffende Rechtsgut einzustellen. Die Rücktrittssituation ist hier vom Täter aus gesehen nicht anders gelagert, wie wenn er von einem Dritten „entdeckt" worden wäre, und deshalb auch rechtlich gleich zu behandeln.

Eine davon abweichende Sachverhaltskonstellation ist dagegen dort gegeben, wo die Tatausführung *nicht heimlich,* vom Verletzten unbemerkt, vor sich gehen sollte, sondern im Tatplan des Handelnden von vornherein deren Kenntnisnahme seitens des Angegriffenen als sichere, wahrscheinliche oder mögliche Folge seines Tuns einkalkuliert war. Die Frage, ob unter diesen Umständen die „Entdeckung" durch das Opfer als Rücktrittsmotiv in Betracht kommen kann, stellt sich insbesondere bei denjenigen Tatbeständen, deren gesetzliche Ausgestaltung — wie z. B. bei § 240 und § 253 — so angelegt ist bzw. deren regelmäßige Begehungsweise — wie z. B. bei §§ 177, 211, 212, 249 — so erfolgt, daß der davon Betroffene den strafbaren Charakter des Geschehensablaufs erkennt. Die Antwort muß m. E. verneinend ausfallen. Denn wenn die Wahrnehmung der Tat durch die bedrohte oder gewaltsam attackierte Person vom Täter bei seinem Vorgehen bewußt eingeplant war, dann kann der Eintritt dieser Tatsache nicht ein *Gegenmotiv gegen* die Tatbestandsverwirklichung bilden. Wer die Kenntnis des Verletzten zur Herbeiführung des tatbestandsmäßigen Erfolges als notwendig erachtet oder diesem Umstand völlig gleichgültig gegenübersteht, für den bedeutet die „Entdeckung" durch das Opfer ein Stück *planmäßiger* Deliktsrealisierung und deshalb keinen Grund zur Umkehr. Wenn der Adressat der Drohung sich nicht einschüchtern läßt und die Herausgabe des Lösegeldes verweigert, dann hat die Abstandnahme von weiteren Drohungen nichts mit der „Entdeckung" seitens des Erpreßten zu tun, sondern beruht auf der davon gänzlich unabhängigen Einsicht des Täters, so wie geplant den erstrebten Vermögensvorteil nicht erreichen zu können.

Im Rahmen des „unbeendeten" Mord-, Totschlags-, Notzuchts- oder Raubversuchs war dies offenbar stillschweigend anerkannt; denn obwohl die Konsequenzen der Tatentdeckung unter dem Aspekt der „Freiwilligkeit" auch für § 46 Ziff. 1 a. F. erörtert wurden, gab es in diesem Bereich nie

— weder in der Rechtsprechung noch in der Literatur — eine Diskussion um das Sonderproblem der „Entdeckung durch den Verletzten", vielmehr blieb dessen Wissen stets unberücksichtigt. Eine Ausnahme ist allerdings dort zu machen, wo der Täter dem *Namen* nach unbekannt bleiben wollte, vom Opfer jedoch, wie etwa in dem berühmten Notzuchtsfall BGHSt. 9, 48 ff., als der Nachbar „Hermann" identifiziert wurde. Dieser über die normale Entdeckungsvoraussetzung — Gewahrwerden einer *strafbaren Handlung* — hinausgehende unerwartete Umstand ist natürlich geeignet, Angst vor Strafverfolgung im Täter hervorzurufen und damit als Motivationsfaktor seines Rücktritts zu wirken[521]. Anstonsten aber bleibt es bei dem Grundsatz, daß bei „offener" Tatausführung, wie sie für Drohungs- und Gewaltdelikte teils notwendig, teil typisch ist, die vom Täter zumindest in Kauf genommene Kenntnisnahme durch das Opfer für die Rücktrittsfrage unerheblich ist. Was für § 46 Ziff. 1 a. F. schon immer galt, muß auch im Stadium des „beendeten" Versuchs Gültigkeit haben, wenn man der „Entdeckung" gemäß dem neuen § 24 Abs. 1 S. 1 AT 1975 — unter dem Mantel des allgemeinen Freiwilligkeitsprinzips — nur dann Bedeutung einräumt, wenn sie für die Entschlüsse des Täters *kausal* geworden ist.

Die Richtigkeit dieser Überlegungen zeigt sich m. E. besonders deutlich in Mord- und Totschlagsfällen. Ob hier das Opfer eines „beendeten" Tötungsversuchs „entdecken" kann, soll nach verbreiteter, auch vom BGH vertretener Auffassung[522] davon abhängen, ob der oder die Verletzte noch in der Lage war, die Tat zu verhindern oder Strafverfolgungsmaßnahmen einzuleiten[523]. Ist dies zu verneinen, befindet sich also das Opfer vollständig in der Hand des Täters, scheidet es als „Entdecker" aus mit der Folge, daß freiwilliger Rücktritt trotz Kenntnis der Tat möglich ist. Diese Folgerung leuchtet ein, da unter der genannten Voraussetzung von seiten des Opfers nichts zu befürchten ist und daher dessen Wahrnehmung *niemals Motiv* für die Vornahme der erfolgsabwendenden Tätigkeit sein kann. Das muß m. E. aber auch und erst recht dann gelten, falls das Opfer dem Täter noch Widerstand zu leisten oder strafrechtliche Schritte gegen ihn zu ergreifen im Stande ist. Wenn der Täter nämlich in Kenntnis dieser Umstände nicht mehr auf sein Opfer einsticht, sondern ihm hilft, dann geschieht dies doch nicht deshalb, weil er *aufgrund* der Entdeckung mit Erfolgshinderung oder Strafanzeige rechnet. Um diese Konsequenzen auszuschalten, mußte er genau umgekehrt seine bestehenden Handlungsmöglichkeiten bis zur Erlangung endgültiger Herrschaft über das Opfer fortset-

[521] Vgl. auch das Beispiel Baumanns (JuS 1971, 632), in dem der Erpresser dem Erpreßten ebenfalls von der Person her „bekannt" war.

[522] Vgl. Bringewat JuS 1971, 405 m. w. N., in Fußnote 14; Baumann JuS 1971, 632; Löbbecke NJW 1973, 62; BGH JR 1952, 414, siehe oben im Text S. 254 f.

[523] Diese Differenzierung ist insbesondere auf der Grundlage des von Finger (Lb. S. 323) vertretenen Standpunkts überzeugend, wonach die Entdeckung der Tat zum Rücktrittsausschluß führt, weil durch die Kenntnis des anderen die gefährliche Situation für das Opfer beseitigt ist.

zen[524]. Durch Hilfsmaßnahmen anstelle weiterer verbrecherischer Tätigkeit *steigert* der Täter ja gerade die Gefahr einer Strafanzeige gegen sich, und zwar bewußt, da nach geglückter Rettung stets vom Opfer oder anderen die Ingangsetzung der Strafverfolgungsmaschinerie zu erwarten ist. Die Tatsache der Entdeckung durch das Opfer ist hier also eigentlich ein *Anreiz*, die Bemühungen, zum Erfolg zu kommen, noch zu verstärken, und kein Hindernis auf dem Weg zur Vollendung. Es erscheint wenig sinnvoll, dem Täter die Entdeckung bzw. die von ihr ausgehenden Konsequenzen als Rücktrittsmotiv zu unterstellen, wenn er sie durch den Rücktritt erst ermöglicht oder nur wahrscheinlicher macht! Um es an einem praktischen Fall zu veranschaulichen: in BGHSt. 24, 48 war für den Täter, der seine Freundin mit dem Pkw in Tötungsabsicht angefahren hatte, die Angst vor Strafverfolgung, ausgelöst durch seine Entdeckung, offenbar *kein* Beweggrund seines Handelns; denn dadurch, daß er die Verletzte ins Krankenhaus brachte, schuf oder erhöhte er erst recht das Risiko der Strafanzeige. Der Täter tritt in solcher Situation demnach nicht zurück, *weil*, sondern *obwohl* er von seinem Opfer entdeckt ist, und darin liegt etwas höchst Verdienstliches. Die genannte BGH-Entscheidung ist daher abzulehnen. Die Frage lautet nicht, ob auch das Opfer bei bestimmten Delikten „Entdecker" sein kann, vielmehr kommt es darauf an, welche *Vorstellungen* die Entdeckung — sei es durch das Opfer oder Dritte — im Täter wachruft: Ist sie ihm gleichgültig, müssen andere Motive vorliegen, um den Rücktrittsausschluß zu begründen.

c) Die Bewertung einiger ausgewählter, praktisch bedeutsam gewordener Rücktrittsbeweggründe

Die vorstehenden Ausführungen verfolgten das Ziel, das Freiwilligkeitskriterium inhaltlich näher aufzuschlüsseln, wozu als erstes seine gedanklich klare Abgrenzung gegenüber dem Erfordernis des „Aufgebens" gehört. Dadurch wurde der Bereich der Freiwilligkeitsproblematik enger. Als typische Fälle unfreiwilligen Rücktritts erwiesen sich bisher nur die Tataufgabe infolge der durch Entdeckung ausgelösten Angst vor konkreten strafrechtlichen Sanktionen sowie die Abstandnahme von der Tat aus Furcht, sie wegen des Eingreifens des Entdeckers vielleicht nicht vollenden zu können. Welche Beweggründe den Rücktritt darüber hinaus als „unfreiwillig" erscheinen lassen, kann man angesichts der Vielzahl der möglichen Motivationen natürlich nicht erschöpfend darlegen, doch sei zu einigen in Rechtsprechung und Schrifttum behandelten Fallgestaltungen wenigstens kurz Stellung genommen.

Unproblematisch dürfte die Entscheidung dort sein, wo der Täter die Herbeiführung des erstrebten tatbestandsmäßigen Erfolges auf die vorhergesehene Art und Weise bzw. — bei fehlender Konkretisierung des Tatplans — mit den ihm zur Verfügung stehenden Mitteln zwar noch für

[524] So auch Blei JA 71, StR 74.

möglich hält, aber unter dem Eindruck der Gegenwehr des Opfers von seinem Vorhaben, z. B. einem Raub- oder Vergewaltigungsversuch, absteht. Ein schuldmindernder Gesinnungsumschwung, ein Umschlag rechtsfeindlicher Einstellung in Gesetzestreue ist hier nicht ersichtlich. Dasselbe gilt, wenn die Tataufgabe lediglich auf verbrecherischem Kalkül, auf einer Abwägung der Erfolgsaussichten mit den bei Deliktsfortsetzung gegebenen Risiken beruht. Die Berücksichtigung konkreter, für die Person des Täters negativer Umstände, z. B. die Gefahr für Leib oder Leben, Freiheit oder Beruf, mit Straflosigkeit zu honorieren, besteht kein Anlaß, zumal dies gerade dem gerissenen, kaltblütig und vorsichtig zugleich handelnden Delinquenten zustatten kommen würde. Erkennt man an, daß in den Fällen, in denen der Täter aus *Überzeugung* vom Scheitern seines Versuchs nicht mehr weiter handelt, kein „Aufgeben“ der Tat vorliegt, kann man den Täter bei rücktrittsauslösenden *Zweifeln* am Gelingen seines „Werks“ nicht freisprechen, da die etwas positivere Einschätzung der Sachlage nicht einen derartigen Unterschied im Rahmen der Schuldbeurteilung rechtfertigt.

In gleicher Weise ist die Freiwilligkeit des Rücktritts zu verneinen, wenn der Täter nicht bis an die äußerste Grenze eigener physischer Belastbarkeit geht, sondern vorzeitig aufgrund körperlicher „Widerstände“ das strafbare Tun abbricht, so z. B., wenn die Schwangere wegen der Schmerzen, die durch den zu Abtreibungszwecken eingesetzten Katheter verursacht werden, diesen herausnimmt oder den Abtreibungstee nach der ersten „Kostprobe“ wegen seines widerlichen Geschmacks wegschüttet. Hätte die Täterin hier die Annahme motiviert, die Abtreibungshandlung nicht bis zum „erfolgreichen“ Ende durchhalten zu können, so läge ein Fall subjektiven Unvermögens vor, der nicht anders zu beurteilen wäre wie das Parallelbeispiel des Diebes, der mangels genügender Geschicklichkeit die Tür zum Tresorraum nicht aufzuschließen vermag: vom Handelnden aus gesehen wird beide Male nichts „aufgegeben“, da ihm eine Weiterführung der Tat unmöglich erschien. Soll nun lediglich die Abweichung, daß die Schwangere die Abtreibung der Leibesfrucht unter Hintanstellung ihres körperlichen Wohlbefindens noch für erreichbar hält, zur Rücktrittsprivilegierung und damit zum völligen Verzicht auf Strafe führen? Bockelmann[525] bejaht dies für diejenigen Fallgestaltungen, „in denen der Frau das Abtreibungsmittel widerstand“, da die Schwangere dann lediglich „die Sache leid wurde“ und ein solches Rücktrittsmotiv nicht tadelnswert sei. Letzteres ist für sich betrachtet zweifellos richtig, paßt aber nicht auf den Ausgangssachverhalt, der auch den RG-Entscheidungen zugrunde lag: für die Täterin bedeutete das Einnehmen des Mittels eine „Tortur“, eine physische Qual, der sie sich nicht länger unterziehen wollte, so daß ihr Beweggrund dem auf Schmerzen beruhenden Rücktritt wertungsmäßig gleichsteht. Achtung der Rechtsordnung, eine positive Einstellung zum werdenden Leben spiegelt sich darin nicht wider.

---

[525] Bockelmann NJW 1955, 1421.

Vom Standpunkt der hier vertretenen Auffassung, daß die Bejahung der Freiwilligkeit einen Gesinnungswandel erfordert, der den Rücktritt als Rückkehr des Täters auf den Boden des Rechts erscheinen läßt, ist eine negative Entscheidung auch dann möglich[526], wenn die Situation des Handelnden im Augenblick der Tataufgabe nicht schlechter oder sogar vorteilhafter als zu Handlungsbeginn ist. Der Täter, der vom Versuch der Brandstiftung einer Scheune absteht, weil er die noch nicht eingebrachte Ernte mitverbrennen will[527], verdient Strafe, und zwar nicht nur für den Fall, daß sein Plan *von vornherein* auf die Einäscherung einer prall gefüllten Scheune ging und deshalb im gegenwärtigen Zeitpunkt noch nicht zu realisieren war[528], sondern auch dann, wenn ihm die Idee der Erntevernichtung erst *während* der Ausführungshandlung kam. Denn von einer „rechtlichen“ Motivierung des Rücktritts kann hier keine Rede sein und die geringfügige Zeitdifferenz zwischen den beiden — letztlich inhaltsgleichen — Entschlüssen des Täters ist nicht dazu geeignet, seine Strafwürdigkeit gänzlich unterschiedlich zu beurteilen. Die Lösung des vorstehenden Fallbeispiels zeigt zugleich, daß bei einer Normativierung des Freiwilligkeitsbegriffs das Problem der „Endgültigkeit“ der Tataufgabe seinen von der psychologischen Betrachtungsweise herrührenden *Sonder*charakter verliert. Denn während jenes Merkmal in einer psychologischen Freiwilligkeitstheorie keinen Platz hat[529] und deshalb als Fremdkörper in Gestalt einer zusätzlichen Straffreiheitsvoraussetzung behandelt werden muß, erhält es bei wertender Begriffsdeutung im Rahmen des gesetzlichen Freiwilligkeitskriteriums seinen systematischen Standort, d. h. die Frage, welche Bedeutung das bloße Verschieben der beabsichtigten Tat hat, geht auf in der allgemeinen Problematik der Bewertung des Rücktrittsmotivs.

Aber nicht nur die „Verbrechensvertagung“ trotz Fehlens eines die Deliktsvollendung als solche hindernden Umstandes kann je nach Beweggrund als unfreiwilliger Rücktritt zu qualifizieren sein, vielmehr gelangt man auch in anderen Fällen unveränderter oder verbesserter Erfolgsaussichten des Täters zu diesem Ergebnis. Wer ein junges Mädchen notzüchtigen will, das jeglichen körperlichen Widerstand gegen den überlegenen Angreifer für sinnlos hält und ihm deshalb in ihrer Not Geld anbietet, falls er sie in Ruhe lasse, bleibt wegen versuchter Vergewaltigung strafbar, wenn er den angebotenen 100,— DM-Schein einsteckt und sich dann aus dem Staube macht[530]. Denn der Täter hat lediglich seine verbrecherischen Absichten

---

[526] Im Gegensatz zur h. L. in Rechtsprechung und Schrifttum, vgl. Schröder § 46 Rdnr. 22, 24; MDR 1956, 323 (ausdrücklich); Roxin, Heinitz-Festschrift S. 262; Gutmann a. a. O. S. 213.

[527] Beispiel von Oppenhoff § 46 Anm. 20; er beurteilt das Verhalten des Täters allerdings als „freiwilligen“ Rücktritt.

[528] Dann fehlt schon die „Aufgabe“ der Tat!

[529] Dies hat schon Roxin (ZStW 77, 99) zu Recht in aller Deutlichkeit festgestellt.

[530] Vgl. dazu die entgegengesetzte Lösung des Parallelfalles, wo jemand sich den Mord durch ein Geldgeschenk des Opfers abkaufen läßt, bei Roxin (ZStW 77, 98) und Luden (Hb. S. 426 Anm. 4).

geändert, mit der Aufgabe des Notzuchtsvorsatzes jedoch kein „Bekenntnis" zur Rechtsordnung abgelegt, sondern die Wirkung seiner Gewaltanwendung zur Bejahung einer neuen Straftat (§ 249 oder §§ 253, 255) ausgenutzt. Ebenfalls kein strafbefreiender freiwilliger Rücktritt liegt dort vor, wo der Täter z. B. einen Postboten ausrauben will, angriffsbereit am Tatort lauert[531], den Einsatz von Gewalt aber unterläßt, da das Opfer bei seiner Rast die Geldtasche so sorglos neben sich abstellt, daß er sie ohne weiteres wegnehmen kann, oder in dem von Roxin[532] gebildeten Fall, in dem die Täter die Ausplünderung des armen Spaziergängers nicht fortsetzen, weil der ihnen bekannte reiche X des Weges kommt und ihnen als ein lohnenderes Opfer erscheint, dem sie sich sogleich mit „Erfolg" zuwenden. Da in diesen — sicherlich nicht sehr lebensnahen — Sachverhaltsgestaltungen die Täter lediglich die Ausführungsmodalität wechseln bzw. das Opfer ihres Rechtsgutsangriffes austauschen, ihr ursprüngliches Tatziel: Verletzung fremden *Eigentums* aber unbeirrt weiterverfolgen, bleibt ihre rechtsfeindliche Einstellung unverändert. Derjenige, der von einem *Raub*versuch abläßt, um das ausersehene Tatobjekt sich durch einen *Diebstahl* anzueignen, oder wer statt dem *A* das *wenige* Geld dem *B* die *große* Barschaft unter erneuter Anwendung von Gewalt wegnimmt, setzt kein Zeichen, das die Rechtsordnung als Ausdruck geringerer Vorwerfbarkeit deuten dürfte und den unternommenen Versuch „verzeihen" ließe.

Wer der hier vorgetragenen Freiwilligkeitsauffassung entgegenhält, sie sei im Ergebnis zu wenig „rücktrittsfreundlich", läßt m. E. zwei Gesichtspunkte außer acht: einmal den zu restriktiver Interpretation zwingenden *Ausnahme*charakter dieses Rechtsinstituts, zum anderen aber den gewiß nicht unwesentlichen Umstand, daß der Täter auch in den strittigen Fällen aufgrund seines Rücktritts tatsächlich ja insofern besser gestellt ist, als er nur wegen *Versuchs* bestraft wird[533] und damit *praktisch* in den Genuß einer erheblichen Strafmilderung kommt. Ihm obendrein ohne Umkehr zu rechtlicher Gesinnung Straffreiheit zuzubilligen, würde den Sinn des Rücktrittsprivilegs verfehlen. Im übrigen aber bleibt für dessen Anwendung auch nach unserer Konzeption noch ein weites Feld. Denn es besteht kein Zweifel, daß in der Tataufgabe aus Reue, Mitleid, besserer Einsicht, Selbstbesinnung, Gewissensskrupel, Scham, Scheu oder aus Furcht vor der abstrakten Strafandrohung des Gesetzes die Achtung vor der Rechtsordnung zum Durchbruch kommt. Dasselbe gilt für die Rücktrittsmotive Mutlosigkeit, Angst, Schrecken, Entsetzen, seelische Erschütterung, sofern nicht ein die Willkürlichkeit des Handelns aufhebender Schockzustand anzunehmen ist. Denn von diesem Sonderfall abgesehen, ist es auch hier das subjektive Werterlebnis des Täters, das Sich-bewußt-werden der Schutzbedürftigkeit fremder Rechtsgüter, das Erkennen der Normverletzung und Anerkennen ihres

---

[531] Nach der Rechtsprechung (BGHSt. 3, 297) ist Versuch des § 249 schon dann gegeben.

[532] Heinitz-Festschrift, S. 262.

[533] Darauf hat mit Recht Oehler JZ 1953, 562 hingewiesen.

Geltungsanspruchs durch Abkehr von der Tat, das die Versuchsschuld in der oben beschriebenen Weise bis auf einen verzeihlichen Rest vermindert. Ebenfalls freiwillig tritt derjenige Täter zurück, der sich durch Ermahnungen oder Vorhalte — praktisch wichtig vor allem bei den Aussagedelikten — überreden läßt, sein Tun aufzugeben; ferner der religiös veranlagte Täter, der — den nur in der älteren Literatur auffindbaren Beispielen zufolge — durch den Anblick eines Kruzifixes oder durch den Klang der Kirchenglocken wieder zu gesetzmäßigem Verhalten zurückfindet. Ebenso zu beurteilen sind die im Alltagsleben gar nicht seltenen Fälle, in denen Aberglauben das Rücktrittsmotiv bildet. Wenn ein Räuber, wie es sich unlängst in Berchtesgaden ereignet hat[534], auf die Bemerkung der Überfallenen hin, sie sei Leichenfrau, die hingehaltene Geldbörse nicht nimmt, sondern „in panischer Angst" flüchtet, oder wenn den Dieb bei seinem Einsteigeversuch die Begegnung mit der berühmten schwarzen Katze umkehren läßt, so kann man sich über solche Beweggründe der Verbrechensaufgabe höchstens wundern, sie aber aus rechtlicher Sicht keinesfalls tadeln[535].

Schwieriger ist dagegen die Freiwilligkeitsbeurteilung dann, wenn der Täter von seinem Vorhaben Abstand nimmt, weil das ursprünglich für die Deliktsbegehung bestimmende Tatmotiv während der Ausführungshandlung wegfällt. Die Rechtsprechung liefert zwei recht anschauliche Beispiele für diese Sachverhaltskonstellation: einmal ließ die Schwangere, die sich aus Sorge um die Zukunft ihres Kindes zur Abtreibung entschlossen hatte, von ihren diesbezüglichen Bemühungen ab, weil der Schwängerer seine Vaterschaft anerkannte und sich zur Zahlung bereiterklärte[536]. Im anderen Fall gab der Täter, der auf seine geschiedene Ehefrau wegen ihrer Weigerung, zu ihm zurückzukommen, mit einem Messer eingestochen hatte, aufgrund ihrer Beteuerung, wieder mit ihm zusammenleben zu wollen, seinen Totschlagsversuch auf[537]. Die Entscheidung des Reichsgerichts bzw. Bundesgerichtshofs lautete übereinstimmend beide Male auf freiwilligen Rücktritt — und das mit Recht. Denn obschon auch hier — ebenso wie in den früher behandelten, aber entgegengesetzt beurteilten Fällen — die Rücktrittsmotivation — allgemein gesprochen — dadurch gekennzeichnet ist, daß die Tatausführung für den Täter jeglichen Sinn verloren hat, so besteht doch ein Unterschied zu jenem Problembereich der „Zweckverfehlung" oder des „Wegfalls der Geschäftsgrundlage"[538]: Wenn ein Dieb unbedingt 300 DM benötigt, aber nur 30 DM findet und deshalb liegen läßt, ist die *Vollendung* der *konkret* geplanten Tat unmöglich, da die erforderliche Geldmenge nicht vorhanden ist, insofern also bei fortbestehendem Handlungsmotiv der

---

534 Dem Bericht der SZ vom 22. 10. 1973 zufolge.

535 Wie hier im Ergebnis Roxin, Heinitz-Festschrift, S. 263; a. A. Schröder MDR 1956, 323.

536 Vgl. RG LZ 1915, 302 f.

537 BGH 2 StR 125/64 Urteil vom 3. 6. 1964 — unveröffentlicht, vgl. oben im Text S. 163 f.

538 So die Formulierung Esers, Studienkurs, Teil II, Fall 32 Rdnr. 31.

Tatzweck unerreichbar geworden. In den beiden vorstehend skizzierten Fällen steht dagegen der Herbeiführung des tatbestandsmäßigen Erfolges auf die vorgesehene Art und Weise nichts im Wege; infolge besonderer Umstände gibt es vom Täter aus gesehen lediglich für die Fortsetzung der Tat keinen Grund mehr, im Gegenteil: genau die Sachlage, deren *Unerreichbarkeit* das auslösende Moment der Straftat war, erscheint nun in greifbare Nähe gerückt, allerdings nur unter der Bedingung, daß die *Tatvollendung unterbleibt*. Die Gewißheit, daß das nichteheliche Kind nach der Geburt versorgt ist bzw. die eheliche Lebensgemeinschaft wieder aufgenommen werden kann, sind die — zweifellos positiv zu bewertenden — Beweggründe der Tataufgabe, die sich hier inhaltlich unter der formalen Kategorie „Wegfall des Tatmotivs“ verbergen und zur Bejahung strafbefreienden Rücktritts führen[539].

d) Besonderheiten der Freiwilligkeitsbeurteilung beim Rücktritt vom „beendeten“ Versuch

Die vorstehenden Ausführungen, in deren Verlauf alle bei der Durchsicht der höchstrichterlichen Rechtsprechung ermittelten Rücktrittsmotive auf der Grundlage der in dieser Arbeit entwickelten Deutung des Freiwilligkeitsbegriffs geprüft wurden, haben dieses Merkmal bewußt unabhängig vom jeweiligen Versuchsstadium behandelt. Dies war bei bestimmter Interpretation des § 46 Ziff. 2 a. F. schon im früheren Recht gerechtfertigt[540] und ist im Hinblick auf den neuen § 24 Abs. 1 S. 1 AT 1975 unbedenklich. Dennoch aber kann kein Zweifel darüber bestehen, daß es praktisch von erheblicher Bedeutung ist, ob die Freiwilligkeitsfrage sich lediglich auf ein Nichtweiterhandeln, ein bloßes Unterlassen bezieht oder ihr eine erfolgsabwendende Tätigkeit zugrunde liegt. Denn der Täter, der *aktiv* helfend in den Kausalverlauf eingreift, und dadurch das bedrohte Rechtsgut vor Schaden bewahrt, offenbart damit zunächst einmal seine altruistische, rechtstreue Gesinnung. Deren Umschwung, vom Angriff zur Verteidigung der sozialethischen Ordnung, könnte kaum sichtbarer zum Ausdruck gebracht werden als durch *tätige* Hilfe. So ist es auch verständlich, daß in der frühen Reichsgerichtsjudikatur und Lehre vielfach das nach § 46 Ziff. 2 a. F. erforderliche erfolgsverhindernde positive Tun sogar als Umschreibung der Freiwilligkeitsvoraussetzung aufgefaßt wurde[541]. Doch diese Schlußfolgerung geht zu weit[542]. Denn wenngleich der aktive Einsatz zugunsten des Opfers fast immer freiwillig geschieht und in der Rechtsprechung deshalb dem Täter bei Vornahme einer erfolgsabwendenden Handlung bisher fast ausnahmslos

---

[539] Anderer Ansicht in einem anderen ähnlichen Beispiel Schönke-Schröder, § 46 Rdnr. 25; a. A. auch Fahrenhorst a. a. O. S. 52.

[540] Siehe dazu oben im Text S. 334 f. Fn. 517 a. E.

[541] Vgl. v. Olshausen (11. Aufl.) § 46 Anm. 18; v. Liszt-Schmidt (26. Aufl.) S. 317; Wachenfeld, Lehrbuch, S. 184; Fahrenhorst a. a. O. S. 54; Hatzig a. a. O. S. 47; Herzog a. a. O. S. 246; Schuh a. a. O. S. 15; RGSt. 1, 376; 15, 44; 38, 402.

[542] Heute allgemein anerkannt und in § 24 I S. 1 gesetzlich bestätigt.

nur wegen der objektiv formulierten Entdeckungsklausel des § 46 Ziff. 2 a. F. das Rücktrittsprivileg versagt wurde, so sind doch Fälle denkbar, in denen die Freiwilligkeitsvoraussetzungen nicht erfüllt sind.

Deren Problematik ist zunächst — wie schon im Bereich des sog. „unbeendeten" Versuchs — auch hier scharf von dem Erfordernis der willkürlichen und gewollten, d. h. bewußten Erfolgsabwendung zu unterscheiden. Denn derjenige, der nur eine die Vollendung hindernde Reflexbewegung macht, eine „auf Vortäuschung reuiger Umkehr abzielende Scheinhandlung"[543] vornimmt oder das Ausbleiben des Erfolges unwissentlich bzw. versehentlich, z. B. durch Eingabe von Gegengift oder durch Hinfallenlassen der vergifteten Kaffeetasse, bewirkt, gibt seine Tat in Wirklichkeit nicht auf, tritt also überhaupt nicht zurück[544]. Die Tat-„aufgabe" ist also auch im Rahmen des Rücktritts vom „beendeten" Versuch conditio sine qua non zur Erlangung von Straffreiheit. Hinzukommen muß als weitere Voraussetzung die „Freiwilligkeit", d. h. das die Rettungsaktivität auslösende Motiv muß von der Rechtsordnung anerkannt sein. Das ist z. B. nicht der Fall, wenn der Täter eines Mordversuchs das Fenster des leuchtgaserfüllten Raumes öffnet, weil das Gas ihn selbst in seinem Zimmer bedroht und er dort nicht für Abzug sorgen kann; oder wenn der Betrüger aufgrund konkreter Umstände befürchtet, daß der Vertragspartner das wohldurchdachte und bis zum vorgesehenen Schlußpunkt durchgeführte Täuschungsmanöver erkennt, und er deshalb schnell das vorgelegte Schriftstück zur Vermeidung der sonst unausweichlichen Strafanzeige zurückzieht. Dasselbe gilt, wenn der Erpresser das entführte Kind freiläßt, weil er auf dem Weg zum „vereinbarten" Ort der Lösegeldübergabe bemerkt, daß die Polizei in der Umgebung Stellung bezogen hat, oder wenn der Ehemann den Arzt holt, weil seine Frau, die das Gift getrunken hat und nun Übelkeit empfindet, sonst die Nothilfe selbst telefonisch alarmieren würde.

Es lassen sich also durchaus Beispiele unfreiwilligen Rücktritts *trotz* bewußt erfolgsabwendender Tätigkeit finden, aber dies ändert nichts an der Tatsache, daß in dem auf die Erhaltung des bedrohten Rechtsgutes abzielenden positiven Tun zunächst einmal etwas „Verdienstliches" und daher ein konkreter *objektiver* Anknüpfungspunkt für die Bejahung der Freiwilligkeitsfrage zu sehen ist. Das ist praktisch von erheblichem Gewicht. Zwar gilt nach richtiger, heute allgemein anerkannter Auffassung[545] bei Zweifeln hinsichtlich des Rücktrittsmerkmals „freiwillig" der Grundsatz „in dubio pro reo", so daß auch von der Tataufgabe durch bloßes Nichtweiterhandeln eine derartige Indizwirkung ausgeht, die z. B. bei Fehlen jeglicher entgegenstehender äußerer Umstände oder Angaben des Täters

[543] RGSt. 63, 158 (159).

[544] So mit Recht RGSt. 63, 158 (159); 68, 381, 72, 350 (351); BGHSt. 1956, 355 (356); Jescheck AT S. 411; Schmidhäuser AT S. 507 Kapitel 15 Rdnr. 97; Joussen a. a. O. S. 27 ff.; Schönke-Schröder § 46 Rdnr. 31; Hohmann a. a. O. S. 18.

[545] Vgl. u. a. Schönke-Schröder § 46 Rdnr. 27 a; Lackner-Maassen § 46 Anm. 3 c; Dreher § 46 1 A b; Frank § 46 II; BGH MDR 1969, 532 mitgeteilt von Dallinger; BGHSt. 10, 129 (130); vgl. auch oben im Text S. 225 Fußnote 496.

voll zu seinen Gunsten durchschlägt. Aber wenn etwa Anhaltspunkte für einen *unfreiwilligen* Rücktritt vorliegen, macht es im Rahmen der richterlichen Beweiswürdigung einen großen Unterschied, ob die widerstreitenden Aspekte lediglich auf der Einlassung des Täters beruhen oder diese zusätzlich durch ein handfestes objektives Moment in Form aktiver Hilfeleistung untermauert werden kann. Denn so richtig es ist, daß erst bei positivem Nachweis der Unfreiwilligkeit das Rücktrittsprivileg entfällt, so unbestreitbar ist doch andererseits, daß der Richter in der Beurteilung der Einlassung des Angeklagten, insbesondere ihrer Glaubwürdigkeit, frei ist und eine mit ihr *nicht* in Einklang zu bringende *objektive* Tatsache in der Regel dazu führt, die abweichende Aussage als bedeutungslose Schutzbehauptung zu qualifizieren. Nur dann, wenn das Gericht zu der Überzeugung gelangt, sowohl das eine als auch das andere Rücktrittsmotiv könne im konkreten Fall gegeben sein, ist bei gegensätzlicher Wertung das non liquet zugunsten des Angeklagten zu berücksichtigen und von einer „freiwilligen“ Tataufgabe auszugehen.

3. Die Notwendigkeit einer Ersetzung des obligatorischen Strafausschlusses beim Rücktritt vom Versuch durch eine elastischere Regelung der Rechtsfolgen

Mit diesem Hinweis sollen unsere Betrachtungen zur Freiwilligkeitsproblematik abgeschlossen werden. Denn das ursprünglich gesteckte Ziel ist erreicht: Durch die Herausarbeitung typischer Fallgruppen und Rücktrittsmotive in der Rechtsprechung sowie durch die auf grundsätzliche Gemeinsamkeiten und Unterschiede beschränkte Literaturanalyse ist vieles klarer und übersichtlicher geworden. Durch die kritische Auseinandersetzung mit der psychologischen Freiwilligkeitstheorie wurden deren theoretische Inkonsequenz und praktische Unbrauchbarkeit offenkundig, Willkür und Zufälligkeit manchen Urteils erklärlich. Die Zugrundelegung eines normativen, an den sozialethischen Forderungen des Rechts ausgerichteten Freiwilligkeitsmaßstabs ermöglichte es schließlich, in den meisten Fällen durch eine Motivbewertung zu eindeutigen Ergebnissen zu gelangen. Dennoch bleibt eine Unsicherheitszone zwischen „freiwilligem“ und „unfreiwilligem“ Rücktritt, den — wie alle vorangegangenen Untersuchungen[546] — auch die hier vorgetragene Konzeption nicht ausschalten kann, da die Frage, ob der Täter durch seine Tataufgabe eine innere Willensumkehr zu rechtsmäßigem Verhalten bekundet hat, letztlich eben eine Wertentscheidung ist. Insofern liegt ein gewisser subjektiver Beurteilungsspielraum im Wesen des Freiwilligkeitskriteriums selbst begründet, und es kann nur darum gehen, diesen „natürlichen“ Schwankungsbereich in möglichst engen Grenzen zu halten. Damit wird man sich abfinden müssen; nicht dagegen aber mit den Folgerungen,

---

[546] Schröder MDR 1956, 324; Roxin, Heinitz-Festschrift, S. 263; Heinitz JR 1956, 249; Gutmann a. a. O. S. 159 oben.

die das alte und neue Recht in § 46 bzw. § 24 Abs. 1 S. 1 AT 1975 an die Bejahung oder Verneinung der Freiwilligkeit bei Vorliegen der sonstigen Rücktrittsvoraussetzungen knüpft. Die Alternative: völlige Straflosigkeit oder Strafbarkeit nach Versuchsgrundsätzen ist zu krass, zu starr und damit letztlich ungerecht, wenn nur eine mehr oder weniger approximative Umgrenzung des Freiwilligkeitsbegriffs erreichbar ist. Deshalb sei eine Forderung wiederholt, die immer wieder bei Gesetzgebungsarbeiten — so bereits bei der Revision des preußischen Strafgesetzbuchs von 1843[547], in der Begründung des Strafgesetzbuchentwurfs von 1936[548] oder im Rahmen der Reformberatungen 1955 von Welzel[549], aber auch sonst schon oft — leider vergeblich — erhoben wurde[550]: anstelle der schneidigen Antithese: Straffreiheit-Versuchsstrafe muß eine elastischere Regelung treten, für deren Ausgestaltung auf die besonderen Rücktrittsbestimmungen der §§ 83 a Abs. 1, 311 c Abs. 1 oder 316 a Abs. 2 oder auf das Schweizer Strafgesetzbuch (Artikel 21, 22) verwiesen werden kann. Wie die schweizerische höchstrichterliche Judikatur zeigt, in der der Rücktritt vom Versuch so gut wie keine Bedeutung hat[551], würde auf diese Weise die Freiwilligkeitsproblematik in ihrer Brisanz erheblich entschärft und entsprechend den fließenden Übergängen der einzelnen Fallgestaltungen eine gleitende Skala bei der Strafzumessung treten, doch besteht angesichts der soeben erst in Kraft getretenen neuen Rücktrittsvorschrift vorerst keine Hoffnung auf eine gesetzliche Änderung in der hier vorgeschlagenen Richtung.

---

547 Revision des Entwurfs des Strafgesetzbuchs 1843, Band 1, S. 145.

548 Begründung zum Entwurf eines deutschen StGB 1936, S. 19.

549 Welzel in: Niederschriften über die Sitzungen der Großen Strafrechtskommission, 2. Band, S. 198.

550 Schröder MDR 1956, 324; Festschrift für H. Mayer, S. 381; Lang-Hinrichsen, Festschrift für Engisch, S. 372; Dreher MDR 1967, 935; JR 1969, 107; Klee ZAkDR 1941, 257; Grützner DStR 1941, 104; ebenso Gutmann a. a. O. S. 159.

551 Die Durchsicht der amtlichen Sammlung des Schweizerischen Bundesgerichts in Strafsachen ergab 5 einschlägige Urteile; auch in den einschlägigen Zeitschriften sind nur einige wenige publiziert.

I. Übersicht über die in der vorliegenden Arbeit ausgewerteten Entscheidungen des Reichsgerichts mit Bezug auf § 46 Ziff. 1 und 2

Lfd. Nr.	Urteil vom	Fundstelle	Betr.: Tatbestand	Entscheidung des Tatrichters betreffend § 46	Entscheidung des RG betreffend § 46
1	12. 3. 1880	RGSt 1, 307 = RGRspr. 1, 413	§ 253	§ 46 Ziff. 2 abgelehnt	§ 46 Ziff. 2 abgelehnt
2	3. 5. 1880	RGSt 1, 375 = RGRspr. 1, 720	§ 306	§ 310 bejaht	§ 310 bejaht
3	8. 12. 1880	RGSt 3, 93 = RGRspr. 2, 618	§ 306	§ 46 Ziff. 2 bejaht	Aufhebung
4	13. 1. 1881	RGSt 3, 249 = RGRspr. 2, 722	§ 218	§ 46 Ziff. 1 bejaht	§ 46 Ziff. 1 bejaht
5	4. 6. 1881	RGRspr. 3, 375 = Annalen des RG Bd. 4 S. 7	§ 218	§ 46 Ziff. 1 abgelehnt	§ 46 Ziff. 1 abgelehnt
6	17. 6. 1881	RGSt 4, 290 = Annalen des RG Bd. 4 S. 97	§ 217	§ 46 Ziff. 1 bejaht	Aufhebung
7	11. 1. 1882	RGRspr. 4, 37	§ 263	§ 46 Ziff. 2 bejaht	§ 46 Ziff. 2 bejaht
8	6. 6. 1882	RGSt 6, 341 = RGRspr. 4, 533	§ 218	§ 46 Ziff. 1 bejaht (für Täterin)	Revision des Gehilfen verworfen
9	7. 6. 1882	RGRspr. 4, 543 = Annalen des RG Bd. 6 S. 21	§ 218	§ 46 Ziff. 1 abgelehnt	§ 46 Ziff. 1 abgelehnt
10	29. 4. 1884	RGSt 10, 324 = RGRspr. 6, 315 = JW 1884, 133	§ 159	§ 46 unanwendbar	§ 46 unanwendbar
11	20. 10. 1885	RGSt 13, 1	§ 201	§ 204 bejaht	§ 204 abgelehnt

Lfd. Nr.	Urteil vom	Fundstelle	Betr.: Tatbestand	Entscheidung des Tatrichters betreffend § 46	Entscheidung des RG betreffend § 46
12	5. 1. 1886	RGRspr. 8, 12	§ 211	§ 46 Ziff. 2 abgelehnt	§ 46 Ziff. 2 abgelehnt
13	15. 2. 1886	RGSt 14, 21 = RGRspr. 8, 171 = JW 1886, 218 (LS)	§ 154	§ 46 Ziff. 1 bejaht	§ 46 Ziff. 1 bejaht
14	29. 10. 1886	RGSt 15, 12 = RGRspr. 8, 652 = JW 1886, 458 (LS)	§ 242	§ 46 Ziff. 1 bejaht	§ 46 Ziff. 1 bejaht
15	12. 9. 1886	RGSt 15, 44	§ 263	§ 46 Ziff. 2 abgelehnt	§ 46 Ziff. 1 u. 2 abgelehnt
16	13. 1. 1887	RGSt 15, 281	§ 242	§ 46 Ziff. 1 abgelehnt	§ 46 Ziff. 1 abgelehnt
17	8. 7. 1887	RGSt 16, 182	§ 242	§ 46 Ziff. 1 abgelehnt	§ 46 Ziff. 1 abgelehnt
18	25. 11. 1887	RGSt 16, 347 = RGRspr. 9, 650 = JW 1888, 64 (LS)			Ausführungen zur Rechtsnatur des § 46 Ziff. 1
19	13. 12. 1887	RGRspr. 9, 724 = GA Bd. 35 (1887), 408 = JW 1888, 61	§ 120	§ 46 abgelehnt	§ 46 abgelehnt
20	9. 1. 1888	GA Bd. 36 (1888), 159	§ 268	§ 46 Ziff. 1 abgelehnt	§ 46 Ziff. 1 abgelehnt
21	27. 2. 1888	RGSt 17, 158	§ 218	für Straflosigkeit des untaugl. Versuchs auf § 46 Ziff. 2 verwiesen	Anwendbarkeit des § 46 Ziff. 2 abgelehnt bei untauglichem Versuch
22	20. 3. 1888	RGSt 17, 243	§ 209		
23	9. 10. 1888	JW 1888, 452	§ 154		§ 46 Ziff. 1 bejaht
24	31. 1. 1889	JW 1889, 94			§ 46 Ziff. 1 abgelehnt

Lfd. Nr.	Urteil vom	Fundstelle	Betr.: Tat-bestand	Entscheidung des Tatrichters betreffend § 46	Entscheidung des RG betreffend § 46
25	15. 3. 1889	JW 1889, 187 f. = GA 1889, 180	§ 242	§ 46 Ziff. 2 bejaht, § 46 Ziff. 1 abgelehnt	§ 46 Ziff. 2 unanwendbar, § 46 Ziff. 1 abgelehnt
26	23. 6. 1890	GA 38, 212	§ 176 I Nr. 3	§ 46 Ziff. 1 abgelehnt	§ 46 Ziff. 1 abgelehnt
27	18. 3. 1890	JW 1890, 185	§ 253	?	§ 46 Ziff. 2 abgelehnt
28	20. 3. 1891	JW 1891, 285	§ 176 I Nr. 3	§ 46 Ziff. 1 bejaht	§ 46 Ziff. 1 abgelehnt
29	29. 10. 1891	JW 1891, 538	§ 242	§ 46 Ziff. 1 bejaht	§ 46 Ziff. 1 bejaht
30	12. 11. 1891	JW 1892, 5	zu § 209		
31	15. 1. 1892	RGSt 22, 363 = JW 1892, 133	§ 154	§ 46 Ziff. 2 bejaht	§ 46 Ziff. 1 bejaht
32	21. 4. 1892	JW 1892, 255	§ 154		§ 46 Ziff. 1 abgelehnt
33	25. 8. 1892	JW 1892, 409	§ 177	§ 46 Ziff. 1 bejaht	§ 46 Ziff. 1 bejaht
34	13. 6. 1893	RGSt 24, 222 = JW 1893, 401	§ 242	§ 46 Ziff. 1 verneint	§ 46 Ziff. 1 bejaht
35	30. 4. 1894	SeuffBl ErgBd 12, 337	§ 242		§ 46 Ziff. 1 (für Anstifter) abgelehnt
36	27. 9. 1894	RGSt 26, 77	§ 253	§ 46 Ziff. 1 u. 2 abgelehnt	§ 46 Ziff. 1 u. 2 abgelehnt
37	25. 10. 1894	JW 1894, 599	§ 154	?	?
38	6. 6. 1901	JW 1901, 599	§ 306	§ 46 Ziff. 2 bejaht	§ 46 Ziff. 2 bejaht
39	31. 1. 1902	RGSt 35, 102 = JW 1902, 569 = Recht 1902 Nr. 640	§ 218	§ 46 Ziff. 1 abgelehnt	Aufhebung zur Überprüfung von § 46 Ziff. 1
40	23. 5. 1902	RGSt 35, 260	§ 201	?	Abweichung des § 204 gegenüber § 46
41	2. 6. 1902	Recht 1902, Nr. 1643	§ 242	?	§ 46 Ziff. 1 abgelehnt
42	24. 9. 1903	Recht 1903, Nr. 2749		?	Subj. Abgrenzung zwischen beendetem und unbeendetem

Lfd. Nr.	Urteil vom	Fundstelle	Betr.: Tatbestand	Entscheidung des Tatrichters betreffend § 46	Entscheidung des RG betreffend § 46
43	16. 2. 1904	JW 1904, 301		?	Zur Frage der Freiwilligkeit in § 46 Ziff. 1
44	14. 3. 1904	JW 1904, 301	§ 242	?	§ 46 Ziff. 1 abgelehnt
45	16. 2. 1905	RGSt 37, 402 = JW 1905, 349	§ 243 I Ziff. 3	§ 46 Ziff. 1 bejaht	Aufhebung, u. U. Rücktritt nicht freiwillig
46	10. 3. 1905	RGSt 37, 417	§ 218	§ 46 Ziff. 1 für Täterin bejaht	§ 46 Ziff. 1 für Täterin bejaht
47	1. 12. 1905	RGSt 38, 223 = JW 1906, 241	§ 263	§ 46 Ziff. 2 abgelehnt	§ 46 Ziff. 2 bejaht
48	9. 1. 1906	Recht 1906, Nr. 551	§ 218	?	§ 46 Ziff. 1 abgelehnt
49	23. 3. 1906	RGSt 38, 402 = JW 1906, 604	§ 306	§ 46 Ziff. 1 abgelehnt	§ 46 Ziff. 1 u. 2 abgelehnt
50	11. 5. 1906	ZfRpfl in Bayern 1906, 318 = Recht 1906, Nr. 1707 = JW 1906, 604 = GA 53, 283	§ 218	§ 46 Ziff. 1 abgelehnt	Aufhebung, § 46 Ziff. 1 u. U. zu bejahen
51	23. 5. 1906	Recht 1906, Nr. 2179	§ 242	§ 46 Ziff. 1 abgelehnt	§ 46 Ziff. 1 abgelehnt
52	11. 6. 1906	RGSt 39, 37 = JW 1906, 784	§ 243 I Ziff. 2	§ 46 Ziff. 1 bejaht (für „Werkzeug"), abgelehnt dagegen für den mittelbaren Täter	§ 46 Ziff. 1 für beide bejaht
53	28. 7. 1906	SeuffBl 72, 204 = Recht 1906, Nr. 2552	§ 154	§ 46 Ziff. 1 für Täter bejaht	§ 46 Ziff. 1 für Täter bejaht
54	21. 9. 1906	RGSt 39, 220 = JW 1906, 784 = Recht 1906, Nr. 2961 = SchleswHAZ 1907, 31	§ 218	§ 46 Ziff. 1 abgelehnt	§ 46 Ziff. 1 u. 2 abgelehnt
55	5. 10. 1906	Recht 1906, Nr. 3171	?	?	Zur Abgrenzung beendeter-unbeendeter Versuch

Lfd. Nr.	Urteil vom	Fundstelle	Betr.: Tatbestand	Entscheidung des Tatrichters betreffend § 46	Entscheidung des RG betreffend § 46
56	29. 10. 1906	SeuffBl 72, 249 = Recht 1906, Nr. 2374	§ 218	§ 46 Ziff. 1 abgelehnt	§ 46 Ziff. 1 abgelehnt
57	15. 2. 1907	Recht 1907, Nr. 827	§ 242	§ 46 Ziff. 1 nicht geprüft	Aufhebung
58	7. 6. 1907	ZfRpfl in Bayern 1907, 455	§ 263	§ 46 Ziff. 1 abgelehnt	Aufhebung — Prüfung des § 46 Ziff. 1 angeordnet
59	24. 6. 1907	SeuffBl Bd. 72, 1046	§ 201	204 abgelehnt	§ 204 abgelehnt
60	18. 11. 1907	Recht 1908, Nr. 197	§ 176 I Nr. 3	?	§ 46 Ziff. 1 abgelehnt
61	22. 11. 1907	Warneyers Jb. 1908, 10	§ 176 I Nr. 3	?	§ 46 Ziff. 1 abgelehnt
62	14. 4. 1908	Warneyers Jb. 1908, 10	§ 242	§ 46 Ziff. 1 abgelehnt	Aufhebung, nochmalige Prüfung
63	28. 9. 1908	SeuffBl 74, 131	§ 243 I Nr. 2	§ 46 Ziff. 1 abgelehnt	§ 46 Ziff. 1 abgelehnt
64	12. 1. 1909	Recht 1909, Nr. 606	§ 218	§ 46 Ziff. 1 abgelehnt	Aufhebung
65	2. 2. 1909	Recht 1909, Nr. 927	§ 253	?	§ 46 Ziff. 2 abgelehnt
66	15. 4. 1909	RGSt 42, 294	§ 297	?	§ 46 Ziff. 1 u. 2 abgelehnt
67	21. 12. 1909	RGSt 43, 137 = Recht 1910, Nr. 1858	§ 218	§ 46 Ziff. 1 abgelehnt	Aufhebung
68	18. 1. 1910	SächsArch 1910, 147	§ 218	§ 46 Ziff. 1 abgelehnt	Aufhebung, neue Prüfung
69	7. 2. 1910	Recht 1910, Nr. 1041	§ 218	§ 46 Ziff. 1 bejaht	Aufhebung
70	11. 4. 1910	SeuffBl Bd. 75, 518	§ 218	§ 46 Ziff. 2 für Täterin bejaht	keine Auswirkungen auf die Strafbarkeit des Teilnehmers
71	9. 6. 1910	Recht 1910, Nr. 2415	§ 242	?	§ 46 Ziff. 1 abgelehnt
72	20. 6. 1910	RG Recht 1910, Nr. 2751	§ 243 I Nr. 3	§ 46 Ziff. 1 nicht geprüft	§ 46 Ziff. 1 bejaht
73	27. 9. 1910	DJZ 1911, 92	§ 253	?	§ 46 Ziff. 2 verneint

Lfd. Nr.	Urteil vom	Fundstelle	Betr.: Tatbestand	Entscheidung des Tatrichters betreffend § 46	Entscheidung des RG betreffend § 46
74	11. 5. 1911	RGSt 45, 6 = SächsArch 1911, 370 = DJZ 16, 1275	§ 242	§ 46 Ziff. 1 abgelehnt	§ 46 Ziff. 1 abgelehnt
75	10. 10. 1911	RGSt 45, 183	§ 263	§ 46 Ziff. 2 bejaht	Aufhebung
76	11. 1. 1912	DJZ 1912, 575 f.	§ 218	§ 46 Ziff. 1 bejaht	§ 46 Ziff. 1 abgelehnt
77	17. 5. 1912	ZfRpfl in Bayern 1912, 360	§ 263	§ 46 abgelehnt	§ 46 Ziff. 1 u. 2 abgelehnt
78	25. 6. 1912	ZfRpfl in Bayern 1912, 400	§ 218	§ 46 Ziff. 1 abgelehnt	Aufhebung
79	30. 12. 1912	RGSt 47, 5	§ 263	?	§ 46 für Anstifter abgelehnt
80	7. 3. 1913	RGSt 47, 74	§ 176 I Nr. 3	§ 46 Ziff. 1 abgelehnt	Aufhebung
81	10. 6. 1913	Warneyers Jb. 1913, 7	§ 218	§ 46 Ziff. 1 abgelehnt	§ 46 Ziff. 1 abgelehnt
82	1. 7. 1913	SächsArch 1914, 64	§ 176 I Nr. 3	§ 46 Ziff. 1 abgelehnt	§ 46 Ziff. 1 abgelehnt
83	19. 9. 1913	SächsArch 1915, 15	§ 218	§ 46 Ziff. 1 abgelehnt	§ 46 Ziff. 1 abgelehnt
84	10. 10. 1913	RG 47, 358	§§ 267, 263	§ 46 anwendbar	Aufhebung
85	27. 11. 1913	LZ 1914, Sp. 378	?	?	Zur Rechtsnatur des § 46
86	17. 3. 1914	DJZ 1914, 1302	§ 263	§ 46 abgelehnt	§ 46 Ziff. 1 u. 2 abgelehnt
87	8. 6. 1914	Warneyers Jb. 1914, 6	§ 218	?	§ 46 Ziff. 1 abgelehnt
88	2. 7. 1914	LZ 1915, Sp. 302 f.	§ 218	§ 46 Ziff. 1 abgelehnt	§ 46 Ziff. 1 u. 2 abgelehnt
89	22. 4. 1915	JW 1915, 1371 = LZ 1915, Sp. 1028 f.	§ 263	?	§ 46 Ziff. 2 abgelehnt
90	1. 5. 1916	LZ 1916, Sp. 1035	§ 243 I Nr. 2	§ 46 Ziff. 1 verneint	Aufhebung zur erneuten Prüfung
91	26. 1. 1917	SächsArch 1917, 104 = LZ 1917, Sp. 548 = GA 64, 121	§ 242	§ 46 Ziff. 1 abgelehnt	§ 46 Ziff. 1 abgelehnt

Lfd. Nr.	Urteil vom	Fundstelle	Betr.: Tatbestand	Entscheidung des Tatrichters betreffend § 46	Entscheidung des RG betreffend § 46
92	11. 5. 1917	RGSt 50, 378 (383)	§ 5 Nr. 1 BRVO v. 23. 3. 16	§ 46 nicht geprüft	§ 46 Ziff. 2 abgelehnt
93	10. 7. 1917	RGSt 51, 205 (211)	§ 263	§ 263 mangels Vermögensschadens abgelehnt	Aufhebung, § 46 Ziff. 2 abgelehnt
94	18. 10. 1917	Recht 1917, Nr. 2100	?	?	§ 46 Ziff. 1 abgelehnt
95	1. 11. 1917	LZ 1918, Sp. 446	§ 218	?	§ 46 Ziff. 1 abgelehnt
96	27. 3. 1918	LZ 1918, Sp. 999 = ZfRpfl in Bayern 1918, 227	§ 242	?	§ 46 abgelehnt
97	9. 4. 1918	RGSt 52, 180 = LZ 1919, Sp. 263	§ 218	§ 46 Ziff. 1 u. 2 abgelehnt	§ 46 Ziff. 1 u. 2 abgelehnt
98	27. 6. 1918	LZ 1918, Sp. 1083	§ 218	§ 46 Ziff. 1 abgelehnt	§ 46 Ziff. 1 abgelehnt
99	14. 4. 1919	LZ 1919, Sp. 899 = Recht 1920, Nr. 1749	§ 242	vollendeter Diebstahl	Aufhebung, u. U. Versuch, § 46 Ziff. 1 abgelehnt
100	4. 7. 1918	LZ 1918, Sp. 1279	§ 218	§ 46 Ziff. 1 abgelehnt	§ 46 Ziff. 1 abgelehnt
101	18. 11. 1918	LZ 1919, Sp. 385	§ 218	§ 46 Ziff. 1 abgelehnt	Aufhebung
102	14. 4. 1919	Recht 1919, Nr. 1226	§ 263	?	§ 46 Ziff. 1 abgelehnt
103	27. 5. 1919	RGSt 53, 284	§ 243 I Nr. 2	§ 46 Ziff. 1 abgelehnt	§ 46 Ziff. 1 abgelehnt
104	16. 6. 1919	LZ 1919, Sp. 1264 = Recht 1919, Nr. 1880	?	§ 46 Ziff. 1 abgelehnt	§ 46 Ziff. 1 abgelehnt
105	15. 4. 1920	LZ 1920, Sp. 713	§ 242	§ 46 Ziff. 1 abgelehnt	§ 46 Ziff. 1 abgelehnt
106	4. 12. 1919	RGSt 54, 177 = Recht 1920, Nr. 1748 = LZ 1920, Sp. 767	§ 243 I Nr. 2	§ 46 Ziff. 1 bejaht	Aufhebung
107	17. 2. 1920	LZ 1920, Sp. 714 = Recht 1921, Nr. 2062	?	?	Zur Auslegung von § 46 Ziff. 1

Lfd. Nr.	Urteil vom	Fundstelle	Betr.: Tatbestand	Entscheidung des Tatrichters betreffend § 46	Entscheidung des RG betreffend § 46
108	4. 5. 1920	RGSt 54, 326	§ 267	§ 46 Ziff. 1 abgelehnt	§ 46 Ziff. 1 bejaht
109	8. 7. 1920	RGSt 55, 66 = Recht 1921, Nr. 419 a	§ 242	§ 46 Ziff. 1 abgelehnt	§ 46 Ziff. 1 bejaht
110	28. 9. 1920	Recht 1921, Nr. 419	?	?	Zur Auslegung von § 46 Ziff. 1
111	15. 10. 1920	RGSt 55, 105	§ 243 I Nr. 3	§ 46 Ziff. 1 abgelehnt	Aufhebung, u. U. § 46 Ziff. 1 anwendbar
112	15. 11. 1920	LZ 1921, Sp. 62	§ 242	?	§ 46 abgelehnt
113	18. 4. 1921	Recht 1921, Nr. 2063	§ 242 (?)	?	Zur Problematik des § 46 bei Mittäterschaft
114	23. 6. 1921	RGSt 56, 149	§ 267	?	Zur Rechtsnatur des § 46
115	14. 7. 1921	Recht 1921, Nr. 2470	§ 242 (?)		Zum Rücktritt des Gehilfen
116	13. 9. 1921	LZ 1921, Sp. 658		§ 46 Ziff. 1 abgelehnt	Aufhebung
117	20. 9. 1921	Recht 1921, Nr. 2907	§ 242	?	§ 46 Ziff. 1 abgelehnt
118	24. 10. 1921	RGSt 56, 209 = Recht 1922, Nr. 328	§ 218	§ 46 Ziff. 1 abgelehnt für Anstifter und Gehilfen	§ 46 Ziff. 1 abgelehnt für Anstifter und Gehilfen
119	8. 12. 1921	LZ 1922, Sp. 165 = Recht 1922, Nr. 498	§ 218		§ 46 Ziff. 1 abgelehnt
120	30. 1. 1922	JW 1924, 299	§ 218	§ 46 Ziff. 1 abgelehnt	§ 46 Ziff. 1 abgelehnt
121	3. 4. 1922	JW 1923, 373	§ 242	§ 46 abgelehnt	§ 46 abgelehnt
122	30. 5. 1922	JW 1923, 16	§ 360 AO a. F.	§ 46 abgelehnt	§ 46 Ziff. 1 u. 2 abgelehnt
123	26. 6. 1922	JW 1923, 930	§ 154		§ 46 Ziff. 1 abgelehnt
124	18. 2. 1923	JW 1924, 197	§ 263	§ 46 Ziff. 2 abgelehnt	Aufhebung
125	22. 3. 1923	RGSt 57, 272	§ 218		Zur Rechtsnatur des § 46
126	10. 4. 1923	RGSt 57, 278	§ 218	§ 46 abgelehnt	Aufhebung, u. U. § 46 Ziff. 1 anwendbar

Lfd. Nr.	Urteil vom	Fundstelle	Betr.: Tatbestand	Entscheidung des Tatrichters betreffend § 46	Entscheidung des RG betreffend § 46
127	8. 6. 1923	RGSt 57, 314	§§ 359, 360 AO a. F.	§ 374 AO a. F. bejaht	Allgemeine Ausführungen zu § 46 Ziff. 1 im Vergleich zu § 374 AO a. F.
128	15. 10. 1923	Recht 1924, Nr. 74	§ 218	?	§ 46 Ziff. 1 abgelehnt
129	15. 11. 1923	Recht 1924, Nr. 78 = JW 1924, 1726	§ 242	§ 46 Ziff. 1 abgelehnt	§ 46 Ziff. 1 abgelehnt
130	7. 12. 1923	JW 1924, 1771	§ 242	§ 46 Ziff. 1 abgelehnt	§ 46 abgelehnt
131	29. 1. 1924	JW 1924, 1730	§ 154		u. U. § 46 anwendbar
132	4. 3. 1924	ZfRpfl in Bayern 1924, 275	§ 218	§ 46 Ziff. 1 abgelehnt	Aufhebung, § 46 Ziff. 1 u. U. anwendbar
133	19. 5. 1924	DRiZ 1924, Sp. 390	?	?	Zur Auslegung des § 46 Ziff. 1
134	19. 9. 1924	RGSt 58, 277 = DRiZ 1924, Sp. 449	§ 176 I Nr. 3	§ 46 Ziff. 1 abgelehnt	§ 46 Ziff. 1 abgelehnt
135	30. 9. 1924	RGSt 58, 295	§ 263	§ 46 bejaht	§ 46 Ziff. 2 bejaht
136	2. 12. 1924	JW 1925, 792	§ 154	§ 46 Ziff. 1 bejaht	§ 46 Ziff. 1 bejaht
137	8. 12. 1924	DJZ 1925, 513 = HRR I, 59 = JR 1925, Nr. 176 = LZ 1925, Sp. 150 f.	§ 211	§ 46 Ziff. 2 abgelehnt	§ 46 Ziff. 2 abgelehnt
138	24. 2. 1925	ZfRpfl in Bayern 1925, 283 = GA 69, 396 = LZ 1925, Sp. 549 = JR 1925, Nr. 431 = Recht 1925, Nr. 774 = DRiZ 1925, Rspr. Sp. 76, Nr. 187	§ 211	§ 46 Ziff. 2 abgelehnt	§ 46 Ziff. 2 abgelehnt
139	23. 3. 1925	JW 1926, 1166	§ 212	§ 46 Ziff. 1 abgelehnt	§ 46 Ziff. 1 abgelehnt

Lfd. Nr.	Urteil vom	Fundstelle	Betr.: Tatbestand	Entscheidung des Tatrichters betreffend § 46	Entscheidung des RG betreffend § 46
140	10. 11. 1925	RGSt 59, 412 = JW 1926, 1166 = JR 1926, Nr. 95 = DRiZ 1936, Rspr. Sp. 15, Nr. 62	§ 146	§ 46 abgelehnt	§ 46 abgelehnt
141	12. 11. 1925	JW 1926, 1167 = DJZ 1926, 748 = LZ 1926, Sp. 452 = JR 1926, Nr. 96	§ 154	§ 46 Ziff. 1 abgelehnt	Aufhebung, § 46 Ziff. 1 u. U. anwendbar
142	28. 9. 1926	LZ 1926, 1198 = ZfRpfl in Bayern 1927, 25	§ 146	§ 46 Ziff. 1 abgelehnt	§ 46 Ziff. 1 abgelehnt
143	5. 10. 1926	LZ 1927, Sp. 320	§ 211	§ 46 Ziff. 1 abgelehnt	§ 46 Ziff. 1 abgelehnt
144	21. 12. 1926	RGSt 61, 107	§ 239 KO	§ 46 Ziff. 1 abgelehnt	Aufhebung
145	4. 1. 1927	RGSt 61, 115 ff.	§§ 359, 360 AO	§ 374 AO, a. F. abgelehnt ?	Aufhebung — Ausführungen zu § 46
146	11. 4. 1927	Recht 1927, Nr. 1819	§ 249	?	§ 46 Ziff. 1 abgelehnt
147	12. 7. 1927	Recht 1927, Nr. 2556	?	?	Zur Anwendbarkeit des § 46 auf den Rücktritt des Gehilfen
148	13. 10. 1927	JW 1928, 508	§ 306		§ 46 Ziff. 2 abgelehnt
149	21. 5. 1928	Recht 1928, Nr. 1700 = JR 1928, Nr. 1665 = HRR 1928, Nr. 1665	§ 265	§ 46 Ziff. 1 bejaht	Aufhebung
150	12. 10. 1928	Recht 1929, Nr. 380	§ 218		§ 46 Ziff. 1 abgelehnt
151	16. 10. 1928	RGSt 62, 303	§ 163	§ 163 II bejaht	§ 163 II bejaht — Ausführungen zur Rechtsnatur des § 46 Ziff. 2

Lfd. Nr.	Urteil vom	Fundstelle	Betr.: Tatbestand	Entscheidung des Tatrichters betreffend § 46	Entscheidung des RG betreffend § 46
152	15. 11. 1928	HRR 1929, Nr. 454 = JR 1929, Nr. 454	§ 306	§ 46 Ziff. 2 abgelehnt	§ 46 Ziff. 2 abgelehnt
153	22. 11. 1928	RGSt 62, 362 = DRiZ 1929, Rspr. Sp. 377, Nr. 868		§ 46 Ziff. 1 abgelehnt	§ 46 Ziff. 1 abgelehnt
154	7. 12. 1928	RGSt 62, 405	§ 154	§ 157 I Nr. 1 abgelehnt	Bestätigt — Ausführungen zum Rücktritt des Gehilfen nach § 46
155	21. 1. 1929	LZ 1929, Sp. 623	§ 263	§ 46 Ziff. 1 abgelehnt	§ 46 Ziff. 1 abgelehnt
156	7. 2. 1929	HRR 1929, Nr. 1070 = JR 1929, Nr. 1070 = JW 1919, 1009 = DRiZ 1929, Rspr. Sp. 121, Nr. 287	§ 154	§ 46 Ziff. 1 abgelehnt	Aufhebung — § 46 Ziff. 1 anwendbar
157	6. 5. 1929	RGSt 63, 158 = JW 1929, 3010 = DRiZ 1929, Rspr. Sp. 241, Nr. 572	§ 263	§ 46 Ziff. 2 abgelehnt	§ 46 Ziff. 2 abgelehnt
158	21. 11. 1929	JW 1930, 634 = HRR 1930, Nr. 675	§ 154	§ 46 Ziff. 1 abgelehnt	Aufhebung, § 46 Ziff. 1 u. U. anwendbar
159	27. 6. 1930	DRiZ 1930, Sp. 365, Nr. 548	§ 177 oder § 176 I Nr. 1	§ 46 Ziff. 1 abgelehnt, Verurteilung nach § 176 I Nr. 1	Aufhebung, u. U. nur Versuch, dann Prüfung des Rücktritts nach § 46 Ziff. 1
160	8. 7. 1930	LZ 1931, Sp. 107 = DRiZ 1930, Teil 2, Sp. 415, Nr. 612	§ 263	§ 46 abgelehnt	§ 46 Ziff. 1 u. 2 abgelehnt
161	22. 9. 1930	HRR 1930, 2182	?	?	Ausführungen zu § 46 Ziff. 2

Lfd. Nr.	Urteil vom	Fundstelle	Betr.: Tatbestand	Entscheidung des Tatrichters betreffend § 46	Entscheidung des RG betreffend § 46
162	28. 10. 1930	JW 1931, 2787	§ 242	§ 46 Ziff. 1 abgelehnt	§ 46 Ziff. 1 abgelehnt
163	Urteilsdatum unbekannt	JW 1930, 916	§ 176 I Nr. 3	§ 46 abgelehnt	§ 46 Ziff. 1 u. 2 abgelehnt
164	21. 10. 1930	DRiZ 1930, Rspr. Sp. 524, Nr. 760	§ 239 KO	Verurteilung wegen § 239 KO	§ 46 Ziff. 2 abgelehnt
165	9. 2. 1931	RGSt 65, 145 = JW 1932, 510	§ 246	§ 46 abgelehnt	§ 46 Ziff. 1 u. 2 abgelehnt
166	27. 3. 1931	HRR 1931, Nr. 1491 = JR 1931, Nr. 1491	§ 263	§ 46 Ziff. 1 abgelehnt	Aufhebung
167	30. 3. 1931	LZ 1931, Sp. 1207	§ 306	§ 46 Ziff. 1 u. 2 abgelehnt	§ 46 Ziff. 1 u. 2 abgelehnt
168	13. 4. 1931	LZ 1931, 986	§ 177	§ 46 Ziff. 1 abgelehnt	§ 46 Ziff. 1 abgelehnt
169	13. 4. 1931	RGSt 65, 276	§ 263	?	Zur Anwendbarkeit des § 46 Ziff. 2 bei untauglichem Versuch
170	1. 6. 1931	JW 1932, 415	§ 263	§ 46 Ziff. 1 abgelehnt,	Aufhebung
171	20. 10. 1931	JW 1932, 947	§ 177	§ 46 Nr. 1 nicht geprüft	Aufhebung
172	23. 10. 1931	JW 1932, 2433	§ 249	§ 46 abgelehnt, da unvollendeter Raub	Aufhebung: nur Raubversuch, u. U. § 46 Ziff. 1 anwendbar
173	17. 11. 1931	ZfRpfl in Bayern 1932, 325	§ 125 a. F.	§ 46 abgelehnt	§ 46 abgelehnt
174	17. 11. 1931	ZfRpfl in Bayern 1932, 290	§ 154	§ 46 abgelehnt	§ 46 abgelehnt
175	17. 12. 1931	RGSt 66, 61 = HRR 1932, Nr. 570 = DRiZ 1932, 2. Teil, Sp. 101, Nr. 130	§ 263	§ 46 Ziff. 2 abgelehnt	§ 46 Ziff. 2 abgelehnt
176	5. 4. 1932	ZfRpfl in Bayern 1933, 39	§ 177	§ 46 Ziff. 1 abgelehnt	Aufhebung
177	8. 4. 1932	ZfRpfl in Bayern 1933, 39	§ 211	§ 46 Ziff. 2 abgelehnt	Aufhebung

Lfd. Nr.	Urteil vom	Fundstelle	Betr.: Tatbestand	Entscheidung des Tatrichters betreffend § 46	Entscheidung des RG betreffend § 46
178	30. 3. 1933	LZ 1933, Sp. 596 = Recht 1933, 297 f. = DRiZ 1933, 2. Teil, Sp. 297, Nr. 340	§ 306	§ 46 Ziff. 2 abgelehnt	§ 46 Ziff. 2 abgelehnt
179	29. 6. 1933	RGSt 67, 264 = JW 1933, 2394	§ 154	§§ 48, 154 bejaht	Zur Frage der Freiwilligkeit in § 46 Ziff. 1
180	10. 8. 1933	HRR 1933, Nr. 1898 = JW 1933, 2337	§ 212	§§ 49, 212 verneint	Aufhebung, Beihilfe bejaht, u. U. § 46 Ziff. 1 anwendbar
181	4. 10. 1933	JW 1933, 2952	§ 212	§ 46 Ziff. 1 u. 2 abgelehnt	§ 46 Ziff. 1 u. 2 abgelehnt
182	15. 12. 1933	JW 1934, 487	§ 255	§ 46 Ziff. 1 abgelehnt	Aufhebung, § 46 Ziff. 1 u. U. anwendbar
183	19. 1. 1934	JW 1934, 692 = HRR 1934, Nr. 522 = DRiZ 1934, Teil 2, Sp. 163, Nr. 171	§ 212	§ 46 abgelehnt	§ 46 abgelehnt
184	12. 2. 1934	RGSt 68, 82 = JW 1934, 1356 = HRR 1934, Nr. 1076 = DJZ 1934, 1085 = DRiZ 1934, 2. Teil, Sp. 235, Nr. 231	§ 263	§ 46 Ziff. 1 abgelehnt	§ 46 Ziff. 1 u. 2 abgelehnt
185	2. 3. 1934	JW 1934, 1575 = DJ 1934, 709 = HRR 1934, Nr. 1166 = DRiZ 1934, 2. Teil, Sp. 246, Nr. 234	§ 159		§ 46 Ziff. 1 u. 2 abgelehnt

Lfd. Nr.	Urteil vom	Fundstelle	Betr.: Tatbestand	Entscheidung des Tatrichters betreffend § 46	Entscheidung des RG betreffend § 46
186	16. 4. 1934	HRR 1934, Nr. 1324	§ 239 Nr. 1 KO	§ 46 nicht geprüft	§ 46 Ziff. 1 abgelehnt
187	26. 6. 1934	RGSt 68, 238 = JW 1934, 2237 = HRR 1935, Nr. 72 = DRiZ 1934, 2. Teil, Sp. 491, Nr. 484	§ 249	§ 46 Ziff. 1 abgelehnt	§ 46 Ziff. 1 abgelehnt
188	17. 9. 1934	RGSt 68, 306 = JW 1935, 284 = DRiZ Rspr. 1934, Sp. 613, Nr. 605	§ 212	§ 46 Ziff. 1 u. 2 abgelehnt	§ 46 Ziff. 1 u. 2 abgelehnt
189	29. 10. 1934	RGSt 68, 381 = JW 1934, 3284 = HRR 1935, Nr. 540 = DRiZ 1934, Rspr. Sp. 688, Nr. 680	§ 306	§ 46 Ziff. 2 abgelehnt	§ 46 Ziff. 2 abgelehnt
190	26. 2. 1935	RGSt 69, 140 = JW 1935, 2413	§ 176 I Nr. 3	§ 46 Ziff. 1 abgelehnt	§ 46 Ziff. 1 abgelehnt
191	1. 10. 1935	RGSt 69, 327	§ 249	Freispruch, da straflose Vorbereitung	Aufhebung: Versuchter Raub liegt vor, u. U. § 46 Ziff. 1
192	4. 10. 1935	Deutsches Strafrecht N. F. Bd. 2, S. 490	§ 211		§ 46 Ziff. 2 abgelehnt
193	21. 10. 1935	RGSt 69, 360 = JW 1936, 324	§ 263	§ 46 Ziff. 2 abgelehnt	§ 46 Ziff. 2 abgelehnt
194	29. 11. 1935	RGSt 70, 1 = JW 1936, 929 = Dt. Rpflege 1936, Nr. 98	§ 249	§ 46 Nr. 1 nicht geprüft	Aufhebung

Lfd. Nr.	Urteil vom	Fundstelle	Betr.: Tat-bestand	Entscheidung des Tatrichters betreffend § 46	Entscheidung des RG betreffend § 46
195	27. 3. 1936	HRR 1936, Nr. 1204	§ 249	Freispruch, da straflose Vorbereitung	Aufhebung: Raubversuch, § 46 Ziff. 1 abgelehnt
196	28. 5. 1937	RGSt 71, 242 = JW 1937, 2375 = DJ 1937, 1117	§ 211	§ 46 Ziff. 2 abgelehnt	Aufhebung
197	28. 6. 1937	RGSt 71, 280	§ 263	?	§ 46 Ziff. 2 bejaht
198	24. 1. 1938	DJ 1938, 597.	§ 243 I Nr. 2	§ 46 Ziff. 1 abgelehnt	§ 46 Ziff. 1 abgelehnt
199	30. 1. 1938	DJ 1938, 723	§ 211	§ 46 Ziff. 1 u. 2 nicht geprüft	Aufhebung
200	4. 10. 1938	RGSt 72, 350 = DJ 1938, 1918 = JW 1938, 3103 = HRR 1939, Nr. 119	§ 211	§ 46 abgelehnt	§ 46 Ziff. 1 u. 2 abgelehnt
201	20. 12. 1938	RGSt 73, 52 = DJ 1939, 618			Ausführungen zur Rechtsnatur des § 46
202	22. 5. 1939	HRR 1939, Nr. 1434	§ 177	§ 46 Ziff. 1 bejaht	Aufhebung
203	3. 5. 1940	HRR 1940, Nr. 1101	§ 176 I Nr. 3	§ 46 Ziff. 1 bejaht	Aufhebung
204	10. 12. 1940	HRR 1940, Nr. 521	§ 251	§ 46 Ziff. 1 nicht geprüft	Aufhebung, § 46 Ziff. 1 u. U. anwendbar
205	7. 11. 1941	HRR 1942, Nr. 124	§ 177	Verurteilung wegen versuchter Nötigung	Aufhebung: § 46 Ziff. 1 abgelehnt
206	18. 12. 1941	RGSt 75, 393 = DR 1942, 429	§ 177	§ 46 Ziff. 1 abgelehnt	§ 46 Ziff. 1 abgelehnt

Lfd. Nr.	Urteil vom	Fundstelle	Betr.: Tatbestand	Entscheidung des Tatrichters betreffend § 46	Entscheidung des RG betreffend § 46
207	11. 3. 1943	RGSt 77, 1 = DR 1943, 575 (ohne Rücktrittsproblematik)	§ 211	§ 46 Ziff. 1 u. 2 abgelehnt	§ 46 Ziff. 1 u. 2 abgelehnt
208	28. 5. 1943	DR 1943, 910	§ 177	§ 46 Ziff. 1 (bzw. § 8 ÖStStG) bejaht	§ 46 Ziff. 1 abgelehnt
209	12. 7. 1943	RGSt 77, 162	§ 211	Freispruch, da nur Vorbereitungshandlung der Tötung	Aufhebung, Tötungsversuch: § 46 Ziff. 1 aber abgelehnt

II. Übersicht über die in der vorliegenden Arbeit ausgewerteten Entscheidungen des Bundesgerichtshofs mit Bezug auf § 46 Ziff. 1 und 2

Lfd. Nr.	Urteil vom	Fundstelle	Betr.: Tatbestand	Entscheidung des Tatrichters betreffend § 46	Entscheidung des BGH betreffend § 46
1	2. 11. 1950	MDR 1951, 117	§ 212	§ 46 Ziff. 1 abgelehnt	§ 46 Ziff. 1 u. 2 abgelehnt
2	6. 3. 1951	NJW 1951, 410	§ 249	§ 46 Ziff. 1 abgelehnt	§ 46 Ziff. 1 abgelehnt
3	12. 3. 1951	MDR 1951, 369 = LM Nr. 1 zu § 46	§ 253	§ 46 Ziff. 1 abgelehnt	§ 46 Ziff. 1 abgelehnt
4	24. 4. 1951	BGHSt 1, 152	§ 177	§ 46 Ziff. 1 abgelehnt	§ 46 Ziff. 1 abgelehnt
5	20. 12. 1951	NJW 1952, 514	§ 249	§ 46 abgelehnt	§ 46 abgelehnt
6	5. 6. 1952	MDR 1952, 530 = JR 1952, 414	§ 212	§ 46 Ziff. 2 abgelehnt	§ 46 Ziff. 1 bejaht, ebenfalls § 46 Ziff. 2 bei Annahme beendeten Versuchs
7	18. 9. 1952	MDR 1953, 19	§ 218	?	§ 46 Ziff. 1 bejaht
8	20. 2. 1953	BGHSt 4, 56 = JZ 1953, 560 = NJW 1953, 752 = MDR 1953, 271	§ 249	§ 46 Ziff. 1 abgelehnt	§ 46 Ziff. 1 abgelehnt
9	10. 3. 1953	BGHSt 4, 173 = JR 1953, 460 = NJW 1953, 1191 = JZ 1953, 733	§ 153	§ 46 Ziff. 1 nicht geprüft	Aufhebung, § 46 Ziff. 1 u. U. anwendbar
10	16. 4. 1953	BGHSt 4, 180 = JR 1953, 309 = NJW 1953, 1231 = MDR 1953, 400	§ 255	§ 46 Ziff. 1 abgelehnt	Aufhebung
11	25. 6. 1953	MDR 1953, 721	§ 218	?	§ 46 Ziff. 1 u. U. anwendbar
12	6. 8. 1953	unveröffentl.	§ 153	§ 46 Ziff. 1 nicht geprüft	Aufhebung, § 46 Ziff. 1 u. U. anwendbar

Lfd. Nr.	Urteil vom	Fundstelle	Betr.: Tatbestand	Entscheidung des Tatrichters betreffend § 46	Entscheidung des BGH betreffend § 46
13	29. 9. 1953	unveröffentl.	§ 249	§ 46 abgelehnt	§ 46 abgelehnt
14	8. 10. 1953	unveröffentl.	§ 218	§ 46 abgelehnt	§ 46 abgelehnt
15	15. 1. 1954	unveröffentl.	§ 243 I Nr. 2	§ 46 Ziff. 1 abgelehnt	§ 46 Ziff. 1 abgelehnt
16	19. 2. 1954	MDR 1954, 334	§ 242	?	§ 46 Ziff. 1 abgelehnt
17	7. 4. 1954	BGHSt 6, 85 = NJW 1954, 1209	§ 234 a	Verurteilung nach § 234 a III	Allgemeine Ausführungen zu § 46
18	27. 4. 1954	MDR 1954, B 77 = LM Nr. 5 zu § 46	§ 175 a Nr. 3	§ 46 Ziff. 1 u. 2 nicht geprüft	§ 46 Ziff. 1 u. 2 abgelehnt
19	18. 11. 1954	unveröffentl.	§ 17 Unedel-MG	§ 46 Ziff. 1 abgelehnt	§ 46 Ziff. 1 abgelehnt
20	3. 3. 1955	unveröffentl.	§ 308	§ 46 Ziff. 2 bejaht	§ 46 Ziff. 2 bejaht
21	15. 3. 1955	unveröffentl.	§ 177	§ 46 Ziff. 1 abgelehnt	§ 46 Ziff. 1 abgelehnt
22	7. 1. 1955	VRS 8, 207	§ 142	Verurteilung wegen § 142	Aufhebung: u. U. nur Versuch und § 46 Ziff. 1 anwendbar
23	14. 4. 1955	BGHSt 7, 296 = NJW 1955, 915 = MDR 1955, 561 = JR 1955, 346 = LM Nr. 5 zu § 177	§ 177	§ 46 Ziff. 1 abgelehnt	Aufhebung
24	17. 5. 1955	unveröffentl.	§ 211	§ 46 Ziff. 1 bejaht	§ 46 Ziff. 1 bejaht
25	5. 7. 1955	LM Nr. 6 zu 177	§ 177	§ 46 Ziff. 1 abgelehnt	§ 46 Ziff. 1 abgelehnt
26	15. 9. 1955	GA 1956, 89	§ 211, § 249	§ 46 Ziff. 2 abgelehnt bezüglich §§ 43, 211; § 46 Ziff. 1 bejaht bezüglich §§ 43, 249 (?)	Aufhebung: § 46 Ziff. 1 bezüglich §§ 211, 43 und §§ 249, 43 möglich
27	18. 10. 1955	unveröffentl.	§ 2 FSchG	§ 46 Ziff. 2 abgelehnt	§ 46 Ziff. 1 u. 2 abgelehnt

Lfd. Nr.	Urteil vom	Fundstelle	Betr.: Tatbestand	Entscheidung des Tatrichters betreffend § 46	Entscheidung des BGH betreffend § 46
28	18. 10. 1955	NJW 1956, 30	§ 2 FSchG	§ 46 Ziff. 1 bejaht	Aufhebung
29	14. 2. 1956	MDR 1956, 395	§ 218	§ 46 Ziff. 1 nicht geprüft	§ 46 Ziff. 1 abgelehnt
30	28. 2. 1956	BGHSt 9, 48 = NJW 1956, 718 = MDR 1956, 371 = JR 1956, 269	§ 177	§ 46 Ziff. 1 abgelehnt	Aufhebung
31	19. 4. 1956	GA 1956, 355	§ 263	§ 46 Ziff. 1 abgelehnt	§ 46 Ziff. 1 u. 2 abgelehnt
32	30. 11. 1956	NJW 1957, 190 = MDR 1957, 241	§ 263	§ 46 Ziff. 1 abgelehnt	§ 46 Ziff. 1 abgelehnt
33	20. 12. 1956	BGHSt 10, 129 = NJW 1957, 595 = MDR 1957, B 41 (LS) = LM Nr. 10 zu § 46	§ 212	§ 46 Ziff. 1 abgelehnt	Aufhebung
34	26. 6. 1957	BGHSt 10, 320	§ 316 a	?	§ 46 nicht anwendbar
35	15. 10. 1957	MDR 1958, 12	§ 249	?	§ 46 Ziff. 1 abgelehnt
36	23. 1. 1958	BGHSt 11, 268 = JR 1958, 426	§ 211	§ 46 nicht geprüft	§ 46 abgelehnt
37	4. 3. 1958	unveröffentl.	§ 217	§ 46 Ziff. 2 abgelehnt	§ 46 Ziff. 2 abgelehnt
38	11. 4. 1958	unveröffentl.	§ 211, § 249	§ 46 Ziff. 1 abgelehnt	§ 46 Ziff. 1 abgelehnt
39	29. 4. 1958	BGHSt 11, 324 = NJW 58, 1051 = JZ 58, 669 = JR 58, 346 = MDR 58, 703 = LM Nr. 13 zu § 46	§ 212	§ 46 Ziff. 2 abgelehnt wegen untaugl. Versuchs	Aufhebung: § 46 Ziff. 2 auf untauglichen Versuch anwendbar

Lfd. Nr.	Urteil vom	Fundstelle	Betr.: Tatbestand	Entscheidung des Tatrichters betreffend § 46	Entscheidung des BGH betreffend § 46
40	25. 7. 1958	unveröffentl.	§ 212	§ 46 Ziff. 2 abgelehnt	§ 46 Ziff. 2 abgelehnt
41	2. 9. 1958	insoweit unveröffentl. in BGHSt 12, 42 ff.	§ 177	§ 46 Ziff. 1 abgelehnt	§ 46 Ziff. 1 abgelehnt
42	3. 12. 1958	BGHSt 12, 306 ff. = NJW 1959, 777 = MDR 1959, 588 = LM Nr. 26 zu § 49 a II, III	§ 249, § 122	§ 46 Ziff. 1 abgelehnt	Aufhebung
43	28. 1. 1959	unveröffentl.	§ 249	§ 46 Ziff. 1 abgelehnt	Aufhebung
44	23. 6. 1959	BGHSt 13, 156 = MDR 1959, 771 = NJW 1959, 1645 = JR 1959, 345 = LM Nr. 14 zu § 46	§ 243 I Nr. 2	§ 46 Ziff. 1 abgelehnt	§ 46 Ziff. 1 abgelehnt
45	15. 1. 1960	BGHSt 14, 75 = NJW 1960, 637 = MDR 1960, 415 = LM Nr. 14 a zu § 46	§ 212	§ 46 Ziff. 1 u. 2 abgelehnt	Aufhebung, u. U. § 46 Ziff. 1 anwendbar
46	19. 1. 1960	unveröffentl.	§ 175 a Nr. 3	§ 46 Ziff. 1 abgelehnt	Aufhebung, u. U. § 46 Ziff. 1 anwendbar
47	8. 3. 1960	unveröffentl.	§ 263	§ 46 Ziff. 2 abgelehnt	§ 46 Ziff. 2 abgelehnt
48	8. 4. 1960	BGHSt 14, 213 = VRS 18, 430	§ 330 c	§ 46 abgelehnt	§ 46 abgelehnt
49	22. 6. 1960	BGHSt 14, 378 = JZ 1961, 180 = NJW 1960, 1819	§ 249	§ 46 Ziff. 1 bejaht	§ 46 Ziff. 1 bejaht

Lfd. Nr.	Urteil vom	Fundstelle	Betr.: Tatbestand	Entscheidung des Tatrichters betreffend § 46	Entscheidung des BGH betreffend § 46
50	22. 11. 1960	BGHSt 15, 198 = NJW 1961, 83 = JR 1961, 148	§ 122 II	?	§ 46 nicht anwendbar
51	5. 4. 1961	NJW 1961, 1123	§ 263	§ 46 abgelehnt	§ 46 Ziff. 1 u. 2 abgelehnt
52	18. 4. 1961	unveröffentl.	§ 177	§ 46 Ziff. 1 abgelehnt	§ 46 Ziff. 1 abgelehnt
53	28. 6. 1961	BGHSt 16, 133 (insoweit nicht abgedruckt) = NJW 1961, 1779	§ 212	§ 46 Ziff. 1 abgelehnt	§ 46 Ziff. 1 abgelehnt
54	7. 11. 1961	BGHSt 17, 1 = NJW 1962, 681 = JZ 1962, 449 = MDR 1962, 318	§ 177	§ 46 Ziff. 1 bejaht	§ 46 Ziff. 1 bejaht
55	18. 7. 1962	unveröffentl.	§ 218	§ 46 Ziff. 1 nicht geprüft	§ 46 Ziff. 1 abgelehnt
56	2. 4. 1963	JR 1963, 466	§ 242	§ 46 Ziff. 1 wegen Vollendung abgelehnt	Aufhebung: nur Diebstahlsversuch, § 46 Ziff. 1 anwendbar
57	9. 7. 1963	unveröffentl.	§ 211	§ 46 Ziff. 2 abgelehnt	§ 46 Ziff. 2 abgelehnt
58	13. 2. 1964	unveröffentl.	§ 177	§ 46 Ziff. 1 abgelehnt	§ 46 Ziff. 1 abgelehnt
59	13. 3. 1964	unveröffentl.	§ 306	§ 46 abgelehnt	§ 46 abgelehnt
60	3. 6. 1964	unveröffentl.	§ 212	§ 46 Ziff. 1 abgelehnt	Aufhebung: § 46 Ziff. 1 bejaht
61	30. 10. 1964	unveröffentl.	§ 243 I Nr. 2	§ 46 nicht erörtert	Aufhebung: § 46 Ziff. 1 u. U. anwendbar
62	4. 5. 1965	MDR 1965, 839	§ 212	§ 46 Ziff. 1 bejaht	§ 46 Ziff. 1 bejaht
63	25. 5. 1965	GA 1966, 208	§ 211	§ 46 Ziff. 1 bejaht	§ 46 Ziff. 1 bejaht
64	11. 6. 1965	MDR 1966, 22	§ 211	§ 46 Ziff. 1 nicht erörtert, § 46 Ziff. 2 verneint	Aufhebung: § 46 Ziff. 1 u. U. anwendbar

Lfd. Nr.	Urteil vom	Fundstelle	Betr.: Tatbestand	Entscheidung des Tatrichters betreffend § 46	Entscheidung des BGH betreffend § 46
65	13. 7. 1965	MDR 1966, 22 = GA 1966, 209	§ 243 I Nr. 3	§ 46 Ziff. 1 abgelehnt	§ 46 Ziff. 1 abgelehnt
66	4. 6. 1965	MDR 1966, 22	§ 177	§ 46 Ziff. 1 abgelehnt	§ 46 Ziff. 1 bejaht
67	5. 10. 1965	BGHSt 20, 279 = NJW 1965, 2410 = JR 1966, 105 = MDR 1965, 1003 = LM Nr. 17 zu § 46	§ 177	§ 46 Ziff. 1 abgelehnt	§ 46 Ziff. 1 abgelehnt
68	19. 4. 1966	MDR 1966, 726	§ 249	§ 46 Ziff. 1 bejaht	§ 46 Ziff. 1 bejaht
69	25. 5. 1966	MDR 1966, 892	§ 243 I Nr. 2	Schuldspruch wegen Verabredung eines Einbruchsdiebstahls	Aufhebung: Versuchter Einbruchsdiebstahl — § 46 Ziff. 1 abgelehnt
70	22. 7. 1966	MDR 1966, 892	§ 176 I Nr. 1	§ 46 Ziff. 1 abgelehnt	§ 46 Ziff. 1 abgelehnt
71	9. 3. 1967	BGHSt 21, 216 = NJW 67, 1189 = JZ 67, 417 = MDR 67, 600	§ 211	§ 46 Ziff. 2 abgelehnt	Aufhebung: § 46 Ziff. 2 anwendbar
72	21. 4. 1967	unveröffentl.	§ 177	§ 46 Ziff. 1 nicht geprüft	Aufhebung, u. U. § 46 Ziff. 1 anwendbar
73	11. 10. 1967	BGHSt 21, 319 = NJW 1968, 57 = JZ 1968, 28 = JR 1968, 66 = MDR 1968, 60 = LM Nr. 19 zu § 46	§ 243 I Nr. 2	§ 46 Ziff. 1 bejaht	§ 46 Ziff. 1 bejaht

Lfd. Nr.	Urteil vom	Fundstelle	Betr.: Tatbestand	Entscheidung des Tatrichters betreffend § 46	Entscheidung des BGH betreffend § 46
74	14. 11. 1967	Neue Z f. Wehrr. 1968, 112	§ 120	§ 46 abgelehnt	§ 46 bejaht
75	9. 4. 1968	MDR 1969, 15 = GA 1968, 279	§ 177	§ 46 Ziff. 1 abgelehnt	Aufhebung: § 46 Ziff. 1 u. U. anwendbar
76	11. 6. 1968	BGHSt 22, 176 = MDR 1968, 771 = NJW 68, 1884 = JZ 1968, 636 = JR 1969, 105 = LM Nr. 20 zu § 46	§ 211	§ 46 Ziff. 1 abgelehnt	Aufhebung: § 46 Ziff. 1 u. U. anwendbar
77	18. 6. 1968	MDR 1968, 894	§ 212	§ 46 Ziff. 1 abgelehnt	Aufhebung: § 46 Ziff. 1 u. U. anwendbar
78	30. 8. 1968	unveröffentl.	§ 211	§ 46 Ziff. 1 abgelehnt	§ 46 Ziff. 1 u. 2 abgelehnt
79	26. 8. 1969	unveröffentl.	§ 243 I Nr. 2	§ 46 Ziff. 1 abgelehnt	Aufhebung: § 46 Ziff. 1 u. U. anwendbar
80	22. 10. 1968	MDR 1970, 381	§ 211	§ 46 Ziff. 1 nicht geprüft	Aufhebung: § 46 Ziff. 1 u. U. anwendbar
81	26. 11. 1968	MDR 1969, 532	§ 211	§ 46 Ziff. 2 abgelehnt	§ 46 Ziff. 2 abgelehnt
82	12. 2. 1969	BGHSt 22, 330 = JZ 1969, 522 = NJW 1969, 1358 = MDR 1969, 586 = LM Nr. 22 zu § 46	§ 211	§ 46 nicht geprüft	§ 46 Ziff. 2 abgelehnt, § 46 Ziff. 1 u. U. anwendbar
83	12. 3. 1969	MDR 1969, 532	§ 177	§ 46 Ziff. 1 nicht geprüft	Aufhebung: § 46 Ziff. 1 bejaht
84	12. 3. 1969	MDR 1969, 494 = NJW 1969, 1073 = GA 1971, 51	§ 212	§ 46 Ziff. 2 abgelehnt	§ 46 Ziff. 2 abgelehnt

Lfd. Nr.	Urteil vom	Fundstelle	Betr.: Tatbestand	Entscheidung des Tatrichters betreffend § 46	Entscheidung des BGH betreffend § 46
85	4. 6. 1969	unveröffentl.	§ 212	§ 46 Ziff. 1 bejaht	§ 46 Ziff. 1 bejaht
86	18. 11. 1969	MDR 1970, 381	§ 212	§ 46 Ziff. 2 abgelehnt	§ 46 Ziff. 1 u. 2 abgelehnt
87	16. 12. 1969	MDR 1970, 381	§ 212	§ 46 Ziff. 2 abgelehnt	§ 46 Ziff. 1 u. 2 abgelehnt
88	21. 10. 1970	BGHSt 23, 356 = NJW 71, 254 = MDR 71, 147	§ 211, § 249	§ 46 Ziff. 1 bezüglich §§ 211, 43 abgelehnt, bezüglich §§ 249, 43 nicht geprüft	Aufhebung: § 46 Ziff. 1 u. U. bezüglich §§ 43, 211 u. 249 anwendbar
89	8. 12. 1970	BGHSt 24, 48 = MDR 71, 230 = NJW 71, 1046	§ 212	§ 46 abgelehnt	§ 46 Ziff. 1 u. 2 abgelehnt
90	5. 1. 1971	MDR 1971, 362	§ 330 a (Diebstahlsversuch)	§ 46 Ziff. 1 abgelehnt	Aufhebung: § 46 Ziff. 1 u. U. anwendbar auf den im Rausch begangenen Versuch
91	12. 1. 1971	MDR 1971, 363	§ 177	§ 46 Ziff. 1 abgelehnt	§ 46 Ziff. 1 abgelehnt
92	14. 10. 1971	NJW 1972, 347	§ 177	§ 46 Ziff. 1 abgelehnt	§ 46 Ziff. 1 abgelehnt
93	13. 10. 1971	unveröffentl.	§ 212	§ 46 Ziff. 1 u. 2 abgelehnt	Aufhebung: § 46 Ziff. 1 anwendbar
94	3. 5. 1972	MDR 1972, 751	§ 212	§ 46 Ziff. 2 abgelehnt	§ 46 Ziff. 2 abgelehnt
95	8. 8. 1972	NJW 1972, 2004	§ 212	§ 46 Ziff. 2 abgelehnt	§ 46 Ziff. 2 abgelehnt
96	7. 11. 1972	MDR 1973, 191	§ 177	§ 46 Ziff. 1 abgelehnt	§ 46 Ziff. 1 abgelehnt
97	21. 12. 1972	NJW 1973, 632 = MDR 1973, 325	§ 212	§ 46 Ziff. 2 analog bejaht	§ 46 Ziff. 2 analog verneint
98	22. 2. 1973	MDR 1973, 554	§ 177	§ 46 Ziff. 1 abgelehnt	§ 46 Ziff. 1 abgelehnt
Nachtrag:					
99	12. 12. 1972	GA 1974, 77	§ 212	§ 46 Ziff. 1 abgelehnt	Aufhebung wegen möglichen Rücktritts nach § 46 Ziff. 1

Lfd. Nr.	Urteil vom	Fundstelle	Betr.: Tatbestand	Entscheidung des Tatrichters betreffend § 46	Entscheidung des BGH betreffend § 46
100	11. 6. 1974	MDR 1974, 722	§ 176 I Nr. 3	§ 46 Ziff. 2 abgelehnt	§ 46 Ziff. 2 abgelehnt
101	28. 1. 1975	MDR 1975, 365	§ 212	§ 46 Ziff. 2 abgelehnt	Aufhebung wegen Neufassung der Rücktrittsvorschrift
102	5. 2. 1975	MDR 1975, 541	§ 212	§ 46 Ziff. 2 abgelehnt	Aufhebung, da Anwendbarkeit des **§ 46 Ziff. 1 möglich**
103	13. 5. 1975	MDR 1975, 724	§ 212	§ 46 Ziff. 1 abgelehnt	§ 46 Ziff. 1 bejaht

III. Übersicht über die in der vorliegenden Arbeit ausgewerteten Entscheidungen des RMG und der Oberlandesgerichte mit Bezug auf § 46 Ziff. 1 und 2 (einschl. BayObLG)

Lfd. Nr.	Urteil vom	Fundstelle	Betr.: Tatbestand	Entscheidung des Tatrichters betreffend § 46	Entscheidung des Rechtsmittelgerichts
1	OLG Bamberg 11. 12. 1949	HESt II, 193	§ 239	§ 46 Ziff. 1 abgelehnt	§ 46 Ziff. 1 abgelehnt
2	Oberster Gerichtshof in Bayern	Bl. f. Rechtsanw. Bd. 22, S. 364	§ 154	§ 46 Ziff. 1 abgelehnt	§ 46 Ziff. 1 abgelehnt
3	Oberster Gerichtshof in Bayern	Bl. f. Rechtsanw. N. F. Bd. 24, S. 459	§ 267	§ 46 nicht geprüft	§ 46 abgelehnt
4	OLG München	OLGE Bd. 4, S. 565	—	—	—
5	BayObLG	BayObLGE Bd. 32 (1933), S. 90 ff.	§ 242	§ 46 Ziff. 1 bejaht	§ 46 Ziff. 1 abgelehnt
6	BayObLG	BayObLGSt 1953, 154	§ 218	§ 46 Ziff. 1 abgelehnt	§ 46 Ziff. 1 abgelehnt
7	OG Wolfenbüttel	BraunschweigZ Jg. 25, 65 ff.	§ 218	?	§ 46 Ziff. 1 abgelehnt
8	OLG Braunschweig	BraunschweigZ Jg. 67, 46 f.	§ 242	Rücktritt abgelehnt	§ 46 abgelehnt
9	OLG Braunschweig	NJW 1947, 109	§ 176 I Nr. 3	§ 46 Ziff. 2 abgelehnt	§ 46 Ziff. 2 abgelehnt
10	OLG Celle	GA 1964, 154 ff. = OLG(St) § 46, S. 2 f.	§ 16 HStG		§ 46 Ziff. 1 u. 2 abgelehnt
11	OLG Celle	MDR 1965, 315	§ 242	Vollendete Tat	Aufhebung, da nur Versuch; § 46 Ziff. 1 u. U. gegeben
12	Kgl. Oberapp. Dresden	Allg. GZ f. d. Kgr. Sachsen Bd. 17, 14 f.	§ 242	§ 46 Ziff. 1 abgelehnt	§ 46 Ziff. 1 abgelehnt

Lfd. Nr.	Urteil vom	Fundstelle	Betr.: Tatbestand	Entscheidung des Tatrichters betreffend § 46	Entscheidung des Rechtsmittelgerichts betreffend § 46
13	Kgl. Oberapp. Dresden	Allg. GZ f. d. Kgr. Sachsen Bd. 20, 205	§ 267	—	§ 46 Ziff. 1 abgelehnt
14	OLG Dresden	Annalen des Kgl. Oberlandesgerichts Dresden IV, 493 ff.	§ 154	—	§ 46 Ziff. 1 bejaht
15	OLG Dresden	LZ 1929, 859	§ 177	§ 46 Ziff. 1 abgelehnt	§ 46 Ziff. 1 abgelehnt
16	Hans. OLG Hamburg	Hans. Rechts- u. GerichtsZ 1929 A 90	§ 263	—	§ 46 Ziff. 1 abgelehnt
17	OLG Hamburg	Hans. Rechts- u. GerichtsZ 1935, 456 = HRR 1936 Nr. 157	§ 263	§ 46 Ziff. 2 abgelehnt	§ 46 Ziff. 2 abgelehnt
18	OLG Hamburg	NJW 1953, 956	§ 242	§ 46 Ziff. 1 abgelehnt	§ 46 Ziff. 1 abgelehnt
19	OLG Hamburg	MDR 1971, 414	§ 177	§ 46 Ziff. 1 abgelehnt	§ 46 Ziff. 1 bejaht
20	OLG Hamm	DRZ 1950, 236	§ 218	—	§ 46 Ziff. 1 abgelehnt
21	OLG Hamm	JZ 1952, 758	§ 242	—	—
22	OLG Hamm	NJW 1964, 2029	§ 16 III WStG	—	—
23	OLG Kassel	NJW 1949, 518	§ 169	§ 46 Ziff. 1 bejaht	§ 46 Ziff. 1 abgelehnt
24	OLG Kiel	SchleswHAZ 1946, 342	§ 177	§ 46 Ziff. 1 abgelehnt	§ 46 Ziff. 1 abgelehnt
25	OLG Neustadt	OLGSt § 46, S. 7	§ 263	§ 46 abgelehnt	§ 46 Ziff. 2 anwendbar
26	OGHBZ	JR 1950, 563	§ 242	§ 46 Ziff. 1 abgelehnt	§ 46 Ziff. 1 abgelehnt
27	OLG Oldenburg	Nds Rpfl 1948, 182	§ 267	Freispruch wegen strafloser Vorbereitungshandlung	Versuch! § 46 Ziff. 1 abgelehnt
28	OLG Oldenburg	OLGE(St) § 257, S. 2	§ 257	§ 46 abgelehnt	§ 46 abgelehnt
29	Kgl. Preuß. Obertribunal	Oppenhoffs Rspr 12, 190	§ 263	§ 46 Ziff. 2 abgelehnt	§ 46 Ziff. 2 abgelehnt

Lfd. Nr.	Urteil vom	Fundstelle	Betr.: Tatbestand	Entscheidung des Tatrichters betreffend § 46	Entscheidung des Rechtsmittelgerichts betreffend § 46
30	Kgl. Preuß. Obertribunal	Oppenhoffs Rspr 12, 504 f.		§ 46 abgelehnt	§ 46 abgelehnt
31	Kgl. Preuß. Obertribunal	Oppenhoffs Rspr 14, 378 = GA 1873, 446	§ 253	§ 46 Ziff. 1 abgelehnt	§ 46 Ziff. 1 abgelehnt
32	Kgl. Preuß. Obertribunal	Oppenhoffs Rspr 14, 714	§ 253	§ 46 Ziff. 1 abgelehnt	§ 46 Ziff. 1 abgelehnt
33	Kgl. Preuß. Obertribunal	GA 1875, 126	§ 253	§ 46 Ziff. 1 abgelehnt	§ 46 Ziff. 1 abgelehnt
34	Kgl. Preuß. Obertribunal	Oppenhoffs Rspr 16, 186 = GA 1875, 191 = Zeitschrift für Gerichtspraxis u. Rechtswiss. in Deutschl. N. F. Bd. V, Nr. 9	§ 218	§ 46 für Teilnehmer abgelehnt	§ 46 für Teilnehmer abgelehnt
35	Kgl. Preuß. Obertribunal	Oppenhoffs Rspr 16, 592 = GA 1875, 490	§ 263	§ 46 Ziff. 1 u. 2 abgelehnt	§ 46 Ziff. 1 u. 2 abgelehnt
36	Kgl. Preuß. Obertribunal	Oppenhoffs Rspr 17, 437	—	—	§ 46 für Teilnehmer abgelehnt
37	Kgl. Preuß. Obertribunal	Oppenhoffs Rspr 18, 90 = GA 1877, 50	§ 212	§ 46 Ziff. 2 bejaht	§ 46 Ziff. 2 bejaht
38	Kgl. Preuß. Obertribunal	Oppenhoffs Rspr 20, 307 = GA 1879, 336	§ 242	§ 46 Ziff. 1 abgelehnt	§ 46 Ziff. 1 abgelehnt
39	Reichsmilitärgericht	RMG 8, 195	§ 242	§ 46 Ziff. 1 abgelehnt	§ 46 Ziff. 1 abgelehnt
40	Reichsmilitärgericht	RMG 11, 138	§ 253	§ 46 Ziff. 1 abgelehnt	§ 46 Ziff. 1 abgelehnt

Lfd. Nr.	Urteil vom	Fundstelle	Betr.: Tat-bestand	Entscheidung des Tatrichters betreffend § 46	Entscheidung des Rechtsmittelgerichts betreffend § 46
41	Reichsober-handelsgericht	GA 1872, 447 f.	§ 177	?	§ 46 Ziff. 1 bejaht
42	SchlHOLG	Schlesw HAZ 1951, 48	§ 242	§ 46 Ziff. 1 abgelehnt	§ 46 Ziff. 1 abgelehnt
43	SchlHOLG	Schlesw HAZ 1952, 67 f.	§ 263	§ 46 Ziff. 2 abgelehnt	§ 46 Ziff. 2 abgelehnt
44	OLG Tübingen	DRZ 1949, 44	§ 49 a, 154	§ 49 a IV abgelehnt	§ 49 a IV abgelehnt